Bedrijf & Recht

Mr. J. Keizer

Bedrijf & Recht

Dertiende herziene editie

Sdu
Den Haag, 2020

Meer informatie over deze en andere uitgaven kunt u verkrijgen bij:
Sdu Klantenservice
Postbus 20014
2500 EA Den Haag
tel.: 070-378 98 80
www.sdu.nl

©2020 Sdu Uitgevers bv, Den Haag
Omslagontwerp: SD Communicatie, Rotterdam
Ontwerp binnenwerk: LINE UP boek en media bv, Groningen
ISBN: 978 901240 5881
NUR 820

Alle rechten voorbehouden. Alle auteursrechten en databankrechten ten aanzien van deze uitgave worden uitdrukkelijk voorbehouden. Deze rechten berusten bij Sdu Uitgevers bv.

Voor zover het maken van reprografische verveelvoudigingen uit deze uitgave is toegestaan op grond van artikel 16 h Auteurswet dient men de daarvoor wettelijk verschuldigde vergoedingen te voldoen aan de Stichting Reprorecht (postbus 3060, 2130 KB Hoofddorp, www.reprorecht. nl). Voor het overnemen van gedeelte(n) uit deze uitgave in bloemlezingen, readers en andere compilatiewerken (artikel 16 Auteurswet) dient men zich te wenden tot de Stichting pro (Stichting Publicatie- en Reproductierechten Organisatie, Postbus 3060, 2130 KB Hoofddorp, www.stichting-pro.nl). Voor het overnemen van een gedeelte van deze uitgave ten behoeve van commerciële doeleinden dient men zich te wenden tot de uitgever.

Hoewel aan de totstandkoming van deze uitgave de uiterste zorg is besteed, kan voor de afwezigheid van eventuele (druk)fouten en onvolledigheden niet worden ingestaan en aanvaarden de auteur(s), redacteur(en) en uitgever deswege geen aansprakelijkheid voor de gevolgen van eventueel voorkomende fouten en onvolledigheden.

All rights reserved. No part of this publication may be reproduced, stored in a retrieval system, or transmitted in any form or by any means, electronic, mechanical, photocopying, recording or otherwise, without the publisher's prior consent. While every effort has been made to ensure the reliability of the information presented in this publication, Sdu Uitgevers neither guarantees the accuracy of the data contained herein nor accepts responsibility for errors or omissions or their consequences

Voorwoord

Recht is boeiend, interessant en niet vervelend. Recht gaat over het regelen van menselijke verhoudingen, het hanteerbaar maken van conflicten, ruzies, belangentegenstellingen, macht en geweld. Bij dit soort onderwerpen komen vaak veel menselijke emoties naar boven. Juristen proberen deze onderwerpen objectief, zakelijk, redelijk en rechtvaardig te bekijken en hebben vaak de neiging het Recht afstandelijk, kil en abstract te behandelen. Ondanks deze benadering is Recht niet saai, als de menselijke emotie maar niet uit het oog wordt verloren.

Het boek gaat niet uit van een dogmatische en systematische behandeling van het Recht, maar beoogt studenten die op hbo-niveau studeren, die kennis bij te brengen die ze nodig hebben om in het bedrijfsleven zonder problemen te kunnen functioneren. Een pragmatische benadering staat op de voorgrond. Theorieën en algemene rechtsbeginselen worden alleen maar gebruikt om bepaalde praktijkproblemen duidelijk te maken.

Om studenten duidelijk te maken dat Recht niet alleen maar bestaat uit abstracte theorieën maar in de werkelijkheid van elke dag ook een belangrijke rol speelt, zijn ter verduidelijking van de stof veel artikelen opgenomen. Daarnaast zijn veel voorbeelden en arresten toegevoegd om de stof te verhelderen. Om de zelfwerkzaamheid te vergroten wordt er vaak verwezen naar het wetboek. In de appendix wordt kort aangegeven hoe een wetboek is gestructureerd en wordt uitgelegd hoe studenten zelfstandig onderwerpen kunnen opzoeken in een wetboek. Na elk hoofdstuk volgt een aantal opgaven. De antwoorden van de meerkeuzevragen staan achter in het boek.

Met name studenten worden nadrukkelijk uitgenodigd om te reageren, omdat dit boek bedoeld is voor studenten die studeren aan een hbo-opleiding. Voor op- en aanmerkingen houd ik mij aanbevolen. Voor docenten is een handleiding en zijn er sheets beschikbaar.

Mr. J. Keizer

Lijst van afkortingen

AFM	Autoriteit Financiële Markten
Arbo-wet	Arbeidsomstandighedenwet
ATW	Arbeidstijdenwet
Aut.w.	Auteurswet
AVA	algemene vergadering van aandeelhouders, bij een nv
AV	algemene vergadering, bij een bv
AVG	Algemene Verordening Gegevensbescherming
Awb	Algemene wet bestuursrecht
boa	buitengewoon opsporingsambtenaar
bv	besloten vennootschap
BVIE	Benelux-Verdrag inzake de Intellectuele Eigendom
BW	Burgerlijk Wetboek
CBb	College van Beroep voor het bedrijfsleven
CNV	Christelijk Nederlands Vakverbond
COR	Centrale Ondernemingsraad
CRvB	Centrale Raad van Beroep
cv	commanditaire vennootschap
EUIPO	Bureau voor intellectuele eigendom van de Europese Unie
ESH	Europees Sociaal Handvest
FNV	Federatie Nederlands Vakverbond
GOR	groepsondernemingsraden
Grw.	Grondwet
Handelsn.w.	Handelsnaamwet
Handelsr.w.	Handelsregisterwet 1996
HR	Hoge Raad
MW	Mededingingswet
nv	naamloze vennootschap
Octr.w. 1995	Rijksoctrooiwet 1995
RO	Wet op de rechterlijke organisatie
Rv	Wetboek van Burgerlijke Rechtsvordering
SER	Sociaal-Economische Raad
Tbs	terbeschikkingstelling
UWV	Uitvoeringsinstituut Werknemersverzekeringen
VWEU	Verdrag betreffende de werking van de Europese Unie
Wad	Wet aanpassing arbeidsduur
W.AVV-OVV	Wet op het algemeen verbindend en onverbindend verklaren van bepalingen van collectieve arbeidsovereenkomsten

W.CAO	Wet op de collectieve arbeidsovereenkomst
Wet C.O.	Wet melding collectief ontslag
Wft	Wet flexibel werken
WMM	Wet minimumloon en minimumvakantietoeslag
WNR	Wet op de naburige rechten
WOR	Wet op de ondernemingsraden
WvK	Wetboek van Koophandel
WvSr	Wetboek van Strafrecht
WvSv	Wetboek van Strafvordering

Inhoud

Voorwoord v
Lijst van afkortingen vi
Softy bv xv
Bedrijfsprofiel Softy bv xv

Deel 1 Algemene inleiding 1

1 Inleiding 3
1.1 Wat is recht? 3
1.2 Rechtspraak 4
1.3 Rechtsbronnen 4
1.4 Formeel en materieel recht 6
1.5 Publiekrecht en privaatrecht 7
1.6 Privaatrecht 8
1.7 Mediation 18
1.8 Strafrecht 19
1.9 Bestuursrecht 27
Begrippenlijst 33
Vragen 37

Deel 2 De structuur 47

2 Onderneming, eenmanszaak en personenvennootschappen 49
2.1 Onderneming 49
2.2 Eenmanszaak 56
2.3 Personenvennootschappen 60
2.4 Openbare en stille maatschappen 61
2.5 Vennootschap onder firma 68
2.6 De commanditaire vennootschap 71
Begrippenlijst 74
Vragen 76

3 Rechtspersonen, besloten vennootschappen 83
3.1 Rechtspersoonlijkheid 83
3.2 Controle op rechtspersonen 86
3.3 Besloten vennootschap 86

Inhoud ix

3.4 Kapitaal 94
3.5 Aandelen 99
Begrippenlijst 106
Vragen 109

4 Besloten vennootschap 117
4.1 Organen 117
4.2 De algemene vergadering (AV) 118
4.3 Besluitvorming en vergaderrechten 122
4.4 Benoeming bestuur 124
4.5 Aansprakelijkheid van bestuurders 127
4.6 Raad van Commissarissen 131
4.7 Overdracht aandelen en blokkeringsregeling 133
4.8 Ontbinding 135
4.9 Uitkoop minderheidsaandeelhouders 137
Begrippenlijst 138
Vragen 140

5 Naamloze vennootschap 147
5.1 Naamloze vennootschap 147
5.2 Kapitaal 147
5.3 Kapitaalbescherming 150
5.4 Aandelen aan toonder 151
5.5 Emissie van aandelen 152
5.6 Vreemd vermogen 156
5.7 Inkoop eigen aandelen 157
5.8 Andere aandelen 161
Begrippenlijst 162
Vragen 164

6 Bescherming, jaarrekening en wanbeleid 171
6.1 Beursnotering: reglementen 171
6.2 Beursoverval 171
6.3 Melding zeggenschap en kapitaal in beursgenoteerde vennootschappen 176
6.4 Structuurregeling 177
6.5 Corporate Governance 178
6.6 Concern 178
6.7 De jaarrekening 180
6.8 Micro-, kleine, middelgrote en grote vennootschappen 183
6.9 De procedure bij de Ondernemingskamer 186
6.10 Enquêterecht 188
Begrippenlijst 193
Vragen 195

7 Vereniging en stichting 203

- 7.1 Vereniging 203
- 7.2 De gewone vereniging 205
- 7.3 Organen van de vereniging 207
- 7.4 Algemene ledenvergadering 208
- 7.5 Het bestuur 209
- 7.6 Afdelingen 210
- 7.7 Einde van de vereniging 213
- 7.8 Coöperatie en onderlinge waarborgmaatschappij 214
- 7.9 Bestuur en algemene ledenvergadering 215
- 7.10 De stichting 217
- 7.11 Het bestuur 218
- 7.12 Toezicht 219
- Begrippenlijst 220
- Vragen 221

Deel 3 Arbeidsverhoudingen 225

8 Werk en arbeidsovereenkomst 227

- 8.1 Werk 227
- 8.2 Aanneming van werk 227
- 8.3 Overeenkomst van opdracht 228
- 8.4 Uitzendovereenkomst 230
- 8.5 De ambtenarenverhouding 231
- 8.6 Arbeidsovereenkomst 232
- 8.7 De elementen van de arbeidsovereenkomst 233
- 8.8 Dwingend recht 235
- 8.9 De mondelinge en schriftelijke arbeidsovereenkomst 236
- 8.10 Sollicitatie 237
- 8.11 Leerovereenkomsten 237
- 8.12 Oproepkrachten 237
- 8.13 Handelingsbekwaamheid 240
- 8.14 De minderjarige in het arbeidsrecht 240
- 8.15 Privacy en de AVG 241
- 8.16 Werktijden, rust en werken op zondag 241
- Begrippenlijst 243
- Vragen 244

9 Rechten en plichten bij een arbeidsovereenkomst 251

- 9.1 Verplichtingen van de werkgever 251
- 9.2 Arbo 257
- 9.3 Werknemer, schade en derden 257
- 9.4 Verboden bedingen 259
- 9.5 Verplichtingen van de werknemer 259

Inhoud

9.6	Aanpassing arbeidsduur, werktijden en arbeidsplaats	260
9.7	Concurrentie	261
9.8	Geheimhouding	262
9.9	Proeftijd	263
9.10	Boetebeding	265
9.11	Rechten van de werknemers bij bedrijfsovername	265
	Begrippenlijst	268
	Vragen	269

10 Ontslagrecht 277

10.1	Einde van de arbeidsovereenkomst	277
10.2	Arbeidsovereenkomst voor bepaalde tijd	277
10.3	Einde arbeidsovereenkomst voor onbepaalde tijd	278
10.4	Ketenregeling bij tijdelijke arbeidsovereenkomsten	279
10.5	Beëindiging door opzegging	280
10.6	Beëindiging arbeidsovereenkomst met wederzijds goedvinden	280
10.7	Ontslaggronden	282
10.8	Toestemming voor opzegging van het UWV	283
10.9	Ontslag via kantonrechter	286
10.10	Hoger beroep en cassatie	288
10.11	Opzegtermijn bij arbeidsovereenkomst voor onbepaalde tijd	289
10.12	Ontslag en proeftijd	290
10.13	Beëindiging van rechtswege	291
10.14	Transitievergoeding	291
10.15	Herstel van de dienstbetrekking	294
10.16	Billijke vergoeding bij ernstige verwijtbaarheid van de werkgever	294
10.17	Opzegging en opzegverboden	295
10.18	Ontslag op staande voet	295
10.19	Sector kanton	296
10.20	Ontslag van bestuurders van nv's/bv's	297
10.21	Werkloos	298
	Begrippenlijst	299
	Vragen	301

11 Collectief arbeidsrecht en staking 309

11.1	Collectief ontslag	309
11.2	Collectieve arbeidsovereenkomsten	311
11.3	Bedrijfstak- en ondernemings-cao	314
11.4	Stakingsrecht	318
	Begrippenlijst	325
	Vragen	327

Deel 4 Externe relaties 333

12 Eigendom en overeenkomst 335
12.1 Vermogensrecht 335
12.2 Eigendom 337
12.4 Levering van roerende zaken 341
12.5 Eigendomsvoorbehoud 343
12.6 Onderhandelingen 344
12.7 De overeenkomst 346
12.8 Totstandkoming van een overeenkomst 349
12.9 Discrepantie tussen wil en verklaring 355
12.10 Wilsgebreken 356
Begrippenlijst 359
Vragen 362

13 Rechtsgevolgen van een overeenkomst 371
13.1 Rechtsgevolgen van een overeenkomst 371
13.2 Nakoming 376
13.3 Algemene voorwaarden 382
13.4 Koopovereenkomst 387
13.5 Consumentenrecht 392
Begrippenlijst 396
Vragen 398

14 Onrechtmatige daad 407
14.1 Inleiding 407
14.2 Aansprakelijkheidsvereisten 409
14.3 Samenloop 415
14.4 Aansprakelijkheid voor personen 415
14.5 Aansprakelijkheid voor zaken 419
14.6 Productaansprakelijkheid 421
14.7 Oneerlijke handelspraktijken 425
Begrippenlijst 427
Vragen 429

15 Octrooi- en auteursrecht 439
15.1 Intellectueel eigendom 439
15.2 Octrooirecht 442
15.3 Procedure 444
15.4 Het exclusieve recht 446
15.5 Octrooigemachtigde 447
15.6 Het auteursrecht 448
15.7 Handhaving 455
15.8 Wet op de naburige rechten 456

15.9	Reprorechten 456	
	Begrippenlijst 457	
	Vragen 459	

16 Merken- en modellenrecht en handelsnaam 467

16.1	Merken, modellen en tekeningen 467
16.2	Merkenrecht 467
16.3	Schade 480
16.4	Sterk en zwak merk 481
16.5	Wereldmerk 481
16.6	Overgang en licentie 483
16.7	Bescherming van design 483
16.8	Concurrentie 485
16.9	Onrechtmatige daad en slaafse nabootsing 486
16.10	Licentie 486
16.11	Handelsnaam 486
16.12	Domeinnamen 488
16.13	Piraterij 488
	Begrippenlijst 490
	Vragen 492

17 Concurrentie 501

17.1	Concurrentie 501
17.2	Mededingingswet 501
17.3	Mededingingsregelingen 502
17.4	Kartelverbod 502
17.5	Uitzonderingen op het kartelverbod 505
17.6	Economische machtspositie 506
17.7	Mededinging en de Europese Unie 511
	Begrippenlijst 512
	Vragen 513

18 Vermogen, verhaal en faillissement 521

18.1	Schulden 521
18.2	Voorrang 523
18.3	Conservatoir en executoriaal beslag 524
18.4	Pand 527
18.5	Hypotheek 530
18.6	Surseance van betaling, faillissement en schuldsanering 534
18.7	Surseance 534
18.8	Faillissement 536
18.9	Faillissementsfraude 545
18.10	Schuldsanering natuurlijke personen 545
	Begrippenlijst 548
	Vragen 551

Deel 5 **Overig** 555

Appendix 557
1. Opzoeken en lezen van wetsartikelen 557
2. Tekstedities 557
3. De systematiek binnen een wetstekst 557
4. Het trefwoordenregister 558
5. Het opsporen van wetsartikelen 558
6. Het opschrijven van wetsartikelen 559
7. Indien u een wetsartikel opschrijft 559
8. Opsporing wetsartikelen via register 559
9. Het Burgerlijk Wetboek 560
   Vragen 561

Meerkeuzeantwoorden 565

Register 577

Softy bv

Er wordt in dit boek uitgegaan van een fictieve casus. Pieter Werkmans van Softy bv komt als ondernemer in aanraking met allerlei juridische problemen die spelen in het bedrijfsleven.

Bedrijfsprofiel Softy bv

Softy bv met vestigingen in Amsterdam, Duiven, Groningen, 's-Hertogenbosch en Zwolle houdt zich al meer dan 15 jaar op ambitieuze wijze bezig met de integratie van hard- en softwarecomponenten en biedt een breed scala aan dienstenpakketten. Softy bv ontwerpt, bouwt en onderhoudt netwerken, levert apparatuur en software en geeft adviezen op automatiseringsgebied. Dit doet zij slechts met één doel: mensen beter laten functioneren op hun werkplek.

Elk bedrijf kent een eigen werkwijze, bedrijfscultuur en informatiecyclus. Softy bv ontwikkelt op onderscheidende wijze automatiseringssystemen die daar naadloos op aansluiten. Van eenvoudige standalone computers tot uitgebreide netwerkconfiguraties; de gebruiker en zijn behoeftes staan bij Softy bv centraal. Het bedrijf heeft afnemers in het midden- en kleinbedrijf, (hoge)scholen, ziekenhuizen en zorginstellingen.

Voor een succesvolle automatisering heeft u geen toeleverancier nodig, maar een pártner. Een partner die u alle zorgen uit handen neemt. Die uw complete automatisering kan ontwerpen, installeren, beheren en onderhouden. Zodat u er absoluut geen omkijken naar heeft. Softy bv ís zo'n partner.

Vanuit het hoofdkantoor in Enschede en regionale vestigingen door heel Nederland werken wij met meer dan 125 gedreven ICT-specialisten voor bedrijven, onderwijsinstellingen en (semi)overheden. Een financieel sterke positie, een goed gevulde orderportefeuille en een prominente plaats in de Top-10 van ICT-bedrijven vormen ondersteunende bewijzen voor onze kwaliteiten, die door steeds meer opdrachtgevers worden gewaardeerd. Want de groei van Softy bv blijft onverminderd doorgaan.

DEEL 1 ALGEMENE INLEIDING

Hoofdstuk 1
Inleiding

1.1	**Wat is recht?** 3	
1.2	**Rechtspraak** 4	
1.3	**Rechtsbronnen** 4	
1.3.1	Wetten 4	
1.3.2	Jurisprudentie 4	
1.3.3	Gewoonte en gebruiken 6	
1.3.4	Verdrag 6	
1.4	**Formeel en materieel recht** 6	
1.4.1	Wetten in formele en materiële zin 7	
1.5	**Publiekrecht en privaatrecht** 7	
1.6	**Privaatrecht** 8	
1.6.1	De rechterlijke organisatie 9	
1.6.2	Benoeming van rechters 10	
1.6.3	Taak van de rechter 10	
1.6.4	De rechterlijke instanties 11	
1.6.5	Civiele rechtspraak 12	
1.6.6	Eiser en gedaagde 12	
1.6.7	De advocaat 12	
1.6.8	Dagvaarding 12	
1.6.9	De deurwaarder 13	
1.6.10	Absolute competentie bij civiele zaken 13	
1.6.11	Relatieve competentie bij civiele zaken 13	
1.6.12	Civiele procedure 13	
1.6.13	Comparitie 14	
1.6.14	Verstek 14	
1.6.15	Voorzieningenrechter / Kort geding 14	
1.6.16	Vonnis 15	
1.6.17	Rechtsmiddelen 15	
1.6.18	Hoger beroep 16	
1.6.19	Beroep in cassatie 16	
1.6.20	De Hoge Raad 17	
1.6.21	Prejudiciële vraag 17	
1.7	**Mediation** 18	
1.7.1	Mediator 19	
1.7.2	Mediation en de rechter 19	

1.8	**Strafrecht** 19
1.8.1	Regels bij strafrechtspraak 20
1.8.2	Strafrechtspraak 21
1.8.3	Absolute competentie bij strafzaken 21
1.8.4	De politierechter en de economische politierechter 22
1.8.5	Relatieve competentie bij strafzaken 22
1.8.6	Het Openbaar Ministerie 22
1.8.7	Vervolgingsmonopolie 23
1.8.8	Bekeuring 23
1.8.9	De verdachte 24
1.8.10	De advocaten in strafzaken 24
1.8.11	Het onderzoek ter terechtzitting 24
1.8.12	De uitspraak 25
1.8.13	Straf en maatregelen 26
1.8.14	Maximum- en minimumstraffen 26
1.8.15	Hoger beroep en beroep in cassatie bij strafzaken 27
1.9	**Bestuursrecht** 27
1.9.1	Algemene wet bestuursrecht 27
1.9.2	Besluit en beschikking 28
1.9.3	Belanghebbende 29
1.9.4	Last onder bestuursdwang en last onder dwangsom 30
1.9.5	Bezwaar 30
1.9.6	Geen schorsende werking 31
1.9.7	Absolute en relatieve competentie bij bestuursrechtspraak 31
1.9.8	Beroep bij bestuursrechter 31
	Begrippenlijst 33
	Vragen 37
	Meerkeuzevragen 37
	Open vragen 44

HOOFDSTUK 1
Inleiding

In dit hoofdstuk wordt een korte inleiding gegeven over een aantal algemene aspecten van het recht en over een aantal onderwerpen die bedoeld zijn als inleiding op de onderwerpen die in dit boek aan de orde komen. Zo komt aan de orde waar we het recht kunnen vinden: het formele en het materiële recht, rechterlijke organisatie, civiele rechtspraak, bestuursrechtspraak en strafrecht.

1.1 Wat is recht?

Ieder heeft wel een idee over wat recht is. Recht heeft in ieder geval met regels te maken. Recht is het geheel van regels en normen, die door de overheid zijn vastgesteld of erkend en door de overheid worden gehandhaafd om de samenleving vreedzaam te regelen.

Recht is een systeem van regels voor maatschappelijk gedrag. Een regel is een voorschrift dat aangeeft welk menselijk gedrag verplicht is of welk gedrag is toegestaan. Regels leggen aan degene tot wie ze gericht zijn verplichtingen op of verlenen hem bevoegdheden.

Veel rechtsregels staan in de wet, maar er zijn ook rechtsregels die niet in de wet staan. Rechtsregels zijn afdwingbaar, dat wil zeggen dat de regels desnoods met geweld door de overheid gehandhaafd worden. Doel van het recht is het ordenen van een vreedzame en rechtvaardige samenleving.

Onder de overheid vallen niet alleen de centrale overheid (de regering en het parlement), maar ook de lagere overheden zoals provincies, gemeenten en waterschappen.

De regering maakt samen met het parlement wetten. Naast de centrale overheid die wetten maakt, zijn ook lagere overheden bevoegd om algemeen geldende regels te maken. Zo kunnen provincies en gemeenten hun eigen provinciale en gemeentelijke verordeningen maken.

Voorbeeld

Verboden Toegang
Art. 461 Wetboek van Strafrecht: 'Hij die, zonder daartoe gerechtigd te zijn, zich op eens anders grond waarvan de toegang op een voor hem blijkbare wijze door de rechthebbende is verboden, bevindt of daar vee laat lopen, wordt gestraft met geldboete van de eerste categorie.'

1.2 Rechtspraak

Een groot gedeelte van het recht is neergelegd in wetten. Maar lang niet al het recht is daarin vastgelegd. Bovendien verandert het recht voortdurend, omdat ook de maatschappij verandert. Bij de hantering en toepassing van het recht spelen rechters van het land een zeer belangrijke rol. In de meeste rechtszaken bestaat over het geldende recht geen twijfel, maar strijden de partijen over de feiten. Dat na een aanrijding degene die een fout gemaakt heeft de schade moet betalen, staat vast; maar wie van beide maakte die fout? Regelmatig is er ook verschil van mening over de vraag wat een bepaalde rechtsregel te betekenen heeft. Een rechtsregel zal zo door de rechter moeten worden uitgelegd dat een rechtvaardige beslissing wordt genomen. Is er geen rechtsregel voorhanden, dan moet hij er een maken. Zowel bij de uitleg van rechtsregels als bij het maken van nieuwe regels is de rechter gebonden aan het stelsel van het geldende recht. De rechter moet de oplossing zoeken die daarin het beste past en daarop het beste aansluit.

1.3 Rechtsbronnen

Het begrip rechtsbron wordt gebruikt om aan te geven waar we de regels van het recht kunnen vinden. Het begrip recht is ruimer dan het begrip wet. De wet is een hulpmiddel om te beoordelen of iets conform het recht is of niet. De wet is dat onderdeel van het recht dat door de regering en het parlement schriftelijk is vastgelegd. Bij het beoordelen van wat in een concreet geval recht is, kan ook kennis worden geput uit andere bronnen van het recht. We kennen onder andere de vier navolgende bronnen waaruit het recht voortvloeit:
- wet;
- jurisprudentie;
- gewoonte en gebruiken;
- verdrag.

Recht = wet + jurisprudentie + gewoonte en gebruiken + verdrag

1.3.1 Wetten
In wetten is maar een gedeelte opgenomen van het totale recht. Men kan ook zeggen dat in wetten het geschreven recht is opgenomen. Codificatie is het opnemen van het geldende recht in wetten en wetboeken. Veel wetten worden door de regering gemaakt, maar ze moeten altijd door het parlement worden goedgekeurd. Wet is een geschreven regeling die voor een niet concreet persoon geldt en die is uitgevaardigd door een daartoe bevoegd overheidsorgaan (wetgever). Een zeer klein gedeelte (maar voor de praktijk van groot belang) van alle Nederlandse wetten is opgenomen in uw wetboek.

1.3.2 Jurisprudentie
De rechters beslissen op basis van het recht. Zij moeten de rechtsregels toepassen op concrete gevallen. Op grond van art. 13 Wet Algemene Bepalingen mag de rechter niet weigeren recht te spreken wanneer de wet voor een bepaalde situatie/verhouding geen

oplossing geeft. Waar de wet onduidelijk of onvolledig is, kan de rechter zijn oordeel baseren op het geheel van rechterlijke uitspraken dat in soortgelijke gevallen is gedaan. Het is de taak van de rechter om te beslissen hoe de wet in een bepaalde situatie moet worden uitgelegd. Maar elke rechter is onafhankelijk en komt zelfstandig tot een oordeel. Het systeem van de rechtelijke organisatie dwingt een rechter wel om rekening te houden met uitspraken van andere rechters in soortgelijke zaken. Hogere rechters kunnen uitspraken van lagere rechters in hoger beroep of in cassatie vernietigen.

Als een kantonrechter een beslissing moet geven in een zaak, terwijl de Hoge Raad (HR) in het verleden in een soortgelijke zaak ook al een beslissing heeft gegeven, zal de kantonrechter terdege rekening houden met de uitspraak van de Hoge Raad. Anders is de kans groot dat de betrokken partijen in hoger beroep gaan, omdat advocaten de uitspraken van de Hoge Raad ook kennen en in hogere instantie alsnog gelijk kunnen krijgen.

De uitspraken van de rechters leggen als het ware de wet uit en vullen de wet aan. Onder jurisprudentie verstaan we alle uitspraken van de rechters in Nederland. De uitspraken (arresten) van de Hoge Raad, ons hoogste rechtscollege, spelen uiteraard een zeer belangrijke rol binnen de jurisprudentie.

Arrest

Arrest RunScape
Hoge Raad, 31 januari 2012, ECLI:NL:HR:2012:BQ9251

Feiten
Verdachte en medeverdachte hebben tijdens het fietsen een 13-jarige klasgenoot, die naar huis fietste, gedwongen mee te gaan naar de woning van medeverdachte.

Het slachtoffer werd door twee klasgenootjes onder bedreiging van een mes gedwongen om in te loggen op zijn RuneScape-account om in de spelwereld deze virtuele objecten aan (de avatars van) de daders te geven. De jongens worden door het Openbaar Ministerie beschuldigd van diefstal. De twee jongens zijn veroordeeld door het gerechtshof voor diefstal van virtuele goederen, maar vechten dit aan bij de Hoge Raad.

In art. 310 van het Wetboek van Strafrecht staat:

"Hij die **enig goed** dat geheel of ten dele aan een ander toebehoort wegneemt, met het oogmerk om het zich wederrechtelijk toe te eigenen, wordt, als schuldig aan diefstal, gestraft [...]".

In deze zaak gaat het over de vraag of het afhandig maken van een virtueel masker en amulet uit het online spel Runescape kan worden beschouwd als diefstal.

Hoge Raad
3.3.3. In de loop der jaren heeft de Hoge Raad verschillende interpretatievragen beantwoord over de betekenis van het begrip 'goed', ook met betrekking tot andere bepalingen waarvan dat begrip een onderdeel vormt.

In HR 23 mei 1921, NJ 1921, p. 564 ging het om de vraag of elektrische energie kon worden aangemerkt als een 'goed' in de zin van art. 310 Sr. Die vraag werd door de Hoge Raad bevestigend beantwoord.

…

Een en ander leidde tot de slotsom "dat dus, waar art. 310 Strafrecht ten doel heeft het vermogen van een ander te beschermen en met dat doel het wegnemen van 'eenig goed' onder de in dat artikel genoemde omstandigheden strafbaar stelt zonder op eenigerlei wijze nader aan te duiden wat onder 'eenig goed' gerekend moet worden, op grond van bovengenoemde eigenschappen dit artikel ook op electrische energie van toepassing is".

3.6.1.
...
De virtuele aard van deze objecten staat op zichzelf niet eraan in de weg deze aan te merken als goed in de zin van art. 310 Sr.

Toelichting
Hier geeft de Hoge Raad een interpretatie van het woord 'goed' in de zin van art. 310 Wetboek van Strafrecht. Virtuele objecten kunnen als 'goed' in de zin van art. 310 Strafrecht worden gekwalificeerd en kunnen dan ook worden gestolen.

1.3.3 Gewoonte en gebruiken
Een gewoonte of een gebruik is een vast patroon van gedragingen. In bepaalde streken of economische sectoren heersen bepaalde gewoonten en gebruiken. Niet elke gewoonte of gebruik maakt deel uit van het recht. Daarvoor is nodig dat bij de groep de overtuiging bestaat dat de gewoonte of het gebruik deel uitmaakt van het recht. Een rechter houdt rekening met gewoonten en gebruiken. De wet houdt nadrukkelijk rekening met gewoonten (art. 6:248, lid 1 BW).

1.3.4 Verdrag
Een verdrag is een internationale overeenkomst tussen twee of meer staten die op schrift is gesteld. Een verdrag geldt in principe alleen tussen de staten die het verdrag hebben gesloten. Soms kan een verdrag, zonder dat de nationale wetgever eraan te pas komt, de burgers direct binden. In zo'n geval zeggen we dat het verdrag 'self executing' is. Dat betekent dat burgers direct bij de rechter een beroep kunnen doen op bepalingen van een verdrag.

Bij een internationale koopovereenkomst kunnen burgers – als aan de voorwaarden is voldaan – rechtstreeks beroep doen op het Weens Koopverdrag. De regering ondertekent verdragen, maar dan is het verdrag nog niet geldig. Het parlement moet het verdrag nog goedkeuren en dan kan het worden geratificeerd. Een zeer belangrijk verdrag is het Verdrag betreffende de Europese Unie waardoor de Europese Unie is ontstaan. In de internationale handel krijgt men te maken met het Weens Koopverdrag van 1980.

1.4 Formeel en materieel recht

Een belangrijk onderscheid in het recht is het verschil tussen materieel en formeel recht. Procesrecht vormt het formele recht. Bij formeel recht gaat het om rechtsregels waarmee rechten of plichten kunnen worden afgedwongen. Als een verkoper niet aan zijn verplichtingen wil voldoen en de koper wil dit bij de rechter juridisch uitvechten dan dient hij te procederen via het formele recht. Bij materieel recht gaat het om rechtsregels die rechten geven of verplichtingen opleggen. Het gaat dan om de inhoud van het recht. De meeste regels van het Burgerlijk Wetboek bestaan uit materieel recht.

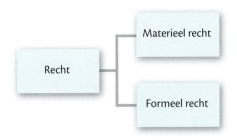

1.1 Verhouding tussen materieel recht en formeel recht

1.4.1 Wetten in formele en materiële zin

Regels worden door de overheid gemaakt. Maar er zijn vele overheden. Niet alleen de regering en de Eerste en Tweede Kamer kunnen regels maken maar ook de regering alleen, de provincie, de gemeente en de waterschappen. Wetgeving is het stellen van algemene regels, dat wil zeggen het uitvaardigen van regels die ten opzichte van iedereen werken.

Een wet in formele zin is een voorschrift dat is uitgevaardigd door de regering en de Eerste en Tweede Kamer samen. In de praktijk wordt zo'n regel 'wet' genoemd. Bijvoorbeeld Wetboek van Strafrecht, Burgerlijk Wetboek, Faillissementswet. Een wet in materiële zin is een voorschrift dat ieder kan binden, ongeacht wie het voorschrift heeft uitgevaardigd. Een gemeentelijke Algemene Plaatselijke Verordening (APV) wordt uitgevaardigd door de gemeenteraad en bindt iedere burger die zich in die gemeente bevindt. Vrijwel de meeste door de regering en de Eerste en Tweede Kamer afgekondigde regelingen zijn zowel wetten in formele zin alsmede wetten in materiële zin.

1.5 Publiekrecht en privaatrecht

Er zijn twee vormen van recht te onderscheiden: publiek- en privaatrecht. Onder publiekrecht verstaan we de rechtsregels waarbij een overheidsinstantie gebruik kan maken van haar gezag of macht om de naleving van die regels af te dwingen. Het regelt de onderlinge verhoudingen tussen de overheidsorganen en de relatie tussen overheid en burger. Het publiekrecht is nauw verbonden met de overheid. Het algemeen belang staat op de voorgrond. Onder publiekrecht verstaan we alle regels met betrekking tot:
a. de inrichting van de staat;
b. de verhouding tussen overheidsorganen onderling, wanneer gebruik wordt gemaakt van gezag;
c. de verhouding tussen burger en overheid, als de overheid gebruik maakt van gezag.

Privaatrecht heeft betrekking op de rechtsverhouding tussen burgers onderling. Bij privaatrecht staat het individuele belang van de burger op de voorgrond. Iedereen in Nederland krijgt er op een of andere manier mee te maken: of men nu gaat trouwen, een nieuwe baan neemt, een huis huurt, een computer koopt, telkens heeft men te maken met de regels van het privaatrecht. Het privaatrecht is grotendeels geregeld in het Burgerlijk Wetboek.

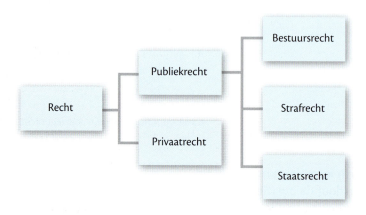

1.2 Indeling recht

1.6 Privaatrecht

Het burgerlijk of civiel recht regelt rechten en plichten tussen personen onderling. Dat kunnen natuurlijke personen zijn, mensen dus, of zogenaamde rechtspersonen zoals een nv, bv of vereniging. In de wet wordt gestreefd naar een oplossing die de belangen van alle partijen zoveel mogelijk tot hun recht doet komen. Om te voorkomen dat het recht van de sterkste gaat gelden, is het soms nodig dat de zwakste partij door dwingend recht wordt beschermd. Dwingend recht betekent dat het om regels gaat waar niet van mag worden afgeweken. Als dat toch gebeurt, zijn de gemaakte afspraken niet geldig. In arbeidsverhoudingen kan de werknemer de zwakste partij zijn. Daar houdt de wet rekening mee. Bij privaatrecht gaat het om de juridische relatie tussen burgers onderling. Denk hierbij aan koop, huur, hypotheek, arbeidsovereenkomst et cetera.

Ook de overheid koopt (meubilair voor het gemeentehuis), huurt, verhuurt et cetera. Zij handelt hier als gewone burger; overheid en burger zijn dan juridisch gelijkwaardige partijen. We spreken ook hier van privaatrecht. Ook valt onder het privaatrecht indien de ene overheid met een andere overheid handelt als gelijkwaardige partij, bijvoorbeeld wanneer de provincie een stuk grond koopt van een gemeente. De begrippen privaatrecht, civiel recht en burgerlijk recht worden in de praktijk door elkaar gebruikt en betekenen in de meeste gevallen min of meer hetzelfde.

1 Inleiding

1.3 Privaatrecht en de verhouding tussen burgers

'Stop met het verdacht maken van de rechter'

Rechtspraak roept politiek op verantwoordelijkheid te nemen voor eigen wetgeving

Den Haag - Politici moeten hun verantwoordelijkheid nemen en niet wijzen naar de rechter als wetten niet de gewenste uitkomst hebben in de rechtszaal. Dit zei Henk Naves, voorzitter van de Raad voor de rechtspraak, in zijn nieuwjaartoespraak. Naves: "Hoewel het misschien politiek beter uitkomt om te doen alsof het wel zo is: rechters schudden geen regels lukraak uit hun mouw. Rechters passen het recht toe zoals is vastgesteld door de wetgever en toetsen aan internationale verdragen zoals deze zijn omarmd door het parlement. Regels waar óók de overheid zich aan moet houden."

Dikastocratie

Henk Naves, voorzitter Raad voor de rechtspraak (Rvdr): "Het afgelopen jaar nam de rechter een aantal veelbesproken beslissingen, bijvoorbeeld de uitspraak van de Raad van State over het Nederlandse stikstofbeleid en de (in hoger beroep teruggedraaide) beslissing van de Haagse rechtbank en het gerechtshof over de inspanningsverplichting die de overheid heeft om de Nederlandse kinderen van Syriëgangers naar Nederland te halen. Ook was er veel maatschappelijke aandacht voor de klimaatzaak Urgenda waarin de rechter bepaalde dat Nederland meer moet doen tegen de uitstoot van broeikasgassen. Naar aanleiding hiervan stelde de Tweede Kamer een werkgroep in om de 'toenemende invloed' van rechters in de trias politica, de zogenoemde dikastocratie, te onderzoeken."

Evenwicht

De voorzitter van de Rvdr benadrukt dat hij er geen moeite mee heeft als een individuele politicus of politieke partij de rechter naar voren schuift als boeman. Waar hij zich wél aan stoort, is het gebrek aan stevig politiek tegengeluid als de rechter stelselmatig verdacht wordt gemaakt. Naves: "Op een enkeling na zwijgt men en stemt zo toe. Sterker nog, de beschuldiging van de rechter wordt omarmd door een heuse parlementaire werkgroep die onderzoek doet naar de 'rechtersstaat'. En dan komen we op het punt dat het evenwicht binnen de trias wankelt."

Respect

Naves beaamt dat het gaat om uitspraken met grote impact op de samenleving waarbij het oordeel van de rechter onder een vergrootglas ligt. "Ondanks soms forse maatschappelijke en politieke druk houden rechters het hoofd koel en komen tot een onafhankelijk, professioneel oordeel. Dat zou respect moeten oogsten, geen verdachtmakingen. Het zou de politiek sieren in de spiegel te kijken na een onwelgevallige uitspraak van de rechter. Stop met het verschuilen achter ónze toga en neem verantwoordelijkheid voor wetgeving en besluitvorming die kennelijk tekortschiet."

www.rechtspraak.nl, 9 januari 2020

1.6.1 De rechterlijke organisatie

Alle onafhankelijke rechters samen vormen de rechterlijke macht, ook wel zittende magistratuur genoemd. Art. 116 Grondwet (Grw.) vormt de basis voor de rechterlijke organisatie van ons land. Tot de rechterlijke macht behoren alle rechterlijke instanties voor zover er sprake is van onafhankelijkheid. Art. 116 Grw. is uitgewerkt in een aantal wetten. De belangrijkste daarvan is de Wet op de rechterlijke organisatie (RO).

1.6.2 Benoeming van rechters

Een rechter moet in volkomen vrijheid en zonder vrees voor de gevolgen zijn oordeel kunnen geven. Hij moet daarom onafhankelijk zijn. In de Wet op de rechterlijke organisatie vinden we onder andere de benoemingsprocedure van rechters. De regering benoemt nieuwe rechters bij koninklijk besluit. Deze benoeming is voor het leven. Dat houdt in dat rechters op 70-jarige leeftijd met pensioen gaan. Zij kunnen niet door de regering vóór het bereiken van die leeftijd uit hun functie worden ontheven, ook al zouden zij beslissingen nemen die de regering niet welgevallig zijn. Ontslag kan wel gegeven worden door de Hoge Raad, de hoogste rechterlijke instantie in ons land. De Hoge Raad kan hiertoe besluiten als een rechter naar zijn mening niet goed functioneert.

Behalve door een benoeming voor het leven wordt de rechterlijke onafhankelijkheid gewaarborgd doordat het salaris bij de wet geregeld is, zodat de regering daar alleen in samenwerking met de Tweede en Eerste Kamer verandering in kan brengen.

De onafhankelijkheid wordt daarnaast gewaarborgd doordat het aantal rechters in een proces vaststaat: wettelijk is geregeld door hoeveel rechters in een civiel proces of in een strafzaak wordt rechtgesproken. Een rechter is niet ondergeschikt aan een andere rechter.

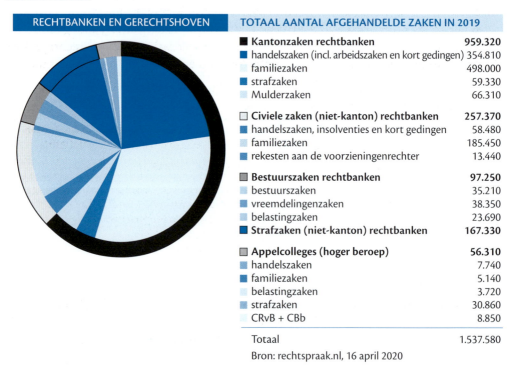

RECHTBANKEN EN GERECHTSHOVEN	TOTAAL AANTAL AFGEHANDELDE ZAKEN IN 2019	
	Kantonzaken rechtbanken	**959.320**
	handelszaken (incl. arbeidszaken en kort gedingen)	354.810
	familiezaken	498.000
	strafzaken	59.330
	Mulderzaken	66.310
	Civiele zaken (niet-kanton) rechtbanken	**257.370**
	handelszaken, insolventies en kort gedingen	58.480
	familiezaken	185.450
	rekesten aan de voorzieningenrechter	13.440
	Bestuurszaken rechtbanken	**97.250**
	bestuurszaken	35.210
	vreemdelingenzaken	38.350
	belastingzaken	23.690
	Strafzaken (niet-kanton) rechtbanken	**167.330**
	Appelcolleges (hoger beroep)	**56.310**
	handelszaken	7.740
	familiezaken	5.140
	belastingzaken	3.720
	strafzaken	30.860
	CRvB + CBb	8.850
	Totaal	1.537.580

Bron: rechtspraak.nl, 16 april 2020

1.6.3 Taak van de rechter

De taak van de rechter is volgens de Grondwet tweeledig. Enerzijds moet de rechter geschillen oplossen tussen burgers onderling of tussen burgers en de overheid (art. 112 Grw.). Anderzijds is hij belast met de strafrechtspraak (art. 113 Grw.).

1 Inleiding

1.6.4 De rechterlijke instanties

In Nederland spreekt de rechterlijke macht recht op het gebied van het burgerlijk recht, strafrecht en bestuursrecht. In het burgerlijk recht en het strafrecht is de organisatie van de rechterlijke macht vrijwel hetzelfde.

In Nederland spreken de volgende rechterlijke instanties recht op bovengenoemde gebieden (art. 2 RO):
a. de rechtbanken;
b. de gerechtshoven;
c. de Hoge Raad.

We hebben in Nederland één Hoge Raad en vier gerechtshoven. Verder hebben we tien rechtbanken. Iedere rechtbank heeft verschillende sectoren. De sector is de organisatorische basiseenheid van de rechtbank. De rechtszaken worden gehouden voor de enkelvoudige kamer (één rechtsprekende rechter) of de meervoudige kamer (drie rechtsprekende rechters). De civiele rechter is werkzaam in de sector civiel of kanton; de strafrechter in de sector strafrecht of kanton.

De enkelvoudige kamer bij strafzaken zijn onder andere de politierechter en de kinderrechter. In de enkelvoudige kamer bij civiele zaken zijn de voorzieningenrechter bij een kort geding en de kantonrechter van de sector kanton bevoegd.

Bij de Hoge Raad en het gerechtshof is er in beginsel sprake van collegiale rechtspraak, dat wil zeggen dat in een rechtszaak drie of vijf rechters samen rechtspreken. Bij de rechtbank worden zaken behandeld door een enkelvoudige kamer, met uitzondering van de meervoudige kamer.

De organisatorische onderdelen van de rechtbank

Sector civiel recht		Sector strafrecht		Sector kanton, civiel recht	Sector kanton, strafrecht
3 rechters	1 rechter	3 rechters	1 rechter	1 rechter	1 rechter
Meervoudige kamer	Enkelvoudige kamer: voorzieningenrechter	Meervoudige kamer	• Politierechter • Economische politierechter • Kinderrechter	Enkelvoudige kamer: voorzieningenrechter	Enkelvoudige kamer

Samenstelling rechterlijke instanties

Naam instantie	Aantal	Naam van rechters	Aantal rechters in een proces	Uitspraak
Hoge Raad	1	Raadsheren	5 per kamer*	Arrest
Gerechtshof	4	Raadsheren	3 per kamer*	Arrest
Rechtbank	11	Rechters	3 per kamer/1 per kamer	Vonnis

*) Dit is de hoofdregel; uitzonderingen komen voor.

1.6.5 Civiele rechtspraak

Wanneer burgers geschillen met elkaar hebben, bestaat er de mogelijkheid om via rechterlijke tussenkomst het geschil op te lossen. Bij civiele rechtspraak vindt men twee of meer burgers tegenover elkaar. De officiële benaming van een burger is dan 'partij'. De ene partij is de eiser, de andere (de tegenpartij) de gedaagde. Het gaat bij civiele rechtspraak overigens niet alleen om geschillen tussen burgers onderling, maar ook om die tussen burgers en rechtspersonen, zoals een besloten vennootschap, een stichting, een vereniging en soms ook de overheid.

In Nederland wordt in principe rechtgesproken in drie instanties. Dat betekent dat een juridisch conflict eerst wordt bekeken door een lagere rechter. Is men het met zijn beslissing niet eens, dan kan men zijn zaak aan een hogere rechter voorleggen. Dat heet 'in hoger beroep gaan'. Is men het weer niet met de uitspraak eens, dan kan men in een aantal gevallen het probleem voorleggen aan het hoogste rechtscollege, de Hoge Raad.

1.6.6 Eiser en gedaagde

De eiser en de gedaagde zijn de hoofdrolspelers in het civiele proces. De eiser is degene die het proces aanhangig maakt; dat betekent dat hij ermee begonnen is. De eiser – het woord zegt het eigenlijk al – heeft iets te vorderen (te eisen) van de gedaagde, zijn tegenpartij. De gedaagde is hem bijvoorbeeld geld schuldig, heeft de eiser schade berokkend of heeft een product (dienst) geleverd dat (die) niet voldoet.

1.6.7 De advocaat

Een burgerlijk proces is vaak niet eenvoudig. Er zijn tal van regels waar men rekening mee moet houden. In de meeste gevallen zullen de eiser en de gedaagde zich daarom laten bijstaan door een advocaat. Tijdens het proces verschijnt hij op de zitting als vertegenwoordiger van zijn cliënt.

Bij de rechtbank, het hof en de Hoge Raad is het verplicht om een advocaat in te schakelen. Bij het kantongerecht is een advocaat niet verplicht; men kan ook zelf zijn zaak verdedigen.

1.6.8 Dagvaarding

Een civiele procedure bij de rechtbank, zowel voor de sector civiel alsmede voor de sector kanton, verloopt globaal hetzelfde. Een dergelijke procedure begint in het algemeen met een dagvaarding (art. 78ev Rv). Dat is een schriftelijk stuk waarbij de eiser de gedaagde oproept om op een bepaalde dag en tijd voor de rechter te verschijnen vanwege een rechtsvordering van de eiser. In zo'n dagvaarding moet bijzonder nauwkeurig worden omschreven wat de eiser vordert. Als namelijk niet aan bepaalde door de wet gestelde eisen wordt voldaan, kan de rechter de dagvaarding nietig (ongeldig) verklaren. Een dagvaarding wordt gemaakt door een advocaat.

De eiser, of diens advocaat, stelt de dagvaarding op en om ervoor te zorgen dat de dagvaarding ook echt aankomt, brengt een deurwaarder haar naar de gedaagde. In de dagvaarding moet de eiser duidelijk maken wat de kern van de zaak is en wat hij wil. Ook moet hij ingaan op het verweer van de gedaagde, voor zover hij weet wat dat verweer is. Daarnaast moet de eiser in de dagvaarding aangeven welke bewijsmiddelen en getuigen hij heeft. De gedaagde kan antwoorden met een verweer.

1 Inleiding

1.6.9 De deurwaarder
De deurwaarder brengt de dagvaarding uit. Dat betekent dat hij ervoor zorgt dat de gedaagde de dagvaarding ontvangt. Ook handhaaft hij de orde op de zitting. Als degene die het proces verloren heeft niet vrijwillig aan het vonnis voldoet, dan zorgt de deurwaarder voor de uitvoering ervan, bijvoorbeeld door beslag te leggen op loon of uitkering van de verliezer of ontruiming van een woning. Als het nodig is kan de politie de deurwaarder bijstaan.

1.6.10 Absolute competentie bij civiele zaken
Bij welke rechterlijke instantie moet een civiele procedure worden gestart? Er zijn in Nederland drie rechterlijke instanties, de Hoge Raad, de gerechtshoven en de rechtbanken. Als hoofdregel van de absolute competentie in civiele zaken geldt dat de rechtbank bevoegd is, dat wil zeggen dat alle rechtszaken beginnen bij de rechtbank. Iedere rechtbank heeft verschillende sectoren. Een civiele procedure wordt behandeld door een rechter van de sector kanton of de sector civiel.

De zaak wordt behandeld door de sector kanton wanneer sprake is van (art. 93 Rv):
- een arbeidsovereenkomst of cao;
- huur;
- agentuur, huurkoop of pacht of consumentenkoopovereenkomst;
- geldvorderingen tot € 25.000.

In alle andere gevallen wordt de zaak behandeld door de rechtbank, sector civiel.

1.6.11 Relatieve competentie bij civiele zaken
Bij relatieve competentie gaat het erom welke van de tien rechtbanken bevoegd is. Als hoofdregel van de relatieve competentie in civiele zaken geldt dat de rechter in de woonplaats van de gedaagde bevoegd is (art. 99 Rv). Op deze regel zijn enkele uitzonderingen, zoals procedures over onroerende zaken; in dat geval is de rechtbank bevoegd van het rechtsgebied waarbinnen deze zaak zich bevindt (art. 103 Rv). Bij arbeidsovereenkomsten is ook de (kanton)rechter bevoegd waar het werk gewoonlijk wordt verricht (art. 100 Rv).

1.6.12 Civiele procedure
Een gewone rechtszaak (bodemprocedure) bij een rechterlijke instantie begint meestal met het uitbrengen van een dagvaarding door de eiser aan de gedaagde. De eiser moet meteen tot de kern van de zaak komen (art. 111, lid 3 Rv). In de dagvaarding dient te worden uiteengezet wat in geschil is tussen partijen (de gronden, maar ook de door gedaagde aangevoerde verweren), het bewijsmateriaal en de getuigen. Deze bewijsaandraagplicht geldt evenzeer voor de gedaagde. Als de gedaagde het niet eens is met de vordering, kan hij daartegen verweer voeren. In het verweer zet de gedaagde zo helder mogelijk uiteen waarom hij de vordering onterecht vindt. De gedaagde moet ook aangeven over welke bewijzen hij beschikt. Het verweer wordt ook wel conclusie van antwoord genoemd. De rechtbank gaat ervan uit dat het verweer schriftelijk wordt uitgevoerd. Het schriftelijk verweer moet voor de zitting in het bezit zijn van de griffie van de rechtbank. Soms is de gedaagde van mening dat hij ook iets heeft te vorderen van

de eiser. Hij kan dan in een lopende procedure een vordering tegen de eiser instellen. Zo'n eis heet een tegeneis of een eis in reconventie.

1.6.13 Comparitie
Na ontvangst van het verweer beoordeelt de rechtbank of partijen persoonlijk dienen te verschijnen voor de rechter rechter (art. 87 Rv). Dat wordt een comparitie genoemd. Dat is een zitting waarbij de eiser en de gedaagde de rechter mondeling nadere inlichtingen geven. De rechter kan ook een comparitie houden om te kijken of eiser en gedaagde tot een schikking kunnen komen. In dat geval komen eiser en gedaagde elkaar alsnog tegemoet en wordt de rechtszaak zonder vonnis beëindigd. Na de comparitie beslist de rechter hoe de procedure verder verloopt. De rechter kan ook direct vonnis wijzen. Hij kan daarnaast de eiser en de gedaagde de gelegenheid bieden de argumenten schriftelijk of mondeling nader toe te lichten.

1.6.14 Verstek
Een gedaagde is niet verplicht om voor de rechter te verschijnen. Doet hij dit niet, dan zeggen we dat de gedaagde verstek laat gaan. De rechter doet wél uitspraak, nu zonder dat hij de gedaagde heeft gehoord (art. 139 Rv). Dit heet een verstekvonnis. Tegen dit verstekvonnis kan de gedaagde in verzet gaan, en wel door op zijn beurt de eiser te dagvaarden (art. 143 Rv). Het verstekvonnis vervalt en de procedure begint opnieuw, voor dezelfde rechter.

1.6.15 Voorzieningenrechter / Kort geding
Normale civiele procedures (ook wel genaamd een bodemprocedure) voor de rechtbank kunnen maanden, soms zelfs jaren, in beslag nemen voordat een vonnis wordt uitgesproken. Soms heeft men geen tijd om te wachten. Hierbij kan worden gedacht aan stakingsconflicten, publicaties in de (roddel)pers, huisuitzettingen etc. Een mogelijkheid, als men haast heeft, is dan een kort geding. Een kort geding is een korte procedure in een civiel geschil, waarmee op snelle wijze een vonnis van een rechter kan worden verkregen.

Wil men een kort geding beginnen dan moet men voldoen aan twee vereisten: de zaak moet spoedeisend zijn en men dient een voorlopige voorziening te vragen. Het Wetboek van Burgerlijke Rechtsvordering, waarin de kortgedingprocedure is geregeld, bepaalt dat het moet gaan om zaken waarin 'uit hoofde van onverwijlde spoed een onmiddellijke voorziening wordt vereist' (art. 254 Rv).

Het kort geding wordt behandeld door de voorzieningenrechter als alleensprekende rechter. Hij mag slechts een voorlopig oordeel uitspreken en op grond daarvan een voorziening gelasten, meestal in de vorm van een gebod of verbod. Ook kan hij een voorschot op een eventueel door de bodemrechter vast te stellen schadevergoeding toekennen.

De gehele procedure wordt op een zitting behandeld. De uitspraak van de rechter is een voorlopige beslissing, dat wil zeggen dat partijen over het eigenlijke geschil (het bodemgeschil) op de gebruikelijke wijze kunnen procederen. In de praktijk komt het zelden voor dat partijen, als ze het niet eens zijn met de uitspraak van de kortgedingrechter, een bodemprocedure starten. Als een partij het niet eens is met het vonnis kan hij beter hoger beroep instellen en daarna eventueel beroep in cassatie bij de Hoge Raad.

Een belangrijk voordeel van het kort geding is dat de voorzieningenrechter de exclusieve mogelijkheid heeft, zonder de oorzaak van het geschil aan te tasten, een regeling tussen partijen te treffen die afwijkt van de eis. Als de gedaagde bijvoorbeeld niet in staat is een schuld ineens te betalen kan de voorzieningenrechter een afbetalingsregeling opleggen. In een gewone procedure heeft de rechter die vrijheid niet. Hier wordt de eis toe- of afgewezen.

Een veroordeling in kort geding is uitvoerbaar bij voorraad (art. 223, 258 Rv). Ook al is de in het ongelijk gestelde partij het niet eens met het oordeel van de voorzieningenrechter en besluit hij in hoger beroep te gaan, dan moet hij zich toch houden aan de uitspraak van de voorzieningenrechter. In hoger beroep kan de hogere rechter natuurlijk anders beslissen.

Tegen een vonnis in kort geding kan hoger beroep bij het gerechtshof worden ingesteld en tegen de uitspraak van het hof kan vervolgens nog beroep in cassatie worden ingesteld bij de Hoge Raad.

1.6.16 Vonnis

Aan het eind van een rechtszaak doet de rechter uitspraak (art. 229 e.v. Rv). Deze uitspraak wordt vonnis genoemd. In het vonnis staat de uitspraak van de rechtbank. De rechtbank kan de vordering geheel of gedeeltelijk toewijzen of de vordering afwijzen. Als het vonnis is uitgesproken, moet de verliezende partij daar zo snel mogelijk aan voldoen. Als de verliezende partij niet aan het vonnis voldoet, kan de winnende partij een deurwaarder inschakelen.

Civiele rechter of kantonrechter bij een kort geding?

Minder dan € 25.000	Meer dan € 25.000
Gaat het om een bedrag van € 25.000 of minder? Men kan een kort geding (spoedprocedure) starten bij de kantonrechter. Ook kan men ervoor kiezen om een kort geding te starten bij de civiele rechter.	Gaat het om een bedrag van meer dan € 25.000 en/of een vordering van onbepaalde waarde? Dan begint de zaak bij de civiele rechter.

1.6.17 Rechtsmiddelen

Rechters zijn mensen en kunnen dus ook fouten maken. Tegen een vonnis kan de in het ongelijk gestelde partij in het algemeen hoger beroep of beroep in cassatie instellen. Het instellen van hoger beroep of beroep in cassatie schort de werking van de uitspraak op. Het vonnis kan dan niet ten uitvoer worden gebracht. Als een rechter zijn vonnis *uitvoer bij voorraad* heeft verklaard, kan het vonnis wél worden uitgevoerd (art. 233 e.v. Rv). Dit komt veel voor bij kort gedingen. Tegen een vonnis van een kantonrechter, waar het bedrag minder dan € 1.750 bedraagt, kan geen hoger beroep worden ingesteld.

1.6.18 Hoger beroep

Indien een procederende partij het niet eens is met de uitspraak van de rechtbank kan hij in hoger beroep gaan bij het hof (art. 332 e.v. Rv). De hogere rechter onderzoekt de hele zaak opnieuw, met andere woorden het hele proces wordt opnieuw gevoerd met alle kosten van dien. Men dient zich bij procederen wel te realiseren dat beide procespartijen de mogelijkheid hebben in hoger beroep te gaan. Ook al heeft men een proces gewonnen, dan is het nog niet zeker of men uiteindelijk wint, aangezien ook de wederpartij hoger beroep kan instellen. Hoe ver een zaak komt, hangt af van beide partijen. Hoger beroep is niet onbeperkt mogelijk. Men kan maar één keer hoger beroep instellen.

1.6.19 Beroep in cassatie

Beroep in cassatie is een arrest voorleggen aan de Hoge Raad nadat men reeds hoger beroep heeft ingesteld (art. 398 e.v. Rv). In tegenstelling tot de lagere rechters beoordeelt de Hoge Raad de zaak niet helemaal opnieuw. De Hoge Raad gaat uit van de feiten zoals die door het hof zijn vastgesteld. Tijdens de cassatieprocedure vindt er geen nieuwe behandeling van de feiten plaats. De Hoge Raad oordeelt slechts of de lagere rechter een juiste beslissing heeft gegeven en het recht goed heeft toegepast. Indien men beroep in cassatie heeft ingesteld, is men uitgeprocedeerd, daar de Hoge Raad de hoogste rechterlijke instantie in Nederland is en het eindoordeel van de Hoge Raad doorslaggevend is.

De Hoge Raad heeft twee taken:
- Nagaan of het procesverloop overeenkomstig met de regels van het recht is verlopen.
- Nagaan of het recht op de door de lagere rechter vastgestelde feiten juist is toegepast. De Hoge Raad kan een cassatieberoep zonder motivering verwerpen als de beslissing niet van belang is voor de rechtseenheid of de rechtsontwikkeling (art. 81 RO).

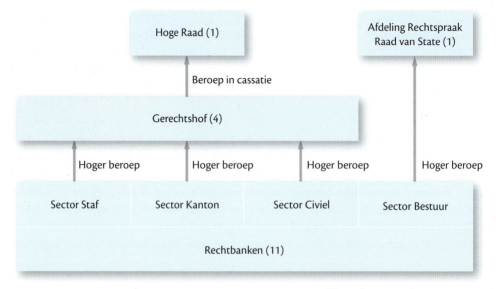

1.4 Hoger beroep en beroep in cassatie

1.6.20 De Hoge Raad

De Hoge Raad is de hoogste rechter op het gebied van civiel-, straf- en belastingrecht en heeft een aparte taak: het bewaken van de rechtseenheid en rechtsontwikkeling. Een van de grondbeginselen van het Nederlands recht is dat burgers in gelijke omstandigheden gelijk worden behandeld. Daarom is het belangrijk dat het recht op één manier door de rechter wordt uitgelegd. Voor de rechtseenheid is van belang dat er slechts één hoogste rechter is. In Nederland is dat de Hoge Raad. De Hoge Raad is bevoegd beslissingen van lagere rechters te vernietigen als die rechters de procesregels niet in acht hebben genomen of als hun beslissingen niet in overeenstemming zijn met het geldende recht. De Hoge Raad is een cassatierechter. Dat wil zeggen dat de Hoge Raad de door de lagere rechters beoordeelde feiten als vaststaand aanvaardt en alleen kijkt of de lagere rechters het recht goed hebben toegepast. De Hoge Raad is gevestigd in Den Haag.

Tongzoen geldt niet langer als verkrachting

DEN HAAG – De Hoge Raad oordeelt vandaag dat een gedwongen tongzoen niet langer geldt als verkrachting (art. 242 Wetboek van Strafrecht). Iemand dwingen tot een tongzoen blijft strafbaar maar zou vanaf nu onder een lichter wetsartikel kunnen worden gebracht. Zo bedraagt de maximale gevangenisstraf voor 'feitelijke aanranding van de eerbaarheid' (246 Sr) acht jaar tegenover twaalf jaar voor verkrachting.

Met deze uitspraak komt de Hoge Raad terug op zijn eerdere oordeel dat ieder seksueel binnendringen van het lichaam, dus ook een tongzoen, moet worden gezien als verkrachting. Op dit oordeel bestond kritiek. Het bestempelen van een tongzoen als verkrachting zou strijdig zijn met het algemene taalgebruik. Daarbij werd veroordeling voor verkrachting vanwege een tongzoen vaak als onrechtvaardig ervaren omdat een tongzoen niet op een lijn kan worden gesteld met geslachtsgemeenschap of een daarmee vergelijkbare gedraging. Op grond van deze overwegingen is de Hoge Raad tot zijn gewijzigde rechtsopvatting gekomen.

www.rechtspraak.nl, 12-3-2013, ECLI:NL:HR:2013:BZ2653

1.6.21 Prejudiciële vraag

Lagere rechters kunnen de Hoge Raad een rechtsvraag voorleggen over een belangrijke juridische kwestie (art. 392 Rv). Dat kan in een massa schadezaak, maar ook in een zaak waarvan het antwoord op de rechtsvraag van belang is voor talrijke andere feitelijk vergelijkbare zaken. Een prejudiciële vraag is een rechtsvraag van een rechter aan een hoger gerecht over de uitleg van een rechtsregel. Het moet steeds gaan om rechtsvragen die in een aanzienlijk aantal zaken aan de orde zijn. Hetzij omdat het gaat om een groot aantal zaken voortvloeiend uit hetzelfde feitencomplex ('massaschade'-gevallen), hetzij omdat het gaat om een vraag die speelt in een groot aantal vergelijkbare zaken. De Hoge Raad kan ongemotiveerd beslissen of ze de vraag gaat beantwoorden of niet. Na de beslissing van de Hoge Raad gaat de zaak weer terug naar de feitenrechter die de prejudiciële vraag had gesteld. Deze rechter beslist – nadat hij partijen in de gelegenheid heeft gesteld om zich over de uitspraak van de Hoge Raad uit te laten – met inachtneming van deze uitspraak.

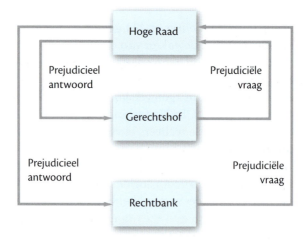

1.5 Systeem van de prejudiciële vraag

Prejudiciële vragen aan de civiele kamer van de Hoge Raad

Rechtbanken en hoven kunnen sinds 1 juli 2012 prejudiciële vragen stellen aan de civiele kamer van de Hoge Raad. Een prejudiciële vraag is een rechtsvraag van een rechter aan de Hoge Raad over de uitleg van een rechtsregel. Daaraan kan behoefte bestaan als de Hoge Raad over die vraag niet eerder heeft beslist. Het gaat om vragen die zich voordoen in een concrete zaak die bij een rechtbank of hof in behandeling is. De mogelijkheid tot het stellen van prejudiciële vragen is verbonden aan een aantal voorwaarden: zo moet een antwoord op deze vraag nodig zijn voor het nemen van een beslissing in een zaak en dezelfde vraag moet aan de orde zijn in een groot aantal samenhangende zaken bijvoorbeeld een massavordering.

www.rechtspraak.nl, geraadpleegd op 9-4-2015

1.7 Mediation

Bij mediation zoeken partijen met hulp van een onafhankelijke bemiddelaar, de mediator, een oplossing van hun (juridische) conflict. Mediation is een vorm van bemiddeling. Bij een (juridisch) conflict waar partijen niet uitkomen kan voor mediation worden gekozen in plaats van een juridische procedure bij een rechter. Dat kan vaak veel tijd en geld besparen. Bij mediation werken partijen zelf aan een oplossing, maar krijgen er deskundige hulp bij. Een mediator is getraind in het begeleiden van onderhandelingen. Een mediator oordeelt niet, maar helpt bij het vinden van een oplossing.

Deelname aan mediation is vrijwillig, maar niet vrijblijvend. Partijen moeten bereid zijn om samen aan een oplossing te werken. Iedereen die bij de mediation aanwezig is (partijen, de mediator, advocaten of gemachtigden en eventuele deskundigen), is tot geheimhouding verplicht over de inhoud en het verloop van de onderhandelingen.

De mediator brengt de belangen van alle partijen in kaart. Daarna wordt gezamenlijk gezocht naar een oplossing die zoveel mogelijk tegemoet komt aan ieders belangen. Soms is het een kwestie van het verbeteren van de communicatie, soms komt er een zakelijke oplossing op tafel. Als een conflict wordt opgelost, worden de afspraken schriftelijk vastgelegd in een overeenkomst.

1.7.1 Mediator

De mediator is een onafhankelijke bemiddelaar die samen met partijen zoekt naar een oplossing. Hij spreekt géén oordeel uit over het conflict. Hij begeleidt de gesprekken tussen de beide partijen en kijkt of er overeenstemming te bereiken valt. De mediator is onafhankelijk, beide partijen moeten vertrouwen in hem hebben. Hij begeleidt de gesprekken en onderhandelingen en probeert bij een conflict de zaak weer in beweging te krijgen.

1.7.2 Mediation en de rechter

De rechter die een zaak in behandeling heeft, kan partijen op de zitting doorverwijzen naar een mediator. Tijdens de mediation wordt de gerechtelijke procedure stilgelegd. Mocht de bemiddeling niet slagen, dan wordt de procedure bij de rechter hervat. Als de rechtszaak na de mediation moet worden voortgezet, krijgt de rechter geen informatie over de mediationgesprekken.

1.8 Strafrecht

In de wet zijn bepaalde handelingen van mensen strafbaar gesteld. Het strafrecht geeft aan tegen welke gedragingen de overheid optreedt door het opleggen van straffen. Strafrecht gaat om regels die de overheid (zoals de Staat, provincie, gemeente, waterschappen) heeft opgesteld en waaraan zij in geval van overtreding een straf heeft verbonden. Zo mag men niet stelen, niet te hard rijden, iemand mishandelen of een bank beroven. Worden die regels overtreden, dan is er sprake van een strafbaar feit; wordt men gepakt, dan kan er straf volgen.

1.6 Strafrecht, verhouding overheid en burger

Het gaat bij het strafrecht onder andere om regels van openbare orde. De handhaving van de openbare orde is door de wetgever op lokaal niveau toevertrouwd aan burgemeesters. Die hebben volgens de Gemeentewet de politie onder hun bevel. Als het gaat om strafrechtelijke handhaving treedt de politie op onder het gezag van de officier van justitie.

De politie zorgt dat burgers de wetgeving naleven door op te treden tegen overtredingen en misdrijven. Daarnaast beschermt zij iedereen die in Nederland woont of verblijft en verleent zij hulp aan mensen die deze nodig hebben (art. 3 Politiewet).

Het gaat bij strafrechtspraak niet om een geschil tussen twee burgers, maar om het beoordelen van een strafbaar feit. Het overtreden van een wettelijke regeling waarop een straf staat, noemen we een strafbaar feit. Zolang de rechter nog geen uitspraak heeft gedaan over de schuld van degene die het strafbare feit heeft gepleegd, wordt deze 'verdachte' genoemd.

Tegenover verdachten beschikken politie en justitie over bijzondere bevoegdheden. De politie mag iemand die verdachte is staande houden om hem naar zijn personalia te vragen. De wet bepaalt dat men niet verplicht is om vragen van de politie te beantwoorden. Het opgeven van een valse naam is wel strafbaar. Het risico bij weigering van het geven van personalia is wel dat het staande houden over kan gaan in aanhouden en de verdachte voor een verhoor naar het politiebureau wordt gebracht. Hij wordt gearresteerd. Verzet tegen een arrestatie is een misdrijf: wederspannigheid.

In Nederland is een verdachte onschuldig tot zijn schuld door de rechter bewezen is verklaard. Wanneer de officier van justitie van oordeel is dat er voldoende bewijs is om tot een veroordeling van de verdachte te komen, dan kan hij de zaak voor de strafrechter brengen. Ter bescherming van de positie van de verdachte is voor de strafrechtspraak een aantal bindende regels vastgelegd. Om tot een veroordeling te komen moet ter terechtzitting het wettig en overtuigend bewijs worden geleverd dat de verdachte dat strafbare feit heeft gepleegd.

1.8.1 Regels bij strafrechtspraak

De belangrijkste regels van het strafrecht staan in het Wetboek van Strafrecht (WvSr) en het Wetboek van Strafvordering (WvSv). In het Wetboek van Strafrecht staat wat er allemaal niet mag in onze samenleving: niet stelen, niet frauderen, niet verkrachten etc. Dat heet het materiële strafrecht. In het Wetboek van Strafvordering staat wat er gebeurt als iemand zich niet aan de verboden houdt, ofwel hoe het strafprocesrecht verloopt. Dat heet het formele strafrecht. Een van de grondbeginselen bij het strafrecht is het zogenaamde legaliteitsbeginsel: niemand is strafbaar dan wanneer de wet dat van tevoren heeft bepaald (art. 1, lid 1 WvSr). Dit betekent dat de rechter een verdachte nooit mag straffen voor iets dat volgens de wet niet strafbaar is, ook al is het gedrag van een verdachte ethisch of moreel nog zo verwerpelijk. Een rotstreek is nog geen strafbaar feit.

Hieruit volgt dat de rechter nooit met terugwerkende kracht mag straffen. Een verdachte mag achteraf dus nooit voor iets worden gestraft dat nog niet strafbaar was toen de daad werd gepleegd. Niemand mag twee keer voor hetzelfde feit worden veroordeeld. Dit noemt men het ne bis in idembeginsel (art. 68 WvSr). Hierin staan eigenlijk twee belangrijke bepalingen: niemand mag twee keer voor hetzelfde worden vervolgd, en niemand mag twee keer voor hetzelfde feit worden gestraft. Dat het Openbaar Ministerie iemand niet twee keer mag vervolgen voor hetzelfde feit, geldt alleen als de rechter over het ten laste gelegde heeft beslist en die uitspraak ook onherroepelijk is geworden.

Wanneer men een strafbaar feit begaat, met andere woorden een wetsbepaling overtreedt waarop straf is gesteld, en men wordt door de politie gepakt, loopt men kans dat het Openbaar Ministerie een strafproces begint. Wanneer de politie een strafbaar feit constateert, kan zij daarvan proces-verbaal opmaken. In dat stuk verklaart de politie wat ze heeft gehoord en gezien. Dit proces-verbaal wordt toegezonden aan de officier van justitie, die beoordeelt of al dan niet vervolging moet worden ingesteld. Vanwege redenen ontleend aan het algemeen belang mag steeds van vervolging worden afgezien. Dit wordt het opportuniteitsbeginsel genoemd (art. 167 Sv). Zo kan de officier van justitie afzien van vervolging als het om een klein vergrijp gaat of als er sprake is van zelfverdediging.

Een verdachte kan alleen door de rechter worden veroordeeld indien de ten laste gelegde feiten bewezen zijn. De rechter onderzoekt dit. Hij hoort de verdachte, de getuigen en soms deskundigen. Het dossier, waarin zich alle stukken bevinden die tijdens de voorgaande onderzoeken zijn gemaakt, zoals het door de politie opgemaakte proces-verbaal, speelt op een zitting een zeer belangrijke rol.

Voorbeeld

Klaas heeft meegedaan aan een bankoverval. De rechter heeft slechts bewijzen voor een kleine rol van Klaas in de overval en veroordeelt Klaas op grond hiervan tot twee maanden gevangenisstraf. Terwijl Klaas zijn straf uitzit, duikt een nieuwe getuige op, die kan bewijzen dat het aandeel van Klaas in dit misdrijf veel groter was. Klaas kan nu niet nog een keer voor die bankoverval worden vervolgd en gestraft.

1.8.2 Strafrechtspraak

De strafrechtspraak is verdeeld over verschillende rechters, die elk hun eigen taak hebben. Net als bij civiele rechtspraak worden ook bij strafrechtspraak lang niet alle zaken die voor de rechtbank komen door de meervoudige kamer (meer dan één persoon die oordeelt) behandeld. De rechtbank kent ook alleensprekende rechters. Deze zijn:
- de politierechter;
- de economische politierechter;
- de kantonrechter.

Als men bij een van deze rechters moet voorkomen, komt men dus bij een zogenaamde enkelvoudige kamer.

1.8.3 Absolute competentie bij strafzaken

Het Wetboek van Strafrecht verdeelt strafbare feiten – ook wel delicten genoemd – in overtredingen en misdrijven. Bij misdrijven gaat het om zwaardere strafbare feiten zoals moord, doodslag, diefstal, mishandeling, valsheid in geschrifte (fraude) et cetera. Bij overtredingen gaat het meestal om minder ernstige strafbare feiten zoals openbaar dronkenschap, wildplassen, het ophitsen van dieren, het veroorzaken van burengerucht et cetera.

Op misdrijven staan dan ook, in het algemeen, veel zwaardere straffen dan op overtredingen. Als regel van de absolute competentie bij strafrecht geldt dat de rechtbank in eerste instantie oordeelt over misdrijven. Bij misdrijven wordt er weer onderscheid gemaakt tussen lichte en zware misdrijven. Diefstal van een paar cd's is minder ernstig dan het leeghalen van een kluis met goudstaven. Of een misdrijf zwaar of licht is, wordt bepaald door de officier van justitie. Eist de officier in een strafzaak meer dan één jaar gevangenisstraf, dan is het een zwaar misdrijf en moet de verdachte voor de meervoudige kamer verschijnen; eist hij minder, dan is het een licht misdrijf en is de politierechter bevoegd

Bij lichte misdrijven is de politierechter bevoegd (één rechter); bij zware misdrijven is de meervoudige kamer bevoegd (drie rechters).

De andere regel van de absolute competentie bij strafrecht is dat de sector kanton in eerste instantie oordeelt over overtredingen.

1.8.4 De politierechter en de economische politierechter

De politierechter, onderdeel van de rechtbank, heeft de bevoegdheid om twaalf maanden onvoorwaardelijke gevangenisstraf op te leggen.

De economische politierechter is een gespecialiseerde rechter voor economische delicten. Hij heeft vergaande bevoegdheden. Zo kan hij forse boetes opleggen en zelfs bedrijven sluiten. Wat economische delicten zijn, staat precies omschreven in de Wet op de economische delicten. Economische delicten kunnen niet alleen door natuurlijke personen, maar ook door rechtspersonen worden begaan.

1.8.5 Relatieve competentie bij strafzaken

De regels van de relatieve competentie bij strafzaken regelen welke rechter van een bepaalde soort bevoegd is. Deze regels gelden voor zowel de rechtbank als de sector kanton. De regels bij de relatieve competentie bij strafrecht luiden dat de rechter bevoegd is (art. 2 Sv):
- binnen welk rechtsgebied het feit begaan is;
- binnen welk rechtsgebied de verdachte woon- of verblijfplaats heeft;
- binnen welk rechtsgebied de verdachte zich bevindt.

De volgorde van deze regels is bij de relatieve competentie bepalend welke rechter bevoegd is.

Voorbeeld

Overtredingen die door de economische politierechter worden berecht:	Misdrijven die voor de meervoudige economische kamer komen:
• Overtreding van de winkelsluitingswet • Overtreding van de Warenwet • Overtreding van de Natuurbeschermingswet De politierechter mag maximaal één jaar gevangenisstraf opleggen	• Het op grote schaal frauderen met aandelen • Faillissementsfraude

1.8.6 Het Openbaar Ministerie

Het Openbaar Ministerie is belast met de handhaving van wetten op de overtreding waarvan straf is gesteld, met de vervolging van alle strafbare feiten en het uitvoeren van alle strafvonnissen (art. 124 RO). De officier van justitie is een vertegenwoordiger van het Openbaar Ministerie, dat onder het ministerie van Justitie valt. Het Openbaar Ministerie komt op voor de belangen van de samenleving in strafzaken.

De officier van justitie is bij het strafrecht een belangrijk figuur. Hij is belast met het vervolgen van strafbare feiten. Vervolgen betekent: ter beoordeling voorleggen aan de rechter. Hoewel de officier van justitie bij de rechterlijke macht hoort, is hij niet – zoals de rechter – onafhankelijk. De officieren zijn in hun beleid niet oppermachtig, want zij voeren hun taken uit onder het wakend oog van de procureur-generaal bij de gerechtshoven. De officieren en de procureur-generaal moeten daarbij acht slaan op de aanwijzingen van de minister van Justitie, die zich op zijn beurt weer moet verantwoorden voor het parlement (de Tweede Kamer). De minister van Justitie kan nooit opdrachten geven aan een rechterlijke instantie, maar wel de officier van justitie verzoeken een bepaalde zaak te gaan vervolgen.

De officier van justitie heeft het gezag over de politieactiviteiten ter strafrechtelijke handhaving van de rechtsorde (art. 12 Politiewet). Hij is belast met de opsporing van strafbare feiten en geeft daartoe bevelen aan de overige met opsporing belaste personen (art. 148 Sv).

De politie constateert strafbare feiten, spoort de daders op, maakt proces-verbaal op en geeft dit door aan het Openbaar Ministerie. Na bestudering van het proces-verbaal besluit het Openbaar Ministerie of er wel of geen proces komt. Als het Openbaar Ministerie besluit om niet tot een proces over te gaan (om welke reden dan ook), noemen we dat seponeren. De officier kan bepaalde voorwaarden stellen aan een sepot, bijvoorbeeld dat de verdachte de schade vergoedt of dat hij zich onder psychiatrische behandeling stelt. Wanneer er wel een proces komt, moet het Openbaar Ministerie zorgen dat er voldoende bewijsmateriaal op tafel komt.

Als de rechter vindt dat inderdaad bewezen is dat de verdachte een strafbaar feit gepleegd heeft, kan hij een straf opleggen. Het Openbaar Ministerie moet ervoor zorgen dat het vonnis wordt uitgevoerd. Dat betekent dat een boete wordt geïnd, een gevangenisstraf wordt ondergaan of een andere vorm van strafoplegging wordt nagekomen.

Voor de functie van officier van justitie bij het Openbaar Ministerie zijn verschillende benamingen. Bij de rechtbank en bij de sector kanton heet hij 'officier van justitie'. Bij de gerechtshoven en de Hoge Raad wordt het Openbaar Ministerie vertegenwoordigd door een 'procureur-generaal' en een aantal 'advocaten-generaal'.

1.8.7 Vervolgingsmonopolie

De belangrijkste bevoegdheid van het Openbaar Ministerie is het vervolgingsmonopolie (art. 124 RO). Het vervolgingsmonopolie houdt in dat alleen het Openbaar Ministerie iemand voor de strafrechter kan dagvaarden. Een burger kan in Nederland nooit een andere burger voor de strafrechter dagvaarden.

1.8.8 Bekeuring

Om onnodige procedures te vermijden kunnen bepaalde zaken als kleine verkeersovertredingen administratief in plaats van strafrechtelijk worden afgehandeld.

Een bekeuring is een voorwaardelijk niet-vervolgen. De overtreder krijgt een acceptgiro voor de boete, die, als hij niet betaalt, fors hoger wordt. Is de betrokkene het niet eens met de bekeuring, dan kan hij bezwaar aantekenen bij de officier van justitie. Als de officier van justitie het bezwaar afwijst, kan betrokkene bij de sector kanton van de rechtbank in beroep gaan. De betrokkene dient overigens eerst gewoon te betalen; wordt hij door de sector kanton in het gelijk gesteld, dan krijgt hij zijn geld terug. Iemand die een boete niet op tijd betaalt, kan ook direct in de cel komen.

1.8.9 De verdachte

In Nederland wordt iemand pas als verdachte beschouwd als uit feiten of omstandigheden een redelijk vermoeden van schuld aan een strafbaar feit voortvloeit (art. 27, lid 1 Sv). De indruk of de overtuiging hebben dat iemand iets heeft gedaan, is niet genoeg om iemand te kunnen vervolgen. Om tot een veroordeling door de rechter te komen, moet de officier van justitie kunnen bewijzen dat een bepaald individu een bepaald strafbaar feit heeft gepleegd. Iemand blijft verdachte totdat bij vonnis anders is bepaald. Is iemand voor een strafbaar feit veroordeeld, dan spreken we van dader. Als een verdachte niet verschijnt voor de rechter en de dagvaarding is juist betekent, wordt hij bij verstek veroordeeld. Als hij verschijnt dan wordt hij door de rechter gehoord.

1.8.10 De advocaten in strafzaken

Over de positie van de advocaat in strafzaken bestaan nogal wat misverstanden. Zo denkt men nog weleens dat hij met overtreders 'onder één hoedje speelt', dat hij probeert 'recht te praten wat krom is'. In de eed die door de advocaat moet worden afgelegd staat onder meer 'dat ik geen zaak zal aanraden of verdedigen die ik in gemoede niet gelove rechtvaardig te zijn'. Dit zinnetje wil zeggen dat een advocaat niet tegen een goed geweten in mag handelen. Maar een goede rechtsorde brengt mee dat zelfs de allergrootste misdadiger nog recht heeft op verdediging. De advocaat ziet erop toe dat het Openbaar Ministerie de wettelijke regels in acht neemt en zal het door het Openbaar Ministerie aangedragen bewijs zo nodig aanvechten. De advocaat moet ervoor zorgen dat de argumenten en beweegredenen van de verdachte zo goed mogelijk naar voren komen, zodat de rechter een rechtvaardige beslissing kan nemen en er geen onschuldigen worden gestraft. Ook moet de advocaat voorkomen dat iemand zwaarder wordt gestraft dan nodig is. Ieder die vervolgd wordt, heeft er recht op zich door een advocaat te laten bijstaan. Wie niet kan betalen, heeft het recht om via Raad voor de rechtsbijstand een advocaat toegewezen te krijgen. Een verdachte heeft het recht van op bijstand van een advocaat voorafgaand en tijdens het politieverhoor. Een advocaat mag voor aanvang en na afloop van het verhoor opmerkingen maken en vragen stellen.

1.8.11 Het onderzoek ter terechtzitting

Aan de hand van het proces-verbaal van de politie beoordeelt de officier van justitie of hij tot vervolging overgaat. Als de officier van justitie wil vervolgen laat hij de verdachte dagvaarden (art. 258 Sv). De dagvaarding bevat een oproeping om op een bepaalde dag voor een bepaalde rechter te verschijnen. In de dagvaarding staat ook de tenlastelegging. De rechter hoort de verdachte, de getuigen en soms nog deskundigen. Ook wordt op de zitting het dossier met de procesen-verbaal behandeld.

De officier van justitie bespreekt in zijn requisitoir (vordering) of hij het ten laste gelegde bewezen acht (art. 311 Sv). Vindt hij dit het geval, dan eist hij meestal een straf. Daarna geeft de rechter de verdachte het woord om zich te verdedigen. Wordt de verdachte bijgestaan door een advocaat, dan houdt deze na het requisitoir van de officier van justitie een pleidooi.

Een verdachte kan alleen door de rechter worden veroordeeld indien de ten laste gelegde feiten bewezen zijn, dat wil zeggen indien naar het oordeel van de rechter wettig en overtuigend vaststaat dat de verdachte de feiten heeft gepleegd (art. 338 Sv). Ten slotte sluit de rechter het onderzoek en wijst vonnis.

1.8.12 De uitspraak

De kantonrechter en de politierechter wijzen meestal direct op de zitting mondeling vonnis. De meervoudige kamer van de rechtbank doet gewoonlijk veertien dagen later uitspraak.

De rechter heeft drie mogelijkheden:
- Schuldigverklaring (art. 351 WvSr); in dat geval kan een straf opgelegd worden in de vorm van een geldboete, gevangenisstraf of alternatieve straf. Deze straf kan voorwaardelijk worden opgelegd, dat wil zeggen dat de tenuitvoerlegging niet plaatsvindt, maar afhankelijk wordt gesteld van voorwaarden, bijvoorbeeld het gedrag tijdens een proeftijd (maximaal twee jaar).
- Vrijspraak (art. 352, lid 1 WvSr); de verdachte heeft het niet gedaan of het Openbaar Ministerie is er niet in geslaagd voldoende bewijsmateriaal aan te dragen.
- Ontslag van rechtsvervolging (art. 352, lid 2 WvSr); het feit wordt wel bewezen verklaard, maar:
  a. of het feit is niet strafbaar
  b. de dader is niet strafbaar

Bij een niet-strafbare dader kunt u bijvoorbeeld denken aan een persoon die geestelijk niet toerekeningsvatbaar is. In zo'n geval kan wel tbs (terbeschikkingstelling) worden opgelegd, hetgeen gedwongen verpleging in een psychiatrische inrichting kan inhouden.

Bij een feit dat niet strafbaar is, kunt u denken aan gevallen van noodweer (zelfverdediging). Iemand verwonden levert juridisch mishandeling op, maar als dat gebeurt uit zelfverdediging hoeft het niet strafbaar te zijn.

Rechter straft zwaarder dan 20 jaar geleden

Met name gewelds- en zedendelicten zwaarder bestraft

Den Haag - Rechters straffen gemiddeld 11 procent zwaarder dan 20 jaar geleden. Dat blijkt uit een onderzoek dat is gepubliceerd in het Tijdschrift voor rechtspraak en strafoemeting.

Met name gewelds- en seksuele misdrijven worden fors zwaarder bestraft. De (onvoorwaardelijke) straf voor deze misdrijven lag in 2018 circa 65 procent hoger dan in 1998. Ook vernielingen/misdrijven tegen orde en gezag en verkeersmisdrijven worden zwaarder bestraft. Straffen voor drugsmisdrijven zijn de afgelopen twee decennia met 20 procent gedaald.

Ook is de rechter meer taakstraffen en juist minder boetes op gaan leggen.

Strenger straffen
Volgens onderzoeker Frank van Tulder "lijkt de rechter te reageren op de maatschappelijke roep om strengere straffen, die met name klinkt bij geweldsdelicten en slachtoffers daarvan". Het onderzoek van Van Tulder – ook werkzaam als onderzoeker voor de Raad voor de rechtspraak – laat daarnaast zien dat de ontwikkeling in strafzwaarte (punitiviteit) rondom de trend een nogal grillig verloop kent. En tevens dat de rechter naast de hier vermelde onvoorwaardelijke straffen steeds vaker een voorwaardelijke straf oplegt.

www.rechtspraak.nl, 6 december 2019

1.8.13 Straf en maatregelen

De rechter kan de verdachte een straf of een maatregel opleggen. Bij een straf moet er altijd sprake zijn van schuld van de verdachte. maatregelen kunnen worden opgelegd als er geen sprake is van schuld, bijvoorbeeld als de dader geestelijk gestoord is. Hij heeft het strafbare feit wel gepleegd, maar dit kan hem niet worden aangerekend.

De wet verdeelt straffen in hoofd- en bijkomende straffen. De rechter mag maar één hoofdstraf tegelijk onvoorwaardelijk opleggen. Wel mag hij een hoofdstraf met een bijkomende straf combineren. De rechter kan ook alleen één bijkomende straf opleggen.

Hoofdstraffen zijn (art. 9, lid 1 sub a WvSr):
- Gevangenisstraf. Minimaal één dag, maximaal levenslang.
- Hechtenis. Minimaal één dag, maximaal één jaar. Hechtenis kan worden opgelegd bij overtredingen.
- Taakstraf. Taakstraf in de vorm van het onbetaald uitvoeren van maatschappelijk nuttige arbeid, zoals het werken in een verpleeghuis of het schoonmaken van voetbalvelden. Worden de werkzaamheden volgens de rechter niet goed uitgevoerd, dan kan hij alsnog een andere hoofdstraf opleggen.
- Geldboete.

Bijkomende straffen zijn onder andere (art. 9, lid 1 sub b WvSr):
- Ontzetting uit bepaalde rechten. Voorbeelden: ontzetting uit de ouderlijke macht, verbod op het recht een bepaald beroep uit te oefenen en ontzegging van de rijbevoegdheid.
- Verbeurdverklaring van een in beslag genomen voorwerp, bijvoorbeeld drugs, een illegale zender, gestolen goederen, of van een geldbedrag.

Iedereen die tot een vrijheidstraf is veroordeeld, zal in een huis van bewaring of een gevangenis worden geplaatst. In het algemeen zijn huizen van bewaring bestemd voor mensen die verdacht worden van een strafbaar feit en zijn gevangenissen voor veroordeelden.

Binnen ons strafrecht worden de volgende 5 maatregelen onderscheiden:
- de tbs-maatregel
- de plaatsing in een psychiatrisch ziekenhuis
- de onttrekking aan het verkeer
- de ontneming van het wederrechtelijk verkregen voordeel
- de schadevergoedingsmaatregel

1.8.14 Maximum- en minimumstraffen

Bij het opleggen van zowel voorwaardelijke als onvoorwaardelijke straffen is de rechter gebonden aan de wet. Zo staat in de wet als algemene minimumstraf omschreven: een dag hechtenis of € 50 boete. Een geldboete bedraagt minimaal € 3 (art. 23, lid 2 WvSr). Per misdrijf gelden maximumbedragen die in de strafbepaling is opgenomen. De wetgever heeft strafbare feiten ingedeeld in zes categorieën (art. 23 WvSr).

Men kan dus van minimaal € 3 tot maximaal € 830.000 worden veroordeeld, al de hoogste categorie mogelijk is. Verder is er voor elk strafbaar feit een eigen maximumstraf.

1.8.15 Hoger beroep en beroep in cassatie bij strafzaken

Nadat het vonnis is gewezen, kunnen zowel de officier van justitie als de verdachte daartegen binnen een bepaalde tijd hoger beroep aantekenen.

Is men door de rechtbank veroordeeld, dan kan men in hoger beroep gaan bij het gerechtshof. Tegen een strafrechtelijk vonnis kan men één keer in hoger beroep gaan. Het is dus niet mogelijk om bij een kantongerechtszaak eerst in hoger beroep te gaan bij de rechtbank en vervolgens bij het gerechtshof. Wanneer geen hoger beroep is ingesteld, wordt het vonnis onherroepelijk: 'in kracht van gewijsde'.

Wanneer het hoger beroep op tijd is ingesteld, zal de zaak door een hogere rechter worden behandeld. Nadat deze op zijn beurt uitspraak heeft gedaan, kan men nog slechts beroep in cassatie instellen bij de Hoge Raad.

De Hoge Raad oordeelt niet meer inhoudelijk of feitelijk over de zaak. In cassatie wordt vooral gekeken of er procedureel fouten zijn gemaakt en of de lagere rechter het recht niet op een verkeerde wijze heeft geïnterpreteerd en toegepast.

1.9 Bestuursrecht

Het bestuursrecht regelt de verhouding tussen overheid en burger en bevat regels voor het bestuur door de overheid. Het bestuursrecht geeft in specifieke regelingen invulling aan de bestuurstaak van overheidsinstanties. Hebben we het over de overheid, dan bedoelen we niet alleen de centrale overheid, dus de regering en de ministeries, maar ook de provincies, gemeenten en waterschappen. Zo kan een waterschap een onderneming een vergunning verlenen om afvalwater te lozen en de gemeente kan een bouwvergunning verlenen of weigeren.

1.9.1 Algemene wet bestuursrecht

De Algemene wet bestuursrecht (Awb) geeft de algemene regels waaraan overheidsorganen zich moeten houden in hun relaties met burgers en andere overheden. De regels die in de wet zijn gegeven, gelden in beginsel voor alle overheidsorganen. Voorbeelden van overheidsorganen zijn het college van burgemeester en wethouders van een gemeente, gedeputeerde staten van een provincie, maar ook een minister. Overheidsmaatregelen hebben in toenemende mate invloed op ondernemingen. In de Awb staat hoe mensen, maar ook ondernemingen, door de overheid behandeld moeten worden. De Awb geeft regels voor de voorbereiding, motivering en bekendmaking van besluiten van alle bestuursorganen en over de wijze waarop bezwaar en beroep kunnen worden ingesteld.

De regels van de Awb werken door op talloze andere regelingen, zoals de wetten rondom de sociale zekerheid, de Ambtenarenwet 2017, milieuwetten, belastingwetten, onderwijswetten zoals de Wet op het hoger beroepsonderwijs en wetenschappelijk onderzoek, en ook op regelingen van lagere overheden.

De overheid verricht, om te kunnen besturen, allerlei bestuurshandelingen. Daarnaast verricht ze allerlei feitelijke handelingen, handelingen waarbij de overheid geen rechtsgevolgen voor ogen heeft, zoals het afsluiten van een weg, het onderhouden van plantsoenen of het inzamelen van chemisch afval.

> **Voorbeeld**
>
> | Privaatrechtelijke rechtshandelingen | Publiekrechtelijke rechtshandelingen |
> | --- | --- |
> | • het kopen of verkopen van een gebouw
• het inwinnen van adviezen door een organisatieadviseur
• het kopen van een kantoorinventaris | • het uitgeven van paspoorten
• het verstrekken van rijbewijzen
• het verlenen van een bouwvergunning
• het aanstellen van een ambtenaar
• het wijzigen van een bestemmingsplan |

Naast feitelijke handelingen verricht de overheid ook rechtshandelingen. Dat zijn handelingen waarbij de overheid wél rechtsgevolgen wil bereiken. Het onderscheid tussen feitelijke handelingen en rechtshandelingen speelt in het bestuursrecht een belangrijke rol, omdat er in beginsel geen rechtsbescherming is tegen feitelijke handelingen van de overheid. Rechtshandelingen worden verdeeld in privaatrechtelijke en publiekrechtelijke rechtshandelingen. Als de overheid privaatrechtelijke rechtshandelingen verricht, valt dat in beginsel niet onder het publiekrecht, maar onder het privaatrecht. Als een overheid publiekrechtelijke rechtshandelingen verricht, valt dat onder de werking van de Awb.

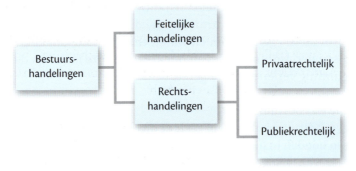

1.7 *Handelingen van de overheid*

1.9.2 Besluit en beschikking

Besluit en beschikking zijn de kernbegrippen van de Awb. De begrippen geven invulling aan/duiden een relatie aan tussen de overheid en burgers. Onder het begrip besluit vallen beschikkingen en besluiten van algemene strekking. Een besluit is een schriftelijke beslissing van een bestuursorgaan die publiekrechtelijke rechtsgevolgen heeft (art. 1:3 lid 1 Awb). Er kan alleen maar sprake zijn van een besluit wanneer er sprake is van een rechtshandeling. Een rechtshandeling is een handeling die is gericht op enig rechtsgevolg. Hoe het besluit ook wordt genoemd (plan, vergunning, koninklijk besluit, richtlijn, keur), voor toepassing van de Awb is het een besluit.

1 Inleiding

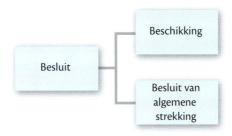

1.8 Besluit

Een beschikking is een overheidsbeslissing voor een concreet geval, bijvoorbeeld een beslissing op de aanvraag van een vergunning voor het bouwen van een fabrieksgebouw. Als een beschikking wordt aangevraagd, bijvoorbeeld een vergunning, en het bestuursorgaan wijst het verzoek af, dan is dat ook een beschikking. Een beschikking wordt verleend (of geweigerd) op aanvraag van één belanghebbende en ziet toe op een individueel geval. Een besluit van algemene strekking daarentegen is een beslissing die niet is gericht op een individu of een concreet geval, maar gevolgen heeft voor een groep gevallen. Het verschil zit in de algemene strekking: een besluit is van algemene strekking en raakt dus meer dan één persoon. Voorbeelden van besluiten van algemene strekking zijn een verordening en een bestemmingsplan voor de aanleg van een snelweg.

Om tegen een beslissing van een bestuursorgaan bezwaar te kunnen maken, is het van belang om vast te stellen of er sprake is van een beschikking.

Volgens de Awb moet er aan vijf voorwaarden voldaan worden om van een beschikking te kunnen spreken (art. 1:3 lid 1 en 2 Awb):

1. Schriftelijk (dus per mail kan voldoende zijn).
2. Beslissing': men moet een schriftelijk stuk hebben ontvangen, dat niet aan bepaalde vormvereisten hoeft te voldoen
3. 'Van een bestuursorgaan': alle overheidsinstanties zijn overheidsorganen, op een aantal in de Awb genoemde uitzonderingen na.
4. 'Inhoudende een publiekrechtelijke rechtshandeling': een publiekrechtelijke rechtshandeling is een besluit dat moet berusten op het bestuursrecht. Dit betekent dat een specifieke bestuursrechtelijke regeling moet voorzien in deze bevoegdheid.
5. 'Niet van algemene strekking': een beschikking is gericht op een concreet of individueel geval.

Indien aan een van deze eisen niet is voldaan, is er geen sprake van een beschikking en staat de mogelijkheid tot bestuursrechtelijke rechtsbescherming niet open

1.9.3 Belanghebbende

Een ander belangrijk begrip uit de Awb is het begrip belanghebbende. Een belanghebbende is volgens de wet degene wiens belang rechtstreeks bij een besluit is betrokken (art. 1:2 lid 1 Awb). Het gaat daarbij niet alleen om burgers en rechtspersonen (zoals nv's en bv's), maar ook om vennootschappen onder firma en ondernemingsraden.

1.9.4 Last onder bestuursdwang en last onder dwangsom

Binnen de maatschappij gelden regels, deze kunnen voor een ieder gelden of zijn opgenomen in de vergunning (dan gelden ze voor de specifieke persoon). Deze regels worden niet alleen opgelegd door de centrale overheid, maar ook door de provincies en de gemeenten. De overheid bezit wettelijke middelen om de naleving van deze regels af te dwingen. Zij kan, onder andere, door toepassing van een last onder bestuursdwang een einde maken aan bijvoorbeeld de aanwezigheid van een bouwwerk waar geen vergunning voor is verleend (art. 5:21 Awb). Dit gebeurt door het treffen van maatregelen zoals sloop of verzegeling van een gebouw (feitelijk handelen). De kosten kunnen worden verhaald op de overtreder.

In plaats van een last onder bestuursdwang kan de overheid kiezen voor het opleggen van een last onder dwangsom (art. 5:26 Awb). In plaats van zelf een einde te maken aan de ongewenste situatie, verbeurt de overtreder – zolang de overtreding duurt – een bedrag per termijn tot een maximumbedrag. Bestuursdwang en dwangsommen zijn zware middelen, Tegen de oplegging van een last onder bestuursdwang of last onder dwangsom staat bestuursrechtelijke rechtsbescherming open.

Café moet dwangsom betalen vanwege menubord op terras

Amsterdam - Een Amsterdams café moet terecht een dwangsom betalen van 2.500 euro omdat het café op het terras ondanks herhaaldelijke waarschuwingen een menubord had geplaatst. Dat heeft de rechtbank bepaald. Volgens het lokale terrassenbeleid van de gemeente Amsterdam mag je geen menuborden op een terras plaatsen om gasten te werven. Aan het café was al eerder een dwangsom opgelegd omdat op het terras een menubord op een standaard stond. Toen handhavers na enige tijd opnieuw kwamen controleren of het bord was weggehaald, troffen ze op het terras een tafel waar een menubord in was gemonteerd. Het menubord was zo groot dat het duidelijk bedoeld was om gasten te werven. Het enige verschil met het eerdere menubord was de tafel die om het menubord heen was geplaatst. De rechtbank ziet dit als een truc van het café om de dwangsom te omzeilen. Daarom moet het café nu betalen.

www.rechtspraak.nl, 28 januari 2020,
ECLI:NL:RBAMS:2020:486

1.9.5 Bezwaar

De Awb geeft precies aan wat de burger, die het niet eens is met een besluit van de overheid, moet doen. Voordat in beroep kan worden gegaan bij de rechtbank (sector bestuur), dient een belanghebbende eerst bezwaar tegen het genomen besluit te maken (art. 7:1 Awb). Wie een bezwaarschrift wil indienen, hoeft daarin alleen maar aan te geven waartegen hij bezwaar maakt, onder vermelding van zijn naam en adres en voorzien van zijn handtekening (art. 6:5 Awb). Het bezwaarschrift wordt ingediend bij het bestuursorgaan dat het besluit nam (art. 6:4 Awb). Een belanghebbende moet, als hij het niet eens is met het besluit en het wil aanvechten, binnen zes weken een bezwaarschrift. Het bezwaarschrift wordt binnen zes weken (art. 6:7 Awb) ingediend bij het bestuursorgaan dat het besluit heeft genomen (art. 6:4 Awb).. Als het bezwaarschrift te laat binnenkomt, wordt het niet meer in behandeling genomen. Wordt het bezwaarschrift aan de verkeerde instantie gezonden, dan geldt er een doorzendplicht (art. 6:15 Awb). De burger die zich per ongeluk tot de verkeerde instantie wendt, kan erop rekenen dat zijn bezwaarschrift naar het bevoegde bestuursorgaan wordt doorgestuurd, en dat dit bovendien op tijd gebeurt.

Op grond van het bezwaarschrift dient het bestuursorgaan het bestreden besluit te heroverwegen (art. 7:12 Awb). Voor de overheid is er dan de plicht de betrokkene te horen (art. 7:2 Awb).

Soms staat er, in plaats van bezwaar, administratief beroep open bijvoorbeeld bij de minister tegen een beslissing van de burgemeester om een jachtvergunning in te trekken. Als er geen bezwaar kan worden gemaakt en er administratief beroep mogelijk is, staat dat altijd vermeld op de beschikking die men van het bestuursorgaan krijgt. Naast dat er soms, in plaats van bezwaar, administratief beroep openstaat, kan het ook voorkomen dat er geen bestuursrechtelijke rechtsbescherming openstaat. Dit is bijvoorbeeld het geval bij een besluit waarbij algemene regels zijn vastgesteld.'

Je kunt hierbij nog de verwijzing maken naar de besluiten die zijn uitgezonderd van beroep en dus ook van bezwaar (zie art. 8:3 t/m 8:5 Awb). Een besluit met algemene regels is bijvoorbeeld een Algemene Plaatselijke Verordening van een gemeente.

1.9.6 Geen schorsende werking

Het instellen van bezwaar of administratief schorst de uitvoering of werking van de beschikking die het overheidsorgaan heeft afgegeven in beginsel niet (art. 6:16 Awb). Als de gemeente bijvoorbeeld een ondernemer aanzegt dat deze zijn bedrijf binnen een bepaalde termijn dient te verplaatsen, omdat het bedrijf in strijd met een bestemmingsplan is gevestigd, zorgt het indienen van het bezwaar er niet voor dat het besluit niet kan worden uitgevoerd. In dergelijke gevallen kan men wel een voorlopige voorziening vragen bij de voorzieningenrechter (art. 8:81 Awb).

1.9.7 Absolute en relatieve competentie bij bestuursrechtspraak

Is een belanghebbende het niet eens met het besluit dat op bezwaar genomen is, dan kan hij beroep instellen. In de meeste gevallen is de rechtbank (sector bestuur) absoluut competent (art. 43 RO en art. 8:6 Awb). Bij beslissingen van lagere overheden is de rechtbank (sector bestuur) van de plaats waar het bestuursorgaan is gevestigd relatief competent (art. 8:7 lid 1 Awb). Bij beslissingen van de centrale overheid is de rechtbank (sector bestuur) van de woonplaats van degene die het beroepsschrift indient (art. 8:7, lid 2 Awb) relatief competent.

1.9.8 Beroep bij bestuursrechter

Wordt het bezwaar ongegrond verklaard, dan kan er tegen het besluit beroep worden ingesteld bij (in beginsel)de rechtbank, sector bestuur (art. 8:1 en art. 8:6 Awb). Onder 'besluit' moet worden verstaan een besluit in de zin van art. 1:3 Awb. Voor het instellen van beroep moet men een beroepschrift indienen. Het beroepschrift is een brief waarin men uitlegt waarom men het niet eens is met de beslissing van een bestuursorgaan. Het beroepschrift moet men binnen zes weken na de dag van verzending van de beslissing op het bezwaarschrift versturen (art. 6:7 Awb). De rechter vraagt alle stukken op bij het bestuursorgaan dat de beslissing op het bezwaar heeft genomen. Als de stukken binnen zijn, onderzoekt de rechter de zaak. De Awb geeft de rechter de mogelijkheid bij zijn uitspraak een beslissing te geven die in de plaats treedt van het door het bestuursorgaan genomen – en met succes bestreden – besluit (art. 8:72, lid 4 Awb). De rechter kan, als de rechtbank het beroep gegrond verklaart, de burger een schadevergoeding toekennen De schadevergoeding is uitgewerkt in titel 8.4 Awb (art. 8:88 Awb e.v.). Is men het niet eens met de beslissing van de rechter, dan kan daartegen weer hoger beroep worden aangetekend bij de Afdeling Bestuursrechtspraak van de Raad van State, bij de Centrale Raad van Beroep als het sociale verzekeringen betreft of bij het College van Beroep voor het bedrijfsleven als het sociaaleconomisch bestuursrecht. In de uitspraak van de rechtbank is vermeld waar men hoger beroep kan instellen.

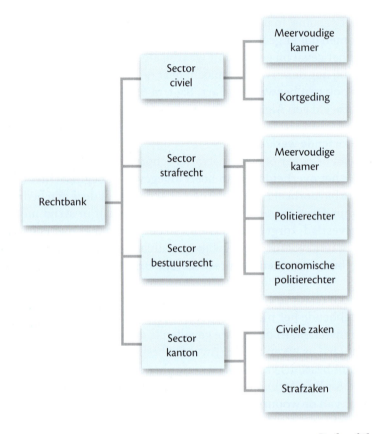

1.9 Rechterlijke organisatie

Hotel aan het Vondelpark mag niet uitbreiden

Amsterdam - Een hotel aan het Vondelpark mag niet uitbreiden. Volgens de rechtbank heeft de gemeente terecht geweigerd om voor de plannen een vergunning te verlenen. Het hotel wilde de kelder en de uitbouw op de begane grond vergroten. Hierdoor zou de hotelkeuken naar de kelder kunnen worden verplaatst en zou er op de begane grond ruimte komen voor twee extra hotelkamers. Deze uitbreiding is in strijd met het bestemmingsplan. De gemeente wil niet afwijken van het bestemmingsplan, omdat de uitbreiding in strijd is met onder meer het hotelbeleid. De plannen zouden leiden tot een groter hotel, terwijl het hotel in een zogeheten 'nee-gebied' ligt, waar uitbreiding niet is toegestaan. De rechtbank volgt de gemeente hierin.

www.rechtspraak.nl, 18 februari 2020, ECLI:NL:RBAMS:2020:1056

Begrippenlijst

Absolute competentie	Rechtsregels die bepalen welke rechterlijke instantie binnen de rechtbank bevoegd is.
Arrest	Een uitspraak van een hof of de Hoge Raad.
Beroep in cassatie	Een arrest van een hof voorleggen bij de Hoge Raad. De Hoge Raad gaat na of het hof het recht goed heeft toegepast.
Beschikking	Een beslissing van een overheidsorgaan in een concreet geval (bijvoorbeeld het verlenen van een bouwvergunning).
Besluit	Schriftelijke beslissing van een bestuursorgaan die een algemeen verbindend voorschrift inhoudt.
Bestuursrecht	De rechtspraak die zich bezighoudt met geschillen over besluiten van overheidsorganen. De geschillen kunnen zich zowel tussen burgers en bestuursorganen als tussen bestuursorganen onderling afspelen.
Bezwaarschrift	De op schrift gezette bezwaren die men moet indienen bij het bestuursorgaan dat de omstreden beslissing genomen heeft.
Bodemprocedure	Gewone civiele procedure.
Burgerlijk recht	Recht dat de betrekkingen tussen personen (natuurlijke personen en rechtspersonen) onderling regelt (zie ook civiel recht of privaatrecht).
Civiel recht	Zie burgerlijk recht.
Codificatie	Het recht schriftelijk vastleggen in wetten.
Comparitie	Het verschijnen van eiser en gedaagde voor de rechter.
Conclusie van antwoord	Het eerste schriftelijke verweer van de gedaagde partij in de procedure.
Conclusie van dupliek	De schriftelijke reactie van de gedaagde op de conclusie van repliek.
Conclusie van repliek	De schriftelijke reactie van de eiser op de conclusie van antwoord.
Conservatoir beslag	Beslag op goederen na toestemming van een rechter, vooruitlopend op een uitspraak van een geschil.

Dagvaarding	Schriftelijke oproep om op een bepaalde tijd voor een bepaalde rechter te verschijnen.
Delict	Strafbaar feit.
Eerste instantie (eerste aanleg)	Gerecht waar iemand begint met een procedure.
Eis in reconventie	Tegeneis van een gedaagde.
Eiser	Burger die een rechtszaak begint bij een civielrechtelijke instantie.
Enkelvoudige kamer	Zitting met één rechter die recht spreekt.
Formeel recht	Regels die aangeven op welke wijze een proces moet worden gevoerd.
Gedaagde	Burger tegen wie een andere burger een rechtszaak bij een civielrechtelijke instantie is begonnen.
Gerechtshof	Gerecht dat zaken in hoger beroep behandelt.
Hoge Raad	Hoogste rechtsprekend college in civiele, straf- en belastingzaken. De Hoge Raad toetst niet of de vaststelling van de feiten door de lagere instantie juist is gebeurd, maar beoordeelt slechts of lagere rechters het recht goed hebben toegepast.
Hoger beroep	Voorziening voor de in het ongelijk gestelde partij bij de rechtbank om de zaak bij het gerechtshof voor te leggen.
Jurisprudentie	Het geheel van rechterlijke uitspraken, waarin de betekenis van de rechtsregels in een concreet geval wordt vastgelegd. De jurisprudentie vormt een richtlijn voor de rechtspraak in latere, soortgelijke gevallen.
Kantonrechter	Behandelt zowel civiele zaken als strafzaken. Het is een alleensprekende rechter die zaken als overtredingen uit het strafrecht, arbeidszaken, huurzaken en zaken onder de € 25.000,- behandelt
Kort geding	Rechtszaak met een spoedeisend karakter bij de voorzieningenrechter.
Materieel recht	Rechtsregels die rechten geven of verplichtingen opleggen.
Mediation	Een vorm van conflictbemiddeling die professioneel wordt gepraktiseerd.
Meervoudige kamer	Drie of vijf rechters spreken recht.
Misdrijf	Zwaar strafrechtelijk vergrijp.

Ne bis in idem	Latijnse term in het strafrecht voor het beginsel dat iemand niet twee keer voor hetzelfde feit hoeft terecht te staan en mag worden gestraft.
Officier van justitie	Vertegenwoordiger van het Openbaar Ministerie in de rechtszaal.
Ontslag van rechtsvervolging	Beslissing van de rechter als hij vindt dat de verdachte het ten laste gelegde feit wel heeft gepleegd, maar dit feit (zoals in geval van noodweer) of de verdachte (zoals bij psychische stoornis of noodweerexces) niet strafbaar is.
Opportuniteitsbeginsel	Het recht dat het Openbaar Ministerie heeft om zelf te beslissen om een verdachte al dan niet voor de strafrechter te brengen.
Overheid	Organen van de Nederlandse Staat aan welk gezag toekomt, zoals de regering, provincies, gemeenten en waterschappen.
Overtreding	Licht strafrechtelijk vergrijp.
Politierechter	Alleensprekende rechter van de rechtbank in strafzaken die maximaal 12 maanden gevangenis mag opleggen.
Prejudiciële vraag	Een rechtsvraag van een rechter aan een hoger gerecht over de uitleg van een rechtsregel.
Privaatrecht	Recht dat de rechtsbetrekking regelt tussen burgers onderling. (Zie ook civiel recht of burgerlijk recht.)
Publiekrecht	Het recht dat de rechtsbetrekkingen regelt tussen de overheid en de burgers en tussen de overheden onderling.
Recht	Het geheel van regels voor maatschappelijk gedrag.
Rechter	Een functionaris die door de regering is benoemd om recht te spreken.
Rechtbank	Hier worden zaken in eerste aanleg behandeld. De rechtbank is opgedeeld in verschillende sectoren, zoals de sector kanton, de sector civiel, de sector bestuursrecht en de sector strafrecht.
Rechtsbron	Waar we rechtsregels kunnen vinden.
Rechtsmiddelen	Hoger beroep of beroep in cassatie.
Relatieve competentie	Regels die bepalen welke rechtbank in Nederland bevoegd is.
Requisitoir	De eis van het OM in strafzaken.
Seponeren	Bevoegdheid van de politie of officier van justitie om de zaak niet voor de rechter te brengen, maar te laten rusten.

Strafrecht	Het geheel aan regels dat betrekking heeft op strafbaarstelling van de in de wet genoemde feiten.
Taakstraf	Onbetaalde arbeid die wordt opgelegd door de strafrechter in plaats van gevangenisstraf.
Ter beschikking-stelling (tbs)	Maatregel in het strafrecht waarbij de rechter beveelt dat een verdachte die een misdrijf heeft gepleegd en die een gebrekkige ontwikkeling of een ziekelijke stoornis heeft, van overheidswege in een inrichting zal worden verpleegd.
Uitvoer bij voorraad	Verklaring in een vonnis of arrest dat het vonnis binnen acht dagen kan worden uitgevoerd, los van het eventueel hoger beroep of beroep in cassatie.
Verdachte	Een persoon tegen wie een redelijk vermoeden van schuld aan een strafbaar feit bestaat.
Verdrag	Overeenkomst tussen twee of meer staten.
Verstek	Als een gedaagde niet bij een rechtszaak verschijnt.
Vervolging	Het inschakelen van een strafrechter bij verdenking van een strafbaar feit.
Vervolgings-monopolie	Het alleenrecht van het Openbaar Ministerie om een verdachte voor een strafrechter te brengen.
Verzet	In beroep gaan tegen een verstekvonnis.
Vonnis	Uitspraak van de rechtbank.
Voorwaardelijke straf	Straf die pas wordt uitgevoerd als de veroordeelde zich niet aan bepaalde voorwaarden houdt, zoals het niet opnieuw begaan van een strafbaar feit of het in contact blijven met de reclassering.
Vrijspraak	Wanneer de rechter vindt dat het ten laste gelegde strafbare feit niet bewezen is. De rechter spreekt de verdachte vrij.
Wet	Geschreven recht.
Wet in formele zin	Wet, die tot stand is gekomen in samenwerking tussen regering en Eerste en Tweede Kamer.

Vragen

Meerkeuzevragen

1. Van wie is de belangrijkste jurisprudentie afkomstig?
   a. De regering;
   b. De wetgeving;
   c. Het gerechtshof;
   d. De Hoge Raad.

2. Onder welke regeling valt een algemene plaatselijke verordening?
   a. Burgerlijk recht;
   b. Publiekrecht;
   c. Materieel recht;
   d. Formeel recht.

3. Softy bv heeft 450 computers geleverd aan de provincie Zuid-Holland. Vanwege grote financiële problemen, de zogenaamde Ceteco-affaire, wacht Softy bv al geruime tijd op betaling. Welk gerecht is bevoegd als Softy bv wil procederen om de provincie tot betaling te dwingen?
   a. Strafrechter;
   b. Ondernemingskamer van het gerechtshof;
   c. Bestuursrechter;
   d. Civiele rechter.

4. Pieter Werkmans heeft een juridisch geschil met zijn verhuurder over de vraag of Pieter wel alle huurtermijnen heeft voldaan. Welk gerecht is bevoegd indien Pieter hoger beroep instelt?
   a. De sector kanton van de rechtbank;
   b. Het gerechtshof;
   c. De sector civiel van de rechtbank;
   d. De Hoge Raad.

5. Welke van de onderstaande stellingen is of zijn juist?
   I: De Hoge Raad stelt in cassatie zelfstandig de feiten vast die relevant zijn voor de zaak waarover geoordeeld moet worden.
   II: In cassatie onderzoekt de Hoge Raad of het recht door de lagere rechter is geschonden.

a. I en II zijn juist;
b. I en II zijn onjuist;
c. Alleen I is juist;
d. Alleen II is juist.

6. Hoe wordt een algemeen geldende regeling genoemd die tot stand is gekomen in samenwerking tussen de regering en het parlement?
   a. Een wet in formele zin;
   b. Een wet in materiële zin;
   c. Formeel recht;
   d. Materieel recht.

7.
Afpakken virtueel masker uit spel RuneScape is diefstal

DEN HAAG – Het afhandig maken van een virtueel amulet en masker uit het online spel RuneScape levert diefstal op, zo oordeelt de Hoge Raad vandaag.

In deze zaak gaat het over de vraag of het afhandig maken van een virtueel masker en amulet uit het online spel Runescape kan worden beschouwd als diefstal (art. 310 Wetboek van Strafrecht).

De verdachte heeft met een medeverdachte het toen 13-jarige slachtoffer meegenomen naar de woning van de medeverdachte. Hier hebben zij het slachtoffer mishandeld en bedreigd met messen om het slachtoffer ertoe te dwingen zich aan te melden op zijn account in het online spel Runescape en de virtuele objecten achter te laten (te droppen) in de virtuele spelomgeving. De verdachte kon vervolgens het virtuele amulet en masker overzetten naar zijn eigen Runescape-account.

Art. 310 Sr beschermt de beschikkingsmacht van de rechthebbende op een goed. Volgens eerdere rechtspraak kan zo'n goed ook een niet-stoffelijk object zijn.

Het hof heeft het volgende vastgesteld. Voor het slachtoffer, de verdachte en zijn medeverdachte hebben hun in het spel door inspanning en tijdsinvestering opgebouwde bezittingen reële waarde. Deze kan hen worden afgenomen. Het slachtoffer heeft binnen het spel de feitelijke en exclusieve beschikkingsmacht over die objecten. Door het handelen van de verdachte en de medeverdachte is het slachtoffer die macht kwijtgeraakt.

Volgens de Hoge Raad heeft het hof hieruit kunnen concluderen dat sprake is van diefstal.

De veroordeling van de verdachte is hiermee definitief. Wegens overschrijding van de redelijke termijn heeft de Hoge Raad de opgelegde werkstraf verminderd tot 144 uur.

www.rechtspraak.nl, 31-1-2012,
ECLI:NL:HR:2012:BQ9251

a. Bij welke rechterlijke instantie is deze zaak begonnen?
   A. De Rechtbank;
   B. De Hoge Raad;
   C. Het Gerechtshof;
   D. De Raad van State.
b. Op welk rechtsgebied ligt deze rechtszaak?
   A. Strafrecht;
   B. Civielrecht;
   C. Bestuursrecht;
   D. Vermogensrecht.
c. Waarop is de bevoegdheid gebaseerd van het Openbaar Ministerie om verdachten voor de strafrechter te brengen?
   A. Het vervolgingsmonopolie;
   B. Het ne bis in idem-beginsel;
   C. Het opportuniteitsbeginsel;
   D. Het seponeren van strafbare feiten.

1 Inleiding   39

   d. Wat zijn overtredingen?
      A. Strafbare feiten, waarbij als sanctie gevangenisstraf kan worden opgelegd.
      B. Strafbare feiten, die in eerste instantie door de rechtbank worden berecht.
      C. Strafbare feiten, die in eerste instantie door de sector kanton worden berecht.
      D. Strafbare feiten, waarbij van de uitspraak in eerste aanleg geen hoger beroep mogelijk is.
   e. Wat hebben de verdachten gedaan nadat ze door het Gerechtshof zijn veroordeeld?
      A. Protest aangetekend;
      B. Hoger beroep ingesteld;
      C. Beroep in cassatie ingesteld;
      D. Een prejudiciële vraag gesteld.
   f. Wie is deze rechtszaak, in eerste instantie, begonnen?
      A. De politie;
      B. Het slachtoffer;
      C. De Procureur-Generaal;
      D. Het Openbaar Ministerie.
   g. In het artikel staat de volgende passage:
      Volgens eerdere rechtspraak kan zo'n goed ook een niet-stoffelijk object zijn.
      Wat is juist? De eerdere rechtspraak is gebaseerd op:
      A. De wet
      B. Een verdrag;
      C. Jurisprudentie;
      D. Gewoonterecht.

8.
   Kunstenaar Rob Scholte moet atelier/woonruimte ontruimen

   AMSTERDAM - De kunstenaar Rob Scholte moet alsnog het voormalig postkantoor aan de Middenweg 172-174 in Den Helder ontruimen. Het Gerechtshof Amsterdam heeft dit vandaag in hoger beroep beslist. In het pand heeft de kunstenaar het Rob Scholte Museum gevestigd en hij gebruikt het ook als atelier en woonruimte voor zijn gezin. De gemeente Den Helder heeft de met Scholte gesloten overeenkomsten voor gebruik van het pand opgezegd omdat zij het pand gaat verkopen.

   Overeenkomsten gemeente en Scholte
   In 2008 en 2012 zijn tussen de gemeente en Scholte overeenkomsten gesloten waarbij de gemeente aan Scholte delen van het pand in gebruik heeft gegeven. Als gebruiker had Scholte de verplichting maandelijks de kosten van gas, water en elektra te betalen. In maart 2017 heeft de gemeente beide overeenkomsten met Scholte opgezegd.

   Betalingsachterstand en ontruiming
   De gemeente heeft in kort geding de ontruiming van het pand gevorderd omdat Scholte na de opzegging weigert het pand te ontruimen. Per 1 juli 2017 had Scholte een achterstand van ruim € 19.000, in de betaling van de maandelijkse vergoeding voor de levering van gas, water en elektra. Het hof vindt deze betalingsachterstand een zo ernstige schending van Scholtes verplichtingen dat op grond hiervan de ontruiming gerechtvaardigd is. Scholte moet het pand nu binnen dertig dagen na betekening van de uitspraak van het hof ontruimen.

   Andere beslissing dan kortgedingrechter
   Eerder oordeelde de voorzieningenrechter van de Rechtbank Noord-Holland dat de beide overeenkomsten als huurovereenkomsten moeten worden aangemerkt en dat in een gewone (bodem-)procedure moet blijken om wat voor soort huur van bedrijfsruimte het gaat. Zolang dat niet duidelijk is, was er volgens de voorzieningenrechter geen grond om de vordering tot ontruiming toe te wijzen. Het hof komt dus tot een andere beslissing en vernietigt de beslissing van de kortgedingrechter.

   www.rechtspraak.nl, 13 maart 2018,
   ECLI:NL:GHAMS:2018:782

a. Welk rechtsgebied is van toepassing?
   A. Strafrecht;
   B. Staatsrecht;
   C. Civielrecht;
   D. Bestuursrecht.
b. Wat kan Scholte na deze uitspraak juridisch nog doen?
   A. Verzet;
   B. Mediation;
   C. Hoger beroep;
   D. Beroep in cassatie.
c. Welke bewering is juist?
   A. Scholte is verdachte en de gemeente treedt op als overheid;
   B. Scholte is in eerste instantie eiser en de gemeente is gedaagde;
   C. Scholte is in eerste instantie gedaagde en de gemeente is eiser;
   D. Scholte is belanghebbende en de gemeente treedt op als overheid.
d. Welk rechtsmiddel heeft een van de partijen of hebben beide partijen na het vonnis in eerste instantie ingesteld?
   A. Verjaring;
   B. Hoger beroep;
   C. Prejudiciële vraag;
   D. Beroep in cassatie.

9.

Verdachte moet schuld terugbetalen aan nabestaanden Everink

UTRECHT - De 31-jarige man uit Rotterdam die is veroordeeld voor de moord op Koen Everink moet 66.050 euro aan de nabestaanden van Everink terugbetalen. Dat heeft de Rechtbank Midden-Nederland in een civiele bodemprocedure bepaald. De Rotterdammer is er niet in geslaagd om te bewijzen dat hij 42.200 euro heeft afgelost van een lening en in januari 2016 een nieuwe afspraak met Everink heeft gemaakt.

Twee leningen
De gedaagde heeft 26.050 euro van Koen Everink geleend en 40.000 euro van Tunga Holding, het bedrijf van Everink. Hij zegt dat hij in totaal al 42.200 euro heeft afgelost en heeft geprobeerd dat te bewijzen. De rechtbank heeft eerder in een tussenvonnis bepaald dat de leningsovereenkomsten vernietigd moeten worden omdat Everink misbruik heeft gemaakt van de gokverslaving van de man. De voorwaarden van de lening gelden daarom niet meer, maar de schuld nog wel. Vorig jaar heeft de rechtbank de man in een uitvoerig gemotiveerd vonnis schuldig bevonden aan de moord op Koen Everink. De rechtbank houdt er rekening mee dat de man tijdens die, strafrechtelijke, procedure niet de waarheid heeft verteld over de leningen. Ook is er verder geen enkel stuk, zoals een contract, e-mail, of whatsappbericht waaruit blijkt dat er bedragen zijn afgelost en er nieuwe afspraken zijn gemaakt.

Lening Everink
Volgens de man moeten er drie bedragen in mindering worden gebracht op de lening. Everink en hij zouden in november 2015 samen voor 8.000 euro online hebben vergokt op PokerStars. Het verlies zouden ze delen. Dit is een mogelijk scenario, maar dat is niet genoeg om te concluderen dat het daadwerkelijk zo is gegaan, zo oordeelt de rechtbank. Ook zou hij – vóór de aan hem verstrekte lening – in een casino in Kitzbühel 1.700 euro hebben geleend aan Everink. De rechtbank vindt het niet aannemelijk dat Everink dit bedrag niet verrekend zou hebben in de leenovereenkomst. Ook een contante aflossing van 6.500 euro in december 2015 vindt de rechtbank niet aannemelijk – mede vanwege zijn eigen verklaring dat in die periode al zijn inkomsten zijn opgegaan aan gokken.

Lening bedrijf en nieuwe afspraken
De man erkent dat hij een bedrag van 40.000 euro heeft geleend, maar stelt dat hij 10.000 moet terugbetalen. Volgens hem hebben hij en Everink samen tussen 27 november en half december 2015 een groot deel van de lening vergokt en zou Everink 30.000 euro van het verlies op zich nemen. Uit het politieonderzoek blijkt dat de gedaagde tussen 27 november en 2 december 32.650 euro naar PokerStars heeft overgemaakt, maar is er

geen enkel bewijs dat zij samen waren. Daarnaast is de accountant van het bedrijf wel op de hoogte van de lening, maar niet van de aflossing. Dit alles maakt het verhaal van de man niet aannemelijk. Verder zouden er volgens hem in januari 2016 tijdens de Australian Open nieuwe afspraken zijn gemaakt over de leningen. Dit vindt de rechtbank ongeloofwaardig. Daar komt bij dat hij tijdens een eerder gevoerd kort geding heeft gezegd dat er over terugbetaling van de 40.000 euro geen afspraken zijn gemaakt – buiten de bestaande afspraken. Over een nieuwe afspraak op de Australian Open is toen met geen woord gerept

www.rechtspraak.nl, 23 januari 2019, ECLI:NL:RBMNE:2019:188

- a. Op welk rechtsgebied ligt deze rechtszaak?
    - A. Strafrecht;
    - B. Privaatrecht;
    - C. Publiekrecht;
    - D. Bestuursrecht.
- b. Hoe wordt deze uitspraak van de rechter genoemd?
    - A. Een arrest;
    - B. Een vonnis;
    - C. Een verstek;
    - D. Een beschikking.
- c. Waarvan is de 31-jarige man veroordeeld?
    - A. Een overtreding;
    - B. Een licht misdrijf;
    - C. Een licht vergrijp;
    - D. Een zwaar misdrijf.
- d. Wat is de 31-jarige man in deze rechtszaak?
    - A. Eiser;
    - B. Dader;
    - C. Gedaagde;
    - D. Verdachte.

10. Van Zweden heeft nog juridische problemen: de door hem aangeschafte stereo-installatie van zijn auto, ter waarde van € 5.900, vertoont mankementen; vooral De Vier Jaargetijden van Vivaldi komt door die defecten bijzonder beroerd de speakers uit. BoBo HIFI te Utrecht blijkt niet bereid aan een oplossing voor dit probleem mee te werken. Van Zweden daagt BoBo HIFI voor de rechter en eist ontbinding van de met BoBo gesloten overeenkomst.
    - a. Kies het juiste alternatief:
        - A. Als de bevoegde rechter in zijn vonnis aangeeft dat er gegronde redenen voor ontbinding van de overeenkomst zijn, spreken we van jurisprudentie;
        - B. De sector kanton te Den Haag is als enige rechter bevoegd als eerste instantie kennis te nemen van de vordering van Van Zweden;
        - C. Tegen het vonnis van de bevoegde rechter staat geen hoger beroep open;
        - D. Dat hifizaken niet mee willen werken aan ontbinding van met hen gesloten overeenkomsten behoort tot het gewoonterecht.
    - b. Van Zweden is voornemens zijn kapitale landhuis in Den Haag te verbouwen. Hiertoe vraagt hij een bouwvergunning aan welke hem echter wordt geweigerd door het College van Burgemeester en Wethouders van Den Haag. De bouwtekening voldoet niet aan de zogenaamde welstandeisen: het ontwerp past niet

in de omgeving. Van Zweden is genoodzaakt de eerste voorlopige contracten met een aannemer terug te draaien.
Welk van de onderstaande alternatieven is onjuist?
A. Bezwaar maken tegen de weigering van de bouwvergunning is een publiekrechtelijke procedure;
B. De weigering tot afgifte van de bouwvergunning door het College van B&W is een rechtsbron;
C. De casus ligt ook op het terrein van het privaatrecht;
D. Het College van B&W is belast met het dagelijks bestuur van de gemeente, voor zover de burgemeester hier niet mee is belast.

11.

Dekstier moet natuurlijk leveren

Een koper mag er van uitgaan dat zijn nieuwe aankoop de eigenschappen bezit die voor het gebruik daarvan nodig zijn. Zeker als er een bijzonder gebruik is voorzien. Dat geldt ook voor dieren.

Een hobbyfokker, die een speciaal ras koeien fokt, kocht een stamboom dekstier met de garantie dat de stier kon dekken. Een paar maanden later bleken de koeien nog steeds niet drachtig. De fokker constateerde dat de stier niet voldeed, ontbond de koopovereenkomst en vorderde de koopsom terug. De verkoper was het er niet mee eens, hij meende dat de stier wel voldeed. De rechtbank verzocht een deskundige om te onderzoeken of de stier in staat was op natuurlijke wijze koeien te dekken en drachtig te maken. Het onderzoek wees echter uit dat de stier weliswaar beschikte over voldoende libido en geen angst of aarzelingen had om te dekken maar tijdens zijn pogingen om op natuurlijke wijze koeien te dekken, door de achterpoten zakte en zelfs achterover viel. Dit bleek te wijten aan het beenwerk van de stier. Bij het natuurlijk dekken dient de stier zijn bekken te kantelen, wat bij kunstmatig dekken niet direct noodzakelijk is. De stier was dus niet geschikt om op natuurlijke wijze te dekken.

De stier moest in staat zijn om op natuurlijke wijze koeien te dekken en te bevruchten, maar bleek niet te kunnen leveren. Het dier leek eerst niets te mankeren, maar deskundigen stelden vast dat het bij een dekpoging telkens door de achterpoten zakte en achterover viel.

Uit het arrest van het Hof:
29. Uit het rapport van de deskundige blijkt naar het oordeel van het hof dat de stier [S] als gevolg van een gebrek aan het beenderstelsel niet in staat is op natuurlijke wijze koeien te dekken. Uit het rapport blijkt dat de stier in goede conditie verkeerde en anders dan door [appellanten] is gesuggereerd, geen aarzelingen kende en geen angst had voor de te dekken koeien.

31. De conclusie moet daarom naar het oordeel van het hof zijn dat de stier [S] niet aan de overeenkomst beantwoordt.

...

De beslissing
Het gerechtshof:
in het principaal appel en in het incidenteel appel bekrachtigt het vonnis waarvan beroep;
Gerechtshof Leeuwarden, 2 augustus 2011, ECLI:NL:GHLEE:2011:BR7115

a. Op welk juridisch gebied ligt bovenstaand krantenartikel?
A. Strafrecht;
B. Burgerlijk recht;
C. Bestuursrecht;
D. Staatsrecht.
b. Van welke procedure is in het bovenstaand krantenartikel sprake?
A. In eerste aanleg;
B. In hoger beroep;
C. In cassatie;
D. In een prejudiciële vraag.

c. In bovenstaande uitspraak is er recht gesproken door het Gerechtshof Leeuwarden. Waarvan hangt de bevoegdheid van deze gerechtelijke instantie af?
   A. Absolute competentie;
   B. Relatieve competentie;
   C. Rechterlijke competentie;
   D. Absolute en relatieve competentie.
d. Over welke rechtsbron gaat het in deze procedure?
   A. Europees kooprecht;
   B. Gewoonte;
   C. Jurisprudentie;
   D. Internationale verdragen.
e. De koopovereenkomst is geregeld in boek 7 van het Burgerlijk Wetboek. Wat is juist? In dit wetboek is sprake van:
   A. Materieel recht;
   B. Formeel recht;
   C. Zowel formeel als materieel recht;
   D. Publiekrecht.

12.

Kerk mag blijven maar moet huur alsnog betalen

AMSTERDAM - Een vereniging die een bedrijfsruimte in Amsterdam-Zuidoost gebruikt als kerk mag daar blijven maar moet wel ruim 5.800 euro aan achterstallige huur betalen. Dat heeft de kantonrechter bepaald. De verhuurder stelde dat de vereniging de ruimte in strijd met de bestemming gebruikt door het als kerk te gebruiken en daarom moet vertrekken. De vereniging is het daar niet mee eens. De verhuurder wist zeker vanaf december 2017 dat de ruimte als kerk werd gebruikt en heeft daar geen juridische acties tegen ondernomen. Dat is een van de redenen waarom de kantonrechter de ontruiming afwijst. Ook de geëiste voorschotkosten worden afgewezen. Uit de huurovereenkomst blijkt alleen dat de vereniging voorschotkosten moet betalen maar niet wat dat voorschot is. Er is meer bewijs nodig dat de vereniging de ruim 15.000 euro die de verhuurder eist, moet betalen. Hiervoor leent het kort geding zich niet.

www.rechtspraak.nl, 22 mei 2019, ECLI:NL:RBAMS:2019:3645

a. In welke wet wordt het huurrecht geregeld?
b. Op welk rechtsgebied ligt primair de hier genoemde rechtszaak?
c. Waarom is in deze zaak de kantonrechter bevoegd?
d. Wie zijn in deze zaak de eiser respectievelijk de gedaagde?

13.

Boete voor illegale woningverhuur verlaagd

AMSTERDAM - De boete die door de gemeente was opgelegd aan een woningeigenaar voor illegale woningverhuur aan toeristen is door de rechtbank verlaagd. Bijzondere omstandigheden leiden tot een verlaging van 20.500 naar 8.000 euro. De gemeente ging over tot de boete, omdat de woning via de website Airbnb werd verhuurd aan zes toeristen, terwijl op grond van de regels maar aan maximaal vier personen mag worden verhuurd. De gemeente mocht dan ook een boete opleggen. De rechtbank acht in dit specifieke geval een boete van 20.500 euro te hoog, aangezien de gevolgen voor de woningschaarste, de leefbaarheid in de stad en de brandveiligheid beperkt waren. Daarnaast bedroeg de opbrengst uit de illegale verhuur slechts 3.000 euro. Daarom werd de boete verlaagd.

www.rechtspraak.nl, 8 januari 2019, ECLI:NL:RBAMS:2019:150

a. Op welk rechtsgebied ligt genoemde rechtszaak?
   A. Strafrecht;
   B. Civielrecht;
   C. Bestuursrecht.
   D. Staatsrecht.
b. Welke rechterlijke instantie binnen de rechtbank is hier bevoegd?
   A. De meervoudige kamer;
   B. De economische politierechter;
   C. De sector kanton;
   D. De sector bestuursrechtrechtspraak.
c. Uit het artikel blijkt dat de gemeente de woningeigenaar een bestuurlijke boete van € 20.500 heeft opgelegd waartegen de woningeigenaar nu in beroep komt. Wat heeft de woningeigenaar moeten doen bij het bestuursorgaan voordat hij in beroep kon gaan bij de rechtbank?
   A. In verzet gaan;
   B. In beroep gaan;
   C. Een beschikking indienen;
   D. Een bezwaarschrift indienen.

Open vragen

14.

B&W moeten opnieuw beslissen over oliebollenkraam Weert

ROERMOND - Het college van burgemeester en wethouders van de gemeente Weert moet een nieuwe beslissing nemen op het bezwaar van een oliebollenbakker over de standplaatsen voor oliebollenkramen, zo oordeelt de voorzieningenrechter van de Rechtbank Limburg vandaag.

Het college regelde de standplaatsen voor oliebollenverkoop dit jaar via een inschrijvingsprocedure. De rechtbank is van oordeel dat dit in strijd is met de standplaatsenverordening die de gemeenteraad van Weert heeft vastgesteld.

www.rechtspraak.nl, 15 september 2017,
ECLI:NL:RBLIM:2017:8943

a. Wat heeft de oliebollenbakker, in deze zaak, eerst moeten doen voordat hij deze zaak kon aanbrengen bij de rechtbank, tegen de beslissing van het college van burgemeester en wethouders van de gemeente Weert?
b. Wat voor soort regeling is de Standplaatsenverordening van de Gemeente Weert?
c. Welke sector van de Rechtbank Limburg is hier bevoegd?
Heeft de oliebollenbakker beroep, hoger beroep, cassatie of bezwaar tegen het besluit van de gemeente Weert ingesteld?

15.

Levenslange gevangenisstraf voor uitlokken zes moordaanslagen

Amsterdam - De rechtbank legt aan Willem Holleeder een levenslange gevangenisstraf op voor het uitlokken van zes aanslagen tussen 2002 en 2006. Bij die aanslagen werden vijf moorden, een doodslag en een poging tot moord gepleegd en werd aan één slachtoffer zwaar lichamelijk letsel toegebracht.

Criminele organisatie

De rechtbank acht bewezen dat Holleeder met anderen een criminele organisatie vormde die de aanslagen liet plegen. Het gaat om koelbloedige liquidaties, gepleegd op bestelling, in georganiseerd verband en tegen betaling van hoge geldbedragen.

Getuigen

De rechtbank oordeelt dat de verklaringen van de getuigen, waaronder de zussen en de ex-vriendin van Holleeder, betrouwbaar zijn, evenals de verklaringen van de twee kroongetuigen, de anonieme getuige en die van het latere slachtoffer Endstra. Samen hebben deze verklaringen een belangrijke bijdrage geleverd aan het bewijs dat Holleeder de hem ten laste gelegde feiten inderdaad heeft gepleegd. De rechtbank ziet in de contacten die Holleeder had met andere personen betrokken bij de aanslagen duidelijk ander bewijs.

Schokkend

Een moord is zonder uitzondering schokkend voor de samenleving – en wanneer die moord plaatsvindt in de vorm van een liquidatie op klaarlichte dag en op de openbare weg, is de maatschappelijke impact des te groter. Niet voor niets klinken uit de samenleving geluiden van zorg en de wens om hard in te grijpen en zwaar te straffen. Dat die wens zich steeds meer opdringt, hangt samen met het gegeven dat vergelijkbare liquidaties nog altijd plaatsvinden.

Gewetenloos en onverschillig

Uit de geschiedenis van Holleeder blijkt een ontwikkeling van kwaad tot erger, van geldlust, machtsdenken en geweldplegingen. Zijn gewelddadigheid heeft ertoe geleid dat naaste familieleden pas de moed vonden om te verklaren toen ook zij geen andere uitweg meer zagen. Hij heeft gewetenloos en onverschillig over leven en dood van anderen beschikt. De rechtbank komt tot de conclusie dat er een groot gevaar voor herhaling van gewelddadige strafbare feiten van hem uitgaat en dat een levenslange gevangenisstraf daarom passend is.

www.rechtspraak.nl, 4 juli 2019,
ECLI:NL:RBAMS:2019:4555

a. Welke rechterlijke afdeling van de rechtbank heeft hier uitspraak gedaan?
b. Welke instantie heeft in deze zaak het bewijs tegen Willem Holleeder moeten leveren?
c. Wat kan Willem Holleeder, na deze uitspraak, juridisch nog ondernemen?
d. Is Willem Holleeder na deze uitspraak verdachte of dader?

DEEL 2   DE STRUCTUUR

Hoofdstuk 2
Onderneming, eenmanszaak en personenvennootschappen

2.1	**Onderneming** 49	
2.1.1	Rechtsvorm 50	
2.1.2	De Handelsregisterwet 51	
2.1.3	Rechtsbescherming 51	
2.1.4	Administratie en boekhouding 52	
2.1.5	Rechtshandeling en feitelijke handeling 52	
2.1.6	Vertegenwoordiging 53	
2.1.7	Volmacht 54	
2.1.8	Indirecte vertegenwoordiging 54	
2.1.9	Directe vertegenwoordiging 55	
2.1.10	Onbevoegde vertegenwoordiging 55	
2.2	**Eenmanszaak** 56	
2.2.1	Vertegenwoordiging 57	
2.2.2	Aansprakelijkheid 57	
2.2.3	Huwelijk en geregistreerd partnerschap 58	
2.2.4	Borg 59	
2.2.5	Freelancer en zzp'er 60	
2.3	**Personenvennootschappen** 60	
2.4	**Openbare en stille maatschappen** 61	
2.4.1	De maatschap 62	
2.4.2	Oprichting 62	
2.4.3	Inbreng 63	
2.4.4	Maatschap voor (on)bepaalde tijd 63	
2.4.5	Bevoegdheid van de maten 63	
2.4.6	Vertegenwoordiging 64	
2.4.7	Aansprakelijkheid 64	
2.4.8	Verdeling van de winst 66	
2.4.9	Einde of voortzetting maatschap 67	
2.4.10	Vermogensbedingen 67	
2.4.11	Verblijvensbeding 67	
2.4.12	Verrekening 68	
2.5	**Vennootschap onder firma** 68	
2.5.1	Wettelijke regeling firma 69	
2.5.2	Oprichting 69	

2.5.3	Vertegenwoordiging	69
2.5.4	Aansprakelijkheid	69
2.5.5	Einde van de firma	71
2.6	**De commanditaire vennootschap**	**71**
2.6.1	Bestuur en vertegenwoordiging	72

Begrippenlijst 74
Vragen 76
Meerkeuzevragen 76
Open vragen 79

HOOFDSTUK 2
Onderneming, eenmanszaak en personenvennootschappen

In het bedrijfsleven worden verschillende juridische organisatievormen gebruikt om te ondernemen. Er bestaan globaal twee soorten rechtsvormen: organisatievormen zonder rechtspersoonlijkheid en met rechtspersoonlijkheid. In dit hoofdstuk worden de rechtsvormen zonder rechtspersoonlijkheid behandeld; de eenmanszaak, de maatschap, de vennootschap onder firma en de commanditaire vennootschap. In de volgende hoofdstukken komen de rechtsvormen met rechtspersoonlijkheid aan de orde.

2.1 Onderneming

In het gewone spraakgebruik worden de begrippen 'onderneming' en 'bedrijf' door elkaar gebruikt, en ook het woord 'beroep' komt in deze context voor. Een onderneming is een zelfstandige organisatie in het economisch verkeer, die met arbeid en kapitaal probeert winst te maken. Bij beroepen wordt gedacht aan maatschappelijke activiteiten, waarbij het persoonlijk element een rol speelt.

Een onderneming is iets anders dan een bedrijf. Een onderneming is een economische eenheid, in tegenstelling tot een bedrijf, dat een technische eenheid vormt. Met andere woorden: een onderneming kan één, maar eventueel ook meerdere bedrijven omvatten. Onder beroep wordt verstaan: een maatschappelijke werkkring waarvoor men de vereiste bekwaamheid en/of bevoegdheid heeft gekregen.

Het onderscheid tussen degenen die een beroep uitoefenen en zij die tevens een bedrijf uitoefenen, wordt daarin gezocht dat de diensten van de eerste gevraagd worden vanwege hun persoonlijke kwaliteiten. Hierbij kan worden gedacht aan de zogenaamd vrije beroepen. Bij de vrije beroepen staat geestelijke arbeid centraal. De aard van de werkzaamheden brengt met zich mee dat deze moeilijk over te dragen zijn aan een ander. De beoefenaar van het vrije beroep is voor de cliënt in beginsel onvervangbaar. Beoefenaren van een vrij beroep hebben wel een onderneming, maar geen bedrijf. Zij zijn niet werkzaam in industrie, handel of nijverheid.

In het recht is het onderscheid tussen onderneming, bedrijf en beroep vaak van belang; het is daarom goed te weten of er sprake is van beroeps of van bedrijfsuitoefening.

> **Voorbeeld**
>
> **Voorbeelden van vrije beroepen**
>
> huisarts, chirurg, notaris, accountant, advocaat, architect, belastingadviseur, vroedvrouw, fysiotherapeut, tandarts.

2.1.1 Rechtsvorm

Ondernemen brengt risico's met zich mee. Zo kunnen bij een faillissement ook privébezittingen van de ondernemer worden betrokken. Een geschikte rechtsvorm kan die risico's aanzienlijk beperken.

De rechtsvorm is niets anders dan het juridisch jasje waarin de onderneming wordt gestoken. Zowel bij het begin als in latere stadia is het van groot belang om te weten welke vorm de voorkeur verdient. Door een rechtsvorm te kiezen bepaalt men namelijk de aard en omvang van de aansprakelijkheid: een keuze die ook gevolgen heeft voor de fiscale aspecten, de sociale zekerheid en de continuïteit van de onderneming.

Een onderneming kan juridisch in verschillende vormen worden gegoten: de ondernemingsvormen. Bij rechtsvormen zonder rechtspersoonlijkheid is geen scheiding aan te brengen tussen het privévermogen van de ondernemer en het ondernemingsvermogen. Bij deze rechtsvorm blijft de ondernemer dus persoonlijk aansprakelijk. Anders is dat bij een rechtsvorm met rechtspersoonlijkheid. Deze wordt door de wet aangemerkt als een zelfstandig lichaam, dat een eigen bestaan leidt naast – en juridisch los van – de ondernemer. Bij een onderneming met rechtspersoonlijkheid kan de ondernemer niet meer geld verliezen dan waarmee hij in de rechtspersoon (de onderneming) deelneemt. De ondernemer is als privépersoon dus niet aansprakelijk. Niet voor elke economische activiteit kan men willekeurig een bepaalde rechtsvorm kiezen.

De keuze van de rechtsvorm van de onderneming heeft belangrijke gevolgen voor de ondernemingsactiviteiten. Zij bepaalt bijvoorbeeld of bepaalde zaken die worden gebruikt bij de uitoefening van de onderneming wel of niet eigendom van de ondernemer zijn. Ook de mate waarin de ondernemer aansprakelijk is voor bedrijfsschulden, aan welke fiscale verplichtingen moet worden voldaan, hoe de bedrijfsopvolging verloopt, enzovoort, hangen samen met de rechtsvorm.

De meest gangbare rechtsvormen in het Nederlands recht voor de uitoefening van een onderneming zijn de eenmanszaak, de commanditaire vennootschap (cv), de maatschap, de vennootschap onder firma (vof), de besloten vennootschap (bv) en de naamloze vennootschap (nv).

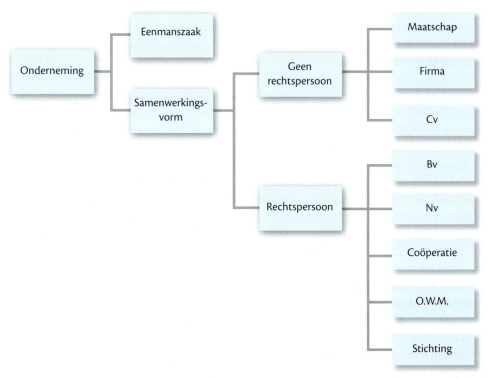

2.1 Ondernemingsvormen met en zonder rechtspersoonlijkheid

2.1.2 De Handelsregisterwet

De Kamers van Koophandel in Nederland beschikken over een register, waarin alle ondernemingen en rechtspersonen staan ingeschreven. Deze inschrijving is wettelijk verplicht en zorgt ervoor dat er voldoende informatie over het bedrijfsleven beschikbaar is. Het is de bedoeling dat in het register de relevante gegevens over elke onderneming en rechtspersoon te vinden zijn voor iedere belangstellende. Ook overheden, kerkgenootschappen en de vrije beroepen zoals advocaten, psychologen en fysiotherapeuten moeten zich inschrijven.

De betreffende informatie bevordert de rechtszekerheid bij het zakendoen, omdat precies is vastgelegd wie bij de ondernemingen vertegenwoordigingsbevoegd en aansprakelijk zijn. Van de ondernemingen en rechtspersonen die in het gebied van een Kamer van Koophandel zijn gevestigd worden veel gegevens vastgelegd. Gegevens die het iedereen mogelijk maken om te weten wat iedere onderneming doet en wie er verantwoordelijk is. De registers zijn openbaar maar inzage kost geld. Voor uittreksels of afschriften moet men bepaalde leges betalen. De inschrijving in het register is niet gratis. De onderneming moet op al haar briefpapier, facturen e.d. vermelden waar zij in het handelsregister is geregistreerd en onder welk nummer (art. 27, lid 1 Handelsr.w.).

2.1.3 Rechtsbescherming

De juistheid van de gegevens in het register is voor het handelsverkeer van essentieel belang. Teneinde deze rechtszekerheid te dienen bevat art. 25 Handelsr.w. belangrijke voorschriften. Derden die met een onderneming zaken doen, mogen afgaan op de opgave zoals die aan het handelsregister is gedaan.

Zij hoeven geen rekening te houden met niet-geregistreerde, onjuiste of door de werkelijkheid achterhaalde gegevens. De wet zegt het als volgt: 'Op een feit dat door inschrijving of nederlegging moet worden bekendgemaakt, kan jegens derden die daarvan onkundig waren geen beroep worden gedaan zolang de inschrijving of nederlegging (...) niet hebben plaatsgevonden' (art. 25, lid 1 Handelsr.w.). Het maakt bovendien niet uit op welk tijdstip de derde het handelsregister raadpleegt, voor of na de transactie. Het gaat erom wat er op het moment van de transactie geregistreerd stond.

Alvorens een overeenkomst met een onderneming aan te gaan, is het aan te bevelen bij het handelsregister financiële gegevens van die onderneming in de vorm van een jaarrekening aan te vragen en na te gaan welke personen bevoegd zijn de onderneming te vertegenwoordigen en hoever hun bevoegdheid strekt.

Voorbeeld

Pieter Werkmans van Softy bv heeft een procuratiehouder, die volgens het handelsregister transacties mag aangaan tot € 25.000. Pieter heeft hem echter meegedeeld dat hij mag gaan tot een maximum van € 10.000. Indien de procuratiehouder namens Softy bv toch een transactie met een derde aangaat voor een bedrag van € 20.000, dan kan Softy bv niet onder deze transactie uit door te stellen dat de procuratiehouder onbevoegd was; Softy bv zit dus vast aan de transactie.

2.1.4 Administratie en boekhouding

Bedrijven zijn wettelijk verplicht een administratie en boekhouding te voeren en de gegevens te bewaren (art. 3:15i en 2:10 BW). De gegevens moeten zeven jaar worden bewaard. Welke gegevens moeten worden vastgelegd is sterk afhankelijk van het soort activiteiten en de omvang van de organisatie. Ten aanzien van de inrichting van een administratie stelt de wet alleen de eis dat de administratie binnen een redelijke termijn controleerbaar moet zijn. Het is mogelijk de gegevens digitaal (op 'gegevensdragers') te bewaren. In plaats van papieren te kopiëren worden de kopieën op magnetisch optische schijven opgeslagen. Op de bestanden kunnen indexen geplaatst worden, zodat een factuur zeer snel kan worden getoond. De wet stelt wel voorwaarden: de juiste en volledige weergave van de gegevens zal moeten worden gewaarborgd en gedurende de gehele bewaartermijn zal de beschikbaarheid van de gegevens gegarandeerd moeten worden (art. 2:10, lid 4 BW).

2.1.5 Rechtshandeling en feitelijke handeling

Een rechtshandeling is een handeling waarmee een (rechts)persoon beoogt rechtsgevolgen in het leven te roepen (art. 3:32 e.v. BW). Zij dient derhalve onderscheiden te worden van de feitelijke handeling. Deze laatste kan weliswaar ook rechtsgevolgen met zich meebrengen, maar deze zijn niet beoogd.

Voorbeeld

Voorbeeld rechtshandelingen
- een makelaar verkoopt namens Softy bv een bedrijfspand;
- een inkoper van Softy bv koopt een printer;
- een advocaat procedeert namens Softy bv; Softy sluit een arbeidsovereenkomst met een pas afgestudeerde hbo'er;
- het bestuur van een gezelligheidsvereniging van Softy bv huurt een party tent voor een groot feest.

2.1.6 Vertegenwoordiging

Gewoonlijk behartigen mensen hun belangen zelf. Ze gaan zelf naar de winkel om de boodschappen te doen, ze vullen zelf het formulier voor de aanvraag om een zorgtoeslag of huurtoeslag in, ze gaan zelf naar de receptie van een relatie die met pensioen gaat, enzovoorts.

In plaats van het zelf te doen kan men het ook laten doen: een ander vult namens hen dat aanvraagformulier in of gaat (mede) namens hen naar die receptie omdat men verhinderd is. Dan spreken we van vertegenwoordiging. Die ene persoon vertegenwoordigt de andere persoon. Meestal handelt de vertegenwoordiger uitdrukkelijk namens de vertegenwoordigde (in zijn naam: 'ik moet u ook feliciteren namens...').

Meestal zal degene die rechtshandelingen verricht daarmee voor zichzelf rechtsgevolgen in het leven willen roepen. Het begrip 'vertegenwoordiging' houdt in dat iemand die daartoe de bevoegdheid heeft, een rechtshandeling verricht in naam van een ander met als gevolg dat er rechtsgevolgen voor die ander ontstaan. De vertegenwoordiger wordt geen partij in de overeenkomst, maar de rechtsgevolgen worden aan de vertegenwoordigde toegerekend.

De hoofdregel is daarom: indien een gevolmachtigde (de vertegenwoordiger) binnen de grenzen van de hem verleende bevoegdheid een rechtshandeling verricht in naam van de vertegenwoordigde, dan zijn de gevolgen van de rechtshandeling voor de vertegenwoordigde. De vertegenwoordiger valt er als het ware tussenuit, hij is niet aansprakelijk. Door vertegenwoordiging wordt een onderneming bijvoorbeeld in staat gesteld tegelijkertijd op verschillende plaatsen overeenkomsten te sluiten.

Vertegenwoordiging ontstaat op grond van:
- een uitdrukkelijke wetsbepaling, bijvoorbeeld de wettelijke vertegenwoordiging van een rechtspersoon door zijn bestuurders. 'Het bestuur is, voor zover de wet niet anders bepaalt, bevoegd tot vertegenwoordiging van de rechtspersoon' (art. 2:240 BW);
- volmacht.

Voorbeeld

Pieter Werkmans is de bestuurder van Softy bv. Hij koopt namens de rechtspersoon Softy bv personal computers ten behoeve van de bedrijfsvoering. Softy bv wordt nu eigenaar van de computers, omdat Pieter Werkmans de rechtspersoon als bestuurder mag vertegenwoordigen. Pieter wordt dus privé geen eigenaar.

2.1.7 Volmacht

Om iemand juridisch te kunnen vertegenwoordigen moet de vertegenwoordiger in het algemeen over een volmacht beschikken. 'Volmacht' is de term die het Burgerlijk Wetboek gebruikt voor het namens een ander verrichten van civielrechtelijke rechtshandelingen.

Met een volmacht geeft de vertegenwoordigde (de persoon die zich laat vertegenwoordigen) toestemming aan de vertegenwoordiger (de persoon die de rechtshandelingen feitelijk namens de vertegenwoordigde verricht) om namens hem bepaalde handelingen te verrichten. De machtiging kan mondeling of schriftelijk worden verstrekt, daarvoor zijn geen regels gesteld. Om echter conflicten en onduidelijkheden over de omvang van de machtiging te voorkomen, geniet schriftelijke machtiging de voorkeur.

Een volmacht is de bevoegdheid om op grond van een rechtshandeling de ander te vertegenwoordigen (art. 3:60, lid 1 BW). Volmacht komt in de praktijk in vele vormen voor: van de stilzwijgende volmacht van de winkelverkoper die rechtshandelingen namens zijn werkgever verricht via wettelijke volmacht tot noodzakelijk schriftelijke volmacht, bijvoorbeeld vertegenwoordiging in een aandeelhoudersvergadering van een bv.

De rechtshandeling waarbij volmacht wordt verleend door de vertegenwoordigde is een eenzijdige en in beginsel niet vormgebonden volmacht. De volmacht kan uitdrukkelijk, maar ook stilzwijgend (aanstelling winkelpersoneel) worden verleend (art. 3:61, lid 1 BW). Verlening van een volmacht door de vertegenwoordigde maakt hem niet onbevoegd de desbetreffende rechtshandeling zelf te verrichten. De bevoegdheden van de vertegenwoordigde hangen uiteraard nauw samen met de inhoud van zijn volmacht. Is deze voor een bepaald doel verleend, dan kan de gevolmachtigde alle beheers- en beschikkingsdaden (met name het kopen en verkopen) verrichten die dienstig kunnen zijn om het doel te bereiken.

De hoofdregel is daarom: indien een gevolmachtigde binnen de grenzen van de hem verleende bevoegdheid een rechtshandeling verricht in naam van de vertegenwoordigde, dan zijn de gevolgen voor de vertegenwoordigde. De gevolmachtigde valt er als het ware tussenuit; hij is niet aansprakelijk.

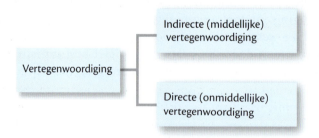

2.2 *Directe en indirecte vertegenwoordiging*

2.1.8 Indirecte vertegenwoordiging

Bij indirecte vertegenwoordiging handelt de vertegenwoordiger in en voor rekening van de opdrachtgever, maar op eigen naam. De derde weet niet dat het om een vertegenwoordiger gaat. Bij indirecte vertegenwoordiging ontstaat er een overeenkomst tussen de tussenpersoon en de derde.

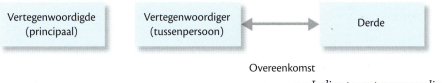

2.3 Indirecte vertegenwoordiging

2.1.9 Directe vertegenwoordiging

Bij directe vertegenwoordiging handelt de vertegenwoordiger in opdracht, voor rekening en in naam van de opdrachtgever. Bij directe vertegenwoordiging ontstaat de overeenkomst direct tussen de derde en de vertegenwoordigde.

2.4 Directe vertegenwoordiging

2.1.10 Onbevoegde vertegenwoordiging

Indien een vertegenwoordiger een overeenkomst sluit met een derde zonder dat hij vertegenwoordigingsbevoegd is, dan bindt hij in beginsel niet de vertegenwoordigde en ook niet zichzelf. Omdat de onbevoegde vertegenwoordiger in naam van een ander en niet in eigen naam optreedt, wordt een onbevoegde vertegenwoordiger niet gebonden. De hoofdregel is dat er dan in het geheel geen rechtshandeling tot stand komt.

Om de derde te beschermen tegen onbevoegde vertegenwoordigers geeft de wet de derde twee mogelijkheden, hij kan de vermeende opdrachtgever aanspreken, of hij kan de onbevoegde vertegenwoordiger aanspreken.

De derde kan een beroep doen op bescherming van bij hem bestaand gerechtvaardigd vertrouwen. Indien de derde in de gegeven omstandigheden redelijkerwijs, op grond van een verklaring of gedraging van de vermeende vertegenwoordigde, mocht aannemen dat (on)toereikende volmacht was verleend, kan deze zich niet op het ontbreken van toereikende volmacht beroepen (art. 3:61, lid 2 BW). Als de derde dit kan bewijzen moet de vertegenwoordigde de derde schadevergoeding betalen.

Als een derde handelt met een onbevoegde vertegenwoordiger, dan is de onbevoegde vertegenwoordiger aansprakelijk voor de door de derde geleden schade (art. 3:70 BW). Volgens de wet staat een vertegenwoordiger jegens de wederpartij in voor het bestaan en de omvang van de volmacht. Als de derde wist of moest begrijpen dat een toereikende volmacht ontbrak of er was sprake van een situatie waarin de onbevoegde vertegenwoordigde zijn volmacht geheel aan de wederpartij heeft medegedeeld, dan kan de derde de vertegenwoordigde en de onbevoegde vertegenwoordiger niet aanspreken voor schadevergoeding.

Aantal ondernemingen en rechtspersonen naar rechtsvorm 2020

Nv's	1.090
Bv's	368.580
Coöperatieve verenigingen	2.800
Stichtingen en verenigingen	39335
Eenmanszaken	1222460
Maatschappen	34615
Vennootschappen onder firma	167.030
Commanditaire vennootschap	7140
Overheid	485
Overig	7625
Totaal	**1.851.160**

Bron: www.cbs.nl, 2020

Wie handelt met een vertegenwoordiger in plaats van met de betrokkene zelf, neemt daarmee een zeker risico en van hem mag dan ook worden verwacht, dat hij met een zekere zorgvuldigheid het bestaan van vertegenwoordigingsbevoegdheid nagaat. Omgekeerd, wie een vertegenwoordiger namens zich laat optreden, neemt het risico dat deze daarbij de grenzen van zijn bevoegdheden niet altijd in het oog zal houden en zal er dus zelf op toe moeten zien dat die grenzen ook voor derden kenbaar (kunnen) zijn.

2.2 Eenmanszaak

Van een eenmanszaak is sprake als een onderneming toebehoort aan één persoon. De onderneming is onderdeel van zijn privévermogen en daarom is hij met zijn gehele vermogen aansprakelijk voor alle schulden. Er is juridisch geen onderscheid tussen vermogen van de zaak en privévermogen. Indien de ondernemer in gemeenschap van goederen is getrouwd, betekent dit ook dat de bezittingen van de echtgenote onder deze aansprakelijkheid vallen. Zo staan na een ongelukkige transactie de crediteuren op de stoep van de privéwoning. De ondernemer is met zijn gehele vermogen aansprakelijk voor alle verbintenissen.

Om een eenmanszaak te beginnen hoeft men niet aan veel meer formaliteiten te voldoen dan het zich laten inschrijven in het handelsregister van de Kamer van Koophandel binnen welk gebied de eenmanszaak zal worden gevestigd. Uiteraard zal men wel moeten beschikken over de vereiste vergunningen (bijvoorbeeld op grond van de Wet Milieubeheer) en moeten voldoen aan vereisten die voor een bepaalde branche gelden. Denk hierbij aan ondernemersdiploma's en vestigingseisen.

Of de ondernemer veel, weinig of geen werknemers in dienst heeft is niet van belang voor de beantwoording van de vraag of de onderneming een eenmanszaak is. De eenmanszaak is de meest voorkomende ondernemingsvorm voor de kleine zelfstandige in de middenstand en de landbouw. De zelfstandige is 'eigen baas' en draagt in zijn eentje de risico's van de bedrijfsvoering. Als de zaken goed gaan, gaat het hem privé financieel ook goed. Gaan daarentegen de zaken slecht, dan gaat het hem privé financieel ook slecht.

De eenmanszaak is sterk afhankelijk van de persoon van de eigenaar-ondernemer. Hierdoor kan de continuïteit van de onderneming in gevaar komen. De eenmanszaak kan dan ook alleen als een passende organisatievorm worden beschouwd voor ondernemingen van beperkte omvang. De eenmanszaak is geen zelfstandige juridische organisatie. Er is echter wel sprake van een onderneming.

Vanaf het moment van inschrijving in het handelsregister en nadat de benodigde vergunningen zijn verkregen kan de eenmanszaak beginnen. De eenmanszaak is niet afzonderlijk in de wet geregeld. Een persoon kan slechts één eenmanszaak tegelijkertijd hebben.

2.2.1 Vertegenwoordiging

Om de onderneming tot bloei te brengen zullen contacten met cliënten moeten worden gelegd en contracten worden gesloten. Wie is bevoegd dergelijke contracten te sluiten? Voor bijvoorbeeld een directeur die zijn onderneming in de vorm van een eenmanszaak drijft is dat duidelijk. De directeur is bevoegd een huurovereenkomst voor de huur van een winkelpand aan te gaan. Een filiaalleider die bij hem in dienst is, is daartoe niet bevoegd. Men sluit immers slechts overeenkomsten ten behoeve van zichzelf. Uiteraard kan de directeur wel een volmacht geven aan een filiaalleider om voor en namens hem deel te nemen aan het handelsverkeer.

2.2.2 Aansprakelijkheid

Bij een eenmanszaak is de ondernemer met zijn gehele vermogen aansprakelijk voor verplichtingen die ontstaan uit de transacties die hij als ondernemer sluit (koop, huur, lease, arbeidscontracten et cetera). Indien de groenteman schoonmaakmachines en koelinstallaties koopt en na verloop van tijd blijkt dat hij de lasten niet langer kan dragen, dan is hij met zijn gehele vermogen aansprakelijk. Zo zal hij wellicht zijn woonhuis en verdere bezittingen moeten verkopen om aan zijn verplichtingen te voldoen. Overigens kunnen schuldeisers ook verhaal zoeken op de schoonmaakmachines en koelinstallaties als de ondernemer zuivere privéverplichtingen niet nakomt. Er wordt geen onderscheid gemaakt tussen ondernemingsvermogen en privévermogen.

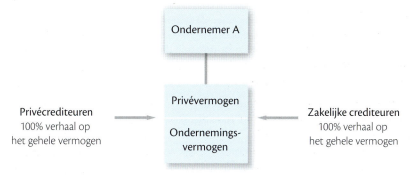

2.5 Aansprakelijkheid bij een eenmanszaak

2.2.3 Huwelijk en geregistreerd partnerschap

Een huwelijk of geregistreerd partnerschap heeft vermogensrechtelijke gevolgen. Het Nederlands huwelijksvermogensregime geeft partners de keuze tussen trouwen of het sluiten van een geregistreerd partnerschap, in gemeenschap van goederen of op huwelijkse voorwaarden respectievelijk partnerschapsvoorwaarden.

Zijn partners vóór 1 januari 2018 gehuwd en er zijn geen huwelijkse voorwaarden opgesteld dan is er sprake van een algehele wettelijke gemeenschap van goederen. De partners delen nagenoeg alles met elkaar. Niet alleen de baten en schulden die zij tijdens het huwelijk krijgen, maar ook alles wat zij allebei voor het huwelijk al hadden.

Door bij de notaris huwelijkse of partnerschapsvoorwaarden op te stellen, kan men van de wettelijke gemeenschap van goederen afwijken.

Vanaf 1 januari 2018 geldt voor huwelijken die worden gesloten zonder huwelijkse voorwaarden de beperkte gemeenschap van goederen (art. 1:94 lid 2 BW). Dit betekent dat niet automatisch alle goederen en schulden onderdeel uitmaken van de beperkte gemeenschap van goederen. Erfenissen en schenkingen vallen bijvoorbeeld niet meer in de huwelijksgemeenschap. Het uitgangspunt is dat de beperkte gemeenschap van goederen bestaat uit alles wat men vanaf de datum van het sluiten van het huwelijk verkrijgt.

Bezittingen en schulden die men bij het huwelijk of registratie al had, blijven persoonlijke bezittingen en schulden. Partners hebben nu dus drie vermogens: twee privévermogens en één gezamenlijk vermogen. Dit geldt uiteraard ook voor de waarde van een onderneming. Alleen wat de partners tijdens het huwelijk of registratie verwerven, is gemeenschappelijk bezit. Dat geldt ook voor de tijdens het huwelijk of registratie ontstane winsten of verliezen uit een onderneming.

Zowel voor als na 1 januari 2018 kunnen partners via een notariële akte afwijken van het wettelijk systeem door huwelijkse voorwaarde op te stellen (artt. 1:114 e.v. BW).

Wie wil gaan ondernemen, kan beter huwelijkse voorwaarden door de notaris laten opmaken. Dit kan zowel voor als tijdens het huwelijk en moet via de notaris, bij notariële akte gebeuren.

De vermogensrechtelijke gevolgen van een huwelijk

Huwelijk in gemeenschap van goederen	Dan zijn alle goederen die de partners beiden voor en tijdens het huwelijk verkrijgen gemeenschappelijk. Dat geldt ook voor schulden.	Automatisch voor huwelijken gesloten vóór 1 januari 2018, tenzij partners hebben gekozen voor huwelijkse voorwaarden.
Huwelijk in beperkte gemeenschap van goederen	Dan vallen niet alle bezittingen en schulden in de wettelijke gemeenschap van goederen. Alleen de bezittingen en schulden die vóór het huwelijk of geregistreerd partnerschap van de partners samen waren en de toekomstige bezittingen en schulden vallen in de gemeenschap van goederen.	Automatisch voor huwelijken gesloten na 1 januari 2018, tenzij partners hebben gekozen voor huwelijkse voorwaarden.
Huwelijk onder huwelijkse voorwaarden	De inhoud van de huwelijkse voorwaarden mogen de partners zelf bepalen, mits zij zich aan een aantal randvoorwaarden houden. Er zijn drie verschillende soorten huwelijkse voorwaarden: 1. De uitsluiting van iedere gemeenschap van goederen 2. Beperkte gemeenschappen 3. Verrekenbedingen	Geldt niet automatisch. Kan gelden voor huwelijken vóór en na 1 januari 2018. De voorwaarden moeten worden opgenomen in een notariële akte.

Echtgenote bestuurder Eurocommerce moet geld terugbetalen aan curator faillissement

ZUTPHEN - De curator in het faillissement van de bestuurder van Eurocommerce eiste verschillende bedragen van de echtgenote van de bestuurder en de stichting Syanora terug. De rechtbank wijst de vordering tegen de echtgenote op twee van de drie onderdelen toe.

1,3 miljoen terug naar curator

De curator in het faillissement van de bestuurder vorderde dat de echtgenote een bedrag van ruim 1,3 miljoen euro aan de boedel terugbetaalt. Dit bedrag was door de man voor zijn faillissement aan zijn echtgenote betaald op grond van de afspraak dat de vrouw zou meedelen in zijn vermogen. Zij waren van mening dat de echtgenote op haar wijze had bijgedragen aan het tijdens het huwelijk opgebouwde vermogen.

Het echtpaar trouwde destijds onder huwelijkse voorwaarden. De hiervoor genoemde afspraak kwam neer op een wijziging van de huwelijkse voorwaarden. Maar die was niet, zoals volgens de wet moet, vastgelegd in een notariële akte. Het Gerechtshof Arnhem-Leeuwarden en de Hoge Raad oordeelden daarom dat de afspraken niet geldig zijn. Dat betekent ook in deze zaak dat de afspraak tussen de bestuurder en zijn echtgenote ongeldig is. Daarom moeten de aan de echtgenote betaalde bedragen terug naar het vermogen van de bestuurder. De rechtbank wijst daarom de gevorderde 1,3 miljoen door de curator van de bestuurder toe.

Goudstaaf en inboedel woning naar curator

De in de vriezer van de woning van de bestuurder en zijn echtgenote gevonden goudstaaf en de inboedel in die woning vallen ook in het faillissement en gaan ook naar de curator. Het uitgangspunt van de Faillissementswet is namelijk dat goederen die van beide echtgenoten zijn in de faillissementsboedel vallen. De echtgenote kon niet aantonen dat de inboedel en de goudstaaf alleen van haar was.

www.rechtspraak.nl, 27 februari 2019
ECLI:NL:RBGEL:2019:1097

2.2.4 Borg

Wanneer een ondernemer geld wil lenen bij een bank, kan het zijn dat de bank de aanvraag afwijst, omdat er niet genoeg financiële draagkracht is om het krediet te verlenen. De bank kan alsnog besluiten het krediet te verlenen wanneer iemand zich borg wil stellen.

Borgtocht is de overeenkomst waarbij een derde zich verplicht om de prestatie die de schuldenaar moet verrichten jegens de schuldeiser zelf na te komen indien de schuldenaar in gebreke blijft (art. 7:850 BW). Eenvoudig gezegd: de bank is alleen bereid geld aan een ondernemer te lenen als iemand anders die voldoende kredietwaardig is, zich borg stelt.

Ondernemers hebben bij het aangaan van bepaalde rechtshandelingen toestemming nodig van hun echtgenoot of echtgenote.

Er is geen toestemming van de echtgenoot vereist voor zover de persoon die zich tot borg stelt, dat doet in de normale uitoefening van een beroep of bedrijf. Ook is geen toestemming vereist als de persoon die zich tot borg stelt, bestuurder is van een nv of een bv en alleen of met zijn medebestuurder de meerderheid van de aandelen houdt, voor zover zulke handelingen worden verricht ten behoeve van de normale uitoefening van het bedrijf van die nv of bv (art. 1:88 lid 5 BW).

Vrouw moet ING 100.000 euro terugbetalen

AMSTERDAM - Een vrouw moet 100.000 euro aan borgtocht terugbetalen aan de ING. Dat heeft de rechtbank geoordeeld. De vrouw had de borgtocht afgegeven voor het (inmiddels failliete) bedrijf van haar man en schoonvader. Zij stond bij de Kamer van Koophandel ingeschreven als bestuurder van dat bedrijf. Dat zij alleen maar als bestuurder 'naar voren was geschoven' en dus niet echt de bestuurder was, betekent niet dat ING niet van die inschrijving mocht uitgaan. ING mocht er bij het aangaan van de borgtocht vanuit gaan dat de vrouw begreep waarvoor zij tekende, aldus de rechtbank.

De ING hoefde ook geen rekening te houden met de privéomstandigheden van de vrouw op het moment dat zij de borgtocht aanging. De vrouw stelt dat zij toen zeer emotioneel was, omdat haar echtgenoot juist was overleden. Het is niet gebleken dat ING daarvan op de hoogte was.

www.rechtspraak.nl, 28 november 2018,
ECLI:NL:RBAMS:2018:8513

2.2.5 Freelancer en zzp'er

Een freelancer of een zzp'er (Zelfstandige Zonder Personeel) is een zelfstandig ondernemer en verricht zelfstandig arbeid, werkt voor eigen rekening en risico en voor meerdere opdrachtgevers. De begrippen freelancer, zzp'er en eenmanszaak worden allemaal gebruikt om kleine ondernemers te typeren. Freelancers en zzp'ers hebben gewoon een eenmanszaak. Freelancers en zzp'ers moeten zich inschrijven bij de Kamer van Koophandel; dit geldt ook als zij een vrij beroep uitoefenen. Net als andere ondernemers moeten freelancers en zzp'ers een handelsnaam kiezen.

De Belastingdienst en het UWV gebruiken het begrip freelancer of zzp'er niet en maken alleen het onderscheid tussen ondernemer of werknemer. Als een zzp'er (opdrachtnemer) voor een opdrachtgever gaat werken, moeten de zzp'er en zijn opdrachtgever bepalen of er sprake is van loondienst (een arbeidsovereenkomst). In veel gevallen is het duidelijk dat een zzp'er geen arbeidsovereenkomst heeft. Als er twijfel is of er sprake is van een arbeidsovereenkomst kan van een door de belastingdienst opgestelde modelovereenkomst gebruik worden gemaakt.

Aansprakelijk voor schade zzp'er na ongeval

AMSTERDAM - Sloopbedrijf De Grote Berg (DGB) is aansprakelijk voor de gevolgen van een arbeidsongeval van een zzp'er. DGB dient daarom de schade die de zzp'er als gevolg hiervan heeft geleden te vergoeden. Dat heeft de kantonrechter bepaald. De zzp'er heeft in opdracht van DGB sloopwerkzaamheden verricht bij een bedrijf in Antwerpen. Tijdens deze werkzaamheden viel een trapezium van 32 kilo op de vingers van de zzp'er, met een ernstige blessure tot gevolg. Volgens de kantonrechter heeft de zzp'er de werkzaamheden uitgevoerd in de uitoefening van het bedrijf en beroep van DGB, was de zzp'er voor zijn veiligheid mede afhankelijk van DGB en heeft DGB onvoldoende voorzorgsmaatregelen getroffen ter voorkoming van een ongeval. Van bewuste roekeloosheid of eigen schuld aan de zijde van de zzp'er was geen sprake. Voorgaande omstandigheden brengen mee dat DGB aansprakelijk is voor de gevolgen van het ongeval.

www.rechtspraak.nl,
25 september 2018,
ECLI:NL:RBAMS:2018:6802

2.3 Personenvennootschappen

De personenvennootschappen hebben geen rechtspersoonlijkheid. Personenvennootschappen zijn vennootschappen die zich kenmerken door persoonlijke aansprakelijkheid van de eigenaars van de onderneming.

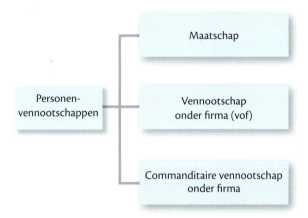

2.6 Personenvennootschappen

De maatschap is de aangewezen rechtsvorm voor beoefenaren van een vrij beroep (advocaten, artsen, accountants, notarissen, fysiotherapeuten en dergelijke). De maatschap wordt ook veel gebruikt in de landbouw. De vennootschap onder firma en de commanditaire vennootschap, waarbij de vennoten onder een gemeenschappelijke naam optreden, zijn typisch gericht op het bedrijfsleven.

Kenmerkend voor de firma is dat ieder van de firmanten met zijn gehele privévermogen aansprakelijk is voor alle vennootschapsschulden. Dit geldt echter niet voor de zogenaamde commanditaire (stille) vennoten bij een commanditaire vennootschap. Zij zijn slechts beperkt aansprakelijk, en wel tot het bedrag van hun kapitaalinbreng.

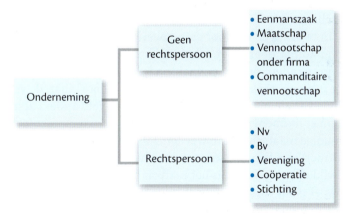

2.7 Ondernemingen met en zonder rechtspersoonlijkheid

2.4 Openbare en stille maatschappen

Maatschappen kunnen worden onderscheiden in openbare en stille maatschappen. Een stille maatschap is een maatschap waarbij de maten alleen afspraken maken die onderling gelden, maar waarvan de samenwerking voor derden niet kenbaar is. Een openbare maatschap treedt naar buiten als zodanig en is voor derden waarneembaar.

De Hoge Raad heeft beslist dat openbare maatschappen een afgescheiden vermogen hebben. Dit is voor de praktijk relevant, aangezien personenvennootschappen geen rechtspersoonlijkheid hebben. Bij een afgescheiden vermogen is sprake van een vennootschapsrechtelijke, gebonden gemeenschap waarop de vennootschapscrediteuren zich met voorrang op de privécrediteuren van de afzonderlijke vennoten kunnen verhalen.

2.4.1 De maatschap

Als twee of meer ondernemers gaan samenwerken om gezamenlijk te ondernemen, is er snel sprake van een maatschap. De maatschap is een vorm van samenwerking tussen twee of meer personen met het doel gezamenlijk voordeel te behalen (art. 7A:1655 BW). De maatschap komt veel voor bij de zogenaamde vrije beroepen. Het voorgaande wil niet zeggen dat vrije beroepen alleen in maatschapsvorm samenwerken. Ook de zogenaamde vrijeberoepsbv's komen steeds meer voor.

De deelnemers in de maatschap worden maten genoemd. De aansprakelijkheid van de maten in de maatschap is te vergelijken met die van de ondernemer met een eenmanszaak. Voor iedere maat afzonderlijk is er geen scheiding tussen zijn privévermogen en het vermogen dat hij in de onderneming heeft gestoken. Het ondernemingsvermogen is gemeenschappelijk eigendom van alle maten tezamen.

Het ondernemingsvermogen is wel gebonden, maar niet afgescheiden. Dit betekent dat de maat niet vrij is om zijn aandeel in het gemeenschappelijk vermogen te vervreemden (verkopen). Zijn aandeel in de maatschap mag hij niet zomaar verkopen, omdat hij niet zomaar uit de maatschapsovereenkomst mag stappen.

2.4.2 Oprichting

De oprichting gebeurt door het sluiten van een overeenkomst, waarbij de partijen afspreken 'iets' in te brengen en door samenwerking gemeenschappelijk voordeel te halen. De overeenkomst hoeft niet schriftelijk te worden aangegaan. Dat is in het algemeen wel aan te raden, omdat er vaak nadere afspraken zullen moeten worden gemaakt over de inbreng, taak en bevoegdheden van iedere maat, de verdeling van de winst en het einde van de maatschap. Tenzij de maten iets anders afspreken bestaat de maatschap op het moment van het sluiten van de overeenkomst (art. 7A:1661 BW).

Bij een eenvoudige maatschap kan worden volstaan met het opstellen van een akte (schriftelijk contract) met behulp van standaardvoorbeelden uit juridische modellenboeken. In ingewikkeldere gevallen is het raadzaam hieromtrent de hulp van een jurist in te roepen. Als er geen contract wordt opgemaakt, is de wettelijke regeling (art. 7A:1655 e.v. BW) van toepassing. Bij de maatschap staat centraal dat de maten samenwerken tot een gemeenschappelijk doel. Wil er sprake zijn van een maatschap, dan moet aan alle in de wet genoemde eisen zijn voldaan. Is er aan een of meer vereisten niet voldaan, dan is er geen maatschap.

De vier vereisten zijn (art. 7A:1655 BW):
a. wederkerige overeenkomst
b. waarbij twee of meer personen
c. iets in gemeenschap brengen
d. om de winst met elkaar te delen.

2.4.3 Inbreng

De inbreng kan bestaan uit geld, goederen, genot van zaken en arbeid of een combinatie daarvan (art. 7A:1662, lid 1 BW). De ingebrachte zaken kunnen mede-eigendom worden van de andere maten. Het is ook mogelijk dat een of meer goederen slechts ter beschikking gesteld worden van de maatschap. De eigendom blijft dan bij de inbrengende maat. Het is niet nodig dat de inbreng van alle maten even groot is.

Men kan twee vermogens onderscheiden die via inbreng bijeengebracht kunnen zijn:
- het vermogen dat door de maten voor de maatschap beschikbaar is gesteld; de maatschap heeft het genotsrecht;
- mede-eigendom; dit brengt met zich mee dat een maat zijn aandeel in de mede-eigendom niet alleen kan vervreemden (verkopen) of bezwaren; hij is niet beschikkingsbevoegd.

Indien het ingebrachte een genotsrecht betreft, betekent dit dat de maatschap wel de beschikking krijgt over het ingebrachte en ook het risico voor waardeverandering loopt, maar de juridische eigendom blijft bij de inbrenger.

2.4.4 Maatschap voor (on)bepaalde tijd

Als twee of meer ondernemers gaan samenwerken in een maatschap, kunnen ze afspreken dat ze voor een bepaalde periode gaan samenwerken, bijvoorbeeld in het kader van een project. Wanneer ze niets afspreken is er sprake van een maatschap voor onbepaalde tijd. Wanneer de maatschap voor bepaalde tijd is aangegaan, kan door opzegging de maatschap niet tussentijds worden beëindigd (art. 7A:1686, lid 2 BW). In zo'n geval kan ontbinding door een rechterlijk vonnis gevraagd worden (art. 7A:1684 BW).

Bij een maatschap voor onbepaalde tijd kan een van de maten de overeenkomst eenzijdig opzeggen (art. 7A:1683 sub 3 BW). Door de opzegging wordt de maatschap ontbonden, mits de opzegging tijdig, redelijk en billijk gedaan is (art. 7A:1686, lid 1 BW).

2.4.5 Bevoegdheid van de maten

Ieder der maten is bevoegd beheersdaden te verrichten, tenzij bij maatschapovereenkomst een andere regeling is overeengekomen. Beheersdaden zijn handelingen die tot de normale gang van zaken van de maatschap worden gerekend, zoals de uitvoering van het dagelijkse werk. Beschikkingshandelingen daarentegen zijn handelingen die vallen buiten de normale activiteiten van de maatschap. Wegens het uitzonderlijke karakter van deze handelingen kunnen die alleen door de maten gezamenlijk worden verricht. Sluit een der maten, als bevoegd vertegenwoordiger, namens de maatschap een overeenkomst, dan zijn alle maten jegens de wederpartij met wie is gehandeld aansprakelijk, en wel voor gelijke delen. Heeft een maat echter in strijd met zijn bevoegdheid gehandeld, dan bindt hij de overige maten in beginsel niet. De bevoegdheid van de maat wordt begrensd door de wet, het doel van de maatschap, de volmacht die de maat van zijn mede-maten ontving, en de nadere afspraken die daarover in het maatschapscontract zijn gemaakt.

> **Voorbeeld**
>
> Bij een maatschap die tot doel heeft te handelen in huizen is de aankoop van een huis een beheersdaad, maar bij een artsenmaatschap is dat een beschikkingsdaad.

2.4.6 Vertegenwoordiging

Een maat bindt, wanneer hij een overeenkomst sluit, in beginsel alleen zichzelf. Indien een maat bevoegd in naam van de maatschap optreedt, zijn daardoor alle maten gebonden, en wel allen voor gelijke delen (art. 7A:1680 BW). Als een maatschap een pand koopt voor € 300.000 en de maatschap bestaat uit twee maten die gezamenlijk het pand kopen, dan is iedere maat voor € 150.000 aansprakelijk. Maten zijn bevoegd namens de maatschap op te treden zolang hen de bevoegdheid tot beheer niet is ontnomen (art. 7A:1676 sub 1 BW).

2.8 Aansprakelijkheid en vertegenwoordiging

2.4.7 Aansprakelijkheid

Omdat een maat die een rechtshandeling aangaat in principe slechts zichzelf bindt, kunnen schuldeisers in principe alleen de maat met wie zij hebben gehandeld aanspreken om te betalen; zij kunnen niet de andere maten daarvoor aanspreken (art. 7A:1679 BW).

Een maat die handelt is alleen aansprakelijk voor zijn eigen handelen, tenzij een van de volgende gevallen zich voordoet:

- indien een maat volmacht heeft namens de maatschap op te treden. Een maat heeft bevoegdheid om namens de maatschap op te treden indien het beheersdaden betreft;
- indien de maatschap achteraf zijn handelen bekrachtigt (art. 7A:1681 BW). Hierdoor wordt de onbevoegdheid van de handelende maat achteraf opgeheven;
- indien de maten gezamenlijk handelen (art. 7A:1680 BW);
- indien er sprake is van baattrekking (art. 7A:1681 BW), dat wil zeggen dat het handelen uiteindelijk voor de maatschap voordelig is geweest.

Slechts in bovengenoemde vier situaties zijn de maten ieder voor gelijke delen met hun gehele vermogen tegenover een schuldeiser aansprakelijk.

De bevoegdheid van een maat tot het verrichten van beheersdaden brengt met zich mee dat de desbetreffende maat bevoegd is de maatschap – dus de gezamenlijke maten – te vertegenwoordigen (art. 7A:1676 BW). Een bevoegde maat die handelt namens de maatschap bindt ook de overige maten (art. 7A:1681 BW).

Er zijn dus twee situaties mogelijk: of de maat bindt alleen zichzelf en wel voor het geheel, of hij bindt (als vertegenwoordiger) alle maten (en dus ook zichzelf) tegenover derden voor gelijke delen (art. 7A:1680 BW).

Maten van een maatschap met beroepsgenoten, zoals advocaten, notarissen en accountants, zijn privé aansprakelijk voor door hun aanvaarde opdracht, ten opzichte van de opdrachtgever (art. 7:407 lid 2 BW). Ook kan een maat zelf aansprakelijk zijn als de opdracht is verleend op grond van zijn persoonlijke capaciteiten (art. 7:407, lid 2 BW).

Arrest Biek Holding
Hoge Raad 15 maart 2013, ECLI:NL:HR:2013:BY7840

Feiten
Een aantal advocaten zijn werkzaam op een advocatenkantoor. De advocaten vormen samen een maatschap. Een aantal van de advocaten zijn als natuurlijk persoon lid van de maatschap, een aantal advocaten hebben een zogenaamde praktijkvennootschap. Een van de advocaten van de maatschap heeft ernstige beroepsfouten gemaakt, waardoor Biek holdings forse schade heeft geleden. Biek holdings stelt de advocaat die de beroepsfout heeft gemaakt en de overige maten aansprakelijk voor de geleden schade.

Hoge Raad
3.4.2 De maatschap heeft geen rechtspersoonlijkheid. Indien een overeenkomst wordt gesloten met een maatschap, zijn daarom de individuele maten jegens de wederpartij persoonlijk aansprakelijk voor de nakoming van daaruit voortvloeiende verplichtingen van de maatschap. Is sprake van een tekortkoming in de nakoming van een deelbare prestatie, dan zijn de maten aansprakelijk voor gelijke delen (art. 7A:1679-1681 BW). Ingeval evenwel, zoals hier (zie hiervoor in 3.1 onder (i)), sprake is van een door de maatschap aanvaarde opdracht, dan is op grond van art. 7:407 lid 2 BW iedere maat jegens de opdrachtgever aansprakelijk voor het geheel. De persoonlijke aansprakelijkheid jegens de contractuele wederpartij op grond van deze artikelen blijft bestaan indien de maat uittreedt.

Toelichting
Maten in een maatschap kunnen persoonlijk worden aangesproken door een cliënt wegens gemaakte beroepsfouten, ook al heeft die cliënt een contract gesloten met de maatschap en niet met een afzonderlijke maat.

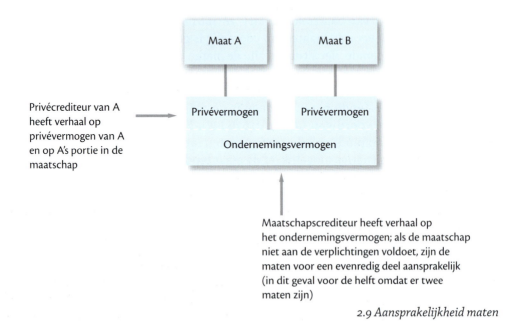

2.9 Aansprakelijkheid maten

Voorbeeld

Een maat koopt namens de maatschap (en met instemming van de overige maten) een server die door de maatschap zal worden gebruikt. De server wordt geleverd, maar de maatschap betaalt de koopprijs niet. De leverancier van de server kan elk van de maten aanspreken voor gelijke delen. Bij drie maten is dat een derde, bij vier een vierde etc.

2.4.8 Verdeling van de winst

De maten van de maatschap kunnen in het maatschapscontract regelen tot welk gedeelte van de winst ieder is gerechtigd. Dit kan bijvoorbeeld afhankelijk zijn van de omzet die de betreffende maat heeft gerealiseerd of van het aantal arbeidsuren dat hij heeft gewerkt.

Indien het maatschapscontract geen regeling bevat, is ieder der maten gerechtigd tot een aandeel in de winst, in verhouding tot het bedrag van zijn inbreng (art. 7A:1670, lid 1 BW). De maat die uitsluitend arbeid inbrengt, wordt daarbij gelijkgesteld met de kleinste kapitaalinbreng (art. 7A:1670, lid 2 BW).

Het is verboden te bepalen, dat alle winsten voor één maat zijn. Wel kan worden bepaald dat één van de maten alle verliezen draagt.

> **Voorbeeld**
>
> Tussen de drie personen A, B en C bestaat een maatschap. A brengt een pand in ter waarde van € 200.000, B brengt geld in (€ 50.000) en C alleen maar arbeid. In een bepaald jaar bedraagt de winst € 60.000. De winst wordt, als verder niets is geregeld, als volgt verdeeld:
> - A ontvangt 20/30 van € 60.000 = € 40.000
> - B ontvangt 5/30 van € 60.000 = € 10.000
> - C ontvangt 5/30 van € 60.000 = € 10.000

2.4.9 Einde of voortzetting maatschap

De maatschap eindigt in de navolgende gevallen (art. 7A:1683 e.v. BW):
- door verloop van de overeengekomen tijd;
- het doel is bereikt;
- door opzegging (mits te goeder trouw);
- door ontbinding door de rechter (art. 7A:1684 BW);
- door beëindiging met onderling goedvinden;
- door dood, curatele, faillissement of surséance van een maat.

Indien een van de hierboven genoemde feiten zich voordoet, eindigt de maatschap door het enkel intreden van het desbetreffende feit.

2.4.10 Vermogensbedingen

Het Burgerlijk Wetboek gaat, zoals boven is omschreven, ervan uit dat wijzigingen in de personele samenstelling van de maatschap tot haar ontbinding leiden. Het is goed denkbaar dat de overblijvende maten geïnteresseerd zijn in het voortzetten van de maatschap. Dat is mogelijk indien zij dat speciaal overeengekomen zijn. Daarom wordt in maatschapscontracten vaak een voortzettingsbeding afgesproken.

Een voortzettingsbeding is een afspraak (beding) in een maatschapscontract die voorkomt dat de maatschap eindigt indien de deelneming van een of meer maten komt te vervallen. Men dient zich te realiseren dat dit beding alleen maar mogelijk is als er in ieder geval twee of meer maten overblijven. Blijft er maar één maat over, dan is het geen maatschap meer maar een eenmanszaak.

2.4.11 Verblijvensbeding

Als bij een maatschap met drie of meer maten één maat uittreedt, heeft deze maat recht op een deel van de zaken van het maatschapsvermogen. Vermogensbedingen zijn erop gericht het maatschapsvermogen van de maatschap bijeen te houden of te verwerven bij de scheiding en deling die het gevolg zijn van de uittreding van een maat.

Bij een verblijvensbeding gaat in geval van uittreding van een maat het aandeel van deze maat van rechtswege (automatisch) over op de maatschap. Dit kan bijvoorbeeld inhouden dat in geval van overlijden van een maat diens aandeel in het maatschapsvermogen aan de overige maten 'verblijft' (toekomt), en dat de erfgenamen niet een deel van de zaken krijgen, maar de waarde van dat deel in geld.

2.4.12 Verrekening

Indien de maatschap wordt ontbonden, dient er in beginsel vereffening van het maatschapsvermogen plaats te vinden. De uitstaande vorderingen worden geïnd, de schulden betaald en voor zover noodzakelijk de activa te gelde gemaakt. Hierna kan het resterende maatschapsvermogen worden verdeeld over de voormalige maten. De verdeling van het vermogen dat na de vereffening resteert over de voormalige maten is niet wettelijk vastgelegd, doch zal contractueel geregeld moeten zijn. In het maatschapscontract kan een zogenaamde 'crediteringsclausule' worden opgenomen. Bij deze afspraak ontvangt elk van de voormalige maten allereerst de waarde van zijn kapitaalinbreng, zoals die is vastgesteld op het moment van de inbreng. Met eventuele waardeveranderingen wordt dus geen rekening gehouden. Wat overblijft nadat elk van de voormalige maten op deze wijze zijn inbreng heeft teruggekregen, wordt beschouwd als door de maatschap gemaakte winst. Deze winst wordt dan overeenkomstig de afspraken uit het maatschapscontract of overeenkomstig de wettelijke bepalingen met betrekking tot de winstverdeling over de voormalige maten verdeeld. Hetzelfde geldt, overige omstandigheden gelijkblijvend, indien er sprake is van een verliessaldo.

2.5 Vennootschap onder firma

De vennootschap onder firma (vof) is een maatschap die een bedrijf uitoefent onder gemeenschappelijke naam. De vof is een bijzondere vorm van een maatschap. Bij de vennootschap onder firma heeft men te maken met de bepalingen van het Burgerlijk Wetboek ten aanzien van de maatschap en met de specifieke bepalingen uit het Wetboek van Koophandel.

Voor de vof gelden dus in beginsel dezelfde regelingen die ook voor de maatschap gelden, voor zover het Wetboek van Koophandel tenminste geen afwijkende bepalingen bevat (art. 15 WvK). De wet bevat weinig regels over de firma; de samenwerkingsregels worden daarom meestal in een contract vastgelegd. De vof wordt als volgt omschreven: 'De vennootschap onder eene firma is de maatschap, tot de uitoefening van een bedrijf onder eenen gemeenschappelijken naam aangegaan' (art. 16 WvK).

Er is in een gegeven situatie pas sprake van een vennootschap onder firma als aan alle navolgende vereisten is voldaan:

De partners in een firma heten firmanten of vennoten. De firma heeft een afgescheiden vermogen, dat wil zeggen dat het vermogen van de firma wordt gevormd door bestanddelen die niet behoren tot het vermogen van de firmanten privé. Zij wordt in het maatschappelijk verkeer beschouwd als een afzonderlijk rechtssubject dat zelfstandig aan het rechtsverkeer kan deelnemen.

De vennootschap onder firma is geen rechtspersoon. De firma kan als procederende partij optreden, kan failliet gaan (waarbij de vennoten als hoofdelijk aansprakelijken mede failliet gaan!), kan huurder en verhuurder zijn, et cetera.

2.5.1 Wettelijke regeling firma

De firma is een bijzondere vorm van een maatschap. Als een bepaald onderwerp niet expliciet voor de firma in het Wetboek van Koophandel is geregeld, dan geldt automatisch de wettelijke regeling van de maatschap in het Burgerlijk Wetboek. Met betrekking tot het einde van de vennootschap onder firma of de winstverdeling gelden bijvoorbeeld dezelfde regels als bij de maatschap.

2.5.2 Oprichting

De firma wordt opgericht door het sluiten van een samenwerkingsovereenkomst door de aanstaande vennoten. Schriftelijke vastlegging van deze overeenkomst is wettelijk niet noodzakelijk. Ook hier geldt, net als bij de maatschap, dat het raadzaam is om de tussen de firmanten gemaakte afspraken schriftelijk vast te leggen. Bovendien is er nog een andere reden om een vennootschapscontract op te stellen. Voor het bewijs van het bestaan van een firma door de vennoten zelf tegenover derden of onderling heeft de wetgever een schriftelijke akte als enig toegestaan bewijsmiddel voorgeschreven (art. 22, 23 WvK).

2.5.3 Vertegenwoordiging

In tegenstelling tot wat voor de maatschap geldt, zijn de firmanten van een firma allemaal bevoegd de vennootschap te vertegenwoordigen voor zover het handelingen binnen het doel van de firma betreft, en voor zover bij overeenkomst (vennootschapsakte of besluit) van de vennoten is bepaald (art. 17 WvK).

Alle firmanten mogen voor de firma handelen, tenzij een of meer van hen uitdrukkelijk zijn uitgesloten. We zien dus het grote verschil met de maatschap, waar de handelende maat in principe alleen zichzelf verbindt, terwijl de firma automatisch alle vennoten (de gehele vennootschap) bindt.

Willen eventuele beperkingen van de firmanten in hun vertegenwoordigingsbevoegdheid extern werken, dan moeten zij bij verplichte inschrijving in het handelsregister worden ingeschreven (art. 23 WvK).

2.5.4 Aansprakelijkheid

Indien een firmant door zijn handeling de vennootschap heeft verbonden, dan zijn alle vennoten hoofdelijk, dat wil zeggen voor de gehele prestatie, aansprakelijk voor de nakoming van de namens de firma afgesloten transactie (art. 18 WvK). In beginsel is iedere firmant bevoegd, zowel voor beheers- als beschikkingshandelingen (art. 17 WvK).

Handelt een firmant onbevoegd namens de vennootschap, dan is hij in principe privé volledig aansprakelijk. Het is niet mogelijk deze aansprakelijkheid van de afzonderlijke vennoten op enigerlei wijze te beperken. Voor derden die met een firmant handelen is het dus van belang om te weten of zij een transactie afsluiten met een daartoe bevoegde firmant. Is dat laatste het geval, dan hebben zij immers een aantal hoofdelijk aansprakelijke debiteuren, terwijl in het geval van onbevoegde vertegenwoordiging slechts de desbetreffende firmant persoonlijk aansprakelijk kan worden gesteld. Om voor derden duidelijkheid te scheppen omtrent de bevoegdheden van de vennoten dient op grond van art. 23 WvK de vennootschap te worden ingeschreven in het handelsregister.

Art. 29 WvK regelt de verhouding ten opzichte van derden. Wanneer de inschrijving in het handelsregister niet heeft plaatsgevonden, dan mag een derde ervan uitgaan dat het doel onbeperkt is, dat de firma is aangegaan voor onbepaalde tijd en dat er geen enkele beperking is ten aanzien van de beheers- en beschikkingsbevoegdheid van de vennoten.

Naast het firmavermogen bestaat voor de firmacrediteuren nog een waarborg: iedere firmant is hoofdelijk aansprakelijk voor de verbintenissen van de firma (art. 18 WvK).

De firma heeft voorts een zogenaamd afgescheiden vermogen: dit betekent dat de crediteuren van de firma bij verhaal van hun vorderingen op de firma voorrang hebben boven de privécrediteuren van de firmanten.

Daarnaast kunnen de crediteuren van de firma verhaal zoeken op het privévermogen van de vennoten. Het firmavermogen is – evenals het vermogen van de maatschap – een gebonden vermogen; belangrijk verschil is echter dat het firmavermogen in eerste instantie bestemd is ter voldoening van de firmacrediteuren. De crediteuren hebben daarnaast nog de mogelijkheid de firmanten voor het restant van hun vordering in hun privévermogen aan te spreken.

Voorbeeld

De Hoge Raad heeft in 2015 geoordeeld dat vennoten van een v.o.f. en beherend vennoten van een c.v. ook hoofdelijk aansprakelijk zijn voor de schulden van de vennootschap die zijn ontstaan voordat de vennoten als vennoot tot de vennootschap toetraden.

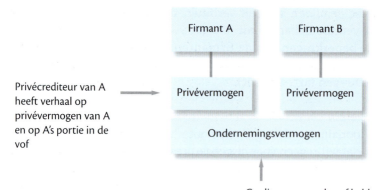

2.10 *Aansprakelijkheid firmanten*

2.5.5 Einde van de firma

Voor het einde van de firma gelden dezelfde regels als voor een maatschap (art. 7A:1683 e.v. BW). Ook een firma kan failliet worden verklaard. De schuldeisers van de firma kunnen de vennoten aanspreken voor de schulden van de firma. Het faillissement van een firma betekent niet automatisch het faillissement van de firmanten afzonderlijk. Dat heeft als gevolg dat afzonderlijk een verzoek zal moeten worden gedaan om het faillissement van de firmanten van een firma te realiseren. De rechter zal vervolgens voor ieder van de firmanten afzonderlijk beoordelen of aan de voorwaarden voor faillietverklaring is voldaan. Als een firmant privé failliet wordt verklaard, wil dat niet automatisch zeggen dat ook de firma en de overige firmanten failliet gaan.

Ondernemingsvormen zonder rechtspersoonlijkheid

	Eenmanszaak	Maatschap	Vof	Cv
Oprichting	Vormvrij, geen notariële akte vereist	Vormvrij, geen notariële akte vereist	Vormvrij, geen notariële akte vereist	Vormvrij, geen notariële akte vereist
Inschrijving	Handelsregister	N.v.t.	Handelsregister	Handelsregister
Kapitaal	Niet verplicht	Niet verplicht	Niet verplicht	Niet verplicht
Bestuur	Eigenaar	Maten	Firmanten	Beherende firmant/stille firmant
Andere organen	Geen	Geen	Geen	Geen
Aansprakelijkheid	100% privé	Iedere maat voor een evenredig deel privé	Iedere firmant 100% privé	Beherende firmant 100% privé; stille firmant tot verstrekt kapitaal

2.6 De commanditaire vennootschap

Het kan voorkomen dat iemand er alleen maar belang in stelt om geld te beleggen, geen betrokkenheid wenst met de onderneming en er verder geen behoefte aan heeft om in de onderneming werkzaam te zijn. Ook kan het voorkomen dat bij een firma een oud-firmant een gedeelte van zijn vermogen in de zaak wil laten. In zo'n geval kan men een commanditaire vennootschap (cv) oprichten. De commanditaire vennootschap is net als de firma een samenwerkingsverband tussen twee of meer personen. Een cv heeft twee soorten vennoten: beherende en commanditaire (ook wel commandiet genaamd). Beherende vennoten zijn de bestuurders van de vennootschap en houden zich bezig met de dagelijkse gang van zaken in de onderneming. Commanditaire vennoten zijn verschaffers van kapitaal en blijven op de achtergrond. Zij brengen kapitaal in de onderneming en mogen zich niet bemoeien met het extern vertegenwoordigen van de vennootschap. Bijzonder is vooral dat de commanditaire vennoot nooit méér verlies kan lijden dan het bedrag dat hij in de commanditaire vennootschap heeft ingebracht. Net als de aandeelhouder in de bv is de commanditaire vennoot slechts beperkt aansprakelijk. Maakt de vennootschap verlies, dan wordt het kapitaal van de commandiet in de cv ook minder. Maakt de commanditaire vennootschap winst, dan krijgt de commanditaire vennoot uiteraard een beloning voor zijn kapitaalinbreng. Die beloning is meestal afhankelijk van de winst van de vennootschap. De artikelen 19, 20 en 21 WvK geven de regeling van de commanditaire vennootschap. De cv is een bijzondere vennootschap onder firma waarbij naast een of meer beherende vennoten ook een of meer stille vennoten optreden. Deze stille vennoten zijn niet bevoegd namens de cv naar buiten op te treden, ook niet krachtens volmacht. De stille vennoot mag wel intern aan de besluitvorming deelnemen (art. 30 WvK).

Treden tot een vennootschap onder firma een of meer personen als kapitaalverschaffers toe zonder dat ze aandeel hebben in het beheer, dan hebben we te maken met een commanditaire vennootschap. We onderscheiden dus firmanten die hoofdelijk voor het geheel aansprakelijk zijn en firmanten die niet verder aansprakelijk zijn dan hun inbreng. De commanditaire vennoot heeft de rol van geldschieter, het is niet de bedoeling dat de commanditaire vennoot daden van beheer verricht. Bij overtreding van het beheersverbod is de commanditaire vennoot hoofdelijk aansprakelijk voor alle (bestaande en toekomstige) schulden van de vennootschap, ook voor die schulden die met zijn verboden handeling niets van doen hebben (art. 21 WvK).

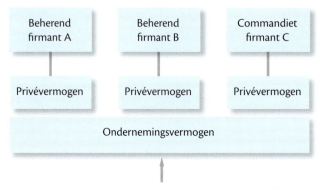

Crediteuren van de commanditaire vennootschap hebben verhaal op het ondernemingsvermogen. Bij niet-voldoen zijn slechts de beherende vennoten A en B hoofdelijk (100%) aansprakelijk

2.11 *Verhaal bij een commanditaire vennootschap*

2.6.1 Bestuur en vertegenwoordiging

Intern, dus bij de besluitvorming van de cv, kan de commanditaire vennoot zich met het beheer bezighouden en medezeggenschap uitoefenen zonder in de aansprakelijkheid van art. 21 WvK te vervallen.

De stille vennoot die wel naar buiten toe optreedt wordt door het recht behandeld als een beherende vennoot en wordt derhalve ook hoofdelijk aansprakelijk voor de schulden van de vennootschap. Ook is hij aansprakelijk voor schulden die ontstaan zijn voordat de stille vennoot naar buiten toe optrad (art. 21 Wvk). Blijft de stille vennoot 'stil', dan is hij voor de schulden van de vennootschap niet verder aansprakelijk dan het bedrag van zijn kapitaalverschaffing; ook door hem genoten winstuitkeringen mag hij behouden (art. 20 WvK). Bij de commanditaire vennootschap met slechts één beherende vennoot is er geen vennootschapsvermogen, doch slechts het private vermogen van de beherende vennoot.

Er zijn tussen de commanditaire vennoot en een geldschieter (bijvoorbeeld een bank) onder andere de volgende verschillen:
- een geldschieter kan zijn geld terugeisen, wat voor de commanditaire vennoot in het algemeen niet mogelijk is;
- de commanditaire vennoot heeft bepaalde rechten (bijvoorbeeld inzage van de boeken) die de geldschieter in principe niet heeft;
- een commanditaire vennoot is lid van een vennootschap, een geldschieter is crediteur van een vennootschap.

Voorbeeld

Sommige ondernemingen dulden geen pottenkijkers. De invoering van de publicatieplicht van de jaarrekening voor de nv was in het begin van de jaren zeventig voor C&A aanleiding om de nv om te zetten in een cv. C&A is een van de grootste commanditaire vennootschappen in Nederland.

Voorbeeld

Barbizon Palace cv te Amsterdam is economisch eigenaar van het Barbizon Palace Hotel. Barbizon Palace Beheer nv treedt op als beherend vennoot en Hotel Amstelodamum nv is juridisch eigenaar van het hotel. Maar liefs 466 andere commanditaire vennoten nemen ieder voor € 13.159deel in het project. De cv heeft een 'besloten' karakter omdat de aandelen niet vrij overdraagbaar zijn. Deze constructie is opgezet om als commanditaire vennoot de status van 'ondernemer' te verwerven. Ondernemers hebben namelijk bepaalde aantrekkelijke fiscale faciliteiten. De taatssecretaris weigerde bij soortgelijke constructies het ondernemerschap van de commanditaire vennoten te accepteren. De Hoge Raad beschikte dat het standpunt van de staatssecretaris onjuist is en dat er wel degelijk sprake is van ondernemerschap, omdat ondernemen alles te maken heeft met het nemen van risico's. De 466 commanditaire vennoten namen met hun deelname wel degelijk risico's.

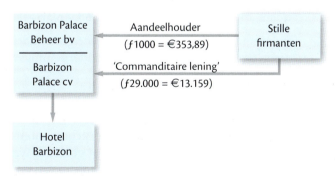

2.12 *Vereenvoudigd schema Barbizon Palace cv*

Begrippenlijst

Aansprakelijkheid	Financieel verantwoordelijk zijn voor de gevolgen van een gesloten overeenkomst of voor onrechtmatig handelen.
Afgescheiden vermogen	Vermogen van een vennootschap onder firma dat specifiek is bedoeld voor de schulden van de vennootschap en dat daarom is afgescheiden van de privévermogens van de vennoten.
Bedrijf	Organisatorische eenheid gericht op het maken van winst.
Beheershandelingen	Handelingen die tot de normale gang van zaken van de maatschap worden gerekend, zoals de uitvoering van het dagelijkse werk.
Bekrachtiging	Een niet rechtsgeldig besluit nadien toch, met terugwerkende kracht, rechtsgeldig te maken.
Borgtocht	Een overeenkomst waarbij iemand (de borg) zich tegenover de crediteur van een ander verplicht de schuld van die ander te zullen voldoen, indien de ander zelf in gebreke blijft.
Beschikkingshandelingen	Handelingen die vallen buiten de normale activiteiten van de maatschap.
Commanditaire vennootschap	Een bijzondere vorm van een vennootschap onder firma. Heeft beherende en stille vennoten.
Directe vertegenwoordiging	Bevoegd optreden in naam en voor rekening van iemand anders, met als gevolg dat de andere daaraan gebonden is.
Eenmanszaak	Ondernemingsvorm waarbij het recht geen onderscheid maakt tussen het privévermogen en het ondernemingsvermogen van de enige eigenaar
Hoofdelijke aansprakelijkheid	Ieder van de debiteuren is voor de gehele schuld aansprakelijk.
Huwelijkse voorwaarden	Overeenkomst tussen (aanstaande) echtgenoten waarbij zij, met terzijdestelling van de daarvoor geldende wettelijke bepalingen, de vermogensrechtelijke gevolgen van hun huwelijk regelen. Huwelijkse voorwaarden moeten bij notariële akte worden opgemaakt.

Inbreng	Bijdrage die iedere maat of vennoot levert aan het bereiken van het doel van de personenvennootschap. De inbreng kan bestaan uit arbeid, geld en/of goederen.
Indirecte vertegenwoordiging	Bevoegd optreden voor rekening van iemand anders, met als gevolg dat de ander daaraan niet automatisch gebonden is.
Onbevoegde vertegenwoordiging	Onbevoegd optreden namens iemand anders.
Onderneming	Organisatie die een of meer bedrijven uitoefent. De organisatie moet juridisch als een eenheid naar buiten treden.
Verblijfsbeding	Bepaling waarin wordt geregeld dat in geval van het overlijden of uittreden van een maat/firmant zijn aandeel naar de andere maten/firmanten gaat.
Vertegenwoordiging	Bevoegd optreden, voor rekening van iemand anders, met als gevolg dat de andere daaraan gebonden is.
Volmacht	Bevoegdheid om in naam en voor rekening van een ander te mogen optreden.
ZZP	Zelfstandig Zonder Personeel, een persoon die een eenmanszaak heeft en aldus ondernemer wordt.

Vragen

Meerkeuzevragen

1. Pieter Werkmans heeft een computerbedrijf. Hij is als enige eigenaar van dit bedrijf. Voor de start van het bedrijf heeft Pieter voor € 40.000 aan een bestelbus en materialen gekocht ten behoeve van het computerbedrijf. In welke mate kan Pieter nu aansprakelijk gesteld worden?
   a. Pieter is met zijn gehele vermogen aansprakelijk;
   b. Pieter kan alleen zijn investering verliezen, dus maximaal € 40.000;
   c. Pieter is alleen aansprakelijk wanneer hij geen afgescheiden vermogen heeft;
   d. Pieter kan nergens voor aansprakelijk gesteld worden; aansprakelijkheid behoort in de statuten weergegeven te worden.

2. Pieter en Monique zijn, sinds 2012, gehuwd in gemeenschap van goederen. Pieter heeft een computerbedrijfje. De laatste tijd gaan de zaken niet zo goed en de rekeningen van leveranciers stapelen op. Monique maakt zich ernstige zorgen en vraagt zich af of de schuldeisers ook aanspraak kunnen maken op haar privé spaargeld?
   a. Nee, want het geld is alleen van Monique;
   b. Nee, want zij is niet werkzaam in het bedrijf van Pieter;
   c. Nee, want zij heeft niet meegetekend op de overeenkomsten die Pieter heeft gesloten ten behoeve van zijn bedrijf;
   d. Ja, de schuldeisers kunnen aanspraak maken op haar privé spaargeld. Pieter heeft immers een eenmanszaak.

3. Karel Kip heeft jarenlang met zijn twee zoons Henk en Peter een schoonmaakservice gehad onder de naam Clean & Bright vof. Nog niet zo lang geleden heeft hij de pensioengerechtigde leeftijd bereikt, waarop hij zich heeft teruggetrokken uit het bedrijf. Niemand heeft er aan gedacht om Karel uit te laten schrijven uit het handelsregister van de Kamer van Koophandel. Henk heeft onlangs een nieuwe Opel Vivaro aangeschaft voor het grotere schoonmaakwerk. Wie zijn aansprakelijk voor de betaling van de Opel Vivaro?
   a. Henk;
   b. Henk en Peter;
   c. Henk, Peter en Karel;
   d. Schoonmaakservice Clean & Bright.

4. Maarten en Emke zijn in 2019 getrouwd, ze hebben geen huwelijkse voorwaarden bij de notaris laten opmaken. Ze hebben de volgende bezittingen:
Maarten heeft een privérekening met € 5.000.
Emke heeft een privérekening met € 10.000.
Samen hebben ze, sinds hun huwelijk, een gezamenlijke rekening met € 1.000. Maarten heeft een computerbedrijfje waar het slecht mee gaat, de schuldeisers van het bedrijfje hebben nog € 20.000 van hem tegoed. Het lukt Maarten niet om te betalen. Op welk bedrag kunnen de schuldeisers aanspraak maken?
   a. € 5.500;
   b. € 6.000;
   c. € 11.000;
   d. € 16.000.

5. Pieter Werkmans koopt op eigen naam, maar voor rekening en risico van Softy bv een partij processors bij Intertel nv. Waarvan is hier sprake?
   a. Indirecte vertegenwoordiging;
   b. Baattrekking;
   c. Directe vertegenwoordiging;
   d. Beheersdaad.

6. Wat is juist? Indien een vertegenwoordiger van Softy bv rechtshandelingen verricht in eigen naam, maar wel voor rekening van Softy, dan heeft de vertegenwoordiger:
   a. Een volmacht en is er sprake van directe vertegenwoordiging;
   b. Geen volmacht en is er sprake van directe vertegenwoordiging;
   c. Een volmacht en is er sprake van indirecte vertegenwoordiging;
   d. Geen volmacht en is er sprake van indirecte vertegenwoordiging.

7. Wat is juist? Bij een maatschap zijn de maten zonder nadere afspraken:
   a. Ieder bevoegd tot beheersdaden;
   b. Ieder bevoegd tot beschikkingsdaden;
   c. Ieder bevoegd tot zowel beheers- als beschikkingsdaden;
   d. Niet bevoegd tot beheers- of beschikkingsdaden.

8. Maarten en Frits hebben samen een adviesbureau op gebied van telecommunicatie. In de maatschapovereenkomst is niets geregeld dat voor transacties boven de € 15.000 beide vennoten gezamenlijk moeten beslissen. Wat is juist? In dit geval is Maarten bevoegd voor de vennootschap:
   I   een bedrijfspand te kopen van meer dan € 200.000;
   II een nieuwe mobiele telefoon te kopen.
   a. I en II juist;
   b. I juist, II onjuist;
   c. I onjuist, II juist;
   d. I en II onjuist.

9. Welke van de onderstaande stellingen is of zijn juist?
    I   Bij de maatschap is het beding geoorloofd, waarbij alle winst aan een of enkele maten ten goede zal komen.
    II Bij de maatschap is het beding geoorloofd, waarbij een of meer maten van het verlies worden uitgesloten.
    a. I en II zijn juist;
    b. I en II zijn onjuist;
    c. alleen I is juist;
    d. alleen II is juist.

10. De vennootschap onder firma X wordt gevormd door de firmanten A, B en C. A sluit namens de vennootschap een koopovereenkomst met D. Deze handeling valt binnen de grenzen van zijn bevoegdheid. D heeft volgens deze overeenkomst een vordering van € 10.000. Wie is aansprakelijk voor het voldoen van deze schuld aan D?
    a. A, B en C;
    b. De vennootschap onder firma X;
    c. A en de vennootschap onder firma X;
    d. A, B, C en de vennootschap onder firma X.

11. Welke stelling is juist?
    Bij de maatschap:
    a. heeft het faillissement van een maat tevens het faillissement van de maatschap ten gevolge;
    b. is er een afgescheiden vermogen;
    c. bindt de maat die beheersdaden verricht naast zichzelf zijn medematen;
    d. zijn de maten bevoegd bij beheers- en beschikkingsdaden namens de anderen op te treden.

12. Heeft een firmant van een vennootschap onder firma in strijd met zijn vertegenwoordigingsbevoegdheid gehandeld, dan wordt de vennootschap onder firma niettemin gebonden indien:
    I   deze handeling achteraf in het voordeel van de vennootschap onder firma is uitgevallen;
    II alle vennoten achteraf die handeling goedkeuren.
    a. I en II zijn juist;
    b. I is juist, II is onjuist;
    c. I is onjuist, II is juist;
    d. I en II zijn onjuist.

13. Welke van de onderstaande stellingen is of zijn juist?
    I Gaat een firmant failliet, dan gaat van rechtswege ook de vennootschap onder firma failliet.
    II Gaat de vennootschap onder firma failliet, dan gaan van rechtswege ook de firmanten failliet.
    a. I en II zijn juist ;
    b. I is juist, II is onjuist;
    c. I is onjuist, II is juist;
    d. I en II zijn onjuist.

14. Wat is een maatschap?
    a. Rechtsvorm;
    b. Overeenkomst;
    c. Compagnon;
    d. Afgescheiden vermogen.

15. Het advocatenkantoor Stoeten en Brouwer wil af van de maatschapsvorm en is voornemens om voor de rechtsvorm van de naamloze vennootschap te kiezen. Het formele besluit moet nog genomen worden.
    a. Wat is hier het nemen van het besluit?
        A. Bestuursdaad;
        B. Beschikkingsdaad;
        C. Beheersdaad;
        D. Rechtmatige daad.
    b. Wie is gerechtigd tot het nemen van het besluit tot omvormen van Stoeten en Brouwer van een maatschap in een naamloze vennootschap?
        A. De raad van bestuur;
        B. De firmanten;
        C. De partners/advocaten;
        D. De algemene vergadering van aandeelhouders.
    c. Als daaromtrent niets in het maatschapscontract is geregeld, is een maat die het niet eens is met het besluit tot omzetting van de maatschap verplicht om mee te doen in de naamloze vennootschap.
        A. Ja, want dan geldt het rechtsprincipe 'samen uit, samen thuis';
        B. Ja, want dan geldt het rechtsprincipe 'de meerderheid van stemmen geldt';
        C. Nee, want een maat kan op elk willekeurig moment uit de maatschap stappen;
        D. Nee, want bij het beëindigen van de maatschap heeft een maat het recht uit de maatschap te stappen.

Open vragen

16. Pieter Werkmans besluit een nieuwe stap te maken en start samen met zijn broer een bedrijf in de vorm van een vennootschap onder firma. Hij koopt en verkoopt computers. Na een aantal jaren succesvolle ondernemers te zijn geweest, krijgt het

bedrijf te maken met financiële problemen. Een aantal crediteuren wil niet meegaan in het voorstel van gebroeders Werkmans tot uitstel van betaling en wil hun vorderingen verhalen.
Geef gemotiveerd aan op wie de crediteuren de vorderingen kunnen verhalen, op de vof of op de firmanten afzonderlijk.

17. Pieter Werkmans heeft op 14 februari een computer die telefonisch was besteld op naam van café ''t Brouwertje' meegegeven aan twee personen die kwamen namens het betreffende café. Toen het op betalen aankwam, bleek de café-eigenaar Damen failliet te zijn, zodat er bij hem niets te verhalen viel. In een procedure heeft Pieter Werkmans betaling van genoemde computer gevorderd van Damen, stellende dat deze hem het gevorderde bedrag verschuldigd is ter zake van de door hem aan Damen verkochte en geleverde computer. Damen was op 14 februari weliswaar geen eigenaar meer van café ''t Brouwertje', hij had het in oktober van het voorgaande jaar verkocht, maar hij heeft zich pas in augustus bij het Handelsregister als eigenaar laten uitschrijven. Pieter stelt dus dat op 14 augustus Damen eigenaar was van het café.
    a. Kan Pieter Werkmans met succes Damen voor de rechter dagen?
    b. Stel dat Pieter Werkmans, alvorens de computer was verkocht en geleverd, vergat het handelsregister te raadplegen. Verandert daardoor het door u gegeven antwoord bij vraag A?

18. Pieter Werkmans en zijn studievrienden Top en Dal besluiten op 3 januari tot samenwerking in een maatschap. Ze willen zich vestigen als organisatieadviseurs. Bij wijze van proef willen ze de maatschap voor een jaar aangaan.
    a. Aan welke vier juridische eisen moet zijn voldaan wil er sprake zijn van een maatschap?
    De maten zullen in de gemeenschap inbrengen:
    - Werkmans zijn arbeid, zijn klantenkring en het gebruik van zijn kantoor;
    - Top een kapitaal van € 50.000 en zijn arbeid;
    - Dal zijn arbeid.
    Overeengekomen wordt dat wat de verdeling van voordeel of verlies betreft, de vennoten Werkmans en Top alle eventuele verliezen voor hun rekening zullen nemen en de winsten zullen verdelen. Dal, die enkel zijn arbeid inbrengt, zal het loon van eerste assistent ontvangen.
    b. Is bovengenoemde regeling geldig?
    Top koopt in naam van de maatschap een boek, 'De organisatieadviseur', van € 150, een bedrag dat hij contant betaalt. In de overeenkomst waarbij de maatschap werd opgericht is geen beding opgenomen ten aanzien van beheer.
    c. Kan Top nu van Werkmans en Dal elk € 50 opeisen?
    d. Dal koopt in naam van de maatschap een Mercedes Benz voor € 250.000 van garagehouder Baan. Tot betaling aangesproken blijkt Dal niet in staat het bedrag te betalen. Kan Baan de vennoten Werkmans en Top met succes aanspreken?

DEEL 2 DE STRUCTUUR

Hoofdstuk 3
Rechtspersonen, besloten vennootschappen

3.1 **Rechtspersoonlijkheid** 83
3.1.1 Natuurlijk persoon 83
3.1.2 Rechtspersoon algemeen 84
3.1.3 Besluitvorming 85
3.1.4 Handelingen in strijd met de statuten 85
3.1.5 Boekjaar 85
3.1.6 Strijd met het doel van de vennootschap 86
3.2 **Controle op rechtspersonen** 86
3.3 **Besloten vennootschap** 86
3.3.1 Eenmansvennootschap 87
3.3.2 Besluitvorming bij een eenmans-bv 87
3.3.3 Meermans-bv's 87
3.3.4 Vertegenwoordiging 88
3.3.5 Motieven voor het oprichten van een bv 88
3.3.6 Borgtocht 89
3.3.7 Oprichting of omzetting 89
3.3.8 Vereisten voor oprichting 91
3.3.9 De naam 91
3.3.10 De zetel 91
3.3.11 Het doel 91
3.3.12 Bv in oprichting 92
3.3.13 Bekrachtiging 92
3.3.14 Hoofdelijke aansprakelijkheid bestuurders 93
3.4 **Kapitaal** 94
3.4.1 Oprichting, uitgifte en storting 94
3.4.2 Gestort kapitaal 95
3.4.3 Kapitaalbescherming 95
3.4.4 Uitkeringen van winst en reserves aan aandeelhouders 95
3.4.5 Uitkeringstest en aansprakelijkheid bestuur 98
3.4.6 Uitkering en aansprakelijkheid bestuur 98
3.5 **Aandelen** 99
3.5.1 Aandelen op naam 100
3.5.2 Soorten aandelen 100
3.5.3 Aandelen zonder stemrecht 100

3.5.4	Aandelen zonder winstuitkering	101
3.5.5	Prioriteitsaandelen	101
3.5.6	Preferente aandelen	101
3.5.7	Certificering van aandelen	102
3.5.8	Aandeelhoudersregister	102
3.5.9	Aandelen met verschillende nominale waarde	103
3.5.10	Stortingsplicht en overdraagbaarheid	104
3.5.11	Inkoop eigen aandelen	104
	Begrippenlijst 106	
	Vragen 109	
	Meerkeuzevragen 109	
	Open vragen 112	

Hoofdstuk 3
Rechtspersonen, besloten vennootschappen

In het vorige hoofdstuk zijn de ondernemingsvormen besproken waarbij de ondernemer in beginsel privé aansprakelijk is voor zijn ondernemingsactiviteiten. Men kan ook ondernemen waarbij de ondernemersrisico's juridisch worden beperkt. De nadruk ligt in dit hoofdstuk en het volgende hoofdstuk op de besloten vennootschap als ondernemingsvorm, aangezien veel meer ondernemingen in de vorm van een besloten vennootschap worden gedreven dan in de vorm van een naamloze vennootschap. Met ingang van 1 oktober 2012 is de zogenaamde flex-bv ingevoerd. Dit houdt in dat de regels van de gewone bv ingrijpend zijn gewijzigd. Het doel is de regels voor de bv beter te laten aansluiten op de praktijk zodat de bv aantrekkelijker wordt voor ondernemers.

3.1 Rechtspersoonlijkheid

Het recht kent natuurlijke personen (mensen) en rechtspersonen. Beide zijn rechtssubjecten. Rechtspersonen zijn niets anders dan juridische constructies. Een bv of nv – maar ook een coöperatie, een vereniging of een stichting – zijn rechtspersonen. Zij kenmerken zich door een zekere organisatie.

De rechtspersoon kan als een afzonderlijke eenheid in het handels- en rechtsverkeer optreden. Een rechtspersoon is evenals een natuurlijk persoon een zelfstandig rechtssubject. Een eenmanszaak of een personenvennootschap, zoals een vennootschap onder firma, neemt deel aan het handels- en rechtsverkeer door middel van de eigenaar of de vennoten.

Een rechtspersoon wordt vertegenwoordigd door de bestuurders. 'Bestuurder' is een juridische term; in de praktijk worden bestuurders meestal 'directeuren' genoemd. Niet alle directeuren/managers/executives zijn juridisch bestuurder.

Indien een bestuurder in naam van een rechtspersoon handelt, wordt hij daardoor niet zelf gebonden, maar alleen de rechtspersoon die hij bevoegd vertegenwoordigt. Er is een strikte scheiding tussen het vermogen van de rechtspersoon en de aandeelhouders of leden.

3.1.1 Natuurlijk persoon
Zodra een kind geboren wordt, erkent de wet het als een persoon (art. 1:2 BW). Vanaf zijn geboorte kan het kind rechten en verplichtingen hebben. Zo kan het in het eerste uur van zijn bestaan erfgenaam worden of recht krijgen op een uitkering voor zijn verzorging en opvoeding. Onder 'persoon' verstaan wij: iemand die rechten en plichten

heeft. Een ander woord hiervoor is rechtssubject. Een rechtssubject is een drager van rechten en plichten. Maar behalve mensen zijn er ook organisaties die rechten en plichten hebben en die als een groep deelnemen aan het maatschappelijk verkeer. Deze organisaties noemen wij rechtspersonen. Ook zij zijn rechtssubject. Voorbeelden van rechtspersonen zijn de naamloze vennootschap (nv), de besloten vennootschap met beperkte aansprakelijkheid (bv), de vereniging, de stichting, de gemeente, de provincie en het rijk. We komen deze rechtspersonen tegen in het privaatrecht (nv, bv), maar ook in het publiekrecht (gemeente, provincie; art. 2:1 BW). De regels voor de rechtspersonen zijn voornamelijk te vinden in Boek 2 van het Burgerlijk Wetboek.

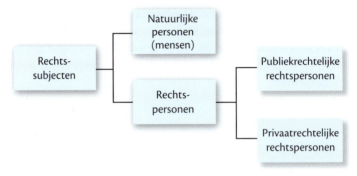

3.1 *Rechtssubjecten*

3.1.2 Rechtspersoon algemeen

Er is een beperkt aantal rechtspersonen. Een rechtspersoon is voor wat het vermogensrecht betreft gelijk aan natuurlijke personen, tenzij uit de wet het tegendeel voortvloeit (art. 2:5 BW). Een rechtspersoon heeft rechten en verplichtingen en heeft een eigen, afgescheiden vermogen. Rechtspersonen kunnen uiteraard alleen handelen door tussenkomst van natuurlijke personen die als bestuurders of anderszins voor hen optreden. Helemaal gelijk met natuurlijke personen staan rechtspersonen in vermogensrechtelijke opzicht niet. Alleen natuurlijke personen kunnen bijvoorbeeld kinderen krijgen of in het huwelijk treden. Maar rechtspersonen kunnen net als natuurlijke personen kopen, huren, arbeidsovereenkomsten sluiten en zelfs strafbare feiten plegen.

Het kernpunt van het instituut van de rechtspersoon is het feit dat de daarbij betrokken natuurlijke personen juridisch geheel terugtreden achter de rechtspersoon als zelfstandig rechtssubject. Een van de voordelen van de keuze van rechtspersonen als ondernemingsvorm is dat de onderneming dan toebehoort aan de rechtspersoon. Het vermogen dat in de onderneming is gestoken, staat los van het privévermogen van de oprichters en aandeelhouders. Een rechtspersoon heeft voor natuurlijke personen veel voordelige kanten. Voor zover het bedrijf dat in de rechtspersoon wordt uitgeoefend een succes is, vloeien de voordelen daarvan uiteindelijk naar hen; gaat het mis, dan kan slechts de rechtspersoon daarop worden aangesproken, niet de daarbij betrokken natuurlijke personen. De continuïteit van een onderneming wordt in het algemeen beter gewaarborgd in een rechtspersoon.

Er kan van een rechtspersoon ook misbruik worden gemaakt: denk maar aan allerlei koppelbazen-bv's. Onder bepaalde omstandigheden kunnen natuurlijke personen die gebruik maken van een rechtspersoon persoonlijk aansprakelijk worden gesteld voor de schulden van de rechtspersoon.

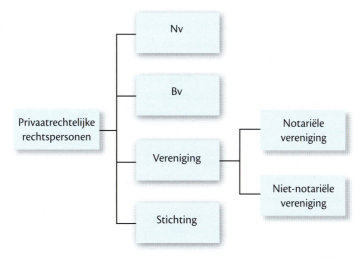

3.2 Privaatrechtelijke rechtspersonen

3.1.3 Besluitvorming

Binnen organen (bestuur, algemene vergadering) van een rechtspersoon zullen besluiten moeten worden genomen. Dat is zelfs het geval indien er bijvoorbeeld slechts één aandeelhouder is. De besluitvorming binnen de rechtspersoon is voornamelijk van belang voor degenen die bij de organisatie van die rechtspersoon betrokken zijn, zoals bestuurders, aandeelhouders en eventuele commissarissen. Voor personen die met rechtspersonen handelen, is slechts interessant of de rechtspersoon rechtsgeldig wordt vertegenwoordigd.

3.1.4 Handelingen in strijd met de statuten

Er bestaat een sanctie tegen het verkeerd gebruik van een rechtspersoon, gebruik dus waarvoor hij niet bedoeld is (art. 2:20 BW). Deze sanctie wordt in de praktijk zelden door het Openbaar Ministerie gehanteerd. Indien de rechtspersoon zijn statuten ernstig schendt, kan het Openbaar Ministerie ontbinding vorderen van de rechtspersoon (art. 2:19, lid 2 BW). Een besluit van een rechtspersoon in strijd met de wet of de statuten is sowieso ongeldig (nietig) (art. 2:14 BW). Als besluiten van organen van een rechtspersoon in strijd zijn met bepalingen die het tot stand komen van besluiten regelen, kan op verzoek van belanghebbenden door de rechter de betreffende rechtshandeling ongeldig worden verklaard (art. 2:15 BW).

3.1.5 Boekjaar

Art. 2:10a BW bepaalt dat het boekjaar voor alle rechtspersonen gelijk is aan het kalenderjaar, maar statutair mag een ander boekjaar dan het kalenderjaar worden vastgesteld. Niet rechtsgeldig zijn statutaire bepalingen waarbij bijvoorbeeld de algemene vergadering van aandeelhouders het boekjaar vaststelt.

3.1.6 Strijd met het doel van de vennootschap

Indien vertegenwoordigers van een rechtspersoon handelingen verrichten die in strijd zijn met zijn doel (werkterrein), kan de vennootschap de nietigheid van de betrokken rechtshandelingen inroepen als zij aantoont dat de rechtshandelingen 'niet dienstig konden zijn tot verwezenlijking van haar doel' en de wederpartij 'wist dat het doel werd overschreden of van de overschrijding niet onkundig kon zijn' (art. 2:7 BW).

Aangezien doelstellingen van rechtspersonen over het algemeen ruim geformuleerd zijn, zal doeloverschrijding – en derhalve de ongeldigheid van handelingen – in de praktijk niet vaak voorkomen.

3.2 Controle op rechtspersonen

Nederland kent een systeem van doorlopend toezicht op rechtspersonen. Dit is een zogenaamde integriteitstoets van de rechtspersoon, de bestuurders en andere bij de rechtspersoon betrokken personen en bedrijven. Rechtspersonen worden op verschillende momenten in hun levensloop gecontroleerd op mogelijk misbruik, ter voorkoming en bestrijding van financieel-economische fraude of voor het bewust benadelen van schuldeisers. Dit hele systeem is gebaseerd op de Wet controle op rechtspersonen. Het permanente toezicht richt zich niet alleen op de naamloze en besloten vennootschap maar op alle privaatrechtelijke rechtspersonen. Het doorlopende toezicht wordt uitgevoerd door de Dienst Justis, onderdeel van het Ministerie van Justitie en Veiligheid.

3.3 Besloten vennootschap

De besloten vennootschap met beperkte aansprakelijkheid is een rechtspersoon met een in een of meer overdraagbare aandelen verdeeld kapitaal. De aandelen zijn op naam (art. 2:175, lid 1 BW). Een aandeelhouder is niet persoonlijk aansprakelijk voor wat in naam van de vennootschap wordt verricht en is niet verplicht boven het bedrag dat op zijn aandelen behoort te worden gestort in de verliezen van de vennootschap bij te dragen, onverminderd het bepaalde in art. 2:192 BW (art. 2:175, lid 1 BW). Ten minste één aandeel met stemrecht wordt gehouden door een ander dan en anders dan voor rekening van de vennootschap of een van haar dochterondernemingen. Dat betekent dat ten minste één aandeel moet worden gehouden door een persoon buiten de vennootschap. De besloten vennootschap heeft rechten en plichten. De bv heeft daarom een eigen vermogen, is eigenaar van de onderneming, die als het ware door de bv wordt geëxploiteerd. Als hoofdregel geldt dat uitsluitend de besloten vennootschap aansprakelijk is voor de schulden van de bv, ongeacht het feit dat in werkelijkheid slechts één natuurlijk persoon (een mens) achter de bv zit. Op deze hoofdregel bestaan wel enige uitzonderingen.

Bij de besloten vennootschap wordt het ondernemersrisico niet gedragen door de oprichters, maar door de rechtspersoon. Het risico van de oprichters is, als aan de regels van de oprichting is voldaan, beperkt tot het geld dat zij in de bv hebben gestoken. Het vermogen van de bv is geheel afgescheiden van het privévermogen van de aandeelhouder; deze kan ten hoogste de waarde van zijn aandeel verliezen.

De besloten vennootschap bezit rechtspersoonlijkheid. De aandeelhouders in een bv zijn eigenaar van hun aandeel in de bv; de bv is eigenaar van de vermogensbestanddelen die de bv toebehoren.

3.3.1 Eenmansvennootschap

Met een eenmansvennootschap wordt een besloten vennootschap bedoeld waarvan de aandelen door één persoon worden gehouden. Bij een eenmans-bv is de directeur-grootaandeelhouder de centrale figuur. Hij speelt in feite een dubbelrol. Civielrechtelijk is het van groot belang om beide rollen te onderscheiden. Enerzijds is hij aandeelhouder die via zijn aandelenbezit invloed kan uitoefenen op belangrijke aangelegenheden binnen de vennootschap (bijvoorbeeld het benoemen en ontslaan van de directeur) en recht heeft op het vermogen en de winst van de vennootschap. Anderzijds is hij de directeur die de dagelijkse leiding van de onderneming in handen heeft. Beperking van aansprakelijkheid (afgezien van eventuele persoonlijke aansprakelijkheid tegenover de bank), continuïteit van de onderneming (bij overlijden vererven de aandelen in plaats van de onderneming) en fiscale motieven (afhankelijk van de hoogte van de winst van de onderneming) zijn meestal de belangrijkste motieven van een particuliere ondernemer om tot oprichting van een bv over te gaan. Bij eenmansvennootschappen is alleen maar sprake van het kiezen van een apart juridisch jasje voor een eenmanszaak.

3.3.2 Besluitvorming bij een eenmans-bv

De directeur van een eenmans-bv moet, evenals bij een meermans-bv, aantekening houden van de door de algemene vergadering van aandeelhouders genomen besluiten (art. 2:230, lid 4 BW). Ook als de directeur enige aandeelhouder is, zal hij in elk geval een 'papieren' algemene vergadering van aandeelhouders moeten houden. Voor dit doel zijn er 'notulenboeken' op de markt. Alle transacties tussen de enig aandeelhouder en de vennootschap moeten schriftelijk worden vastgelegd, vooropgesteld dat die transacties niet behoren tot de normale bedrijfsuitoefening van de vennootschap (art. 2:247 BW). Blijft schriftelijke vastlegging waar dat wettelijk zou moeten achterwege, dan kan de transactie ten behoeve van de vennootschap vernietigd worden. Nu zal onder normale omstandigheden de vennootschap er niet over piekeren vernietiging te vragen; zolang de directeur/aandeelhouder de touwtjes zelf in handen heeft, zal hij dat niet willen en bestaat de noodzaak ook niet. Maar het wordt anders bij faillissement als de curator deze bevoegdheid kan uitoefenen.

3.3.3 Meermans-bv's

Ondernemers kunnen ook gaan samenwerken via een gemeenschappelijke bv. Ieder van hen neemt dan een bepaald deel van het aandelenkapitaal van de besloten vennootschap. Als aandeelhouder kan iedere deelnemer zeggenschap uitoefenen. Vaak zijn dan de aandeelhouders tevens directeur.

Toetreding van een nieuwe aandeelhouder kan plaatsvinden doordat een zittende aandeelhouder een deel van zijn aandelen aan de nieuwe aandeelhouder verkoopt of doordat de bv nieuwe aandelen uitgeeft (emitteert). Een uittredende aandeelhouder kan zijn pakket aandelen verkopen aan zijn medeaandeelhouders, aan een nieuwe aandeelhouder of aan de bv zelf.

3.3.4 Vertegenwoordiging

In beginsel zijn alle bestuurders (directeuren) gezamenlijk bevoegd de bv te vertegenwoordigen (art. 2:240 BW). Als een bestuurder een bv vertegenwoordigt, dan is de vennootschap gebonden, tenzij de bv kan bewijzen dat de wederpartij wist of kon weten dat het doel van de bv niet werd gediend dan wel werd overschreden (art. 2:7 BW).

3.3 Onderscheid tussen ondernemingsvermogen en privévermogen

3.3.5 Motieven voor het oprichten van een bv

De motieven voor het oprichten van een besloten vennootschap zullen voor iedere persoon of groep van personen verschillend zijn. Een aandeelhouder is niet persoonlijk aansprakelijk voor hetgeen in naam van de vennootschap wordt verricht en is niet gehouden boven het bedrag dat op zijn aandeel behoort te worden gestort, in de verliezen van de vennootschap bij te dragen (art. 2:175, lid 1 BW). Men dient de aansprakelijkheid van een aandeelhouder niet te verwarren met de aansprakelijkheid van een bestuurder. Het komt in de praktijk vaak voor dat bij de eenmansvennootschap de enige aandeelhouder tevens bestuurder is. Ook een bestuurder is in beginsel niet aansprakelijk voor de schulden van zijn vennootschap; niet omdat hij aandeelhouder is, maar omdat hij als bevoegde vertegenwoordiger optreedt namens de vennootschap en dus zichzelf privé niet bindt.

Bij het oprichten van een besloten vennootschap spelen behalve fiscale en financierings- ook juridisch-organisatorische motieven een belangrijke rol. De volgende motieven worden onderscheiden voor het oprichten van een bv:
- beperking van de aansprakelijkheid van de aandeelhouders tot het bedrag dat hij op zijn aandelen behoort te storten (art. 2:175, lid 1 BW);
- eenvoudige overdraagbaarheid van het eigenaarsbelang door overdracht van aandelen (de overdracht van aandelen is overigens aan bepaalde beperkingen onderhevig);

- bevordering van de continuïteit door scheiding van de onderneming en het kapitaal. Bij overlijden van een grootaandeelhouder is geen scheiding en deling van de onderneming noodzakelijk, maar dienen de aandelen te worden verdeeld onder erfgenamen;
- aanwezigheid van een juridisch vastomlijnde organisatie (bestuur, algemene vergadering van aandeelhouders, eventueel Raad van Commissarissen), gebaseerd op wettelijke bepalingen.

Wanneer het voordelig wordt om een bv als ondernemingsvorm te kiezen is afhankelijk van veel omstandigheden die van geval tot geval verschillend kunnen zijn. Daarbij zal ook moeten worden gelet op niet-fiscale voor- en nadelen. Voordelen zoals verminderde aansprakelijkheid en een betere continuïteit van de onderneming staan tegenover het bezwaar dat aan meer formele verplichtingen moet worden voldaan. De belangrijkste afweging in de praktijk zal echter op het fiscale vlak worden gemaakt.

In het algemeen kan worden gezegd dat bij winsten boven € 56.722 het voordelig is om een onderneming in de vorm van een bv uit te oefenen.

3.3.6 Borgtocht

Door een besloten vennootschap te gebruiken is het privévermogen in beginsel gescheiden van dat van de onderneming. Maar als een ondernemer een lening bij een bank moet sluiten, omdat hij niet genoeg geld heeft om zijn bv te financieren, moet de bestuurder/grootaandeelhouder zich vaak persoonlijk aansprakelijk stellen. In de praktijk komt het vaak voor dat indien een bv geld wil lenen bij een bank en de bv niet genoeg kredietwaardig is, de bank eist dat de directeur zich privé borg stelt voor de schulden van de bv.

Borgtocht is een overeenkomst waarbij een partij, de borg, zich tegenover een andere partij, de crediteur, verbindt tot nakoming van een verbintenis die een derde, de debiteur, jegens de crediteur heeft of zal verkrijgen (art. 7:850 BW).

De bestuurder van een bv heeft geen toestemming van zijn echtgenote nodig als hij zich privé borg wil stellen voor schulden of verplichtingen van zijn onderneming. Vereist is wel dat hij al dan niet samen met zijn medebestuurder meer dan de helft van de aandelen heeft (art. 1:88, lid 4 BW).

3.3.7 Oprichting of omzetting

De oprichting van een besloten vennootschap moet gebeuren via een notariële akte, dus men moet naar een notaris (art. 2:175, lid 2 BW). Door de tussenkomst van een notaris wil de overheid de rechtszekerheid bevorderen en misbruik tegengaan. De totstandkoming van de rechtspersoon is pas een feit nadat de oprichtingsakte door de notaris is 'verleden' (opgemaakt en ondertekend).

Aan de oprichting van de rechtspersoon stelt de wet een aantal eisen:
a. de aanwezigheid van een oprichtingshandeling;
b. de vastlegging van de oprichting in een notariële akte;
c. de oprichter(s).

In de praktijk komt het veel voor dat een eenmanszaak, maatschap, vennootschap onder firma of een commanditaire vennootschap wordt omgezet in een besloten vennootschap. Hierdoor wordt bereikt dat de ondernemer zaken doet door middel van de rechtspersoon en dat hij niet persoonlijk aansprakelijk is voor de schulden van de rechtspersoon.

Voorbeeld

Checklist bij het oprichten van een besloten vennootschap

Naam	bv oprichter(s) aandeelhouders directeur (bestuur)
Statuten	vooroverleg notaris doel van de bv blokkeringsregeling soort aandelen bestuur commissaris(sen) vertegenwoordigingsbevoegdheid
Inbreng	geld kapitaalgoederen (natura)
Procuratie	tekeningsbevoegdheid bank-giro
Kamer van Koophandel	vooroverleg eventuele vestigingsvergunning inschrijving in het handelsregister publicatie financiële gegevens
UWV	aanmelden
Belastingen	aanvragen fiscaal nummer/fiscale nummers
Belangenbehartiging	aanmelden werkgeversvereniging/brancheorganisatie
Organisatie	briefpapier ontwerp factuur opstellen van een arbeidsovereenkomst voor de bestuurder telefoon/fax/e-mail/domeinnaam
Advies	notaris belastingadviseur/accountant assurantieadviseur

3.3.8 Vereisten voor oprichting

In de oprichtingsakte worden de oprichting van de bv en de datum van oprichting vermeld. In de akte worden tevens de statuten opgenomen; dat zijn de basisregels van de bv. De statuten zijn grondregels, bepalingen die ten grondslag liggen aan bepaalde rechtspersonen. In de akte van oprichting moeten ten minste de volgende onderwerpen zijn geregeld (art. 2:176 e.v. BW):
a. de naam met de aanduiding 'bv';
b. de zetel (de vestigingsplaats van de rechtspersoon in Nederland);
c. het doel van de bv;
d. het nominale bedrag van de aandelen;
e. het geplaatste kapitaal;
f. het aantal en het bedrag (de nominale waarde) van elke soort van aandelen;
g. de rechtshandelingen waardoor de vennootschap zich al bij haar oprichting gebonden acht.

3.3.9 De naam

De wet bepaalt dat de statuten van een bv de naam van de vennootschap moeten bevatten (art. 2:177, lid 1 BW). De naam vangt aan of eindigt met de woorden 'besloten vennootschap met beperkte aansprakelijkheid', hetzij voluit geschreven, hetzij afgekort tot bv. In de praktijk wordt meestal de afkorting gebruikt. De wet geeft verder alle vrijheid in het kiezen van de naam van de vennootschap. Het is toegestaan de eigen naam te gebruiken of een fantasienaam. De naam van de vennootschap moet:
a. voldoende onderscheidend vermogen bezitten;
b. niet tot verwarring leiden;
c. niet in strijd zijn met de feitelijke opzet van de onderneming.

Verder mag de naam niet in strijd zijn met de Handelsnaamwet.

3.3.10 De zetel

De zetel van de vennootschap moet in Nederland zijn gelegen (art. 2:177, lid 1 BW). Het vestigen van de zetel in Nederland wil niet zeggen dat de vennootschap in die gemeente activiteiten moet ontplooien c.q. ontplooit. De zetel kan in Amsterdam zijn, terwijl het bedrijf zelf in Enschede is gevestigd.

3.3.11 Het doel

De statuten van een vennootschap moeten een doelomschrijving omvatten (art. 2:177, lid 1 BW). In de doelomschrijving moeten de belangrijkste werkzaamheden van de onderneming van de vennootschap duidelijk worden vermeld. Voor het overige mag de doelomschrijving algemeen zijn (voorbeeld: 'de handel in en im- en export van goederen in het algemeen en van aardappelen, groenten en fruit in het bijzonder en al hetgeen daartoe behorende, daarvoor bevorderlijk kunnende zijn of daarmee verband houdende,' alles in de ruimste zin van het woord). Het doel omschrijft daarom – soms vrij algemeen – het werkterrein van de vennootschap. Daarnaast beperkt het doel de bevoegdheden van het bestuur van de vennootschap.

3.3.12 Bv in oprichting

De oprichting van een besloten vennootschap kan enige tijd in beslag nemen en men zal waarschijnlijk reeds uit naam van die bv transacties moeten sluiten of zelfs al met het bedrijf beginnen. Er zal briefpapier en kantoorinventaris moeten worden besteld, personeel aangenomen, een pand gekocht of gehuurd. Vaak om fiscale redenen gaat aan de oprichting een voorovereenkomst vooraf. Deze voorovereenkomst dient om vast te leggen wanneer de (fiscale) voorperiode van de rechtspersoon begint. De voorovereenkomst is een overeenkomst tussen de oprichters. Indien er sprake is van één oprichter, is het mogelijk een intentieverklaring op te stellen waarin het voornemen van oprichting van de vennootschap wordt vastgelegd.

Indien uitdrukkelijk gehandeld wordt namens een bv i.o. (in oprichting), wordt degene die gehandeld heeft in beginsel zelf aansprakelijk. Zolang de bv niet heeft bekrachtigd, is – in het algemeen – degene die heeft gehandeld namens de bv i.o., dat is meestal de oprichter van de bv, zelf aansprakelijk.

Indien de bv wel bekrachtigt, maar haar verplichtingen niet nakomt, zijn degenen die handelen hoofdelijk aansprakelijk voor de schade die derden dientengevolge lijden indien zij wisten of redelijkerwijs konden weten dat de bv haar verplichtingen niet zou kunnen nakomen (art. 2:203, lid 3 BW). Deze aansprakelijkheid blijft bestaan, ook al heeft de bv bekrachtigd. Die wetenschap wordt vermoed als de bv binnen een jaar na oprichting failliet wordt verklaard.

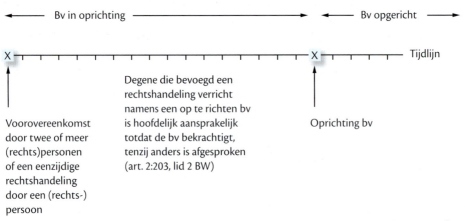

3.4 Bv in oprichting

3.3.13 Bekrachtiging

De vennootschap ontstaat op het moment waarop de definitieve notariële akte wordt verleden. De vennootschap is dus niet gebonden aan overeenkomsten die de oprichters voor de oprichting hebben gesloten, behalve voor overeenkomsten die vermeld zijn in de akte van oprichting. Bekrachtiging is het bevestigen van voor de oprichting van de vennootschap gesloten overeenkomsten die namens en ten behoeve van de vennootschap werden gesloten. Bekrachtiging geschiedt na de oprichting door het bestuur. Het is verstandig dit schriftelijk te doen en nadat de bv in het handelsregister is ingeschreven. Stilzwijgende bekrachtiging blijkt indien de vennootschap begint met het uitvoeren van de overeenkomsten die de oprichters voor de oprichting zijn aangegaan.

> **Voorbeeld**
>
> BEKRACHTIGING
> De ondergetekende:
> Softy bv, gevestigd te Enschede,
> te dezen vertegenwoordigd door haar directeur de heer P. Werkmans,
> verklaart:
>
> de vennootschap is opgericht bij op 1 april 1998 verleden akte en is voor het eerst ingeschreven bij het handelsregister te Hengelo onder nummer 87654 op 2 april 1998;
> voor de oprichting zijn ten behoeve van de vennootschap rechtshandelingen verricht;
> de vennootschap wenst dat uit deze rechtshandelingen voor haar rechten en verplichtingen ontstaan;
> bekrachtigt:
> de rechtshandelingen die voor de oprichting namens haar zijn verricht door de heer P. Werkmans te Enschede.
>
> Getekend, 3 april 2010

3.3.14 Hoofdelijke aansprakelijkheid bestuurders

Bestuurders zijn en blijven – naast de vennootschap – hoofdelijk aansprakelijk voor alle tijdens hun bestuur verrichte rechtshandelingen, waardoor de vennootschap wordt verbonden in het tijdvak voordat de vennootschap niet ten minste het bij de oprichting voorgeschreven minimumkapitaal heeft gestort (art. 2:180, lid 2 BW). De bestuurders van de opgerichte vennootschap zijn verplicht de vennootschap te laten inschrijven in het handelsregister van de plaats waar deze volgens haar statuten haar zetel heeft. Het niet of onjuist of onvolledig doen van een opgave die volgens de Handelsregisterwet verplicht is, is strafbaar en geldt als een economisch delict.
   Na de oprichting
   Wat moet onmiddellijk na de oprichting van een bv gebeuren?
a. inschrijving in het handelsregister. In te dienen:
   - ingevulde handelsregisterformulieren;
   - akte van oprichting;
b. vermelding op briefpapier, orders, facturen en offertes van:
   - de volledige naam en de vestigingsplaats van de bv;
   - de Kamer van Koophandel in het gebied waar en het handelsregisternummer waaronder de bv is ingeschreven;
c. bekrachtiging van eventueel reeds voor de datum van oprichting gedane zaken;
d. inschrijving bij het UWV;
e. aanvragen van een btw-nummer;
f. aanvragen van een vennootschapsbelastingnummer;
g. een aandeelhoudersregister aanleggen;
h. verzekeringen regelen, waaronder zo nodig het op de naam van de bv doen stellen van reeds lopende polissen.

3.4 Kapitaal

De besloten vennootschap met beperkte aansprakelijkheid is een rechtspersoon met een in een of meer overdraagbare aandelen verdeeld kapitaal. De aandelen zijn op naam gesteld. Ten minste één aandeel met stemrecht wordt gehouden door een ander dan en anders dan voor rekening van de vennootschap of een van haar dochtermaatschappijen (art. 2:175, lid 1 BW). De statuten dienen het nominale bedrag van de aandelen te vermelden (art. 2:178, lid 1 BW). Statuten kunnen ook maatschappelijk kapitaal vermelden (art. 2:178, lid 2 BW). Dit is vooral van belang voor 'oude' bv's, die voor 1 oktober 2012 zijn opgericht.

Het vermogen van de bv kan worden verdeeld in eigen vermogen en vreemd vermogen. Onder het eigen vermogen verstaat men het kapitaal van de vennootschap, vermeerderd met de eventuele reserves (bijvoorbeeld niet uitgekeerde winst). Het kapitaal van de vennootschap is verdeeld in aandelen, het aandelenkapitaal.

Het aandelenkapitaal is het aantal aandelen maal de nominale waarde van het aandeel. Men dient goed het vermogen van een onderneming te onderscheiden van het aandelenkapitaal. Het eigen vermogen van een vennootschap is het verschil tussen de activa (links op de balans) en de passiva (rechts op de balans; schulden minus eigen kapitaal). Vermogen is wat werkelijk voorhanden is. Iemand die een aandeel heeft van een bv, neemt deel aan het aandelenkapitaal van die bv. Aandelenkapitaal maakt onderdeel uit van het eigen vermogen.

3.4.1 Oprichting, uitgifte en storting

Voor de oprichting van de vennootschap zal moeten worden bekeken hoeveel aandelen zullen worden geplaatst. Het geplaatst kapitaal is het totale nominale bedrag van de (aan aandeelhouders) uitgegeven aandelen. Het geplaatst kapitaal is de maatstaf van de onderlinge rechten en plichten van de aandeelhouders, het vormt de basis voor het stemrecht van de aandeelhouders. Bij het nemen van aandelen dient daarop het nominale bedrag te worden gestort (art. 2:191, lid 1 BW). Bedongen kan worden dat het gehele nominale bedrag of een deel daarvan pas behoeft te worden gestort na verloop van een bepaalde tijd of nadat de vennootschap het zal hebben opgevraagd (art. 2:191, lid 1 BW).

Uitgangspunt is dat een aandeelhouder in ieder geval de nominale waarde per aandeel volstort. Er bestaat daarnaast de mogelijkheid dat er niet in geld wordt gestort, maar dat vermogensbestanddelen (de activa en bijvoorbeeld een eenmanszaak) worden gestort. De wet bepaalt dat bij inbreng in natura bij oprichting van de vennootschap de oprichters een beschrijving moeten maken van wat in de vennootschap wordt ingebracht, met vermelding van de daaraan toegekende waarde en van de toepaste waarderingsmethoden (art. 2:204 a, lid 1 BW). Of de waarde die de beschrijving weergeeft reëel is en daarom volstaat ter storting op de aandelen, staat geheel ter beoordeling van de oprichters.

3.4.2 Gestort kapitaal

Het gestorte kapitaal is het bedrag waarvoor de aandeelhouders deelnemen in het vermogen van de vennootschap, het bedrag dat door de aandeelhouders daadwerkelijk in de vennootschap wordt gebracht. Het is niet noodzakelijk dat de terbeschikkingstelling van het geld op het moment van het nemen van de aandelen ook daadwerkelijk plaatsvindt. De vraag of dit al dan niet direct gebeurt, is afhankelijk van de kapitaalbehoefte van de vennootschap. De omvang van het geplaatste kapitaal is het financiële draagvlak van de vennootschap.

Als de vennootschap behoefte heeft aan geld, zullen de aandeelhouders het nominale bedrag van hun aandelen storten. De aandelen zijn dan volgestort. Als slechts een gedeelte van de nominale waarde is gestort, is er sprake van niet-volgestorte aandelen.

3.4.3 Kapitaalbescherming

Een bv heeft als voordeel dat een ondernemer zijn persoonlijke aansprakelijkheid beperkt. Zakelijke crediteuren kunnen zich in beginsel alleen verhalen op de activa van de bv en niet op het privévermogen van de directeur en/of (groot)aandeelhouder. Voor buitenstaanders is het moeilijk om inzicht te krijgen in de financiële positie van vennootschappen. Bepalingen van kapitaalbescherming dienen ter bescherming van de vennootschapscrediteuren. Zij moeten ervan verzekerd zijn dat het kapitaal, als kern van het eigen vermogen van de vennootschap, een zekere omvang heeft en dat er reële vermogenswaarden tegenover staan. Is het kapitaal eenmaal bijeengebracht, dan moeten crediteuren beschermd worden tegen aantasting ervan door onverplichte uitkeringen aan aandeelhouders. De wet bevat enkele bepalingen die moeten voorkomen dat de bv op ieder willekeurig moment kan worden leeggehaald en dus voor de crediteuren geen verhaal meer biedt.

Winstuitkeringen zijn slechts toegestaan voor zover het eigen vermogen van de bv groter is dan het gestorte en opgevraagde deel van het kapitaal plus de reserves die volgens de wet of de statuten moeten worden aangehouden (art. 2:216, lid 2 BW). De vennootschap mag dus niet door dividenduitkeringen worden leeggehaald.

3.4.4 Uitkeringen van winst en reserves aan aandeelhouders

Door grote dividenduitkeringen aan de aandeelhouders te doen kan de vermogenstoestand van de bv onder druk komen te staan en dit kan zelfs tot gevolg hebben dat de bv failliet gaat. Dit kan natuurlijk bijzonder nadelig zijn voor de crediteuren van de bv. Om schuldeisers van de bv te beschermen rust op het bestuur een bijzondere aansprakelijkheid.

Tot uitkering van winst en reserves kan worden besloten door de algemene vergadering of een ander bij de statuten aangewezen orgaan (art. 2:216, lid 1 BW).

Bij alle uitkeringen aan aandeelhouders moet vooraf een balanstest en een uitkeringstest worden uitgevoerd, op basis waarvan het bestuur zijn goedkeuring dient te verlenen aan de uitkering.

De uitkeringstest moet plaatsvinden bij de volgende uitkeringen aan aandeelhouders:
- dividend en interim-dividend (art. 2:216 BW);
- terugbetaling op aandelen (art. 2:208, lid 6 BW);
- inkoop eigen aandelen anders dan om niet (art. 2:207 BW).

Het gaat zowel om uitkeringen in geld als om uitkeringen in natura, bijvoorbeeld de verstrekking van een laagrentende lening aan de aandeelhouder.

Er kan slechts worden besloten tot uitkering voor zover het eigen vermogen groter is dan de reserves die volgens de wet of de statuten moeten worden aangehouden (art. 2:216, lid 1 BW). Er moet dus een balanstest plaatsvinden. De balanstest houdt in dat een uitkering alleen is toegestaan voor zover het eigen vermogen van de bv groter is dan het totaal van de aan te houden wettelijke en statutaire reserves.

De testen moeten worden uitgevoerd en de goedkeuring door het bestuur moet worden verleend voorafgaand aan een uitkering. Zolang het bestuur van de bv de uitkering niet heeft goedgekeurd, hebben eventuele besluiten tot uitkering (bijvoorbeeld van de algemene vergadering) geen gevolgen.

Dit betekent dat een uitkering niet mag plaatsvinden zolang de goedkeuring van het bestuur ontbreekt (art. 2:216, lid 2 BW).

Het is in de praktijk gebruikelijk dat het bestuur een voorstel tot dividenduitkering doet – en in de opgemaakte jaarrekening opneemt – en dat vervolgens de algemene vergadering dit voorstel goedkeurt of aanpast. Als het bestuur een dividendvoorstel doet dan ligt het voor de hand dat het bestuur voorafgaand aan dit voorstel heeft beoordeeld of de uitkering mogelijk is, aan de hand van de vermogenstest en de liquiditeitstest.

Balanstest	Uitkeringstest
Eigen vermogen is groter is dan het totaal van de aan te houden wettelijke en statutaire reserves (art. 2:216 lid 1 BW)	Als na een uitkering niet voort kan gegaan met het betalen van de opeisbare schulden (art. 2:216 lid 2 BW)

3.5 *Samenhang tussen uitkeringstest, balanstest en goedkeuring*

Softy bv heeft de volgende balans

Vaste activa	40.000	Aandelenkapitaal	25.000
Voorraden	15.000	Wettelijke reserves	10.000
Debiteuren	30.000	Winst reserves	30.000
Liquide middelen	40.000	Eigen vermogen	65.000
		Lening	40.000
		Crediteuren	20.000
	125.000		125.000

Van het eigen vermogen van Softy bv mogen alleen de statutaire- en wettelijke reserves niet worden uitgekeerd. Volgens deze balans kan Softy bv op basis van een besluit van de algemene vergadering € 55.000 uitkeren.

Voorbeeld

Op 30 april wordt de jaarrekening van Softy bv opgemaakt en doet Pieter Werkmans, directeur, in de jaarrekening een voorstel tot dividenduitkering. Op de algemene vergadering van 25 mei wordt de jaarrekening en de daarin genoemde dividenduitkering goedgekeurd. De dividenduitkering wordt normaal binnen veertien dagen betaalbaar gesteld. Op 26 mei blijkt dat een belangrijke afnemer op wie Softy bv een grote vordering heeft failliet is gegaan en dat het de vraag is of er iets te verhalen valt. In dit geval dient het bestuur de dividenduitkering opnieuw te toetsen aan de hand van de uitkeringstest.

3.4.5 Uitkeringstest en aansprakelijkheid bestuur

Het bestuur dient bij iedere uitkering te beoordelen of de vennootschap na het doen van een uitkering haar opeisbare schulden kan blijven betalen. Indien de vennootschap na een uitkering in staat van faillissement raakt dan zijn de bestuurders, die dat ten tijde van de uitkering wisten of redelijkerwijs behoorden te voorzien, tegenover de vennootschap hoofdelijk aansprakelijk voor het tekort dat door de uitkering is ontstaan (art. 2:216, lid 3 BW). Alleen bestuurders die bewijzen dat het niet aan hen is te wijten dat de vennootschap haar opeisbare schulden niet meer kan voldoen en dat zij niet nalatig zijn geweest in het treffen van maatregelen om de gevolgen hiervan af te wenden, zijn niet aansprakelijk voor het tekort (art. 2:216, lid 3 BW).

3.4.6 Uitkering en aansprakelijkheid bestuur

De aandeelhouders die de uitkering ontvingen terwijl zij wisten of redelijkerwijs behoorden te voorzien dat de bv niet zou kunnen voortgaan met het betalen van haar opeisbare schulden zijn gehouden tot vergoeding van het tekort dat door de uitkering is ontstaan, althans tot ten hoogste het door iedere aandeelhouder ontvangen bedrag plus wettelijke rente vanaf de dag van uitkering.

De aansprakelijkheid van het bestuur is van toepassing indien na een (dividend-)uitkering blijkt dat de opeisbare schulden niet langer kunnen worden terugbetaald (art. 2:216, lid 3 BW).

> **Arrest**

Arrest Nimox
Hoge Raad 8 november 1991, ECLI:NL:HR:1991:ZC0401

Feiten
Nimox nv is enig aandeelhouder van Auditrade bv. Op een gegeven moment verslechterde de winstgevendheid van Auditrade bv. Op 20 december 1983 besluit Nimox, in haar hoedanigheid van algemene vergadering van aandeelhouders van Auditrade bv tot een dividenduitkering aan de aandeelhouders van ƒ 1.124.000, dus aan zichzelf. Het dividendbedrag werd vervolgens niet feitelijk uitgekeerd, maar in de vorm van een lening aan Auditrade ter beschikking gesteld. Op 7 augustus 1984 wordt Auditrade failliet verklaard.

De curator van Auditrade vordert bij de rechtbank vernietiging van het dividendbesluit. Deze vordering wordt door de rechtbank niet toegewezen.

De curator vorderde vervolgens schadevergoeding van Nimox tot een bedrag gelijk aan de dividenduitkering. Nimox heeft volgens de curator onrechtmatig gehandeld tegenover de overige schuldeisers van Auditrade door voor de dividenduitkering te stemmen.

De rechtbank wijst deze vordering toe. Het hof bekrachtigt dit vonnis. Hiertegen gaat Nimox in cassatie.

Hoge Raad
Ook indien van de geldigheid van het besluit als zodanig moet worden uitgegaan bij gebreke van vernietiging bij rechterlijk vonnis op de voet van art. 2:11 BW, volgt hieruit niet dat uitvoering van het besluit tegenover derden zoals schuldeisers van de vennootschap niet onrechtmatig kan zijn, noch dat het door uitoefening van het stemrecht bewerkstelligen van de totstandkoming van het besluit tegenover derden niet onrechtmatig kan zijn.

Beslissing
De Hoge Raad:
> verwerpt het beroep;

Toelichting
Nederlandse vennootschappen, kunnen aan hun aandeelhouders winstuitkeringen doen zolang voldaan wordt aan de wettelijke vereisten. Een winstuitkering vereist allereerst een besluit tot uitkering dat genomen is door het orgaan dat daartoe volgens de statuten bevoegd is. Het bestuur moet bij een voorstel tot dividenduitkering ook met de belangen van crediteuren van de vennootschap rekening houden. Het nemen van een besluit, door een grootaandeelhouder, in de algemene vergadering van aandeelhouders tot uitkering van alle aanwezige vrij uitkeerbare reserves kan onrechtmatig zijn.

3.5 Aandelen

In de wet wordt bepaald dat de statuten van een bv het nominale bedrag van de aandelen vermelden. Zijn er aandelen van verschillende soort, dan vermelden de statuten het nominale bedrag van elke soort. Indien de statuten bepalen dat er een maatschappelijk kapitaal is, dan wordt het bedrag daarvan vermeld (art. 2:178, lid 1 BW). De aandelen zijn de deelnemingen in het kapitaal van de vennootschap.

Voor zover de statuten niet anders bepalen, zijn aan alle aandelen in verhouding tot hun bedrag gelijke rechten en verplichtingen verbonden (art. 2:201, lid 1 BW).

Er is geen sprake van een aandeel als deze geen stemrecht of geen aanspraak op uitkering van winst of de reserves geeft (art. 2:190 BW).

3.5.1 Aandelen op naam

Alle aandelen van een bv zijn op naam (art. 2:175, lid 1 BW). Als de vennootschap aandelen op naam uitgeeft, weet de vennootschap wie zijn aandeelhouders zijn. Van een aandeel op naam wordt geen aandeelbewijs uitgegeven. De aandeelhouders staan bij de vennootschap ingeschreven in het aandeelhoudersregister. Het aandeelhoudersregister is dus doorslaggevend om te bepalen wie aandeelhouder is en welke rechten hij heeft.

3.5.2 Soorten aandelen

Een bv mag verschillende soorten aandelen uitgeven om aandeelhouders verschillende rechten toe te kennen. Gewone aandelen zijn aandelen die én stemrecht hebben (recht geven om op de algemene vergadering van aandeelhouders aanwezig te zijn) én die recht geven op dividend.

De statuten kunnen bepalen dat aan bepaalde aandelen geen of een beperkt recht tot het delen in de winst of reserves is verbonden. Ook kunnen er aandelen worden uitgegeven zonder stemrecht. Een dergelijke statutaire regeling kan niet worden ingevoerd zonder de goedkeuring van de houders van de aandelen die het betreft.

Een bv mag geen aandelen uitgeven zonder stemrecht en bovendien ook geen recht op dividend geven. Een aandeel kent dus ofwel zowel een winstrecht als een stemrecht ofwel óf een stemrecht óf een winstrecht/recht op uitkering van reserves.

3.5.3 Aandelen zonder stemrecht

De statuten kunnen bepalen dat aan bepaalde aandelen geen stemrecht is verbonden. Met stemrechtloze aandelen wordt bereikt dat de houders van deze aandelen wel meedelen in de winst, maar geen directe invloed op de besluitvorming hebben doordat zij geen stemrecht in de algemene vergadering van aandeelhouders hebben. Het gaat deze aandeelhouders uitsluitend om de financiële aspecten van het zijn van aandeelhouder. Houders van aandelen zonder stemrecht hebben wel het recht de algemene vergadering bij te wonen en het woord te voeren. Aan aandelen zonder stemrecht zijn wel vergaderrechten en winstrechten verbonden. Houders van aandelen zonder stemrecht hebben geen voorkeursrecht bij een voorgenomen uitgifte van aandelen, tenzij de statuten anders bepalen. Aandelen zonder stemrecht kunnen aantrekkelijk zijn om werknemers of externe kredietverstrekkers bij de bv te betrekken. Ook komt dit voor bij familiebedrijven. De familieleden die in de onderneming werkzaam zijn hebben stemrecht en de familieleden die er niet werkzaam zijn hebben geen stemrecht.

Aan een aandeel zonder stemrecht moet een recht op uitkering van winst of een recht op uitkering van reserves zijn verbonden.

3.5.4 Aandelen zonder winstuitkering

De statuten kunnen bepalen dat aan bepaalde aandelen geen of een beperkt recht tot het delen in de winst of de reserves is verbonden. In dat geval heeft de aandeelhouder nog wel enige zeggenschap, maar maakt de aandeelhouder geen aanspraak meer op de winst. Aan winstrechtloze aandelen kan behoefte bestaan in het geval bijvoorbeeld een oprichter of grootaandeelhouder graag nog enigszins de touwtjes in handen wil houden, maar niet meer uit is op financieel gewin. Dit kan aantrekkelijk zijn in geval van een familiebedrijf, waarbij de oprichter plaatsmaakt voor zijn opvolger.

Aandelen zonder winstuitkering kunnen niet worden geïntroduceerd zonder de instemming van de houders van de aandelen die het betreft.

Voor een statutenwijziging die specifiek afbreuk doet aan rechten van houders van bepaalde aandelen is in beginsel een goedkeurend besluit van deze groep van aandeelhouders vereist.

3.5.5 Prioriteitsaandelen

Prioriteitsaandelen zijn een speciaal soort aandelen. Aandeelhouders van prioriteitsaandelen hebben speciale rechten. Deze rechten moeten in de statuten zijn vastgelegd (art. 2:243 BW). Aandeelhouders met prioriteitsaandelen hebben samen de volledige bevoegdheid als het gaat om de benoeming van bestuurders en commissarissen. Ze hebben meestal niets te maken met de gewone aandeelhouders. Normaal gesproken zijn prioriteitsaandelen in het bezit van oprichters van een bedrijf of van hun erfgenamen. Prioriteitsaandelen kunnen zowel op naam als op naam worden gesteld en komen voor bij zowel bv's als nv's. Bij nv's worden prioriteitsaandelen vaak gebruikt als beschermingsconstructie.

3.5.6 Preferente aandelen

Preferente aandelen zijn aandelen die een vooraf vastgesteld dividend uitkeren. Preferente aandelen hebben bepaalde voorrechten. Preferente aandelen hebben voorrang op de gewone aandelen en meestal een vast bedrag per aandeel als dividend. Dat houdt in dat het dividend dat wordt uitgekeerd een vast percentage van de nominale waarde en niet, zoals bij gewone aandelen, een bepaald deel van de behaalde nettowinst. Wat er daarna overblijft voor een uitkering aan de aandeelhouders, is bestemd voor de houders van de gewone aandelen.

Eigenlijk zijn preferente aandelen een combinatie van aandelen en obligaties. Preferente aandelen worden ook wel prefs genoemd. De preferente aandeelhouders hebben bij een faillissement een voorkeurspositie boven de gewone aandeelhouders. Preferente aandelen kunnen zowel op naam als op naam worden gesteld en komen voor bij zowel bv's als nv's. Van preferente aandelen kan alleen sprake zijn als er ook gewone aandelen zijn.

Aandelen en stemrecht

Aandelen	Stemrechten
Gewone aandelen	Eén aandeel, één stem
Prioriteitsaandelen	Aandelen met bijzondere zeggenschapsrechten
Preferente aandelen	Aandelen met bijzondere voorrechten
Cumulatief preferente aandelen	Aandelen die recht hebben op dividend waarbij, als in een bepaald jaar geen dividend wordt uitgekeerd, de winstaanspraak in een later jaar geldend kan worden gemaakt. Wel stemrecht
Aandelen zonder stemrecht	Geen stemrecht in de algemene vergadering, wel vergaderrechten
Aandelen zonder recht op (winst) uitkering	Wel stemrecht, maar geen recht op (winst)uitkeringen
Aandelen met meervoudig stemrecht	Aandelen die meer stemmen hebben dan vergelijkbare andere aandelen

3.5.7 Certificering van aandelen

Met certificering van aandelen worden de aan de aandelen verbonden zeggenschapsrechten losgekoppeld van de aan aandelen verbonden economische rechten. Certificering van aandelen is niet in de wet geregeld.

Certificering van aandelen brengt zodoende een scheiding aan tussen de aan aandelen verbonden aandeelhoudersrechten en de daaraan verbonden economische rechten. Of certificaathouders het recht hebben om de vergadering van aandeelhouder bij te wonen hangt af van de statuten van de vennootschap (art. 2:227, lid 2 BW). Het onderscheid is dus of de statuten van de bv wel of niet vergaderrecht aan de certificaten verbinden. Er zijn dus certificaten 'met vergaderrecht' en certificaten 'zonder vergaderrecht'. Bij beide soorten certificaten heeft de certificaathouder geen stemrecht op de algemene vergadering van aandeelhouders.

3.5.8 Aandeelhoudersregister

De bv is verplicht een register bij te houden met namen en adressen van houders van aandelen op naam (art. 2:194 BW). Een bv kan alleen maar aandelen op naam uitgeven, zodat een bv altijd een aandeelhoudersregister moet hebben. De plicht om dit register bij te houden rust op het bestuur van de vennootschap. Een overgang van aandelen, dus een wisseling of uitbreiding van de kring van aandeelhouders, dient onverwijld te worden aangetekend. Een aandeelhouder kan aantekening in het register van aandeelhouders via de rechter afdwingen. In het aandeelhoudersregister worden de namen en adressen eveneens bijgehouden met betrekking tot de storting die op de aandelen heeft plaatsgevonden. Aandeelhouders hebben recht op inzage in het register.

Het correct bijhouden van het register is onder meer van belang in verband met het feit dat de uitnodigingen voor een algemene vergadering van aandeelhouders worden verzonden aan de adressen van de personen zoals die in het register staan vermeld.

Register van aandeelhouders
SOFTY BV

Nominaal bedrag:	€ 500
Gestort bedrag:	€ 500
Aantal:	35
Nummers:	1 tot en met 35
Aandeelhouders:	P. Werkmans, Werkspoorstraat 1, Enschede (handtekening directie)

Nominaal bedrag:	€ 500
Gestort bedrag:	€ 500
Aantal:	5
Nummers:	36 tot en met 40
Aandeelhouder:	A. Werkmans, Textiellaan 2, Losser (handtekening directie)

3.5.9 Aandelen met verschillende nominale waarde

Aan aandelen in het kapitaal van een vennootschap is zeggenschap verbonden. In de algemene vergadering van aandeelhouders hebben alleen aandeelhouders stemrecht. Iedere aandeelhouder heeft ten minste één stem (art. 2:118 BW). Als het maatschappelijk kapitaal in gelijke aandelen is verdeeld, brengt iedere aandeelhouder zoveel stemmen uit als hij aandelen heeft. Aandelen van een bv kunnen een verschillende nominale waarde hebben, bijvoorbeeld aandelen van nominaal € 100 en van € 500. Dan is het aantal stemmen van iedere aandeelhouder gelijk aan de som van zijn aandelenbedrag gedeeld door het bedrag van het kleinste aandeel. De kleinste coupure van aandelen bepaalt het minimumaantal stemmen (art. 2:228, lid 3 BW). In het hierboven genoemde voorbeeld brengt de houder van één aandeel van nominaal € 100 één stem uit en de houder van één aandeel van nominaal € 500 vijf stemmen.

Voorbeeld

Softy bv heeft aandelen van nominaal € 10 en nominaal € 1000. Een aandeelhouder met één aandeel van nominaal € 10 heeft één stem. Een aandeelhouder met één aandeel van nominaal € 1000 heeft dus 100 stemmen.

3.5.10 Stortingsplicht en overdraagbaarheid

Tussen aandeelhouder en de vennootschap kan worden overeengekomen dat de aandeelhouder niet direct het gehele nominale bedrag op de aandelen stort, maar een gedeelte schuldig blijft tot het moment waarop de vennootschap om storting verzoekt.

Tenzij iets anders is overeengekomen, moet een aandeel bij het nemen daarvan direct volledig worden volgestort (art. 2:191, lid 1 BW).

Een houder van niet-volgestorte aandelen is verplicht het resterende gedeelte te storten zodra de vennootschap de volstorting uitschrijft of op het moment dat dit is overeengekomen tussen de vennootschap en de aandeelhouder. Niet-volgestorte aandelen vormen een schuld van de aandeelhouder ten opzichte van de vennootschap.

Indien een niet-volgestort aandeel wordt overgedragen, blijft de verkopende aandeelhouder naast de nieuwe aandeelhouder hoofdelijk aansprakelijk voor volstorting.

Als een aandeel niet is volgestort, wordt dit vastgelegd in de oprichtingsakte. Ook wordt dit in het register van aandeelhouders opgenomen. In het register worden ook wijzigingen in de aansprakelijkheid van de stortingen vastgelegd. Het is voor de aandeelhouders daarom van belang om de stortingen goed te laten verwerken in het aandeelhoudersregister, om zo mogelijke claims te voorkomen.

De overdragende aandeelhouder kan door het bestuur en de Raad van Commissarissen van deze aansprakelijkheid worden ontslagen (art. 2:199, lid 1 BW). Ook in dat geval blijft de overdragende aandeelhouder toch nog gedurende een jaar na de overdracht naast de nieuwe aandeelhouder hoofdelijk aansprakelijk (art. 2:199, lid 1 BW).

Een houder van niet-volgestorte aandelen is verplicht het resterende gedeelte te storten zodra de vennootschap de volstorting uitschrijft of op het moment dat is overeengekomen tussen de vennootschap en de aandeelhouder. Verkeert de vennootschap in staat van faillissement, dan is de curator bevoegd de nog uitstaande stortingen uit te schrijven en te innen (art. 2:193 BW). Het nemen van niet-volgestorte aandelen houdt dus het risico in dat bij een faillissement de aandeelhouder alsnog, verplicht de aandelen vol moet storten.

3.5.11 Inkoop eigen aandelen

Het is toegestaan dat een bv eigen aandelen koopt met instemming van de betrokken aandeelhouders. Dat kan ook wanneer de desbetreffende aandelen niet tot dezelfde soort behoren. Er dient ten minste één stemgerechtigd aandeel bij een ander dan, en anders dan voor rekening van de vennootschap of een dochtermaatschappij te zijn geplaatst. Het bestuur, en niet de algemene vergadering, beslist over de verkrijging van aandelen in het kapitaal van de vennootschap (art. 2:207, lid 1 BW). Het bestuur dient, evenals bij dividenduitkering, twee toetsen uit te voeren. Het bestuur mag geen eigen aandelen inkopen indien het eigen vermogen, verminderd met de verkrijgingsprijs, kleiner is dan de reserves die volgens de wet of de statuten moeten worden aangehouden, of indien het bestuur weet of redelijkerwijs behoort te voorzien dat de vennootschap na de verkrijging niet zal kunnen blijven voortgaan met het betalen van haar opeisbare schulden (art. 2:207, lid 1 BW). Indien bestuurders eigen aandelen van de vennootschap inkopen en het blijkt dat de onderneming niet aan haar verplichtingen kan blijven voldoen, zijn zij in beginsel hoofdelijk aansprakelijk voor de tekorten (art. 2:207, lid 3 BW). Vaak koopt bij een familie bv de vennootschap zelf aandelen van familieleden die de aandelen willen verkopen omdat de overige aandeelhouder niet de financiële middelen hebben om deze aandelen te kopen. De vennootschap en de familie zitten er vaak niet om te springen dat aandelen buiten de familie raken.

Begrippenlijst

Aandeel	Bewijs van deelneming in het geplaatst kapitaal van een onderneming. Houders van aandelen zijn stemgerechtigd in de aandeelhoudersvergaderingen en hebben tevens recht op (een deel van) de winst.
Aandeel op naam	Aandeel waarvan de houder is ingeschreven in het aandelenregister. Bv's hebben uitsluitend aandelen op naam. Nv's mogen ook aandelen op naam uitgeven.
Aandeelhouder	De houder van aandelen. Degene die deelneemt in het geplaatste kapitaal.
Aandeelhouders-register	Register waar de gegevens van aandeelhouders worden bijgehouden die aandelen hebben op naam.
Aandelen zonder recht op (winst)uitkering	Aandeel met stemrecht, maar geen recht op (winst)uitkeringen.
Aandelen zonder stemrecht	Geen stemrecht in de algemene vergadering, wel vergaderrechten.
Aansprakelijkheid	Financieel verantwoordelijk voor de gevolgen van een gesloten overeenkomst en voor onrechtmatig handelen.
Activa en passiva	Bezittingen en schulden.
Akte	Schriftelijk stuk waarin een feit of een handeling is vastgelegd en dat als bewijs kan dienen.
Algemene vergadering	Algemene vergadering van de bv.
Balans	Een overzicht van de activa en de passiva van een onderneming op een bepaald moment. Overzicht van baten en schulden.
Balanstoets	Eigen vermogen is groter dan het totaal van de aan te houden wettelijke en statutaire reserves.
Besloten vennootschap met beperkte aansprakelijkheid	Rechtspersoon met een in een of meer overdraagbare aandelen verdeeld kapitaal.

Borgtocht	Een overeenkomst waarbij iemand (de borg) zich tegenover de crediteur van een ander verplicht, de schuld van die ander te zullen voldoen, indien de ander zelf in gebreke blijft.
Certificaten met vergaderrecht	Een waardepapier dat een aandeel in een vennootschap vertegenwoordigt. Het certificaat geeft de certificaathouder geen stemrecht maar hij mag wel gebruik maken van de vergaderrechten.
Certificaten zonder vergaderrecht	Een waardepapier dat een aandeel in een vennootschap vertegenwoordigt. Het certificaat geeft de certificaathouder geen stemrecht en ook geen vergaderrechten.
Dividend	De winstuitkering door een vennootschap aan haar aandeelhouders.
Eenmansvennootschap	Nv of bv met één aandeelhouder.
Geplaatst kapitaal	De aandelen die daadwerkelijk bij de aandeelhouders zijn geplaatst.
Gestort kapitaal	Het bedrag dat aandeelhouders daadwerkelijk op het geplaatst kapitaal hebben gestort.
Gewoon aandeel	Een aandeel met een stem en met recht op dividend.
Hoofdelijke aansprakelijkheid	Ieder van de debiteuren is voor de gehele schuld aansprakelijk.
Inbreng	Vermogensdelen die door aandeelhouders worden ingebracht bij het vormen van een rechtspersoon en waarvoor zij aandelen krijgen.
Inbreng in natura	Vermogensdelen, niet bestaande uit geld, die door aandeelhouders worden ingebracht bij het vormen van een rechtspersoon en waarvoor zij aandelen krijgen.
Justis	Onderdeel van het Ministerie van Justitie en Veiligheid dat de Wet controle op rechtspersonen uitvoert
Kapitaal	Door de aandeelhouders bijeengebracht risicodragend vermogen.
Meermanvennootschap	Een nv/bv met meer dan één aandeelhouder.
Natuurlijk persoon	Mens (individu) als rechtssubject.
Nominale waarde	Waarde vermeld op een aandeel of obligatie.
Notariële akte	Akte opgemaakt door notaris.
Openingsbalans	Financiële situatie bij het begin van de onderneming.

Preferente aandelen	Aandelen die voorrang geven bij de verdeling van het dividend en/of bij de verdeling van het liquidatiesaldo na ontbinding van de vennootschap. Bij plaatsing van preferente aandelen hebben bestaande aandeelhouders geen voorkeurrecht.
Prioriteits-aandelen	Aandelen met bijzondere zeggenschapsrechten.
Rechtspersoon	Elk niet-natuurlijk persoon (instelling, onderneming, overheidsorgaan) die in het recht als rechtssubject is erkend.
Statuten	Het basisdocument van een rechtspersoon. Hierin staat haar doel, organen, bevoegdheden etc.
Stortingsplicht	De verplichting van aandeelhouders om voor de door hen genomen aandelen van de vennootschap te betalen.
Uitkeringstoets	Toets om te bepalen of na een uitkering voort kan worden gegaan met het betalen van opeisbare schulden.
Vermogen	Kapitaal plus reserves.
Vreemd vermogen	Door derden (banken en/of obligatiehouders) beschikbaar gestelde gelden aan de vennootschap.
Wettelijke reserve	Een reserve die door de wet verplicht wordt opgelegd aan bepaalde vennootschappen. De vennootschap mag deze alleen gebruiken voor het doel dat in de wet genoemd is.

Vragen

Meerkeuzevragen

1. Pieter Werkmans richt met zijn broer Marcel en hun vader Softy bv op. Pieter en zijn vader treden op als bestuurder van Softy bv. Na de oprichting, maar voor de opgave ter eerste inschrijving in het handelsregister, koopt Pieter, bevoegd als bestuurder van de bv, een partij computers van C. Wie is aansprakelijk voor de schuld uit deze koopovereenkomst?
   a. Pieter;
   b. Pieter, Marcel en hun vader;
   c. Softy bv;
   d. Pieter, de vader en Softy bv.

2. Pieter Werkmans, directeur van Softy bv, zoekt – rekening houdend met de schaarste aan ICT'ers – naar mogelijkheden om personeel sterker aan de onderneming te binden. Naast een hoog salaris zou het bezit van enige aandelen in de vennootschap het beoogde effect kunnen hebben. Het personeel deelt dan immers mede in de bedrijfsresultaten, want als deze goed zijn, stijgt daardoor de waarde van hun aandelen en/of ontvangt het dividend dat op de aandelen wordt uitgekeerd. Pieter Werkmans wil wél de volledige zeggenschap binnen zijn eigen onderneming behouden. Welke aandelen kan hij dan het best gebruiken?
   a. Gewone aandelen;
   b. Aandelen zonder stemrecht;
   c. Aandelen zonder winstrecht;
   d. Prioriteitsaandelen.

3. Wat is juist? De aandeelhouders van Softy bv zijn:
   a. Beperkt aansprakelijk voor de schulden van de onderneming;
   b. Wettelijk aansprakelijk voor de schulden van de onderneming;
   c. Hoofdelijk aansprakelijk voor de schulden van de onderneming;
   d. Niet aansprakelijk voor de schulden van de onderneming.

4. Welke vordering heeft Softy bv op zijn aandeelhouders?
   I   Het verschil tussen het maatschappelijk kapitaal en het geplaatst kapitaal van de bv.
   II Het verschil tussen het geplaatst kapitaal en het gestort kapitaal van de bv.

a. I en II zijn juist;
b. I en II zijn onjuist;
c. alleen I is juist;
d. alleen II is juist.

5. Pieter Werkmans richt een dochteronderneming op. Wanneer bezit deze dochtervennootschap rechtspersoonlijkheid?
   a. Vanaf het moment van inschrijving in het handelsregister;
   b. Vanaf het moment van publicatie op Overheid.nl, onder 'Officiële publicaties';
   c. Zodra de meerzijdige rechtshandeling tot stand komt;
   d. Zodra de notariële akte is verleden.

6. Wat is het geplaatst kapitaal?
   a. Het totale nominale bedrag van de (aan aandeelhouders) uitgegeven aandelen;
   b. Het bedrag dat aandeelhouders daadwerkelijk op het geplaatst kapitaal hebben gestort;
   c. Het totaal eigen vermogen plus de reserves;
   d. De door derden beschikbaar gestelde gelden aan de bv.

7. Wie moet, als de statuten daar niets over bepalen, het besluit nemen om nieuwe aandelen uit te geven?
   a. Het bestuur;
   b. De algemene vergadering;
   c. De Raad van Commissarissen;
   d. Het bestuur en het personeel samen.

8. Wat is voor de crediteuren van Softy bv met name van belang?
   a. Het maatschappelijk kapitaal;
   b. Het geplaatste kapitaal;
   c. Het gestorte kapitaal;
   d. Het eigen vermogen.

9. In art. 2:105/art. 2:216 lid 2 BW is geregeld dat een nv en een bv slechts uitkeringen aan aandeelhouders mogen doen voor zover het eigen vermogen groter is dan het bedrag van het gestorte en opgevraagde deel van het kapitaal, vermeerderd met de reserves die volgens de wet of de statuten moeten worden aangehouden. Welk van de volgende antwoorden is juist als gevraagd wordt naar wat die regeling betekent voor die uitkeringen?
   a. De gebonden reserves;
   b. De vrije reserves als deze positief zijn;
   c. De vrije reserves mits deze negatief zijn;
   d. Het gestorte en opgevraagde deel van het kapitaal.

10. Het bestuur van de besloten vennootschap Softy bv. besluit om dividend uit te keren aan haar aandeelhouders. Aan de balans- en uitkeringstoets wordt voldaan

en tevens is er toestemming van de algemene vergadering van aandeelhouders. Een half jaar later gaat Softy bv failliet. De genadeklap komt door een forse schadeclaim. Naar verluidt was deze claim al een jaar geleden bekend. De curator wil natuurlijk zo veel mogelijk verhaal halen. Welke van de onderstaande stellingen is juist?
   a. De curator kan een beroep doen op bestuursaansprakelijkheid. De bewijslast rust op de curator en hij zal dienen te bewijzen dat het bestuur onbehoorlijk heeft gehandeld;
   b. Omdat aan de balans- en uitkeringstoets is voldaan en de algemene vergadering van aandeelhouders heeft ingestemd, kan de curator geen geslaagd beroep doen;
   c. De curator kan een beroep doen op bestuursaansprakelijkheid. De bewijslast rust op het bestuur en zij dienen te bewijzen dat het bestuur niet onbehoorlijk heeft gehandeld. Het bestuur kan tegenbewijs leveren;
   d. Omdat de algemene vergadering van aandeelhouders heeft ingestemd kan de curator verhaal halen bij de aandeelhouders tot de waarde van hun aandelen.

11. Het Nederlandse vennootschapsrecht kent naast gewone aandelen ook zogenoemde prioriteitsaandelen en preferente aandelen. Welke stelling is juist met betrekking tot deze twee bijzondere typen aandelen?
    a. Zowel prioriteitsaandelen als preferente aandelen verlenen bijzondere zeggenschap in de vennootschap;
    b. Prioriteitsaandelen verlenen bijzondere zeggenschap in de vennootschap; preferente aandelen delen bij voorrang in de winst of in het overschot na vereffening, maar slechts in beperkte mate.;
    c. Preferente aandelen verlenen bijzondere zeggenschap in de vennootschap; prioriteitsaandelen delen bij voorrang in de winst of in het overschot na vereffening, maar slechts in beperkte mate;
    d. Zowel prioriteitsaandelen als preferente aandelen verlenen bijzondere zeggenschap in de vennootschap én delen bij voorrang in de winst of in het overschot na vereffening, maar slechts in beperkte mate.

12. Pieter Werkmans heeft al jaren een goedlopend bedrijf, Softy bv. Hij heeft de wens om zijn succes te delen met zijn familieleden, met name zijn kinderen Annemiek, Harm-Jan en Teun. De kinderen zijn net klaar met de studie en nog niet rijp om ook maar enige zeggenschap binnen het bedrijf te krijgen. Nee, Pieter wil ze eerst alleen op materiele wijze laten delen in zijn succes. Welk van de onderstaande mogelijkheden is met betrekking tot bovengenoemd verhaal het meest waarschijnlijk?
    a. Pieter certificeert een gedeelte van het kapitaal van zijn bv en geeft aan ieder van zijn kinderen certificaten zonder vergaderrecht uit;
    b. Pieter certificeert een gedeelte van het kapitaal van zijn bv en zorgt dat zijn kinderen ieder houder van certificaten met vergaderrecht worden;
    c. Pieter verhoogt het kapitaal van zijn bv met prioriteitsaandelen en geeft aan zijn kinderen prioriteitsaandelen uit, allen in dezelfde verhouding;

d. Pieter schenkt een deel van zijn aandelen in de bv aan elk van zijn kinderen, ieder voor een gelijk deel en behoudt zelf de meerderheid van het aandelenkapitaal.

Open vragen

13. Hieronder staat een aantal uitspraken vermeld. U dient de juiste wetsartikelen op te zoeken.
    De oprichtingsakte van een besloten vennootschap wordt vastgelegd bij de notaris.
    a. Waar staat in de wet dat een besloten vennootschap moet worden opgericht bij notariële akte?
    De besloten vennootschap is een rechtspersoon, wat inhoudt dat schuldeisers in principe alleen aanspraak maken op het vermogen van de bv en niet op het vermogen van de directie of de aandeelhouders.
    b. Waar staat in de wet dat een aandeelhouder niet persoonlijk aansprakelijk is voor de schulden van de besloten vennootschap?
    De besloten vennootschap moet worden ingeschreven in het Handelsregister van de Kamers van Koophandel.
    c. Waar staat in de wet dat de bestuurders de besloten vennootschap moeten inschrijven bij de Kamer van Koophandel?

14. Pieter Werkmans is van plan om een zaakje te beginnen in computers. Van zijn vriendin Nicolien (studente aan de Universiteit Twente, afdeling Bedrijfskunde) krijgt hij het advies de rechtsvorm van een besloten vennootschap te kiezen. Op Pieters vraag over het hoe en waarom schrijft zij hem een brief met de volgende punten:
    a. 'De aandelen kun je het beste aan toonder uitgeven.'
    b. 'In verband met eventuele crediteuren verdient het aanbeveling een bv op te richten.'
    c. 'Voor het oprichten van een bv heb je statuten nodig die de naam van de bv vermelden. Wat dacht je van "Softy"?'
    d. 'Daarnaast is een doelomschrijving belangrijk. Ik stel voor: "Verkoop van computers".'
    Geef een juridisch relevant commentaar op bovenstaande vier punten.

15. Het eigen vermogen van Softy bv bestaat uit aandelenkapitaal (€ 18.000), wettelijk reserve (€ 60.000) en vrije reserves (€ 22.000). Het totale vermogen bedraagt daarom € 100.000. Tot welk bedrag kan de algemene vergadering een rechtsgeldig besluit nemen tot het doen van een dividenduitkering waarbij alleen wordt gekeken naar de balanstest?

16. Softy bv heeft de volgende balans:

Vaste activa	30.000	Aandelenkapitaal	5.000	
Voorraden	15.000	Wettelijke reserves	20.000	
Debiteuren	30.000	Agio reserves	15.000	
Liquide middelen	25.000	Overige reserves	60.000	
		Eigen vermogen		100.000
		Crediteuren		0
	100.000			100.000

Wat is het resultaat als Softy bv hier de balanstest uitvoert?

DEEL 2   DE STRUCTUUR

HOOFDSTUK 4
Besloten vennootschap

4.1   **Organen**   117
4.1.1 Bevoegdheden van organen   117
4.2   **De algemene vergadering (AV)**   118
4.2.1 Instructierecht   118
4.2.2 Vergadering van houders van aandelen van een bepaalde soort of aanduiding   118
4.2.3 Oproeping   119
4.2.4 Agenda   120
4.2.6 Verplichtingen van aandeelhouders   121
4.2.7 Aandeelhoudersovereenkomst   121
4.2.8 Stemovereenkomst   121
4.2.9 De voorzitter   122
4.3   **Besluitvorming en vergaderrechten**   122
4.3.1 Redelijk en billijk handelen   123
4.3.2 Besluiten bij grotere meerderheid   123
4.3.3 Besluit   123
4.3.4 Ongeldigheid van besluiten   124
4.3.5 Notuleren   124
4.4   **Benoeming bestuur**   124
4.4.1 Besturen   125
4.4.2 Tegenstrijdig belang   125
4.4.3 Vertegenwoordigingsbevoegdheid bestuurders   126
4.4.4 Ontslag bestuur   127
4.5   **Aansprakelijkheid van bestuurders**   127
4.5.1 Interne aansprakelijkheid van bestuurders   127
4.5.2 Aansprakelijkheid voor belastingen en sociale premies   128
4.5.3 Meldingsplicht   128
4.5.4 Aansprakelijkheid bij faillissement   129
4.5.5 Kennelijk onbehoorlijk bestuur   130
4.5.6 Administratie- en jaarrekeningsplicht   130
4.5.7 Hoofdelijke aansprakelijkheid en disculpatie   131
4.6   **Raad van Commissarissen**   131
4.6.1 Rechtshandelingen met grootaandeelhouders   132
4.6.2 One-tier board   132

4.7	Overdracht aandelen en blokkeringsregeling	133
4.7.1	Overdracht van aandelen op naam	133
4.7.2	Waarde aandeel	135
4.8	**Ontbinding**	**135**
4.8.1	Ontbinding van lege bv's	136
4.9	Uitkoop minderheidsaandeelhouders	137
	Begrippenlijst	138
	Vragen	140
	Meerkeuzevragen 140	
	Open vragen 143	

Hoofdstuk 4
Besloten vennootschap

In dit hoofdstuk gaan we dieper in op de besloten vennootschap. Er wordt vooral ingegaan op de instanties die binnen de besloten vennootschap invloed kunnen uitoefenen op de gang van zaken binnen de besloten vennootschap.

4.1 Organen

Een orgaan is een instantie binnen een rechtspersoon aan wie volgens wet of statuten de taak en de bevoegdheid toekomt om besluiten te nemen die gelden als besluiten van de rechtspersoon. Een bv kent een bestuur (meestal 'directie' genoemd) en een algemene vergadering.

> **Organen van de bv**
> Algemene vergadering
> Bestuur
> Raad van commissarissen (in bepaalde gevallen verplicht, in andere gevallen facultatief)
> Bestuur en raad van commissarissen
> Vergadering van houders van aandelen van een bepaalde soort of aanduiding
> One tier board (bestuur bestaande uit uitvoerende bestuurders en niet-uitvoerende bestuurders)

4.1.1 Bevoegdheden van organen

Het bestuur (de directie) van de bv heeft niet alleen de dagelijkse leiding van de vennootschap, maar vertegenwoordigt deze ook naar buiten. De bevoegdheden van het bestuur worden verder in de statuten vastgelegd. De algemene vergadering benoemt over het algemeen de bestuurders en als er een Raad van Commissarissen is ingesteld, benoemt de algemene vergadering ook de commissarissen. Verder bepalen de statuten vaak dat bepaalde besluiten van het bestuur aan de goedkeuring van de algemene vergadering zijn onderworpen. De Raad van Commissarissen ten slotte heeft tot taak toezicht te houden op het beleid van het bestuur en het bestuur te adviseren.

De algemene vergadering heeft binnen de door de wet en de statuten gestelde grenzen alle bevoegdheden die niet aan het bestuur of aan anderen zijn toegekend (art. 2:217, lid 1 BW).

4.2 De algemene vergadering (AV)

De algemene vergadering (AV) is het orgaan van de vennootschap waar de aandeelhouders bijeenkomen en, in het kader van de besluitvorming, hun stem over een groot aantal onderwerpen kunnen laten horen. Binnen de AV hebben slechts aandeelhouders stemrecht, terwijl iedere aandeelhouder ten minste één stem heeft. Meestal kan een aandeelhouder zoveel stemmen uitbrengen als hij aandelen heeft.

De algemene vergadering bestaat uit alle personen die aan de vennootschap het geplaatste kapitaal hebben verschaft. Als alle aandelen door één persoon worden gehouden, bestaat de 'vergadering' uit één persoon. Iedere aandeelhouder is bevoegd om een algemene vergadering bij te wonen. De aandeelhouder kan persoonlijk verschijnen of door middel van een schriftelijk gevolmachtigde.

De wet bepaalt dat er jaarlijks ten minste één algemene vergadering moet worden gehouden, en wel binnen zes maanden na afloop van het boekjaar van de vennootschap (art. 2:218, lid 2 BW). Behalve deze jaarvergadering kunnen er zoveel (buitengewone) algemene vergaderingen worden gehouden als nodig wordt gevonden. Een algemene vergadering kan worden bijeengeroepen door het bestuur van de vennootschap of door de Raad van Commissarissen (art. 2:219 BW). De bevoegdheid tot bijeenroeping van een algemene vergadering kan aan het bestuur of aan de Raad van Commissarissen statutair niet worden ontnomen.

Aandeelhouders kunnen – alleen of gezamenlijk – als ze 1% van het geplaatste kapitaal vertegenwoordigen en als het bestuur of Raad van Commissarissen weigert om een AV bijeen te roepen, de president van de rechtbank verzoeken of ze een vergadering mogen bijeenroepen (art. 2:220, lid 1 BW).

De algemene vergadering dient de statuten in acht te nemen en dus ook de door de wet en de statuten gemaakte bevoegdheidsverdeling.

4.2.1 Instructierecht

Het bestuur moet aanwijzingen opvolgen van een orgaan dat daartoe op basis van de statuten bevoegd is, tenzij het vennootschappelijk belang zich hiertegen verzet (art. 2:239, lid 4 BW). Dit betekent dat de bestuursbevoegdheid van het bestuur, op grond van de statuten, ingrijpend wordt ingeperkt, terwijl de bestuurders in principe wel degenen zijn die op hun handelingen kunnen worden aangesproken. Zij kunnen zich ten opzichte van derden niet verschuilen achter instructies van de aandeelhouder. Als het bestuur een instructie niet opvolgt zonder dat het vennootschappelijk belang een dergelijke weigering rechtvaardigt, kan het bestuur onbehoorlijke taakvervulling worden verweten.

4.2.2 Vergadering van houders van aandelen van een bepaalde soort of aanduiding

De vergadering van houders van aandelen van een bepaalde soort of aanduiding kan ook een orgaan van de bv zijn. Bijvoorbeeld de vergadering van houders van aandelen zonder stemrecht. De statuten kunnen bevoegdheden aan een dergelijk orgaan toekennen zoals de bevoegdheid tot uitgifte, bestemming van de winst, het verbinden of ontnemen van vergaderrechten aan certificaten, ontslag van bestuurders of de bevoegdheid aanwijzingen aan het bestuur te geven.

4.2.3 Oproeping

Bij een oproeping van een algemene vergadering moeten de voorschriften die in de wet en de statuten met betrekking tot die oproeping zijn opgenomen zeer goed in acht worden genomen.

Wanneer de oproeping niet of niet op de juiste wijze gebeurt, is het gevaar aanwezig dat de op die vergadering genomen besluiten op vordering van een belanghebbende door de rechter worden vernietigd. Dit gevaar doet zich met name voor wanneer de oproeping door een verkeerde behandeling een bepaalde aandeelhouder niet heeft bereikt, zodat deze niet ter vergadering aanwezig was, niet op de vergadering zijn mening heeft kunnen uitdragen en niet over het genomen besluit heeft kunnen stemmen.

Binnen een besloten vennootschap kunnen alleen aandelen op naam worden uitgegeven. Alle aandeelhouders zijn bij de vennootschap bekend en staan genoteerd in het register van aandeelhouders dat door het bestuur van de vennootschap wordt bijgehouden.

Oproeping tot een algemene vergadering van aandeelhouders dient door middel van oproepingsbrieven te geschieden. De oproepingsbrief vermeldt de te behandelen onderwerpen, de agenda van de vergadering dus (art. 2:224 BW). Daarnaast worden dag, uur en plaats van de vergadering vermeld. Verzending van de oproepingsbrieven vindt plaats aan het adres van de aandeelhouders zoals dat is opgenomen in het register van aandeelhouders. Hieruit blijkt ook het grote belang van het zorgvuldig bijhouden van dit register.

De termijn voor oproeping van de algemene vergadering is minimaal acht dagen (art. 2:225 BW). De oproeping kan ook per e-mail gedaan worden. De algemene vergadering kan ook in het buitenland worden gehouden als de statuten dat mogelijk maken. Besluiten kunnen buiten vergadering worden genomen. Wel moeten alle vergadergerechtigden met deze wijze van besluitvorming instemmen (art. 2:226, lid 3 BW). De stemmen moeten schriftelijk worden uitgebracht. Dat kan ook langs elektronische weg, tenzij de statuten anders bepalen (art. 2:227a BW). De bestuurders en commissarissen die niet vergadergerechtigd zijn, moeten vooraf in de gelegenheid worden gesteld om advies uit te brengen (art. 2:226, lid 3 BW).

Voorbeeld

Oproeping bij een bv

Aan de aandeelhouders in de besloten vennootschap met beperkte aansprakelijkheid Softy bv, gevestigd te Enschede.

Geachte dames en heren,
Hierbij nodigen wij u uit tot het bijwonen van de algemene vergadering van aandeelhouders in Softy bv, die zal worden gehouden in het kantoor van de vennootschap aan de Werkstraat 1 te Enschede, op vrijdag 1 april 2019 om 15.00 uur.
De agenda luidt als volgt:
1. Opening
2. Notulen van de vergadering van 4 september 2016
3. Verslag van de directie over het boekjaar 2016

4. Jaarrekening en decharge
5. Behandeling en vaststelling van de winstbestemming
6. Rondvraag
7. Sluiting

Vertrouwende u te mogen begroeten,
Hoogachtend,
w.g. P. Werkmans

4.2.4 Agenda

Een behoorlijke oproeping houdt in: de plaats waar de vergadering wordt gehouden, het tijdstip waarop de vergadering begint en de punten waarover zal worden vergaderd (de agenda). De oproeping dient vergezeld te gaan van een agenda of van een mededeling dat de agenda op het kantoor van de vennootschap ter inzage ligt (art. 2:224 BW). Over niet of niet-tijdig geagendeerde onderwerpen kan niet wettig worden besloten, tenzij alle vergadergerechtigden ermee instemmen dat de besluitvorming over die onderwerpen plaatsvindt en de bestuurders en commissarissen voorafgaand aan de besluitvorming in de gelegenheid zijn gesteld om advies uit te brengen (art. 2:224, lid 2 BW). Besluitvorming met algemene stemmen is niet vereist. Ook is het niet nodig dat het volledige kapitaal op de vergadering aanwezig of vertegenwoordigd is.

Conclusie AG: aandeelhouders kunnen geen stemming op de aandeelhoudersvergadering afdwingen

Den Haag - Kunnen aandeelhouders een stemming op de aandeelhoudersvergadering afdwingen over een onderwerp dat niet tot de bevoegdheid van die vergadering behoort?

De Nederlandse wet op het punt van de agenderingsrechten zit zo in elkaar dat (een groep) aandeelhouders weliswaar punten voor de agenda kan aandragen, maar het bestuur en de raad van commissarissen uiteindelijk de agenda vaststellen. Deze zijn daarbij niet verplicht een stemming te agenderen over een onderwerp dat niet tot de bevoegdheid van de aandeelhoudersvergadering behoort. Dat schrijft advocaat-generaal Timmerman in zijn conclusie die vandaag is gepubliceerd.

In deze zaak verschillen Boskalis Holding B.V. en Fugro N.V. al een aantal jaren van mening over de vraag of Boskalis een stemming op de aandeelhoudersvergadering kan afdwingen over de ontmanteling van een constructie die Fugro tegen een overname beschermt. Boskalis heeft het geschil aan de rechter voorgelegd. Vervolgens heeft Boskalis cassatie ingesteld bij de Hoge Raad.

De advocaat-generaal concludeert in lijn met de uitspraken van de rechtbank en het hof en is van mening dat het gelijk aan de kant van Fugro ligt. Een verplichting tot het agenderen van een stemming over een onderwerp dat niet tot de bevoegdheid van de aandeelhoudersvergadering behoort, is volgens hem niet te lezen in de wet.

www.rechtspraak.nl, 12 januari 2018, ECLI:NL:PHR:2018:14

4.2.5 Rechten aandeelhouder

De aandeelhouder is de eigenaar van een of meer aandelen in een bv. Het hebben van aandelen in een vennootschap geeft verschillende rechten. De aandeelhouder brengt geld in de vennootschap waarmee zij haar onderneming drijft. Tot de bevoegdheden van de aandeelhouder behoren:
- het bijwonen van de algemene vergadering van aandeelhouders;
- het recht het woord te voeren;

- het uitoefenen van stemrecht; iedere aandeelhouder heeft ten minste één stem (art. 2:228, lid 1 BW).

Door het uitoefenen van het stemrecht kan een aandeelhouder invloed uitoefenen binnen de AV. Hoe groot de zeggenschap van een aandeelhouder is, hangt af van een aantal factoren, zoals het aantal stemmen dat hij mag uitbrengen en het totaal aantal aandelen dat op de AV vertegenwoordigd is. Aan alle aandelen zijn gelijke rechten en plichten verbonden, tenzij de statuten anders bepalen. Men kan aandeelhouders bij het toelaten van een vergadering vragen zich te legitimeren.

4.2.6 Verplichtingen van aandeelhouders

De statuten kunnen aandeelhouders ook verplichtingen opleggen (art. 2:192 BW). Uitgangspunt is dat een aandeelhouder uitsluitend kan worden verplicht tot storting van het nominale bedrag op zijn aandelen. De statuten kunnen die verplichting echter uitbreiden met andere verplichtingen, bijvoorbeeld een verplichting om leningen of producten te verstrekken aan de bv. Deze verplichtingen mogen niet in strijd zijn met wettelijke bepalingen en kunnen desgewenst worden beperkt tot aandelen van een bepaalde soort of aanduiding.

4.2.7 Aandeelhoudersovereenkomst

Wanneer meerdere aandeelhouder betrokken zijn bij de onderneming is het belangrijk om goede en duidelijk afspraken te maken. Een aandeelhoudersovereenkomst is een overeenkomst die is gesloten tussen de aandeelhouders van vennootschap om rechten en verplichtingen van de aandeelhouders te regelen. Een aandeelhoudersovereenkomst is niet verplicht. Bij een vennootschap zijn statuten wél verplicht. In een aandeelhoudersovereenkomst regelt men zaken die niet in de statuten van de onderneming zijn geregeld.

Een aandeelhouderovereenkomst is een stuk flexibeler dan statuten. Men kan niet zomaar afwijken van statuten maar, in overleg, dat kan wel bij een overeenkomst. Statuten zijn openbaar en een aandeelhoudersovereenkomst niet. In een aandeelhoudersovereenkomst kunnen een groot aantal verschillende zaken worden opgenomen. De belangrijkste onderdelen van een aandeelhoudersovereenkomst zijn; het benoemen van bestuurders, stemverhouding tussen de aandeelhouders, hoe de winst wordt verdeeld, of een geschillenregeling.

4.2.8 Stemovereenkomst

Een vorm van een aandeelhoudersovereenkomst is een stemovereenkomst. Onder stemovereenkomsten worden overeenkomsten verstaan tussen aandeelhouders onderling en eventueel tussen een aandeelhouder en een derde, waarbij wordt afgesproken dat het aan het aandeelhouderschap verbonden stemrecht op een bepaalde wijze zal worden uitgeoefend.

Men kan hier bijvoorbeeld denken aan de afspraak tussen twee of meer aandeelhouders in een vennootschap dat deze aandeelhouders voor elke algemene vergadering een voorvergadering houden. In deze voorvergadering wordt bij meerderheidsbesluit bepaald hoe elk der partijen zijn stem op de algemene vergadering zal uitbrengen.

Ondanks het feit dat de aandeelhouder een stemovereenkomst heeft gesloten, blijft hij vennootschapsrechtelijk gezien vrij zijn stem uit te brengen op de wijze die hij wenst. Wel kan de gebondenheid aan de stemovereenkomst worden versterkt door in de overeenkomst een boeteclausule op te nemen. De aandeelhouder die zich niet aan zijn uit een stemovereenkomst voortvloeiende verplichtingen houdt, pleegt wanprestatie en zal gehouden zijn tot betaling van een contractueel overeengekomen boete. Daar komt nog bij dat de wederpartij in beginsel de mogelijkheid heeft een schadevergoeding in verband met wanprestatie te eisen.

4.2.9 De voorzitter

De voorzitter leidt de algemene vergadering. Indien statutair niet is bepaald wie de voorzitter van de vergadering is, zal de vergadering zelf beslissen wie als voorzitter optreedt. In de praktijk ziet men vaak dat de voorzitter van de Raad van Commissarissen, ook wel de president-commissaris geheten, als voorzitter van de algemene vergadering optreedt.

De voorzitter heeft een aantal belangrijke taken. Een daarvan is het vaststellen dat op een bepaald moment een bepaald besluit door de vergadering is genomen (art. 2:13, lid 3 BW).

De voorzitter van een AV heeft het recht om personen die de orde verstoren, al zijn zij aandeelhouder, het woord te ontnemen en zelfs te laten verwijderen.

4.3 Besluitvorming en vergaderrechten

Iedere aandeelhouder heeft stemrecht; de wet onthoudt slechts in enkele gevallen uitdrukkelijk het stemrecht aan aandeelhouders. Het in de statuten ontnemen of beperken van het stemrecht is zonder wettelijke regeling in strijd met de wet (art. 2:228 BW).

Het vergaderrecht is het recht om, in persoon of bij schriftelijk gevolmachtigde, de algemene vergadering bij te wonen en daar het woord te voeren (art. 2:227, lid 1 BW).

Vergaderrechten komen naast gewone aandeelhouders onder meer toe aan houders van certificaten waaraan bij de statuten vergaderrecht is verbonden. Als vergadergerechtigden worden aangemerkt degenen die het recht hebben de algemene vergadering bij te wonen en het woord te voeren.

Vergadergerechtigden hebben ook een rol bij besluitvorming buiten de vergadering.

Bestuurders en commissarissen hebben het recht de algemene vergadering te bezoeken en daar het woord te voeren (raadgevende stem), maar zij worden in de wet niet aangemerkt als vergadergerechtigden. Bestuurders kunnen te allen tijde worden geschorst en ontslagen door het orgaan dat bevoegd is tot benoeming.

Vergadergerechtigden
Aandeelhouders met stemrecht
Aandeelhouders zonder stemrecht
Certificaathouders met vergaderrecht

Het stemmen in de algemene vergadering van aandeelhouders kan hoofdelijk gebeuren. De voorzitter brengt dan een bepaald voorstel in stemming en verzoekt de voorstanders van het voorstel de hand op te steken. Vaak is dan al duidelijk of een voorstel wordt aangenomen. Indien op de vergadering blijkt dat iedereen voor het aannemen van een bepaald voorstel is, kan bij acclamatie worden besloten. Dit kan bijvoorbeeld met applaus gepaard gaan.

Besluiten worden meestal genomen met een gewone meerderheid van het aantal aandelen, vertegenwoordigd op de algemene vergadering (de helft plus één; art. 2:230, lid 1 BW). Men dient zich te realiseren dat bij het stemmen tijdens een AV niet het aantal bij de vergadering vertegenwoordigde aandeelhouders van belang is, maar het aantal stemmen dat iedere aandeelhouder mag uitbrengen (art. 2:228, lid 2 BW).

Aandeelhouders kunnen zich op de algemene vergadering laten vertegenwoordigen. Deze bevoegdheid kan in de statuten worden beperkt. De bevoegdheid van aandeelhouders zich te doen vertegenwoordigen door een advocaat, notaris, kandidaat-notaris, registeraccountant of accountant kan niet worden uitgesloten (art. 2:227, lid 5 BW).

4.3.1 Redelijk en billijk handelen

De rechtspersoon en degenen die volgens de wet en de statuten bij zijn organisatie zijn betrokken, moeten zich ten opzichte van elkaar redelijk en billijk gedragen (art. 2:8 BW). Die regel is vooral voor minderheidsaandeelhouders van belang. Het komt nogal eens voor dat de meerderheidsaandeelhouders besluiten nemen die onredelijk zijn ten opzichte van de minderheidsaandeelhouders. In de praktijk gebeurt het wel dat een meerderheidsaandeelhouder die tevens directeur is op de AV besluit om geen dividend uit te keren, maar de directeur een riant salaris toe te kennen. Dat betekent dat een minderheidsaandeelhouder nooit dividend krijgt. Hiertegen kan een minderheidsaandeelhouder juridisch optreden.

4.3.2 Besluiten bij grotere meerderheid

De statuten van de vennootschap kunnen een grotere meerderheid eisen dan een gewone meerderheid. In de praktijk treft men vaak statutaire bepalingen waarin voor bepaalde belangrijke besluiten een versterkte meerderheid nodig is. Denk hierbij aan een besluit tot wijziging van de statuten van de vennootschap, een besluit tot ontbinding van de vennootschap of een besluit tot benoeming van een bestuurder.

4.3.3 Besluit

Tijdens een algemene vergadering moet er worden besloten over punten die op de agenda staan. Een besluit komt in het algemeen tot stand doordat de leden van het orgaan dat een besluit neemt hun stem uitbrengen. Het woord 'besluit' duidt zowel op een rechtshandeling als op het resultaat van die rechtshandeling. Een besluit is een door een orgaan gegeven regel.

4.3.4 Ongeldigheid van besluiten

Art. 2:13, 14 en 15 BW bevatten enkele belangrijke bepalingen betreffende de vernietiging van besluiten van de organen van rechtspersonen. Besluiten kunnen op de navolgende gronden worden vernietigd:
a. wegens strijd met de wettelijke bepalingen die de bevoegdheid van het orgaan en de wijze van totstandkoming van besluiten regelen (art. 2:15, lid 1 sub a BW);
b. wegens strijd met de wet of de statuten (art. 2:14, lid 1 BW);
c. wegens strijd met de redelijkheid en billijkheid (art. 2:15, lid 1 sub b BW).

Op deze drie gronden kan iedere aandeelhouder, bestuurder of andere belanghebbende een beroep doen, mits hij een redelijk belang heeft bij de naleving van de wettelijke of statutaire bepaling of bij inachtneming van de redelijkheid en billijkheid (art. 2:15, lid 3 BW).

4.3.5 Notuleren

Het bestuur van de besloten vennootschap heeft de verplichting de besluiten van de algemene vergadering schriftelijk vast te leggen (art. 2:230, lid 4 BW). Alle besluiten die de algemene vergadering neemt, moeten worden genotuleerd. Die notulen dienen op het kantoor van de vennootschap ter inzage te liggen voor alle aandeelhouders.

4.4 Benoeming bestuur

De benoeming van bestuurders geschiedt voor de eerste keer bij de akte van oprichting, en daarna altijd door de algemene vergadering van aandeelhouders (art. 2:242, lid 1 BW). Bij de 'grote' vennootschappen – ook wel 'structuurvennootschappen' genoemd; zij zijn onderworpen aan het 'structuurregime' – benoemt de Raad van Commissarissen de bestuurders (art. 2:272 BW). De taak van het bestuur houdt vooral in: het leiding geven ten behoeve van het functioneren van de rechtspersoon, het regelen van de dagelijkse gang van zaken en het voor de rechtspersoon deelnemen aan het rechtsverkeer. Bestuurders kunnen ook benoemd of ontslagen worden door bepaalde aandeelhouders, de vergadering van houders van aandelen van een bepaalde soort (art. 2:242, lid 1 BW).

Algemene vergadering

	Onderwerp	Regeling
Besluitvorming	Oproeptermijn AV	8 dagen
	Plaats vergadering	Nederland en in het buitenland
	Drempel bijeenroepen AV door aandeelhouders met machtiging rechter	1% van de aandelen
	Besluiten buiten de AV	Mogelijk maar alle vergadergerechtigden moeten instemmen met wijze van besluitvorming. De besluitvorming zelf gaat bij volstrekte meerderheid, tenzij de wet of de statuten een andere meerderheid voorschrijft
	Benoeming/schorsing/ontslag bestuurders en commissarissen	Door de AV of door de vergadering van houders van een bepaald soort aandelen
	Instructie aan het bestuur	Bestuur moet opvolgen tenzij in strijd met belang bv
Aandelen, overdracht en aanvullende verplichtingen	Blokkeringsregeling	Niet verplicht, wel een wettelijke aanbiedingsregeling mogelijk
	Aanvullende verplichtingen voor aandeelhouders	Specifieke regeling

4.4.1 Besturen

Het bestuur (meestal de directie genoemd) is belast met het besturen van de vennootschap (art. 2:239, lid 1 BW). Het bestuur heeft de leiding over de vennootschap en de daarmee verbonden onderneming, bepaalt het ondernemingsbeleid, beheert het vermogen, benoemt en ontslaat het personeel en voert besluiten uit van andere organen zoals de algemene vergadering. Tot het besturen behoort verder het vertegenwoordigen van de vennootschap.

Het bestuur bestuurt naar eigen inzicht. De statuten kunnen bepalen dat een orgaan het recht heeft om ook specifieke instructies aan het bestuur te geven (art. 2:239, lid 4 BW) Het bestuur moet deze instructies opvolgen tenzij deze in strijd zijn met het vennootschappelijk belang. Vaak bestaat er een arbeidsovereenkomst tussen het bestuur en de vennootschap. Een bestuurder is dus in juridische zin een 'gewone' werknemer. Het gewone arbeidsrecht met zijn ontslagbescherming voor werknemers is echter niet onverkort van toepassing op een bestuurder van een vennootschap.

4.4.2 Tegenstrijdig belang

Een vennootschap moet beschermd worden tegen het risico dat een bestuurder of commissaris zich bij zijn handelen laat leiden door een persoonlijk belang. Er is sprake van tegenstrijdig belang als de bestuurder van de vennootschap bij zijn handelen een persoonlijk belang heeft. Uitgangspunt is dat een bestuurder zich richt naar het belang van de vennootschap en de daaraan verbonden onderneming (art. 2:239, lid 5 BW).

Een bestuurder neemt niet deel aan overleg en besluitvorming indien hij een indirect of direct persoonlijk belang heeft dat strijdig is met het belang van de vennootschap en de met haar verbonden onderneming (art. 2:239, lid 6 BW). Hier kan statutair niet van worden afgeweken. Indien de bestuurder toch deelneemt aan de besluitvorming, dan is het besluit vernietigbaar (art. 2:15 BW). Wanneer hierdoor geen bestuursbesluit kan worden genomen, wordt het besluit genomen door de Raad van Commissarissen.

Heeft de bv geen Raad van Commissarissen, dan wordt het besluit genomen door de algemene vergadering, tenzij de statuten anders bepalen. Niet-naleving kan leiden tot interne aansprakelijkheid, maar heeft niet tot gevolg dat de rechtshandeling kan worden aangetast. De bestuurder kan aansprakelijk worden gesteld op grond van art. 2:9 BW. Er is ook een tegenstrijdig belangregeling voor commissarissen, die vergelijkbaar is met die voor bestuurders (art. 2:250, lid 5 BW). Van de bestuurders wordt verwacht dat zij kunnen aantonen hoe de besluitvorming is verlopen (art. 2:247 BW).

Tegenstrijdig belang van het bestuur

AMSTERDAM - Het bestuur van een Amsterdamse onderneming die zich bezighoudt met grote energieprojecten mocht niet het besluit nemen de software te verkopen aan een nieuwe vennootschap die het bestuur zelf had opgericht. Dat heeft de rechtbank bepaald in een procedure die de minderheidsaandeelhouder van de onderneming was gestart. Het in 2015 genomen besluit hield namelijk in dat de belangrijkste activa van de onderneming (de software) werden verkocht en het bestuur had daarbij een tegenstrijdig belang dat tegen een zo laag mogelijke prijs te doen. Volgens de rechtbank kan dus worden getwijfeld of het bestuur bij de verkoop wel het belang van de onderneming heeft meegewogen. Volgens de wet mag in dat geval het besluit niet door het bestuur worden genomen, maar moeten de aandeelhouders dat besluit nemen. Het besluit is daarom nietig en de verkoop moet worden teruggedraaid.

www.rechtspraak.nl, 11 juli 2018,
ECLI:NL:RBAMS:2018:4902

4.4.3 Vertegenwoordigingsbevoegdheid bestuurders

Het bestuur (dus alle bestuurders gezamenlijk) is altijd vertegenwoordigingsbevoegd om de vennootschap in en buiten rechte te vertegenwoordigen (art. 2:240, lid 1 BW). De statuten mogen het bestuur deze bevoegdheid niet ontnemen. Tenzij de statuten anders bepalen is iedere bestuurder naast het bestuur (als college) ook vertegenwoordigingsbevoegd (art. 2:240, lid 2 BW). Ook bestaat de mogelijkheid dat naast het bestuur (als college) twee of meer bestuursleden gezamenlijk vertegenwoordigingsbevoegd zijn. De statuten kunnen echter andere regelingen (in feite beperkingen van de bevoegdheid van de afzonderlijke bestuurders) bevatten. Deze zijn:
a. Slechts twee (of meer) bestuurders kunnen gezamenlijk vertegenwoordigen.
b. Een bestuurder is slechts samen met een ander persoon (procuratiehouder) bevoegd.
c. Slechts een of meer in de statuten met zijn/hun functie aangeduide bestuurder(s) is/zijn bevoegd; de andere bestuurders niet.

Er zijn ook combinaties van deze regelingen mogelijk. De regelingen sub a en b worden wel aangeduid als 'tweehandtekeningenclausule'. Degenen die bevoegd zijn de vennootschap te vertegenwoordigen, moeten worden ingeschreven in het handelsregister. Indien een contract met een rechtspersoon wordt gesloten, is het van groot belang om na te gaan of de persoon met wie onderhandeld wordt wel bevoegd is de rechtspersoon te vertegenwoordigen en hoe ver zijn bevoegdheid reikt.

4.4.4 Ontslag bestuur

In het algemeen is het orgaan dat bevoegd is het bestuur te benoemen, ook bevoegd het bestuur te ontslaan (art. 2:244 BW). Het bestuur heeft naast de rechtspersoonlijke relatie ook een arbeidsrechtelijke relatie met de rechtspersoon. Zolang de onderneming goed loopt is er niets aan de hand. Problemen ontstaan als het bestuur niet goed functioneert. Het orgaan dat het bestuur wil ontslaan zal een zorgvuldig ontslagbesluit moeten nemen. Als het ontslagbesluit niet zorgvuldig is genomen, kan het bestuur dat, indien het niet met het ontslagbesluit eens is, bij de rechter aanvechten (art. 2:8 BW). Ook zal het orgaan dat het bestuur wil ontslaan een einde aan de arbeidsovereenkomst moeten maken. Hierbij gelden de regels van het arbeidsrecht. Indien het bestuur het niet eens is met het ontslag, kan het ontslag op twee manieren worden aangevochten: via het rechtspersonenrecht en via het arbeidsrecht.

4.5 Aansprakelijkheid van bestuurders

Hoofdregel van het ondernemingsrecht is dat bestuurders van rechtspersonen, zoals bv's en nv's in beginsel niet privé aansprakelijk kunnen worden gesteld voor handelingen van deze organisaties. Maar er zijn belangrijke uitzonderingen. Als een bestuurder zijn taak als bestuurder onbehoorlijk vervult, dan kan de rechtspersoon de schade op hem verhalen. Dit wordt 'interne bestuurdersaansprakelijkheid' genoemd.

Ook kunnen bestuurders aansprakelijk worden gestel op grond van een onrechtmatige daad. Een bestuurder is privé aansprakelijk indien hij bij het aangaan van een overeenkomst ten name van de nv/bv wist of redelijkerwijze behoorde te weten dat de vennootschap niet aan haar verplichtingen kan voldoen.

Bij decharge worden bestuurders door het daartoe bevoegde orgaan binnen de rechtspersoon ontslagen uit hun verantwoordelijkheid voor het door hen gevoerde (financiële) beleid. Door te dechargeren keurt de rechtspersoon het beleid als het ware goed. Bij bv's verleent de algemene vergadering decharge.

4.5.1 Interne aansprakelijkheid van bestuurders

De wet bepaalt dat een bestuurder van een rechtspersoon zijn taak behoorlijk moet vervullen (art. 2:9 BW). Dit artikel bepaalt dat elke bestuurder tegenover de rechtspersoon gehouden is tot een behoorlijke vervulling van zijn taak.

Van een bestuurder van een onderneming mag worden verwacht dat hij zijn taak met zorg en beleid verricht. Volgens de Hoge Raad is voor aansprakelijkheid op grond van art. 2:9 BW vereist dat de bestuurder een ernstig verwijt kan worden gemaakt. Of er sprake is van een ernstig verwijt hangt af van de omstandigheden.

Een bestuurder is hoofdelijk aansprakelijk voor onbehoorlijk bestuur. Het collectief bestuur bij een vennootschap brengt met zich mee dat de bestuurder in beginsel ook aansprakelijk is voor taken van andere bestuurders (art. 2:9, lid 2 BW). Een bestuurder is niet aansprakelijk als hem geen ernstig verwijt kan worden gemaakt en hij daarnaast niet nalatig is geweest in het treffen van maatregelen om de gevolgen van onbehoorlijk bestuur af te wenden.

Indien tussen de rechtspersoon en de bestuurder een arbeidsovereenkomst is gesloten, is de bestuurder als werknemer verplicht zich goed te gedragen (art. 7:611 BW). Doet een bestuurder dat niet dan kan hij aansprakelijk worden gesteld.

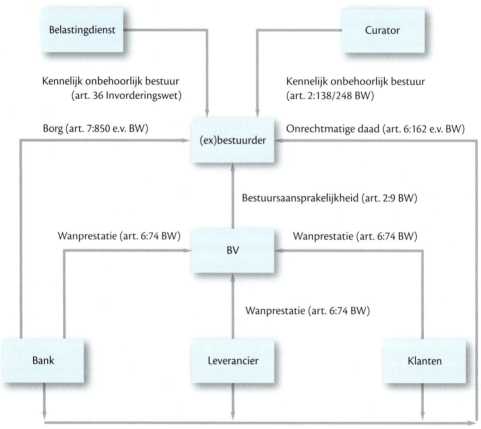

Figuur 4.1 *(Ex-)bestuurder is privé niet aansprakelijk tenzij...*

4.5.2 Aansprakelijkheid voor belastingen en sociale premies

Bestuurders kunnen privé aansprakelijk worden gesteld als hun onderneming de belastingen en sociale premies niet kan betalen en het aannemelijk is dat dit het gevolg is van onbehoorlijk bestuur dat aan hen te wijten is. De wet is alleen van toepassing op commerciële rechtspersonen. In de praktijk gaat het vooral om bestuurders van nv's en bv's. Het wettelijk stelsel is gebaseerd op de gedachte dat het financiële reilen en zeilen van de rechtspersoon onder de collectieve verantwoordelijkheid van het gehele bestuur valt. Iedere bestuurder is bevoegd en verplicht namens de rechtspersoon de betalingsonmacht op de voorgeschreven wijze te melden.

4.5.3 Meldingsplicht

Wanneer een onderneming door liquiditeitsproblemen niet meer in staat is tot het afdragen van loonbelasting, premies sociale verzekeringen of bijdragen deelneming pensioenfonds, dient de onderneming dit te melden aan de Belastingdienst. Als deze melding achterwege blijft, kunnen bestuurders met hun eigen vermogen aansprakelijk zijn voor de vordering van de fiscus en de bedrijfsvereniging.

Een tijdige en correcte melding betekent overigens niet dat voor persoonlijke aansprakelijkheid niet meer gevreesd hoeft te worden. Als de belastingdienst aannemelijk maakt dat het niet-betalen een gevolg is van onbehoorlijk bestuur in de periode van drie jaren, voorafgaand aan de mededelingsdatum, dan is de bestuurder ook persoonlijk aansprakelijk, zelfs als de betalingsonmacht correct aangemeld is (art. 36 Invorderingswet).

4.5.4 Aansprakelijkheid bij faillissement

Wanneer een rechtspersoon failliet wordt verklaard, wordt een curator benoemd om de failliete boedel af te wikkelen. De curator de bevoegdheid om de bestuurders en beleidsbepalers van een failliete vennootschap persoonlijk aansprakelijk te stellen.

Volgens de wet is in geval van faillissement iedere bestuurder jegens de boedel hoofdelijk aansprakelijk voor het bedrag van de schulden voor zover deze niet door vereffening van de overige baten kunnen worden voldaan, indien het bestuur zijn taak kennelijk onbehoorlijk heeft vervuld en aannemelijk is dat dit een belangrijke oorzaak is van het faillissement (art. 2:138/248, lid 1 BW).

Het doel van de wettelijke regeling is de curator een gemakkelijk instrument te geven om een bestuurder aan te spreken voor de onbetaalde schulden als het gevoerde beleid ernstig tekortgeschoten is. De curator kan de bestuurders en commissarissen in geval van faillissement hoofdelijk aanspreken voor de overgebleven schulden van de rechtspersoon. Hiertoe dient 'kennelijk onbehoorlijk bestuur' bewezen te worden als een belangrijke oorzaak van het faillissement.

De curator moet bewijzen dat het bestuur in een tijdsbestek van drie jaar, voorafgaande aan de faillietverklaring, zijn taak niet behoorlijk heeft vervuld. Het moet aannemelijk zijn dat de kennelijk onbehoorlijke taakvervulling door het bestuur niet aan hem te wijten is en dat de bestuurders niet nalatig zijn geweest in het treffen van maatregelen om de gevolgen daarvan af te wenden.

Een curator kan zijn vordering ook baseren op grond van art. 2:9 Burgerlijk Wetboek. Als het bestuur decharge is verleend zal hij eerst een procedure moeten starten om de decharge aan te vechten.

Onrechtmatig handelen voormalig bestuurders RENDO

ASSEN - Twee voormalig bestuurders van het Drentse nutsbedrijf RENDO leenden onverantwoord veel geld uit aan een startende onderneming in alternatieve energie waarin zijzelf een belang hadden. Daarnaast nam een van de bestuurders onterecht geld aan bij de verkoop van een deel van RENDO aan Electrabel. De schade die daarmee werd veroorzaakt moet, nadat deze bepaald is, worden vergoed.

Onverantwoorde geldlening aan onderneming
Beide voormalig bestuurders van RENDO hebben volgens Rechtbank Noord-Nederland onrechtmatig gehandeld door onverantwoord veel gemeenschapsgeld uit te lenen namens RENDO aan een startende onderneming in alternatieve energie. Dit terwijl zijzelf en hun medebestuursleden belangen hadden in deze onderneming.

Maskering eigen belang en grote omvang lening
De rechtbank vindt dit des te ernstiger gezien het feit dat de bestuurders hun eigen belang in deze onderneming en dat van de andere bestuurders hebben ge-

tracht te maskeren, alsmede de grote omvang van de uitstaande leningen van RENDO in deze onderneming. De schade – die nog nader moet worden bepaald – zal moeten worden vergoed.

Betaling zonder zakelijke grondslag bij verkoop
Naast het onverantwoord veel gemeenschapsgeld uitlenen, heeft een van de voormalig bestuurders volgens de rechtbank bovendien onrechtmatig gehandeld door betalingen aan te nemen zonder zakelijke grondslag. Hij heeft dit gedaan in het kader van de verkoop van een deel van RENDO aan energiebedrijf Electrabel.

Maskering betaling, schade en gestelde schade
De rechtbank vindt dit des te ernstiger omdat de bestuurder de betaling in privé heeft getracht te maskeren. De schade bestaat onder meer uit de betaalde onzakelijke vergoeding. Er is onvoldoende verband tussen het handelen van de bestuurder en de door RENDO gestelde schade die het gevolg zou zijn van een hogere koopprijs die een andere koper bereid zou zijn geweest te betalen.

www.rechtspraak.nl, 21 maart 2019,
ECLI:NL:RBNNE:2019:1099

4.5.5 Kennelijk onbehoorlijk bestuur

Van kennelijk onbehoorlijk bestuur, in de zin van art. 2:138/248 Burgerlijk Wetboek zal normaal gesproken niet snel sprake zijn. 'Onbehoorlijk bestuur' houdt in: onverantwoordelijkheid, onbezonnenheid, roekeloos handelen, lichtzinnigheid, kortom het verrichten van handelingen die een behoorlijk bestuurder niet zou mogen doen. In 'onbehoorlijkheid' moet vooral het element van verwijtbaarheid worden gelezen. Het gaat om gedrag dat in het bijzonder ten aanzien van de schuldeisers als onbehoorlijk moet worden aangemerkt; zij zijn immers de dupe van het faillissement dat door dat gedrag in belangrijke mate is veroorzaakt.

Toevoeging van het woord 'kennelijk' geeft aan dat volstrekt duidelijk moet zijn dat het handelen van het bestuur onbehoorlijk is. De rechter bepaalt uiteindelijk of er sprake is van kennelijk onbehoorlijk bestuur.

Voorbeeld

Voorbeelden van kennelijk onbehoorlijk bestuur
- de rechtspersoon verplichtingen laten aangaan in de wetenschap dat deze niet nagekomen kunnen worden;
- het verwaarlozen van kredietbewaking;
- het onverantwoord onttrekken van gelden aan de vennootschap;
- het afsluiten van belangrijke transacties zonder deskundige bijstand;
- het geven van een grote vrijheid van handelen aan onbekwame medebestuurders;
- het ontbreken van een behoorlijke boekhouding of het niet tijdig publiceren van de jaarrekening;
- het onvoldoende informeren van de Raad van Commissarissen.
- handelen in strijd met de eigen statuten.

4.5.6 Administratie- en jaarrekeningsplicht

Indien het bestuur niet aan zijn administratieplicht (art. 2:10 BW en art. 3:15a BW) of zijn plicht van tijdige publicatie van de jaarrekening (art. 2:394 BW) voldoet, dan is de taakvervulling onbehoorlijk en wordt vermoed dat dit een belangrijke oorzaak is van het faillissement.

Het ontbreken van een behoorlijke boekhouding en het niet tijdig publiceren van de jaarrekening duidt op een weinig betrouwbaar en weinig serieus ondernemerschap.

Deze handelingen worden als onbehoorlijk bestuur gekwalificeerd en duiden erop dat het bestuur zijn taak ook in het algemeen niet behoorlijk heeft vervuld. De curator heeft dus geen bewijslast, ook niet in verband met het faillissement. De bestuurder kan slechts tegenbewijs leveren ten aanzien van het causaal verband tussen onbehoorlijk bestuur en faillissement. Het onbehoorlijk bestuur staat vast.

4.5.7 Hoofdelijke aansprakelijkheid en disculpatie

De bestuurders dragen collectief verantwoordelijkheid voor het beleid. In een bestuur dat bestaat uit meerdere personen met eigen aandachtsgebieden blijft ieder hoofdelijk aansprakelijk voor het geheel. Elke bestuurder kan voor de gehele schade worden aangesproken. Deze kan op zijn beurt weer proberen de schade te verhalen op zijn medebestuurders.

Iedere individuele bestuurder heeft een disculpatiemogelijkheid. Dat wil zeggen: als een bestuurder geen schuld heeft, kan hij dus niet aansprakelijk zijn. De bestuurder moet dan bewijzen dat de onbehoorlijke taakvervulling door het bestuur hem niet te verwijten is en dat hij niet nalatig is geweest in het treffen van maatregelen om de gevolgen daarvan af te wenden (art. 2:138/248, lid 3 BW). Hij moet bewijzen dat hij in het geheel geen schuld heeft.

De rechter heeft een collectieve matigingsbevoegdheid indien het bedrag van het tekort hem bovenmatig voorkomt, gelet op de ernst en de aard van de onbehoorlijke taakvervulling, de andere oorzaken van het faillissement alsmede de wijze waarop dit is afgewikkeld (art. 2:138/248, lid 4 BW). Daarnaast heeft hij een individuele matigingsbevoegdheid, gelet op de tijd gedurende welke de afzonderlijke bestuurder als zodanig in functie is geweest in de periode waarin de onbehoorlijke taakvervulling plaatsvond (art. 2: 138/248, lid 3 BW).

Schadevergoeding na onverantwoorde koop zwaar transportschip

AMSTERDAM - De voormalig directeuren en commissarissen van zeevrachtvervoerder Fairstar Heavy Transport, een voormalig beursfonds, moeten Fairstar en diens latere eigenaar Dockwise een schadevergoeding betalen voor de onverantwoorde aanschaf van een containerschip van 110 miljoen USD in 2011 en het verzwijgen daarvan. De handelsrechter oordeelt dat de oud-bestuurders hun taak onbehoorlijk hebben vervuld. De twee directeuren bestelden het schip zonder dat daar financiering voor was en zonder dat te melden aan de commissarissen, de accountant en de financiers van het bedrijf. Toen de commissarissen merkten dat zij door de bestuurders waren voorgelogen en Fairstar daardoor in zwaar weer zat, ondernamen zij geen actie. Hiermee zijn ook zij hun verantwoordelijkheden niet nagekomen. Daarnaast hebben de directeuren en commissarissen onjuist gehandeld door, in het zicht van de overname door Dockwise, personeelsleden van hun concurrentiebeding te ontslaan en geld mee te geven voor een doorstart bij een concurrerende onderneming. De hoogte van de schadevergoeding zal nog worden vastgesteld.

www.rechtspraak.nl, 13 februari 2019, ECLI:NL:RBAMS:2019:807

4.6 Raad van Commissarissen

Bij de 'gewone' bv hangt het volledig van de statuten af, of er al dan niet een Raad van Commissarissen is (art. 2:250, lid 1 BW). De Raad van Commissarissen heeft tot taak om toezicht te houden op het beleid van het bestuur en op de algemene gang van zaken in de vennootschap en de met haar verbonden onderneming. Hij staat het bestuur met raad terzijde. Bij de vervulling van hun taak richten de commissarissen zich naar het belang van de vennootschap en de met haar verbonden onderneming (art. 2:250, lid 2 BW).

De Raad van Commissarissen heeft twee taken:
- het houden van toezicht;
- het geven van advies.

In de statuten kunnen nog andere taken aan de Raad van Commissarissen worden opgedragen, mits daardoor niet essentiële bevoegdheden van het bestuur of de algemene vergadering van aandeelhouders naar de Raad van Commissarissen worden overgeheveld (art. 2:250, lid 3 BW). De Raad van Commissarissen treedt als orgaan op; aan de individuele commissaris komt in het algemeen geen eigen bevoegdheid toe. De instelling van een Raad van Commissarissen is bij een structuurvennootschap wettelijk verplicht; bij de overige bv's niet.

De eerste commissarissen worden aangewezen in de statuten. Indien de bv is opgericht, worden de commissarissen door de algemene vergadering van aandeelhouders benoemd.

4.6.1 Rechtshandelingen met grootaandeelhouders

Rechtshandelingen tussen eenmans-nv's/bv's en hun grootaandeelhouder moeten schriftelijk worden vastgelegd (art. 2:247 BW). Uit hoofde van welke hoedanigheid de grootaandeelhouder op dat moment handelt (aandeelhouder, werknemer, debiteur van een geldlening et cetera) doet er niet toe: van belang is slechts of hij op een of andere manier partij is bij een rechtshandeling met de vennootschap. Het gaat slechts om rechtshandelingen die niet in het kader van de normale bedrijfsuitoefening worden aangegaan.

4.6.2 One-tier board

De One-tier board is een bestuursvorm waar het bestuursorgaan bestaat uit zowel uitvoerende als niet-uitvoerende (toezichthoudende) bestuurders. Dit orgaan is een soort combinatie van een raad van bestuur en een raad van commissarissen als twee afzonderlijke organen (two-tier).

In een one tier board worden de bestuurstaken verdeeld over uitvoerende en niet-uitvoerende bestuurders, waarbij de niet-uitvoerende bestuurders in ieder geval als taak hebben om toezicht te houden op de taakuitoefening door bestuurders. De niet-uitvoerende bestuurders maken deel uit van het bestuur en hebben daardoor bestuursverantwoordelijkheid. Zij zijn direct betrokken bij de besluitvorming binnen het bestuur en hebben daardoor invloed op de totstandkoming van bestuursbesluiten.

De taken van het bestuur kunnen over de verschillende soorten bestuurders worden verdeeld. Daarbij dient de toezichthoudende taak, het voorzitterschap en het vaststellen van de bezoldiging van bestuurders (taken die normaal door de commissarissen worden uitgevoerd) in elk geval aan de niet-uitvoerende bestuurders te worden toegekend (art. 2:239a BW). Daarnaast kunnen niet-uitvoerende bestuurders (gelijk aan commissarissen) slechts natuurlijke personen zijn.

Het grote voordeel van de one-tier board boven de afzonderlijke raad van commissarissen, is de nauwere betrokkenheid van de niet-uitvoerende bestuurders.

4.7 Overdracht aandelen en blokkeringsregeling

De aandelen van een bv zijn altijd op naam. Het aandeel is een bewijs dat iemand recht heeft op een deel van het vermogen van een onderneming. Het aandeel geeft recht op een deel van het ondernemingsvermogen, maar het geeft niet automatisch recht op een deel van de winst en op stemrecht binnen de algemene vergadering. Aandeelhouders willen soms hun aandelen verkopen. Er is een aparte wettelijke en statutaire regeling voor het overdragen van aandelen.

Voor de overdracht van aandelen, of aandelen van een bepaalde soort of aanduiding, kunnen bepaalde aandeelhoudersverplichtingen worden opgenomen (art. 2:192, lid 1 BW). Vaak worden in statuten blokkeringsregelingen opgenomen. Een blokkeringsregeling heeft als doel om de groep van aandeelhouders van een bv in zekere mate beperkt te houden. Een aandeelhouder kan dan niet zomaar een of meer van zijn aandelen aan buiten deze groep verkerende derden overdragen. Een blokkeringsregeling zorgt ervoor dat aandeelhouders invloed hebben op de keuze van een nieuwe aandeelhouder.

Uitgangspunt is een aanbiedingsregeling waarvan via de statuten kan worden afgeweken (art. 2:195, lid 1 BW). Een aanbiedingsregeling is een statutaire regeling volgens welke de aandeelhouder die een of meer aandelen wil verkopen deze eerst moet aanbieden aan zijn medeaandeelhouders (art. 2:195, lid 1 BW).

In de statuten kan een van de wet afwijkende aanbiedingsregeling worden opgenomen, maar ook kan worden gekozen voor een goedkeuringsregeling. Een goedkeuringsregeling is een statutaire regeling volgens welke de aandeelhouder, wil hij zijn aandelen geldig kunnen overdragen, goedkeuring nodig heeft van een statutair aangewezen orgaan van de vennootschap.

Verder is het mogelijk om in de statuten te bepalen dat de overdracht van aandelen vrijelijk kan geschieden, zonder dat er een blokkeringsregeling van toepassing is. Ook is het mogelijk een statutaire bepaling op te nemen op grond waarvan slechts de overdraagbaarheid van bepaalde aandelen kan worden beperkt. Ook kan een regeling worden opgenomen waarbij de overdracht van aandelen voor een bepaalde termijn volledig wordt geblokkeerd en overdracht onmogelijk is (art. 2:195, lid 3 BW).

Een aandeelhouder die zijn aandelen overdraagt heeft in beginsel recht op een prijs, gelijk aan de door een of meer deskundigen vast te stellen waarde van zijn aandelen. De statuten kunnen een afwijkende prijsbepalingsregeling bevatten (art. 2:195, lid 1 BW).

4.7.1 Overdracht van aandelen op naam

Van aandelen op naam worden geen aandeelbewijzen uitgegeven. Voor de overdracht van aandelen op naam is een notariële akte vereist (art. 2:196, lid 1 BW). Overdracht van aandelen dient dus plaats te vinden via de notaris. De notaris moet controleren of aan alle wettelijke en statutaire formaliteiten is voldaan, zodat er een juridisch juiste akte zal zijn. Zo zal hij onderzoeken of de verkoper van de aandelen inderdaad aandeelhouder is, met andere woorden bevoegd om de aandelen te verkopen.

Alleen de afgifte van bij de oprichting van de bv uitgegeven aandelen behoeft niet bij afzonderlijke notariële akte plaats te vinden, omdat de uitgifte van die aandelen toch al vast ligt in een notariële akte.

De eigendom gaat op het moment waarop de akte wordt ondertekend over van verkoper naar koper. Als de nieuwe aandeelhouder gebruik wil maken van zijn rechten, verbonden aan de aandelen (stemrecht, recht op dividend et cetera), dan zal de vennootschap de overdracht schriftelijk moeten erkennen op grond van de overlegging van de akte of nadat deze overdracht aan de vennootschap is betekend.

Door tussenkomst van de notaris wordt de rechtszekerheid bevorderd en wordt misbruik van rechtspersonen bestreden. Als de notaris fraude constateert, dan mag hij daaraan geen medewerking verlenen. Daarnaast worden alle notariële akten aangemeld bij de belastingdienst en bij de Inspectie der Registratie en Successie.

Voorbeeld overdracht aandelen op naam

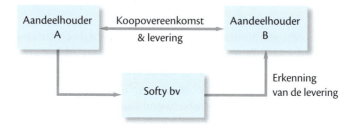

Voorbeeld

Akte van overdracht

De ondergetekenden:
1. R. Werkmans, wonende te Enschede,
   hierna te noemen: verkoper;
2. W. van Kreel, wonende te Losser;
   hierna te noemen: koper;

verklaren:
Verkoper heeft verkocht en draagt hierbij over aan koper die heeft gekocht en hierbij aanvaardt: vijf aandelen, elk nominaal groot € 5.000 in de besloten vennootschap met beperkte aansprakelijkheid:
Softy bv, gevestigd te Enschede, Werkstraat 3.
De koopsom bedraagt € 25.000 en is door koper aan verkoper voldaan.
De aandelen gaan over met alle daaraan verbonden rechten, niet verpand en niet belast met vruchtgebruik.
Verkoper garandeert dat de aandelen zijn volgestort.
De algemene vergadering van aandeelhouders heeft in de vergadering van 20 mei 2017 de statutair vereiste goedkeuring aan de overdracht gehecht.
Partijen doen afstand van het recht ontbinding van deze koopovereenkomst te vorderen.

Getekend, Enschede, 15 juni 2017.
w.g. P. Werkmans
w.g. W. van Kreel

De ondergetekende P. Werkmans, wonende te Enschede, directeur van de besloten vennootschap met beperkte aansprakelijkheid Softy bv, verklaart dat de vennootschap bovenstaande overdracht heeft erkend.
w.g. P. Werkmans

Voorbeeld

Controlelijst overdracht aandeel op naam
1. Is de blokkeringsregeling (volgens de statuten) van toepassing en zo ja, is deze op de juiste wijze toegepast?
2. Notariële akte van overdracht opmaken via de notaris en een getekend exemplaar of een kopie in het archief van de vennootschap bewaren.
3. Schriftelijke verklaring van de vennootschap (directie) dat deze de overdracht erkent. De directie mag deze verklaring namens de vennootschap alleen geven indien een afschrift van de notariële akte van overdracht wordt overgelegd. Indien een notariële akte van overdacht wordt opgemaakt, kan de erkenning ook bij die akte geschieden. In plaats van deze schriftelijke verklaring kan men de akte van overdracht door een deurwaarder aan de vennootschap laten betekenen.
4. Aandeelhoudersregister wijzigen.

Verzuim van hetgeen onder 1, 2 en 3 is vermeld maakt de overdracht nietig; de oude aandeelhouder blijft dan aandeelhouder.

4.7.2 Waarde aandeel
Bij een bv vindt er geen vrije handel in aandelen plaats, zoals dat wel het geval is bij nv's die aan de Amsterdamse Effectenbeurs zijn genoteerd. De prijs van de over te dragen aandelen zal vrijwel altijd zijn gebaseerd op de werkelijke waarde van het vermogen van de vennootschap. Indien in de loop van de jaren veel winst door de vennootschap niet aan de aandeelhouders is uitgekeerd, betekent dit dat de prijs van de aandelen hoog zal zijn. In de statuten kan een regeling zijn opgenomen hoe de waarde van de aandelen moet worden bepaald bij verkoop. Vaak worden accountants ingeschakeld om de waarde van de aandelen te bepalen.

4.8 Ontbinding

Van ontbinding van een bv is sprake indien zij ophoudt te bestaan. In een aantal gevallen houdt een vennootschap op te bestaan omdat de wet dit uitdrukkelijk bepaalt. Daarnaast bestaat de mogelijkheid dat de vennootschap zelf besluit tot het beëindigen van haar bestaan.

De bv wordt ontbonden in de volgende gevallen (art. 2:19, lid 1 BW):
- wanneer de statuten een bepaalde datum voor ontbinding aangeven;
- door een besluit van de algemene vergadering van aandeelhouders;
- bij faillissement, wanneer het faillissement wordt opgeheven wegens gebrek aan baten of als de staat van insolventie intreedt en de bezittingen worden verkocht;
- ontbinding door de rechter op verzoek van het Openbaar Ministerie;
- ontbinding door de Kamer van Koophandel.

Bij ontbinding door de rechtbank, op verzoek van het Openbaar Ministerie, kan tijdens de ontbindingsprocedure de rechter het verkopen van de aandelen verbieden (art. 2:22a BW). De rechtspersoon blijft na ontbinding nog bestaan voor zover dat noodzakelijk is voor het afwikkelen van het faillissement (art. 2:19, lid 4 BW). Nadat een vennootschap is ontbonden, zullen haar bezittingen te gelde moeten worden gemaakt. Vervolgens zullen de schuldeisers moeten worden voldaan, waarna een eventueel overschot kan worden verdeeld onder de aandeelhouders.

4.8.1 Ontbinding van lege bv's

De Kamer van Koophandel heeft de mogelijkheid om onder bepaalde omstandigheden lege rechtspersonen te ontbinden (art. 2:19a BW). Het gaat niet alleen om bv's, maar ook om nv's, coöperaties, onderlinge waarborgmaatschappijen, verenigingen en stichtingen. Er is sprake van een lege bv als zij geen activiteiten meer verricht en geen of zeer weinig activa bezit. Lege bv's waren populair bij personen die vanwege hun (duistere) financiële verleden geen bv konden oprichten. De Kamer van Koophandel moet overgaan tot ontbinding van een rechtspersoon indien is gebleken dat ten minste twee van de navolgende omstandigheden zich voordoen (art. 2:19a BW):
- De rechtspersoon heeft het voor zijn inschrijving verschuldigd bedrag aan de KvK niet betaald gedurende ten minste een jaar na de datum waarvoor dit bedrag voldaan moest zijn. Er is minimaal een jaar geen bestuurder in het Handelsregister ingeschreven en geen opgave tot inschrijving gedaan óf de bestuurder is overleden of minstens een jaar niet bereikbaar geweest op het adres uit het Handelsregister of de bevolkingsadministratie.
- De rechtspersoon heeft minstens een jaar niet voldaan aan de verplichting om de jaarstukken openbaar te maken (geldt niet voor verenigingen en stichtingen).
- De rechtspersoon heeft minstens een jaar geen gehoor gegeven aan een aanmaning om aangifte te doen voor de vennootschapsbelasting (geldt niet voor verenigingen en stichtingen).

Zodra een rechtspersoon volgens de Kamer van Koophandel in aanmerking komt voor ontbinding, deelt zij dit met redenen daarvoor middels een aangetekende brief aan de rechtspersoon en de ingeschreven bestuurders – aan het laatst bekende adres – mee. De mededeling wordt ook ingeschreven in het register. Als de bestuurders ontbreken, wordt van het voornemen een mededeling opgenomen in de Staatscourant. De bestuurders hebben vervolgens twee maanden de tijd om er alsnog voor te zorgen dat de in de brief van de Kamer van Koophandel vermelde omstandigheden worden verholpen. De ontbindingsgrond komt dan te vervallen. Als na verloop van de twee maanden niet aan de verplichtingen blijkt te zijn voldaan, moet de Kamer van Koophandel de rechtspersoon bij beschikking ontbinden. Bezwaar en beroep blijven mogelijk.

4.9 Uitkoop minderheidsaandeelhouders

Een minderheidsaandeelhouder van een bv kan worden uitgekocht. De uitkoopregeling houdt in dat degene die voor eigen rekening 95% van het geplaatste kapitaal van een bv bezit de overige aandeelhouders gezamenlijk de overdracht van hun aandelen kan vorderen (art. 2:201a BW). De reden voor deze regeling is dat het voor grootaandeelhouders bezwaarlijk kan zijn als een klein aantal aandelen in handen blijft van een of meer minderheidsaandeelhouders. Minderheidsaandeelhouders kunnen het opmaken van een geconsolideerde jaarrekening tegenhouden en zo alle groepsmaatschappijen dwingen tot het opmaken van een volledige jaarrekening. Ook zullen bij aanwezigheid van minderheidsaandeelhouders alle formele vereisten over het bijeenroepen en houden van de algemene vergadering van aandeelhouders in acht genomen moeten worden. De vordering wordt ingesteld bij de Ondernemingskamer van het Gerechtshof te Amsterdam (art. 2:201a, lid 2 BW).

Begrippenlijst

Aanbiedingsregeling	Blokkeringsregeling waarbij wordt bepaald dat een aandeelhouder die zijn aandelen wil verkopen deze eerst moet aanbieden aan zijn medeaandeelhouders.
Aandeelhoudersovereenkomst	Een overeenkomst die is gesloten tussen de aandeelhouders van vennootschap om rechten en verplichtingen van de aandeelhouders te regelen.
Besluit	Juridisch bindende beslissing.
Bestuur	Directie.
Bestuurder	Directeur.
Bestuurders	Directie.
Blokkeringsregeling	Een statutaire regeling waarbij de overdraagbaarheid van aandelen op naam wordt beperkt.
Decharge	Een vorm van goedkeuring waardoor het bestuur wordt ontlast van aansprakelijkheid voor het gevoerde (financiële) beleid. Door te dechargeren keurt de rechtspersoon het beleid als het ware goed.
Gewone meerderheid	De helft plus één van het aantal uitgebrachte stemmen op de algemene vergadering van aandeelhouders.
Goedkeuringsregeling	Blokkeringsregeling waarbij wordt bepaald dat een aandeelhouder die zijn aandelen wil verkopen eerst toestemming moet hebben van een orgaan van de vennootschap.
Instructierecht	Statutaire bepaling waarbij het bestuur zich dient te gedragen naar aanwijzingen van een ander orgaan van de vennootschap.
Notulen	Schriftelijke verslaglegging van een vergadering. Hierin moeten de besluiten die in de vergadering zijn genomen vastliggen.
One-tier board	Bestuursvorm waar het bestuursorgaan bestaat uit zowel uitvoerende als niet-uitvoerende (toezichthoudende) bestuurders.
Ontbinding	Juridisch de zaak terugbrengen in de oorspronkelijke situatie.

Orgaan	Onderdeel van een rechtspersoon die rechtsgeldig besluiten mag nemen.
Raad van commissarissen	Orgaan van een vennootschap dat toezicht houdt op de directie.
Stemovereenkomst	Overeenkomst tussen aandeelhouders om allemaal op dezelfde wijze te stemmen.
Stemrecht	Het recht van een aandeelhouder om op de AV zijn stem uit te brengen.
Tegenstrijdig belang	Als het persoonlijk belang van de bestuurder en het belang van de vennootschap tegenstrijdig zijn.
Uitkoopregeling	Regeling waarbij een meerderheidsaandeelhouder andere aandeelhouders kan dwingen, tegen vergoeding, hun aandelen te verkopen.
Vergaderrecht	Het recht om, in persoon of bij schriftelijk gevolmachtigde, de algemene vergadering bij te wonen en daar het woord te voeren.

Vragen

Meerkeuzevragen

1. Van wie of wat is het bestuur van Softy bv in handen?
   a. De algemene vergadering van aandeelhouders;
   b. De directie;
   c. Het stichtingsbestuur;
   d. De Raad van Commissarissen.

2. Welke personen zijn niet tot een algemene vergadering van een bv gerechtigd?
   a. Houders van aandelen zonder stemrecht;
   b. Houders van aandelen zonder winstuitkering;
   c. Houders van aandelen zonder stemrecht en winstuitkering;
   d. Houders van prioriteitsaandelen.

3. Welke van de onderstaande stellingen is of zijn juist?
   I Een bestuurder met een direct of indirect tegenstrijdig belang mag de bv toch vertegenwoordigen ook al heeft de bestuurder een tegenstrijdig belang.
   II Een bestuurder of commissaris met een direct of indirect persoonlijk belang bij een bepaald besluit dat strijdig is met het belang van de bv, mag niet deelnemen aan de beraadslaging en besluitvorming met betrekking tot dat besluit.
   a. I en II zijn juist;
   b. I is juist, II is onjuist;
   c. I is onjuist, II is juist;
   d. I en II zijn onjuist.

4. Voor Softy bv geldt dat bestuurders:
   I Kunnen worden geschorst en ontslagen door degenen die bevoegd zijn hen te benoemen;
   II Kunnen worden geschorst door commissarissen, zo die er zijn.
   a. I en II zijn juist;
   b. I is juist, II is onjuist;
   c. I is onjuist, II is juist;
   d. I en II zijn onjuist.

5. Werkmans senior heeft een stemovereenkomst gesloten met zijn zoon Pieter waarin Werkmans senior zich verplicht op de algemene vergadering op dezelfde

manier te stemmen als Pieter. Ter realisering daarvan heeft hij Pieter volmacht verleend namens hem te stemmen.

Bij nader inzien besluit Werkmans senior zelf aan de vergadering deel te nemen. Op de agenda staat het voorstel om Marcel, de broer van Pieter, tot commissaris te benoemen. Werkmans senior is daar sterk voor, Pieter echter is fel tegen.

Het voorstel wordt door de vergadering aangenomen. De stemmen van Werkmans senior hebben de doorslag gegeven. In elk geval:

I   zijn de stemmen van Werkmans senior ongeldig;
II pleegt Werkmans senior wanprestatie tegenover Pieter.
   a. I en II zijn juist;
   b. I is juist, II is onjuist;
   c. I is onjuist, II is juist;
   d. I en II zijn onjuist.

6. Welke van de onderstaande aandelen kan Softy bv níet uitgeven?
   a. Niet-volgestorte aandelen;
   b. Aandelen aan toonder;
   c. Aandelen op naam;
   d. Aandelen zonder stemrecht.

7. Hoe vindt een overdracht van een volgestort aandeel in Softy bv plaats?
   a. Door het opmaken van een daartoe bestemde notariële akte van levering;
   b. Door het opmaken van een daartoe bestemde notariële akte van levering en betekening daarvan aan de bv;
   c. Door het opmaken van een daartoe bestemde onderhandse geregistreerde akte van levering;
   d. Door het opmaken van een daartoe bestemde onderhandse geregistreerde akte van levering en aantekening daarvan in het register van aandeelhouders.

8. Welke bevoegdheid heeft, als hoofdregel, de algemene vergadering van Softy bv (een niet-structuurvennootschap) ten aanzien van bestuurders en commissarissen?
   a. Benoeming;
   b. Schorsing;
   c. Ontslag;
   d. Al het bovenstaande.

9. Aan het eind van elk kalenderjaar gooien Elio en Bart de administratie van hun onderneming van het voorgaande jaar weg. Zij vragen zich na een aantal jaren af hoe lang zij de administratie van 123Auto dienen te bewaren. Welke uitspraak is juist?
   a. Op grond van art. 3:15i BW mogen Elio en Bart de administratie nooit weggooien;
   b. In overeenstemming met art. 2:10 lid 3 BW moeten Bart en Elio hun administratie zeven jaren bewaren;

c. Omdat 123Auto geen rechtspersoonlijkheid heeft, hoeven zij geen administratie bij te houden en te bewaren;
d. Op grond van art. 3:15i BW moeten Elio en Bart de administratie zo lang bewaren, dat klanten met eventuele garanties geen problemen ondervinden.

10. In het kader van voorbereiding op zijn pensioen wil de heer Jan Bakker een deel van het vermogen van zijn installatiebedrijf overdragen aan zijn zoon Bart Bakker. Het vermogen van Bakker Installatiebedrijf wordt gesplitst. Jan richt een nieuwe bv op waarin het afgesplitste vermogen wordt ondergebracht. Hij wil Bart financieel helpen met de opstart en hem de aandelen in deze nieuwe bv schenken. Hoe zou men kunnen regelen dat Jan alleen zeggenschap heeft over wezenlijke besluiten en Bart de algemene leiding heeft?
    a. Door aan Jan preferente aandelen toe te kennen en aan Bart gewone aandelen;
    b. Door uitgifte bij oprichting van gewone aandelen aan Bart en prioriteitsaandelen aan Jan;
    c. Door uitgifte bij oprichting van preferente aandelen aan Bart en gewone aandelen aan Jan;
    d. Door uitgifte bij oprichting van een meerderheid van gewone aandelen aan Bart en een minderheid van de gewone aandelen aan Jan.

11. Alienke heeft 10 aandelen in Softy bv bij een op 15 mei 2017 verleden notariële akte overgedragen aan Ernst. Ernst informeert op 20 mei 2017 bij het bestuur van Softy bv mondeling over de levering van deze aandelen. Op 26 mei wordt een notarieel afschrift van de overdrachtsakte aan Softy bv betekend. Op 30 mei 2017 schrijft Pieter Werkmans, bestuurder van Softy bv de aandelen van Ernst in het aandeelhoudersregister. Vanaf welk moment is Ernst aandeelhouder?
    a. Vanaf 15 mei 2017;
    b. Vanaf 20 mei 2017;
    c. Vanaf 26 mei 2017;
    d. Vanaf 30 mei 2017.

12. De neven Bart en Max hebben samen een bv, waarin zij ieder 50% van de aandelen bezitten. Bart en Max treffen in onderling overleg regelingen voor de onverhoopte situatie dat één van beide arbeidsongeschikt zou raken. Waarin leggen Bart en Max deze afspraken vast?
    a. Bart en Max leggen deze afspraak vast in een bestuursbesluit;
    b. Bart en Max leggen deze afspraak vast in een stemovereenkomst;
    c. Bart en Max leggen deze afspraak vast in een aandeelhoudersovereenkomst;
    d. Bart en Max nemen deze afspraak op in de blokkeringsregeling in de statuten van de bv.

13. Bart is bestuurder bij BEKA Rolgordijnen bv. Het gaat niet goed bij de onderneming en het bedrijf kan niet veel tegenslagen meer lijden. Bart besluit om de boekhouder te ontslaan. Helaas geen goed besluit want van boekhouding heeft Bart geen verstand en binnen een paar weken is de administratie een puinhoop. Om de te-

genslagen te verdoezelen wordt de jaarrekening, met een enorm tekort maar niet gepubliceerd.

Als de belastingdienst bij BEKA Rolgordijnen bv de jaarrekening op vraagt, blijkt dat Bart de jaarrekening kwijt heeft gemaakt. BEKA Rolgordijnen bv krijgt hierdoor een fikse boete van de belastingdienst en het bedrijf kan hierdoor niet meer voldoen aan de betalingsverplichtingen om zijn leveranciers te betalen. Leverancier Gordijnen nv vraagt het faillissement van BEKA Rolgordijnen bv aan. Kan leverancier Gordijnen nv Bart privé aansprakelijk stellen?
a. Ja, op grond van art. 2:9 BW;
b. Ja, op grond van art. 2:138 BW;
c. Ja, op grond van art. 2:248 BW;
d. Nee, BEKA Rolgordijnen bv is een besloten vennootschap en bestuurders zijn in beginsel niet aansprakelijk voor de rechtspersoon.

14. Mevrouw De Vries heeft een eigen onderneming, de besloten vennootschap met beperkte aansprakelijkheid Dog&Co, een trimsalon voor honden. De onderneming kent vijf vestigingen in Twente. Omdat Dog&Co een aantal rekeningen van groothandel Migros onbetaald laat, dagvaardt Migros Dog&Co bv om voor de rechter te verschijnen. Hoe moet Dog&Co bv verschijnen?
    a. Mevrouw De Vries verschijnt namens Dog&Co bv op grond van art. 3:60 BW;
    b. Mevrouw De Vries verschijnt namens Dog&Co bv door middel van indirecte vertegenwoordiging: zij is namelijk de bestuurder van Dog&Co bv;
    c. Dog&Co bv kan niet gedagvaard worden, de dagvaarding had gericht moeten worden aan mevrouw De Vries, want zij is de bestuurder en heeft de bestellingen geplaatst;
    d. Mevrouw de Vries verschijnt namens Dog&Co bv door middel van directe vertegenwoordiging op grond van art. 2:240 BW.

Open vragen

15. Aandeelhouder mevrouw Stoeten heeft een aandeel zonder stemrecht in Softy bv. Via via verneemt mevrouw Stoeten dat er een algemene vergadering heeft plaatsgevonden, waarvoor zij geen oproep heeft ontvangen. Mevrouw Stoeten doet haar beklag bij het bestuur van Softy bv, maar krijgt te horen dat zij 'toch geen stemrecht heeft op haar aandeel' en daarom niet is uitgenodigd.
Geef juridisch gemotiveerd aan of mevrouw Stoeten opgeroepen had moeten worden voor deze algemene vergadering.

16. Bestuurder Diedering was enig bestuurder van projectontwikkelaar Property Invest bv. In die hoedanigheid is hij een koopovereenkomst aangegaan in het kader van vastgoedproject Vicaris, dat een investering van € 11,3 miljoen van Property Invest vergde. Vervolgens is er een geschil ontstaan tussen Diedering en de raad van commissarissen. Uit onderzoek bleek dat Diedering het vastgoedproject was aangegaan zonder dat hij daarvoor de statutair en wettelijk vereiste toestemming van de raad van commissarissen had en zonder dat hij hiervoor financiering had

aangetrokken. Property Invest vraagt ontbinding van de arbeidsovereenkomst omdat er sprake is van een zeer ernstig verstoorde verstandhouding tussen Diedering enerzijds en de raad van commissarissen anderzijds. Op 3 februari 2018 heeft de kantonrechter de arbeidsovereenkomst van de bestuurder ontbonden. Tijdens de algemene vergadering in juni 2019 zijn de jaarrekening en het jaarverslag over 2018 goedgekeurd en is aan de statutair bestuurder en de raad van commissarissen decharge verleend. In de notulen is daarover te lezen:

"**Besluit**: de leden verlenen decharge aan de statutair bestuurder en de Raad van Commissarissen over de stukken die aan de algemene ledenvergadering zijn overgelegd."

Uit onderzoek blijkt dat de algemene vergadering, voordat deze het jaarverslag vaststelde, met grote regelmaat is geïnformeerd over het project waarover het conflict is ontstaan. Mede als gevolg van de perikelen met de koop van het vastgoedproject Vicaris gaat Property Invest in 2020 failliet. De curator stelt de ex-bestuurder persoonlijk aansprakelijk voor de door Property Invest op het project Vicaris geleden en nog te lijden schade, die naar schatting "in de miljoenen" loopt.

Op grond van welke wetsartikelen kan de curator de ex-bestuurder aansprakelijk stellen?

Kan de ex-bestuurder met succes aansprakelijk worden gesteld op grond van art. 2:248 BW?

DEEL 2   DE STRUCTUUR

Hoofdstuk 5
Naamloze vennootschap

5.1 Naamloze vennootschap   147
5.2 **Kapitaal**   147
5.2.1 Maatschappelijk kapitaal   148
5.2.2 Geplaatst kapitaal   149
5.2.3 Gestort kapitaal   149
5.3 **Kapitaalbescherming**   150
5.4 **Aandelen aan toonder**   151
5.4.2 De effectenbeurs   152
5.5 **Emissie van aandelen**   152
5.5.1 Agio   152
5.5.2 Doel   153
5.5.3 Emissie en de positie van de oude aandeelhouders   153
5.5.4 Openbare emissie   153
5.5.5 Gewone openbare emissie   154
5.5.6 Overgenomen emissie   154
5.5.7 Onderhandse emissie   155
5.5.8 Koers van uitgifte   155
5.5.9 Storting boven pari   155
5.5.10 Uitgifte van aandelen beneden pari   156
5.6 **Vreemd vermogen**   156
5.6.1 Obligatielening   156
5.6.2 Kredietverlening   157
5.7 **Inkoop eigen aandelen**   157
5.7.1 Wanneer is inkoop van eigen aandelen toegestaan   158
5.7.2 Vermindering van kapitaal   158
5.7.3 Intrekken van aandelen   159
5.7.4 Afstempelen   159
5.7.5 Positie van schuldeisers   161
5.8 **Andere aandelen**   161
      Begrippenlijst   162
      Vragen   164
      Meerkeuzevragen   164
      Open vragen   167

HOOFDSTUK 5
Naamloze vennootschap

De meeste echt grote Nederlandse ondernemingen in het bedrijfsleven zijn naamloze vennootschappen. Alle aan de Amsterdamse Effectenbeurs genoteerde ondernemingen zijn naamloze vennootschappen.

5.1 Naamloze vennootschap

Een naamloze vennootschap is volgens de wet een rechtspersoon met een in overdraagbare aandelen verdeeld maatschappelijk kapitaal (art. 2:64, lid 1 BW). Een nv kan zowel aandelen op naam als aandelen aan toonder uitgeven. Indien een naamloze vennootschap aandelen op naam uitgeeft, is zij verplicht een aandeelhoudersregister bij te houden. Een aantal nv's is aan de Amsterdamse Effectenbeurs genoteerd, waar handel plaatsvindt in aandelen van die ondernemingen. Dat geldt echter lang niet voor alle nv's.

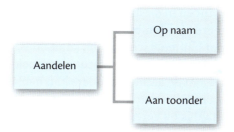

5.1 Aandelen op naam en aandelen aan toonder

5.2 Kapitaal

De nv is een kapitaalvennootschap. Er wordt door de vennootschap ondernomen met door aandeelhouders verschaft kapitaal. Dit kapitaal wordt gezien als een niet af te lossen schuld. Het karakter van de naamloze vennootschap brengt met zich mee dat tijdens het bestaan van de vennootschap het door de aandeelhouders ingebrachte geld in beginsel niet kan worden terugbetaald aan de aandeelhouders.

Het vermogen van de nv kan worden verdeeld in eigen vermogen en vreemd vermogen. Onder het eigen vermogen verstaat men het kapitaal van de vennootschap, vermeerderd met de eventuele reserves (bijvoorbeeld niet uitgekeerde winst). Het kapitaal van de vennootschap is verdeeld in aandelen, het aandelenkapitaal. Het kapitaal van de vennootschap vervult een waarborgfunctie voor de crediteuren van de vennootschap, aangezien zij zich immers niet kunnen verhalen op het persoonlijke vermogen van de aandeelhouders, maar slechts op het vermogen van de vennootschap.

Eigen vermogen = Kapitaal + Reserves

Het aandelenkapitaal is het aantal aandelen maal de nominale waarde van het aandeel. Men dient goed het vermogen van een onderneming te onderscheiden van het aandelenkapitaal. Het eigen vermogen van een vennootschap is het verschil tussen de activa (links op de balans) en de passiva (rechts op de balans; schulden minus eigen kapitaal). Vermogen is wat werkelijk voorhanden is. Iemand die een aandeel heeft van een bv, neemt deel aan het aandelenkapitaal van die bv. Aandelenkapitaal maakt onderdeel uit van het eigen vermogen.

5.2.1 Maatschappelijk kapitaal

De nv is een vennootschap die – volgens de wettelijke omschrijving – een in aandelen verdeeld maatschappelijk kapitaal kent (art. 2:64, lid 1 BW). Van elke nv kan men het maatschappelijk kapitaal vinden in de statuten. Daar de statuten van alle in Nederland gevestigde nv's gedeponeerd worden bij de Kamer van Koophandel, is van elke nv algemeen bekend hoe groot het maatschappelijk kapitaal is.

Het maatschappelijk kapitaal is het in de statuten vermelde bedrag dat de vennootschap als maximale schuld aan de aandeelhouders kan hebben. Men kan ook zeggen: het nominale bedrag aan aandelen dat de bv mag uitgeven zonder statutenwijziging. Het maatschappelijk kapitaal is bij een nv minimaal € 45.000 (art. 2:67, lid 2 BW).

Voorbeeld

Softy nv heeft volgens de statuten een maatschappelijk kapitaal van € 500.000. Het kapitaal is verdeeld in aandelen van € 5000. De vennootschap kan daarom in totaal 100 aandelen van € 5000 uitgeven. De aandelen hebben dus een coupure van € 5000. Dit is de nominale waarde van de aandelen. Als de vennootschap meer dan € 500.000 van aandeelhouders wil aantrekken, zal het maatschappelijk kapitaal moeten worden verhoogd. Hiervoor is statutenwijziging noodzakelijk.

5.2.2 Geplaatst kapitaal

Het deel van het maatschappelijk kapitaal dat daadwerkelijk is uitgegeven wordt het geplaatst kapitaal genoemd. Het is het gedeelte van de vennootschappelijke schuld dat in de vorm van aandelen is geplaatst. Bepalend is hier de totale nominale waarde van de geplaatste aandelen; dit bedrag vormt in eerste instantie het vennootschappelijk vermogen.

Voor de oprichting van de vennootschap zal moeten worden bekeken hoeveel aandelen zullen worden geplaatst. Het maakt immers nogal wat uit of er een geplaatst kapitaal is van € 45.000 (het minimumkapitaal voor een nv) of van bijvoorbeeld € 450.000. In de eerste plaats is natuurlijk van belang hoeveel de (potentiële) aandeelhouders op de aandelen kunnen en willen storten. Daarnaast is belangrijk hoeveel eigen kapitaal nodig is voor het verkrijgen van vreemd vermogen en voor de te ontplooien activiteiten.

Het geplaatste kapitaal is het totale nominale bedrag van de (aan aandeelhouders) uitgegeven aandelen. Van het maatschappelijk kapitaal moet in ieder geval één vijfde deel geplaatst zijn (art. 2:67, lid 4 BW). Het geplaatst kapitaal is bij een nv minimaal € 45.000.

Het geplaatste kapitaal heeft een tweetal functies:
- extern: waarborg voor de crediteuren van de vennootschap;
- intern: maatstaf van de onderlinge rechten en plichten van de aandeelhouders. Het vormt de basis voor het stemrecht van de aandeelhouder.

5.2.3 Gestort kapitaal

Het gestorte kapitaal is het bedrag waarvoor de aandeelhouders deelnemen in het vermogen van de vennootschap, het bedrag dat door de aandeelhouders daadwerkelijk in de vennootschap wordt gebracht. Het is niet noodzakelijk dat de terbeschikkingstelling van het geld op het moment van het nemen van de aandelen ook daadwerkelijk plaatsvindt. De vraag of dit al dan niet direct gebeurt, is afhankelijk van de kapitaalbehoefte van de vennootschap. De omvang van het geplaatste kapitaal is het financiële draagvlak van de vennootschap.

Als de vennootschap behoefte heeft aan geld, zullen de aandeelhouders het nominale bedrag van hun aandelen storten. De aandelen zijn dan volgestort. Als slechts een gedeelte van de nominale waarde is gestort, is er sprake van niet-volgestorte aandelen.

Indien niet aan de minimale stortingsplicht is voldaan, bestaat er een directe sanctie voor de bestuurders. De handelende bestuurder blijft hoofdelijk aansprakelijk naast de vennootschap zolang het minimumkapitaal niet is gestort (art. 2:69, lid 2 BW). Het gestort kapitaal bedraagt minimaal € 45.000.

> Maatschappelijk kapitaal
>
> Geplaatst kapitaal
> moet minimaal 1/5 deel van het
> maatschappelijk kapitaal bedragen
> (art. 2:67, lid 4 BW)
>
> Gestort kapitaal
> moet minimaal 1/4 deel
> van het geplaatst kapitaal
> bedragen
> (art. 2:80, lid 1 BW)
>
> *In ieder geval moet 1/20 deel van het maatschappelijk kapitaal gestort zijn*

5.2 Verhouding tussen maatschappelijk geplaatst en gestort kapitaal

5.3 Kapitaalbescherming

Een nv heeft net als de bv als voordeel dat een ondernemer zijn persoonlijke aansprakelijkheid beperkt. Zakelijke crediteuren kunnen zich in beginsel alleen verhalen op de activa van de bv en niet op het privévermogen van de directeur en/of (groot)aandeelhouder. Voor buitenstaanders is het moeilijk om inzicht te krijgen in de financiële positie van vennootschappen. Bepalingen van kapitaalbescherming dienen ter bescherming van de vennootschapscrediteuren. Zij moeten ervan verzekerd zijn dat het kapitaal, als kern van het eigen vermogen van de vennootschap, een zekere omvang heeft en dat er reële vermogenswaarden tegenover staan. Is het kapitaal eenmaal bijeengebracht, dan moeten crediteuren beschermd worden tegen aantasting ervan door onverplichte uitkeringen aan aandeelhouders. De wet bevat enkele bepalingen die moeten voorkomen dat de nv op ieder willekeurig moment kan worden leeggehaald en dus voor de crediteuren geen verhaal meer biedt.

Winstuitkeringen zijn slechts toegestaan voor zover het eigen vermogen van de nv groter is dan het gestorte en opgevraagde deel van het kapitaal plus de reserves die volgens de wet of de statuten moeten worden aangehouden (art. 2:105, lid 2 BW). De vennootschap mag dus niet door dividenduitkeringen worden leeggehaald. Wanneer de algemene vergadering van aandeelhouders van een bv besluit het geplaatst kapitaal te verminderen door aandelen in te trekken of door het bedrag van de aandelen te verkleinen, moet de bv dat besluit ter inzage leggen bij het handelsregister en aankondigen in een landelijk dagblad. Binnen twee maanden kan iedere crediteur tegen het besluit tot kapitaalvermindering in verzet komen bij de rechtbank. De crediteur kan verlangen dat de bv hem zekerheid of een andere waarborg geeft voor de voldoening van zijn vordering (art. 2:100, lid 2 BW).

5.4 Aandelen aan toonder

Bij aandelen aan toonder is er altijd sprake van een aandeelbewijs. In de praktijk worden de begrippen 'aandeel' en 'aandeelbewijs' vaak door elkaar gebruikt. De nv die aandelen aan toonder uitgeeft, verliest haar aandeelhouders uit het oog. De aandelen zijn per definitie vrij verhandelbaar, wat bij grote naamloze vennootschappen meestal op de beurs geschiedt. De nv kent haar aandeelhouders niet. Dit brengt het risico van een zogenaamde beursoverval met zich. Hiermee wordt de situatie aangeduid waarin een bepaald persoon of een bepaalde groep van personen zonder dat de vennootschap dat merkt zoveel aandelen in de vennootschap verkrijgt dat een meerderheid binnen de algemene vergadering van aandeelhouders wordt verkregen. De houder van het aandeelbewijs aan toonder is als aandeelhouder gelegitimeerd. Een eventueel bewijs van het feit dat die persoon geen aandeelhouder is, kan worden eleverd.

Wet aandelen aan toonder per 1 juli 2019 van kracht

Nieuwsbericht - De wet van minister Dekker (voor Rechtsbescherming) die regelt dat papieren aandelen aan toonder worden afgeschaft voor niet-beursgenoteerde vennootschappen treedt per 1 juli 2019 in werking. Doel van de maatregel is te voorkomen dat deze stukken worden misbruikt voor financiering van terrorisme of voor belastingontduiking en witwassen.

Toonderstukken worden voortaan alleen nog geregistreerd op één verzamelbewijs. Voor iedere beursvennootschap wordt een verzamelbewijs bewaard in een kluis bij een intermediair, zoals een bank of beleggingsinstelling. Verhandeling van aandelen aan toonder kan dan alleen nog via een effectenrekening plaatsvinden. Aan de hand van zo'n effectenrekening, of het aandeelhoudersregister van een naamloze vennootschap, is na te gaan wie een aandeel aan toonder in handen heeft. Vennootschappen zetten aandelen aan toonder om in aandelen op naam via een statutenwijziging.

www.rijksoverheid.nl, 23-05-2019

5.4.1 Overdracht van aandelen

Een nv kan aandelen op naam, aandelen aan toonder en zowel aandelen aan toonder als aandelen op naam hebben. Bij het overdragen van aandelen, door middel van bijvoorbeeld een koopovereenkomst, geldt zowel bij de nv als bij de bv dat een notaris moet worden ingeschakeld. Ook de nv mag aandelen op naam uitgeven met een regeling die de overdraagbaarheid beperkt. Het niet in acht nemen van een blokkeringsregeling maakt de overdracht ongeldig (art. 2:87, lid 1 BW). De nv is niet verplicht van een goedkeurings- en/of aanbiedingsregeling gebruik te maken. De wettelijke regeling is er slechts indien, en voor zover, een nv wél voor een dergelijke regeling kiest.

Wanneer het gaat om een nv, genoteerd aan de effectenbeurs, geldt een uitzondering. Bij overdracht van aandelen aan toonder, bij een nv genoteerd aan de effectenbeurs, geschiedt overdracht door het leveren van het aandeelbewijs. Het kopen en verkopen van aandelen van aan de Amsterdamse Effectenbeurs genoteerde ondernemingen gebeurt giraal; er vindt dus geen feitelijke overdracht plaats van aandelen aan toonder.

5.4.2 De effectenbeurs

Om aandelen vrijelijk te kunnen verhandelen, is een markt vereist waar (potentiële) vragers en aanbieders tot elkaar kunnen worden gebracht. Als marktplaats dient het gebouw van de effectenbeurs, eigendom van de Euronext. Euronext heeft zich de organisatie van de effectenhandel in Nederland tot doel gesteld. De beurs is gevestigd te Amsterdam, Beursplein 5. Aandelen kunnen op de effectenbeurs worden verhandeld op de officiële markt, de parallelmarkt en de niet-officiële parallelmarkt.

5.5 Emissie van aandelen

Het geplaatste kapitaal wordt vergroot door een aandelenemissie. Door een aandelenemissie geeft een vennootschap nieuwe aandelen uit. Dit moet gebeuren volgens een besluit van – in beginsel – de algemene vergadering van aandeelhouders (art. 2:96, lid 1 BW). De emissiebevoegdheid kan ook bij een ander orgaan van de vennootschap, bijvoorbeeld het bestuur, worden gelegd.

Uitgifte van aandelen leidt tot vermeerdering van het geplaatste kapitaal. Voor de nieuwe aandeelhouder ontstaat een stortingsplicht, tenzij de uitgifte ten laste van de vennootschappelijke reserves geschiedt in de vorm van bonusaandelen. Uitgifte van bonusaandelen leidt tot omzetting van een vennootschappelijke reserve in kapitaal van de vennootschap.

Emissie is het openstellen van de mogelijkheid deel te nemen in het maatschappelijk kapitaal. Het maatschappelijk kapitaal moet hiervoor de ruimte bieden, anders is statutenwijziging noodzakelijk.

Bij het oprichten van een vennootschap worden ook aandelen uitgegeven. Dit is geen emissie van aandelen; ook aandeelhouders zijn er dan nog niet bij betrokken, omdat er bij de oprichting nog geen algemene vergadering van aandeelhouders is.

5.5.1 Agio

Indien aandelen op het moment van uitgifte meer waard zijn dan de nominale waarde, zal bij de plaatsing van die aandelen een hogere storting moeten worden bedongen dan het bedrag van de nominale waarde. Dit hogere bedrag wordt agio genoemd.

Door bij het plaatsen van nieuwe aandelen agio te bedingen, wordt in de vennootschap een agioreserve opgebouwd. Doordat bij het plaatsen van nieuwe aandelen een storting wordt bedongen ter hoogte van de reële waarde van de aandelen, worden de oude aandeelhouders niet benadeeld. De waarde van de aandelen blijft op die manier gelijk. Aandelen in portefeuille zijn aandelen die nog niet bij aandeelhouders zijn geplaatst en dat is dus het maatschappelijk kapitaal minus het geplaatst kapitaal.

Balans			
Kas	€ 2.000.000	Geplaatst kapitaal	€ 1.000.000
		Agioreserve	€ 1.000.000
	€ 2.000.000		€ 2.000.000

5.5.2 Doel

Het doel van een emissie van aandelen is om door aantrekking van nieuw kapitaal het eigen vermogen van de vennootschap te vergroten.

Naast dit eigenlijke doel van de emissie kunnen ook geheel andere, deels oneigenlijke doelen worden nagestreefd:
- wijziging van de juridische organisatie van de onderneming (fusie en overname);
- het voorkomen van een dreigende beursoverval. Houders van gewone aandelen hebben bij uitgifte van nieuwe aandelen een voorkeursrecht (art. 2:96a BW), tenzij:
  - op de aandelen wordt gestort door inbreng in natura;
  - aandelen worden uitgegeven aan werknemers van de vennootschap of van een groepsmaatschappij;
  - uitgifte plaatsvindt van preferente aandelen;
  - bevoegdheid tot vermeerdering van het aandelenkapitaal door de algemene vergadering van aandeelhouders is overgedragen aan het bestuur (afwijking in de statuten mogelijk).

Iedere onderneming heeft behoefte aan risicodragend kapitaal. Naarmate de onderneming groter wordt, groeit ook de behoefte aan deze vorm van kapitaal. Er komt een moment dat een onderneming niet langer een beroep kan doen op de bestaande aandeelhouders.

5.5.3 Emissie en de positie van de oude aandeelhouders

Uitgifte van nieuwe aandelen kan ingrijpende gevolgen hebben voor de positie van de oude aandeelhouders. Een emissie kan van invloed zijn op de waarde van de oude aandelen, terwijl daarnaast de machtsverhoudingen binnen de algemene vergadering van aandeelhouders ingrijpend kunnen worden gewijzigd. In verband met de positie van de oude aandeelhouders bij uitgifte van aandelen is het hen toekomende voorkeursrecht dan ook van groot belang.

Het voorkeursrecht houdt in dat bij uitgifte van nieuwe aandelen de bestaande aandeelhouders het recht hebben naar evenredigheid van hun aandelenbezit nieuwe aandelen te nemen. Zo'n emissie wordt in de praktijk ook wel een claimemissie genoemd.

5.5.4 Openbare emissie

Een naamloze vennootschap is voor een onderneming de meest geschikte vorm om een beroep te doen op het beleggend publiek. Bij een openbare emissie staat intekening voor iedereen open. Dit gaat via de Amsterdamse Effectenbeurs. Meestal verschijnen er advertenties in de kranten, waarin het publiek wordt opgeroepen deel te nemen aan de emissie. Tevens wordt er een emissieprospectus verspreid om het publiek in de gelegenheid te stellen zich te informeren over de vennootschap. Een openbare emissie vindt alleen maar plaats bij aan de Amsterdamse Effectenbeurs genoteerde nv's.

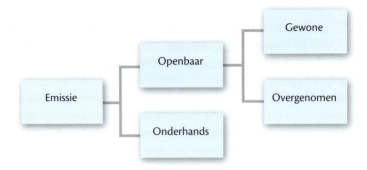

5.3 Emissie

5.5.5 Gewone openbare emissie

Een emissie is in het algemeen een dure aangelegenheid. Er moeten advertenties worden geplaatst, een prospectus worden gemaakt etc. Het risico bestaat dat het publiek geen belangstelling heeft voor de aangeboden aandelen omdat het publiek ze bijvoorbeeld te duur vindt. Dan heeft de nv wel kosten gemaakt, maar ontvangt geen geld. Bij een gewone emissie is het risico van het mislukken van de emissie voor rekening van de emitterende vennootschap. Bij een gewone emissie speelt de bank wel een rol. De bank zorgt bijvoorbeeld voor het in ontvangst nemen van de inschrijvingen.

5.4 Gewone openbare emissie

5.5.6 Overgenomen emissie

Bij een overgenomen emissie is het risico dat de emissie mislukt voor rekening van de tussenpersoon. De tussenpersoon is meestal een bank. Bij grote emissies is het meestal een aantal banken dat samen het risico draagt.

5.5 Overgenomen emissie

5.5.7 Onderhandse emissie

Bij een onderhandse emissie worden de aandelen bij een of meer specifieke personen geplaatst. Nv's kunnen kiezen uit een openbare emissie of een onderhandse emissie. Ook hier is in beginsel toestemming nodig van de algemene vergadering van aandeelhouders.

5.6 Onderhandse emissie

5.5.8 Koers van uitgifte

Bij emissie van aandelen dient de koers (prijs) van uitgifte te worden bepaald. Deze koers wordt bepaald door de waarde die de aandelen vertegenwoordigen, dus door het vermogen van de vennootschap en eventuele andere aspecten, zoals de winstverwachting en de algemene korte- en langetermijnprognose. Het aandeel heeft een nominale waarde. Als het aandeel wordt uitgegeven tegen de nominale waarde, spreekt men van een parikoers.

Aandelen kunnen niet worden uitgegeven voor een prijs (de omvang van de stortingsverplichting van de aandeelhouder) die beneden de nominale waarde ligt. Dit betekent daarom dat uitgifte van aandelen niet beneden de parikoers (niet 'beneden pari') kan plaatsvinden. Uitgifte boven pari is wel mogelijk. De aandeelhouder betaalt dan een bepaald bedrag boven het nominale bedrag van de aandelen. Deze meerprijs wordt agio genoemd.

Voorbeeld

Een nv heeft een geplaatst kapitaal van € 200.000, verdeeld in 200 aandelen van € 1000. Het eigen vermogen van de naamloze vennootschap is gegroeid tot € 300.000. Tegenover deze € 300.000 staan de 200 geplaatste aandelen, die dus een waarde vertegenwoordigen van € 1500 per stuk.

Indien nieuwe aandelen worden uitgegeven, zal de prijs van uitgifte op 150% (van de nominale waarde) liggen. De prijs van uitgifte ligt boven pari. Er wordt een agio bedongen van 200 x € 500 = € 100.000. Indien nieuwe aandelen zouden worden uitgegeven tegen een lagere prijs dan de werkelijke waarde van de aandelen, dan zouden de oude aandeelhouders in hun belangen worden geschaad.

5.5.9 Storting boven pari

Wettelijk is geen limiet bepaald voor het bedrag dat de aandeelhouder op de door hem verkregen aandelen in de vennootschap dient te storten. Onder bepaalde omstandigheden kunnen de plaatsende vennootschap en de aandeelhouder overeenkomen dat een hoger bedrag dan het nominale bedrag op de aandelen zal worden gestort. Met storting boven pari dient de aandeelhouder uitdrukkelijk in te stemmen.

Voor de rechten die de aandeelhouder aan zijn aandelen ontleent, zal het nominale bedrag van de aandelen bepalend zijn. De aandeelhouder die meer dan het nominale bedrag op het bij hem geplaatste aandeel stort, zal bijvoorbeeld in het algemeen geen zwaardere stem binnen de algemene vergadering verkrijgen dan iemand die het nominale bedrag op zijn aandeel stort.

5.5.10 Uitgifte van aandelen beneden pari

Uitgifte van aandelen kan niet tegen een lager bedrag dan de nominale waarde van de aandelen plaatsvinden (art. 2:80, lid 1 BW). De enige uitzondering die hier geldt is de zogenaamde emissiekorting bij uitgifte van aandelen in een naamloze vennootschap. Deze korting kan worden gegeven aan de effectenmakelaar die zich belast met het voor eigen rekening plaatsen van aandelen. Bij overeenkomst kan aan de makelaar worden toegestaan op de door hem te nemen aandelen minder te storten dan het nominale bedrag. Bij het nemen van de aandelen dient uiterlijk 94% in geld te worden gestort, zodat deze emissiekorting ten hoogste 6% kan bedragen.

5.6 Vreemd vermogen

In haar vermogensbehoefte kan de vennootschap ook voorzien door het aantrekken van vreemd vermogen: dit is, kort gezegd, geleend geld. Verschaffers van vreemd vermogen hebben een vordering op de vennootschap. Bedrijfseconomisch is er een onderscheid tussen kortlopend vreemd vermogen en langlopend vreemd vermogen. Dit onderscheid wordt bepaald door de termijn waarbinnen deze schulden moeten worden afgelost. Aan vreemd vermogen is in beginsel geen zeggenschap verbonden, maar in de praktijk is dat weleens anders. Het hangt vooral samen met de voorwaarden die de kredietverstrekker stelt. Een van de mogelijkheden tot het aantrekken van vreemd vermogen is het uitschrijven van een obligatielening. Een andere mogelijkheid is het lenen van geld.

Balans	
	Eigen vermogen
	Vreemd vermogen
	• Vorderingen bij crediteuren
	• Voorzieningen

5.6.1 Obligatielening

Een obligatielening is een lening waarvan het bedrag verdeeld is in kleine delen (meestal € 500) onder uitgifte van schriftelijke stukken ten bewijze van deelname in die lening. Deze stukken heten obligaties of schuldbrieven. Het zijn schuldbekentenissen, afkomstig van de vennootschap; ze kunnen op naam en aan toonder luiden. Het rentepercentage op een obligatie is in het algemeen vast. De aflossing geschiedt op een vooraf vastgesteld tijdstip of op een tijdstip dat door loting wordt bepaald. Een obligatiehouder is een gewone crediteur van de vennootschap.

We spreken van een converteerbare obligatie indien deze onder bepaalde voorwaarden en gedurende een zekere tijd kan worden omgewisseld tegen aandelen van de onderneming. Gaat de waarde van de aandelen sterk omhoog, dan worden daardoor de obligaties ook meer waard, en omgekeerd. Het voordeel van de vennootschap is dat vreemd vermogen kan worden aangetrokken tegen een lagere rente dan de marktrente. Als de onderneming goed draait en het beursklimaat zit mee, dan kan op termijn het aandelenkapitaal worden vergroot. Juridisch is er geen verschil tussen een obligatielening en een onderhandse lening. Tot het tijdstip van de conversie vormt de obligatie vreemd vermogen, zowel voor de onderneming als voor de houder. Bij de omzetting in aandelen vindt aflossing van de schuldvordering plaats tegen de nominale waarde. Na de omzetting is er sprake van eigen vermogen. Het bedrag van een obligatielening wordt geleend van een grote groep geldgevers. Bij een onderhandse lening wordt het geld verschaft door een of door enkele geldgevers.

5.6.2 Kredietverlening

Banken verlenen krediet in de vorm van een vaste lening of als een krediet in rekening-courant. Bij een vaste lening gaat het om een bepaald bedrag dat ineens of in termijnen voor een bepaalde periode ter beschikking wordt gesteld. Gewoonlijk lost de geldlener via een tevoren overeengekomen schema af, terwijl de bank rente in rekening brengt.

Bij kredietverlening in rekening-courant verbindt de bank zich om – tot een bepaald bedrag en tot wederopzegging – betalingsopdrachten voor de cliënt uit te voeren. Het voordeel hiervan is dat alleen over de werkelijke kredietbehoefte debetrente wordt betaald. Alle banken sluiten met hun cliënten (uitvoerige) overeenkomsten, terwijl meestal de Algemene Bankvoorwaarden van toepassing zijn.

5.7 Inkoop eigen aandelen

Aandelen die reeds door de vennootschap zijn uitgegeven kunnen worden teruggekocht door deze in te kopen, mits er wordt voldaan aan de wettelijke voorwaarden en procedures. De statuten kunnen de verkrijging van eigen aandelen uitsluiten of beperken. Voor een verkrijging moet de vennootschap over voldoende vrije reserves beschikken. Worden de ingekochte aandelen door de rechtspersoon in stand gehouden, dan leidt dit niet tot een vermindering van het geplaatste aandelenkapitaal. Op de ingekochte aandelen kan geen stemrecht worden uitgeoefend (art.2:118, lid 6 en 7 BW.

Als een aandeelhouder niemand kan vinden die zijn aandelen wil overnemen, bijvoorbeeld doordat de blokkeringsregeling in de weg staat, kan hij zijn aandelen ook aan de vennootschap verkopen. Inkoop van eigen aandelen houdt in dat de vennootschap zelf haar eigen aandelen van haar aandeelhouders koopt en in eigendom geleverd krijgt.

Volgestorte eigen aandelen mag de vennootschap slechts verkrijgen indien aan de volgende voorwaarden is voldaan:

Eigen vermogen minus verkrijgingsprijs is niet kleiner dan gestort en opgevraagd deel van het geplaatst kapitaal + reserves (art. 2:98, lid 2 sub a BW).

Deze regeling komt erop neer dat de koopsom die door de vennootschap moet worden betaald, voldaan kan worden uit de binnen de vennootschap gevormde vrije reserves.

Een NV kan indien daarvoor voldoende vrije ruimte in het eigen vermogen bestaat, in beginsel 99,9% van de eigen aandelen (alle aandelen op één na) inkopen (art. 2:98, lid 2 BW). Gaat het om een beursgenoteerde onderneming dan is dat maximaal 50% van het geplaatst kapitaal (art. 2:98, lid 2 BW).

5.7.1 Wanneer is inkoop van eigen aandelen toegestaan

De grootte van het eigen vermogen wordt bepaald volgens de laatst vastgestelde balans (art. 2:98, lid 3 BW). Zolang alleen inkoop heeft plaatsgevonden maar nog geen intrekking, bestaan die aandelen nog en zouden ze opnieuw bij een derde kunnen worden geplaatst. Een vennootschap die eigen aandelen heeft ingekocht, kan daarover geen stemrecht uitoefenen (art. 2:118, lid 7 BW).

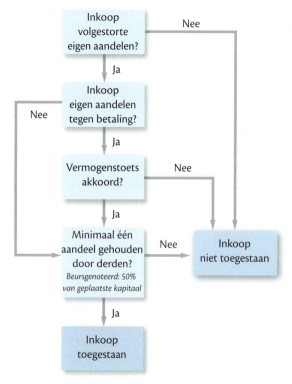

5.7 *Wanneer inkoop eigen aandelen*

5.7.2 Vermindering van kapitaal

Kapitaalvermindering kan op twee manieren gebeuren:
- door intrekking van aandelen die de vennootschap al houdt;
- door het nominale bedrag van de aandelen bij statutenwijziging te verminderen (afstempelen).

Voor beide methoden is een besluit van de algemene vergadering van aandeelhouders vereist. Het gestorte en opgevraagde deel van het kapitaal mag niet kleiner worden dan het voorgeschreven minimumkapitaal.

Art. 2:99 BW bevat een aantal voorschriften ter bescherming van de crediteuren van de vennootschap:
a. publiciteit betreffende het besluit tot kapitaalvermindering;
b. de crediteur kan zekerheid voor zijn vordering op de vennootschap verlangen;
c. de crediteur kan tegen het besluit in verzet komen bij de arrondissementsrechtbank; het besluit wordt niet van kracht zolang verzet kan worden gedaan.

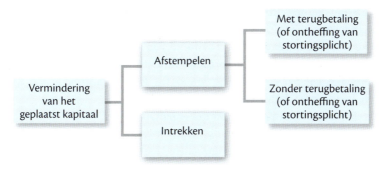

5.8 *Kapitaalvermindering via afstempelen of intrekken*

5.7.3 Intrekken van aandelen

De door de vennootschap gehouden eigen aandelen kunnen worden vernietigd. Deze vernietiging wordt 'intrekking' genoemd. Aandelen kunnen slechts worden ingetrokken wanneer deze door de vennootschap zelf worden gehouden. De vennootschap zal daarom tot inkoop van eigen aandelen moeten overgaan. Door intrekking van aandelen gaat het geplaatst kapitaal omlaag op de balans. Na het intrekken bestaan de aandelen niet meer.

5.7.4 Afstempelen

Bij afstempelen wordt in de praktijk het nominale aandelenkapitaal verminderd in verband met geleden verliezen. De noodzaak om aandelen af te stempelen heeft te maken met het feit dat een vennootschap geen aandelenemissie kan plegen indien de nieuwe aandelen beneden pari worden uitgegeven. Uiteraard is het afstempelen van aandelen voor een aandeelhouder niet erg leuk.

Door de afstempeling wordt de nominale waarde van de aandelen verlaagd. Voor kapitaalvermindering die geschiedt door – of gepaard gaat met – intrekking of afstempeling van aandelen is een besluit van de algemene vergadering van aandeelhouders vereist. Het besluit moet, als minder dan de helft van het geplaatst kapitaal ter vergadering vertegenwoordigd is, worden genomen met twee derde meerderheid (art. 2:99, lid 6 BW). Voor afstempeling moeten altijd de statuten worden gewijzigd, omdat de nominale waarde in de statuten wordt aangegeven.

De aandeelhouders moeten bij de kapitaalvermindering gelijk behandeld worden naar evenredigheid op alle aandelen (art. 2:99 BW). Geschiedt de kapitaalvermindering zonder terugbetaling en zonder ontheffing van de stortingsplicht, dan gebeurt dit in de regel om verliezen op het aandelenkapitaal af te schrijven teneinde de mogelijkheid te openen nieuw kapitaal aan te trekken.

Reden voor afstempelen op aandelen is het feit dat de vennootschap een verlies heeft geleden.

Voorbeeld

Een nv heeft een maatschappelijk kapitaal van € 200.000 verdeeld in 200 aandelen van nominaal € 1000. Honderd aandelen zijn geplaatst en volgestort; het geplaatst kapitaal alsmede het gestort kapitaal is 100 aandelen maal € 1000 nominaal, en dus is het geplaatst kapitaal € 100.000. Stel nu dat de vennootschap € 50.000 heeft verloren, dan staat tegenover de 100 geplaatste aandelen een negatieve waarde van € 50.000.
De werkelijke waarde van één aandeel is dan € 50.000 : 100 = € 500 per aandeel. Wanneer de nv nieuwe aandelen zou willen uitgeven, kan dit niet tegen een lagere koers gebeuren dan tegen de nominale. Die parikoers is maar € 500. Dit zou het aantrekken van nieuw kapitaal verhinderen. In zo'n geval kan afstempelen uitkomst bieden.
Volgens de wet moet vermindering naar evenredigheid geschieden op alle aandelen van dezelfde soort. Deze aandelen worden dan afgestempeld. Daar de nominale waarde van de aandelen in de statuten wordt aangegeven, is in het kader van deze kapitaalvermindering een statutenwijziging noodzakelijk. Resultaat zal zijn dat door deze afstempeling de nominale waarde van de aandelen in overeenstemming wordt gebracht met het werkelijke vermogen van de vennootschap.

Voorbeeld

Veronderstel de volgende balans van een vennootschap:

Balans			
Diverse activa	€ 3.000.000	Geplaatst kapitaal	€ 2.000.000
Verlies	€ 1.000.000	Crediteuren	€ 2.000.000
	€ 4.000.000		€ 4.000.000

De onderneming is 'gezond' als de balans er als volgt uitziet:

Balans			
Diverse activa	€ 3.000.000	Geplaatst kapitaal	€ 1.000.000
		Crediteuren	€ 2.000.000
	€ 3.000.000		€ 3.000.000

Het eigen vermogen is met de helft verminderd; het verlies is gedragen door het aandelenkapitaal. De waarde van aandelen wordt bepaald door het resultaat dat de vennootschap met haar onderneming boekt. Wanneer ze een pittig verlies heeft geleden, zal de waarde van de aandelen dalen. Hierdoor kan de waarde beneden het door de aandeelhouders gestorte bedrag komen te liggen. De aandelen zijn dan minder waard dan hun nominale waarde. In deze situatie zal het voor de vennootschap onmogelijk zijn om nieuw kapitaal aan te trekken door uitgifte van aandelen. Er mogen geen aandelen worden uitgegeven beneden de nominale waarde.

5.7.5 Positie van schuldeisers

Elk besluit tot vermindering van geplaatst kapitaal – of dat nu geschiedt door intrekking van aandelen of afstempelen met of zonder terugbetaling op aandelen – raakt de positie van de schuldeisers van de vennootschap. Het geplaatst kapitaal is het deel van het vennootschappelijk vermogen dat voor hen een waarborg vormt. In verband hiermee wordt de crediteuren de mogelijkheid gegeven in verzet te komen tegen de vermindering van kapitaal van de vennootschap.

5.8 Andere aandelen

We kennen ook nog de volgende soorten aandelen die voorkomen bij dividenduitkering:
- bonusaandelen: als aan aandeelhouders ten laste van de winst of van een reserve een of meer aandelen worden uitgereikt;
- agiobonus of agiostock: een aandeel dat wordt uitgereikt ten laste van de agioreserve;
- stockdividend: een aandeel dat als dividend wordt uitgekeerd.

Bv	Nv
• mag geen aandeelbewijzen uitgeven	• mag wel aandeelbewijzen uitgeven
• aandelen niet vrij overdraagbaar, verplichte blokkeringsregeling	• geen verplichte blokkeringsregeling
• alleen aandelen op naam	• keus tussen: - aandelen aan toonder - aandelen op naam - aandelen aan toonder en aandelen op naam
• overdracht van aandelen dient steeds bij notariële akte plaats te vinden	• voor toonderaandelen en bepaalde aandelen op naam geen notariële akte nodig voor overdracht
• blokkeringsregeling verplicht	• blokkeringsregeling alleen bij bepaalde aandelen op naam
• minimum kapitaal € 0.01	• minimum kapitaal € 45.000

Begrippenlijst

Aandeel aan toonder	Aandeel dat is vervat in een aandeelbewijs.
Aandeel op naam	Aandeel waarvan de houder is ingeschreven in het aandelenregister. Bv's hebben uitsluitend aandelen op naam. Nv's mogen ook aandelen op naam uitgeven.
Afstempelen	De nominale waarde van de aandelen verminderen
Agio	Het bedrag dat ontstaat als een aandeel voor een hoger bedrag dan de nominale waarde door een aandeelhouder wordt genomen.
Agiobonus	Uitkering in aandelen ten laste van de agioreserve.
Agioreserve	Reserve, ontstaan door uitgifte van aandelen tegen een koers die hoger is dan de nominale waarde.
Claimemissie	Uitgifte van nieuwe aandelen waarbij bestaande aandeelhouders een voorkeursrecht hebben op de nieuwe aandelen naar verhouding van het aantal aandelen dat zij al bezitten.
Emissie	Uitgifte van nieuwe aandelen.
Koers	De prijs waarvoor effecten worden verhandeld op de beurs.
Obligaties	Een obligatie is een schuldbekentenis van de uitgevende instelling, waaruit blijkt dat de houder tegen vooraf overeengekomen rente en aflossingsvoorwaarden een bedrag heeft uitgeleend. Obligaties behoren tot het vreemd vermogen van de vennootschap.
Onderhandse emissie	Uitgifte van nieuwe aandelen bij één of een beperkt aantal aandeelhouders. Kan zowel bij een nv als bij een bv.
Openbare emissie	Uitgifte van nieuwe aandelen van een nv via de Amsterdamse Effectenbeurs.
Overgenomen openbare emissie	Uitgifte van nieuwe aandelen van een nv, door één of meer banken, via de Amsterdamse effectenbeurs.
Storting a pari	Een aandeelhouder stort tegen de nominale waarde van een aandeel.

Storting boven pari	Een aandeelhouder stort meer dan de nominale waarde van een aandeel. Het meerdere wordt toegevoegd aan de agioreserve.
Vreemd vermogen	Door derden (banken en/of obligatiehouders) beschikbaar gestelde gelden aan de vennootschap.

Vragen

Meerkeuzevragen

1. Softy Holding nv heeft ongeveer € 662.922, aan aandelen uitstaan. Wat is juist? Deze uitspraak zegt iets over:
   a. Het gestort kapitaal;
   b. Het eigen vermogen;
   c. Het geplaatst kapitaal;
   d. Het maatschappelijk kapitaal.

2. Wat gebeurt er op de balans als een vennootschap zijn eigen aandelen inkoopt?
   a. Het geplaatst kapitaal gaat omlaag;
   b. Het geplaatst kapitaal gaat omhoog;
   c. Het vreemd vermogen gaat omlaag;
   d. Het geplaatst kapitaal blijft hetzelfde.

3. Wat gebeurt er op de balans als een vennootschap zijn eigen aandelen intrekt?
   a. Het geplaatst kapitaal gaat omhoog;
   b. Het geplaatst kapitaal gaat omlaag;
   c. Het vreemd vermogen gaat omhoog;
   d. Het vreemd vermogen gaat omlaag.

4. De aan de Amsterdamse effectenbeurs genoteerde onderneming Softy Holding nv geeft zelf nieuwe aandelen uit via de beurs. Voor 60% is ingetekend door de bestaande aandeelhouder die voorrang hebben.
   a. Om welke emissie gaat het hier?
      A. Claimemissie;
      B. Onderhandse emissie;
      C. Overgenomen emissie;
      D. Openbare claimemissie.
   b. De resterende 40 % uit te geven aandelen zal worden gekocht door andere beleggers. Om welke emissie gaat het hier?
      A. Openbare emissie;
      B. Onderhandse emissie;
      C. Overgenomen openbare emissie;
      D. Overgenomen onderhandse emissie.
   c. Stel, voor Softy Holding nv is de inschrijving op de aandelen niet zo relevant. De onderneming is al zeker van de opbrengst van de emissie. Een aantal ban-

ken hebben de garantie gegeven dat zij zelf de aandelen zullen kopen, mocht de emissie mislukken. Om welke emissie gaat het hier?
- A. Openbare emissie;
- B. Onderhandse emissie;
- C. Overgenomen openbare emissie;
- D. Overgenomen onderhandse emissie.

d. Voordat de emissie kan plaats vinden moest er nog worden gestemd over een statutenwijziging van Softy Holding nv omdat volgens de bestaande statuten er niet zoveel aandelen mogen worden uitgegeven. Wie heeft, als de statuten niet anders bepalen, de bevoegdheid om over een statutenwijziging te beslissen?
- A. Bestuur;
- B. Directie;
- C. Raad van Commissarissen;
- D. Algemene vergadering van aandeelhouders.

e. Wat moet er in de statuten van Softy Holding nv worden gewijzigd voordat de transactie doorgang kan vinden?
- A. De blokkeringsregeling;
- B. Het vreemd vermogen;
- C. De goedkeuringsregeling;
- D. Het maatschappelijk kapitaal.

f. Wat voor soort onderneming is Softy Holding?
- A. Bv met aandelen op naam;
- B. Bv met aandelen aan toonder;
- C. Nv met aandelen op naam;
- D. Nv met aandelen aan toonder.

5. Wat is een obligatielening?
   a. Aandelen zonder stemrecht;
   b. Krediet zonder zekerheidsstelling;
   c. Lening die onder bepaalde voorwaarden kan worden omgezet in aandelen;
   d. Lening waarbij de debiteur schuldbewijzen uitgeeft met een nominale waarde.

6. Wat is agio?
   a. Het bedrag dat bij uitgifte van aandelen boven de nominale waarde wordt gestort;
   b. Het verschil tussen de aankoop van aandelen en de beurswaarde;
   c. Het bedrag dat de aandeelhouder bij uitgifte van een aandeel onder de nominale waarde stort. De aandeelhouder kan door de vennootschap worden gevraagd bij te storten als de liquiditeit daarom vraagt;
   d. Het verschil tussen het gestort en geplaatst kapitaal.

7. Wat is juist? Intrekking van de eigen aandelen van een vennootschap wijzigt:
   a. de reserves;
   b. de vaste activa;

c. het geplaatst kapitaal;
d. het vreemd vermogen.

8. Wat is juist? Inkoop van eigen aandelen door de eigen vennootschap wijzigt:
   a. de reserves;
   b. het geplaatste kapitaal;
   c. het vreemd vermogen;
   d. de liquide middelen (kas);

9. Uit een persbericht van Softy Holding N.V.:

Emissie geplaatst op 8 euro per aandeel
Softy Holding N.V. versterkt eigen vermogen met ruim 6 miljoen euro

ENSCHEDE, 14 februari 2017

Softy Holding N.V. is verheugd dat – in het kader van de aandelenemissie kan worden meegedeeld dat het eigen vermogen met ruim 6 miljoen euro is versterkt. Tevens wordt meegedeeld dat de prijs van de nieuwe gewone aandelen aangeboden in de emissie is vastgesteld op EUR 8 per aandeel. In totaal zal het aandelenkapitaal met 753.255 gewone aandelen toenemen. Met deze opbrengst vindt een belangrijke versterking plaats van het eigen vermogen van Softy Holding N.V. en wordt een stabiele basis gevormd voor de groeiambities van het bedrijf. Na de aandelenuitgifte zullen er in totaal 2.950.163 beursgenoteerde gewone aandelen uitstaan.

Bij de aandelenemissie van Softy N.V. gold een preferentieel toewijzingsrecht voor aandeelhouders die op dinsdag 21 januari 2017 aandelen Softy Holding N.V. bezaten of op die dag aandelen Softy Holding N.V. hadden gekocht. De nieuwe gewone aandelen zullen naar verwachting per 19 februari 2014 tot de handel op Euronext Amsterdam worden toegelaten.

www.softy.nl

Verdere gegevens:
Aandelen à € 2,00 nominaal
   a. Wat gebeurt er op de balans na deze emissie?
      A. Het geplaatst kapitaal neemt af;
      B. Het geplaatst kapitaal neemt toe;
      C. Het geplaatst kapitaal neemt toe en het eigen vermogen neemt af;
      D. Het geplaatst kapitaal neemt af en het eigen vermogen neemt toe.
   b. Hoe groot is het geplaatst kapitaal van Softy Holding nv.?
      A. € 753.255;
      B. € 1.506.510;
      C. € 2.950.163;
      D. € 5.900.326;
   c. Met welk bedrag neemt het geplaatst kapitaal toe na de emissie?
      A. € 12.640;
      B. € 753.255;
      C. € 1.506.510;
      D. € 2.950.163.
   d. Met welk bedrag neemt, na deze emissie, de agio toe per aandeel?
      A. € 2;
      B. € 4;
      C. € 6;
      D. € 8;

e. Van welke soort emissie is hier sprake?
   A. Een onderhandse emissie;
   B. Een openbare claimemissie;
   C. Een openbare onderhandse emissie;
   D. Een openbare overgenomen emissie.

Open vragen

10.

advertentie

Besluit tot kapitaalvermindering

De algemene vergadering van aandeelhouders van de te Enschede gevestigde naamloze vennootschap **Softy Holding N.V.** heeft op 19 februari jl. het besluit genomen de statuten van de vennootschap te wijzigen, inhoudende een vermindering van de nominale waarde van de aandelen (thans € 100 per aandeel) met € 22 per aandeel. Na de statutenwijziging zal het maatschappelijk kapitaal van de vennootschap bedragen € 662.922, verdeeld in 8.499 aandelen van € 78 nominaal elk. Geplaatst zullen zijn 6.900 aandelen. Het betreffende besluit van de algemene vergadering van aandeelhouders is per heden ter inzage gedeponeerd bij de Kamer van Koophandel en Fabrieken te Enschede.

Namens Softy Holding N.V.
P. Werkmans, directeur/enig aandeelhouder

a. Welke wijze van kapitaalvermindering wordt hier gehanteerd, m.a.w. hoe wordt de constructie genoemd om de nominale waarde van de aandelen met € 22 per aandeel te verlagen?
b. Waarom is, voordat tot kapitaalvermindering kan worden overgegaan, een statutenwijziging nodig?
c. Welke belangrijke vereisten stelt de wet aan de totstandkoming van een statutenwijziging?
d. Wat is het geplaatst kapitaal van Softy Holding nv als de hele transactie met succes is doorlopen?
e. Wat is het maatschappelijk kapitaal van Softy Holding nv als de hele transactie met succes is doorlopen?

DEEL 2   DE STRUCTUUR

HOOFDSTUK 6
Bescherming, jaarrekening en wanbeleid

6.1 Beursnotering: reglementen 171
6.2 Beursoverval 171
6.2.1 Bescherming tegen een overval 172
6.2.2 Bescherming van de beschermingsconstructie 172
6.2.3 Bescherming met prioriteitsaandelen 173
6.2.4 Bescherming met preferente aandelen 174
6.2.5 Bescherming met certificeren 175
6.2.6 Beperking aantal uit te brengen stemmen 176
6.3 Melding zeggenschap en kapitaal in beursgenoteerde vennootschappen 176
6.4 Structuurregeling 177
6.5 Corporate Governance 178
6.6 Concern 178
6.7 De jaarrekening 180
6.7.1 Opmaken en vaststellen van de jaarrekening 180
6.7.2 Het begrip jaarrekening 180
6.7.3 Geconsolideerde balans 181
6.7.4 Inzicht in de jaarrekening 181
6.7.5 Winstvaststelling en winstbestemming 182
6.7.6 Accountant 182
6.7.7 Werkzaamheden 182
6.7.8 De accountantsverklaring 182
6.7.9 Inrichting 183
6.7.10 Onzekerheden 183
6.8 Micro-, kleine, middelgrote en grote vennootschappen 183
6.8.1 Publicatie 184
6.8.2 Wijze van publiceren 184
6.8.3 Onjuiste financiële verantwoording bij een nv 185
6.8.4 Decharge 185
6.8.5 Salaris en aandelenbezit van besturen en commissarissen bij nv's 186
6.9 De procedure bij de Ondernemingskamer 186
6.9.1 Geschillenregeling in bv's en nv's 186
6.9.2 Gedwongen overdracht van aandelen 187
6.9.3 Gedwongen overname van aandelen en stemrecht 188

6.10	**Enquêterecht** 188	
6.10.1	Procedure voorafgaand aan een onderzoek 189	
6.10.2	Twijfel aan een juist beleid 189	
6.10.3	Onderzoeker 189	
6.10.4	Wanbeleid 190	
6.10.6	Maatregelen 192	
6.10.7	Schade 192	
	Begrippenlijst 193	
	Vragen 195	
	Meerkeuzevragen 195	
	Open vragen 199	

HOOFDSTUK 6
Bescherming, jaarrekening en wanbeleid

In het eerste gedeelte van dit hoofdstuk worden onderwerpen behandeld die specifiek gelden voor de naamloze vennootschap. Vanaf paragraaf 6.4, de structuurregeling, gelden de regelingen zowel voor de naamloze vennootschap als voor de besloten vennootschap.

6.1 Beursnotering: reglementen

Voordat de aandelen van een in Nederland gevestigde nv tot de notering van de Amsterdamse Effectenbeurs worden toegelaten, moet aan een groot aantal voorwaarden zijn voldaan. Daarbij speelt de Wet toezicht effectenverkeer 1995 een belangrijke rol. De wet heeft tot doel de positie van de beleggers of de effectenmarkten te beschermen en zorg te dragen voor het adequaat functioneren van deze markten. Eenmaal tot de notering toegelaten wordt de vennootschap met een aantal beursvoorschriften geconfronteerd. Met deze eisen wordt een zo optimaal mogelijke voorlichting aan huidige en potentiële beleggers beoogd. Toelating van een nv tot de officiële markt is altijd onderworpen aan de bepalingen van het Reglement inzake vereisten voor notering aan de officiële markt ter beurze van Amsterdam.

6.2 Beursoverval

We spreken van een beursoverval indien op de Amsterdamse Effectenbeurs een onderneming zoveel aandelen koopt van een aan deze beurs genoteerde nv, dat de overvaller erin slaagt de meerderheid te verwerven van het aantal stemmen op de algemene vergadering van aandeelhouders (AVA).

Een van de bevoegdheden van de algemene vergadering van aandeelhouders is het benoemen en ontslaan van het bestuur. Indien de overvaller de meerderheid van het aantal stemmen op de algemene vergadering van aandeelhouders heeft en verder voldoet aan een aantal voorwaarden, kan de overvaller het bestuur ontslaan en zelf bepalen wie de overvaller als bestuurder zal benoemen. Indien de beursovervaller gedurende langere tijd de meerderheid houdt op de algemene vergadering van aandeelhouders, wordt de overvallen nv een dochteronderneming van de overvaller.

Een aandeelhouder kan zich in de vergadering laten vertegenwoordigen door een derde een volmacht te geven om namens hem te stemmen. Ook hiervan wordt zelden op initiatief van de aandeelhouder gebruik gemaakt. Indien voor een besluit van de AVA geen versterkte meerderheid en/of een gekwalificeerd quorum vereist is, kan een (klein) deel van het totaal op het geplaatste kapitaal uit te brengen stemmen de uitslag bepalen van de op een AVA te houden stemming. Het plaatste de directies van nv's voorheen voor het onplezierige feit dat zij bij de besluitvorming verrast konden worden door de wil van een meerderheid van een op een AVA aanwezige minderheid van aandeelhouders. Om dit probleem aan te pakken heeft men verschillende beschermingsconstructies bedacht.

Aan aandelen zijn gelijke rechten en plichten verbonden, tenzij de statuten anders vermelden. Dus maken de statuten van de meeste aan de Amsterdamse Effectenbeurs genoteerde nv's onderscheid tussen verschillende soorten aandelen, die dus niet dezelfde bevoegdheden hebben. Zo hebben de meeste nv's prioriteitsaandelen, die meestal in handen zijn van het bestuur of een bevriende relatie. De houders van deze prioriteitsaandelen hebben dan de bevoegdheid om bestuurders te benoemen en te ontslaan. Op deze manier wordt de bevoegdheid van de aandeelhouders met gewone aandelen beperkt.

6.2.1 Bescherming tegen een overval

Beschermingsconstructies zijn regelingen die door nv's worden getroffen met het oog op de bescherming tegen ongewenste overnamepogingen. De meest voorkomende regelingen zijn gebaseerd op het gegeven dat een aandeel twee aspecten heeft: een financieel en een zeggenschapsaspect. Bij beschermingsconstructies ligt de nadruk op het laatste: aandelen worden niet ter financiering geëmitteerd, maar vanwege het aan de aandelen verbonden stemrecht. Daardoor komt de zeggenschap anders te liggen dan men op grond van de financiële verhoudingen zou verwachten: ook als een overvaller alle aandelen waarop hij een bod uitbrengt in handen krijgt, verwerft hij niet een evenredige zeggenschap in de vennootschap. Een à twee beschermingsmaatregelen worden algemeen aanvaard. Economisch onderzoek heeft aan het licht gebracht dat invoering van beschermingsconstructies over het algemeen niet berust op de nobele grond om tijd voor afweging van belangen te krijgen. Veelal dienen de vele beschermingsconstructies om het eigen belang van het ondernemingsbestuur te behartigen. Beschermingsconstructies worden ook wel oligarchische regelingen genoemd.

Men kan de volgende beschermingsconstructies onderscheiden:
a. uitgifte van prioriteitsaandelen;
b. uitgifte van preferente aandelen (ook wel 'prefs' genaamd);
c. certificeren van aandelen;
d. beperking van het aantal stemmen.

6.2.2 Bescherming van de beschermingsconstructie

Op termijn houdt geen enkele beschermingsconstructie stand. Indien een bieder de meerderheid van de aandelen houdt, zal hij uiteindelijk iedere beschermingsconstructie kunnen overwinnen. De tijd en het geld die hiermee gemoeid zijn kunnen echter voor een potentiële bieder afschrikwekkend werken.

6.2.3 Bescherming met prioriteitsaandelen

Prioriteitsaandelen zijn aandelen waaraan bijzondere bevoegdheden zijn verbonden; in wezen zijn het 'machtsaandelen'. Ze zijn meestal op naam gesteld. Prioriteitsaandelen geven de bezitter ervan meer zeggenschap dan een aandeelhouder met 'gewone' aandelen. De mate van zeggenschap heeft dan niets te maken met het aantal aandelen. Op deze wijze wordt dikwijls in een naamloze vennootschap de macht binnen een kleine groep gehouden, omdat de gewone aandelen van een nv in het openbaar en anoniem verhandeld kunnen worden. Door prioriteitsaandelen uit te geven kan worden voorkomen dat de zeggenschap in andere handen komt.

Met prioriteitsaandelen wordt geprobeerd de macht van de aandeelhoudersvergadering te beperken door toekenning van bepaalde bevoegdheden aan de vergadering van houders van deze aandelen; bijvoorbeeld de bevoegdheid tot een bindende voordracht bij benoeming van leden van het bestuur en de Raad van Commissarissen. De aandeelhoudersvergadering kan echter aan een dergelijke voordracht het bindende karakter ontnemen door middel van een besluit, genomen met twee derde van de uitgebrachte stemmen, indien deze meer dan de helft van het geplaatst kapitaal vertegenwoordigen (art. 2:133, lid 3 BW).

Andere rechten die in de praktijk aan prioriteitsaandelen worden toegekend zijn onder andere goedkeuring van besluiten tot uitgifte van aandelen, statutenwijziging en liquidatie van de vennootschap. In het bijzonder bij de structuurvennootschap is de bepaling belangrijk dat bij statutenwijziging de instemming van de vergadering van houders van prioriteitsaandelen vereist is. De structuur van de vennootschap kan dan niet worden veranderd zonder goedkeuring van de vergadering van prioriteitsaandeelhouders. Prioriteitsaandelen, uitgegeven door de aan de Amsterdamse Effectenbeurs genoteerde vennootschappen, worden vaak ondergebracht in een stichting, waarvan het bestuur gewoonlijk bestaat uit personen die nauw verbonden zijn met bestuur en commissarissen van de vennootschap.

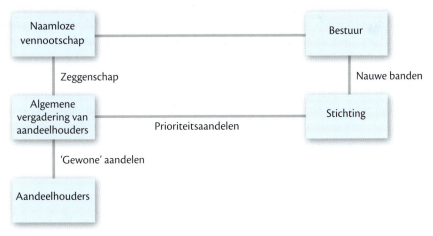

6.1 *Bescherming met prioriteitsaandelen*

6.2.4 Bescherming met preferente aandelen

Emissie van preferente aandelen is een veelgebruikte beschermingsconstructie. Het idee is dat de vennootschap een bepaalde hoeveelheid aandelen plaatst bij een 'bevriende relatie'. Deze oefent vervolgens het stemrecht op die aandelen uit op een wijze die strookt met de wensen van (het bestuur van) de nv, terwijl verzekerd is dat een potentiële overnemer nimmer de hand op de aandelen zal kunnen leggen.

Deze manier van bescherming wordt uitgevoerd doordat de aandeelhoudersvergadering het bestuur de bevoegdheid verleent om in de statuten op te nemen dat er preferente aandelen kunnen worden uitgegeven.

Er wordt dan besloten dat het voorkeursrecht van de zittende aandeelhouders niet geldt voor de preferente aandelen. Vaak worden deze aandelen niet helemaal volgestort.

Het gevolg van het uitgeven van preferente aandelen aan een bevriende partij is dat de aandelen (en dus de stemrechten) van de vijandige overnemer worden verwaterd. Preferente aandelen zijn een goede beschermingsconstructie, omdat bij uitgifte van preferente aandelen de bestaande aandeelhouders geen voorkeursrecht hebben. Preferente aandelen kunnen tegen de nominale waarde worden uitgegeven (dus zonder het gebruikelijke agio bij gewone aandelen) en bovendien hoeven ze in eerst instantie maar voor 25% te worden volgestort.

Bij een beschermingsconstructie staat preferente aandelen altijd op naam. Preferente aandelen worden onderhands geplaatst bij een administratiekantoor met bevriende directie of bij grote bevriende partijen zoals banken. De vennootschap is hiertoe bevoegd als de statuten uitgifte van preferente aandelen toestaan en de emissie geschiedt in het belang van de vennootschap. Statutair wordt voorzien in de mogelijkheid preferente aandelen a pari uit te geven. Het dividendrecht van deze aandelen wordt zodanig geregeld dat de nemer van de aandelen, meestal een voor dat doel opgerichte stichting, uit het dividend voldoende inkomsten heeft om de rentelast van de schuld, die ter financiering van de preferente aandelen is aangegaan, te voldoen. De stichting die de aandelen verkrijgt, heeft meestal als statutaire doelstelling de bevordering van de onafhankelijkheid en continuïteit van de vennootschap.

Van deze mogelijkheid wordt met name gebruik gemaakt ter bescherming of als afweermiddel tegen beursovervallen. Het besluit tot uitgifte geschiedt gewoonlijk door het bestuur op basis van de daartoe door de statuten of krachtens een besluit van de aandeelhoudersvergadering aan haar gedelegeerde bevoegdheid. Meestal is een dergelijk besluit onderworpen aan de goedkeuring van de Raad van Commissarissen. De aandelen worden als regel weer ingetrokken als de dreiging is geweken.

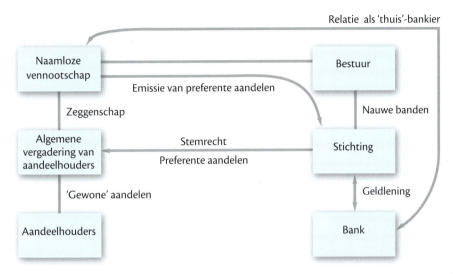

6.2 *Bescherming met preferente aandelen*

6.2.5 Bescherming met certificeren

Bij certificering van aandelen worden aandelen, die vaak op naam zijn gesteld, gehouden door een administratiekantoor dat tegenover de aandelen toondercertificaten uitgeeft waaraan geen stemrecht is verbonden. Certificaathouders hebben vaak het recht de algemene vergadering van aandeelhouders bij te wonen en daar het woord te voeren, maar het administratiekantoor oefent het stemrecht op de aandelen uit. De dividenden en andere opbrengsten komen echter via het administratiekantoor weer toe aan de certificaathouder.

Certificaten kunnen royeerbaar, beperkt royeerbaar of niet-royeerbaar zijn. Royeerbare certificaten kunnen worden omgewisseld in de onderliggende aandelen, waardoor de certificaathouder aandeelhouder wordt. Bij niet-royeerbare certificaten ontbreekt deze mogelijkheid. Bij op zichzelf royeerbare certificaten komt in statuten van beursvennootschappen de bepaling voor dat rechtspersonen – met uitzondering van het administratiekantoor – geen houder van (gewone) aandelen mogen zijn en dat natuurlijke personen niet meer dan een bepaald percentage van het geplaatste aandelenkapitaal (doorgaans 1%) mogen houden. Meestal wordt in de statuten bepaald dat overdracht van aandelen, waaraan uitgifte dan wordt gelijkgesteld, niet mogelijk is aan iemand die reeds 1% (of meer) van het geplaatste kapitaal heeft of door overdracht zou verkrijgen. Op basis van dergelijke statuten uitgegeven certificaten worden aangeduid met 'beperkt royeerbaar'.

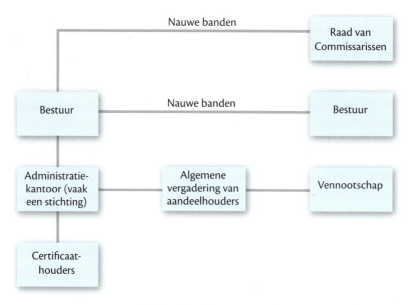

6.3 *Bescherming met certificaten van een administratiekantoor*

6.2.6 Beperking aantal uit te brengen stemmen

In de vergadering van aandeelhouders hebben alleen aandeelhouders stemrecht, waarbij ingevolge de wet iedere aandeelhouder ten minste één stem heeft (art. 2:118, lid 1 BW). Hoofdregel van ons recht is dat iedere aandeelhouder zoveel stemmen uitbrengt als hij aandelen heeft (art. 2:118, lid 2 BW). De wet geeft echter de mogelijkheid van een statutaire regeling die het door eenzelfde aandeelhouder uit te brengen aantal stemmen beperkt (art. 2:118, lid 4 BW). Voorwaarde daarbij is dat aandeelhouders met hetzelfde bedrag aan aandelen hetzelfde aantal stemmen kunnen uitbrengen en de beperking voor houders van een groter aantal aandelen niet gunstiger mag zijn dan voor houders van een kleiner aantal. Ook op andere wijze mag worden afgeweken van de hoofdregel, mits daarbij aan eenzelfde aandeelhouder niet meer dan zes stemmen worden toegekend en mits iedere aandeelhouder ten minste één stem heeft.

6.3 Melding zeggenschap en kapitaal in beursgenoteerde vennootschappen

Aandeelhouders die meer dan drie procent van de stemrechten of het geplaatst kapitaal van een aan de Amsterdamse Effectenbeurs genoteerde nv hebben, moeten dit melden. De wet Financieel toezicht verplicht houders van pakketten stemrechten en aandelen te melden wanneer zij een percentage van 3, 5, 10, 15, 20, 25, 30, 40, 50, 60, 75 en 95 procent beneden- of bovenwaarts overschrijden. Met deze openbaarmaking wordt geprobeerd het zicht op de effectenmarkt te vergroten en daarmee de bescherming van beleggers en andere betrokkenen bij de nv te vergroten. Het is de bedoeling dat iedereen weet hoe in grote lijnen de verhoudingen bij de verschillende beurs-nv's liggen. Voor de betrokken nv's betekent dit dat een stille beursoverval niet mogelijk is. Al bij het overschrijden van de grens van drie procent moet de koper zijn identiteit bekendmaken bij de betrokken onderneming. Een dergelijke melding kan betekenen dat de ondernemingsleiding hierin aanleiding ziet om beschermingsconstructies in werking te stellen.

De melding moet worden gedaan bij de betrokken onderneming en bij de Autoriteit Financiële Markten (AMF). Deze worden gepubliceerd in het openbare register dat voor iedereen is te raadplegen op de site van de AFM. Aandelen en stemrecht van een dochtermaatschappij worden ook toegerekend aan de moeder.

Wie opzettelijk niet aan de meldings- of publicatieplicht voldoet, pleegt een economisch delict. Daarnaast kan de rechter een aantal afzonderlijke maatregelen nemen, zoals tijdelijke opschorting van met de aandelen verbonden stemrecht.

6.4 Structuurregeling

Naast de hierboven genoemde beschermingsconstructies blijkt in de praktijk dat er een zekere beschermende werking van de structuurregeling uitgaat. Een raad van commissarissen is verplicht bij een structuurvennootschap en moet uit tenminste drie leden bestaan. Het grote verschil met een normale raad van commissarissen is dat de raad van commissarissen bij een structuurvennootschap een aantal belangrijke bevoegdheden van de algemene vergadering overneemt, zoals het benoemen en ontslaan van de bestuurders (art. 2:162/272 BW). Ook is de raad van commissarissen in een structuurvennootschap bevoegd tot het goedkeuren van belangrijke bestuursbesluiten zoals het uitgeven van aandelen, het wijzigen van de statuten of het goedkeuren van fusies en overnames. Indien grote vennootschappen aan een drietal voorwaarden voldoen, wordt op hen het structuurregime van toepassing (art. 2:153 e.v. BW). Deze grote nv's en bv's noemt men structuurvennootschappen.

De vereisten zijn (art. 2:153, lid 2 BW):
a. het geplaatst kapitaal plus reserves bedraagt ten minste zestien miljoen euro (€ 16.000.000);
b. er is krachtens wettelijke verplichting een ondernemingsraad;
c. er zijn ten minste 100 werknemers in dienst van de onderneming.

De algemene vergadering van aandeelhouders kan de raad van commissarissen benoemen en ontslaan.

De raad van commissarissen wordt benoemd door de algemene vergadering van aandeelhouders (art. 2:158/268, lid 4 BW). De raad van commissarissen draagt de kandidaten voor bij een vacature in de raad van commissarissen. Kandidaten kunnen worden aanbevolen door de algemene vergadering van aandeelhouders en door de ondernemingsraad. De aandeelhoudersvergadering kan een voordracht verwerpen; in dat geval doet de raad van commissarissen een nieuwe voordracht.

De ondernemingsraad kan kandidaten voor benoeming voordragen. Voor maximaal een derde van de leden van de raad van commissarissen geldt een zogenoemd versterkt recht van voordracht. Dat houdt in dat de raad van commissarissen wordt geacht deze voordracht over te nemen. Aandeelhouders kunnen met een gewone meerderheid van de uitgebrachte stemmen, vertegenwoordigend tenminste een derde van het kapitaal, de gehele raad van commissarissen ontslaan (art. 2:161a/271a BW).

Aandeelhouders kunnen, als ze meer dan 1% van het aantal aandelen vertegenwoordigen, onderwerpen agenderen voor de algemene vergadering en zo mede bepalen waarover in die vergadering wordt gesproken.

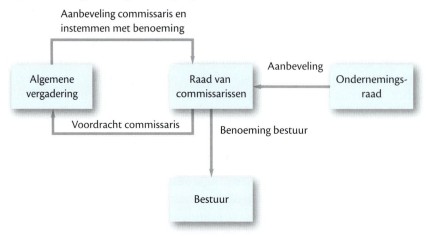

6.4 Benoeming leden raad van commissarissen bij een structuurvennootschap

6.5 Corporate Governance

De *Corporate governance* Code is een gedragscode voor beursgenoteerde ondernemingen. Beursvennootschappen moeten in hun bestuursverslag een paragraaf opnemen waarin wordt aangegeven of de onderneming de Corporate Governance code toepast (art. 2:391, lid 2 BW). Ondernemingen mogen afwijken van de bepalingen, mits zij dat in het jaarverslag uitleggen. De code bevat beginselen en best practice bepalingen over bijvoorbeeld de bezoldiging van bestuurders, de onafhankelijkheid van commissarissen, informatie aan aandeelhouders en de rol van de accountant.

Een geactualiseerde code is op 1 januari 2017 in werking getreden. Hierin staan aanvullingen over bestuurdersbeloning, risicobeheersing, diversiteit, de verantwoordelijkheid van aandeelhouders, overnames en maatschappelijk verantwoord ondernemen.

6.6 Concern

Een concern is economisch één onderneming, die uit een aantal juridisch zelfstandige ondernemingen bestaat waar het centrale beleid door de moederonderneming wordt bepaald. Er wordt ook wel gesproken van een holding. De moederonderneming kan haar wil, direct of indirect, aan haar afhankelijke dochterondernemingen opleggen omdat zij de meerderheid heeft van het aantal aandelen in de dochterondernemingen. We spreken van een dochteronderneming als de moederonderneming meer dan 50% van het aantal stemmen op de algemene vergadering van aandeelhouders van de dochteronderneming kan uitbrengen, met andere woorden de meerderheid bezit (art. 2:24a, lid 1 BW). Als een directeur weigert de instructies van de moederonderneming op te volgen, kan dat betekenen dat de moederonderneming als aandeelhouder van de dochteronderneming die directeur ontslag aanzegt. Zoals bekend heeft een directeur geen ontslagbescherming zoals gewone werknemers. Concerns worden gebruikt om de risico's van het ondernemen te spreiden. Als een onderdeel van het concern slecht loopt, is het makkelijker dat onderdeel als rechtspersoon af te stoten of zelfs failliet te laten gaan.

Formeel is een moederonderneming alleen aansprakelijk voor de schade en schulden van haar dochteronderneming wanneer duidelijk is dat ze onrechtmatig heeft gehandeld en de crediteuren daardoor schade heeft berokkend.

Voorbeeld

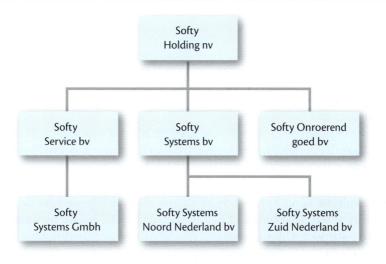

Arrest

Arrest Albada Jelgersma
HR 19 februari 1988, ECLI:NL:HR:1988:AG5761

Feiten
De Albada Jelgersma Holding bv, moederonderneming van een supermarktconcern, kocht in 1980 alle aandelen van de levensmiddelen- en tuinartikelengroothandel Weinalda Kuntz bv. Albada Jelgersma bemoeide zich na de overname intensief en indringend met deze dochter. De overname bleek al spoedig een kat in de zak te zijn en de holding stuurde aan op een faillissement van dochter Weinalda. Ze verzuimde echter de Intercoöperatieve Zuivelfabriek van Antwerpen in te lichten, die dan ook trouw zuivelproducten bleef leveren. De zuivelfabriek bleef met onbetaalde rekeningen zitten ten gevolge van het faillissement van Weinalda.

Hoge Raad
Uitgaande van hetgeen het hof feitelijk heeft vastgesteld heeft het geen rechtsregel geschonden door te oordelen dat AJ (Albada Jelgersma, red.), door na te laten erop toe te zien dat WK (Weinalda Kunz bv, red.) geen goederen meer van Inza (Intercoöperatieve Zuivelfabriek van

Antwerpen, red.) inkocht en evenmin zelf voor betaling van de voortgezette leveranties te zorgen, zich onrechtmatig jegens Inza heeft gedragen.

Toelichting
De Hoge Raad achtte Albada Jelgersma Holding bv aansprakelijk voor de schuld van Weinalda aan de Intercoöperatieve Zuivelfabriek van Antwerpen. Gezien het concernverband en de sterke verwevenheid van moeder en dochter rustte op de holding een zorgplicht om te voorkomen dat crediteuren schade zouden lijden. Door zich niet aan de zorgplicht te houden heeft de moeder zich volgens de Hoge Raad onrechtmatig jegens de crediteur gedragen en is dus aansprakelijk voor de schade die de zuivelfabriek heeft geleden.

6.7 De jaarrekening

Door middel van de jaarrekening legt een onderneming verantwoording af voor het financiële beleid over een bepaalde periode. De wet geeft een uitgebreide regeling voor de jaarrekening en het bestuursverslag.

De jaarrekening kan zowel voor de ondernemer zelf als voor alle bij de onderneming betrokkenen (aandeelhouders, werknemers, ondernemingsraad, crediteuren, concurrenten, de inspecteur van de vennootschapsbelasting et cetera) een uiterst belangrijk stuk zijn. Zij verschaft inzicht in en informatie over de financiële positie en de resultaten van de onderneming. Tegelijk dient zij ook als middel waarmee de ondernemer verantwoording aflegt voor het door haar gevoerde beleid. Iedere naamloze vennootschap, besloten vennootschap, coöperatie en onderlinge waarborgmaatschappij is verplicht aan het eind van het boekjaar de jaarrekening te publiceren (art. 2:360 BW).

6.7.1 Opmaken en vaststellen van de jaarrekening

In de praktijk wordt de jaarrekening vaak door de accountant vervaardigd. Dat gebeurt echter onder verantwoordelijkheid van de directie. De directie maakt de jaarrekening op en de accountant controleert deze. Het opmaken moet uiterlijk vijf maanden na afloop van het boekjaar plaatsvinden (art. 2:101, lid 1 BW). Wegens bijzondere omstandigheden kan de algemene vergadering aan het bestuur verlenging van de opmaaktermijn toestaan. De maximale uitsteltermijn is vijf maanden, zodat bij verleend maximaal uitstel tien maanden na afloop van het boekjaar er een opgemaakte jaarrekening moet zijn.

De jaarrekening is voornamelijk een financiële (cijfermatige) rapportage over de gang van zaken van de onderneming gedurende het afgelopen boekjaar.

6.7.2 Het begrip jaarrekening

De jaarrekening moet bestaan uit een balans en een winst- en verliesrekening, beide met toelichting. De wetgever geeft verder regels die betrekking hebben op inrichting, vorm en inhoud, accountantscontrole en openbaarmaking. De jaarrekening bestaat uit drie onderdelen:
a. balans, winst- en verliesrekening en toelichting op deze stukken (art. 2:361, lid 1 BW);

b. bestuursverslag: het verslag van het bestuur over de gang van zaken in de rechtspersoon (art. 2:391 BW);
c. overige gegevens.

In de jaarrekening wordt inzicht gegeven in samenstelling, herkomst en besteding van het vermogen en van het resultaat van een onderneming. De balans is een overzicht van de bezittingen en schulden met als saldo het eigen vermogen. Anders gezegd: het is een staat die aangeeft uit welke bronnen de onderneming vermogen heeft verkregen (de passiva) en waarin ze dat vermogen heeft geïnvesteerd (de activa). De winst- en verliesrekening is een overzicht van de resultaten die de onderneming in de afgelopen verantwoordingsperiode heeft behaald. De belangrijkste functie van de toelichting op de stukken is uiteenzetten volgens welke grondslagen vermogen en resultaat zijn berekend.

In het bestuursverslag geeft het bestuur (de directie) informatie omtrent de stand van zaken in het afgelopen jaar (per de laatste balansdatum) van de vennootschap en tevens over de te verwachten gang van zaken in de komende jaren.

De overige gegevens (niet te verwarren met de toelichting op de jaarrekening) zijn gegevens die eigenlijk niet goed passen in de jaarrekening of het bestuursverslag, maar toch noodzakelijke informatie verschaffen. Vandaar dat deze gegevens als een apart onderdeel van de jaarstukken worden genoemd. Onder de overige gegevens vallen bijvoorbeeld de accountantsverklaring en de statutaire winstbepaling.

Bij een balans gaat het om de weergave van de vermogenspositie op een bepaald moment. Bij een winst- en verliesrekening gaat het om de resultaten over een bepaalde periode.

6.7.3 Geconsolideerde balans

De regels voor de jaarrekening gelden ongeacht of een onderneming deel uitmaakt van een concern. Bij een concern kunnen een geconsolideerde balans en een geconsolideerde winst- en verliesrekening worden samengesteld. Binnen een concern kan onder voorwaarden een dochteronderneming worden vrijgesteld van de verplichtingen van de Wet op de jaarrekening. Een belangrijke voorwaarde is dat de moederonderneming zich hoofdelijk voor de schulden van de vrij te stellen dochtervennootschap aansprakelijk moet stellen (art. 2:403 BW). Een geconsolideerde jaarrekening geeft de cijfers van het concern als geheel, dus van moeder- en dochterondernemingen tezamen. In economisch opzicht zijn dit de belangrijkste cijfers, belangrijker dan de balans en winst- en verliesrekening van de moederonderneming zelf.

6.7.4 Inzicht in de jaarrekening

Op grond van wettelijk voorschrift wordt aan de jaarrekening de eis gesteld dat deze zodanig is opgesteld dat inzicht wordt verkregen in het vermogen, het resultaat, de solvabiliteit en de liquiditeit van de vennootschap (art. 2:362, lid 1 BW).

In de bedrijfseconomie pleegt men de volgende functies van de jaarrekening te onderscheiden:
a. vaststellen van de winst;
b. verantwoording van het gevoerde beleid;
c. informatie van de kapitaalmarkt.

6.7.5 Winstvaststelling en winstbestemming

Vaststelling van de winst- en verliesrekening houdt vaststelling van de winst of het verlies in. Winstvaststelling moet van winstbestemming onderscheiden worden. Voor alle vennootschappen geldt dat de algemene vergadering de jaarrekening vaststelt. Een besluit tot vaststelling kan niet worden onderworpen aan de goedkeuring van een ander orgaan of van derden. Wel kan bijvoorbeeld de vaststelling van de te reserveren en als dividend uit te keren bedragen statutair aan een ander orgaan van de vennootschap toekomen. De bevoegdheid tot winstbestemming komt niet dwingendrechtelijk aan de algemene vergadering van aandeelhouders toe (art. 2:105/216 BW). Bij de meeste vennootschappen bepaalt dus het bestuur hoe de winst wordt verdeeld, hoeveel dividend de aandeelhouder krijgt en hoe groot de reservering wordt.

Jaarlijks moet het bestuur, binnen vijf maanden na afloop van het boekjaar, een jaarrekening opmaken en deze aan de algemene vergadering van aandeelhouders overleggen. De algemene vergadering van aandeelhouders kan deze termijn op grond van bijzondere omstandigheden met ten hoogste vijf maanden verlengen (art. 2:101/210 BW).

6.7.6 Accountant

Het opmaken van de jaarrekening geschiedt door het bestuur, dat daarvoor in beginsel iedereen kan vragen. Het opmaken van de jaarrekening is niet wettelijk voorbehouden aan een bepaalde groep deskundigen; de controle van de jaarrekening echter wel. In beginsel moet iedere vennootschap aan een deskundige opdracht verlenen tot onderzoek van de jaarrekening. Als deskundige wordt door de wet de (register)accountant aangewezen.

De accountant wordt in het algemeen benoemd door de algemene vergadering van aandeelhouders (art. 2:393, lid 2 BW). De jaarrekening wordt onderzocht door een accountant, wiens verklaring aan de jaarrekening moet worden toegevoegd. Voor het opstellen van de jaarrekening zorgt het bestuur van de gecontroleerde onderneming. Over zijn onderzoek brengt de registeraccountant verslag uit aan het bestuur en/of de raad van commissarissen.

6.7.7 Werkzaamheden

Wat moet de accountant volgens de wet doen? Hij toetst de jaarrekening op het door de wet vereiste inzicht, beoordeelt het bestuursverslag op consistentie en stelt vast of de vereiste gegevens zijn toegevoegd (art. 2:393, lid 3 BW). Wanneer tekortkomingen geconstateerd worden ten aanzien van wettelijke vereisten, moet de accountant hiervan melding maken in zijn verklaring.

6.7.8 De accountantsverklaring

De kern van de accountantsverklaring is dat daaruit gelezen moet kunnen worden of de financiële positie van een onderneming of instelling al dan niet correct is weergegeven (art. 2:393, lid 5 BW). Anders gezegd: of het door de geldcijfers opgeroepen beeld en de daarbij gegeven toelichting stroken met de werkelijkheid.

Over doel en betekenis van de accountantsverklaring bestaan tal van misverstanden. Een van de meest verbreide misvattingen is dat uit een goedkeurende accountantsverklaring kan worden afgeleid dat de gecontroleerde onderneming of instelling er goed voor staat. Als buitenstaander en expert stelt de accountant vast of en in hoeverre anderen op het door de bedrijfsleiding verstrekte cijferbeeld mogen afgaan, erop mogen vertrouwen.

6.7.9 Inrichting
De jaarrekening moet aan een aantal algemene inrichtingseisen voldoen (art. 2:362, lid 1, 2 en 3 BW). De belangrijkste zijn:
- de jaarrekening moet zodanig zijn ingericht dat een verantwoord oordeel, in ieder geval omtrent het vermogen en het resultaat van de nv, mogelijk is (art. 2:362, lid 1 BW);
- continuïteit: de jaarrekening moet aansluiten bij de vorige. Vandaar de termen 'getrouw' en 'stelselmatig' (art. 2:362, lid 2 en 3 BW);
- waarderingsgrondslagen: deze moeten 'maatschappelijk aanvaardbaar' zijn (art. 2:362, lid 1 BW).

6.7.10 Onzekerheden
Een balans geeft een opsomming van bezittingen en schulden. De bedragen suggereren een grote mate van stelligheid, maar eigenlijk geldt voor de meeste het woordje 'ongeveer'. Een kas- of banksaldo is een exact gegeven. Maar welke waarde moet bijvoorbeeld aan de machines worden toegekend? Daarbij komen gewoonten en regels te pas die in de bedrijfseconomie en boekhoudtheorie zijn opgesteld om moeilijk meetbare waarden zo goed mogelijk weer te geven. Het is bijvoorbeeld de gewoonte dat voor machines afschrijvingen plaatsvinden, gebaseerd op verwachte levensduur en restwaarde. In de term 'verwachte' zit een element van onzekerheid. Het is de taak van het bestuur de onzekere factoren zo goed mogelijk in te schatten. Het is de taak van de accountant deze schattingen op aanvaardbaarheid te beoordelen.

Een ander voorbeeld is de post debiteuren. Het bedrag aan vorderingen is precies bekend. Van sommige vorderingen is echter de invorderbaarheid niet helemaal zeker. Dan moet een afboeking worden toegepast ofwel een voorziening worden getroffen. Het is de ondernemingsleiding die de oninbaarheid zo goed mogelijk inschat en de accountant die deze schatting op aanvaardbaarheid toetst. De toepasselijke bepalingen voor de balans zijn te vinden in de art. 2:362-383 BW.

6.8 Micro-, kleine, middelgrote en grote vennootschappen

In beginsel gelden de wettelijke bepalingen voor de jaarrekening op gelijke wijze voor de nv en de bv. Kleine rechtspersonen kunnen echter volstaan met een verkorte jaarrekening (art. 2:396, lid 1 BW).

De rechtspersonen die onder de wettelijke regeling betreffende de jaarverslaggeving vallen, worden onderscheiden op grond van hun bedrijfsomvang. Ter bepaling van deze bedrijfsomvang zijn drie criteria van belang (art. 2:396, lid 1 BW):
- het balanstotaal;
- de netto-omzet;
- het gemiddeld aantal werknemers.

Op basis hiervan wordt een onderneming als micro, klein, middelgroot of groot gekwalificeerd. De indeling beïnvloedt de uitvoering van de jaarrekening, de verplichting tot accountantscontrole en de openbaarheid van de jaarstukken. De grote rechtspersonen moeten bij het opstellen van de jaarrekening aan alle regels voldoen en deze voorleggen aan aandeelhouders en ondernemingsraad. Voorts moeten ze de jaarrekening publiceren door nederlegging bij de Kamer van Koophandel. De middelgrote rechtspersonen hebben enkele vrijstellingen. Kleine rechtspersonen kunnen volstaan met deponering van een beknopte versie van de balans met toelichting van de verkorte jaarrekening (art. 2:396 BW). Micro-ondernemingen hoeven alleen een beperkte balans te publiceren.

Criteria	Micro	Klein	Middelgroot	Groot
• Totale activa	< € 350.00	< € 6 miljoen > € 350.00	> € 20 miljoen, < € 6 miljoen	> € 20 miljoen
• Netto-omzet	< € 700.000	< € 12 miljoen < € 700.000	> € 40 miljoen, > € 12 miljoen	> € 40 miljoen
• Aantal werknemers gemiddeld	< 10	< 50 > 10	> 250, > 50	> 250
	art. 2:395a, lid 1 sub a BW	art. 2:396, lid 1 sub a BW	art. 2:397, lid 1 sub a BW	

Indien aan twee van de drie criteria van een kolom wordt voldaan, valt de rechtspersoon onder die categorie.

6.8.1 Publicatie

Het doel van het opmaken van jaarstukken is het verschaffen van informatie aan de direct betrokkenen zoals bestuur, Raad van Commissarissen en algemene vergadering van aandeelhouders. Ook zijn er andere belanghebbenden die recht op informatie hebben ten aanzien van het wel en wee van de vennootschap. Hierbij valt te denken aan werknemers, leveranciers, afnemers en dergelijke. Indien de onderneming een ondernemingsraad heeft, dient de directie de volgens de wet ingerichte jaarrekening aan de or te overleggen. Voor alle ondernemingen – grote, middelgrote en kleine – geldt de verplichting tot openbaarmaking van (een deel van) de jaarstukken. Iedere onderneming kan tot op zekere hoogte nagaan hoe het financieel met zijn concurrenten is gesteld.

6.8.2 Wijze van publiceren

Het publiceren geschiedt door deponering van de jaarrekening, het bestuursverslag en de overige gegevens bij het handelsregister (art. 2:394, lid 1 BW). Op de jaarrekening moeten de datum van vaststelling en van goedkeuring zijn aangetekend. Ondernemingen dienen binnen vijf maanden na afloop van het boekjaar hun jaarrekening opgesteld te hebben (art. 2:101/210, lid 1 BW). Afhankelijk van de grootte kan dat alleen een balans zijn of een volledige jaarrekening met een winst- en verliesrekening.

Deponeringseisen afhankelijk van grootte van de onderneming

Soort gegevens	Grootte rechtspersoon			
	Micro	Klein	Middelgroot	Groot
Beperkte balans	✓			
Verkorte balans		✓		
Enigszins vereenvoudigde balans			✓	
Uitgebreide balans				✓
Vereenvoudigde winst- en verliesrekening			✓	
Uitgebreide winst- en verliesrekening				✓
Beperkte toelichting		✓		
Uitgebreide toelichting			✓	✓
Bestuursverslag			✓	✓
Accountantsverklaring			✓	✓

Deponeringstermijnen

	Opmaken	Verlengen	Vaststellen	Deponeren
bv (art. 2:210 BW)*	5 maanden	5 maanden	-	8 dagen
nv (art. 2:101 BW)*	5 maanden	5 maanden	-	8 dagen
coöperatie (art. 2:58 BW)	6 maanden	4 maanden	1 maand	8 dagen
vereniging** (art. 2:49 BW)	6 maanden	4 maanden	1 maand	8 dagen
stichting** (art. 2:200 BW)	6 maanden	4 maanden	1 maand	8 dagen
Deponeringstermijnen * Er zijn uitzonderingen. ** Met een onderneming.				

6.8.3 Onjuiste financiële verantwoording bij een nv

Voor bestuurders van nv's bepaalt de wet dat zij hoofdelijk aansprakelijk zijn indien door de jaarrekening, het bestuursverslag of de tussentijdse cijfers een misleidende voorstelling van de financiële stand van zaken van de vennootschap wordt gegeven (art. 2:139 BW). Voor commissarissen geldt deze aansprakelijkheid alleen voor de jaarrekening (art. 2:139 jo 150 BW).

Tegenover derden zijn bestuurders/commissarissen van besloten vennootschappen hoofdelijk aansprakelijk indien de openbaar gemaakte balans en winst- en verliesrekening niet conform de toelichting zijn opgemaakt, alsmede indien een misleidende voorstelling wordt gegeven van de economische toestand van de vennootschap (art. 2:249 jo 260 BW).

6.8.4 Decharge

Een onderneming kan haar bestuurders decharge verlenen. De algemene vergadering van aandeelhouders en de Raad van Commissarissen zijn daartoe bevoegd. Decharge betekent dat de vennootschap de bestuurder niet meer aansprakelijk zal stellen wegens schade die het handelen van de bestuurder met zich heeft gebracht of nog zal brengen. Denk hierbij bijvoorbeeld aan de aansprakelijkheid, genoemd in art. 2:9 BW. Bestuurders kunnen niet impliciet gedechargeerd worden. Beoogde decharge van bestuurders en commissarissen moet als afzonderlijk onderwerp op de agenda van de aandeelhouders worden geplaatst. Indien de jaarrekening wordt vastgesteld of goedgekeurd door de aandeelhoudersvergadering maar geen besluit tot decharge is genomen, is geen decharge verleend.

6.8.5 Salaris en aandelenbezit van besturen en commissarissen bij nv's

Salarissen van directeuren van grote Nederlandse ondernemingen geven vaak veel discussie. Daarom heeft de wetgever een aparte wettelijke regeling gemaakt over het openbaar maken van het inkomen van topondernemers. Naamloze vennootschappen die aan de Amsterdamse Effectenbeurs zijn genoteerd, zijn verplicht duidelijkheid te geven over het salaris en het aandelenbezit van hun bestuurders en commissarissen in de eigen onderneming (art. 2:383 ev BW). Vaak krijgen topondernemers ook een optieregeling. Ook deze optieregelingen moeten in de jaarrekening worden gepubliceerd. Een optieregeling is het recht om aandelen van de vennootschap te kopen gedurende een tevoren vastgelegde periode tegen een tevoren overeengekomen prijs. De openbaarmaking gebeurt in het bestuursverslag en, voor wat betreft het aandelenbezit, bij de Autoriteit Financiële Markten.

6.9 De procedure bij de Ondernemingskamer

Iedere belanghebbende die van oordeel is dat de jaarrekening, het bestuursverslag of de overige gegevens niet voldoen aan de wettelijke voorschriften, kan van de vennootschap vorderen dat zij deze stukken inricht overeenkomstig bij rechterlijk bevel te geven aanwijzingen (art. 2:447 BW).

Een dergelijke vordering, waarbij men een vennootschap wil dwingen wijzigingen aan te brengen in de jaarstukken, moet bij de Ondernemingskamer van het Gerechtshof te Amsterdam worden ingediend. Dit moet geschieden binnen twee maanden na de dag waarop de jaarrekening is vastgesteld, dan wel indien goedkeuring is vereist na de dag waarop zij is goedgekeurd (art. 2:449 BW). Indien de Ondernemingskamer constateert dat de jaarrekening niet deugt, is dit vaak voor belanghebbenden reden om bij de gewone rechter een procedure te beginnen tegen de onderneming, het (ex-)bestuur of de (ex-)commissarissen.

Bestuurders die nalatig zijn bij het deponeren van de jaarrekening bij de Kamer van Koophandel kunnen, indien hun onderneming failliet gaat, onder bepaalde omstandigheden hoofdelijk aansprakelijk worden gesteld voor door derden geleden schade (art. 2:138/248 BW).

6.9.1 Geschillenregeling in bv's en nv's

Als aandelen in een vennootschap aan meer dan één persoon toebehoren, kunnen tussen die personen spanningen ontstaan. In menig familiebedrijf botert het niet tussen de aandeelhouders. Persoonlijke en zakelijke meningsverschillen lopen door elkaar. Problemen tussen aandeelhouders in een vennootschap kunnen verschillende vormen aannemen. Aandeelhouders kunnen in twee kampen tegenover elkaar komen te staan, waardoor besluitvorming niet meer mogelijk is en een goede gang van zaken wordt belemmerd.

Voor het beslechten van conflicten tussen aandeelhouders van bv's en bepaalde soorten nv's geldt een wettelijke geschillenregeling (art. 2:335 e.v. BW). Indien er sprake is van een ruzie tussen aandeelhouders, kan een vordering worden ingesteld door de aandeelhouders(s) waarbij de aandeelhouder waarmee het conflict is, wordt gedwongen zijn aandelen over te dragen. Een dergelijke vordering kan worden ingediend door een of meerdere aandeelhouders die alleen of tezamen minimaal een derde van de aandelen hebben.De regeling is zowel op alle bv's van toepassing als op door de wet als besloten beschouwde nv's. Omdat dergelijke nv's zeer zelden voorkomen, zal in het navolgende steeds over de bv worden gesproken.

Geen enkele vennootschap kan zich aan de geschillenregeling onttrekken. De bepalingen zijn contractueel niet uit te sluiten.

De geschillenregeling kent drie mogelijkheden:
a. gedwongen overdracht van aandelen;
b. gedwongen overname van aandelen;
c. gedwongen overname van stemrecht.

De procedure begint bij de rechtbank van de woonplaats van de vennootschap. Hoger beroep is alleen mogelijk bij de Ondernemingskamer van het Gerechtshof van Amsterdam.

6.9.2 Gedwongen overdracht van aandelen

Bij gedwongen overdracht van aandelen kan in bepaalde gevallen een aandeelhouder die zich hinderlijk gedraagt, gedwongen worden zijn aandelen aan een van zijn medeaandeelhouders over te dragen. Deze overdracht wordt ook wel 'uitsluiting' of 'uitstoting' genoemd.

Een of meer aandeelhouders die gezamenlijk ten minste een derde van het geplaatst kapitaal verschaffen, kunnen van een medeaandeelhouder die door diens gedragingen het belang van de vennootschap zodanig schaadt dat het voortduren van diens aandeelhouderschap in redelijkheid niet kan worden geduld, vorderen dat hij zijn aandelen aan hen overdraagt. Het is dus mogelijk dat een minderheid van aandeelhouders een vordering tot uitsluiting instelt tegen de meerderheid. Gedwongen overdracht van aandelen is slechts mogelijk indien de aandeelhouder tegen wie de vordering wordt ingesteld zich zodanig heeft gedragen dat het functioneren van de vennootschap door verlamming van de besluitvorming in gevaar wordt gebracht.

Een conflict tussen twee aandeelhouders die ieder 50% van de aandelen bezitten, kan worden opgelost doordat de ene aandeelhouder een vordering indient bij de arrondissementsrechtbank (art. 2:336, lid 1 BW). Vanaf het moment dat de dagvaarding aan de gedaagde is betekend tot de dag waarop het vonnis van de rechtbank onherroepelijk is geworden, mag de gedaagde zijn aandelen niet vervreemden (verkopen) zonder toestemming van de eiser (art. 2:338 BW). Dit is om te voorkomen dat de aandelen tijdens de procedure aan een bevriende relatie zullen worden overgedragen, bijvoorbeeld aan een familielid dat dezelfde gedragingen zal voortzetten. De geschillenregeling zou dan weer opnieuw in gang moeten worden gezet. Oordeelt de rechtbank dat de betreffende aandeelhouder zich zodanig heeft gedragen dat in redelijkheid het voortduren van het aandeelhouderschap niet kan worden geduld, dan wordt de vordering toegewezen (art. 2:336 BW). Vervolgens worden drie deskundigen benoemd, die de rechtbank moeten adviseren over de waarde van de over te dragen aandelen (art. 2:339 BW). Nadat de deskundigen hun advies hebben uitgebracht, is het de rechter die bij zijn eindvonnis de prijs vaststelt.

Indien er een statutaire of contractuele regeling bestaat voor de oplossing van geschillen tussen aandeelhouders, moet deze regeling eerst worden toegepast voordat een vordering door de rechtbank ontvankelijk wordt verklaard. Wanneer de eigen regeling van de partijen niet tot een oplossing leidt, kan altijd nog een beroep worden gedaan op de wettelijke regeling.

6.9.3 Gedwongen overname van aandelen en stemrecht

De rechten of belangen van een aandeelhouder kunnen door gedragingen van medeaandeelhouders zodanig worden geschaad, dat aandeelhouderschap in redelijkheid niet meer van hem kan worden gevergd. Het klassieke voorbeeld daarvan is de 'uitgemolken' aandeelhouder die geen dividend ontvangt omdat de enige directeur/meerderheidsaandeelhouder daaraan geen behoefte heeft, naast de salariëring die hij zichzelf heeft toegekend. In een dergelijke situatie kan de aandeelhouder in kwestie vorderen dat zijn medeaandeelhouders de aandelen van hem overnemen (art. 2:343 BW). Ook is geregeld dat een vertrekkende aandeelhouder de juiste waarde van zijn aandelen ontvangt.

Bij gedwongen overgang van stemrecht kan in bepaalde gevallen een pandhouder of vruchtgebruiker die zich hinderlijk gedraagt, gedwongen worden het hem toekomende stemrecht over te geven.

6.10 Enquêterecht

Het enquêterecht is het recht een verzoek in te dienen tot het instellen van een onderzoek (enquête) naar het beleid en de gang van zaken in een nv, bv, coöperatie, een onderlinge waarborgmaatschappij of een stichting of vereniging met een eigen ondernemingsraad (art. 2:344-359 BW). De enquête is bedoeld om orde op zaken te stellen, alsook om inzicht te krijgen in het gevoerde beleid en de verantwoordelijkheid daarvoor. Het verzoek tot het instellen van een enquête moet worden gericht aan de Ondernemingskamer van het Gerechtshof te Amsterdam. Deze dient te onderzoeken of er binnen een onderneming sprake is of geweest is van wanbeleid. Van wanbeleid is sprake bij 'handelen in strijd met de elementaire beginselen van verantwoord ondernemerschap'. De Ondernemingskamer heeft daarin zelf een nader onderscheid aangebracht. Iemand handelt in strijd met de beginselen van behoorlijk ondernemingsbestuur als hij materieel roekeloze en lichtvaardige beslissingen neemt. Maar hij handelt ook onbehoorlijk als hij de spelregels in ernstige mate overtreedt door bijvoorbeeld consequent de statuten aan zijn laars te lappen. Dat laatste hoeft niet direct tot gigantische schade te leiden, maar valt wel onder onbehoorlijk bestuur. Slechts belanghebbenden kunnen om een onderzoek verzoeken.

Het recht van enquête, niet te verwarren met parlementaire enquête, dient ervoor om misstanden binnen ondernemingen via juridische weg aan te pakken. Wie als belanghebbende een verzoek kan indienen tot het instellen van een enquête is geregeld in art. 2:345-347 BW. We kennen de navolgende belanghebbenden:

a. aandeelhouders bij een nv en een bv die ten minste 1/10 deel of € 225.000 van het geplaatst kapitaal vertegenwoordigen;
b. de leden (minimaal 300 of 1/10 deel van het ledenaantal) van een coöperatie, onderlinge waarborgmaatschappij of een vereniging;
c. de vakbonden;
d. de procureur-generaal bij het Gerechtshof te Amsterdam (om redenen van openbaar belang).

6.10.1 Procedure voorafgaand aan een onderzoek

Voordat een verzoek kan worden ingediend voor het houden van een enquête bij de Ondernemingskamer van het Gerechtshof in Amsterdam, moet aan een aantal vereisten worden voldaan.

Eerst moeten bezwaren tegen het beleid of de gang van zaken schriftelijk kenbaar worden gemaakt door belanghebbenden aan het bestuur en (indien aanwezig) de Raad van Commissarissen. De rechtspersoon moet redelijkerwijze de gelegenheid hebben gehad de bezwaren te onderzoeken en naar aanleiding daarvan maatregelen te nemen (art. 2:349, lid 1 BW). Indien de belanghebbende een vakorganisatie is, moet deze eerst de ondernemingsraad horen.

6.10.2 Twijfel aan een juist beleid

Een enquêteverzoek wordt niet zonder meer toegewezen; dat gebeurt slechts als er gegronde redenen zijn om aan juist beleid te twijfelen (art. 2:350, lid 1 BW). Het feit dat de onderneming verlies lijdt is op zich nog geen reden om aan een juist beleid te twijfelen. Wanneer het gaat om een zeer groot verlies, of wanneer de rechtspersoon geen opheldering verschaft over de oorzaken van de slechte gang van zaken of nalaat maatregelen te nemen die aan de situatie een einde kunnen maken, is er volgens de Ondernemingskamer reden om een onderzoek in te stellen naar het beleid en de gang van zaken. Om te verhinderen dat – voordat de enquêteprocedure afgehandeld is – door de rechtspersoon voldongen feiten in het leven zijn geroepen, kunnen verzoekers voorzieningen vragen aan de Ondernemingskamer (art. 2:358, lid 1 BW).

6.10.3 Onderzoeker

Wordt het enquêteverzoek toegewezen, dan benoemt de Ondernemingskamer meestal één onderzoeker. Bij onderzoeken tegen hele grote ondernemingen wordt meer dan één onderzoeker benoemd. Dit is meestal een jurist, een bedrijfseconoom of een accountant, afhankelijk van de aard van de tegen het beleid aangevoerde bezwaren.

De taak van een onderzoeker in een enquêteprocedure kan in drie onderdelen worden onderscheiden:

a. het onderzoek naar de relevante feiten;
b. het trekken van de conclusie of al dan niet van wanbeleid sprake is geweest;
c. zo ja, het aanbevelen van voorzieningen.

Indien de door de onderzoeker vastgestelde feiten de stellingen van de verzoeker bevestigen en het hof deze bevindingen overneemt, blijkt daaruit dat de aanvankelijk reeds uitgesproken twijfel aan het juiste beleid tot zekerheid is geworden.

Bevoegdheden die de onderzoekers eventueel ter beschikking staan (art. 2:351 BW):
- het recht op inzage van de administratie van de betrokken onderneming en, na machtiging van de Ondernemingskamer, ook die van nauw verbonden rechtspersonen zoals moeder- en dochterondernemingen (art. 2:351, lid 1 BW);
- op verzoek van de onderzoekers kan de voorzitter van de Ondernemingskamer die bevelen geven welke de omstandigheden vereisen (art. 2:352, lid 1 BW);
- bestuur, Raad van Commissarissen en werknemers van de rechtspersoon zijn verplicht desgevraagd informatie te verstrekken. Dit geldt ook voor degenen die bestuurder, commissaris of werknemer waren gedurende het tijdvak waarover het onderzoek zich uitstrekt;
- de onderzoeker heeft ook de bevoegdheid om personen als getuigen te laten horen door de Ondernemingskamer (art. 2:352a BW)

Ondernemingskamer benoemt bestuurders en commissaris bij PrivaZorg

AMSTERDAM - De Ondernemingskamer heeft op donderdag 20 juni 2019 bij beschikking de heer M.J. Collette voor de duur van de procedure als bestuurder benoemd bij PrivaZorg. Ook heeft de Ondernemingskamer een nader aan te wijzen commissaris bij PrivaZorg benoemd en bij de enig aandeelhouder een nader aan te wijzen bestuurder. Voor beiden geldt dit eveneens voor de duur van de procedure. De Ondernemingskamer gaat deze bestuurder en commissaris naar verwachting begin volgende week aanwijzen.

Benoemen functionarissen

PrivaZorg zelf, de raad van commissarissen, de aandeelhouder en de cliëntenraad hadden de Ondernemingskamer tijdens de mondelinge behandeling op 23 mei 2019 gemeenschappelijk verzocht functionarissen te benoemen. Aan dit verzoek hebben partijen ten grondslag gelegd dat zij weliswaar van mening verschillen over de oorzaken van de toestand waarin PrivaZorg is komen te verkeren, maar dat zij het erover eens zijn dat een onwerkbare situatie bestaat tussen de organen van PrivaZorg. Ook zijn zij het erover eens dat de governance niet op orde is en dat er moet worden ingegrepen omdat de continuïteit van de onderneming in gevaar is.

Maatregelen

Volgens de Ondernemingskamer zijn er gegronde redenen voor twijfel aan een juist beleid en een juiste gang van zaken bij PrivaZorg en moeten de gevraagde maatregelen in het belang van PrivaZorg worden getroffen. Gedurende de procedure mag PrivaZorg geen dividenduitkeringen doen aan de aandeelhouder.

Onderzoek

De beslissing met betrekking tot de verzoeken tot het gelasten van een onderzoek naar het beleid en de gang van zaken van PrivaZorg wordt aangehouden.

www.rechtspraak.nl, 21 juni 2019,
ECLI:NL:GHAMS:2019:2099

6.10.4 Wanbeleid

Als uit het onderzoek blijkt dat er sprake is van wanbeleid, kan de Ondernemingskamer – weer op verzoek – voorzieningen treffen zoals schorsing of vernietiging van besluiten, schorsing of ontslag van bestuurders en commissarissen en aanstelling van nieuwe, en een tijdelijke wijziging van de statuten (art. 2:355 e.v. BW). Er is volgens jurisprudentie sprake van wanbeleid indien 'er gehandeld is in strijd met de elementaire beginselen van verantwoord ondernemingsschap'. In het uiterste geval is ontbinding van de rechtspersoon mogelijk. De kosten voor het onderzoek zijn voor de vennootschap. Afhankelijk van de uitkomst van het onderzoek kunnen de kosten later op de verzoeker of bijvoorbeeld een bestuurder van de vennootschap worden afgewenteld (art. 2:354 BW). Indien uit het onderzoek blijkt dat het verzoek niet op redelijke gronden is gedaan kan de Ondernemingskamer verhalen op de verzoekers, lichtvaardig een verzoek indienen kan dus financieel riskant zijn (art. 2:354 BW).

Ondernemingskamer wijst verzoeken ondernemingsraad XS4ALL af

AMSTERDAM - De ondernemingsraad van XS4ALLverzocht de Ondernemingskamer om XS4ALL en KPN te gebieden een besluit in te trekken dat kort gezegd inhoudt dat XS4ALL wordt geïntegreerd binnen KPN en dat het merk XS4ALL ophoudt te bestaan. De ondernemingsraad verzocht ook om een onderzoek te gelasten naar het beleid en de gang van zaken van KPN en XS4ALL en (onder meer) een tijdelijk bestuurder van XS4ALL te benoemen.

Vandaag heeft de Ondernemingskamer van het Gerechtshof Amsterdam beide verzoeken van de ondernemingsraad van XS4ALL afgewezen. Het staat XS4ALL en KPN vrij om het besluit tot integratie uit te voeren.

Bijzondere positie XS4ALL

Over het besluit tot integratie van XS4ALL bracht de ondernemingsraad een negatief advies uit. Volgens de ondernemingsraad miskent het besluit de bijzondere (markt)positie van XS4ALL. Die positie wordt gekenmerkt door een kwalitatief hoogwaardige dienstverlening, een technisch hoogstaand en uitgebreid portfolio en een focus op het gebied van security, privacy en open internet. Daarnaast ligt volgens de ondernemingsraad aan het besluit geen zorgvuldige afweging van het concernbelang van KPN en het ondernemingsbelang van XS4ALL ten grondslag en is er geen deugdelijke businesscase.

Besluit tot integratie

De Ondernemingskamer moest beoordelen of XS4ALL in redelijkheid tot het besluit tot integratie heeft kunnen komen. De Ondernemingskamer stelt daarbij voorop dat dit besluit ingrijpende gevolgen heeft omdat XS4ALL als relatief zelfstandig onderdeel van het KPN-concern zal verdwijnen. Volgens de Ondernemingskamer voorzag XS4ALL de ondernemingsraad van alle informatie die hij nodig had om te adviseren. XS4ALL schoot niet tekort in het faciliteren van de ondernemingsraad, zoals in het bijzonder in de vorm van de bekostiging van door de ondernemingsraad in te schakelen externe deskundigen. XS4ALL gaf voldoende inzicht in de beweegredenen van het besluit.

Ook is het besluit voldoende gemotiveerd. XS4ALL miskende in de besluitvorming het bijzondere karakter van XS4ALL niet. Het belang van XS4ALL is in voldoende mate in de besluitvorming betrokken. De businesscase die aan het besluit ten grondslag ligt, acht de Ondernemingskamer niet gebrekkig. XS4ALL en KPN deden onderzoek naar alternatieven en deze zijn, evenals het eigen alternatief van de ondernemingsraad ('XS4ALL in zijn kracht'), uitvoerig met de ondernemingsraad besproken. Het besluit tot integratie heeft geen ingrijpende personele gevolgen. Er vallen geen gedwongen ontslagen.

Geen gegronde redenen voor twijfel aan een juist beleid

De ondernemingsraad heeft in zijn verzoek om een onderzoek te gelasten naar voren gebracht dat XS4ALL en KPN de (relatieve) onafhankelijkheid van XS4ALL veronachtzamen. Ook zou KPN op oneigenlijke wijze hebben ingegrepen in de dagelijkse besturing en operationele processen binnen XS4ALL, waardoor de dienstverlening onder druk werd gezet. Volgens de Ondernemingskamer ziet hetgeen de ondernemingsraad heeft aangevoerd in essentie op het spanningsveld dat XS4ALL enerzijds (al ruim twintig jaar) onderdeel is van het KPN-concern en dat XS4ALL anderzijds binnen dat concern een relatief autonome positie heeft. De Ondernemingskamer ziet geen gegronde reden om aan een juist beleid en juiste gang van zaken te twijfelen. XS4ALL heeft het eigen belang van XS4ALL niet op oneigenlijke of onredelijke wijze achtergesteld bij de belangen van het KPN-concern.

www.rechtspraak.nl,
23 december 2019,
ECLI:NL:GHAMS:2019:4585

6.10.5 Marginale toetsing

De Ondernemingskamer stelt zich terughoudend op tegenover ondernemingen en toetst het beleid van de onderneming slechts marginaal. Dat wil zeggen dat de rechter kijkt of het bestuur de verschillende belangen die in het geding zijn – die van de kapitaalverschaffers, van de werknemers, van de onderneming en soms bepaalde aspecten van het algemeen belang – niet onzorgvuldig tegen elkaar heeft afgewogen. De rechter baseert zich daarbij op het beginsel van redelijkheid en billijkheid dat is neergelegd in art. 2:8 BW.

6.10.6 Maatregelen

De maatregelen die de Ondernemingskamer kan nemen, staan in art. 2:355 BW. De voorziening die de Ondernemingskamer het meest toepast is tijdelijke wijziging van de leiding van de rechtspersoon door schorsing of ontslag van bestuurders en/of commissarissen, al dan niet met gelijktijdige aanstelling van andere functionarissen. Vaak worden dan tevens de statuten aangepast.

6.10.7 Schade

Wat de Ondernemingskamer niet kan, is degene die voor het wanbeleid verantwoordelijk zijn, veroordelen tot schadevergoeding. Dat is omdat in het enquêterecht niet de individuele aansprakelijkheid van de bestuurder aan de orde is, maar het wanbeleid van de rechtspersoon. Dat betekent dat een partij die schade heeft geleden als gevolg van het wanbeleid, de verantwoordelijke zal moeten dagvaarden voor de gewone civiele rechter.

Begrippenlijst

Activa	Debetzijde van de balans, bestaande uit gebouwen, machines en duurzame productiemiddelen, de bezittingen
Balans	Een overzicht van de activa en de passiva van een onderneming op een bepaald moment.
Beschermings-constructie	Constructie waarbij de zeggenschap van de aandeelhouders wordt beperkt ten behoeve van het bestuur/ de Raad van Commissarissen.
Bestuurverslag	Het schriftelijk verslag van het bestuur over de gang van zaken binnen de rechtspersoon.
Beursoverval	Situatie waarbij een onderneming probeert via de aandelenbeurs de meerderheid van het aantal aandelen te verkrijgen van een andere onderneming om daarmee die onderneming over te nemen.
Certificering	Constructie waarbij het stemrecht van een aandeel wordt afgesplitst.
Corporate Governance Code	Een gedragscode voor beursgenoteerde bedrijven met als doel verbeterde transparantie in de jaarrekening, betere verantwoording van de Raad van Commissarissen en een versterking van de zeggenschap en bescherming van aandeelhouders.
Concern	Situatie waarbij de ene rechtspersoon de meerderheid van het aantal aandelen van andere rechtspersoon bezit en zo zeggenschap uitoefent.
Decharge	Uitspraak van de algemene vergadering van aandeelhouders na vaststelling van de jaarrekening waarbij ze stellen het bestuur niet privé aansprakelijk te zullen stellen.
Disculpatie	Uitsluiten van aansprakelijkheid omdat men niet schuldig is.
Dividend	Uitkering van de winst van een onderneming aan de aandeelhouders.
Enquêterecht	Onderzoek, via de Ondernemingskamer, naar de gang van zaken binnen een onderneming.
Geconsolideerde balans	Gezamenlijke balans van meerdere ondernemingen die samen een concern vormen.

Geschillen-regeling	Regeling om conflicten tussen aandeelhouders te beslechten.
Jaarrekening	Balans en winst- en verliesrekening en de toelichting daarop.
Marginale toetsing	De rechter bekijkt de zaak op hoofdpunten en kijkt niet naar details.
Ondernemings-kamer	Onderdeel van het gerechtshof Amsterdam, dat tot taak heeft juridische conflicten in Nederlandse ondernemingen te beslissen.
Passiva	De creditzijde van de balans, bestaande uit het eigen- en vreemd vermogen
Preferente aandelen	Een aandeel met extra zeggenschap. Meestal een aandeel op naam.
Prioriteits-aandelen	Een aandeel met extra zeggenschap. Meestal hebben de aandeelhouders van prioriteitsaandelen de bevoegdheid om exclusief het bestuur te benoemen.
Quorum	Minimum aantal stemmen dat aanwezig moet zijn om geldige besluiten te kunnen nemen.
Stockdividend	Winstuitkering over een boekjaar in de vorm van aandelen.
Structuurregeling	Regeling waarbij bevoegdheden van de algemene vergadering, bij een grote nv/bv, verplicht overgaan naar de Raad van Commissarissen.
Wanbeleid	Mismanagement.
Winst- en verlies-rekening	Onderdeel van de jaarrekening.

Vragen

Meerkeuzevragen

1. Waarvan geniet een kleine bv in de zin van Boek 2 BW geen verlichting of vrijstelling van haar jaarrekening?
   a. De accountantscontrole;
   b. De inrichting van de jaarrekening;
   c. De publicatieplicht;
   d. Het bestuursverslag.

2. Welke van de onderstaande stellingen is of zijn juist?
   I De gedeponeerde jaarrekening dient voor alle in art. 2:360 e.v. BW genoemde rechtspersonen identiek te zijn aan de vastgestelde jaarrekening.
   II Bij kleine rechtspersonen behoeven bestuursverslag en overige gegevens niet aan alle inrichtingsvoorschriften van art. 2:360 e.v. BW te voldoen.
   a. I en II zijn juist;
   b. I is juist, II is onjuist;
   c. I is onjuist, II is juist;
   d. I en II zijn onjuist.

3. Welke bewering is juist?
   a. Beschermingsconstructies mogen alleen als er binnen een onderneming een raad van commissarissen is;
   b. Beschermingsconstructies mogen alleen bij structuurvennootschappen;
   c. Een administratiekantoor is aandeelhouder van een onderneming en geeft certificaten uit;
   d. Een administratiekantoor is certificaathouder van een onderneming en geeft aandelen uit.

4. Welke van de onderstaande stellingen is of zijn juist?
   Op grond van de wettelijke geschillenregeling kunnen:
   I aandeelhouders verplicht worden aandelen over te nemen of over te dragen;
   II directeuren aansprakelijk worden gesteld voor geleden schade.
   a. I en II juist;
   b. I juist, II onjuist;
   c. I onjuist, II juist;
   d. I en II onjuist.

5. Bij Softy Holdings nv dreigt een beursoverval. De Stichting Continuïteit Softy Holding nv wil dit voorkomen en heeft daarom een optie uitgeoefend waarbij een belang van 30% wordt verworven in de onderneming middels de uitgifte van preferente aandelen. Waarvan is hier sprake?
   a. Openbare emissie;
   b. Onderhandse emissie;
   c. Openbare overgenomen emissie;
   d. Onderhandse overgenomen emissie.

6.

   Wanbeleid Van der Moolen Holding N.V. op onderdelen beleid

   Vanmiddag heeft de Ondernemingskamer uitspraak gedaan op het verzoek van (i) VEB NCVB (advocaat: mr. J.H. Lemstra), (ii) ASR Schadeverzekering N.V. c.s. (advocaat: mr. A.C. Metzelaar), en (iii) de curatoren van Van der Moolen Holding N.V. ("VDM") (advocaat: mr. P.R.W. Schaink).

   De Ondernemingskamer heeft wanbeleid van VDM vastgesteld op de in de uitspraak nader aangeduide onderdelen van het beleid ten aanzien van Online Trader, de samenwerking met Avalon, de inkoop van eigen aandelen en de corporate governance.

   Verder heeft de Ondernemingskamer vastgesteld:
   - dat R.E. den Drijver voor het wanbeleid verantwoordelijk is,
   - dat de raad van commissarissen voor het wanbeleid ten aanzien van de corporate governance over de periode van 22 mei 2008 tot 7 mei 2009 verantwoordelijk is,
   - dat de raad van commissarissen voor het overige voor het in de beschikking vastgestelde wanbeleid over de periode tot 7 mei 2009 verantwoordelijk is, en
   - dat G.H.A. Kroon voor het wanbeleid vanaf mei 2008 verantwoordelijk is.

   Tot slot zijn Den Drijver en Kroon voornoemd hoofdelijk veroordeeld tot betaling van de kosten van het onderzoek aan de curatoren.

   www.rechtspraak.nl, 15-2-2013, ECLI:NL:GHAMS:2013:BZ1149

   a. In het artikel staat de volgende passage: 'De Ondernemingskamer heeft wanbeleid van VDM vastgesteld op de in de uitspraak nader aangeduide onderdelen van het beleid ten aanzien van Online Trader, de samenwerking met Avalon, de inkoop van eigen aandelen en de corporate governance'. Waarop is deze procedure gebaseerd?
      A. De geschillenregeling (art. 2:335 e.v. BW);
      B. Het recht van enquête (art. 2:344 e.v. BW);
      C. Behoorlijke taakvervulling bestuurders rechtspersonen (art. 2:9 BW);
      D. Hoofdelijke aansprakelijkheid bestuurders bij faillissement (art. 2:138/248 BW).
   b. In het artikel staat de volgende passage: 'Tot slot zijn Den Drijver en Kroon voornoemd hoofdelijk veroordeeld tot betaling van de kosten van het onderzoek aan de curatoren' Op welk wetsartikel is dit gebaseerd?
   c. Wat is de Corporate Governance Code?
      A. Een gedragscode voor beursgenoteerde ondernemingen;
      B. Het geheel van interne beleidsregels binnen een onderneming;
      C. Het speculeren op de effectenbeurs door inkoop van eigen aandelen;
      D. Het monitoren van de uitgegeven aandelen van een onderneming door een administratiekantoor.

7.

Ondernemingskamer stelt wanbeleid vast bij Meavita

AMSTERDAM – De Ondernemingskamer van het gerechtshof Amsterdam heeft vandaag uitspraak gedaan op het verzoek van ABVAKABO FNV tot het vaststellen van wanbeleid bij het (voormalige) Meavita-concern.

De Ondernemingskamer heeft wanbeleid vastgesteld. Voor dat wanbeleid zijn (de leden van) de raden van bestuur respectievelijk de toezichthoudende organen van Meavitagroep, S&TZG en Meavita Nederland verantwoordelijk. Het wanbeleid betreft onder meer de volgende punten:

Fusie en organisatie
- De fusie tussen Meavitagroep en S&TZG was onvoldoende doordacht (onder meer ten aanzien van het "besturen op afstand") en onvoldoende uitgewerkt.
- De bij de fusie betrokken organen van de fusiepartners hebben het ernstige risico genomen, althans het risico vergroot dat op een of meer functies niet een geschikte bestuurder of commissaris zou worden benoemd.
- Hermans – en in mindere mate ook Van der Veer – hebben hun medecommissarissen de belangrijke interne en externe signalen over het functioneren van Meuwese als voorzitter van de raad van bestuur onthouden.
- De zittende raad van commissarissen, en in het bijzonder Hermans, hebben de per 1 oktober 2007 aangetreden nieuwe leden van de raad van commissarissen ten onrechte niet volledig over de bestaande problemen geïnformeerd.
- De concernbrede ambities van Meavita Nederland vergden bij uitstek centrale sturing. Die centrale sturing was er echter niet, althans onvoldoende.
- De rapportage van wezenlijke stuurindicatoren was in 2007 en de eerste helft van 2008 onvoldoende.
- Meavitagroep heeft niet tijdig gereorganiseerd in verband met de invoering van de WMO.

TVfoon
- S&TZG heeft zonder de daarvoor vereiste verantwoorde voorbereiding (bijvoorbeeld zonder het noodzakelijke onderzoek) besloten tot het opzetten van TVfoon, een omvangrijk en voor werknemers en cliënten zeer ingrijpend project.
- S&TZG heeft voor onderdelen van de besluitvorming ten onrechte niet (tijdig) het advies gevraagd aan haar centrale ondernemingsraad respectievelijk aan haar centrale cliëntenraad.
- Meuwese heeft welbewust en in strijd met de interne regelgeving op basis van een gewrongen redenering het besluit tot het opzetten van het project respectievelijk het aangaan van de mantelovereenkomst niet ter goedkeuring aan de raad van commissarissen voorgelegd.
- Ten onrechte heeft de raad van commissarissen het overtreden van de interne regels en van de 'Wet op de ondernemingsraden' en de 'Wet medezeggenschap cliënten zorginstellingen' onbesproken gelwaten. Daardoor is de raad van commissarissen niet toegekomen aan de vraag of daaraan consequenties moesten worden verbonden, maar heeft hij integendeel voor het desbetreffende beleid decharge verleend.
- De raad van bestuur van Meavita Nederland heeft de uitvoering van het project niet adequaat ter hand genomen.

Algemene overweging ten aanzien van het beleid en de gang van zaken bij het Meavita concern

Weliswaar moesten de bestuurders en toezichthouders in een bijzonder moeilijke periode opereren. Concurrentie werd ingevoerd, de AWBZ werd gewijzigd, de WMO werd geïntroduceerd, onbetaalde overproductie kwam te staan tegenover zorgplicht, er moesten (via aanbesteding) overeenkomsten worden gesloten met tientallen gemeenten, elk met eigen regels, enzovoorts. Deze en andere omstandigheden kunnen mogelijk een verklaring vormen voor minder gunstige ontwikkelingen in of slechte resultaten van een onderneming. Zij kunnen echter geen rechtvaardiging vormen voor de vastgestelde tekortkomingen. Integendeel, de bestuurders en toezichthouders van Meavitagroep en S&TZG/Meavita Nederland kenden die omstandigheden of konden ze – in ieder geval grotendeels – zien aankomen. Die omstandigheden vergden daarom extra aandacht en extra zorgvuldigheid van bestuurders en toezichthouders. De aandacht voor – voor het welslagen van de fusie en voor de gezondheid van de ondernemingen essentiële – taken schoot echter tekort, zoals ten aanzien van de voorbereiding en de uitvoering van de fusie, ten aanzien van de gemeenschappelijke inzet van de algemeen directeuren en ten aanzien van de financiële cijfers, en dat terwijl er wel veel aandacht (en financiering) was voor buitenlandprojecten. Het had ook op de weg van de bestuurders van respectievelijk Meavitagroep en S&TZG/Meavita Nederland gelegen om extra grondig te onderzoeken of het verstandig was om het project TVfoon te starten. En zo ja, dan hadden zij een zorgvuldige besluitvorming moeten volgen en de uitvoering van het project strak moeten begeleiden, terwijl toezichthouders bijvoorbeeld op geconstateerde schending van de regels omtrent de besluitvorming adequaat hadden moeten reageren. Om te experimenteren dan wel improviseren met het – financieel en organisatorisch ingrijpende – project waren de externe factoren inderdaad zeker niet geschikt. In ieder geval vormden deze en dergelijke omstandigheden voor het geconstateerde gebrek aan aandacht en voor de overige tekortkomingen, zoals ten aanzien van het schenden van governance- en medezeggenschapsregels, geen rechtvaardiging. De Ondernemingskamer concludeert: er was inderdaad een cumulatie aan moeilijke tot zeer moeilijke externe factoren. In plaats van die tegemoet te treden met extra zorgvuldigheid en aandacht, vervielen bestuurders en toezichthouders in een cumulatie van tekortkomingen.

Overige beslissingen van de Ondernemingskamer
- Op een aantal punten is het verwijt van wanbeleid verworpen. Zo waren de salarissen en ontslagvergoedingen in het algemeen in overeenstemming met de desbetreffende adviesregeling van de NVZD. En voor zover dat niet het geval was, berustte de afwijking op een eerder afgesloten arbeidsovereenkomst dan wel was deze niet disproportioneel.
- Ook is tijdig nagedacht over de invoering van de WMO en zijn tijdig activiteiten ondernomen om op die invoering te anticiperen. Meavitagroep heeft echter niet tijdig gereorganiseerd in verband met de invoering van de WMO.
- Met betrekking tot de steunaanvraag bij de NZa is niet van wanbeleid gebleken.
- De verzoeken tot vaststelling van wanbeleid bij Sensire en Vitras worden afgewezen.
- Enkele dechargebesluiten worden vernietigd.
- ABVAKABO FNV en de curatoren kunnen de door hen betaalde onderzoekskosten verhalen op (een aantal) voormalige bestuurders en toezichthouders die verantwoordelijk zijn voor het onjuiste beleid.

www.rechtspraak.nl, 2-11-2015, ECLI:NL:GHAMS:2015:4454

Opmerking, Meavita was een stichting.

a. De Ondernemingskamer van het gerechtshof in Amsterdam heeft de top van het voormalige Meavita schuldig bevonden aan wanbeleid. Waarop is deze procedure gebaseerd?
   A. Bestuursaansprakelijkheid (art. 2:9 BW);
   B. De geschillenregeling (art. 2:335 e.v. BW);
   C. Het recht van enquête (art. 2:344 e.v. BW);
   D. Kennelijk onbehoorlijk bestuur (art. 2:138/248 BW).
b. Wanneer is er volgens vaste jurisprudentie sprake van wanbeleid?
   A. Als er gehandeld is in strijd met het ongeschreven recht;
   B. Als er gehandeld is in strijd met redelijkheid en billijkheid;
   C. Als er gegronde redenen zijn om aan een juist beleid te twijfelen;
   D. Als er gehandeld is in strijd met de elementaire beginselen van verantwoord ondernemerschap.
c. Wanneer wijst de Ondernemingskamer een verzoek tot een enquête toe?
   A. Als er sprake is van wanbeleid;
   B. Als er gegronde redenen zijn om aan een juist beleid te twijfelen;
   C. Als er gehandeld wordt in strijd met verantwoord ondernemingsschap;
   D. Als een aandeelhouder door zijn gedragingen het belang van de vennootschap zodanig schaadt, dat het voortduren van zijn aandeelhouderschap in redelijkheid niet kan worden geduld.
d. De Ondernemingskamer kan zeer vergaande maatregelen treffen als blijkt dat er sprake is van onverantwoord bestuur in strijd met het Burgerlijk Wetboek. Wanneer kan de Ondernemingskamer maatregelen nemen:
   A. Als er sprake is van wanbeleid;
   B. Als er gegronde redenen om aan een juist beleid te twijfelen;
   C. Als er gehandeld is in strijd met verantwoord ondernemingsschap;
   D. Als een aandeelhouder die door zijn gedragingen het belang van de vennootschap zodanig schaadt, dat het voortduren van zijn aandeelhouderschap in redelijkheid niet kan worden geduld.

e. Vergaande maatregelen kunnen ook voortvloeien uit de wettelijke geschillenregelingen, die dezelfde Ondernemingskamer behandelt. Wanneer kan een aandeelhouder, in een geschillenregelingsprocedure, verplicht worden om zijn aandelen over te dragen?
   A. Als er sprake is van wanbeleid;
   B. Als er gegronde redenen zijn om aan een juist beleid te twijfelen;
   C. Als er gehandeld wordt in strijd met verantwoord ondernemingsschap;
   D. Als een aandeelhouder door zijn gedragingen het belang van de vennootschap zodanig schaadt, dat het voortduren van zijn aandeelhouderschap in redelijkheid niet kan worden geduld.
f. In het artikel staat de volgende passage:
   Ten onrechte heeft de raad van commissarissen het overtreden van de interne regels en van de 'Wet op de ondernemingsraden' en de 'Wet medezeggenschap cliënten zorginstellingen' onbesproken gelaten.
   Wat zijn besluiten van een orgaan die in strijd zijn met de wet?
   A. Nietig;
   B. Ongeldig;
   C. Strafbaar;
   D. Vernietigbaar;
g. In het artikel staat de volgende passage:
   Enkele dechargebesluiten worden vernietigd.
   Waarom is dit van belang?
   A. Daardoor kan het bestuur privé aansprakelijk worden gesteld op grond van art. 2:9 BW;
   B. Daardoor kan de raad van commissarissen privé aansprakelijk worden gesteld op grond van art. 2:9 BW;
   C. Daardoor kan het bestuur privé aansprakelijk worden gesteld op grond van art. 2:138/248 BW
   D. Daardoor kan de raad van commissarissen privé aansprakelijk worden gesteld op grond van art. 2:138/248 BW.

Open vragen

8. Softy bv heeft over het afgelopen boekjaar een netto-omzet van € 8 miljoen. De waarde van de activa bedraagt volgens de balans € 3 miljoen en er zijn 35 werknemers in dienst.
   a. Wat voor onderneming is Softy bv volgens de Wet op de jaarrekening (art. 2:360 e.v. BW); een een micro onderneming, een kleine onderneming een middelgrote onderneming of grote onderneming?
   b. Wanneer moet de jaarrekening, behoudens bijzondere omstandigheden, aan de algemene vergadering van aandeelhouders worden voorgelegd? (Opmerking: dit staat niet in de Wet op de jaarrekening art. 2:360 e.v. BW.)
   c. Binnen welke termijn moet de jaarrekening van Softy bv worden gepubliceerd (gedeponeerd bij de Kamer van Koophandel)?

d. Wat kan het gevolg zijn voor de bestuurder(s) indien Softy bv een aantal jaren geen jaarrekening publiceert en vervolgens failliet gaat?

9.

Wanbeleid Fortis bij overname ABN AMRO

DEN HAAG – Fortis heeft zich rondom de overname van ABN AMRO schuldig gemaakt aan wanbeleid. Dat oordeelde de Ondernemingskamer van het gerechtshof Amsterdam in 2012. Dit oordeel van de Ondernemingskamer is nu definitief doordat de Hoge Raad het cassatieberoep van Fortis N.V. (tegenwoordig genaamd Ageas N.V.) vandaag heeft verworpen.

Fortis heeft in 2007, samen met Fortis België, de Royal Bank of Scotland en Banco Santander, ABN AMRO overgenomen. Met het aandeel van Fortis in de overname was een bedrag van ongeveer € 24 miljard gemoeid. Dat was destijds ongeveer 50% van de beurswaarde van Fortis. Fortis is er niet in geslaagd volledige financiering te vinden voor haar aandeel in de overname. In oktober 2008 is Fortis genationaliseerd. Fortis heeft hierbij een boekhoudkundig verlies geleden van € 24 miljard. Het aandeel Fortis op de Amsterdamse beurs is aanmerkelijk in waarde gedaald.

De Ondernemingskamer heeft in de enquêteprocedure op verzoek van onder meer VEB op 5 april 2012 geoordeeld (ECLI: NL:GHAMS:2012:BW0991) dat uit het onderzoeksverslag blijkt van wanbeleid van Fortis N.V. in de periode vanaf september 2007 tot en met september 2008. Dat wanbeleid betreft:

a. de uitvoering van de solvabiliteitsplanning van Fortis in 2008
b. de informatieverstrekking over haar subprimeportefeuille (zogenoemde rommelhypotheken waarbij een groot afbetalingsrisico werd geaccepteerd) in het emissieprospectus van 20 september 2007 en de trading update (tussentijds financieel overzicht) van 21 september 2007
c. het communicatiebeleid van Fortis in deze periode.

De Ondernemingskamer heeft bovendien het besluit van de algemene vergadering van aandeelhouders van Fortis N.V. van 29 april 2008 gedeeltelijk vernietigd. Bij dat besluit was decharge aan het bestuur verleend voor het in 2007 gevoerde beleid.

Fortis heeft tegen de uitspraak van de ondernemingskamer cassatieberoep ingesteld.

De Hoge Raad heeft Fortis niet gevolgd in het standpunt dat de Ondernemingskamer met hindsight bias (wijsheid achteraf) over de gebeurtenissen in 2007 en 2008 heeft geoordeeld. De Ondernemingskamer heeft volgens de Hoge Raad tot uitdrukking gebracht dat op Fortis als systeembank een bijzondere en aangescherpte zorgplicht bij de overname van ABN AMRO rustte. Van Fortis mochten ten tijde van haar handelen en besluitvorming meer kennis, inzicht en inspanningen worden verwacht dan van een partij in een andere positie. Ook heeft de Hoge Raad de klachten van Fortis verworpen tegen het oordeel van de Ondernemingskamer dat Fortis wanbeleid kan worden verweten in verband met de informatieverstrekking, onder meer in het prospectus en de trading update.
www.rechtspraak.nl, 6 december 2013,
ECLI:NL:HR:2013:1586

a. Wat is wanbeleid?
b. Zouden de beleggers/aandeelhouders, na deze uitspraak, de (oud)-bestuurders persoonlijk aansprakelijk kunnen stellen op grond van art. 2:9 BW?
c. Zouden de beleggers/aandeelhouders, na deze uitspraak, de (oud)-bestuurders persoonlijk aansprakelijk kunnen stellen op grond van art. 2:138 BW?
d. In het artikel staat de volgende passage:
De Ondernemingskamer heeft bovendien het besluit van de algemene vergadering van aandeelhouders van Fortis N.V. van 29 april 2008 gedeeltelijk vernietigd. Bij dat besluit was decharge aan het bestuur verleend voor het in 2007 gevoerde beleid.
Waarom is het belangrijk dat de Ondernemingskamer de decharge heeft vernietigd.

DEEL 2   DE STRUCTUUR

HOOFDSTUK 7
Vereniging en stichting

7.1 **Vereniging** 203
7.1.1 Het doel 203
7.1.2 De statuten en de notariële akte 204
7.1.3 Wijziging van de statuten 204
7.1.4 Huishoudelijk reglement 204
7.1.5 De informele vereniging 204
7.2 **De gewone vereniging** 205
7.2.1 Lidmaatschap bij een gewone vereniging 206
7.2.2 Aanmelden als lid bij een vereniging 206
7.2.3 Einde van het lidmaatschap 206
7.2.4 Opzegging door het lid 206
7.2.5 Opzegging namens de vereniging 207
7.2.6 Ontzetting en schorsing 207
7.3 **Organen van de vereniging** 207
7.3.1 Agenda en oproeping 208
7.4 **Algemene ledenvergadering** 208
7.4.1 Bevoegdheden van de algemene ledenvergadering 208
7.4.2 Besluit van de algemene ledenvergadering 208
7.4.3 Stemrecht en quorum 209
7.5 **Het bestuur** 209
7.5.1 Bestuursbevoegdheid 210
7.5.2 Vertegenwoordigingsbevoegdheid 210
7.6 **Afdelingen** 210
7.6.1 Afdelingen die geen rechtspersoonlijkheid bezitten 210
7.6.2 Afdelingen met rechtspersoonlijkheid 211
7.6.3 Federatie 212
7.6.4 Ledenvergadering 213
7.7 **Einde van de vereniging** 213
7.8 **Coöperatie en onderlinge waarborgmaatschappij** 214
7.8.1 Wettelijke regeling 214
7.8.2 Coöperatie 214
7.8.3 Onderlinge waarborgmaatschappij 215
7.8.4 Onderscheid coöperatie en gewone vereniging 215
7.8.5 Oprichting coöperatie en onderlinge waarborgmaatschappij 215
7.8.6 Inschrijving in het handelsregister 215

7.9	**Bestuur en algemene ledenvergadering** 215	
7.9.1	Aansprakelijkheid bij beëindiging 216	
7.9.2	Aanmelden als lid bij een coöperatie 216	
7.9.3	Uittreding 216	
7.9.4	Structuurregeling 216	
7.9.5	Raad van Commissarissen 216	
7.9.6	Belangrijkste verschillen 217	
7.10	**De stichting** 217	
7.10.1	Doel 217	
7.10.2	Rechtspersoonlijkheid 217	
7.10.3	Registratie 218	
7.10.4	Geen leden 218	
7.11	**Het bestuur** 218	
7.11.1	Bestuursbevoegdheid 218	
7.11.2	Vertegenwoordigingsbevoegdheid van bestuurders 218	
7.11.3	Verantwoording 218	
7.12	**Toezicht** 219	
	Begrippenlijst 220	
	Vragen 221	
	Meerkeuzevragen 221	
	Open vragen 223	

Hoofdstuk 7
Vereniging en stichting

De vereniging en de stichting zijn in het economische verkeer een belangrijk verschijnsel. Zeer veel economische activiteiten vinden plaats in verenigings- of stichtingsverband. Verenigingen en stichtingen kennen we op het gebied van de sport (KNVB), politiek (politieke partijen), cultuur, scholen, ziekenhuizen, zorginstellingen, liefdadigheid et cetera.

7.1 Vereniging

Bij verenigingen denken veel mensen aan 'simpele clubjes', maar de ANWB heeft bijvoorbeeld meer dan drie miljoen leden en ontplooit zeer vele economische activiteiten.

In het bedrijfsleven wordt ook veel gebruik gemaakt van de verenigingsvorm. De talrijke werkgeversorganisaties (VNO/NCW, KNOV) zijn vaak in de verenigingsvorm gegoten en ook de werknemersorganisaties zoals het FNV en CNV zijn verenigingen.

Alle verenigingen moeten ervoor zorgen dat zij zijn ingeschreven in het verenigingsregister van de Kamer van Koophandel. Zolang dat niet is gebeurd, is iedere bestuurder naast de vereniging hoofdelijk aansprakelijk.

Indien een aantal mensen door samen te werken een doel willen bereiken en zij doen dit volgens bepaalde regels, dan gaat de wet ervan uit dat er sprake is van een vereniging. Zo is een comité dat een bestuur kent en regelmatig vergadert al een vereniging, hoewel er vaak zelfs geen geschreven statuten zijn en geen inschrijving bij de Kamer van Koophandel heeft plaatsgevonden. Elke vereniging bezit in beginsel rechtspersoonlijkheid (art. 2:3 BW). Voor een vereniging – voor de coöperatie en de onderlinge waarborgmaatschappij gelden onderstaande elementen niet onverkort – zijn drie elementen van belang (art. 2:26 BW):
a. de oprichting (door een meerzijdige rechtshandeling);
b. het hebben van leden;
c. het hebben van een doel, dat niet mag inhouden de verdeling van winst onder de leden (dit vereiste geldt niet voor de coöperatie en de onderlinge waarborgmaatschappij).

Indien aan alle bovenstaande drie elementen is voldaan bestaat er juridisch gezien een vereniging. De vereniging is net als de besloten vennootschap en de naamloze vennootschap een rechtspersoon met eigen rechtsbevoegdheid.

7.1.1 Het doel
Het doel van een vereniging kan van alles zijn; een vereniging mag alleen niet het maken van uitsluitend winst als doel hebben en natuurlijk mag het doel niet in strijd

zijn met de wet, de openbare orde of de goede zeden (art. 2:26, lid 2 BW). Er mag wel winst worden gemaakt op voorwaarde dat deze ten goede komt aan het gestelde doel. De winst mag niet worden verdeeld onder de leden.

7.1.2 De statuten en de notariële akte

Voor het oprichten van een notariële vereniging is vereist dat dit gebeurt bij een notariële akte – opgesteld in de Nederlandse taal – die de statuten van de vereniging bevat (art. 2:27 BW). De statuten zijn de grondregels van de vereniging; ze bevatten het recht dat binnen de vereniging geldt. De statuten mogen niet in strijd zijn met de wet. De statuten zijn bindend voor alle leden en zijn desnoods via de rechter afdwingbaar. Leden zijn in het algemeen niet verplicht het volledig eens te zijn met de statuten, het huishoudelijk reglement of een ander reglement. Alleen als een lid iets nalaat of handelt in strijd met de statuten of de verenigingsregels, kan dat voor de vereniging reden zijn om sancties, zoals die in de statuten of verenigingsregels zijn genoemd, toe te passen. In de statuten moeten ten minste zijn vastgelegd (art. 2:27 BW):

a. de naam van de vereniging en de gemeente in Nederland waar zij haar zetel heeft;
b. het doel van de vereniging;
c. de verplichtingen die de leden tegenover de vereniging hebben, of de wijze waarop zodanige verplichtingen kunnen worden opgelegd;
d. de wijze van het bijeenroepen van de algemene vergadering;
e. de wijze van benoeming en ontslag van de bestuurders;
f. de bestemming van het batig saldo van de vereniging in geval van ontbinding, of de wijze waarop de bestemming zal worden vastgesteld.

7.1.3 Wijziging van de statuten

Bij de oprichting van de vereniging zijn het waarschijnlijk de ledenoprichters die de inhoud van de statuten bepalen. Wijziging van de statuten vereist een besluit van de algemene ledenvergadering (art. 2:42 BW). De statutenwijziging is bij een gewone vereniging pas rechtsgeldig als een nieuwe notariële akte en een nieuwe registratie zijn gemaakt (art. 2:43, lid 5 BW).

7.1.4 Huishoudelijk reglement

Naast statuten is er vaak ook sprake van een huishoudelijk reglement. Dit is precies wat het woord zegt: de regeling van huishoudelijke zaken die niet bepalend zijn voor de opzet en de structuur van een vereniging. Dit laatste staat namelijk in de statuten.

Een huishoudelijk reglement is bindend voor de leden. Veelvuldige schending van een bepaling eruit zou bijvoorbeeld aanleiding kunnen zijn voor schorsing van een lid of opzegging van een lidmaatschap. Een besluit, genomen in strijd met een huishoudelijk reglement, is in beginsel wel geldig (terwijl een besluit in strijd met de statuten nietig is; dat is het grote verschil tussen statuten en reglementen). Voor een huishoudelijk reglement is geen notariële akte vereist.

7.1.5 De informele vereniging

Een informele vereniging is een vereniging waarvan de statuten niet in een notariële akte zijn neergelegd. Hierbij kan men denken aan bridge- en klaverjasclubjes. De informele vereniging (vereniging met beperkte rechtsbevoegdheid, ook wel genoemd 'niet-notariële vereniging') heeft wel rechtspersoonlijkheid, maar alleen beperkte. Er is geen notariële akte. Beperkte rechtsbevoegdheid wil zeggen dat de vereniging juridisch niet alles mag wat een gewone vereniging mag. Een informele vereniging mag geen onroerende zaken kopen (art. 2:30, lid 1 BW). Een informele vereniging kan steeds een formele vereniging worden. Het wordt sterk aangeraden om zo snel mogelijk een informele vereniging om te zetten in een formele. Het enige dat er moet gebeuren is dat de statuten alsnog notarieel worden vastgelegd.

Alle bestuursleden zijn in beginsel naast de informele vereniging aansprakelijk indien zij allen – of een van hen – namens de vereniging optreden (art. 2:30, lid 2 BW). Het is vaak heel toevallig wie namens het bestuur optreedt bij de huur van een zaaltje of het contracteren van een artiest voor een 'gezellige avond'.

7.2 De gewone vereniging

De gewone vereniging (de formele vereniging, ook wel genoemd de vereniging met volledige rechtsbevoegdheid of de notariële vereniging) heeft rechtspersoonlijkheid en volledige rechtsbevoegdheid. Er is sprake van een gewone vereniging indien voldaan is aan de drie vereisten van art. 2:26 BW en de statuten notarieel zijn vastgelegd. In het verenigingsregister dienen te worden ingeschreven de namen en verdere gegevens van de bestuursleden en anderen die volgens de statuten bevoegd zijn namens de vereniging op te treden. Zolang opgave en neerlegging niet bij het handelsregister zijn geschied, zijn de bestuurders naast de vereniging hoofdelijk aansprakelijk (art. 2:29, lid 4 BW). Is aan de inschrijvings- en nederleggingsverplichting voldaan, dan is bij bevoegde vertegenwoordiging de vereniging en niet het bestuurslid dat heeft gehandeld aansprakelijk. Het spreekt vanzelf dat statutenwijziging en verandering van bestuursleden ook weer moet worden ingeschreven. Het verschil tussen een gewone vereniging en een informele vereniging zit vooral in de persoonlijke aansprakelijkheid van de bestuursleden.

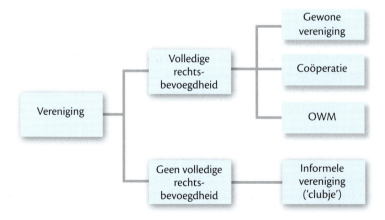

7.1 *Soorten verenigingen*

7.2.1 Lidmaatschap bij een gewone vereniging

Indien men lid wordt van een vereniging, ontstaat er een band met de vereniging, die rechten en verplichtingen met zich brengt. Die rechten en verplichtingen zijn verankerd in de wet, de statuten, het huishoudelijk reglement en eventuele andere reglementen. De statuten en reglementen gelden alleen voor de leden van de vereniging en gelden dus niet voor niet-leden.

Leden zijn in principe (zoals ook de aandeelhouders bij een bv en nv) privé niet aansprakelijk voor eventuele schulden van de vereniging. De belangrijkste verplichting van een lid bij een vereniging is in de praktijk de contributiebetaling. Worden verplichtingen van de leden verzwaard, dan kan een lid zich daaraan onttrekken door het opzeggen van zijn lidmaatschap (art. 2:36, lid 3 BW).

7.2.2 Aanmelden als lid bij een vereniging

Tenzij de statuten anders bepalen, beslist het bestuur over toelating van een lid en kan bij niet-toelating de algemene ledenvergadering alsnog tot toelating besluiten (art. 2:33 BW). In de praktijk komen bij verenigingen veelvuldig ballotagecommissies voor, die aspirant-leden onderzoeken op hun sociale en maatschappelijke geschiktheid.

7.2.3 Einde van het lidmaatschap

Het lidmaatschap kan op de navolgende manieren eindigen (art. 2:35 BW):
- bij overlijden van het lid, of, als het lid een rechtspersoon is, door de opheffing daarvan;
- door opzegging van het lid;
- door opzegging namens de vereniging;
- ontzetting of royement door de vereniging.

7.2.4 Opzegging door het lid

Het verenigingsrecht kent als regel dat een lid door opzegging met inachtneming van de daartoe gestelde termijn het lidmaatschap kan beëindigen (art. 2:35, lid 1 sub b BW). Opzegging door het lid kan geschieden tegen het einde van het boekjaar (dat – tenzij de statuten het anders bepalen – samenvalt met het kalenderjaar) en met inachtneming van een opzegtermijn van vier weken (art. 2:36, lid 1 BW). De statuten kunnen het anders regelen, maar in geen geval mag van het lid opgave van reden worden verlangd. Het lidmaatschap kan onmiddellijk worden beëindigd als 'redelijkerwijs niet gevergd kan worden het lidmaatschap te laten voortduren' (art. 2:36, lid 1 BW). Ook kan een lid zijn lidmaatschap opzeggen als de verplichtingen van de leden worden verzwaard, zoals in geval van een contributieverhoging. Een lidmaatschap van een vereniging mag steeds stilzwijgend verlengd worden voor een jaar, indien er geen opzegging van het lidmaatschap door het lid plaatsvindt. Maar een vereniging dient de leden wel de noodzakelijke informatie eenvoudig te verschaffen met betrekking tot opzegging van het lidmaatschap (art. 2:35, lid 6 BW).

7.2.5 Opzegging namens de vereniging

Opzegging namens de vereniging is alleen mogelijk in de gevallen die in de statuten worden genoemd (voorbeeld: nalatigheid in de contributiebetaling), waaraan de wet twee omstandigheden toevoegt (art. 2:35, lid 2 BW):
- het lid heeft opgehouden te voldoen aan de vereisten die de statuten voor het lidmaatschap stellen;
- van de vereniging kan redelijkerwijs niet geëist worden het lidmaatschap te laten voortduren.

Normaal is dat het bestuur over deze zaken besluit en de opzegging aan het lid bekendmaakt. De statuten kunnen deze taak ook aan de algemene ledenvergadering opdragen. Voor de termijn van opzegging geldt hetzelfde als voor de opzegging door een lid (vier weken). Wanneer het lidmaatschap in een boekjaar eindigt, wil dit niet zeggen dat de contributieverplichting ook automatisch eindigt (art. 2:35, lid 5 BW).

7.2.6 Ontzetting en schorsing

Ontzetting of royement betekent dat een lid tegen zijn wil het lidmaatschap wordt ontnomen (art. 2:35, lid 1 sub d BW). Ontzetting kan alleen worden uitgesproken als een lid handelt in strijd met de statuten, reglementen of besluiten van de vereniging, of de vereniging op onredelijke wijze benadeelt (art. 2:35, lid 3 BW). Het lid moet hiervan onverwijld schriftelijk, onder opgave van redenen, in kennis worden gesteld en is vanaf dat moment geschorst en heeft geen stem in de algemene vergadering (art. 2:35, lid 4 BW). Gedurende een maand is er dan beroep op de algemene vergadering mogelijk, tenzij deze zelf statutair het royementsbesluit moet nemen. Ontzetting heeft, anders dan opzegging, een disciplinair karakter. Schorsing heeft een tijdelijk karakter; ontzetting is definitieve uitsluiting. Schorsing gaat vaak aan een ontzetting vooraf.

Bestuur DWS blijft aan

AMSTERDAM - Voetbalclub DWS (Door Wilskracht Sterk) moet voortaan bij het royeren of uitschrijven van leden schriftelijk de reden meedelen en een opzegtermijn van twee maanden in acht nemen. Dat is alleen anders als er een grond bestaat voor opzegging per direct, maar ook dat moet dan worden gemotiveerd. Dit was de uitkomst van een kort geding dat enige ontevreden leden en ouders van jeugdspelers tegen DWS en het bestuur hadden aangespannen. Hun eis om het bestuur tot aftreden te verplichten, werd afgewezen. Tijdens de zitting heeft het bestuur toegezegd dat een commissie van beroep zal worden ingesteld en dat op korte termijn verantwoording zal worden afgelegd over het financiële reilen en zeilen van de club.

www.rechtspraak.nl, 25 juli 2018, ECLI:NL:RBAMS:2018:5366

7.3 Organen van de vereniging

Elke vereniging heeft ten minste twee organen, dat wil zeggen instanties die voor de leden bindende besluiten kunnen nemen: de algemene ledenvergadering en het bestuur. Andere organen zijn mogelijk en komen veelvuldig voor, zoals een dagelijks bestuur, een college van toezicht of Raad van Commissarissen.

7.3.1 Agenda en oproeping

Alle besluiten die op de ledenvergadering worden genomen, zijn in principe vernietigbaar indien het onderwerp waarover een besluit is genomen niet op de agenda is geplaatst. Vernietigbaar wil in dit verband zeggen dat een belanghebbende naar de rechter kan stappen en aan de rechter kan vragen om het besluit aan te tasten. De termijn voor oproeping van een algemene ledenvergadering is in de statuten geregeld. Worden de statutaire oproepingstermijnen niet in acht genomen, dan zijn in principe alle op de algemene ledenvergadering genomen besluiten vernietigbaar.

7.4 Algemene ledenvergadering

Alle leden samen vormen de algemene ledenvergadering, die binnen de vereniging de hoogste macht bezit. Ieder van de leden heeft daarin ten minste één stem. Bij zeer grote verenigingen, zoals ANWB en Consumentenbond, zou de algemene vergadering een onwerkbaar geheel opleveren. In de regel wordt daar de oplossing gevonden door de algemene vergadering samen te stellen uit afgevaardigden van de leden.

Niet elke bijeenkomst van de leden, zelfs bij voltallige aanwezigheid, is een algemene ledenvergadering. Men moet er speciaal voor zijn opgeroepen, en wel door het bestuur (art. 2:41, lid 1 BW). Als tien procent van de stemgerechtigde leden daar om vraagt, is het bestuur verplicht een algemene ledenvergadering bijeen te roepen. Voldoet het bestuur daar niet aan, dan mogen de betrokken leden het zelf doen (art. 2:41, lid 2 en 3 BW).

Gaat het om een vergadering waarin de statuten gewijzigd zullen worden, dan moet dat uit de oproeping blijken, moet die oproeping zeven dagen tevoren geschieden en moet de tekst van de wijziging voor de leden ter inzage liggen (art. 2:42 BW).

7.4.1 Bevoegdheden van de algemene ledenvergadering

De algemene ledenvergadering heeft eigen bevoegdheden. Alle bevoegdheden die niet door de wet of de statuten aan andere organen zijn opgedragen, komen toe aan de algemene ledenvergadering (art. 2:40 BW). De algemene vergadering benoemt het bestuur, dat – als de statuten niet anders bepalen – uit drie personen bestaat. Het gekozen bestuur kiest, zover de statuten niet anders bepalen, uit hun midden een voorzitter, een secretaris en een penningmeester.

7.4.2 Besluit van de algemene ledenvergadering

Of de algemene ledenvergadering een besluit heeft genomen, en wat daarvan de inhoud is, blijkt zo nodig uit een verklaring van de voorzitter (art. 2:13, lid 3 BW). Wil iemand de juistheid van zo'n verklaring betwisten, dan moet hij of zij dat dadelijk in de vergadering naar voren brengen (art. 2:13, lid 4 BW). De algemene ledenvergadering kan haar besluit natuurlijk door een nieuw besluit herroepen.

Vereniging, stichting, bv en nv

	Oprichting	Inschrijving	Kapitaal	Bestuur	Andere organen	Aansprakelijkheid
Vereniging met volledige rechtsbevoegdheid	Notariële akte	Handelsregister	Geen	Bestuur	Algemene ledenvergadering	Bestuur is niet privé aansprakelijk, tenzij onbehoorlijk bestuur
Vereniging met beperkte rechtsbevoegdheid	Statuten	Handelsregister	Geen	Bestuur	Algemene ledenvergadering	Bestuur is wel privé aansprakelijk
Coöperatie	Notariële akte	Handelsregister	Geen	Bestuur	Algemene ledenvergadering	Bestuur is niet privé aansprakelijk, tenzij onbehoorlijk bestuur
Stichting	Notariële akte	Handelsregister	Geen	Bestuur	Geen	Bestuur is niet privé aansprakelijk, tenzij onbehoorlijk bestuur
Bv	Notariële akte	Handelsregister	Wel	Bestuur	Algemene vergadering	Bestuur is niet privé aansprakelijk, tenzij onbehoorlijk bestuur
Nv	Notariële akte	Handelsregister	Wel	Bestuur	Algemene vergadering van aandeelhouders	Bestuur is niet privé aansprakelijk, tenzij onbehoorlijk bestuur

7.4.3 Stemrecht en quorum

Het lidmaatschap van een vereniging is persoonlijk (art. 2:34 BW). Elk lid heeft in principe toegang tot de algemene ledenvergadering en kan daar het stemrecht uitoefenen. Besluiten worden genomen met eenvoudige meerderheid van stemmen (de helft plus één), tenzij het om een statutenwijziging gaat: dan is een tweederde meerderheid vereist. In de statuten is meestal een bepaald quorum verplicht. Het quorum is het aantal leden dat ten minste op de vergadering aanwezig moet zijn, willen er rechtsgeldige besluiten worden genomen.

7.5 Het bestuur

Het bestuur is belast met het besturen van de vereniging en vertegenwoordigt deze tegenover derden. Het bestuur is verplicht binnen zes maanden na afloop van het boekjaar en ten minste eenmaal per jaar een algemene vergadering uit te schrijven. De wet schrijft verder nog voor dat een termijn van ten minste zeven dagen in acht genomen moet worden voor het bijeenroepen van een algemene vergadering, waarin hetzij een statutenwijziging (alleen de algemene vergadering kan daartoe besluiten), hetzij de ontbinding van de vereniging op de agenda staat.

Het bestuur heeft verder de plicht om binnen zes maanden na afloop van het boekjaar een bestuursverslag uit te brengen en rekening en verantwoording af te leggen over zijn beleid (art. 2:48 BW). Dat wil dus zeggen dat de vereniging wettelijk verplicht is een boekhouding te voeren en dat zij binnen de gestelde termijn een balans en een staat van baten en lasten moet kunnen overleggen. De penningmeester, die voor deze zaken de verantwoordelijkheid draagt, wordt in de regel gecontroleerd door een kascommissie uit de leden.

Elke bestuurder is tegenover de vereniging gehouden tot een behoorlijke taakvervulling, bij gebreke waarvan men zelfs door de leden aansprakelijk kan worden gesteld (art. 2:9 BW). Goed bestuur houdt in: regelmatig vergaderen, notulen bijhouden, statuten naleven en nalezen, jaarverslagen maken, het opstellen van begrotingen, het opstellen van balansen en winst- en verliesrekeningen en controle van de boekhouding. Ook is het raadzaam om na te gaan of de statuten nog wel voldoen aan de wettelijk vereisten.

7.5.1 Bestuursbevoegdheid

Het bestuur is belast met het besturen van de rechtspersoon (art. 2:44, lid 1 BW). Bij de informele vereniging zijn de bestuurders hoofdelijk aansprakelijk voor rechtshandelingen die tijdens hun bestuur opeisbaar worden (art. 2:30, lid 2 BW).

Het bestuur van een gewone vereniging is verplicht de vereniging te laten inschrijven bij het handelsregister van de Kamer van Koophandel. In beginsel geldt dan dat de bestuurder niet aansprakelijk is voor de handelingen waardoor de vereniging is gebonden (art. 2:29, lid 4 BW).

7.5.2 Vertegenwoordigingsbevoegdheid

Het bestuur (dus alle bestuurders gezamenlijk) is altijd vertegenwoordigingsbevoegd om de vereniging in en buiten rechte te vertegenwoordigen (art. 2:45, lid 1 BW). De statuten mogen deze bevoegdheid het bestuur niet ontnemen. Een bestuurslid mag de vereniging niet vertegenwoordigen, tenzij de statuten bepalen dat een bestuurslid wel vertegenwoordigingsbevoegdheid heeft (art. 2:45, lid 2 BW). Ook bestaat de mogelijkheid dat naast het bestuur (als college) twee of meer bestuursleden gezamenlijk vertegenwoordigingsbevoegd zijn; deze regeling wordt in de praktijk wel aangeduid met de tweehandtekeningclausule.

Alle bestuurders van de vereniging moeten dus ingeschreven staan in het verenigingsregister van de Kamer van Koophandel.

7.6 Afdelingen

Een vereniging kan zo groot worden dat er organisatorisch-juridische problemen ontstaan, of een vereniging kan landelijk opereren. In deze gevallen is het raadzaam om met afdelingen te werken. Een vereniging kan bestaan uit een aantal afdelingen die geen verenigingen zijn, of uit afdelingen die dat wel zijn.

7.6.1 Afdelingen die geen rechtspersoonlijkheid bezitten

Juridisch staat het de vereniging vrij hoe de interne organisatie van een afdeling te regelen. Het is zelfs niet eens noodzakelijk dat in de statuten te doen; het mag ook in het huishoudelijk reglement. De vereniging doet er echter verstandig aan zelf de nodige invloed op de gang van zaken in de afdelingen te houden; tenslotte zijn afdelingen een ondergeschikt deel van het geheel. Om voor het bestuur van de hoofdvereniging aanspreekbaar te zijn, moet een afdeling die geen rechtspersoon is, enige vorm van organisatie kennen. Er moet dus een afdelingsbestuur worden gevormd, al is het maar een bestuur dat uit één persoon bestaat. De invloed is verzekerd door de algemene vergadering van de hoofdvereniging statutair de bevoegdheid te geven de interne afdelingsregels te bepalen. Een afdeling heeft een aantal wettelijke bevoegdheden, tenzij die door de statuten zijn uitgesloten (art. 2:41a BW).

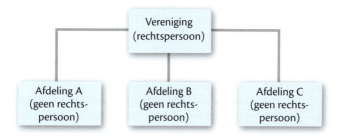

7.2 *Afdelingen zonder rechtspersoonlijkheid*

Een afdeling die geen rechtspersoon is, kan niet aan het rechtsverkeer deelnemen; juridisch bestaat zij immers niet. Wil de plaatselijke afdeling (van een landelijke vereniging) een vergaderzaal huren, dan kan het afdelingsbestuur dit alleen zelf regelen als het daartoe volgens de statuten van de landelijke vereniging de bevoegdheid heeft. In dat geval huurt het afdelingsbestuur de vergaderzaal namens de landelijke vereniging ten behoeve van de afdeling.

7.6.2 Afdelingen met rechtspersoonlijkheid

Een afdeling van een vereniging kan ook zelf weer een vereniging zijn, en is daarmee dus een rechtspersoon. Daarvoor is het nodig dat zij als vereniging is opgericht volgens de regels die daarvoor gelden.

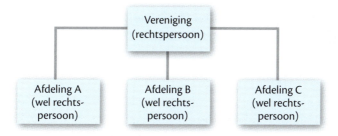

7.3 *Afdelingen met rechtspersoonlijkheid*

De verhouding tussen hoofdvereniging en afdeling moet zeer nauwgezet worden geregeld. Dit geldt met name inzake het lidmaatschap. Bij een vereniging die met afdelingen werkt die rechtspersoonlijkheid bezitten, moet er geregeld zijn dat iemand die zich als lid aanmeldt bij een afdeling ook meteen lid is van de hoofdvereniging.

Voorbeeld

De KNVB is met ongeveer één miljoen leden een van de grootste verenigingen van Nederland. Niet alleen de clubs, maar ook de leden van de clubs en de spelers in dienst van stichtingen, zoals Feyenoord, zijn lid van de KNVB. Vanwege het 'dubbele' lidmaatschap zijn de statuten een complex geheel. De KNVB is ook nog georganiseerd in twee secties, amateur- en betaald voetbal, elk met een eigen algemene vergadering en bestuur, terwijl de sectie amateurvoetbal op haar beurt is onderverdeeld in afdelingen, ook weer met eigen algemene vergaderingen en besturen. Het geheel wordt overkoepeld door bondsbestuur en een bondsvergadering.

Lidmaatschap Utrechtse voetbalclub Papendorp terecht opgezegd door de KNVB

UTRECHT - De KNVB mocht het lidmaatschap van de Utrechtse voetbalvereniging SVA Papendorp opzeggen, zo besliste de voorzieningenrechter van de Rechtbank Midden-Nederland. De Utrechtse voetbalclub spande een kort geding aan tegen de beslissing van de KNVB om alle wedstrijden op te schorten en het lidmaatschap van de club op te zeggen.

Onrust

Het tweede elftal van SVA Papendorp speelde op 27 oktober 2019 tegen het tweede elftal van Zwaluwen Utrecht 1911. Tijdens die wedstrijd werden de scheidsrechter en de waarnemer bedreigd en geïntimideerd. De KNVB besloot hierop alle wedstrijden van Papendorp op te schorten en uiteindelijk over te gaan tot opzegging van het lidmaatschap van de club.

Geschiedenis

Het besluit van de KNVB volgde op een lange reeks van incidenten bij de voetbalclub, ook onder haar vorige naam 'Magreb '90'. Aan Papendorp waren door de tuchtcommissie van de voetbalbond al eerder straffen uitgedeeld voor verschillende gewelds- en beledigingszaken rondom wedstrijden. Vanwege het structurele karakter van deze gebeurtenissen is de KNVB een risicoaanpaktraject gestart.

Voorafgaand aan het seizoen 2019/2020 werd de club voor de laatste keer gewaarschuwd dat bij een volgend incident verwijdering uit de competitie zou volgen. Na de wedstrijd van 27 oktober ging de KNVB over tot dit besluit, en vervolgens tot opzegging van het lidmaatschap.

Veiligheidsproblemen

De rechter vindt dat de KNVB de juiste stappen heeft genomen om tot opzegging van het lidmaatschap te komen. De club heeft – los van de veroordelingen van individuele leden – een lange geschiedenis van overtredingen: lichte overtredingen als niet spelen en zware overtredingen als wanordelijkheden op of rond het veld. Bij het incident in oktober 2019 ging het om serieuze bedreigingen voor de veiligheid van de scheidsrechter. Uit de gang van zaken bij het incident, maar ook in de jaren daarvoor, blijkt dat Papendorp geen controle heeft over de veiligheid op en rondom het veld. De KNVB heeft in redelijkheid tot het oordeel kunnen komen dat zij geen vertrouwen meer heeft in het waarborgen van de veiligheid door Papendorp. Het belang van de veiligheid van scheidsrechters en spelers van de tegenpartij weegt zwaarder dan het belang van Papendorp en de daarbij betrokken personen bij voortzetting van het lidmaatschap. De KNVB hoefde niet te kiezen voor een lichtere maatregel dan opzegging van het lidmaatschap. De veiligheidsproblemen op en rondom het veld zijn structureel. Het handelen van het bestuur van Papendorp heeft daarin feitelijk te weinig verandering gebracht.

www.rechtspraak.nl 27 maart 2020,
ECLI:NL:RBMNE:2020:1083

7.6.3 Federatie

Wil de vereniging om bepaalde redenen toch werken met juridisch volwaardige onderdelen, dan kan ze beter kiezen voor de constructie van een federatie in plaats van een vereniging met juridisch zelfstandige afdelingen. Een federatie is een vereniging waarvan de leden verenigingen zijn. In een federatieve opzet is elke aangesloten vereniging lid van de hoofdvereniging, maar verder volkomen zelfstandig. Alleen de algemene vergadering van de hoofdvereniging heeft het recht de inhoud van haar statuten vast te stellen. De overkoepelende federatie doet er echter verstandig aan in haar statuten de nodige bepalingen op te nemen waaraan de statuten van de aangesloten verenigingen moeten voldoen.

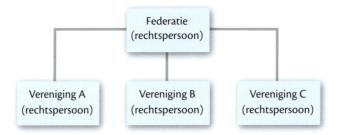

7.4 Federatie

Voordeel van deze opbouw is dat een aangesloten vereniging haar eigen regels kan vaststellen en zonodig wijzigen zonder dat andere aangesloten verenigingen daar hinder van ondervinden.

Uiteraard moet de betreffende vereniging te allen tijde blijven voldoen aan de eisen die in de statuten van de overkoepelende federatie worden gesteld.

7.6.4 Ledenvergadering

Is er statutair niets geregeld, dan bestaat de algemene vergadering van de hoofdvereniging uit alle leden van de afdeling (art. 2:38 BW). Om praktische redenen wordt de algemene vergadering echter bijna altijd gevormd door een ledenraad, samengesteld uit afgevaardigden van de afdelingsvergaderingen (art. 2:39 BW).

Voor verenigingen die daar door hun grootte behoefte aan hebben, bestaat de mogelijkheid nog een derde bestuurslaag te creëren: het district. Daarin wordt een aantal afdelingen samengebracht.

7.7 Einde van de vereniging

Aan het voortbestaan van een vereniging kan een einde komen. De vereniging eindigt door:
a. een besluit van de algemene vergadering;
b. het verstrijken van de in de statuten bepaalde tijd. Verlenging kan worden verkregen door statutenwijziging;
c. faillissement van de vereniging;
d. het ontbreken van leden;
e. tussenkomst van de rechter in de gevallen in de wet bepaald, bijvoorbeeld als een vereniging strijdig is met de openbare orde of de goede zeden:
f. een besluit van de Kamer van Koophandel als de vereniging bepaalde wettelijke taken niet nakomt.

Bij ontbinding van een vereniging is de laatste daad van de algemene ledenvergadering de aanwijzing van een lid dat de boeken en bescheiden van de vereniging gedurende dertig jaar moet bewaren. Is er bij de beëindiging van een vereniging nog geld in kas, dan komt dat de leden ten goede, tenzij de statuten daarvoor een andere bestemming aangeven. Van ontbinding van een rechtspersoon moet opgave worden gedaan bij het handelsregister van de Kamer van Koophandel.

Motorclub Hells Angels verboden in Nederland

UTRECHT - Hells Angels Motorcycle Club Holland is in strijd met de openbare orde en wordt ontbonden en verboden. Dat heeft de Rechtbank Midden-Nederland beslist in een civiele procedure tussen het Openbaar Ministerie en de Hells Angels. Ook de wereldwijde organisatie van Hells Angels mag niet actief zijn in Nederland.

Organisatie
Het Openbaar Ministerie had om het verbod en de ontbinding van de Nederlandse afdeling van de motorclub gevraagd. Om tot een beslissing te komen, moest eerst de vraag worden beantwoord of de Hells Angels een organisatie is. De rechtbank oordeelde dat dit het geval is. Zo bestaan er zogenoemde 'Worldrules' en zijn er Worldmeetings. De Worldmeeting heeft de zeggenschap over alles wat de Hells Angels en hun charters raakt. Zo kunnen op de Worldmeetings alle beslissingen worden teruggedraaid die op lager niveau zijn genomen. Overtreding van de regels kan leiden tot een boete of verwijdering. Regels of aanpassingen van de regels kunnen ingediend worden op regionaal, nationaal en mondiaal niveau. De organisatie treedt naar buiten onder de naam Hells Angels in combinatie met een geografische naam. Dit komt ook tot uiting in de kleding, patches en websites.

Ernstig geweld
De organisatie Hells Angels is een gevaar voor de openbare orde, zo oordeelde de rechtbank. De Hells Angels zien zichzelf als een 1%-club, een club van outlaws. Een club waar een cultuur van wetteloosheid heerst en overheidsgezag buiten de deur wordt gehouden. Er zijn verschillende patches die uitgereikt worden aan leden die (ernstig) geweld plegen. Ook zijn er fondsen voor leden die in de gevangenis zitten of vervolgd worden. Hells Angels profileren zich als de grootste en machtigste motorclub. Zij vinden dat andere clubs naar hen moeten luisteren, met langdurige conflicten tot gevolg. Dit gaat wereldwijd gepaard met een reeks ernstige incidenten, zoals een levensgevaarlijke brand in een café in Kerkrade en een massale vecht- en schietpartij in een hotel in Rotterdam. Uit de inhoud van de incidenten komt een beeld naar voren van ernstig geweld door en tegen de Hells Angels.

Noodzakelijk
Het geweld is structureel en komt voort uit de cultuur die binnen de motorclub heerst. De rechtbank vond het verbod daarom noodzakelijk om de samenleving te beschermen. De Hells Angels zijn als individuele leden onderdeel van een organisatie die in strijd is met de openbare orde. Het verbod houdt in dat zij niet langer in die hoedanigheid in Nederland mogen zijn. Het is aan het Openbaar Ministerie om te bepalen hoe het hiertegen wil optreden.

www.rechtspraak.nl, 29 mei 2019,
ECLI:NL:RBMNE:2019:2302

7.8 Coöperatie en onderlinge waarborgmaatschappij

De wettelijke definitie van een coöperatie luidt: 'De coöperatie is een bij notariële akte als coöperatie opgerichte vereniging'. De wettelijke definitie van een onderlinge waarborgmaatschappij luidt: 'De onderlinge waarborgmaatschappij is een bij notariële akte als onderlinge waarborgmaatschappij opgerichte vereniging.' Slechts uit de naam en de statuten blijkt of een rechtspersoon coöperatie is of onderlinge waarborgmaatschappij (art. 2:53 BW).

7.8.1 Wettelijke regeling
Behalve de algemene bepalingen voor rechtspersonen (art. 2:1-25 BW) gelden voor de coöperatie en de onderlinge waarborgmaatschappij de algemene verenigingsregels (art. 2:26-52 BW), alsmede de bijzondere bepalingen voor de coöperatie en de onderlinge waarborgmaatschappij (art. 2:53-63j BW).

7.8.2 Coöperatie
De coöperatie is een vereniging die tot doel heeft het behartigen van materiële belangen van de leden. Daarom oefent zij een bedrijf uit en sluit zij overeenkomsten met de leden. De winst die wordt behaald, wordt uitgekeerd aan de leden. In de naam die de

coöperatie voert moet het woord coöperatief voorkomen en aan het eind van de naam moeten de letters WA, BA of UA staan.

De coöperatie speelt een belangrijke rol in de agrarische sector: denk maar aan Friesland Campina, Bloemenveiling FloraHolland en Avebe. Ook in de bankwereld speelt de coöperatie (Rabobank) een rol, evenals in de verzekeringsbranche: de coöperatie Univé.

7.8.3 Onderlinge waarborgmaatschappij

We spreken van een onderlinge waarborgmaatschappij wanneer het bedrijf dat door een coöperatie wordt uitgeoefend een verzekeringsbedrijf is en verzekeringsovereenkomsten met de leden sluit (art. 2:53, lid 2 BW). Zowel bij de coöperatie als bij de onderlinge waarborgmaatschappij, die beide rechtspersonen zijn, moeten de statuten in een notariële akte zijn vastgelegd (art. 2:54, lid 1 BW).

7.8.4 Onderscheid coöperatie en gewone vereniging

De coöperatie onderscheidt zich met name van de vereniging doordat het uitoefenen van een bedrijf essentieel is. Volgens art. 2:53, lid 2 BW mag zij het bedrijf ook 'doen uitoefenen'. Dat heeft met name betrekking op coöperaties en andere constructies waarbij het bedrijf wordt uitgeoefend door leden of dochtermaatschappijen (voorbeeld de Rabobanken).

7.8.5 Oprichting coöperatie en onderlinge waarborgmaatschappij

De coöperatie en de onderlinge waarborgmaatschappij worden opgericht bij notariële akte (art. 2:54, lid 1 BW). De coöperatie en de onderlinge waarborgmaatschappij die niet bij notariële akte zijn opgericht, zijn verenigingen met beperkte aansprakelijkheid.

7.8.6 Inschrijving in het handelsregister

Aangezien de coöperatie en de onderlinge waarborgmaatschappij een bedrijf uitoefenen, moeten zij ingeschreven zijn in het handelsregister van de Kamer van Koophandel en Fabrieken (art. 2:54, lid 3 BW).

7.9 Bestuur en algemene ledenvergadering

Daar de coöperatie en de onderlinge waarborgmaatschappij bijzondere vormen van de vereniging zijn, gelden voor hen in het algemeen dezelfde regels als voor een gewone vereniging. De hoogste zeggenschap berust bij een coöperatie en een onderlinge waarborgmaatschappij, net als bij een gewone vereniging, bij de algemene ledenvergadering. Het bestuur moet binnen zes maanden na afloop van het boekjaar een bestuursverslag uitbrengen en rekening en verantwoording afleggen aan de algemene ledenvergadering. In tegenstelling tot de gewone vereniging moet het bestuur van een coöperatie en onderlinge waarborgmaatschappij, net als de bv en nv, de jaarrekening openbaar maken door haar te publiceren (art. 2:360 BW).

7.9.1 Aansprakelijkheid bij beëindiging

De aansprakelijkheid van leden bij beëindiging van een coöperatie en onderlinge waarborgmaatschappij moet in de statuten geregeld zijn. De mate van aansprakelijkheid van de leden wordt voor derden (buitenstaanders) duidelijk doordat aan de naam van de rechtspersoon een van de volgende afkortingen worden toegevoegd (art. 2:54, lid 2 BW):

- WA: wettelijke aansprakelijkheid (ieder lid is voor een gelijk deel aansprakelijk);
- BA: beperkte aansprakelijkheid (ieder lid is tot een bepaald bedrag aansprakelijk);
- UA: uitgesloten aansprakelijkheid (de leden kunnen niet aansprakelijk worden gesteld).

Deze aansprakelijkheidsvormen spelen alleen een rol bij ontbinding van een rechtspersoon of bij faillissement (art. 2:55, lid 1 BW). De aansprakelijkheid van de leden is niet een aansprakelijkheid tegenover de schuldeisers, maar tegenover de vereniging.

7.9.2 Aanmelden als lid bij een coöperatie

Het lidmaatschap van een coöperatie die niet elke aansprakelijkheid van leden en oud-leden uitsluit (BA en WA), moet schriftelijk worden aangevraagd; de beslissing tot al of niet toelaten wordt door het bestuur eveneens schriftelijk aan het aspirant-lid gemeld (art. 2:61 sub a BW).

7.9.3 Uittreding

Het verenigingsrecht kent als regel van dwingend recht dat een lid door opzegging met inachtneming van de daartoe gestelde termijn het lidmaatschap kan beëindigen. Voor de coöperatie gelden echter bijzondere regels. De wet stelt voorop dat er vrijheid van uittreding moet zijn. Aan de uittreding kunnen voorwaarden worden verbonden, in overeenstemming met doel en strekking van de vereniging (art. 2:60 BW). Voordat men uittreedt, moet alsnog de contributie worden betaald.

7.9.4 Structuurregeling

Grote coöperaties en onderlinge waarborgmaatschappijen zijn verplicht om een Raad van Commissarissen in te stellen. De wet kent aan werknemers invloed toe op de samenstelling van de Raad van Commissarissen. Om onder de regeling te vallen moet een coöperatie of waarborgmaatschappij gedurende drie jaar een eigen vermogen van 16 miljoen euro (geïndexeerd), een ondernemingsraad en 100 of meer werknemers hebben (art. 2:63b, lid 2 BW). Een ondernemingsraad en werknemers bij dochtermaatschappijen tellen mee (art. 2:63b, lid 2 sub c BW). Drie jaar nadat de coöperatie of onderlinge waarborgmaatschappij aan de bovengenoemde voorwaarden heeft voldaan, moet zij de structuurregeling op haarzelf toepassen (art. 2:63c BW).

7.9.5 Raad van Commissarissen

Een structuurcoöperatie of onderlinge waarborgmaatschappij zal een Raad van Commissarissen moeten instellen, als zij die nog niet heeft (art. 2:63f, lid 1 BW). De regeling lijkt op de structuurregeling die geldt voor de grote nv's en bv's. Maar er zijn ook nogal wat verschillen. Die zullen recht moeten doen aan het bijzondere karakter van de coöperatie, vooral wat de positie van de ledenvergadering betreft. De leden van de coöperatie of onderlinge waarborgmaatschappij zullen minder bevoegdheden moeten inleveren dan de aandeelhouders van een vennootschap. Zij houden het recht het bestuur te benoemen (art. 2:63f BW), evenals de bevoegdheid de jaarstukken vast te stellen. Wel zullen, in vrijwel gelijke mate als voor vennootschappen geldt, belangrijke besluiten aan de goedkeuring van de Raad van Commissarissen worden onderworpen (art. 2:63j BW).

7.9.6 Belangrijkste verschillen

De belangrijkste verschillen tussen een gewone coöperatie en een structuurcoöperatie zitten in de manier waarop het bestuur wordt benoemd en de jaarrekening wordt vastgesteld. Bij de grote nv's en bv's liggen deze bevoegdheden doorgaans bij de Raad van Commissarissen. Bij de coöperatie en onderlinge waarborgmaatschappij blijven deze bevoegdheden bij de ledenvergadering.

7.10 De stichting

Een stichting is een door een rechtshandeling in het leven geroepen rechtspersoon, die geen leden kent en beoogt met behulp van een daartoe bestemd vermogen een in de statuten vermeld doel te bereiken (art. 2:285, lid 1 BW). Een stichting bezit rechtspersoonlijkheid (art. 2:3 BW). De stichting heeft de volgende kenmerken:
a. ze heeft geen leden c.q. mag geen leden hebben;
b. ze kan door een (rechts)persoon worden opgericht, eventueel bij testament;
c. het bestuur van de stichting is het voornaamste, vaak het enige orgaan.

De wettelijke regeling voor de stichting is te vinden in de art. 2:1-25a BW (de algemene bepalingen die voor alle rechtspersonen gelden) en art. 2:285-304 BW.

7.10.1 Doel

Een veel voorkomend misverstand is te menen dat een stichting slechts een ideëel doel zou mogen hebben. Commerciële activiteiten zijn voor een stichting geoorloofd; een stichting mag gerust winst maken. Bestuurders mogen zich ook een al dan niet riant salaris toekennen. Een stichting mag geen uitkeringen doen aan de oprichters, bestuurders of andere personen, tenzij wat die laatste groep aangaat die uitkeringen een sociaal of ideëel karakter hebben (art. 2:285, lid 3 BW). Die beperking is gemaakt om te voorkomen dat iemand onder dekmantel van een stichting zich geld toeëigent.

7.10.2 Rechtspersoonlijkheid

De stichting is een rechtspersoon indien haar akte van oprichting (eventueel testament) notarieel is verleden (art. 2:286, 288 BW). De stichting moet, op straffe van nietigheid (dat wil zeggen: anders bestaat zij niet), worden opgericht bij notariële akte. De akte van oprichting (voor de oprichting van een stichting moet men naar de notaris, die de akte 'passeert') bevat de statuten van de stichting. In de statuten moet in elk geval het navolgende staan:
- de naam van de stichting;
- het doel van de stichting;
- de wijze van benoeming van de bestuurders.

7.10.3 Registratie
Alle stichtingen moeten worden ingeschreven in het handelsregister dat wordt bijgehouden door de Kamer van Koophandel (art. 2:289 BW). Zolang aan de inschrijvingsverplichting niet is voldaan, is iedere bestuurder hoofdelijk aansprakelijk (art. 2:289, lid 4 BW).

7.10.4 Geen leden
De stichting mag wel donateurs of aangeslotenen hebben. Het ledenverbod van art. 2:285, lid 1 BW wordt slechts overtreden indien de vergadering van 'leden', donateurs of aangeslotenen overwegende zeggenschap heeft over de structuur, inrichting en bemanning van de organen van de stichting. Het verschil tussen stichting en vereniging is in de praktijk soms moeilijk aan te geven.

7.11 Het bestuur

In de oprichtingsakte worden de eerste bestuurders meestal aangewezen. Benoeming van bestuursleden geschiedt in beginsel bij coöptatie, maar de statuten mogen een afwijkende regeling treffen (art. 2:285, lid 2 BW). De bestuurders zijn verplicht de stichting in te schrijven in het handelsregisterbij de Kamer van Koophandel.

7.11.1 Bestuursbevoegdheid
Het bestuur is belast met het besturen van de rechtspersoon (art. 2:291, lid 1 BW). Het bestuur is behoudens andere statutaire voorzieningen niet bevoegd tot beschikkingen ten aanzien van registergoederen (art. 2:291, lid 2 BW).

7.11.2 Vertegenwoordigingsbevoegdheid van bestuurders
Het bestuur (dus alle bestuurders gezamenlijk) is altijd vertegenwoordigingsbevoegd om de stichting in en buiten rechte te vertegenwoordigen (art. 2:292, lid 1 BW). De statuten mogen deze bevoegdheid het bestuur niet ontnemen. Een bestuurslid mag de stichting niet vertegenwoordigen, tenzij de statuten bepalen dat een bestuurslid wel vertegenwoordigingsbevoegdheid heeft (art. 2:292, lid 2 BW). Ook bestaat de mogelijkheid dat naast het bestuur (als college) twee of meer bestuursleden gezamenlijk vertegenwoordigingsbevoegd zijn; deze regeling wordt in de praktijk wel aangeduid met de tweehandtekeningenclausule. Alle bestuurders van de stichting moeten dus ingeschreven staan in het stichtingenregister bij de Kamer van Koophandel.

7.11.3 Verantwoording
De stichting is, behoudens marginale gevallen, tot geen enkele verantwoording naar buiten verplicht. Het bestuur, dat veelal zichzelf benoemt, is de enige macht. Daarentegen doet zich wel een verantwoordingsplicht naar buiten (bijvoorbeeld naar de overheid) voor, indien de stichting subsidie ontvangt en de subsidievoorwaarden haar tot een zekere verantwoording verplichten.

7.12 Toezicht

Aangezien bij een stichting de controle op het bestuur door een algemene vergadering ontbreekt, werd er gezocht naar een substituut. De wet heeft daarom een grotere macht dan bij de andere rechtspersonen toegekend aan de rechter en het Openbaar Ministerie:
- De rechter is bevoegd de stichting op verzoek van de officier van justitie, of ieder belanghebbende, te ontbinden of de statuten te wijzigen (art. 2:301 BW). De rechter zal de statuten laten wijzigen als deze in strijd zijn met de wet.
- De rechter kan op verzoek van de officier van justitie, of ieder belanghebbende, een bestuurder ontslaan of schorsen indien het bestuur niet naar behoren zijn werk uitvoert (art. 2:298 BW).

De rechtbank heeft de mogelijkheid om bestuurders te schorsen en om gedurende het onderzoek voorlopige voorzieningen te treffen. Er is sprake van wanbeheer indien geen redelijk handelend bestuurder zo zou handelen. Iedere belanghebbende (of het Openbaar Ministerie) kan de rechtbank verzoeken een bestuurder van een stichting te ontslaan (en gedurende het onderzoek te schorsen) als die bestuurder ofwel in strijd handelt met de wet of de statuten, ofwel zich schuldig maakt aan wanbeheer (art. 2:298 BW).

Begrippenlijst

Coöperatie Vereniging die, in tegenstelling tot een gewone vereniging, als doel heeft het nastreven van winst om die onder de leden te verdelen.

Formele vereniging Een vereniging die is opgericht bij notariële akte met volledige rechtsbevoegdheid.

Huishoudelijk reglement Een document waarin de dagelijkse gang van zaken binnen een vereniging of stichting staat beschreven.

Informele vereniging Een vereniging die niet is opgericht bij notariële akte en geen volledige rechtsbevoegdheid heeft

Onderlinge waarborgmaatschappij Vereniging die als doel heeft om met haar leden verzekeringsovereenkomsten te sluiten.

Ontzetting Het beëindigen van een lidmaatschap door een vereniging (royement). Het is een strafmaatregel.

Opzegging Het beëindigen van een lidmaatschap door een vereniging, een manier om een onwerkbare situatie in een vereniging te voorkomen of weg te nemen.

Quorum Minimum aantal stemmen dat aanwezig moet zijn om geldige besluiten te kunnen nemen.

Statuten Het basisdocument van een rechtspersoon. Hierin staan haar doel, organen, bevoegdheden etc.

Stichting Organisatievorm zonder leden die een doel nastreeft dat niet mag zijn het maken van winst om onder de leden te verdelen. Een stichting mag gerust winst maken, alleen moet de winst gebruikt worden om het doel te realiseren.

Vereniging Organisatievorm met leden die een doel nastreven dat niet mag zijn het maken van winst om onder de leden te verdelen. Een vereniging mag gerust winst maken, alleen moet de winst gebruikt worden om het doel te realiseren.

Vragen

Meerkeuzevragen

1. Wat is onjuist?
   a. Een vereniging behoeft niet bij notariële akte te worden opgericht. De stichting moet altijd bij notariële akte worden opgericht;
   b. De wet schrijft voor de vereniging een bestuur en een algemene ledenvergadering als verplichte organen voor. Hetzelfde geldt voor een stichting;
   c. De vereniging is niet altijd volledig rechtsbevoegd. De stichting is altijd volledig rechtsbevoegd;
   d. Een vereniging hoeft geen rechtspersoon te zijn. Een stichting is altijd een rechtspersoon.

2. Wat is juist ten aanzien van een vereniging? Besluiten van een bestuur van een vereniging die in strijd zijn met de statuten, zijn in beginsel:
   a. nietig;
   b. onredelijk;
   c. royeerbaar;
   d. vernietigbaar.

3. Aan wie worden eventuele winst van een coöperatie uitgekeerd?
   a. De leden van de coöperatie;
   b. Alleen de bestuurders van de coöperatie;
   c. De raad van commissarissen van de coöperatie;
   d. Niemand, immers een coöperatie is een vereniging en een vereniging mag geen winst aan de leden uitkeren.

4. Vereniging Rijnstad Vocaaltheater verzorgt zang- en musicalvoorstellingen. Tineke houdt erg van muziek en het lijkt haar erg gezellig om bij zo'n gezelschap te horen. Tineke wil graag lid worden van de vereniging. Er is wel een probleempje: Tineke is niet erg muzikaal en zij kan niet zingen. Rijnstad Vocaaltheater heeft in de statuten vastgelegd dat een lid van de vereniging goed moet kunnen zingen. Om toegelaten te worden, wordt er een stemtest afgenomen door de dirigent. Mag het bestuur van Rijnstad Vocaaltheater Tineke weigeren om lid te worden van de vereniging?
   a. Ja;
   b. Nee, Tineke mag lid worden van Rijnstad Vocaaltheater als zij dat wil;

c. Nee, het bestuur mag Tineke niet weigeren als lid, anders is er sprake van discriminatie;
d. Nee, het is wettelijk verboden om iemand te weigeren om lid te worden van een vereniging op grond van het gelijkheidsbeginsel.

5. Wat is juist ten aanzien van een stichting? Een stichting:
   a. is een rechtspersoon zonder statuten;
   b. mag geen leden hebben;
   c. mag geen onderneming in stand houden;
   d. kan alleen bij overeenkomst worden opgericht.

6. Wat is juist ten aanzien van een stichting? Een stichting:
   a. mag alleen leden hebben indien deze in de algemene vergadering alleen maar adviserende bevoegdheden hebben;
   b. kan alleen leden hebben indien de statuten dit uitdrukkelijk vermelden;
   c. kan alleen leden hebben indien de stichting geen onderneming drijft;
   d. kan in geen geval leden hebben.

7. Welk orgaan/welke organen moet een stichting volgens de wet hebben?
   a. Een bestuur;
   b. Een bestuur en een kascommissie;
   c. Eeen bestuur en een algemene ledenvergadering;
   d. Een bestuur en een Raad van Commissarissen.

8. Hoe worden nieuwe bestuurders van een reeds bestaande en functionerende stichting benoemd?
   a. Volgens het systeem van coöptatie;
   b. Door de algemene ledenvergadering;
   c. Op de door de in de statuten aangegeven wijze;
   d. Door de arrondissementsrechtbank waar de stichting haar zetel heeft.

9. Koos Knutsel heeft samen met een paar vrienden een evenement opgezet, de zogeheten autoblubbering. Met oude, zelfgebouwde auto's scheuren ze door de modder. Een paar jaar geleden besloten Koos en zijn vrienden dit evenement één keer per jaar te organiseren in een nabijgelegen weiland. Om de onkosten te dekken vragen ze een geringe entree van het publiek. Het evenement neemt toe in populariteit en wordt druk bezocht. De entree en de verkoop van bier leveren aardig wat centen op en na een paar jaar hebben de jongens een behoorlijke bankrekening opgebouwd. Ze willen de activiteiten thans onderbrengen in een rechtspersoon. Ze hebben geen belang bij bemoeienissen van anderen. Wat kunnen Koos en zijn vrienden het beste doen?
   a. Het oprichten van een stichting;
   b. Het oprichten van een coöperatie;
   c. Het oprichten van een informele vereniging;
   d. Het oprichten een vereniging op met volledige rechtsbevoegdheid.

10. Wie heeft bij een stichting de bevoegdheid om het dagelijks bestuur te ontslaan?
    a. De rechtbank;
    b. Gedeputeerde Staten;
    c. Het algemeen bestuur;
    d. De officier van justitie.

11. Welke bewering is juist?
    a. Een stichting hoeft geen jaarrekening te publiceren, maar moet het wel maken;
    b. Een stichting moet een jaarrekening publiceren, daar het gaat om een privaatrechtelijke rechtspersoon;
    c. Een stichting moet een jaarrekening publiceren, daar wettelijk een accountant de jaarrekening moet controleren;
    d. Een stichting hoeft geen jaarrekening te publiceren, omdat een stichting verantwoordelijkheid verschuldigd is aan Gedeputeerde Staten.

12. Bart is bestuurder van de stichting 'Doe een wens'. Omdat er nieuwe collectebussen moeten worden besteld sluit Bart in naam van de stichting een koopovereenkomst voor 1000 nieuwe collectebussen bij een fabrikant. De fabrikant heeft inmiddels 1000 collectebussen gemaakt voorzien van het logo van de stichting. Omdat Bart via een vriend hoort dat hij bij een andere leverancier collectebussen kan krijgen voor een veel lagere prijs ziet hij, wederom in naam van de stichting, af van de koop en deelt dit de fabrikant mee. De fabrikant is woedend. Hij kan de collectebussen voorzien van het logo aan niemand anders verkopen.
    a. Op wie kan de fabrikant zijn schade verhalen?
        A. Op Bart;
        B. Op de stichting 'Doe een wens';
        C. De fabrikant kan de schade niet verhalen;
        D. Op zowel Bart als de stichting 'Doe een wens'.
    b. Door de onregelmatigheden van bestuurslid Bart gaat de stichting 'Doe een wens' failliet. De door de rechtbank benoemde curator overweegt Bart aansprakelijk te stellen. Wat is juist? De curator kan, met een redelijke kans op juridisch succes, Bart voor de geleden schade aansprakelijk stellen op grond van:
        A. art. 2:9 BW;
        B. art. 2:138 BW;
        C. art. 2:298 BW;
        D. art. 2:248 BW.

Open vragen

13. Pieter Werkmans en een aantal personeelsleden van Softy bv zijn van plan op een vaste avond in de week squash te spelen. Met dit doel richten zij een personeelsclub op, De Softy's. Daar het oprichten van een 'notariële vereniging' ongeveer € 200 kost, zien ze af om naar de notaris te gaan. Het bestuur van de club, bestaande uit Pieter en Jan, besluit om een plaatselijke zaal te huren voor een jaar

gedurende twee uren per week. Aldus geschiedt: Jan huurt namens de club de sporthal van de gemeente voor € 1.200.
a. Is hier sprake van een rechtspersoon?
b. Wie kan of kunnen door de gemeente worden aangesproken voor betaling van de huur?

14.

Rechtbank schorst bestuur van Stichting Loterijverlies

ALKMAAR – De rechtbank heeft het bestuur van de Stichting Loterijverlies.nl (Stichting Loterijverlies) geschorst. Stichting Loterijverlies is landelijk bekend omdat zij een procedure voert tegen de Staatsloterij namens 194.000 personen die zich door de Staatsloterij gedupeerd achten.

Personen die zich als gedupeerde bij de Stichting Loterijverlies hebben aangemeld, hebben inschrijfgeld moeten voldoen. Een aantal van deze personen heeft de rechtbank verzocht de bestuurder van de Stichting Loterijverlies te ontslaan, of als daarvoor eerst nog onderzoek nodig is, te schorsen en tijdelijk een andere bestuurder te benoemen. Zij menen dat de inschrijfgelden onjuist besteed worden en het huidige bestuur daar niets tegen wil doen.

Portemonnee van de Stichting
De Stichting Loterijverlies is opgericht door de vennootschap Loterijverlies.nl B.V. De onderlinge verhouding tussen Stichting Loterijverlies en Loterijverlies.nl B.V. is dat de vennootschap fungeert als de portemonnee van de Stichting. In het kader van de onderlinge taakverdeling beheert de vennootschap de inschrijfgelden, zij moet daarmee de acties van Stichting Loterijverlies financieren.

De bestuurder van zowel Stichting Loterijverlies als van de vennootschap is Breton Limited. Een aantal transacties van Loterijverlies.nl B.V. valt niet goed te rijmen met het statutaire doel van de Stichting Loterijverlies. Het gaat daarbij om betalingen tot circa 5 miljoen euro aan een andere vennootschap Europa Enterprises Limited (EEL) voor werkzaamheden. Niet duidelijk is gemaakt dat dit een redelijke prijs is voor die werkzaamheden. Verder is via EEL en nog een andere vennootschap genaamd Monticello een hypothecaire geldlening verstrekt aan de heer F. Roet voor de financiering van zijn privéwoning. De heer Roet is naar eigen zeggen aandeelhouder van deze vennootschappen en is dezelfde persoon als de drijvende kracht achter Stichting Loterijverlies. Zo presenteert hij zich ook in de media.

Geen ontslag wel schorsing
De rechtbank heeft het vermoeden gekregen dat de vennootschap de inleggelden van de deelnemers besteedt op zodanige wijze dat dit strijdig is met het statutair omschreven doel van Stichting Loterijverlies. Het behoorde tot de taak van Breton als bestuurder van Stichting Loterijverlies de handelwijze van de vennootschap als haar 'portemonnee' te controleren en tegen de handelwijze van de vennootschap actie te ondernemen. Er is op dit moment (nog) geen reden voor ontslag van Breton als bestuurder van Stichting Loterijverlies maar wel reden om haar te schorsen.

De rechtbank heeft de heer mr. F.W.H. van den Emster als tijdelijk bestuurder van Stichting Loterijverlies benoemd. Tot zijn bestuurstaak zal ook behoren het instellen van een onderzoek naar de genoemde financiële transacties. De rechtbank verzoekt de tijdelijk bestuurder om de aard en omvang van die transacties nader te onderzoeken. Onderzocht zal moeten worden of de kosten die aan de vennootschap in rekening zijn gebracht en zijn betaald ongerechtvaardigd of buitensporig hoog waren en/of gelden voor een ander doel zijn aangewend dan genoemd in de statuten van de Stichting.

www.rechtspraak.nl, 30 juni 2016

a. Mag een stichting winst maken?
b. Op grond van welk wetsartikel heeft de rechtbank de bevoegdheid om het bestuur van de stichting te schorsen?
c. In het artikel staat de volgende passage: 'De rechtbank heeft het vermoeden gekregen dat de vennootschap de inleggelden van de deelnemers besteedt op zodanige wijze dat dit strijdig is met het statutair omschreven doel van Stichting Loterijverlies'.
Waar staat in de wet dat een bestuur niet mag handelen in strijd met de eigen statuten?

Hoofdstuk 8
Werk en arbeidsovereenkomst

8.1 Werk 227
8.2 Aanneming van werk 227
8.3 Overeenkomst van opdracht 228
8.3.1 Verplichtingen opdrachtnemer 229
8.3.2 Verplichtingen opdrachtgever 229
8.3.3 Einde van de opdracht 229
8.4 Uitzendovereenkomst 230
8.4.1 Payroll 230
8.4.2 Verschil uitzendovereenkomst en payroll 231
8.5 De ambtenarenverhouding 231
8.5.1 Uitzonderingen 232
8.6 Arbeidsovereenkomst 232
8.6.1 Wettelijke regeling 232
8.6.2 Collectieve arbeidsovereenkomst 233
8.6.3 Verhouding werkgever-werknemer 233
8.7 De elementen van de arbeidsovereenkomst 233
8.7.1 Arbeid 234
8.7.2 Gezagsverhouding 234
8.7.3 Loon 235
8.7.4 Hoofdelijke aansprakelijkheid werkgever en opdrachtgever voor loon 235
8.8 Dwingend recht 235
8.8.1 Aanvullend recht 236
8.8.2 Semi-dwingend recht 236
8.8.3 Aanvullend, dwingend en semi-dwingend 236
8.9 De mondelinge en schriftelijke arbeidsovereenkomst 236
8.10 Sollicitatie 237
8.11 Leerovereenkomsten 237
8.12 Oproepkrachten 237
8.12.1 Oproepovereenkomst 238
8.13 Handelingsbekwaamheid 240
8.14 De minderjarige in het arbeidsrecht 240
8.14.1 Veronderstelde machtiging 240
8.15 Privacy en de AVG 241

8.16 Werktijden, rust en werken op zondag 241
Begrippenlijst 243
Vragen 244
Meerkeuzevragen 244
Open vragen 246

Hoofdstuk 8
Werk en arbeidsovereenkomst

Door middel van arbeidsovereenkomsten gaan ondernemingen juridische relaties aan met hun werknemer. Een groot deel van de Nederlandse beroepsbevolking is voor zijn inkomen afhankelijk van een arbeidsovereenkomst. Daarom is de arbeidsovereenkomst met veel waarborgen omkleed om de economische zwakkere partij, de werknemer te beschermen.

8.1 Werk

Werken kan juridisch op een aantal manieren. Het is in de praktijk van groot belang dat u weet te onderscheiden om welke werkzaamheden het gaat.
a. Aanneming van werk: de aannemer verbindt zich voor de aanbesteder tegen een bepaalde prijs een bepaald concreet (stoffelijk) werk tot stand te brengen, terwijl er geen sprake is van een arbeidsrelatie (art. 7:750 BW).
b. Overeenkomst van opdracht: de opdrachtnemer verbindt zich tot het verrichten van diensten voor de opdrachtgever, terwijl er geen sprake is van een arbeidsrelatie (art. 7:400 e.v. BW).
c. Uitzendovereenkomst: het gaat hierbij om in- en uitlenen, dat wil zeggen dat feitelijk de opdrachtgever leiding en toezicht uitoefent en niet de formele werkgever (art. 7:690 BW).
d. De ambtenarenverhouding: ambtenaren werken bij de overheid. Ze vallen onder het gewone arbeidsrecht en onder het ambtenarenrecht.
e. De arbeidsovereenkomst: dit betreft bijna alle gevallen die niet onder a, b, c of d vallen.

8.2 Aanneming van werk

Een onderneming, die een fabriekspand laat bouwen of een machine laat produceren, krijgt te maken met 'aanneming van werk'. Er is sprake van aanneming van werk wanneer de ene partij, de aannemer, zich jegens de andere partij, de opdrachtgever, verbindt om buiten dienstbetrekking een werk van stoffelijke aard tot stand te brengen en op te leveren, tegen een door de opdrachtgever te betalen prijs in geld (art. 7:750 BW).
De drie kenmerkende onderdelen van deze definitie zijn:
a. een bepaald werk van stoffelijke aard;
b. buiten dienstbetrekking;
c. tegen een bepaalde prijs.

Aanneming van werk komt veel voor in de bouw en de metaalindustrie. Het juridische begrip 'aanneming' heeft een ruimere betekenis en geldt ook voor andere sectoren van het bedrijfsleven dan alleen de bouwnijverheid. Bij aanneming van werk is er geen sprake van een gezagsverhouding en het betalen van loon. De overeenkomst van aanneming van werk levert een resultaatverbintenis op: de aannemer staat garant voor wat is afgesproken.

De wetgever geeft de consument extra bescherming. Net als bij de koop van een bestaand huis moet de koop- of aannemingsovereenkomst van een woonhuis met grond schriftelijk worden aangegaan en heeft de consumentopdrachtgever drie dagen bedenktijd (art. 7:2 BW).

Werken

	Aanneming van werk	Overeenkomst van opdracht	Uitzendovereenkomst	Arbeidsovereenkomst voor onbepaalde tijd	Arbeidsovereenkomst voor bepaalde tijd
Gezagsverhouding	Nee	Nee (wel aanwijzingen geven)	Ja	Ja	Ja
Duurzame relatie	Nee	Soms	Nee	Ja	Nee
Persoonlijk presteren	Nee	Nee	Nee	Ja	Ja
Stoffelijke aard	Ja	Nee	Nee	Nee	Nee

8.3 Overeenkomst van opdracht

De zakelijke dienstverlening door bijvoorbeeld advocaat, accountant, belastingadviseur, notaris, deurwaarder, arts, kapper, reisgids, privédetective, architect en freelancejournalist vallen onder de bepalingen van een overeenkomst van opdracht.

De opdracht wordt in de wet omschreven als de overeenkomst waarbij de ene partij – de opdrachtgever – zich tegenover de andere partij – de opdrachtnemer – verbindt buiten dienstbetrekking werkzaamheden te verrichten die uit iets anders bestaan dan het tot stand brengen van een werk van stoffelijke aard, het bewaren van zaken, het uitgeven van werken of het vervoeren of doen vervoeren van personen of zaken (art. 7:400 BW). In het dagelijks spraakgebruik is dit beter bekend als het verrichten van diensten. Andere vormen van de opdracht zijn lastgeving, bemiddeling en agentuur.

Wezenlijk voor de opdracht is dat deze leidt tot het uitvoeren van werkzaamheden buiten dienstbetrekking. Arbeidsovereenkomst en opdracht kunnen dus nooit samengaan. De opdracht moet ook van de aanneming van werk worden onderscheiden. Bij een opdracht gaat het niet om het tot stand brengen van een werk van stoffelijke aard. In de praktijk zal het soms moeilijk zijn aan te geven of een werkzaamheid al dan niet het tot stand brengen van een werk van stoffelijke aard betreft. Men kan hierbij denken aan de drukker die papier bedrukt of een printshop die op T-shirts afdrukken aanbrengt. Vaak worden overeenkomsten van opdracht beheerst door algemene voorwaarden van belangenorganisaties, zoals artsen, makelaars of organisatieadviseurs.

8.3.1 Verplichtingen opdrachtnemer

De belangrijkste wettelijke verplichting van de opdrachtnemer is de zorgplicht. Zorgplicht houdt in dat de afgesproken werkzaamheden vaststaan, dan wel dat de omvang ervan kan worden vastgesteld (mede) aan de hand van wat in het maatschappelijk verkeer gebruikelijk is. De strekking van de opdracht is overigens het verrichten van bedoelde werkzaamheden, niet het garanderen van een bepaald resultaat. De opdrachtnemer moet:
- bij zijn werkzaamheden de zorg van een goed opdrachtnemer in acht nemen (art. 7:401 BW);
- gevolg geven aan tijdig gegeven en verantwoorde aanwijzingen omtrent de uitvoering van de opdracht (art. 7:402 BW);
- de opdrachtgever op de hoogte houden van zijn werkzaamheden ter uitvoering van de opdracht (art. 7:403 BW);
- de opdrachtgever onverwijld in kennis stellen van de voltooiing van de opdracht, indien de opdrachtgever daarvan onkundig is;
- aan de opdrachtgever verantwoording afleggen van de wijze waarop de opdrachtnemer zich van de opdracht heeft gekweten (art. 7:403, lid 2 BW);
- rekening doen van de bij de uitvoering van de opdracht en last van de opdrachtgever uitgegeven of te diens behoeve ontvangen gelden;
- stukken en dergelijke die de opdrachtnemer ter zake van de opdracht onder zich heeft gekregen teruggeven.

8.3.2 Verplichtingen opdrachtgever

De wet omschrijft de volgende verplichtingen van de opdrachtgever:
- hij moet aan de professioneel handelende opdrachtnemer loon betalen (art. 7:405 BW);
- hij dient de onkosten te vergoeden die zijn verbonden aan de uitvoering van de opdracht, voor zover deze niet in het loon zijn begrepen (art. 7:406 BW);
- hij moet aan de opdrachtnemer de schade vergoeden 'die deze lijdt ten gevolge van de hem niet toe te rekenen verwezenlijking van een aan de opdracht verbonden bijzonder gevaar' (art. 7:406 BW).

8.3.3 Einde van de opdracht

De belangrijkste grond is opzegging. Onderscheiden moet worden: de opzegging door de opdrachtgever en die door de opdrachtnemer. De opdrachtgever kan te allen tijde opzeggen (art. 7:408 BW). Bij de opzegging door de opdrachtnemer moeten verschillende situaties worden onderscheiden. De particuliere opdrachtnemer kan te allen tijde opzeggen. De opdrachtnemer die de overeenkomst is aangegaan in de uitoefening van een beroep of een bedrijf kan, behoudens gewichtige redenen, slechts opzeggen wanneer de overeenkomst voor onbepaalde duur geldt en niet door volbrenging eindigt.

Als een overeenkomst voor bepaalde tijd of voor het bereiken van een bepaald resultaat is aangegaan, is deze in beginsel niet opzegbaar, tenzij anders is overeengekomen of de wet anders bepaalt. Als de overeenkomst – ongeacht de beëindigingsgrond – eindigt voordat de opdracht is volbracht, heeft de opdrachtnemer recht op een naar redelijkheid vast te stellen loon.

8.4 Uitzendovereenkomst

Bijna elke organisatie, klein en groot, maakt wel eens gebruik van uitzendkrachten.

Een uitzendovereenkomst is een arbeidsovereenkomst waar de werknemer in dienst treedt van het uitzendbureau die de werknemer vervolgens beschikbaar stelt aan een andere werkgever (art. 7:690 BW). In alle uitzendovereenkomsten is een uitzendbeding opgenomen. Dit beding regelt dat de uitzendovereenkomst automatisch eindigt op het moment dat de inlener de opdracht beëindigt. Hiervoor is geen opzegging vereist. Ook de uitzendkracht kan de overeenkomst, zolang het beding geldt, met onmiddellijke ingang beëindigen.

Het uitzendbureau kan alleen de eerste 26 weken waarin de uitzendkracht voor hem werkt gebruikmaken van dit uitzendbeding (art. 7:691, lid 3 BW). Opzegging en toestemming voor opzegging van het UWV zijn voor het uitzendbureau niet nodig.

Als het uitzendbureau onder een cao valt, kan hierin zijn afgesproken dat het uitzendbeding verlengd mag worden. Dit mag tot maximaal 78 gewerkte weken (art. 7:691, lid 8 BW). Het uitzendbureau moet een werknemer een salaris betalen dat vergelijkbaar is met dat van werknemers in gelijke of gelijkwaardige functies bij de inlener, tenzij in de cao anders is bepaald. Zowel het uitzendbureau als de inlenende werkgever zijn in beginsel aansprakelijk voor de schade die een uitzendwerknemer heeft opgelopen als gevolg van een bedrijfsongeval. Een uitzendwerknemer kan dus kiezen wie hij voor vergoeding van zijn schade aanspreekt.

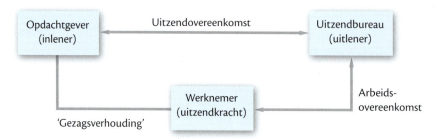

8.1 Uitzendovereenkomst

8.4.1 Payroll

De payrollovereenkomst is een bijzondere vorm van de uitzendovereenkomst. In de praktijk bestaan verschillende verschijningsvormen van payrolling. In de regel werft en selecteert de opdrachtgever de werknemer, waarna het payrollbedrijf de gewenste werknemer in dienst neemt en exclusief ter beschikking stelt aan de opdrachtgever. Payroll ondernemingen vallen – indien zij voldoen aan de criteria van art. 7:692 BW – onder de wet- en regelgeving van de uitzendbranche.

8 Werk en arbeidsovereenkomst

```
Opdrachtgever (inlener)  ←— Payrollovereenkomst (overeenkomst van opdracht) —→  Payroll-werkgever
         ↑                                                                              │
    Arbeid │   Toezicht, leiding,                                          Arbeids-    │
         │     werving en selectie                                         overeenkomst │
         │                                                                              ↓
         └────────────────→  Werknemer (payrollmedewerker)  ←──────────────────────────┘
```

8.2 Payrollovereenkomst

Payrollwerknemers hebben recht op dezelfde arbeidsvoorwaarden als collega's die rechtstreeks in dienst zijn bij de opdrachtgever. Een uitzendbeding, zoals bij een uitzendovereenkomst, is niet toegestaan. Bij een tijdelijk payrollcontract krijgt de werknemer een vast contract na drie tijdelijke contracten of na drie jaar te hebben gewerkt.

Uitzendkracht moet tijdens ziekte of arbeidsongeval doorbetaald worden

DEN HAAG - Een uitzendkracht die ziek wordt of bijvoorbeeld een arbeidsongeval krijgt, heeft recht op loondoorbetaling door het uitzendbureau. Dat heeft het Gerechtshof Den Haag in hoger beroep beslist.

In de zaak die aan het hof was voorgelegd, was de uitzendkracht tijdens zijn werkzaamheden met zijn hand in een machine gekomen. Het uitzendbureau weigerde hem loondoorbetaling en beriep zich op het uitzendbeding in art. 13 van de NBBU-cao. Hierin staat onder meer dat de arbeidsovereenkomst van de uitzendkracht met het uitzendbureau automatisch eindigt op het moment dat de uitzendkracht ziek wordt of een arbeidsongeval krijgt en daardoor niet meer kan werken.

Het gerechtshof stelt vast dat in de wet staat dat een arbeidsovereenkomst niet kan worden opgezegd tijdens ziekte. Tot 1 juli 2015 bood de wet nog de mogelijkheid om hiervan bij cao af te wijken. In art. 13 van het uitzendbeding van de NBBU-cao is hiervan gebruikgemaakt. Dit uitzendbeding geldt voor uitzendkrachten die minder dan 78 weken voor het uitzendbureau hebben gewerkt. Als gevolg van een wetswijziging per 1 juli 2015 is deze mogelijkheid om bij cao af te wijken van het opzegverbod tijdens ziekte echter vervallen. Vanaf 1 juli 2015 is het uitzendbeding bij ziekte of arbeidsongeschiktheid dan ook in strijd met de wet. De rechtbank was in eerste aanleg nog wel uitgegaan van de rechtsgeldigheid van het uitzendbeding bij ziekte.

www.rechtspraak.nl, 17 maart 2020,
ECLI:NL:GHDHA:2020:460

8.4.2 Verschil uitzendovereenkomst en payroll

Het belangrijkste verschil met uitzendovereenkomst is dat de werving en selectie van de werknemer bij payroll plaatsvindt door de inlener én de werknemer niet zonder toestemming van de inlener aan een derde ter beschikking kan worden gesteld. De inlener selecteert dus de werknemer waarmee hij wil werken en verzoekt het payroll bedrijf vervolgens om deze werknemer in dienst te nemen en deze exclusief aan hem ter beschikking te stellen.

8.5 De ambtenarenverhouding

Iedere medewerker in dienst van een overheidswerkgever is ambtenaar. De overheid is er voor het algemene belang. Daarom zijn er speciale regels voor ambtenaren. Deze

staan in de Ambtenarenwet 2017 met daarin regels voor ambtenaren, bijvoorbeeld over:
- geheimhoudingsplicht;
- verbod om giften aan te nemen;
- de plicht andere functies te melden.

Ambtenaren hebben zoveel mogelijk dezelfde rechten als werknemers in het bedrijfsleven. Het arbeidsrecht uit het Burgerlijk Wetboek geldt in beginsel ook voor ambtenaren. Ambtenaren hebben een arbeidsovereenkomst, net als werknemers in het bedrijfsleven; ook vallen ambtenaren onder een cao. De privaatrechtelijke rechtsbescherming en het private ontslagstelsel, waaronder de preventieve ontslagtoets door het UWV of de kantonrechter, gelden ook voor ambtenaren.

Dit betekent dat een ambtenaar bij onenigheid met zijn overheidswerkgever of bij ontslag naar de kantonrechter gaat. Voor ontslag moet het UWV of de kantonrechter toestemming geven.

8.5.1 Uitzonderingen

Bepaalde groepen ambtenaren vallen niet onder het private arbeidsrecht van het Burgerlijk Wetboek, maar hebben een eigen regeling. Dit zijn onder andere (art. 3 Ambtenarenwet 2017):
- medewerkers van politie en defensie;
- medewerkers van de rechterlijke macht, rechters en officieren van justitie;
- politieke ambtsdragers, zoals Kamerleden, burgemeesters en wethouders.

Deze groepen vallen niet onder het private arbeidsrecht, maar behouden hun publiekrechtelijke rechtspositie.

8.6 Arbeidsovereenkomst

In Nederland is een groot deel van de werkende bevolking in dienst van een werkgever op grond van een arbeidsovereenkomst. De werknemer is in verschillende opzichten afhankelijk van zijn werkgever. Die afhankelijkheid ontstaat enerzijds doordat hij in beginsel verplicht is eenzijdige instructies van zijn werkgever op te volgen; anderzijds vormt het door de werkgever uitgekeerde loon bijna altijd de enige financiële bron voor de werknemer om in zijn levensonderhoud te voorzien.

De wet probeert vooral de werknemer – de economisch zwakkere – te beschermen tegenover de economisch sterkere werkgever. De overheid heeft veel wettelijke regels vastgesteld die betrekking hebben op het verrichten van arbeid.

8.6.1 Wettelijke regeling

De individuele arbeidsovereenkomst is wettelijk geregeld in art. 7:610 BW. Naast het Burgerlijk Wetboek zijn er nog meer wetten die betrekking hebben op de arbeidsovereenkomst. In het bijzonder zijn dat:
- de Wet op de collectieve arbeidsovereenkomst (W.CAO);
- de Wet op het algemeen verbindend en het onverbindend verklaren van bepalingen van collectieve arbeidsovereenkomsten (W.AVV-OVV);
- de Arbeidsomstandighedenwet (Arbowet);

- de Wet minimumloon en minimumvakantiebijslag;
- de Wet arbeid en zorg;
- de Wet gelijke behandeling van mannen en vrouwen;
- de Arbeidstijdenwet.

8.6.2 Collectieve arbeidsovereenkomst

De afhankelijkheid van de individuele werknemer kan ook worden verminderd door het sluiten van zogenaamde collectieve arbeidsovereenkomsten. In dit geval wordt niet door een individuele werkgever en werknemer onderhandeld over de arbeidsvoorwaarden, maar op collectief niveau door de vak- en werkgeversorganisaties. In hoofdstuk 11 zal op de collectieve arbeidsovereenkomst worden ingegaan.

8.6.3 Verhouding werkgever-werknemer

Een arbeidsovereenkomst is een overeenkomst tussen twee economisch veelal ongelijkwaardige partijen. Voor de werkgever zal een werknemer in het algemeen zonder al te veel problemen te vervangen zijn. Voor de individuele werknemer geldt echter dat hij voor zijn inkomsten in hoge mate is aangewezen op de arbeidsovereenkomst.

Op het moment dat een werkgever en een werknemer een arbeidsovereenkomst aangaan, zijn automatisch de regels van het Burgerlijk Wetboek van toepassing op hun overeenkomst. De wettelijke regeling ten aanzien van de individuele arbeidsovereenkomst bevat een groot aantal bepalingen, die met name van belang zijn voor de bescherming van de positie van de individuele werknemer. Deze bescherming wordt tot stand gebracht door regels van dwingend recht.

8.7 De elementen van de arbeidsovereenkomst

De wettelijke definitie van een arbeidsovereenkomst is als volgt: 'De arbeidsovereenkomst is de overeenkomst, waarbij de eene partij, de werknemer, zich verbindt, in dienst van de andere partij, den werkgever, tegen loon gedurende zekeren tijd arbeid te verrichten' (art. 7:610, lid 1 BW). Er zijn ook situaties waarin arbeid wordt verricht tegen een vergoeding in geld die geen arbeidsovereenkomsten zijn, zoals de ambtenarenverhouding, aanneming van werk en het verrichten van enkele diensten.

Wil er sprake zijn van een arbeidsovereenkomst, dan moet er voldaan zijn aan drie vereisten. De drie bestanddelen van de arbeidsovereenkomst zijn (art. 7:610, lid 1 BW):
a. het zelf verrichten van arbeid;
b. de aanwezigheid van een gezagsverhouding en ondergeschiktheid. De werknemer is in dienst van de werkgever, die bepaalt welke arbeid moet worden verricht en op welke wijze;
c. het betalen van loon.

Indien aan alle drie de elementen van art. 7:610, lid 1 BW is voldaan, dan is er een arbeidsovereenkomst, zelfs al zouden beide partijen zo'n overeenkomst niet willen. Wanneer een van de drie bestanddelen ontbreekt, spreken we niet van een arbeidsovereenkomst. Het is niet relevant welke naam de partijen aan hun overeenkomst geven. Het gaat om de bovengenoemde kenmerken die hun overeenkomst vertoont. De feitelijke omstandigheden maken uit of het arbeidsrecht van toepassing is.

8.7.1 Arbeid

De werknemer is verplicht gedurende zekere tijd te werken ten dienste van de werkgever. Volgens art. 7:659, lid 1 BW is de werknemer in principe verplicht zelf het werk te verrichten waartoe hij zich verbonden heeft. Is hij – zonder nadere afspraak – vrij een willekeurige derde te sturen, dan is er in beginsel geen arbeidsovereenkomst.

Arbeid kan vrijwel elke willekeurige bezigheid zijn: ook feitelijke beschikbaarheid voor zover deze kan worden aangemerkt als een productieve prestatie. Er moet dus wel sprake zijn van een reële prestatie tegenover de werkgever. Slapen kan arbeid zijn: denk aan wachtdiensten in een ziekenhuis of verpleeghuis.

Voorbeeld

Een krantenbezorger heeft in het algemeen geen arbeidsovereenkomst gesloten. Het is van geen belang wie de kranten aan huis brengt, als het maar gebeurt.

8.7.2 Gezagsverhouding

Er is een gezagsverhouding aanwezig indien de werkgever bevoegd is aan de werknemer bindende aanwijzingen en opdrachten te geven ten aanzien van onder meer de inhoud van de werkzaamheden, de wijze van uitvoering daarvan en/of de tijden waarop die werkzaamheden dienen te worden verricht. Er wordt in de jurisprudentie alleen geen gezagsverhouding aangenomen bij zeer geringe bevoegdheden van de werkgever op dit punt. Van geen belang is of de werkgever tijdens de dagelijkse werkzaamheden instructies geeft; de mógelijkheid tot het geven van opdrachten is voldoende.

De werknemer moet zijn werk verrichten volgens de aanwijzingen van de werkgever. Het gezag van de werkgever is niet onbegrensd. De werkgever geeft aanwijzingen, houdt toezicht en bepaalt de werktijden. Zijn gezag gaat niet zó ver dat hij de inhoud van de arbeidsovereenkomst eenzijdig kan wijzigen, bijvoorbeeld door geheel andere werkzaamheden op te dragen of de werknemer aan te stellen in een andere functie.

In de rechtspraak wordt de wijze waarop de werkgever zijn gezag uitoefent getoetst aan een algemene wettelijke bepaling, die erop neer komt dat de werkgever verplicht is al datgene te doen en na te laten wat een goed werkgever in gelijke omstandigheden behoort te doen en na te laten (art. 7:611 BW). Op grond van die open norm kan de rechter van geval tot geval een oordeel geven.

Het gezagscriterium is niet in alle situaties even duidelijk als we letten op de positie van bijvoorbeeld de filiaalhouder, de handelsreiziger, de vertaler, de thuiswerker, de musicus of de zoon of dochter die in het bedrijf van de ouders werkt. Om dit probleem op te lossen heeft men geprobeerd andere criteria te ontwikkelen die aanknopingspunten zouden kunnen bieden om de arbeidsovereenkomst af te bakenen tegenover andere overeenkomsten tot het verrichten van arbeid:
- Is er sprake van continuïteit?
- Wat is de bedoeling van de partijen?
- Was er een regelmatige loonbetaling?

8.7.3 Loon

Loon is de door de werkgever verschuldigde tegenprestatie van de bedongen arbeid. De werkgever is verplicht om als contraprestatie voor de bedongen arbeid de werknemer loon te betalen (art. 7:616 BW). Ontbreekt deze verplichting, dan is er geen arbeidsovereenkomst. Beloningen die de werknemer van derden ontvangt, zoals fooien, zijn geen loon.

De wet schrijft voor dat de werkgever het loon op tijd behoort te voldoen (art. 7:623 BW). Loon behoeft niet geheel uit geld te bestaan, maar kan ook goederen en diensten betreffen (dienstauto's, aandelen; art. 7:617 BW). Onkostenvergoedingen zijn geen loon, geen tegenprestatie voor geleverde arbeid. Met uitzondering van het in een afzonderlijke wet (de Wet minimumloon en minimumvakantiebijslag, WMM) geregelde minimumloon bevat de wet geen voorschriften voor de loonhoogte. Deze is afhankelijk van wat partijen afspreken. In veel gevallen wordt de loonhoogte niet door de partijen bepaald, maar door de collectieve arbeidsovereenkomst waaraan partijen gebonden zijn.

Voor het eerst meer dan 9 miljoen werkenden

Het aantal mensen met betaald werk nam in de afgelopen drie maanden met gemiddeld 17 duizend per maand toe en bedroeg in december voor het eerst meer dan 9 miljoen personen. Het aantal werklozen is in de afgelopen drie maanden gedaald met gemiddeld 7 duizend per maand naar 302 duizend in december. Zij hadden geen betaald werk en gaven aan recent naar werk te hebben gezocht en daarvoor direct beschikbaar te zijn. Dat meldt het CBS op basis van nieuwe cijfers. Het UWV registreerde eind december 223 duizend lopende ww-uitkeringen.

www.cbs.nl, 16-1-2020

8.7.4 Hoofdelijke aansprakelijkheid werkgever en opdrachtgever voor loon

Het komt vaak voor dat een werkgever, in opdracht van een opdrachtgever, werkzaamheden door zijn werknemers bij de opdrachtgever laat verrichten. Als de werkgever niet het loon van de werknemer betaalt, in geval van een opdrachtovereenkomst of aanneming van werk, is de opdrachtgever hoofdelijk aansprakelijk voor de voldoening van het aan de werknemer verschuldigde cao-loon (art. 7:616a, lid 1 BW). De werknemer kan het cao-loon vorderen van zowel zijn werkgever als van de opdrachtgever waarvoor hij (indirect) werkzaamheden verricht.

Lukt het de werknemer niet om zijn loon te verkrijgen van zijn werkgever of de opdrachtgever, dan kan de werknemer vervolgens de hoger gelegen opdrachtgever (de opdrachtgever van de opdrachtgever) voor het loon aansprakelijk stellen (art. 7:616b, lid 1 BW).

8.8 Dwingend recht

Onder dwingend recht verstaan wij rechtsregels waarvan volgens de wet niet mag worden afgeweken. Zelfs wanneer partijen schriftelijk en nadrukkelijk verklaren van het dwingend recht af te willen wijken, heeft dit voor het recht geen effect. Dwingend recht is in het wetboek te herkennen aan de term 'moeten', of aan de in een afzonderlijk lid opgenomen formulering 'elk beding, strijdig met enige bepaling van dit artikel, is nietig'. Anders gezegd: dat wat is overeengekomen, bestaat juridisch niet. Dat wil zeggen dat indien een werkgever en werknemer een arbeidsovereenkomst aangaan waarin bepalingen voorkomen die in strijd zijn met dwingend recht, worden die bepalingen juridisch gesproken als niet geschreven beschouwd. Bij een rechter kan men zich daarom niet beroepen op zo'n bepaling in de arbeidsovereenkomst (zie art. 7:646, lid 11 BW). Spreken partijen in hun individuele arbeidsovereenkomst niets af, dan gelden automatisch alle wettelijke bepalingen (dwingend en aanvullend) van het wetboek.

8.8.1 Aanvullend recht
Tegenover dwingend recht staat aanvullend recht. Bij aanvullend recht kunnen de contracterende partijen te allen tijde van de wettelijke regel afwijken als zij daartoe overeenstemming bereiken. De afspraak tussen partijen gaat dan vóór de wettelijke regeling. Regelen partijen een bepaald onderwerp niet zelf, dan geldt gewoon de wettelijke regeling.

8.8.2 Semi-dwingend recht
Bij semi-dwingend recht gaat het om bepalingen waarvan slechts mag worden afgeweken indien is voldaan aan de door de wet gestelde voorwaarden. Hierbij wordt expliciet in het betreffende wetsartikel aangegeven dat afwijking bijvoorbeeld slechts mogelijk is bij cao of bij schriftelijk aangegane overeenkomst (contract) (art. 7:635, lid 5 BW).

8.8.3 Aanvullend, dwingend en semi-dwingend
Het onderscheid tussen dwingend, aanvullend en semi-dwingend recht speelt niet alleen een rol bij het arbeidsrecht, maar dit onderscheid is van belang in het totale Nederlandse recht. Samenvattend kunnen de volgende regels worden gegeven:
- van dwingend recht mag zelfs met onderling goedvinden niet worden afgeweken. Zo kan in Nederland een man maar met één vrouw huwen en een vrouw maar met één man (art. 1:33 BW), wat overigens niet wil zeggen dat men niet met meer personen mag samenleven.
- aanvullend recht staat ter beschikking van de partijen. Zij mogen het terzijde stellen. (Hebben zij dat niet gedaan, dan geldt het aanvullend recht.) Aanvullend recht speelt een grote rol bij verplichtingen van partijen die voortkomen uit een overeenkomst.
- bij semi-dwingend recht worden randvoorwaarden gegeven, waarbinnen de betrokkenen nog wel van de wettelijke (aanvullende) regeling mogen afwijken (voorbeeld: het arbeidsrecht).
- overtreding van een dwingende regel heeft als gevolg dat het beoogde rechtsgevolg niet bereikt wordt; aldus overeengekomen rechtshandelingen zijn nietig of vernietigbaar.

8.9 De mondelinge en schriftelijke arbeidsovereenkomst

In het recht geldt de algemene regel dat een mondelinge overeenkomst net zo rechtsgeldig is als een schriftelijk contract. Staat er niets op papier, dan wordt de arbeidsverhouding tussen de werkgever en werknemer beheerst door de regels van het Burgerlijk Wetboek. Daarnaast zijn op de arbeidsovereenkomst vaak cao-bepalingen van toepassing en in veel ondernemingen gelden regels die opgenomen zijn in personeelsgidsen en reglementen.

Een mondelinge arbeidsovereenkomst is rechtsgeldig, maar de inhoud is later moeilijk precies vast te stellen en nog moeilijker te bewijzen. Bepaalde bedingen (bijvoorbeeld het concurrentiebeding; art. 7:653, lid 1 sub b BW) in een arbeidsovereenkomst moeten schriftelijk worden vastgesteld.

Door een mondelinge afspraak komt een arbeidsovereenkomst tot stand. Wensen werkgever en werknemer in bepaalde gevallen een andere regeling dan de wet geeft, dan is schriftelijke vastlegging zeer gewenst.

8.10 Sollicitatie

Hoewel er in geval van een sollicitatieprocedure nog geen sprake is van een arbeidsovereenkomst, gelden in deze fase wel normen waaraan de werkgever zich dient te houden. Een van die normen is het verbod om mannen en vrouwen ongelijk te behandelen; zowel direct als indirect onderscheid is verboden.

8.11 Leerovereenkomsten

Naast of als onderdeel van een arbeidsovereenkomst wordt met een werknemer soms een leerovereenkomst gesloten. De werknemer verplicht zich de scholing te voltooien en de werkgever verplicht zich hem of haar gedurende de opleiding in dienst te houden, behalve in geval van wangedrag, kennelijke ongeschiktheid en dergelijke.

Het doel van een leerovereenkomst is het geven van een opleiding voor een bepaald beroep. Deze opleiding vindt plaats op de arbeidsplaats. Een zuivere leerovereenkomst, dat wil zeggen dat de leerling in het geheel geen productiediensten verricht, is geen arbeidsovereenkomst. Wordt er wel productieve arbeid verricht door de leerling, dan is er sprake van een gemengde arbeids- en leerovereenkomst.

8.12 Oproepkrachten

Flexibiliteit speelt een grote rol in het arbeidsrecht. Werd er in het verleden meestal op basis van de 'gewone' arbeidsovereenkomst voor onbepaalde tijd gewerkt, nu zien we dat deze vaak als te star wordt ervaren en ontstaan er meer en meer flexibele variaties op deze arbeidsovereenkomst. Naast de 'normale' arbeidsovereenkomst voor 38-40 uur per week met een daarbij behorend loon, zien we dat aan de kant van het aantal te werken uren een flexibiliteit wordt gecreëerd. Zo is het mogelijk dat een werknemer een vast salaris per maand ontvangt, maar niet per periode eenzelfde aantal uren werkt. Het salaris is in dit geval gebaseerd op hetgeen gemiddeld maandelijks wordt gewerkt.

Perioden van ziekte of drukte kan een werkgever opvangen via het aantrekken van uitzendkrachten. Daar kunnen de volgende nadelen aan verbonden zijn:
- door het betalen van bemiddelingskosten aan het uitzendbureau is gebruikmaking van uitzendkrachten een relatief vrij kostbare zaak;
- uitzendkrachten kennen de onderneming in kwestie doorgaans niet, zodat inwerkverliezen moeten worden ingecalculeerd.

Deze nadelen doen zich niet voor als de werkgever gebruikmaakt van oproepkrachten, ook wel flexwerkers genaamd. Oproepkrachten werken slechts op momenten waarop de werkgever dat noodzakelijk acht. Alleen bij min of meer toevallige en incidentele personeelsonderbezetting worden zij benaderd. Werkgevers hebben regelmatig een vaste kern van dergelijke oproepkrachten. In de praktijk treft men aan: afroepkrachten, poolers, nuluurcontractanten, standby-contractanten, freelancers, flexwerkers et cetera.

8.12.1 Oproepovereenkomst

Er is sprake van een oproepovereenkomst als de omvang van de te verrichten arbeid niet is vastgelegd als één aantal uren per tijdvak van ten hoogste een maand, of als één aantal uren per tijdvak van ten hoogste een jaar, waarbij het recht op loon gelijkmatig gespreid is over dat tijdvak (art. 7:628a lid 9 BW). De werkgever is verplicht om op de loonstrook te vermelden of er sprake is van een oproepovereenkomst.

Het betreft dus nul-urencontracten, min-max contracten en arbeidsovereenkomsten waarbij op basis van art. 7:628 BW de loondoorbetalingsplicht is uitgesloten. De werknemer krijgt dus geen loon als hij niet werkt.

Wanneer een flexwerker gedurende drie maanden elke week of minimaal 20 uur per maand voor dezelfde werkgever werkt, wordt vermoed dat er sprake is van een arbeidsovereenkomst (art. 7:610a BW). Voor de beëindiging van de overeenkomst is opzegging nodig en dat houdt in dat de werkgever van tevoren toestemming moet aanvragen bij het UWV.

Oproepkrachten moeten minstens vier dagen van tevoren worden opgeroepen door de werkgever (art. 7: 628a, lid 2 BW). Indien een oproep tot werken korter dan vier dagen van tevoren wordt afgezegd, dan heeft de oproepkracht toch recht op loon (art. 7: 628a, lid 3 BW). De termijn van vier dagen kan bij cao verkort worden, maar hij kan niet korter dan 24 uur zijn.

Daarnaast moet een oproepkracht na twaalf maanden een contract aangeboden krijgen voor het gemiddelde aantal uren dat hij in die 12 maanden heeft gewerkt (art. 7:628a, lid 5 BW). Indien dit contract niet wordt aangeboden, dan heeft de oproepkracht alsnog recht op loon voor het aantal uren waarvoor hij een aanbod had moeten ontvangen.

Een werkgever kan in de arbeidsovereenkomst vastleggen dat in de eerste zes maanden geen loondoorbetalingsverplichting geldt. Dan is de werkgever die eerste zes maanden niet verplicht om de werknemer loon te betalen voor de uren die na een oproep niet gewerkt zijn of waarvoor hij niet is opgeroepen (art. 7:628, lid 5 BW). Deze periode van zes maanden kan alleen worden verlengd als dat in een cao is geregeld. Voorwaarde is dat het moet gaan om functies waarin de werkzaamheden incidenteel van aard zijn en geen vaste omvang kennen. Dit is bijvoorbeeld het geval bij piekwerkzaamheden of vervanging wegens ziekte.

Er is sprake van een nulurencontract als de werkgever en werknemer geen afspraken hebben gemaakt over het aantal uren dat de oproepkracht werkt.

Een nulurencontract heeft de volgende kenmerken:
a. Een werknemer gaat aan het werk als hij wordt opgeroepen.
b. Een werknemer heeft een doorlopend arbeidscontract, maar er is geen afspraak over het aantal uren dat hij werkt.

c. De werkgever betaalt alleen loon voor de uren die de werknemer werkt. Deze afspraak moet schriftelijk worden vastgelegd.

Een nulurenovereenkomst kan overgaan in een overeenkomst met vaste arbeidsduur als er een vast arbeidspatroon ontstaat. Dan geldt het 'rechtsvermoeden' dat de arbeidsduur gelijk is aan de gemiddelde arbeidsduur van de afgelopen drie maanden (art. 7:610b BW).

Bij een oproepcontract met een voorovereenkomst kan de werknemer zelf beslissen of hij gaat werken. Als de werknemer gehoor geeft aan de oproep, ontstaat een arbeidsovereenkomst waarbij de afspraken in de voorovereenkomst gelden. Bij drie opeenvolgende overeenkomsten ontstaat een vast dienstverband. Ook krijgt de werknemer een vast dienstverband als hij langer dan drie jaar meerdere tijdelijke contracten heeft gehad.

Een werknemer met een oproepovereenkomst heeft ook recht op een transitievergoeding als de werkgever de overeenkomst beëindigt, ongeacht de duur van de overeenkomst. De transitievergoeding wordt uitgelegd in hoofdstuk 10.

De opzegtermijn voor een werknemer bij een oproepovereenkomst is maar vier dagen (art. 7:672, lid 5 BW). De wettelijke opzegtermijn voor een werkgever is een maand en de oproepovereenkomst moet worden opgezegd tegen het einde van de maand (art. 7:672 BW).

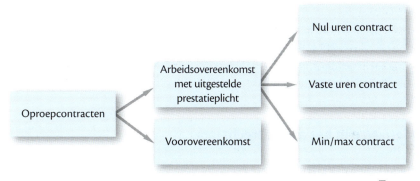

8.3 *Typen oproepcontracten*

Wet Arbeidsmarkt in balans aangenomen in beide Kamers

Nieuwsbericht - De Eerste Kamer heeft de Wet arbeidsmarkt in balans (WAB) aangenomen. Deze wet verkleint de kosten en risico's tussen vast werk en flexwerk. Hierdoor krijgen mensen in een kwetsbare positie meer perspectief terwijl tegelijkertijd flexwerk mogelijk blijft. "Met het aannemen van de WAB in de Eerste en Tweede Kamer is een belangrijke stap gezet naar een sterke en goed functionerende arbeidsmarkt", stelt minister Koolmees van Sociale Zaken en Werkgelegenheid.

Vaste contracten bieden werknemers met de huidige regels veel bescherming, terwijl flexcontracten dat nauwelijks bieden. Dit verschil in kosten en risico's maakt dat werkgevers vaak terughoudend zijn om werknemers in vaste dienst te nemen. Groepen werkenden belanden zo onnodig vaak in flexbanen en hebben nauwelijks perspectief op zekerheid.

De Wet arbeidsmarkt in balans verkleint de verschillen tussen flex- en vast werk. Het wordt voor werkgevers zo aantrekkelijker om werknemers sneller een contract met meer zekerheid te geven, terwijl tegelijkertijd flexwerk mogelijk blijft waar dat nodig is. De WAB bestaat uit een samenhangend pakket maatregelen. Het grootste deel van deze maatregelen gaat vanaf 1 januari 2020 in.

www.rijksoverheid.nl, 28-05-2019

8.13 Handelingsbekwaamheid

Wanneer men de achttienjarige leeftijd bereikt, wordt men geacht in staat te zijn zelf zijn belangen te behartigen; van minderjarige wordt men meerderjarige. Minderjarigen zijn handelingsonbekwaam (art. 1:234, lid 1 BW). Minderjarig zijn zij die
- de leeftijd van 18 jaar nog niet hebben bereikt, en
- niet via een meerderheidsverklaring door de kantonrechter meerderjarig zijn verklaard (art. 1:253ha BW).

Minderjarigheid houdt een bescherming in. Handelt een minderjarige zelfstandig, dan kan die handeling ongedaan gemaakt worden als dat in zijn belang is. Met 'handeling' wordt hier rechtshandeling bedoeld.

De minderjarige heeft in het algemeen toestemming nodig van zijn wettelijke vertegenwoordiger voor het aangaan van een rechtshandeling (bijvoorbeeld het sluiten van een rekening-courantovereenkomst). De wet maakt verschillende uitzonderingen op de algemene regel dat de minderjarige 'handelingsonbekwaam' is. De wet bepaalt dat een minderjarige die 'met het oordeel des onderscheids' handelt, onder bepaalde voorwaarden handelingsbekwaam is. Over gelden voor zijn levensonderhoud of zijn studie mag de minderjarige 'met het oordeel des onderscheids' zelfstandig beschikken (art. 1:234, lid 3 BW).

Voorbeeld
Koopt een minderjarige bijvoorbeeld een motor, dan kan zijn wettelijke vertegenwoordiger (zijn vader, moeder of voogd) de koop door de rechter laten vernietigen. Op zich kan een minderjarige best rechtsgeldig kopen en verkopen; alleen zijn wettelijke vertegenwoordigers kunnen dit aantasten via de rechter.

8.14 De minderjarige in het arbeidsrecht

In art. 7:612 BW geeft de wet een bijzondere regeling voor de arbeidsovereenkomst met een minderjarige. Deze regeling is noodzakelijk, daar in het algemeen de minderjarige niet bevoegd is tot het verrichten van rechtshandelingen zonder medewerking van zijn ouders of voogd.

Een minderjarige heeft de bevoegdheid rechtsgeldig een arbeidsovereenkomst te sluiten (art. 7:612 lid 1 BW). Er is één uitzondering: hij kan niet procederen zonder bijstand van zijn wettelijke vertegenwoordiger (art. 7:612, lid 4 BW). De ouders van de minderjarige werknemer kunnen dus niet naar aanleiding van een ruzie met de minderjarige de machtiging intrekken, met als gevolg dat het dienstverband zou eindigen.

8.14.1 Veronderstelde machtiging
De meest gebruikte mogelijkheid voor een minderjarige om rechtsgeldig een arbeidsovereenkomst aan te gaan is via de zogenaamde veronderstelde machtiging. Indien de minderjarige zonder machtiging van zijn wettelijke vertegenwoordiger een arbeidsovereenkomst is aangegaan en reeds vier weken arbeid heeft verricht zonder dat de wettelijke vertegenwoordiger zich daartegen bij de werkgever heeft verzet, dan gaat

de wet ervan uit dat de wettelijke vertegenwoordiger zijn machtiging heeft verleend (art. 7:612, lid 2 BW).

8.15 Privacy en de AVG

De Algemene Verordening Gegevensbescherming (AVG) is een regeling voor de gehele Europese Unie. Deze Europese privacyregeling is er voor alle ondernemingen en organisaties die persoonsgegevens vastleggen van klanten en personeel of van andere personen.

De werkgever moet de werknemer vertellen wat er met zijn persoonsgegevens gebeurt. De werknemer dient onder andere te worden geïnformeerd over:
a. Het doel van de verwerking;
b. De bewaartermijn;
c. Het recht van de werknemer om zijn of haar toestemming in te trekken;
d. Het klachtrecht van de werknemer.

Werknemers van wie persoonsgegevens worden verwerkt hebben diverse rechten zoals het recht op inzage (art. 15 AVG), rectificatie van gegevens (art. 16 AVG) en het laten verwijderen van gegevens (art. 17 AVG).

De ondernemingsraad heeft instemmingsrecht bij het invoeren van personeelvolgen informatiesystemen (art. 27 WOR). Voorbeelden van dergelijke systemen zijn cameraregistratie, registratie van aankomst- en vertrektijden via toegangspasjes, registratie van bezochte internetsites. Een werkgever is verplicht al datgene te doen en na te laten, wat een goed werkgever in gelijke omstandigheden behoort te doen en na te laten (art. 7:611 BW). Het is verboden verborgen camera's, microfoons en aftapapparatuur te gebruiken. Ook is het verboden persoonlijke e-mails van anderen te openen (art. 139a en 139f WvSr).

Haga beboet voor onvoldoende interne beveiliging patiëntendossiers

Nieuwsbericht - Het Haga Ziekenhuis heeft de interne beveiliging van patiëntendossiers niet op orde. Dit blijkt uit onderzoek van de Autoriteit Persoonsgegevens (AP). Dit onderzoek volgde toen bleek dat tientallen medewerkers van het ziekenhuis onnodig het medisch dossier van een bekende Nederlander hadden ingezien. De AP legde het Haga Ziekenhuis voor de onvoldoende beveiliging een boete op van 460.000 euro.

Om het ziekenhuis te dwingen de beveiliging van patiëntendossiers te verbeteren, legde de AP het Haga Ziekenhuis tegelijkertijd een last onder dwangsom op. Als het Haga Ziekenhuis de beveiliging niet voor 2 oktober 2019 verbeterd heeft, moet het ziekenhuis elke twee weken 100.000 euro betalen, met een maximum van 300.000 euro. Het Haga Ziekenhuis heeft inmiddels aangegeven maatregelen te nemen.

www.autoriteitpersoonsgegevens.nl, 16 juli 2019

8.16 Werktijden, rust en werken op zondag

De Arbeidstijdenwet (ATW) geeft regels voor werktijden, pauzes en rusttijden van werknemers. Bijvoorbeeld hoe lang een werknemer per dag, nacht of week mag werken en vrij moet zijn. Met deze regels wil de overheid werknemers beschermen tegen te lange werkdagen. Een werknemer mag maximaal 11 uur per dienst werken en maximaal

60 uur per week. Er zijn ook regels voor pauzes en rusttijden. In uw cao kunnen afwijkende regels staan. Voor jongeren tot 18 jaar en voor zwangere en pas bevallen vrouwen gelden aparte regels.

Werken op zondag is verboden (art. 5:6 ATW). Maar er zijn twee uitzonderingen mogelijk. Als een werknemer dit vooraf met zijn werkgever heeft afgesproken omdat de aard van het werk hierom vraagt. Bijvoorbeeld als een werknemer werkt in de gezondheidszorg of horeca, of bij de politie of brandweer. Maar werken op zondag kan ook voorkomen in de industrie als een bepaald productieproces niet onderbroken mag worden.

Begrippenlijst

Aanneming van werk	Een overeenkomst waarbij de opdrachtgever een ander opdracht geeft een stoffelijk werk te maken. Er ontstaat in tegenstelling tot een arbeidsovereenkomst geen gezagsverhouding.
Aanvullend recht	Regelend recht; rechtsregels waarvan door overeenkomsten afgeweken mag worden.
Arbeidsovereenkomst	Overeenkomst waarbij de ene partij, de werknemer, zich verbindt om in dienst van de andere partij, de werkgever, tegen loon arbeid te verrichten.
Dwingend recht	Rechtsregels waarvan bij overeenkomst niet mag worden afgeweken.
Gezagsverhouding	De bevoegdheid die een werkgever heeft om werknemers instructies te geven.
Handelingsbekwaamheid	De bevoegdheid om zelf rechtshandelingen te mogen verrichten.
Nul-urenovereenkomst	Een arbeidsovereenkomst waarbij de werkgever de werknemer oproept als er werkzaamheden voor de werknemer zijn. Als de werkgever de werknemer oproept, moet hij verplicht op het werk verschijnen. Per oproep heeft de werknemer minimaal recht op 3 uur loon.
Oproepovereenkomst	Een arbeidsovereenkomst waarbij de omvang van de arbeid niet is vastgelegd of waarbij een werknemer geen recht heeft op loon als hij niet heeft gewerkt.
Overeenkomst van opdracht	Een overeenkomst waarbij de opdrachtgever een ander opdracht geeft een niet-stoffelijk werk te maken. Er ontstaat in tegenstelling tot een arbeidsovereenkomst geen gezagsverhouding.
Privacy	Het recht op een persoonlijke levenssfeer.
Semi-dwingend recht	Rechtsregels waarbij de wet nauwkeurig aangeeft op welke wijze van een rechtsregel bij overeenkomsten afgeweken mag worden.
Uitzendbeding	Een afspraak in een uitzendovereenkomst (tussen uitzendkracht en uitzendbureau) dat de overeenkomst eindigt op het moment dat de inlener (die de uitzendkracht van het uitzendbureau inhuurt) de opdracht beëindigt.

Vragen

Meerkeuzevragen

1.
   Architectenbureau verbouwde bonbonzaak niet zelf

   AMSTERDAM - Een architectenbureau uit Amsterdam heeft bij het uitvoeren van werkzaamheden niet gehandeld als (hoofd)aannemer en kan daarom niet worden aangesproken voor eventuele fouten van betrokken aannemers. Dat heeft de rechtbank geoordeeld. Het architectenbureau was in 2013 door een bonbonzaak gevraagd haar winkels opnieuw in te richten. De eigenaar van de bonbonzaak was niet tevreden over de uitvoering daarvan en wilde schadevergoeding van het architectenbureau. Naar het oordeel van de rechtbank heeft het architectenbureau niet aangeboden de werkzaamheden zelf te verrichten, maar heeft die slechts begeleid. Verder oordeelt de rechtbank dat de bouwbegeleiding door het architectenbureau niet gebrekkig is geweest.

   www.rechtspraak.nl, 6 mei 2018,
   ECLI:NL:RBAMS:2018:3432

   a. Welk soort benoemde overeenkomst geldt tussen de eigenaar van de bonbonzaak en het Architectenbureau?
      A. Arbeidsovereenkomst;
      B. Uitzendovereenkomst;
      C. Overeenkomst van opdracht;
      D. Overeenkomst van aanneming van werk;
   b. Welk soort benoemde overeenkomst geldt tussen de eigenaar van de bonbonzaak en de (hoofd)aannemer?
      A. Arbeidsovereenkomst;
      B. Uitzendovereenkomst;
      C. Overeenkomst van opdracht;
      D. Overeenkomst van aanneming van werk.
   c. Welk soort benoemde overeenkomst geldt tussen de (hoofd)aannemer en de betrokken onderaannemers?
      A. Arbeidsovereenkomst;
      B. Uitzendovereenkomst;
      C. Overeenkomst van opdracht;
      D. Overeenkomst van aanneming van werk.

2. Wat is juist? Onder semidwingend recht wordt verstaan dat afwijking van een wettelijke bepaling:
   a. alleen schriftelijk mogelijk is;
   b. alleen schriftelijk mogelijk is, indien is voldaan aan de door de wet gestelde voorwaarden;
   c. voor de helft mogelijk is;

d. voor de helft mogelijk is bij cao, maar alleen indien de werknemer daar voordeel bij heeft.

3. De zeventienjarige Bas Werkmans verzorgt gedurende een dag per week het computernetwerk van de plaatselijke supermarkt. Zijn ouders zijn daarvan niet op de hoogte, omdat ze in de veronderstelling zijn dat Bas vijf dagen per week op school zit. Wat is juist? Er is sprake van een arbeidsovereenkomst als:
   a. Bas bij het verzorgen van het netwerk opdrachten van de leiding van de supermarkt moet uitvoeren;
   b. Bas elke week gedurende een dag het netwerk voor de supermarkt verzorgt;
   c. Bas voor het verzorgen van het netwerk een beloning krijgt;
   d. aan alle drie hiervoor genoemde voorwaarden wordt voldaan.

4. Softy bv werkt geruime tijd met oproepkrachten. Ze worden wekelijks één of meer keren ingeschakeld. Schriftelijk is niets vastgelegd. Is Softy bv vrij om wel of niet van hun diensten gebruik te maken?
   a. Ja, want het zijn oproepkrachten;
   b. Ja, want er staat niets op papier;
   c. Nee, want een werkgever wordt geacht met hen een arbeidsovereenkomst te hebben gesloten;
   d. Nee, want een werkgever wordt geacht met hen een arbeidsovereenkomst te hebben gesloten met een omvang die gelijk is aan de gemiddelde omvang van de arbeid per maand in de drie voorafgaande maanden.

5. Maartje werkt als serveerster in strandtent "De Ondergaande zon", ze is student en werkt als oproepkracht. Ruim een week geleden heeft ze een mail gekregen van haar baas dat ze zaterdag de gebruikelijke acht uur moet werken. Op donderdagmiddag krijgt ze een mailtje dat ze op zaterdag niet hoeft te komen omdat er een westerstorm wordt verwacht.
   Heeft Maartje recht op betaling van haar loon voor zaterdag ervan uitgaande dat er geen cao van toepassing is?
   a. Ja, Maartje heeft recht op 3 uur salaris;
   b. Ja, Maartje heeft recht op 8 uur salaris;
   c. Nee, Maartje heeft geen recht op salaris omdat ze 24 uur van tevoren een mailtje heeft gehad;
   d. Nee, Maartje heeft geen recht op salaris omdat ze 24 uur van tevoren een mailtje heeft gehad en de werkgever niets aan een storm kan doen.

6. Wat is de vergoeding waarop oproepkrachten per oproep in ieder geval aanspraak kunnen maken?
   a. 2 uur;
   b. 3 uur;
   c. 4 uur;
   d. 5 uur.

7. Softy bv besluit om binnen de onderneming structureel meer gebruik te maken van uitzendkrachten. Vanwege de continuïteit is het voor Softy van belang dat een uitzendkracht zo lang mogelijk blijft. Wat is de maximum uitzendtermijn?
   a. Aan de uitzendtermijn is geen maximum verbonden;
   b. De maximumtermijn bedraagt zes maanden;
   c. De maximumtermijn hangt af van de bepalingen in de cao;
   d. De maximumtermijn bedraagt 78 gewerkte weken.

8. Welke van de onderstaande stellingen is of zijn juist?
   I Kenmerkend voor een arbeidsovereenkomst is dat er een bepaalde prijs voor een bepaald werk tussen opdrachtgever en opdrachtnemer wordt afgesproken.
   II Tussen een uitzendkracht en het uitzendbureau bestaat er een arbeidsovereenkomst.
   a. I en II zijn juist;
   b. I is juist, II is onjuist;
   c. I is onjuist, II is juist;
   d. I en II zijn onjuist.

9. Koen heeft een flinke aanvaarding met zijn chef die roept dat hij een heel dossier over Koen heeft. Koen is wel benieuwd wat er in zijn personeelsdossier staat. Heeft Koen recht zijn personeelsdossier in te zien?
   a. Ja, op grond van het arbeidsrecht mag een werknemer zijn personeelsdossier inzien;
   b. Ja, op grond van de Algemene Verordening Gegevensverwerking heeft Koen recht op inzage;
   c. Nee, op grond van het arbeidsrecht mag een werknemer zijn personeelsdossier niet inzien;
   d. Nee, op grond van de Algemene Verordening Gegevensverwerking heeft Koen geen recht op inzage.

Open vragen

10. Geef aan of de volgende artikelen aanvullend, dwingend of semidwingend recht bevatten:
    a. art. 3:260, lid 1 BW;
    b. art. 3:260, lid 2 BW;
    c. art. 6:41 BW;
    d. art. 7:633 BW;
    e. art. 7:674 BW;
    f. art. 1:93 BW.

11. Pieter Werkmans, directeur van Softy bv, sluit een aantal overeenkomsten en weet niet zeker van welke overeenkomsten sprake is.
    a. Pieter Werkmans geeft een vakbekwame beunhaas opdracht zijn villa te schilderen.
    b. Softy bv heeft geen eigen juridische afdeling. Bij problemen en vragen wordt altijd een beroep gedaan op een zekere docent recht. Deze stuurt de onderneming dan een nota op uurbasis.
    c. Op een gegeven moment wordt besloten dat bovengenoemde docent één dag in de week beschikbaar zal zijn voor Softy bv. Of er nu wel of geen werk is, de juridisch adviseur houdt die dag vrij voor eventuele juridische werkzaamheden. Hij ontvangt een vast honorarium.

    Van welke soort overeenkomsten is in bovenstaande drie gevallen sprake?

12. De zeventienjarige Piet is beginnend hbo-student. Op een gegeven moment wil hij van school af, maar zijn ouders zijn het er niet mee eens. Piet besluit nu zonder medeweten van zijn ouders niet meer naar school te gaan en voor een aardig salaris bij Softy bv te gaan werken. Na vijf weken komt zijn vader erachter en haalt zijn zoon op staande voet weg van zijn werk. Is hier sprake van een rechtsgeldige arbeidsovereenkomst?

13. Amber werkt per 1 februari al twaalf maanden als oproepkracht. Gemiddeld heeft zij over de afgelopen twaalf maanden 15 uur per week gewerkt. De werkgever vergeet Amber uiterlijk 1 maart een aanbod te doen voor een vaste urenomvang. Sterker nog, Amber wordt vanaf 1 februari gemiddeld nog maar voor 5 uur per week opgeroepen. Moet Amber dit accepteren?

DEEL 3 ARBEIDSVERHOUDINGEN

HOOFDSTUK 9
Rechten en plichten bij een arbeidsovereenkomst

9.1 Verplichtingen van de werkgever 251
9.1.1 Loonbetaling 251
9.1.2 Ketenaansprakelijkheid 251
9.1.3 Hoogte van het loon 252
9.1.4 Wet minimumloon en minimumvakantietoeslag 252
9.1.5 Gelijke behandeling mannen en vrouwen 253
9.1.6 Vorm van het loon 253
9.1.7 Geen arbeid wel loon 253
9.1.8 Ziekte 254
9.1.9 Re-integratie bij ziekte en arbeidsongeschiktheid 254
9.1.10 Tijdstip van uitbetaling 254
9.1.12 Achterstallig loon 255
9.1.12 Getuigschrift 255
9.1.13 Goede behandeling 255
9.1.14 Vakantie 255
9.1.15 Veiligheid 256
9.2 Arbo 257
9.3 Werknemer, schade en derden 257
9.4 Verboden bedingen 259
9.5 Verplichtingen van de werknemer 259
9.5.1 Persoonlijk verrichten van arbeid 259
9.5.2 Instructies 259
9.5.3 Goed werknemer 259
9.5.4 Schorsen 260
9.6 Aanpassing arbeidsduur, werktijden en arbeidsplaats 260
9.7 Concurrentie 261
9.7.1 Concurrentiebeding 261
9.7.2 Ingrijpen door de rechter 262
9.8 Geheimhouding 262
9.9 Proeftijd 263
9.9.1 Bedenkelijke proeftijd 264
9.9.2 Ziekte en proeftijd 265
9.10 Boetebeding 265

9.11 Rechten van de werknemers bij bedrijfsovername 265
9.11.1 Aandelenoverdracht 266
9.11.2 Onderneming 266
9.11.3 Faillissement 267
Begrippenlijst 268
Vragen 269
Meerkeuzevragen 269
Open vragen 272

Hoofdstuk 9
Rechten en plichten bij een arbeidsovereenkomst

In dit hoofdstuk wordt dieper ingegaan op de arbeidsovereenkomst. Wat mogen de werkgever en de werknemer van elkaar verwachten?

9.1 Verplichtingen van de werkgever

Een werkgever heeft een aantal verplichtingen tegenover zijn personeel na te komen. De belangrijkste verplichting is het betalen van loon. De werkgever heeft de navolgende verplichtingen:
a. het betalen van loon (art. 7:616 BW);
b. het op verzoek verstrekken van een getuigschrift (art. 7:656 BW);
c. zich gedragen zoals het een goed werkgever betaamt (art. 7:611 BW);
d. het geven van vakantie (art. 7:634 e.v. BW);
e. het waarborgen van de veiligheid (art. 7:658 BW);
f. het verstrekken van gegevens (art. 7:655 BW).

9.1.1 Loonbetaling
Loon betaalt de werkgever in ruil voor de arbeid van de werknemer. De voornaamste verplichting van de werkgever is het op tijd uitbetalen van loon (art. 7:616 BW). Is er geen loon vastgesteld, dan heeft de werknemer recht op gebruikelijk loon (art. 7:618 BW); is er een cao van toepassing, dan geldt het loon zoals dat in de cao is vastgesteld. In beginsel dient betaling van loon te geschieden in wettig Nederlands betaalmiddel en niet in natura. Beloningen die de werknemer van derden ontvangt, zoals fooien, zijn geen loon. De werknemer heeft tijdens zijn vakantie recht op loon (art. 7:639, lid 1 BW).

9.1.2 Ketenaansprakelijkheid
Er werden in het verleden regelmatig door dubieuze ondernemingen juridische constructies gebruikt om wettelijke regels en cao-afspraken te omzeilen. Deze zogenoemde schijnconstructies leiden vaak tot verdringing van Nederlandse werknemers. Want werkgevers kunnen zo werknemers uit het buitenland goedkoop laten werken. Met deze constructies ontduiken werkgevers de sociale premies. Daarom is niet alleen de werkgever, maar ook de opdrachtgever verantwoordelijk voor het betalen van het cao-loon bij het uitvoeren van een overeenkomst van opdracht en aanneming van werk (art. 7:616a, lid 1 BW). Onderbetaalde werknemers krijgen zo meer mogelijkheden om

hun achterstallige loon te innen. Opdrachtgevers die weten, of moeten weten, dat een werknemer niet voldoende betaald krijgt, kunnen hiervoor aansprakelijk worden gesteld. Schijnconstructies kwamen vaak voor in de tuinbouw, de bouw en de transportsector.

9.1.3 Hoogte van het loon

Uitgangspunt van het recht is dat de hoogte van het loon afhankelijk is van wat tussen werkgever en werknemer is afgesproken. Hierop bestaat een aantal zeer belangrijke uitzonderingen:
a. De cao bepaalt het loon. Als het afgesproken loon lager is dan het cao-loon, dan heeft de werknemer toch recht op het cao-loon.
b. De Wet op het minimumloon en de minimumvakantiebijslag. Als het afgesproken loon lager is dan het wettelijk minimum, heeft de werknemer recht op dat minimumloon. Het recht op minimumloon is alleen van toepassing op werknemers van 23 en ouder. Hebben werkgever en werknemer niets afgesproken over de hoogte van het loon dan dient de werkgever het voor die functie gebruikelijke loon te betalen (art. 7:618 BW).

Minimumloon per maand, week en dag (brutobedragen per 1 januari 2020)

Leeftijd	Per maand	Per week	Per dag
21 jaar en ouder	€ 1.653,60	€ 381,60	€ 76,32
20 jaar	€ 1.322,90	€ 305,30	€ 61,06
19 jaar	€ 992,15	€ 228,95	€ 45,79
18 jaar	€ 826,80	€ 190,80	€ 38,16
17 jaar	€ 653,15	€ 150,75	€ 30,15
16 jaar	€ 570,50	€ 131,65	€ 26,33
15 jaar	€ 496,10	€ 114,50	€ 22,90

Bron: Rijksoverheid.nl

De bedragen van het wettelijk minimumloon gelden voor een volledige werkweek. Meestal is dat 36, 38 of 40 uur per week. Dit hangt af van de sector waarin men werkt. Bij parttimewerk geldt ook het minimumloon, maar het salaris hangt af van de hoeveelheid uren die men werkt.

9.1.4 Wet minimumloon en minimumvakantietoeslag

Iedere werknemer van 21 en ouder heeft recht op het minimumloon; afspraken over de hoogte van het loon beneden deze grens zijn nietig. Werknemers moeten het volledige minimumloon uitbetaald krijgen. Werkgevers mogen niet een deel van het minimumloon als onkostenvergoeding uitbetalen of bedragen inhouden op het minimumloon. De hoogte van het loon volgens de Wet minimumloon en minimumvakantietoeslag worden door de minister van Sociale Zaken en Werkgelegenheid regelmatig aangepast. Het criterium voor toepassing van de Wet minimumloon en minimumvakantietoeslag is dat een werknemer in de regel gedurende meer dan een derde van de normale arbeidsduur werkzaam is.

9.1.5 Gelijke behandeling mannen en vrouwen
De wet verbiedt de werkgever om onderscheid te maken tussen mannen en vrouwen bij het aangaan, tijdens en bij beëindiging van de arbeidsovereenkomst (art. 7:646 e.v. BW). Het verbod tot onderscheid gericht tot de werkgever heeft betrekking op:
- het aangaan van de arbeidsovereenkomst;
- het verzorgen van opleiding en onderwijs;
- de arbeidsvoorwaarden;
- de bevordering;
- de beëindiging van de overeenkomst.

Bij het aantrekken van een werknemer – dus voordat het sluiten van de arbeidsovereenkomst een feit is – moet de werkgever zich neutraal opstellen ten aanzien van het man- of vrouwzijn van de betrokkene. In de advertentie mag op dit punt geen voorkeur worden uitgesproken. Daarom wordt vaak m/v in de advertentie gezet.

Ook mag de werkgever geen onderscheid maken tussen vast en tijdelijk personeel bij de arbeidsvoorwaarden (art. 7:648 e.v. BW). Zo mag het loon van tijdelijke werknemers niet verschillen van de beloning van het vaste personeel. Ook dient een werkgever werknemers met een tijdelijk contract op de hoogte te houden van vacatures voor onbepaalde tijd.

9.1.6 Vorm van het loon
De wet geeft aan in welke vorm het loon moet worden uitgekeerd (art. 7:617 BW). Behalve geld mag ook in andere bestanddelen worden betaald zoals voedsel, bedrijfskleding, producten van het bedrijf, vrije woning, diensten en onderwijs, maar ook een dienstauto en aandelenoptieregeling. Loon in de vorm van geld komt tegenwoordig het meest voor en wordt meestal uitbetaald per bank. Betaalt de werkgever een gedeelte van het loon niet in geld uit maar in andere vormen, dan kan de werknemer de waarde daarvan toch opeisen in geld (art. 7:621, lid 1 BW).

9.1.7 Geen arbeid wel loon
De werkgever is verplicht het loon te voldoen indien en voor zover de werknemer de overeengekomen arbeid geheel of gedeeltelijk niet heeft verricht, tenzij dat in redelijkheid voor rekening van de werknemer behoort te komen (art. 7:628, lid 1 BW). De werkgever moet aantonen dat bij de werknemer de bereidheid ontbreekt om de bedongen arbeid te verrichten en het niet werken voor rekening van de werknemer dient te komen. Bij stakingen, onwettig verzuim, te laat op het werk verschijnen, gevangenisstraf of voorlopige hechtenis hoeft de werkgever geen loon te betalen. Van deze bepaling mag slechts de eerste zes maanden bij arbeidsovereenkomst ten koste van de werknemer worden afgeweken (art. 7:628, lid 5 BW). De belangrijkste situaties waarbij een werkgever loon moet doorbetalen ook als de werknemer niet werkt:
a. de werknemer houdt aanspraak op loonbetaling indien hij bereid was om te werken, maar de werkgever daarvan geen gebruik heeft gemaakt, zoals bij op non-

actiefstelling, schorsing en stakingen die voor rekening van de werkgever komen (art. 7:628, lid 1 BW).
b. tijdens ziekte, zwangerschap en bevalling van de werknemer (art. 7:629 BW). De werknemer krijgt dan gedurende maximaal twee jaar zeventig procent van zijn loon. Dit moet de werkgever betalen. Vaak is de werkgever, volgens de cao, verplicht om het loon aan te vullen tot honderd procent. Ziekte is hier een zuiver medisch begrip; medisch moet vaststaan dat de werknemer de 'bedongen arbeid' niet kan verrichten;
c. tijdens vakantie (art. 7:639 BW).

9.1.8 Ziekte

De werkgever is gedurende twee jaar verantwoordelijk voor het grootste gedeelte (70%) van het salaris van een zieke werknemer (art. 7:629 BW). De gedachte daarachter is dat werkgevers zich gaan inspannen om een werknemer binnen of buiten de onderneming te re-integreren. De Wet verbetering poortwachter moet leiden tot een snellere werkhervatting van zieke werknemers en een verminderende instroom in de Wet werk en inkomen naar arbeidsvermogen (WIA).

De arbeidsovereenkomst met een zieke werknemer kan in zijn algemeenheid gedurende de eerste twee jaren van ziekte en arbeidsongeschiktheid niet worden opgezegd (art. 6:670 BW). Daarop zijn een paar uitzonderingen, zoals de zieke werknemer die weigert mee te werken aan re-integratie of bij een bedrijfseconomisch ontslag gebaseerd op een volledige bedrijfssluiting.

9.1.9 Re-integratie bij ziekte en arbeidsongeschiktheid

De Wet verbetering poortwachter moet leiden tot een snellere werkhervatting van zieke werknemers en een verminderende instroom in de Wet werk en inkomen naar arbeidsvermogen (WIA).

Een zieke werknemer móet meewerken aan zijn eigen re-integratie. Dat betekent dat hij zich actief dient op te stellen en ook zelf initiatieven moet ontplooien om weer aan de slag te kunnen gaan, in plaats van af te wachten. Hij is verplicht om controle- en verzuimvoorschriften na te komen.

Hier staat tegenover dat de werkgever ook de nodige verplichtingen heeft. Hij moet alles in het werk stellen om een ziek personeelslid zo snel mogelijk weer aan de slag te krijgen. Dit kan onder meer door inschakeling van de arbodienst of het re-integratiebedrijf, of door de betreffende werknemer omscholing of een andere baan aan te bieden.

Na twee jaar wordt een zieke werknemer meestal ontslagen. De werknemer vraagt dan een uitkering aan bij het Uitvoeringsinstituut Werknemersverzekeringen (UWV).

9.1.10 Tijdstip van uitbetaling

De wet schrijft voor dat de werkgever het loon op tijd behoort te voldoen (art. 7:623 BW). Bij te late betaling heeft de werknemer aanspraak op verhoging van het loon (art. 7:625 BW). Dit is opgenomen om het belang van een tijdige betaling van het loon te benadrukken. Wanneer de werkgever het loon te laat betaalt, kan de werknemer een verhoging vragen, die kan oplopen tot 50% van het achterstallig loon. De rechter heeft de mogelijkheid om de vordering te matigen.

9 Rechten en plichten bij een arbeidsovereenkomst

9.1.12 Achterstallig loon

De periode waarover een werknemer via de rechter achterstallig loon kan afdwingen, is door de wet beperkt tot vijf jaar (art. 3:308 BW). Op grond van redelijkheid en billijkheid kan deze periode korter zijn. Onder bepaalde omstandigheden kan een werknemer zijn gehele aanspraak op achterstallig loon verliezen. De rechter verwacht van de werknemer een actieve houding. Hij moet zelf proberen te voorkomen dat achterstallige loonvorderingen te groot worden. Het is verstandig regelmatig de eigen salarisberekening te controleren.

9.1.12 Getuigschrift

De werkgever is verplicht om bij het einde van de dienstbetrekking een getuigschrift te verstrekken als de werknemer daarom vraagt (art. 7:656 BW). In dit getuigschrift geeft de werkgever aan welke werkzaamheden de werknemer heeft verricht en hoe lang de dienstbetrekking heeft geduurd. De waarde die aan getuigschriften wordt gehecht is over het algemeen beperkt, omdat het nu eenmaal de gewoonte is alleen positieve punten in zo'n verklaring op te nemen.

9.1.13 Goede behandeling

In art. 7:611 BW is de verplichting opgenomen dat de werkgever in het algemeen de verplichting heeft zich als goed werkgever te gedragen. Deze algemene verplichting dient als een kapstok voor niet uitdrukkelijk in de wet geregelde verplichtingen van de werkgever.

Uit de rechtspraak blijkt dat de betekenis van deze bepaling niet moet worden onderschat. Het begrip 'goed werkgever' kan met zich meebrengen dat de werkgever meer verplichtingen tegenover de werknemer heeft dan hij zich in het algemeen realiseert.

De werkgever is verplicht de werknemer opleidingen of cursussen te laten volgen die noodzakelijk zijn voor de uitoefening van zijn functie. Wanneer de functie van de werknemer komt te vervallen of wanneer de werknemer niet langer in staat is zijn functie uit te oefenen, dan is de werkgever in beginsel ook verplicht de werknemer (om) te scholen, zodat de arbeidsovereenkomst kan worden voortgezet (art. 7:611a BW). Een werkgever kan een werknemer niet ontslaan wegens disfunctioneren als de ongeschiktheid het gevolg is van onvoldoende scholing (art. 7:669, lid 2 sub d BW).

9.1.14 Vakantie

Een werknemer heeft per jaar minimaal recht op vakantie 'gedurende ten minste viermaal het bedongen aantal arbeidsdagen per week' (art. 7:634 BW). Heeft de werknemer een vijfdaagse werkweek, dan heeft hij dus recht op twintig vakantiedagen per jaar. Meestal krijgen werknemers meer dan het minimum aantal vakantiedagen. Deze extra vakantiedagen worden bovenwettelijke vakantiedagen genoemd. Gedurende de vakantie behoudt de werknemer het recht op loon (art. 7:639 BW). Volgens de meeste cao's hebben de meeste werknemers recht op meer vakantiedagen. De vakantie moet zoveel mogelijk aaneengesloten worden gegeven (art. 7:638 BW). De werkgever stelt de vakantieperiode vast, evenwel na overleg met zijn werknemers. Art. 7:638, lid 4 BW verplicht de werkgever tot het plegen van 'behoorlijk en tijdig' overleg over de vaststelling van de vakantie van de werknemer en hebben tot strekking te waarborgen dat bij die vaststelling zoveel mogelijk met de belangen van de werknemer rekening wordt gehouden. Als de vakantieperiode in onderling overleg is vastgesteld, kan de werkgever, na overleg, de afgesproken periode wijzigen maar dient de werknemer schadeloos te stellen voor gemaakte kosten, zoals bestelde vliegtickets (art. 7:637, lid 1 en art. 7:634, lid 1 BW).

Werknemers die langdurig ziek zijn hebben recht op hetzelfde aantal vakantiedagen als niet-zieke werknemers, dus minimaal 4 weken per jaar (art. 7:635, lid 4 BW). Als een werknemer bij het einde van de arbeidsovereenkomst nog vakantiedagen te goed heeft, kan hij dit uitbetaald krijgen in loon (art. 7:641, lid 1 BW). Werknemers dienen hun wettelijke vakantiedagen binnen zes maanden na het opbouwjaar op te nemen. Daarna komen deze dagen te vervallen (art. 7:640a BW).

Ondanks deze wettelijk bepaling heeft het Hof van Justitie bepaald dat op de werkgever een inspanningsplicht rust om de werknemer daadwerkelijk in staat te stellen om vakantie op te nemen. De werkgever moet de werknemer aanzetten tot opname van vakantie en hem daarbij precies en tijdig schriftelijk informeren over het verval van vakantiedagen.

Als de werkgever zich niet aan deze verplichting houdt, behoudt de werknemer zijn vakantiedagen ondanks de wettelijke vervalregeling. De werkgever heeft een inspanningsplicht én draagt bewijslast van het daadwerkelijk in staat stellen van de werknemer om (wettelijke) vakantiedagen op te nemen.

9.1.15 Veiligheid

De werkgever is verplicht maatregelen te treffen die bijdragen aan bescherming van de werknemer (art. 7:658 BW). Of het nu gaat om schade aan lijf en leden of om psychische schade, de werknemer hoeft alleen maar aan de rechter voor te houden dat hij schade door het werk ondervond. De werkgever moet dan aantonen dat hij alles heeft gedaan wat in zijn vermogen lag om te voorkomen dat de werknemer met deze schade zou worden opgezadeld. Ook als, nadat een ongeluk zich heeft voorgedaan, achteraf gezien maatregelen hadden kunnen worden getroffen is de werkgever aansprakelijk voor de schade die een werknemer heeft geleden. Een werkgever kan zich niet verschuilen achter nonchalance van werknemers. Ook in gevaarlijke situaties worden mensen op den duur nonchalant. In deze situaties dient een werkgever ook maatregelen te nemen om gevaarlijke situaties te voorkomen.

Bij een bedrijfsongeval ligt de bewijslast bij de werkgever. Het is belangrijk bij een bedrijfsongeval de Inspectie SZW in te schakelen want zonder tegenbewijs zal de werkgever in de praktijk aansprakelijk zijn.

Bouwbedrijven verantwoordelijk voor fatale val bouwvakker Hoog Catharijne

AMSTERDAM - Bouwbedrijven BAM en Blitta zijn beide verantwoordelijk voor de fatale val die een bouwvakker maakte op de bouwplaats van Nieuw Hoog Catharijne in Utrecht in januari 2017. Hoofdaannemer BAM moet een boete betalen van 75.000 euro, onderaannemer Blitta krijgt een boete van 50.000 euro opgelegd.

Val van 20 meter

Collega's van het slachtoffer vonden zijn lichaam in een technische schacht van een gebouw in aanbouw. Onderzoek wees uit dat de man al 24 uur daarvoor was overleden als gevolg van een val van zo'n 20 meter.

Schacht niet afgezet

De rechtbank stelt vast dat de technische schacht ten tijde van het ongeval niet was afgedicht of afgezet, niet was verlicht en niet was voorzien van waarschuwingsborden. Bovendien waren de werknemers onvoldoende gewaarschuwd voor de risico's van valgevaar.

Veiligheid bouwplaats niet op orde

De twee bouwbedrijven hebben daarmee de arboregelgeving niet nageleefd. Het was hun verantwoordelijkheid om te zorgen voor een veilige werkomgeving voor iedereen die op de bouwplaats aan het werk was. Volgens diverse getuigen was de bouwplaats al langere tijd en op verschillende punten onveilig. Dat leidde echter niet tot het nemen van de noodzakelijke maatregelen waarmee het dodelijke ongeval mogelijk voorkomen had kunnen worden. De rechtbank houdt BAM en Blitta dan ook verantwoordelijk voor de dood van de man.

www.rechtspraak.nl, 24 juli 2019,
ECLI:NL:RBAMS:2019:5361

9.2 Arbo

De Arbeidsomstandighedenwet (Arbowet) heeft als doel het ziekteverzuim en de hoge kosten daarvan terug te dringen. De wet kent een aantal onderwerpen, zoals risico-inventarisatie en evaluatie en ziekteverzuimbeleid. Alle ondernemingen moeten een schriftelijke risico-inventarisatie en evaluatie maken om gevaren in beeld te brengen die zich tijdens de arbeid kunnen voordoen: niet alleen op het gebied van veiligheid, maar ook op het terrein van gezondheid en welzijn.

De werkgever is verplicht de lokalen, werktuigen en gereedschappen zodanig in te richten en te onderhouden alsmede zodanige regels te stellen dat de werknemer beschermd is tegen gevaar voor lijf, eerbaarheid en eigendommen. Overtreding van de bepalingen van de Arbo heeft, naast de aansprakelijkheid van de werkgever voor de vergoeding van daaruit voortvloeiende schade, tevens een strafrechtelijke aansprakelijkheid tot gevolg. Een Arbodienst moet ten minste vier deskundigen hebben: een bedrijfsarts, een veiligheidsdeskundige, een arbeidshygiënist en een arbeids- en organisatiedeskundige.

9.3 Werknemer, schade en derden

Het komt in Nederland zelden voor dat een werknemer opdraait voor – door hem in de uitoefening van zijn functie – aan de werkgever toegebrachte schade. De wettelijke basis daarvan ligt in art. 7:661 BW. In dat artikel is geregeld dat een werknemer alleen gehouden zou kunnen worden om schade aan zijn werkgever te vergoeden wanneer er sprake is van opzet of bewuste roekeloosheid. De bewijslast daarvan ligt in eerst instantie bij de werkgever. De opzet moet gericht zijn op het toebrengen van de schade en de bewuste roekeloosheid vereist dat een werknemer zich bewust is van zijn roekeloze gedrag en dus weet dat de kans op schade groot is, maar zich daardoor niet laat afschrikken.

Als de werknemer schade veroorzaakt aan een derde, dan kan deze zowel de werknemer als de werkgever aansprakelijk stellen.

Het kunnen derden zijn die schade lijden door toedoen van de werknemer, maar het kan ook de werkgever zelf zijn. Bij schade veroorzaakt aan derden gelden de volgende bepalingen:

a. Wie schade veroorzaakt door het plegen van een onrechtmatige daad die hem kan worden toegerekend, is verplicht de schade die die ander daardoor lijdt te vergoeden (art. 6:162, lid 1 BW).
b. Wordt schade toegebracht door een toerekenbare onrechtmatige daad (fout) van een ondergeschikte, dan rust op degene in wiens dienst de ondergeschikte zijn taak vervult een risicoaansprakelijkheid (art. 6:170 BW).

Als de schade veroorzaakt is door daden van de ondergeschikten die buiten de opgedragen taak vallen, is de werkgever daarvoor ook aansprakelijk als de daden die de schade hebben veroorzaakt nauw samenhangen met de opgedragen taak.

De derde die schade heeft ondervonden door een daad van een werknemer kan zowel de werknemer als de werkgever aansprakelijk stellen. In de praktijk zal hij meestal de schade proberen te verhalen op de werkgever, omdat die in het algemeen draagkrachtiger is dan de werknemer. Als een werknemer tijdens zijn werkzaamheden een fout begaat waardoor schade wordt veroorzaakt aan een derde, op wie kan deze zich dan verhalen?

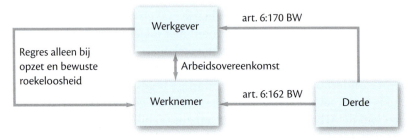

9.1 Aansprakelijkheid werkgever

Bij deze vraag zijn de wettelijke bepalingen van de onrechtmatige daad beslissend. Volgens art. 6:162 BW kan de derde schadevergoeding vorderen van de werknemer (immers, deze heeft onzorgvuldig gehandeld), terwijl hij zich op grond van art. 6:170 BW daarnaast kan verhalen op de werkgever. Maar hoe moet een en ander onderling verrekend worden tussen werkgever en werknemer? Als de werkgever door de derde wordt aangesproken, kan de werkgever dan de door hem betaalde schade terugvorderen van zijn werknemer; het zogenaamde regres.

Zijn werkgever (volgens art. 6:170 BW) en werknemer (volgens art. 6:162 BW) beiden aansprakelijk voor de schade die de werknemer in diensttijd aan derden heeft toegebracht, dan behoeft de werknemer niet in de schadevergoeding bij te dragen. Dit is slechts anders (art. 6:170, lid 3 BW) als:
• de werknemer de schade opzettelijk of met bewuste roekeloosheid heeft veroorzaakt;
• uit de omstandigheden, mede gelet op de aard van de arbeidsovereenkomst, een andere oplossing voortvloeit.

Een behoorlijke taakvervulling sluit niet uit dat een werknemer weleens fouten maakt. De werkgever dient de gevolgen van deze fouten te dragen. Een verstandige ondernemer zorgt dus voor een goede verzekering.

9.4 Verboden bedingen

Een aantal afspraken (bedingen) in een arbeidsovereenkomst is niet toegestaan. Neemt men toch zo'n beding in een arbeidsovereenkomst op, dan zijn deze bedingen nietig, dat wil zeggen juridisch niet afdwingbaar. Enkele voorbeelden van niet-toegestane bedingen:
a. ongeoorloofde vormen van besteding van loon (art. 7:631 BW). Voorbeeld: de winkelnering (er is sprake van winkelnering indien werknemers verplicht worden hun levensbehoeften te kopen bij een door de werkgever aangewezen winkel);
b. verboden bedingen met betrekking tot huwelijk en zwangerschap (art. 7:667, lid 7 en 8 BW);
c. discriminatie (art. 7:646 en 647 BW).

9.5 Verplichtingen van de werknemer

De belangrijkste verplichting van een werknemer is om de werkzaamheden die hij met de werkgever is overeengekomen als goed werknemer uit te voeren (art. 7:611 BW). De werknemer heeft de volgende verplichtingen:
a. de arbeid persoonlijk te verrichten;
b. redelijke instructies van de werkgever op te volgen;
c. zich in het algemeen als een goed werknemer te gedragen.

9.5.1 Persoonlijk verrichten van arbeid
Volgens art. 7:659, lid 1 BW is de werknemer in principe verplicht zelf het werk te verrichten waartoe hij zich verbonden heeft. Op deze regel bestaat een uitzondering: met toestemming van de werkgever kan de werknemer zich door een derde laten vervangen.

'Arbeid' heeft eveneens betrekking op de tijd, gedurende welke de werknemer zich beschikbaar moet houden voor de werkgever. Het winkelmeisje dat wacht op klanten verricht arbeid; de chauffeur die bij de grens moet wachten eveneens. Het is niet voldoende dat de werknemer alleen maar zijn best doet. Hij dient het werk uit te voeren overeenkomstig zijn capaciteiten en zijn aan de werkgever medegedeelde capaciteiten.

9.5.2 Instructies
Op grond van de aanwezige gezagsverhouding is de werkgever gerechtigd om eenzijdig instructie te geven aan de werknemer, die deze voorschriften moet opvolgen (art. 7:660 BW). Dit moeten wel opdrachten zijn die vallen binnen het bestek van de arbeidsovereenkomst.

9.5.3 Goed werknemer
Zoals de werkgever als goed werkgever moet handelen, zo is de werknemer verplicht zich als een goed werknemer te gedragen (art. 7:611 BW). Eén van de verplichtingen die door de jurisprudentie onder de werking van dit artikel zijn gebracht is de geheimhoudingsplicht. Van een werknemer mag worden verwacht dat hij bedrijfsgeheimen niet

verklapt. Ook kan bijvoorbeeld van een werknemer verwacht worden dat hij onder omstandigheden overwerk verricht.

Geen bonussen voor oud-werknemer, maar 770.000 euro betalen

Amsterdam - Nevenwerkzaamheden niet bij een werkgever melden, kan je duur komen te staan. Dat blijkt in de kantonzaak van een oud-werknemer bij een Amsterdams bedrijf in de offshore-industrie. Door het tegen de regels niet melden van nevenwerkzaamheden ontvangt hij geen 100.000 euro aan bonussen maar moet hij ruim 770.000 euro betalen aan het bedrijf. Dat heeft de kantonrechter bepaald. De oud-werknemer stelde nog dat zijn nevenwerkzaamheden niet nadelig waren geweest voor het bedrijf. Het bedrijf bewees echter voldoende dat concurrentiegevoelige informatie was gebruikt en dat deze was gebruikt om klanten te winnen voor zijn eigen bedrijf. Daarom moet de oud-werknemer aan de werkgever contractuele boetes betalen. Omdat het aannemelijk is dat het bedrijf de bonussen nooit had toegekend als het toen van de nevenwerkzaamheden had geweten, hoeft het bedrijf die nu niet te betalen.

www.rechtspraak.nl, 7 oktober 2019, ECLI:NL:RBAMS:2019:7305

9.5.4 Schorsen

Bij een schorsing of non-actiefstelling bepaalt de werkgever eenzijdig dat de werknemer voor bepaalde of onbepaalde tijd zijn werk niet zal verrichten. Iedere werknemer heeft het recht om te werken. Dat betekent dat de werkgever alleen bij gegronde redenen ertoe mag overgaan om de werknemer niet te laten werken. Een werkgever die geen gebruik maakt van de diensten van een werknemer moet aan zijn verplichtingen zoals betaling van salaris blijven voldoen. De geschorste werknemer kan door middel van een voorlopige voorziening (kort geding) eisen dat hij weer mag werken.

9.6 Aanpassing arbeidsduur, werktijden en arbeidsplaats

Werknemers kunnen op grond van de Wet flexibel werken (Wfw) hun werkgever verzoeken om aanpassing van hun arbeidsduur, arbeidstijden en/of arbeidsplaats (art. 2 Wfw). In beginsel is de werkgever verplicht om het verzoek tot aanpassing van de arbeidsduur en werktijden in te willigen, tenzij zwaarwegende bedrijfs- of dienstbelangen zich daartegen verzetten (art. 2 lid 5 Wfw).

Het verzoek kan worden gedaan door een werknemer die een half jaar voorafgaand aan de aanpassing in dienst is geweest bij dezelfde werkgever. De werknemer dient het verzoek uiterlijk twee maanden voor het tijdstip van ingang van de aanpassing te hebben ingediend (art. 2 lid 3 Wfw). De werkgever moet de werknemer zijn (positieve of negatieve) beslissing schriftelijk, binnen een maand voor de door de werknemer gewenste ingangsdatum meedelen. Bij een negatieve beslissing moet de werkgever zijn beslissing schriftelijk motiveren. De werkgever kan de arbeidsovereenkomst met een werknemer niet beëindigen vanwege het feit dat deze om aanpassing van de arbeidsduur heeft verzocht.

Een werknemer mag het verzoek om flexibel te werken één keer per jaar doen vanaf het moment dat hij zes maanden in diens is. De wet is niet van toepassing op ondernemingen met minder dan tien werknemers.

9.7 Concurrentie

Het Burgerlijk Wetboek geeft een werkgever de mogelijkheid schriftelijk af te spreken dat de werknemer die bij hem in dienst treedt, na afloop van de dienstbetrekking geen werk gaat doen dat op de een of andere manier concurrentie zal opleveren (art. 7:653 BW).

Een werknemer kan bij de uitoefening van zijn functie met gegevens in aanraking komen die van groot belang zijn voor het voortbestaan van de onderneming. De concurrentiepositie van de onderneming zou bijvoorbeeld aanzienlijk worden aangetast als de betreffende informatie terecht zou komen bij concurrenten die op dezelfde markt opereren. Daarnaast bestaat altijd het risico dat een werknemer bij de oprichting van een eigen onderneming klanten van zijn ex-werkgever in zijn kielzog meeneemt.

9.7.1 Concurrentiebeding

Onder een concurrentiebeding verstaan we het beding dat de werknemer na beëindiging van de arbeidsovereenkomst niet bij een concurrent gaat werken of zich zelfstandig vestigt (art. 7:653, lid 1 BW). Omdat een dergelijk beding nogal ingrijpend kan zijn bij toekomstige carrièremogelijkheden van de werknemer, biedt de wet hem wel enige bescherming. In de praktijk wordt het concurrentiebeding gezien als een beschermingsmiddel voor de werkgever. Voorkomen wordt dat de gewezen werknemer kennis en/of klanten 'meeneemt' en deze ten dienste stelt van de nieuwe werksituatie, waardoor de ex-werkgever wordt beconcurreerd met van hemzelf afkomstige middelen en/of gegevens.

Niet zelden komt men het concurrentiebeding tegen bij dienstbetrekkingen waar de arbeidsprestatie van de werknemer in meer of mindere mate wordt bepaald door het vertegenwoordigen van de werkgever bij de klanten. Daarnaast is het gebruikelijk geworden een concurrentiebeding op te nemen in overeenkomsten met werknemers die hoge specialistische kennis hebben.

Het concurrentiebeding moet schriftelijk worden overeengekomen met een meerderjarige werknemer (art. 7:653, lid 1 sub b BW).

Een concurrentiebeding is in beginsel alleen toegestaan bij een arbeidsovereenkomst voor onbepaalde tijd (art. 7:653, lid 1 sub a BW). Een concurrentiebeding in een arbeidsovereenkomst voor bepaalde tijd is alleen toegestaan indien de werkgever zwaarwegende bedrijfs- of dienstbelangen heeft die de opname van een concurrentiebeding rechtvaardigen. De werkgever zal het bestaan van dergelijke belangen schriftelijk moeten motiveren in de arbeidsovereenkomst (art. 7:653, lid 2 BW).

Ontbreekt een dergelijke beschrijving, dan is het overeengekomen concurrentiebeding niet geldig.

Nooit zomaar tekenen
- Een concurrentiebeding geldt voor één werkgever en één bepaalde functie. Bij promotie vervalt het beding automatisch.
- Teken nooit omdat u de baan zo graag wilt. Lees het beding goed door en probeer te onderhandelen.

- Stel een 'relatiebeding' voor waarin u afspreekt na vertrek geen klanten en andere zakelijke relaties te benaderen.
- Bespreek met uw nieuwe werkgever problemen met het concurrentiebeding. Misschien kan hij helpen.
- Vraag voor u gaat tekenen altijd advies van een jurist.
- Als u een concurrentiebeding hebt getekend en u gaat solliciteren bij een andere werkgever, vraag bij twijfel altijd juridisch advies.

9.7.2 Ingrijpen door de rechter

Indien een werknemer het niet eens is met het concurrentiebeding, kan de werknemer de rechtbank vragen:
- het concurrentiebeding in zijn geheel te vernietigen indien het beding niet noodzakelijk is in verband met zwaarwegende bedrijfs- en/of dienstbelangen (art. 7: 653, lid 3 sub a BW) of
- het concurrentiebeding in zijn geheel of gedeeltelijk te vernietigen, indien in verhouding tot het te beschermen belang van de werkgever, de werknemer door dat beding onbillijk wordt benadeeld (art. 7: 653, lid 3 sub b BW).

Als het concurrentiebeding de werknemer ernstig belemmert om anders dan in dienst van de werkgever werkzaam te zijn, kan de rechter een vergoeding bepalen voor de duur van de beperking (art. 7:653, lid 5 BW). De hoogte wordt naar redelijkheid en billijkheid vastgesteld. Er wordt geen vergoeding bepaald indien het einde van de arbeidsovereenkomst het gevolg is van ernstig verwijtbaar handelen of nalaten van de werknemer. Een eventuele vergoeding kan op verzoek van de werkgever in termijnen worden bepaald.

Voorbeeld

Concurrentiebeding

'Het is verboden tijdens de dienstbetrekking en gedurende twee jaren na beëindiging van de dienstbetrekking op enigerlei wijze direct of indirect hetzelfde of gelijksoortig werk te verrichten voor een andere werkgever, dan wel voor eigen rekening, als het werk dat voor de werkgever krachtens deze overeenkomst verricht wordt. Bij overtreding van dit verbod verbeurt de werknemer ten gunste van de werkgever een boete van €... voor elke dag dat de overtreding voortduurt, onverminderd het recht van volledige schadevergoeding.'

9.8 Geheimhouding

Werknemers – en niet alleen topfunctionarissen – kunnen soms beschikken over informatie betreffende de onderneming waarmee de concurrentie blij zou zijn. Het kan redelijk zijn dat de werkgever de werknemer verplicht geheimhouding in acht te nemen ten aanzien van zaken die voor de concurrentie van belang zijn. De wet biedt de werkgever, ook zonder bijzonder beding, een zekere bescherming tegen schending van de geheimhoudingsplicht:
- het kan een dringende reden voor ontslag zijn, vaak zelfs voor ontslag op staande voet;

- het kan een strafbaar feit opleveren, waarop gevangenisstraf of een geldboete staat;
- als de werkgever schade heeft geleden, kan hij bij de rechter om schadevergoeding vragen.

Het kan daarnaast goed zijn om via een beding, opgenomen in de arbeidsovereenkomst, de werknemers te wijzen op het belang van stilzwijgen. Omdat bewijsproblemen hier een belangrijke rol spelen, is het voor de werkgever aan te raden om een werknemer een geheimhoudingsbeding te laten ondertekenen. De werknemer kan dan in ieder geval niet met het verweer komen dat hij van niets wist. De geheimhoudingsplicht mag niet zover gaan dat de werknemer geen mond meer mag opendoen. Dat zou in strijd zijn met de wettelijke plicht van de werkgever 'al datgene te doen en na te laten wat een goed werkgever in gelijke omstandigheden behoort te doen en na te laten' (art. 7:611 BW).

Voorbeeld

Geheimhoudingsbeding

'Zowel tijdens als na beëindiging van de dienstbetrekking bestaat de verplichting tot volstrekte geheimhouding omtrent alle bedrijfsaangelegenheden in de ruimste zin des woords. Overtreding van dit beding zal gedurende de dienstbetrekking worden beschouwd als een dringende reden voor ontslag op staande voet, onverminderd het recht van de werkgever tot het vorderen van volledige schadeloosstelling. Bij overtreding van dit beding na beëindiging van de dienstbetrekking verbeurt de werknemer ten gunste van de werkgever een direct opeisbare boete van €..., onverminderd het recht van de werkgever tot het vorderen van volledige schadeloosstelling.'

9.9 Proeftijd

In iedere arbeidsovereenkomst die wordt gesloten kan een proeftijd worden opgenomen. De bedoeling van een proeftijd is om werkgever en werknemer goed met elkaar kennis te laten maken. Gedurende de proeftijd kunnen zowel de werkgever als de werknemer op ieder gewenst moment de arbeidsovereenkomst beëindigen (art. 7:652/676 BW).

Is een proeftijd overeengekomen dan zijn de normale regels voor ontslag niet van toepassing. De overeenkomst kan met onmiddellijke ingang zonder opzegging of zonder inachtneming van de voor opzegging geldende bepalingen worden beëindigd. Ook de opzegverboden zijn niet van toepassing. Zo kan het dienstverband tijdens de proeftijd verbroken worden, bijvoorbeeld bij ziekte van de werknemer. Zelfs de reden voor ontslag hoeft niet worden vermeld.

Een proeftijd moet schriftelijk worden overeengekomen en de maximum van de proeftijd moet worden gerelateerd aan de duur van de arbeidsovereenkomst (art. 7:652 BW). De proeftijd voor de werknemer moet altijd even lang zijn als voor de werkgever.

Een proeftijd in strijd met art. 7:652 BW is nietig. Dit betekent dat de arbeidsovereenkomst dan geacht wordt zonder proeftijd te zijn aangegaan.

Proeftijd

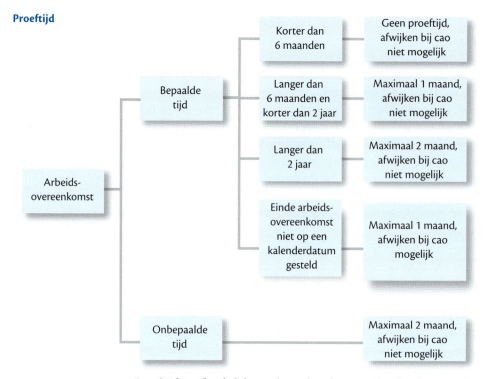

9.2 *Proeftijd is afhankelijk van de aard en duur van de arbeidsovereenkomst*

9.9.1 Bedenkelijke proeftijd

Tijdens de proefperiode kan een werknemer zonder opgave van reden, en dus op zeer ondeugdelijke gronden, op staande voet ontslagen worden. De bekendste uitzondering op deze regel is ontslag wegens zwangerschap. Onderscheid maken tussen mannen en vrouwen bij de beëindiging van de arbeidsovereenkomst wordt door de wet verboden (art. 7:646 en 647 BW). Het ontslag is dan nietig of maakt de beëindigende partij schadeplichtig.

Het is mogelijk dat met een werknemer die bij dezelfde werkgever een andere functie gaat vervullen weer opnieuw een maximale proeftijd wordt afgesproken. Zo'n functie moet duidelijk andere verantwoordelijkheden en vaardigheden vereisen.

Opzegging arbeidsovereenkomst vernietigd

Amsterdam - De kantonrechter heeft de opzegging door een transportbedrijf van een tijdelijke arbeidsovereenkomst met een chauffeur vernietigd. Het bedrijf had de arbeidsovereenkomst binnen een maand na aanvang opgezegd met verwijzing naar de in de arbeidsovereenkomst opgenomen proeftijd van een maand. De werknemer beriep zich op een bepaling in de cao voor het beroepsgoederenvervoer: een proeftijd moet vóór aanvang van de arbeidsovereenkomst schriftelijk aan de werknemer worden meegedeeld. Dit was niet gebeurd. De werkgever meende dat de cao in strijd met de wet was. De kantonrechter overweegt dat alleen een afwijking van de wet in de cao ten nadele van de werknemer nietig is. Afwijkingen in het voordeel van de werknemer, zoals hier, zijn wél rechtsgeldig. De chauffeur krijgt daarom gelijk van de kantonrechter. Zijn arbeidsovereenkomst loopt nog en het loon moet worden doorbetaald, verhoogd met 25% wegens te late uitbetaling.
www.rechtspraak.nl, 20 augustus 2019, ECLI:NL:RBAMS:2019:6361

9.9.2 Ziekte en proeftijd

Vaak wordt verondersteld dat de duur van de proeftijd verlengd kan worden met de tijd dat de werknemer wegens ziekte zijn werkzaamheden niet heeft verricht. De achterliggende gedachte hierbij is dat het doel van de proeftijd, namelijk het kunnen beoordelen of de geschikte persoon op de geschikte plaats zit, tijdens afwezigheid van de werknemer niet gerealiseerd kan worden. En dit is de reden dat veelal wordt gemeend dat deze afwezigheidsperiode niet meetelt als proeftijd. Dit is onjuist. De proeftijd loopt gewoon door tijdens ziekte, vakantie en dergelijke.

9.10 Boetebeding

De werkgever kan via een boetebeding de werknemer dwingen om voorschriften in het bedrijf na te leven. Een boetebeding dient als disciplinaire maatregel. Een dergelijk boetebeding wordt schriftelijk in het arbeidscontract opgenomen. De hoogte van de boete moet in geld vastgelegd worden, terwijl ook de voorschriften die de medewerker niet mag overtreden uitdrukkelijk in de arbeidsovereenkomst worden opgenomen (art. 7:650 BW). Het overeenkomen van een boetebeding is niet mogelijk wanneer een cao een standaardregeling voor een boetebeding met zich meebrengt.

De hoogte van de boete die de werkgever mag opleggen is wettelijk beperkt tot maximaal een halve dag loon per week (art. 7:650, lid 5 BW). De werkgever kan van deze regel afwijken indien de werknemer maandelijks meer verdient dan het wettelijk minimumloon.

De werkgever mag de verbeurde boete niet in eigen zak stoppen, maar moet er een andere bestemming aan geven, zoals een goed doel. Ontbreekt de bestemming in het boetebeding dan is het boetebeding niet geldig.

9.11 Rechten van de werknemers bij bedrijfsovername

Als een onderneming wordt overgedragen (het gaat dus niet om de verkoop van de aandelen, maar om – bijvoorbeeld – een verkoop van de activa en passiva) worden de werknemers beschermd. Art. 7:663 BW bepaalt dat de werknemers van de onderneming die in dienst zijn bij de verkoper, van rechtswege (automatisch) in dienst komen van de verkrijger van de onderneming. De werknemers hoeven daarvoor niets te doen. Als ze te kennen geven niet in dienst te willen komen van de verkrijger van de onderneming, dan eindigt het dienstverband met de 'oude' werkgever.

Art. 7:662 t/m 666 BW dienen ervoor om te zorgen dat bij een overgang van een onderneming (of een onderdeel daarvan) op een nieuwe eigenaar de rechten van de werknemers mee overgaan. Deze is dus op dezelfde wijze gebonden aan de arbeidsovereenkomst als zijn voorganger. De bedoeling van de regeling is om de werknemers te beschermen. Art. 7:663 BW bepaalt dat de oude werkgever gedurende nog een jaar na de overgang naast de nieuwe werkgever hoofdelijk aansprakelijk is voor verplichtingen, die voor die overgang zijn ontstaan, jegens zijn vroegere werknemers. Door bijvoorbeeld de onderneming over te dragen aan een stroman die geen verhaal biedt voor met name de reeds aanwezige loonvorderingen van de betreffende werknemers, ontkomt de oude werkgever niet aan zijn verplichting. Als het dus om een vordering van bijvoorbeeld achterstallig loon gaat (van vóór de overgang), dan kan de werknemer gedurende een jaar zowel zijn oude als zijn huidige werkgever aanspreken.

Een overgang van (een onderdeel van) een onderneming komt tot stand door een fusie dan wel door middel van een overeenkomst. Bij dit laatste kan worden gedacht aan een koopovereenkomst. De overdragende ondernemer staakt dan zijn activiteiten, die worden voortgezet door de verkrijger (koper).

De overgang van de onderneming als zodanig mag geen aanleiding zijn voor het ontslag van werknemers. Dit betekent niet dat er in het geheel geen ontslagen kunnen vallen; een met de overgang samenhangende reorganisatie kan bijvoorbeeld wel een reden tot ontslag zijn.

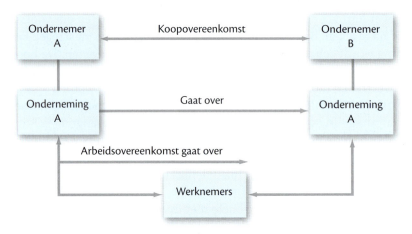

9.3 'Normale' overgang van een onderneming

9.11.1 Aandelenoverdracht

Art. 7:662 e.v. BW is niet van toepassing wanneer aandelen van een nv of bv in andere handen overgaan. Als aandelen in een rechtspersoon worden overgedragen aan een andere aandeelhouder treedt er immers geen verandering van werkgever op, maar zijn het slechts de aandelen die van eigenaar verwisselen. De onderneming als zodanig blijft bestaan. Art. 7:662 e.v. BW geldt dus alleen bij overdracht van de feitelijke bedrijfsvoering.

9.11.2 Onderneming

Onder het begrip 'onderneming' vallen alle organisaties die gericht zijn op het voortbrengen of leveren van goederen of het verlenen van diensten, ongeacht of het winststreven daarbij een rol speelt. Ook non-profitorganisaties zoals scholen en ziekenhuizen vallen onder de regeling van art. 7:662 e.v. BW.

Voorbeeld

Drukker Freriks verkoopt zijn drukkerij OBEF – niet de gebouwen, maar het daarin uitgeoefende bedrijf – aan Softy bv, die daarmee een huisdrukkerij wil beginnen. Het personeel in dienst van Freriks komt ten gevolge van de overdracht automatisch in dienst van Softy bv, met behoud van alle rechten. Door de overdracht van de bedrijfsactiviteiten zijn alle rechten en plichten uit de met het personeel gesloten arbeidsovereenkomsten overgegaan op Softy bv, alsof Softy bv de oorspronkelijke werkgever was.

9.11.3 Faillissement

Als iemand een failliete onderneming of een deel daarvan overneemt dan hebben de werknemers geen speciale bescherming (art. 7:666 BW). In een faillissement staat het de koper die een onderneming overneemt vrij al dan niet nieuwe arbeidsovereenkomsten af te sluiten met de in die onderneming werkzame personen. Werknemer die niet door de koper worden overgenomen krijgen ontslag van de curator en worden in het algemeen werkeloos.

9.4 Overgang van een onderneming bij een faillissement

Begrippenlijst

Beding	Een bepaling (afspraak) in een (schriftelijke) overeenkomst.
Boetebeding	Een bepaling uit een arbeidsovereenkomst waarin staat dat een werkgever in bepaalde situaties een boete mag opleggen aan een werknemer.
Concurrentie-beding	Een schriftelijke bepaling waardoor een werknemer, na het beëindigen van de arbeidsovereenkomst, wordt beperkt om bij een concurrerende werkgever of vergelijkbaar werk te verrichten.
Geheim-houdings-beding	Een bepaling uit een arbeidsovereenkomst waarin staat dat een werknemer geen vertrouwelijke of concurrentiegevoelige informatie aan derden mag geven. Vrijwel altijd gekoppeld aan een boete beding.
Overgang onderneming	Wanneer een onderneming overgaat van de ene naar de andere eigenaar wordt de nieuwe eigenaar automatisch (van rechtswege) de werkgever van de werknemers die in de overgenomen onderneming werkzaam zijn.
Proeftijd	Een schriftelijke bepaling in een arbeidsovereenkomst waarbij beide partijen afspreken dat gedurende een bepaalde tijd, maximaal twee maanden, aan het begin van de overeenkomst, beide partijen de overeenkomst zonder formaliteiten kunnen beëindigen.
Schorsen	Een disciplinaire maatregel waarbij een werkgever een werknemer verbiedt om (tijdelijk) zijn werkzaamheden te verrichten. In beginsel dient het loon te worden doorbetaald.
Verboden bedingen	Schriftelijke bepalingen in een arbeidsovereenkomst die zonder meer verboden zijn.

Vragen

Meerkeuzevragen

1. In welke van de onderstaande gevallen hoeft de werkgever geen loon te betalen?
   a. Ziekte van de werknemer;
   b. Bevalling van de echtgenote van de werknemer;
   c. Georganiseerde staking bij bedrijf van de werknemer;
   d. Vakantie van de werknemer.

2. Pieter Werkmans van Softy bv neemt Jeroen in dienst als netwerkbeheerder. Ze sluiten een arbeidscontract voor één jaar met een proeftijd van één maand. Na drie weken werken meldt Jeroen zich ziek. Pieter vraagt zich af of ziekte of vakantie van de werknemer de proeftijd opschort.
   a. Nee;
   b. Ja;
   c. De werkgever mag de proeftijd opschorten wanneer hij zich in redelijkheid door de ziekte geen beeld heeft kunnen vormen van de geschiktheid van de medewerker;
   d. De proeftijd kan door de werkgever in verband met vakantie worden opgeschort.

3. Welke van de onderstaande stellingen is of zijn juist?
   I   Een concurrentiebeding in een arbeidsovereenkomst moet schriftelijk worden vastgelegd.
   II Alleen meerderjarige werknemers kunnen een concurrentiebeding geldig aangaan.
   a. I en II juist;
   b. I juist, II onjuist;
   c. I onjuist, II juist;
   d. I en II onjuist.

4. Softy bv sluit op 1 januari een arbeidsovereenkomst met de heer Maurits. Het is een overeenkomst voor onbepaalde tijd met een proeftijd van twee maanden. Op de 15de van dezelfde maand van hetzelfde jaar deelt Pieter Werkmans Maurits mee dat zijn arbeidsovereenkomst met onmiddellijke ingang wordt beëindigd. Welke uitspraak is juist?

a. Aangezien het proeftijdbeding wegens een te lange proeftijd niet geldig is, is het ontslag ook ongeldig;
b. Het proeftijdbeding is weliswaar niet geldig, maar het ontslag op zich wel;
c. Het ontslag is geldig;
d. Het ontslag kan alleen geldig zijn indien er een dringende reden voor was.

5. Frans, 22 jaar oud, en zijn nieuwe werkgever, Softy bv, komen schriftelijk een concurrentiebeding overeen. Het is Frans na het einde van de arbeidsovereenkomst gedurende twee jaar niet toegestaan als computerprogrammeur in Europa te werken. Op overtreding van het concurrentiebeding staat een boete van € 50.000. Stel dat Frans na een jaar voor de concurrent zou willen gaan werken, waarop moet hij zich om dat te bereiken dan beroepen?
   a. Art. 7:611 BW;
   b. Art. 7:653, lid 1 BW;
   c. Art. 7:653, lid 3 sub a BW;
   d. Art. 7:653, lid 3 sub b BW.

6. In een arbeidsovereenkomst staat het volgende beding:
   De werknemer dient vertrouwelijke documenten niet mee naar huis te nemen om zo de vertrouwelijkheid te waarborgen. Neemt hij deze documenten wel mee naar huis, dan is hij een boete van 500 euro per keer verschuldigd. Deze boete moet worden overgemaakt naar Artsen zonder Grenzen.
   Van welk arbeidsrechtelijk beding is hier sprake?
   a. Boetebeding;
   b. Relatiebeding;
   c. Concurrentiebeding;
   d. Voortzettingsbeding.

7. Pieter Werkmans, directeur van Softy bv, stuurt voor de reparatie van een server van de Hogeschool, die het voor de zoveelste keer laat afweten, monteur Wim. Per ongeluk laat Wim zijn thermoskan vallen waardoor het hele computersysteem 48 uur buiten werking is. Wie is aansprakelijk voor de schade?
   a. Softy bv;
   b. Softy bv en Pieter Werkmans;
   c. Softy bv en Wim;
   d. Softy bv, Pieter Werkmans en Wim.

8. De Nederlandse Hogeschool sluit een overeenkomst van opdracht met Mathijs Snel, directeur van Snel bv om alle 10.000 computers van de Hogeschool te controleren en opnieuw te installeren. Omdat het zo'n grote klus is, neemt directeur Mathijs Snel 10 Poolse werknemers voor vijf maanden in dienst die bereid zijn om voor de helft van het cao-loon de werkzaamheden uit te voeren. Na het uitvoeren van de klus eisen de Poolse werknemers volledige betaling van het cao-loon. Als Snel bv wordt aangesproken blijken ze failliet te zijn verklaard.
Wat is het beste juridisch advies wat u de Poolse werknemer zou kunnen geven?

a. Er is niets aan te doen;
b. Stel Mathijs Snel privé aansprakelijk;
c. Stel de Nederlandse Hogeschool aansprakelijk;
d. Dien de loonvordering in bij de curator van het faillissement.

9.

Situatieve arbeidsongeschiktheid

Mr. K. de Greef

Een telefoniste was in dienst getreden op basis van een contract van zes maanden. Na vier weken meldde zij zich ziek, omdat zij diverse malen seksueel zou zijn misbruikt door haar directeur. De arboarts berichtte de werkgever dat de werkneemster niet arbeidsongeschikt was op medische gronden, maar dat zij desondanks niet in staat was haar werk te hervatten. Omdat de problematiek niet medisch was, had hij haar geadviseerd juridische hulp te zoeken. Vervolgens verzocht de werkneemster UVV Gak om een 'second opinion'. Ook het Gak achtte haar medisch gezien niet ongeschikt om haar werk te verrichten, maar zij was daartoe niet in staat vanwege de seksuele intimidatie. Omdat de werkgever inmiddels geen loon meer betaalde, eiste de werkneemster bij wijze van voorlopige voorziening loondoorbetaling.

De kantonrechter te Rotterdam stelt voorop dat zowel de arboarts als de Gak-arts de werkneemster weliswaar ongeschikt achten voor haar werk, maar niet als gevolg van een ziekte of gebrek. De werkgever kan om die reden niet worden verplicht tot loondoorbetaling tijdens ziekte op grond van art. 7:***1 BW. Op grond van art. 7:***2 BW heeft een werknemer echter ook recht op loondoorbetaling als hij niet kan werken door een oorzaak die in redelijkheid voor rekening van de werkgever behoort te komen. Volgens de kantonrechter hechten de twee betrokken artsen blijkbaar geloof aan de lezing van de werkneemster dat zij seksueel is geïntimideerd. Als deze artsen in een eventuele bodemprocedure als getuigen worden gehoord, dan is het waarschijnlijk dat de vordering van de werkneemster wordt toegewezen. Daarom besluit de kantonrechter de loonvordering op grond van art. 7:628 BW toe te wijzen.

Staatscourant, 20 maart 2003

a. In het krantenartikel staat de volgende passage: 'De werkgever kan om die reden niet worden verplicht tot loondoorbetaling tijdens ziekte op grond van art 7: ***1 BW.' In deze zin is een wetsartikel weggelaten. Welk wetsartikel wordt hier bedoeld?
b. In het krantenartikel staat de volgende passage: 'Op grond van art. 7:***2 BW heeft een werknemer echter ook recht op loondoorbetaling als hij niet kan werken door een oorzaak die in redelijkheid voor rekening van de werkgever behoort te komen.' In deze zin is een wetsartikel weggelaten. Welk wetsartikel wordt hier bedoeld?

10. Welke stelling is juist?
a. Bij overgang van een onderneming, waarbij de overnemende onderneming een vennootschap onder firma is, is art. 7:662/666 e.v. BW niet van toepassing;
b. Bij overgang van een onderneming, waarbij de overnemende onderneming de aandelen overneemt van de overgenomen onderneming, is art. 7:662/666 e.v. BW wel van toepassing;
c. Bij overgang van een onderneming, waarbij de overnemende besloten vennootschap een filiaal koopt van een andere besloten vennootschap, is art. 7:662/666 e.v. BW niet van toepassing;
d. Bij overgang van een onderneming, waarbij de overnemende besloten vennootschap een filiaal koopt van een andere besloten vennootschap, is art. 7:662/666 e.v. BW wel van toepassing.

11. Welke van de onderstaande stellingen is of zijn juist?
    I   Daan is magazijnbediende en werkt al vier jaar bij Softy bv. Het komt regelmatig voor dat materialen niet worden geleverd en Daan wordt dan eerder naar huis gestuurd. Daan vindt dan ook dat zijn werkgever geen loon hoeft door te betalen over de uren dat hij eerder naar huis mocht. Hij heeft immers in die uren ook geen werk verricht voor Softy bv.
    II Sophie heeft een arbeidsovereenkomst voor 9 uur per week. De tijden waarop Sophie moet werken zijn niet vastgelegd. Het komt regelmatig voor dat Sophie voor 2 uur wordt opgeroepen. Sophie is van mening dat haar werkgever niet kan volstaan met uitbetaling van enkel deze twee uur.
    a. I en II juist;
    b. I juist, II onjuist;
    c. I onjuist, II juist;
    d. I en II onjuist.

Open vragen

12. De computeronderneming Softy bv spreekt bij het in dienst nemen van programmeurs steeds af dat deze programmeurs na de beëindiging van de met hen gesloten arbeidsovereenkomst gedurende drie jaar niet bij een andere computeronderneming werkzaam mogen zijn. Dit beding wordt steeds in aanwezigheid van enkele getuigen overeengekomen. In sommige gevallen wordt het beding ook schriftelijk vastgelegd. Op 17 december treden de volgende (ex-)programmeurs van Softy bv in dienst van een ander in Enschede gevestigd softwarehouse:
    1. Gevers, oud 25 jaar, met wie het hiervoor vermelde beding schriftelijk bij de indiensttreding is aangegaan. Gevers is gedurende acht jaar onafgebroken in dienst van Softy bv werkzaam geweest en nam zelf ontslag.
    2. Heuvel, oud 30 jaar, met wie het beding, in tegenwoordigheid van getuigen, mondeling is overeengekomen. Heuvel is gedurende drie jaar bij Softy bv werkzaam geweest en nam zelf ontslag.
    3. Jeukens, oud 32 jaar, met wie het beding schriftelijk is overeengekomen. Jeukens is, nadat de arbeidsovereenkomst één jaar bestond, door Softy ontslagen. Na het ontslag is Jeukens een gerechtelijke procedure tegen Softy bv begonnen op grond van het feit dat het aan hem verleende ontslag onregelmatig zou zijn geweest. De rechter heeft Softy bv inderdaad tot schadevergoeding veroordeeld.
    Kan Pieter Werkmans, directeur van Softy bv, met succes juridische stappen ondernemen tegen zijn drie ex-werknemers?

13. Lotte Ooievaar, een genie op computergebied en zeventien lentes jong, treedt op 1 februari voor onbepaalde tijd in dienst bij Softy bv. Haar ouders zijn niet op de hoogte van het aangegane dienstverband. Zij zouden, als zij hiervan op de hoogte waren geweest, ook nooit toestemming hebben gegeven voor de indiensttreding. Ze zijn namelijk van mening dat hun dochter eerst de opleiding op de TU moet afmaken. Op 1 februari vertrekt Ooievaar uit de ouderlijke woning, haar ouders in

de waan latend dat zij al vroeg op de bibliotheek wil gaan studeren voor een tentamen. In het arbeidscontract dat Lotte Ooievaar 's morgens op het kantoor van Softy bv ondertekent, staat onder andere:
1. dat het verboden is tijdens de dienstbetrekking en gedurende acht jaren na beëindiging van de dienstbetrekking op enigerlei wijze direct of indirect hetzelfde of gelijksoortig werk als dat voor Softy te verrichten voor een andere werkgever dan wel voor eigen rekening;
2. dat er tijdens en na beëindiging van de dienstbetrekking een verplichting bestaat om alle bedrijfsaangelegenheden in de ruimste zin des woords geheim te houden;
3. dat alle materialen die door het bedrijf ter beschikking zijn gesteld eigendom blijven van het bedrijf;
4. dat ze gedurende ten minste twee jaar geen kinderen zal krijgen.
a. In hoeverre zijn bovenstaande bedingen 1 tot en met 4 in de arbeidsovereenkomst rechtsgeldig?
b. Na drie weken te hebben gewerkt bij Softy bv zegt Lotte: 'Volgende week ziet u mij hier niet meer; ik zeg de arbeidsovereenkomst op.' Wat zijn de juridische problemen bij dit ontslagbesluit?

14. Arie Staal, regionaal bestuurder van de vakbond, komt bij Pieter Werkmans, directeur van Softy bv, met de volgende klachten:
    1. Jannie Olbers, cateringmedewerker, heeft ruzie met Piet Werkmans, omdat deze niet wil ingaan op het voorstel van Jannie om haar gedurende vier weken te laten vervangen door haar zus Truus, ook een ervaren cateringmedewerker, zodat Jannie haar zieke moeder kan verzorgen.
    2. Chefmonteur Willy Draayer wil zijn eigen bedrijfje in computers beginnen. Hij huurt daartoe een pand op hetzelfde industrieterrein als waar Softy bv is gevestigd. Pieter heeft hem schriftelijk medegedeeld dat hij gerechtelijke stappen zal ondernemen, omdat destijds nadrukkelijk mondeling is afgesproken dat Willy gedurende vijf jaar na het beëindigen van de arbeidsovereenkomst niet in Enschede een computerbedrijf zal beginnen.

    Geef advies voor bovenstaande problemen die Arie Staal naar voren brengt.

Hoofdstuk 10
Ontslagrecht

10.1 Einde van de arbeidsovereenkomst 277
10.2 Arbeidsovereenkomst voor bepaalde tijd 277
10.2.1 Aanzegtermijn bij arbeidsovereenkomst voor bepaalde tijd 278
10.3 Einde arbeidsovereenkomst voor onbepaalde tijd 278
10.4 Ketenregeling bij tijdelijke arbeidsovereenkomsten 279
10.5 Beëindiging door opzegging 280
10.6 Beëindiging arbeidsovereenkomst met wederzijds goedvinden 280
10.6.1 Beëindigingsovereenkomst 281
10.6.2 Opzegging of opwelling? 281
10.7 Ontslaggronden 282
10.7.1 Ontslagroute 282
10.8 Toestemming voor opzegging van het UWV 283
10.8.1 Bedrijfseconomische redenen 284
10.8.2 Afspiegelingsbeginsel 284
10.8.3 Ontslag wegens langdurige arbeidsongeschiktheid 285
10.8.4 Beslissing en herstel van de arbeidsovereenkomst 285
10.8.5 Werkgever is het niet eens met weigering toestemming UWV 286
10.8.6 Werknemer is het niet eens met toestemming UWV 286
10.9 Ontslag via kantonrechter 286
10.9.1 Cumulatiegrond 287
10.10 Hoger beroep en cassatie 288
10.11 Opzegtermijn bij arbeidsovereenkomst voor onbepaalde tijd 289
10.12 Ontslag en proeftijd 290
10.13 Beëindiging van rechtswege 291
10.13.1 Tussentijdse beëindiging 291
10.14 Transitievergoeding 291
10.14.1 Hoogte transitievergoeding 292
10.15 Herstel van de dienstbetrekking 294
10.16 Billijke vergoeding bij ernstige verwijtbaarheid van de werkgever 294
10.17 Opzegging en opzegverboden 295
10.18 Ontslag op staande voet 295
10.19 Sector kanton 296
10.19.1 Relatieve competentie 296
10.19.2 De procedure 296

10.20 Ontslag van bestuurders van nv's/bv's 297
10.21 Werkloos 298
Begrippenlijst 299
Vragen 301
Meerkeuzevragen 301
Open vragen 305

Hoofdstuk 10

Ontslagrecht

Het Nederlands ontslagrecht is in eerste instantie gericht op het beschermen van de economisch zwakkere werknemer. Voor de meeste werknemers is de arbeidsovereenkomst de belangrijkste bron van inkomsten. Daarom moet een werkgever een goede reden hebben om een werknemer te ontslaan.

10.1 Einde van de arbeidsovereenkomst

Een werkgever mag een werknemer niet zomaar ontslaan. Hij moet daar een goede reden voor hebben en zich houden aan de regels uit het ontslagrecht. Een werkgever heeft verschillende mogelijkheden om een werknemer te ontslaan. Een werknemer kan ook zelf ontslag nemen. Dan moet hij een ontslagtermijn in acht nemen. Meestal zijn in het arbeidscontract of de cao daarover ook regels opgenomen. Vaak vindt ontslag plaats met wederzijds goedvinden. Als de werkgever en werknemer er samen niet uitkomen, kan de werkgever de werknemer ontslaan via het UWV of de kantonrechter.

Een arbeidsovereenkomst voor bepaalde tijd eindigt automatisch na verloop van de overeengekomen tijd (art. 7:667, lid 1 BW). Wel moet de werkgever zich houden aan de aanzegplicht. De aanzegplicht houdt in dat de werkgever verplicht wordt om de werknemer, uiterlijk een maand voordat een arbeidsovereenkomst voor bepaalde tijd van rechtswege eindigt, schriftelijk te informeren of de arbeidsovereenkomst wel of niet wordt voortgezet (art. 668, lid 1 BW). Tussentijdse beëindiging van de arbeidsovereenkomst voor bepaalde tijd is alleen mogelijk als dat schriftelijk in de arbeidsovereenkomst is vastgelegd (art. 7:667, lid 2 sub a BW).

Bij een arbeidsovereenkomst voor onbepaalde tijd heeft een werkgever een ontslagvergunning van het UWV of toestemming van de kantonrechter nodig als hij een arbeidsovereenkomst voor onbepaalde tijd wil beëindigen.

10.2 Arbeidsovereenkomst voor bepaalde tijd

Als een werkgever en werknemer een arbeidscontract afsluiten voor een bepaalde periode dan wordt dat ook een tijdelijk contract genoemd. In een tijdelijk contract is meestal een einddatum genoemd. Dat is niet verplicht. Het einde van het contract kan bijvoorbeeld ook gekoppeld zijn aan het einde van een project. De arbeidsovereenkomst voor bepaalde tijd eindigt automatisch, zonder dat deze hoeft worden opgezegd (art. 7:667, lid 1 BW). Tijdelijke contracten kunnen een aantal keer worden verlengd.

De duur van de arbeidsovereenkomst dient objectief te kunnen worden vastgesteld. Het is dan wel zaak dit project nauwkeurig in de overeenkomst te omschrijven, zodat een 'objectieve derde' ook het moment kan aangeven waarop dit project afgerond is en derhalve het dienstverband is beëindigd. Een andere mogelijkheid is het aangaan van een tijdelijke arbeidsovereenkomst voor de duur van de afwezigheid van een andere werknemer. Dan gaat het om tijdelijke vervanging van iemand die afwezig is als gevolg van bijvoorbeeld ziekte of vakantie.

10.2.1 Aanzegtermijn bij arbeidsovereenkomst voor bepaalde tijd

Heeft een arbeidsovereenkomst voor bepaalde tijd een looptijd van zes maanden of langer en is op arbeidsovereenkomst geen uitzendbeding van toepassing, dan moet de werkgever de werknemer uiterlijk een maand voor het aflopen van de arbeidsovereenkomst schriftelijk laten weten of hij de arbeidsovereenkomst wel of niet wil voortzetten en onder welke voorwaarden (art. 7:668 BW).

Komt de werkgever de aanzegplicht niet na dan moet hij de werkneer een vergoeding betalen (art. 7:668, lid 3 BW). De werknemer heeft recht op een vergoeding die gelijk is aan een maand salaris of een evenredig deel hiervan bij een parttimebaan. De aanzegplicht geldt niet voor arbeidsovereenkomsten voor bepaalde tijd die zijn aangegaan voor een periode van minder dan zes maanden.

Arbeidsovereenkomst voor bepaalde tijd	Arbeidsovereenkomst voor onbepaalde tijd
• geen opzegging nodig • wel aanzegging nodig • geen toestemming nodig van het UWV of de kantonrechter • einde van de arbeidsovereenkomst is bekend of vooraf bepaalbaar automatisch einde (van rechtswege)	• opzegging nodig • wel toestemming nodig van het UWV of de kantonrechter • einde van de arbeidsovereenkomst is niet bekend • opzegtermijn moet in acht worden genomen

10.3 Einde arbeidsovereenkomst voor onbepaalde tijd

Als werkgever en werknemer een arbeidscontract voor onbepaalde tijd hebben afgesproken dan wordt dat ook wel een vast contract genoemd. Als een werknemer of een werkgever een vast contract wil beëindigen, dan houdt hij rekening met de opzegtermijn. Een werkgever kan het contract alleen beëindigen als daar een redelijke grond voor is, herplaatsing niet mogelijk is en het UWV of de kantonrechter het ontslag vooraf heeft getoetst (art. 7:669, lid 1 BW).

De werkgever moet kunnen aantonen dat er geen vacature voor een passende functie is of op korte termijn beschikbaar komt én dat een passende functie niet wordt bezet door een flexibele kracht. Wordt een passende functie bezet door een oproepkracht, een ingeleende kracht of een medewerker met een tijdelijk dienstverband, dan wordt van de werkgever verwacht dat hij deze arbeidsplaats vrijmaakt voor de vaste medewerker. Bij een dringende reden kan de werkgever de werknemer op staande voet ontslaan.

10.4 Ketenregeling bij tijdelijke arbeidsovereenkomsten

Er zijn werkgevers die aan werknemers na een arbeidsovereenkomst voor bijvoorbeeld een jaar opnieuw een tijdelijke arbeidsovereenkomst aanbieden. De werkgever kan met de werknemer meer tijdelijke arbeidsovereenkomsten na elkaar afsluiten, maar hij kan dit niet onbeperkt doen.

De ketenbepaling regelt wanneer elkaar opvolgende arbeidsovereenkomsten voor bepaalde tijd overgaan in een arbeidsovereenkomst voor onbepaalde tijd (art. 7:668a BW). Werkgevers en werknemers kunnen drie tijdelijke arbeidscontracten in maximaal drie jaar aangaan. Het volgende arbeidscontract is dan automatisch een vast contract.

Hoofdregel is de 3x2x6-regel (art. 7:668a, lid 1 sub a BW):
- maximaal drie tijdelijke arbeidsovereenkomsten;
- maximaal voor een periode van drie jaar (inclusief tussenpozen); en
- maximaal tussenpozen van zes maanden.

Als de reeks tijdelijke arbeidsovereenkomsten binnen deze grenzen blijft, dan ontstaat er geen arbeidsovereenkomst voor onbepaalde tijd.

In een beperkt aantal situaties kan van deze nieuwe regeling middels de cao (ook weer beperkt) worden afgeweken (art. 7:668a, lid 5 BW).

De ketenbepaling is niet van toepassing op contracten met werknemers die jonger dan 18 jaar zijn en gemiddeld maximaal 12 uur per week werken.

Als een werkgever een uitzendkracht een tijdelijk arbeidscontract geeft, geldt de ketenregelding ook. De ketenregeling geldt tevens bij opvolgend werkgeverschap (art. 668a, lid 2 BW). Opvolgend werkgeverschap houdt in dat de werknemer bij een andere werkgever dezelfde of soortgelijke werkzaamheden verricht.

Invalkrachten in het basisonderwijs die op tijdelijke basis invallen voor zieke leerkrachten vallen niet onder de ketenregeling (art. 7:668a, lid 15 BW).

10.1 Ketenregeling

Als een eerste tijdelijke arbeidsovereenkomst langer dan 36 maanden duurt, blijft de arbeidsovereenkomst tijdelijk (art. 7:668a, lid 3 BW). Pas als er na die lange tijdelijke arbeidsovereenkomst een nieuwe arbeidsovereenkomst volgt die langer duurt dan drie maanden, wordt een tijdelijke arbeidsovereenkomst een arbeidsovereenkomst voor onbepaalde tijd.

> **Voorbeeld**
>
> Het eerste contract van een werknemer duurde zes maanden, van 1 april 2018 tot 1 oktober 2018. Het tweede contract was een jaarcontract van 1 oktober 2018 tot 1 oktober 2019. Het derde contract is ook een jaarcontract, van 1 oktober 2019 tot 1 oktober 2020.
> Is er op 1 oktober 2020 een arbeidsovereenkomst voor onbetaalde tijd?
> Nee, er zijn wel drie contracten, pas bij een eventuele nieuw vierde contract, dus als op 1 oktober 2020 het contract zou worden verlengd, ontstaat er een arbeidsovereenkomst voor onbepaalde tijd.

10.5 Beëindiging door opzegging

Hoofdregel van het ontslagrecht is dat zowel de werkgever als de werknemer het recht hebben de arbeidsovereenkomst die voor onbepaalde tijd is aangegaan, te beëindigen door opzegging (art. 7:669 BW). Een arbeidsovereenkomst voor bepaalde tijd kan alleen maar tussentijds worden opgezegd als dat door de werkgever en werknemer schriftelijk is overeengekomen (art. 7:667, lid 3 BW). Een werkgever kan een arbeidsovereenkomst voor onbepaalde tijd opzeggen als daar een redelijke grond voor is en herplaatsing van de werknemer binnen een redelijke termijn niet mogelijk is (art. 7:669, lid 1 BW).

Opzeggen houdt in: een schriftelijke of mondelinge mededeling van de ene partij aan de wederpartij dat hij de arbeidsovereenkomst wil beëindigen. Voor het tijdstip van opzegging is het moment bepalend waarop de mededeling de wederpartij bereikt of heeft kunnen bereiken. De arbeidsovereenkomst eindigt niet onmiddellijk door de opzegging. Na de eenzijdige handeling (de opzegging) moet een termijn in acht worden genomen voordat het dienstverband juridisch tot een einde komt, de zogenaamde opzegtermijn.

10.6 Beëindiging arbeidsovereenkomst met wederzijds goedvinden

De eenvoudigste manier om een arbeidsovereenkomst te beëindigen is via een beëindigingsovereenkomst. Wanneer werkgever en werknemer er beiden mee instemmen dat de arbeidsovereenkomst wordt beëindigd, hoeven de partijen zich in dit geval niet te houden aan de wettelijke bepalingen met betrekking tot de opzegdag en de opzegtermijn. Wanneer de werknemer met zijn ontslag instemt, is de werkgever niet verplicht tot het vragen van toestemming aan UWV of de kantonrechter. Zo worden onnodige procedures voorkomen. Wanneer de werkgever en werknemer met wederzijds goedvinden de arbeidsovereenkomst beëindigen, is het noodzakelijk om de onderlinge afspraken in een overeenkomst vast te leggen (art. 7:670b BW). Hoewel bij een beëindiging met wederzijds goedvinden een vergoeding niet verplicht is, wordt in de praktijk vaak aangesloten bij de transitievergoeding, maar een hogere vergoeding mag worden afgesproken. De meeste werknemers gaan niet akkoord met ontslag met wederzijds goedvinden als daar geen vergoeding tegenover staat.

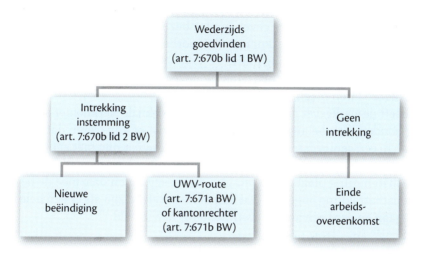

10.2 Beëindigingsovereenkomst

10.6.1 Beëindigingsovereenkomst of vaststellingsovereenkomst

Als de werkgever besluit om niet verder te willen gaan met een werknemer dan moeten zij een onderlinge beëindigingsovereenkomst sluiten (art. 7:670b, lid 1 BW). In deze overeenkomst spreken ze af op welke dag de overeenkomst eindigt. Ook kunnen hierin afspraken worden gemaakt over bijvoorbeeld een vergoeding en/of een investering in een opleiding of een outplacementtraject.

Het moet een schriftelijke overeenkomst zijn. De vaststellingsovereenkomst is alleen geldig als werkgever en werknemer beiden hebben ondertekend. Bij het ontbreken van een schriftelijke instemming heeft de werknemer niet ingestemd met het ontslag en blijft het dienstverband bestaan.

Na het ondertekenen van de beëindigingsovereenkomst heeft een werknemer veertien dagen bedenktijd waarin hij erop kan terugkomen (art. 7:670b, lid 2 BW). Als de medewerker niet is gewezen op de veertien dagen bedenktijd, dan is de termijn drie weken (art. 7:670b lid 3 BW). De werkgever wijst de werknemer in de schriftelijke overeenkomst op deze bedenktijd. Als werkgever en werknemer het arbeidscontract op initiatief van de werkgever via een beëindigingsovereenkomst stopzetten, dan heeft de werknemer in principe recht op WW. Voor een direct aansluitend recht op WW is van belang dat de einddatum overeenkomt met de ingangsdatum van de WW-uitkering.

10.6.2 Opzegging of opwelling?

Een werkgever wil graag een arbeidsovereenkomst laten beëindigen via een beëindigingsovereenkomst. Hij is dan niet gebonden aan opzegtermijnen en hoeft geen ontslagvergunning aan te vragen. Werknemer en werkgever moeten wel van elkaar weten dat beiden ook werkelijk de wil hebben om de dienstbetrekking te beëindigen (wilsovereenstemming). Die wilsovereenstemming is niet altijd duidelijk als een werknemer in een boze bui of in een overspannen toestand opzegt ('Ik ga! Jullie bekijken het maar! Ik blijf hier niet langer!'). Als een werkgever met een dergelijke emotionele opzegging te maken krijgt, zijn de volgende zaken van belang:

- de werkgever behoort een dergelijke opzegging niet meteen te accepteren; hij dient de werknemer gelegenheid te geven om tot bezinning te komen;
- de werkgever behoort de werknemer (bijvoorbeeld een dag later) uitdrukkelijk te vragen of hij bij zijn opzegging blijft;
- de werkgever kan daarna schriftelijk de opzegging bevestigen en de werknemer voor akkoord laten tekenen.

Dan nog heeft de werkgever geen 100% zekerheid dat hij de werknemer aan zijn opzegging mag houden. Van belang is of de werkgever wist of kon weten dat de opzegging was gedaan in een gemoedstoestand waarin de werknemer niet met zijn volle verstand zijn wil kon bepalen. Mocht achteraf blijken dat dit niet zo was, dan heeft er geen wilsovereenstemming plaatsgehad en was de opzegging en daarmee de beëindiging van de dienstbetrekking ongeldig. Dat kan heel vervelend zijn als er een hele tijd overheen is gegaan en er al een andere werknemer is aangesteld.

10.7 Ontslaggronden

Wanneer een werkgever een werknemer wil ontslaan, moet er sprake zijn van een redelijke grond. De wet kent – buiten de redenen voor een ontslag op staande voet – negen redelijke gronden (art. 7:669 BW). Een werkgever moet een keuze maken uit deze limitatieve lijst van gronden. De keuze voor de ontslaggrond bepaalt welke procedure gevolgd moet worden.

De negen ontslaggronden zijn:
a. Bedrijfseconomische redenen (verval van arbeidsplaatsen);
b. Langdurige ziekte/arbeidsongeschiktheid (langer dan 24 maanden);
c. Frequent verzuim met onaanvaardbare gevolgen;
d. Disfunctioneren;
e. Verwijtbaar handelen of nalaten werknemer;
f. Weigeren werk wegens gewetensbezwaar en aanpassing is niet mogelijk;
g. Verstoorde arbeidsrelatie;
h. Andere omstandigheden dan a tot en met g die zodanig zijn dat van de werkgever in redelijkheid niet kan worden verwacht dat hij de arbeidsovereenkomst voortzet;
i. Cumulatiegrond. Er moet in dat geval sprake zijn van een combinatie van twee of meer ontslaggronden uit lid 3 (sub c t/m h).

10.7.1 Ontslagroute

Als hoofdregel geldt dat de werkgever de arbeidsovereenkomst voor onbepaalde tijd alleen rechtsgeldig kan opzeggen met instemming van de werknemer (art. 7:671, lid 1 BW). Als een werknemer weigert om mee te werken, kan de werkgever de arbeidsovereenkomst beëindigen via het UWV of de kantonrechter. UWV staat voor Uitvoeringsinstituut Werknemersverzekeringen. Het UWV is een overheidsorganisatie die onder bepaalde omstandigheden vergunningen verleent aan werkgevers om werknemers te ontslaan.

Voordat een werkgever een werknemer ontslaat, controleert het UWV of de kantonrechter of is voldaan aan de regels om de arbeidsovereenkomst te beëindigen. Dit heet de preventieve toets.

10 Ontslagrecht

De ontslagroute via het UWV of de kantonrechter is afhankelijk van de reden voor ontslag.

Ontslag via UWV	Ontslag via rechter
Bedrijfseconomisch ontslag (art. 7:669, lid 3 sub a BW). Bij deze vorm van ontslag kan de preventieve toets ook worden uitgevoerd door een van de werkgever onafhankelijke en onpartijdige cao-commissie.	Ontslag om alle andere persoonlijke redenen (art. 7:669, lid 3 sub c t/m i BW). Bijvoorbeeld regelmatig ziekteverzuim, disfunctioneren, verwijtbaar handelen of nalaten van de werknemer, werkweigering op grond van een ernstig gewetensbezwaar, verstoorde arbeidsverhouding of andere omstandigheden die maken dat van de werkgever redelijkerwijze niet kan worden verlangd de arbeidsovereenkomst te laten voortduren (zoals detentie van de werknemer of het ontbreken van een tewerkstellingsvergunning).
Ontslag door langdurige arbeidsongeschiktheid, langer dan twee jaar ziek (art. 7:669, lid 3 sub b BW).	

10.3 De a t/m i gronden en ontslag met wederzijds goedvinden

10.8 Toestemming voor opzegging van het UWV

Als een werkgever de arbeidsovereenkomst voor onbepaald tijd wil opzeggen vanwege bedrijfseconomische redenen of ontslag na langdurig ziekteverzuim, dient de werkgever toestemming te hebben van het UWV (art. 7:671a, lid 1 BW). Het is de werkgever niet toegestaan om de arbeidsovereenkomst met een zieke werknemer op te zeggen gedurende de eerste twee jaar van de ziekte van de werknemer (art. 7:670, lid 1 BW).

Als de werkgever de arbeidsovereenkomst opzegt zonder toestemming van de werknemer of UWV-toestemming, kan de werknemer de kantonrechter verzoeken om de opzegging te vernietigen (art. 6:681, lid 1 BW). Na twee maanden vervalt de vordering van de werknemer (art. 7:686a, lid 4 sub a BW). Als er niet rechtsgeldig is opgezegd, kan de werknemer aanspraak blijven maken op zijn salaris, wanneer hij zich bereid verklaart zijn werkzaamheden te verrichten. De werkgever moet binnen vier weken na ontvangst van toestemming van het UWV om de arbeidsovereenkomst op te zeggen, daadwerkelijk opzeggen; na vier weken vervalt de toestemming (art. 7:671a, lid 6 BW).

10.8.1 Bedrijfseconomische redenen

Wil een werkgever een ontslagvergunning, dan moet hij aantonen dat hij genoeg heeft gedaan om ontslag te voorkomen. Bedrijfseconomische redenen moeten zoveel mogelijk worden onderbouwd door stukken bij te voegen, bijvoorbeeld de verlies- en winstrekening, balans, omzetcijfers of een accountantsverklaring. Ook moet worden aangegeven waarom juist deze werknemer(s) voor ontslag wordt/worden voorgedragen. Voorts zal de werkgever inzicht moeten geven in de organisatie van de onderneming en de personeelsopbouw.

Als bedrijfseconomische redenen kunnen bijvoorbeeld worden genoemd:
- een slechte financiële positie van de onderneming;
- structureel gebrek aan werk;
- redenen van bedrijfsorganisatorische aard, zoals een herstructurering, beëindiging van de activiteiten van de onderneming of een deel daarvan, wijziging van de bedrijfslocatie of verhuizing;
- technologische veranderingen (toenemende automatisering of verandering van bedrijfsprocessen vanwege technologische ontwikkelingen).

Bij bedrijfseconomisch ontslag bestaat de mogelijkheid van een verkorte procedure. Wanneer de werknemer een 'verklaring van geen bezwaar' tegen het ontslag invult en de werkgever dat meezendt met de aanvraag, zal het UWV sneller een beslissing kunnen nemen. Een werknemer hoeft dan niet bang te zijn dat zijn WW-uitkering in gevaar komt door het invullen van de verklaring van geen bezwaar.

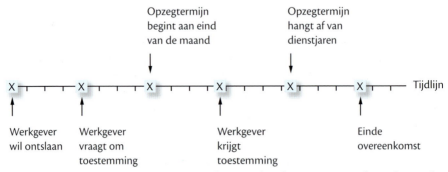

10.4 Ontslagprocedure bij UWV op grond van de a- en b-grond

10.8.2 Afspiegelingsbeginsel

Als een werkgever een ontslagvergunning aanvraagt vanwege bedrijfseconomische redenen, toetst het UWV deze aanvraag. Als de bedrijfseconomische redenen aannemelijk zijn gemaakt, wordt vervolgens gekeken naar de ontslagvolgorde. Hoofdregel daarbij is het afspiegelingsbeginsel.

Het afspiegelingsbeginsel heeft als uitgangspunt dat de ontslagen werknemers per categorie uitwisselbare functies naar evenredigheid over de diverse leeftijdsgroepen worden verdeeld.

Omdat werkgevers bij een reorganisatie mogen 'spiegelen', zullen de ontslagen ook kunnen vallen onder werknemers in de oudere leeftijdscategorieën (met vaak langere dienstverbanden).

Voorbeeld

Werknemers worden voor uitwisselbare, vergelijkbare en gelijkwaardige functies in leeftijdsgroepen ingedeeld:
- 15-25 jarigen;
- 25-35 jarigen;
- 35-45 jarigen;
- 45-55 jarigen;
- 55 jaar en ouder.

Werknemers die binnen een leeftijdscategorie als laatste zijn aangenomen, worden als eerste ontslagen.

10.8.3 Ontslag wegens langdurige arbeidsongeschiktheid

Het is een werkgever niet toegestaan om de arbeidsovereenkomst met een zieke werknemer op te zeggen gedurende de eerste twee jaar van de ziekte van de werknemer (art. 7:670, lid 1 BW). Dit verbod geldt niet wanneer de ziekte van de werknemer pas is begonnen nadat de ontslagaanvraag is ingediend bij het UWV (art. 7:670, lid 1 sub b BW).

Als een werknemer langdurig arbeidsongeschikt (ziek) is kan een werkgever toch een ontslagvergunning aanvragen bij het UWV (art. 7:670, lid 3 BW). Van langdurige arbeidsongeschiktheid is sprake als de werknemer minstens 104 weken (de periode waarin het opzegverbod bij ziekte geldt) arbeidsongeschikt was. Het moet daarnaast aannemelijk zijn dat binnen 26 weken geen herstel zal optreden en dat de werknemer binnen die periode het werk niet in aangepaste vorm kan verrichten. Een werkgever kan een werknemer alleen maar ontslaan als herplaatsing van de werknemer op een andere passende functie niet mogelijk is binnen een redelijke termijn, al dan niet behulp van scholing.

10.8.4 Beslissing en herstel van de arbeidsovereenkomst

Indien het UWV over voldoende gegevens beschikt, nemen zij een beslissing. Het UWV heeft twee mogelijkheden: toestemmen of weigeren. Als het UWV weigert toestemming te verlenen, dan blijft de werknemer gewoon in dienst.

De werkgever kan de kantonrechter vragen om ontbinding van de arbeidsovereenkomst indien het UWV geen toestemming heeft gegeven voor het ontslag (art. 7:671b, lid 1 sub b BW). Een werknemer kan ook na toestemming van het UWV de kantonrechter verzoeken tot herstel van de arbeidsovereenkomst (art. 7:682 BW). Daar moeten dan wel bijzondere gronden voor zijn, en de werknemer moet binnen twee maanden na de beëindigingsdatum zijn vordering indienen (art. 7:686a, lid 4 sub a onder 2 BW).

10.8.5 Werkgever is het niet eens met weigering toestemming UWV

Als het UWV de werkgever toestemming voor ontslag van een werknemer met een arbeidsovereenkomst voor onbepaalde tijd of arbeidsovereenkomst voor bepaalde tijd met tussentijdse opzegmogelijkheid weigert, dan kan de werkgever de kantonrechter verzoeken het contract te ontbinden (art. 7:671b, lid 1 sub b BW). De werkgever moet dit verzoek indienen binnen twee maanden na de dag waarop die toestemming is geweigerd (art. 7:686a sub d BW).

De kantonrechter behandelt het verzoekschrift binnen vier weken na de week waarin het verzoek is ingediend. De werknemer krijgt de gelegenheid om verweer te voeren.

De kantonrechter toetst bij ontslag wegens bedrijfseconomische redenen of langdurige arbeidsongeschiktheid aan dezelfde criteria als het UWV. De kantonrechter kan het verzoek alleen inwilligen als is voldaan aan de voorwaarden voor een redelijke grond voor ontslag, en als herplaatsing niet mogelijk is of niet in de rede ligt. Ook mag er geen opzegverbod gelden. De kantonrechter kan onder voorwaarden het arbeidscontract wegens langdurige arbeidsongeschiktheid ontbinden, terwijl sprake is van een opzegverbod (art. 7:671b, lid 6 BW).

10.8.6 Werknemer is het niet eens met toestemming UWV

Als een werknemer het niet eens met de opzegging van het contract om bedrijfseconomische redenen of langdurige arbeidsongeschiktheid na toestemming van het UWV, dan kan de werknemer de kantonrechter verzoeken om het contract te herstellen (art. 7:682, lid 1 sub a BW). De werknemer kan in plaats daarvan ook vragen om een billijke vergoeding als herstel niet mogelijk is door ernstig verwijtbaar handelen of nalaten van de werkgever (art. 7:682, lid 1 sub b en c BW).

Als de kantonrechter het contract herstelt, bepaalt hij op welk tijdstip het contract wordt hersteld. Ook bepaalt hij hoe de werkgever de werknemer tegemoet moet komen wat betreft de gevolgen van de onderbreking van het contract.

10.9 Ontslag via kantonrechter

Voor een ontslag op een bedrijfseconomische grond of een ontslag nadat een werknemer twee jaar ziek is geweest, is het UWV de aangewezen instantie om een ontslagvergunning te verkrijgen. Voor een ontslag op andere gronden is niet het UWV, maar de kantonrechter bevoegd (art. 7:669, lid 3 c t/m h en 7:671b BW).

De kantonrechter is gebonden aan specifiek in de wet genoemde ontslaggronden. Dat betekent dat de werkgever die een ontbindingsverzoek indient bij de kantonrechter, het verzoekschrift moet baseren op één van die gronden. Het gaat dan om de navolgende zeven gronden:

c. Regelmatig arbeidsverzuim door ziekte met onaanvaardbare gevolgen voor de bedrijfsvoering (art. 7:669, lid 3 sub c BW);
d. Disfunctioneren (art. 7:669, lid 3 sub d BW);
e. Verwijtbaar handelen of nalaten, dat met zich brengt dat van de werkgever in redelijkheid niet gevergd kan worden de arbeidsovereenkomst te laten voortduren (art. 7:669, lid 3 sub e BW);

f. Weigeren werk wegens gewetensbezwaar en aanpassing is niet mogelijk (art. 7:669, lid 3 sub f BW);
g. Een verstoorde arbeidsrelatie (art. 7:669, lid 3 sub g BW);
h. Andere gronden die met zich brengen dat van de werkgever in redelijkheid niet gevergd kan worden de arbeidsovereenkomst te laten voortduren (art. 7:669, lid 3 sub h BW);
i. Cumulatie grond (art. 7:669, lid 3 sub i BW).

De kantonrechter behandelt het verzoekschrift binnen vier weken na de week waarin het verzoek is ingediend. De werknemer krijgt de gelegenheid om verweer te voeren.

De kantonrechter kan het verzoek alleen inwilligen als is voldaan aan de voorwaarden voor een redelijke grond voor ontslag en als herplaatsing niet mogelijk is of niet in de rede ligt. Ook mag er geen opzegverbod gelden.

Bij het bepalen van het tijdstip waarop een vast contract of tijdelijk contract met tussentijdse opzegmogelijkheid eindigt, houdt de kantonrechter rekening met de geldende opzegtermijn. De tijd die de ontbindingsprocedure heeft geduurd, brengt hij hierop in mindering (art. 7:671b, lid 8 sub a BW).

Is de werkgever of werknemer niet eens met de uitspraak van de kantonrechter, dan kunnen zij hiertegen in hoger beroep gaan.

Kinderopvang mocht medewerkster ontslaan

Amsterdam - Een kinderopvang mocht een pedagogisch medewerkster op staande voet ontslaan. De kantonrechter is het met de kinderopvang eens dat een medewerkster onnodig een zeer onveilige, bedreigende situatie voor een kind heeft doen ontstaan. Niet alleen door langdurig aan zijn arm te trekken, maar ook door hem plots van achteren te benaderen en hardhandig van zijn stoel af te trekken. Hoewel het kind iets deed wat niet was toegestaan (spelen op zijn telefoon), was er toen geen acute noodzaak om direct in te grijpen. De medewerkster had de situatie daarom mondeling, zonder het kind aan te raken, moeten oplossen. Verder wist zij dat het kind getuige is geweest van huiselijk geweld. Dat maakt haar handelen nog minder acceptabel. Bij de beslissing weegt mee dat meerdere ouders eerder hadden geklaagd over hoe de medewerkster met ongehoorzame kinderen omging, dat een coachingsgesprek niets verbeterde en dat de medewerkster nog steeds betwist dat zij de situatie niet goed heeft aangepakt.
www.rechtspraak.nl, 10 oktober 2019, ECLI:NL:RBAMS:2019:8642

10.9.1 Cumulatiegrond

Indien meerdere van de reeds bestaande ontslaggronden niet 'voldragen' kunnen worden, kan een rechter op basis van de ontslaggrond i toch overgaan tot ontslag (art. 7:669, lid 3 sub i BW). Door deze ontslaggrond is het mogelijk om twee of meer ontslaggronden met elkaar te combineren.

De mogelijkheid om verschillende ontslaggronden te combineren, geldt alleen voor de ontslaggronden die via de rechter lopen (ontslaggronden c tot en met h) en niet voor ontslag via het UWV (ontslaggronden a en b). Een werkgever kan in een ontbindingsverzoek dus niet ontslag vanwege bedrijfseconomische redenen combineren met disfunctioneren.

Maakt een werkgever gebruik van de i-ontslaggrond, dan komt bovenop de transitievergoeding een bedrag tot 50% extra transitievergoeding (art. 7:671b, lid 8 BW). Dit maakt dat de werkgever maar liefst tot 150% transitievergoeding verschuldigd kan zijn. Daarbovenop kan een billijke vergoeding worden toegewezen.

10.10 Hoger beroep en cassatie

Werkgevers en werknemers kunnen tegen de uitspraak van de kantonrechter in hoger beroep gaan bij het gerechtshof (art. 683 BW). Ze kunnen daarbij om het volgende verzoeken:
- (geen) ontbinding van het contract;
- vernietiging van de opzegging;
- herstel van de arbeidsovereenkomst of een billijke vergoeding;
- instandhouding van de opzegging.

Zij kunnen ook in hoger beroep gaan tegen een door de rechter toegekende vergoeding of tegen het niet toekennen van een vergoeding.
Is de werkgever of werknemer het niet eens met de uitspraak van het gerechtshof dan kunnen zij in cassatie gaan bij de Hoge Raad.
Het instellen van hoger beroep of cassatie tegen de uitspraak heeft geen zogenoemde schorsende werking. Dat betekent dat werkgevers of werknemers zich moeten houden aan de uitspraak van de kantonrechter, zolang er geen onherroepelijke nieuwe uitspraak is gedaan (art. 683, lid 1 BW).

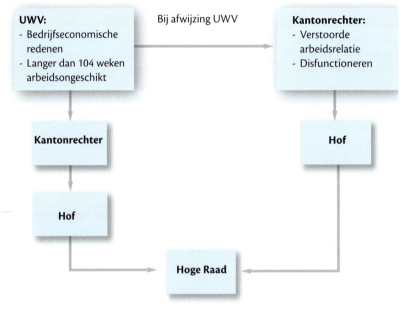

10.5 Hoger beroep en beroep in cassatie bij ontslag

> **Docent bewegingsleer toneelacademie terecht ontslagen**
>
> 's-HERTOGENBOSCH - Het Gerechtshof 's-Hertogenbosch heeft vandaag beslist dat de kantonrechter van de Rechtbank Limburg op verzoek van de toneelacademie in Maastricht de arbeidsovereenkomst van een docent terecht heeft ontbonden. Tijdens zijn lessen bewegingsleer heeft de man in 2017 twee vrouwelijke studenten op een grensoverschrijdende manier aangeraakt.
>
> **Grensoverschrijdend gedrag**
> In 2006 kreeg de docent de eerste waarschuwing van zijn werkgever dat studenten melding maakten van verwarrende fysieke houdingscorrecties tijdens zijn lessen. In 2010 kreeg de docent een vergelijkbare waarschuwing met daarbij het verbod om studenten aan te raken. In het najaar van 2017 meldden twee studentes grensoverschrijdend gedrag door de docent. De docent zou de ene studente tijdens een les een tik op haar billen hebben gegeven en daarbij hebben gezegd dat hij dat al langer had willen doen. Tijdens een massageles zou hij de andere studente twee keer een volledige lichaamsmassage hebben gegeven.
>
> **Bij de kantonrechter**
> De meldingen van 2017 zijn onderzocht door de ombudsman van de opleiding en door een extern onderzoeksbureau. Op basis van de uitkomsten van die onderzoeken heeft de opleiding de kantonrechter verzocht om de arbeidsovereenkomst van de docent te ontbinden op grond van (ernstig) verwijtbaar handelen. De kantonrechter van de Rechtbank Limburg heeft de arbeidsovereenkomst toen inderdaad ontbonden omdat de docent met zijn gedrag ernstig verwijtbaar heeft gehandeld, ondanks indringende waarschuwingen van zijn werkgever. Het verzoek van de docent tot betaling van een transitievergoeding heeft de kantonrechter daarom afgewezen. De docent is tegen die uitspraak in hoger beroep gegaan.
>
> **In hoger beroep**
> Het hof onderkent dat de werknemer docent bewegingsleer was op een toneelopleiding en dat fysiek contact met studenten daarbij kan horen. Dat neemt niet weg dat een docent een eigen verantwoordelijkheid heeft voor de wijze waarop dit fysieke contact plaatsvindt, en daarmee voor een veilig leerklimaat tijdens zijn lessen. Zeker na de waarschuwingen over zijn gedrag had de man beter moeten weten. Het hof is van oordeel dat de kantonrechter de arbeidsovereenkomst terecht heeft ontbonden wegens verwijtbaar handelen. Het hof vindt, anders dan de kantonrechter, niet dat de werknemer ernstig verwijtbaar heeft gehandeld. Volgens het hof heeft de werkgever zelf ook een aandeel in wat is gebeurd. Die is namelijk, zowel naar medewerkers als naar studenten toe, onvoldoende duidelijk geweest over wat wel en niet acceptabel is in termen van grensoverschrijdend gedrag. Volgens het hof moet de werkgever aan de man dan ook wel de verschuldigde transitievergoeding betalen.
>
> *www.rechtspraak.nl, 2 mei 2019,*
> *ECLI:NL:GHSHE:2019:1649*

10.11 Opzegtermijn bij arbeidsovereenkomst voor onbepaalde tijd

Bij een arbeidsovereenkomst voor onbepaalde tijd staat het tijdstip van beëindiging bij het begin van de dienstbetrekking niet vast. Is bij een arbeidsovereenkomst voor onbepaalde tijd toestemming verkregen, dan eindigt de overeenkomst niet automatisch. De opzegging kan op elke dag plaatsvinden, maar de opzegtermijn gaat pas lopen aan de eind van de maand (art. 7:672, lid 2 BW).

Als de toestemming is verleend, kan de arbeidsovereenkomst worden opgezegd. Men dient het navolgende in acht te nemen:
A. opzegging moet geschieden tegen het einde van de maand (art. 7:672, lid 1 BW);
B. inachtneming van een opzegtermijn (art. 7:672, lid 2 BW).

De opzegtermijn mag met één maand worden verkort met de tijd gelegen tussen de datum waarop het UWV het toestemmingsverzoek heeft ontvangen en de datum waarop het UWV toestemming heeft verleend (art. 7:672, lid 4 BW).

Als een werknemer ontslag wil nemen, geldt een opzegtermijn van één maand (art. 7:672, lid 3 BW).

In de cao of de individuele arbeidsovereenkomst kan van de wettelijke termijn worden afgeweken, mits men zich daarbij houdt aan de aangegeven grenzen (art. 7:672, lid 5 t/m 7 BW).

> **Voorbeeld**
>
> Softy bv wil software ingenieur Nienke ontslaan vanwege bedrijfseconomische redenen en vraagt toestemming aan het UWV. Nienke heeft een opzegtermijn van drie maanden. Het verzoek wordt op 15 februari door het UWV in behandeling genomen. Op 15 maart ontvangt Softy bv van het UWV toestemming. De procedure bij het UWV heeft vier weken geduurd. Er moet worden opgezegd aan het eind van de maand. Softy bv mag vier weken aftrekken van 15 juni (resulterend in medio mei), en kan dan opzeggen tegen het einde van de maand, dus met ingang van 1 juni is Nienke ontslagen.

> **Voorbeeld**
>
> **Opzegtermijnen arbeidsovereenkomst voor onbepaalde tijd**
> Als een werkgever, nadat hij een vergunning heeft gekregen, een werknemer wil ontslaan moet hij de navolgende opzegtermijenn in acht nemen (art. 7:672, lid 2 BW):
>
> | Lengte arbeidsovereenkomst | Opzegtermijn |
> |---|---|
> | korter dan 5 jaar | 1 maand |
> | tussen de 5 en 10 jaar | 2 maanden |
> | tussen de 10 en 15 jaar | 3 maanden |
> | meer dan 15 jaar | 4 maanden |

De opzegtermijn wordt berekend over de totale duur van de arbeidsovereenkomst. Hier horen ook tijdelijke arbeidsovereenkomsten bij die aan het vaste dienstverband zijn voorafgegaan en die telkens binnen een periode van niet meer dan drie maanden werden verlengd.

> **Voorbeeld**
>
> Annie is assemblagemedewerkster bij Softy bv. Annie werkt twaalf jaar bij Softy, wordt per maand betaald en is dertig jaar oud. Er is geen cao en de wet is van toepassing. Als Annie de arbeidsovereenkomst opzegt, dan is voor haar de opzegtermijn één maand. Zegt Softy bv de arbeidsovereenkomst op, dan is de opzegtermijn drie maanden.

10.12 Ontslag en proeftijd

Tijdens de proeftijd zijn beide partijen bevoegd de arbeidsovereenkomst zonder opzegging en zonder inachtneming van de voor opzegging geldende bepalingen te doen beëindigen (art. 7:652/676 BW). Bij een arbeidsovereenkomst voor bepaalde tijd van zes maanden of korter, mag geen proeftijd worden opgenomen, de proeftijd is dan nietig (art. 7:652, lid 8 sub f BW).

Bij een arbeidsovereenkomst die langer duur dan zes maanden is de maximale duur van de proeftijd één maand indien de arbeidsovereenkomst voor korter dan twee jaar is gesloten (art. 7:652, lid 5 BW). Is een arbeidsovereenkomst gesloten voor meer dan twee jaar, dan is de maximale proeftijd twee maanden. Een proeftijd moet schriftelijk worden overeengekomen (art. 7:652, lid 2 BW).

Een proeftijd die niet voor beide partijen even lang is en/of langer duurt dan twee maanden, is nietig (art. 7:652, lid 8 sub a en sub c BW).

10.13 Beëindiging van rechtswege

Een arbeidsovereenkomst kan van rechtswege (automatisch) eindigen zonder dat partijen juridisch iets hoeven te ondernemen. Dat geldt onder andere in de volgende gevallen:
- wanneer de tijd waarvoor is gecontracteerd, verstrijkt (dit geldt met name voor arbeidsovereenkomsten voor bepaalde tijd);
- wanneer de werknemer overlijdt (art. 7:674 BW).

De werkgever is verplicht bij het overlijden van een werknemer de nabestaanden een overlijdensuitkering te verstrekken. De arbeidsovereenkomst eindigt niet door de dood van de werkgever (art. 7:675 BW).

10.13.1 Tussentijdse beëindiging

De arbeidsovereenkomst die voor bepaalde tijd is aangegaan, eindigt van rechtswege wanneer de tijd is verstreken (art. 7:667 BW). Opzegging is niet nodig. Immers, beide partijen zijn van de bepaalde duur van de arbeidsovereenkomst op de hoogte en hebben de bedoeling gehad de arbeidsovereenkomst na die bepaalde duur niet voort te zetten.

Indien partijen het eens zijn over een tussentijdse beëindiging, kan dit uiteraard wel. Dit wordt dan vastgesteld in een beëindigingsovereenkomst.

Partijen kunnen schriftelijk overeenkomen dat opzegging dient te geschieden. Dit kan op grond van de arbeidsovereenkomst of een cao. Deze opzegging dient beschouwd te worden als een mededeling inhoudende dat de dienstbetrekking op een bepaalde datum eindigt.

Tussentijdse beëindiging is ook mogelijk indien een van beide partijen het te bont maakt. Denk hier met name aan ontslag op staande voet.

10.14 Transitievergoeding

De transitievergoeding is een vergoeding voor werknemers die hun baan verliezen (art. 7:673 BW). Deze vergoeding geldt voor werknemers met arbeidsovereenkomsten voor bepaalde tijd en onbepaalde tijd. Een werknemer ontvangt een transitievergoeding als de arbeidsovereenkomst eindigt door ontslag na toestemming van het UWV, door de kantonrechter of door ontslag met wederzijds goedvinden.

De werkgever moet de transitievergoeding betalen. De vergoeding is bedoeld als compensatie voor ontslag en kan worden gebruikt om de stap naar een andere baan makkelijker te maken. Werknemers moeten minimaal twee jaar in dienst zijn geweest om recht te kunnen hebben op een transitievergoeding (art. 7:673, lid 1 BW). De transitievergoeding is voor werknemers die worden ontslagen of werknemers van wie het tijdelijke contract niet wordt verlengd. Als de werknemer zelf ontslag neemt, omdat de werkgever ernstig verwijtbaar heeft gehandeld of nalatig is geweest dan heeft de werknemer ook recht op een transitievergoeding (art. 7:673, lid 1 sub b BW).

Arrest

Arrest New Hairstyle
Hoge raad, 30-06-2017, ECLI:NL:HR:2017:1187

Feiten
Een kapster is sinds 1 januari 1999 in dienst van New Hairstyle. Zij werkte vierenhalf uur per week. De werkgever weigert de kapster vakantieverlof te verlenen. Na dit geschil over de vakantieplanning heeft New Hairstyle geprobeerd het dienstverband met de kapster te beëindigen door middel van een vaststellingsovereenkomst zonder een financiële vergoeding. Een jaar later heeft New Hairstyle zonder succes geprobeerd toestemming te krijgen van het UWV om de arbeidsovereenkomst op te zeggen. Na een nieuw conflict heeft New Hairstyle de arbeidsovereenkomst opgezegd zonder een financiële vergoeding en zonder toestemming van het UWV of ontbinding van de arbeidsovereenkomst door de kantonrechter. Een dergelijke wijze van beëindigen van een arbeidsovereenkomst is volgens het Nederlands recht niet toegestaan. De werkneemster vecht daarom het ontslag aan en vorderde een billijke vergoeding van € 60.000 op grond van art. 7:681 BW. De kantonrechter en het hof kwamen echter niet verder dan het toekennen van een billijke vergoeding van € 4.000.

Hoge Raad
Bij het vaststellen van de billijke vergoeding (...) gaat het uiteindelijk erom dat de werknemer wordt gecompenseerd voor het ernstig verwijtbaar handelen of nalaten van de werkgever. Doordat (...) bij het vaststellen van de billijke vergoeding rekening kan worden gehouden met de gevolgen van het ontslag, kan met die vergoeding ook worden tegengegaan dat werkgevers voor een vernietigbare opzegging kiezen omdat dit voor hen voordeliger is dan het op de juiste wijze beëindigen van de arbeidsovereenkomst of het in stand houden daarvan.

Toelichting
Ook bij de billijke vergoeding mag rekening worden gehouden met de gevolgen van het ontslag voor de werknemer. Daarbij zijn alle omstandigheden van het geval relevant, waaronder bijvoorbeeld de duur van het dienstverband, de mate waarin de werkgever een verwijt valt te maken ter zake van het ontslag, maar ook op welke termijn de arbeidsovereenkomst zou zijn geëindigd als de werknemer niet zou zijn ontslagen en of de werknemer inmiddels andere inkomsten heeft, waaronder ook de transitievergoeding valt.

10.14.1   Hoogte transitievergoeding
De transitievergoeding is enerzijds bedoeld als compensatie voor ontslag, anderzijds is de vergoeding bedoeld om de transitie van werknemers naar een andere baan te vergemakkelijken.

De werkgever is verplicht een transitievergoeding te betalen vanaf de eerste dag dat de werknemer in dienst is getreden. De hoogte van de transitievergoeding die een werkgever moet betalen, wordt bepaald op basis van twee onderdelen, het brutomaandsalaris en de duur van het dienstverband. De transitievergoeding is voor elk kalenderjaar dat de arbeidsovereenkomst heeft geduurd gelijk aan een derde van het loon per maand en een evenredig deel daarvan voor een periode dat de arbeidsovereenkomst korter dan een kalenderjaar heeft geduurd (art. 7:673, lid 2 BW). De vergoeding is maximaal € 81.000 bruto of een brutojaarsalaris als dat hoger is (art. 673, lid 2 BW).

Arrest

Hoge Raad: verplicht einde aan 'slapend dienstverband'

Den Haag - De Hoge Raad heeft vandaag antwoord gegeven op prejudiciële vragen van de Rechtbank Limburg over de toelaatbaarheid van 'slapende dienstverbanden'. Een slapend dienstverband is een dienstverband waarbij een langdurig arbeidsongeschikte werknemer thuiszit en geen loon meer krijgt, maar door de werkgever toch in dienst wordt gehouden met als gevolg dat daardoor de wettelijke transitievergoeding niet hoeft te worden betaald. Deze wettelijke transitievergoeding is de ontslagvergoeding waarop een werknemer recht heeft als hij ontslagen wordt na een dienstverband van twee jaar of langer.

De zaak
Een werknemer wordt door zijn werkgever in een slapend dienstverband gehouden en ontvangt dus geen loon meer. De werknemer eist van zijn werkgever schadevergoeding, omdat de werkgever niet bereid is om het slapende dienstverband te beëindigen, onder betaling van een transitievergoeding.

Prejudiciële vragen
De Rechtbank Limburg heeft in een vonnis van 10 april 2019 prejudiciële vragen gesteld of, en zo ja onder welke omstandigheden, een werkgever als 'goed werkgever' akkoord moet gaan met het voorstel van een langdurig arbeidsongeschikte werknemer tot beëindiging van het slapende dienstverband, onder betaling van een transitievergoeding. Een prejudiciële vraag is een vraag van een rechtbank of gerechtshof aan de Hoge Raad over de uitleg van een rechtsregel. Daaraan kan behoefte bestaan als de Hoge Raad over die vraag niet eerder heeft beslist. Wel moet het gaan om een vraag die zich voordoet in een concrete zaak die bij een rechtbank of hof in behandeling is. Dezelfde vraag moet bovendien aan de orde zijn in een groot aantal andere zaken.

Uitspraak Hoge Raad
De Hoge Raad oordeelt in lijn met het advies van de advocaat-generaal. Sinds er een wet is waarin is geregeld dat werkgevers door het UWV worden gecompenseerd voor betaling van de transitievergoeding aan een langdurig arbeidsongeschikte werknemer, gaat het argument niet meer op dat een werkgever op hoge kosten wordt gejaagd. Bovendien is duidelijk dat de wetgever af wil van de slapende dienstverbanden. Op grond daarvan brengt de eis van goed werkgeverschap mee dat een werkgever een werknemer niet in een slapend dienstverband mag houden om de betaling van de transitievergoeding te ontlopen. Op de werkgever rust dus

de verplichting om, op verzoek van de arbeidsongeschikte werknemer, het slapende dienstverband te beëindigen, met betaling van een bedrag ter hoogte van de wettelijke transitievergoeding. Dit kan anders zijn als de werkgever gerechtvaardigde belangen heeft om de arbeidsongeschikte werknemer toch in dienst te houden, bijvoorbeeld als er een reëel uitzicht is op re-integratie.

www.rechtspraak.nl, 8 november 2019, ECLI:NL:HR:2019:1734

> **Voorbeeld**
>
> **Rekenvoorbeeld transitievergoeding I**
> Een werknemer is 9 jaar in dienst van Softy bv en heeft een salaris van € 2.400 bruto per maand. Op welke transitievergoeding heeft de werknemer recht?
> De werknemer heeft recht op een vergoeding van: 1/3 maal het aantal gewerkte jaren maal het maandsalaris.
> Dat is in totaal 1/3 x 9 x € 2.400 = € 7.200 bruto.
>
> **Rekenvoorbeeld transitievergoeding II**
> Een werknemer is 7 jaar en 5 maanden in dienst bij Softy bv en heeft een salaris van € 4100 per maand. Op welke transitievergoeding heeft de werknemer recht?
> De werknemer heeft recht op een vergoeding van: 1/3 maal het aantal gewerkt jaren maal het maandsalaris plus 1/3 maal het aantal gewerkte maanden maal het maandsalaris.
> 1/3 x 7 x € 4.100 =   € 9.566,67 bruto
> 1/3 x 5/12 x € 4.100 =   €   569,44 bruto
> Totaal   € 10.136,11 bruto

10.15 Herstel van de dienstbetrekking

De werkgever die schadeplichtig is, omdat hij de arbeidsovereenkomst heeft beëindigd zonder opzegging of zonder de voor opzegging geldende bepalingen in acht te nemen, kan ook worden veroordeeld tot herstel van de dienstbetrekking of, indien hij de dienstbetrekking niet wil herstellen, tot betaling van een afkoopsom (art. 7:682, lid 2 BW). Ook hier geldt dat de werknemer binnen twee maanden een vordering tegen de werkgever moet hebben ingesteld (art. 7:686a, lid 4 sub a onder 2 BW).

10.16 Billijke vergoeding bij ernstige verwijtbaarheid van de werkgever

Indien er sprake is van 'ernstig verwijtbaar handelen of nalaten' van de werkgever kan aan de werknemer naast een transitievergoeding een billijke vergoeding worden toegekend (art. 7:682, lid3 sub b BW). De toekenning van de billijke vergoeding staat los van de transitievergoeding. Zij zijn niet afhankelijk van elkaar. Een vordering tot betaling van een billijke vergoeding moet binnen twee maanden na het eindigen van de arbeidsovereenkomst bij de kantonrechter worden ingesteld.

10.17 Opzegging en opzegverboden

Een werkgever mag een werknemer niet ontslaan als er sprake is van een opzegverbod. Eenzijdige opzegging door de werkgever van de arbeidsovereenkomst die voor onbepaalde tijd is aangegaan, is in de volgende situaties niet mogelijk (art. 7:670 BW):
1. ziekte van de werknemer, tenzij de ziekte meer dan twee jaar heeft geduurd;
2. zwangerschap, bevalling;
3. dienstplicht;
4. lidmaatschap van een ondernemingsraad of van een vakbond;
5. ouderschapsverlof.

Een opzegging in strijd met één van de bovenstaande opzeggingsverboden kan een werknemer door de kantonrechter laten vernietigen, met dien verstande dat de nietigheid dan binnen twee maanden ingeroepen dient te worden (art. 7:681, lid 1 sub b BW en art. 2:686a, lid 4 sub a BW). Men kan pas een zieke werknemer ontslaan als twee jaar zijn verstreken. Dat wil zeggen dat de opzegtermijnen, de eventuele ontslagvergunningen et cetera, pas in werking kunnen treden als de twee jaar zijn verstreken.

Er geldt geen opzegverbod als de werknemer ziek is geworden nadat het UWV de ontslagaanvraag heeft ontvangen. De opzegverboden zijn niet van kracht bij ontslag op staande voet of tijdens een proeftijd. De opzegverboden bij ziekte, zwangerschap, dienstplicht en lidmaatschap van de ondernemingsraad zijn niet van toepassing wanneer de werknemer schriftelijk met de opzegging instemt (art. 7:670a, lid 2 BW).

10.18 Ontslag op staande voet

Een werkgever kan een arbeidsovereenkomst per direct opzeggen als daar een dringende reden voor is (art. 7:677 BW). Dat heet een ontslag op staande voet. De arbeidsovereenkomst eindigt door het ontslag op staande voet per direct, zonder dat een opzegtermijn in acht hoeft te worden genomen. Ook hoeft niet eerst om instemming van de werknemer, om een ontslagvergunning bij het UWV of om ontbinding bij de kantonrechter te worden gevraagd. Art. 7:678 BW noemt twaalf verschillende dringende redenen voor de werkgever die een ontslag op staande voet rechtvaardigen. In de praktijk zijn de meest voorkomende redenen:
- hardnekkig weigeren een redelijke opdracht uit te voeren;
- grove verwaarlozing van de verplichtingen uit de arbeidsovereenkomst (bijvoorbeeld regelmatig te laat op het werk komen);
- diefstal of verduistering van geld of goederen ten laste van de werkgever.

De dringende reden en het daarop gebaseerde ontslag moeten onmiddellijk aan de werknemer worden meegedeeld en bij voorkeur worden bevestigd per aangetekende brief. In het algemeen zal de werkgever de dringende reden moeten bewijzen en moeten hopen dat de rechter in de hem voorgelegde feiten ook een dringende reden ziet. Het op staande voet ontslaan van een werknemer is vaak een lastige onderneming. Regelmatig komt de rechter tot de conclusie dat de reden van het ontslag niet zo dringend was dat 'van de werkgever redelijkerwijze niet gevergd kon worden de dienstbetrekking te laten voortduren' (art. 7:678 BW). Een werknemer die ontslag op staande voet krijgt, zal dit vrijwel altijd (moeten) aanvechten, omdat bij een verwijtbaar ontslag de werknemer in het algemeen geen werkloosheidsuitkering krijgt en bij een procedure tegen zijn ex-werkgever dus niets te verliezen heeft.

Wanneer de rechter geen dringende reden voor ontslag ziet, houdt dit in dat het gegeven ontslag op staande voet achteraf nietig wordt verklaard en dat heeft tot gevolg dat het dienstverband door dit ontslag niet is geëindigd. Tijdens de procedure verricht de werknemer geen arbeid, maar hij heeft wel recht op salaris over de niet-gewerkte periode als hij de procedure wint. Ontslag op staande voet kan dus gevoelige financiële risico's voor de werkgever met zich brengen.

Het moet bij ontslag op staande voet wel om daden, eigenschappen of gedragingen van de werknemer zelf gaan. Ook een werknemer kan ontslag op staande de voet nemen als er sprake is van een dringende reden (art. 7:679 BW).

Een werknemer die zijn werk wil behouden zal de kantonrechter verzoeken de opzegging te vernietigen (art. 7:681, lid 1 BW). Als een werknemer een ontslag op staande voet wil aanvechten, heeft hij maar van twee maanden de tijd om de kantonrechter te verzoeken het ontslag te vernietigen (art. 7:686a, lid 4 BW). In de tussentijd kan de werkgever de kantonrechter verzoeken de arbeidsovereenkomst 'voorwaardelijk' te ontbinden. Dit wordt gedaan om de loonvordering te beperken, mocht er sprake zijn van onterecht gegeven ontslag op staande voet. Hij moet zich wel beschikbaar stellen voor zijn werkzaamheden. Heeft een werknemer na ontslag op staande voet weer werk bij een nieuwe werkgever, dan vervalt vanaf dat moment het recht op schadevergoeding.

10.19 Sector kanton

In de wet wordt bepaald dat alle rechtsvorderingen die betrekking hebben op een arbeidsovereenkomst, een collectieve arbeidsovereenkomst of een algemeen verbindend verklaarde collectieve arbeidsovereenkomst in eerste instantie voorgelegd dienen te worden aan de rechtbank, sector kanton (art. 93 sub c Rv). De kantonrechter is derhalve aangewezen als bevoegde rechter bij arbeidsgeschillen en dus absoluut competent. Ingeval een zaak spoedeisend is, kan deze worden voorgelegd aan de voorzieningenrechter van de rechtbank, maar er is ook een voorzieningenprocedure bij de sector kanton mogelijk.

10.19.1 Relatieve competentie
In Nederland zijn tien rechtbanken. Voor de vraag tot welke rechtbank, sector kanton, de eisende partij (degene die wil gaan procederen) zich moet wenden, gelden de regels van de relatieve competentie.

De eiser kan zich wenden tot de rechtbank:
a. sector kanton van de woonplaats van de gedaagde (art. 99 Rv); of
b. sector kanton waar de arbeid gewoonlijk wordt verricht (art. 100 Rv).

10.19.2 De procedure
Het beginnen van een rechtszaak bij een arbeidsconflict is eenvoudiger dan de normale procedure via de dagvaarding. De reden daarvan is dat de wetgever geen extra barrières heeft willen opwerpen voor de werknemer om een procedure tegen zijn werk-

gever te beginnen. Degene die de procedure bij de kantonrechter wil starten, dient een verzoekschrift (rekest) in. Dit verzoekschrift wordt gericht aan de kantonrechter en ingediend bij de griffie (administratie) van het kantongerecht.

De eisende partij hoeft zich niet te laten bijstaan door een advocaat. De verplichting tot procesvertegenwoordiging bestaat namelijk niet bij geschillen die door de kantonrechter behandeld worden. Bij ingewikkelde arbeidszaken verdient het wel aanbeveling om een juridisch adviseur in te schakelen. Deze zal ervoor zorgen dat alle relevante informatie bij de kantonrechter terechtkomt, wat de kans van slagen in de procedure aanmerkelijk kan vergroten.

Het verzoekschrift moet de volgende gegevens bevatten:
- de naam en woonplaats van de wederpartij;
- de naam, voornamen en woonplaats van de verzoeker;
- de vordering en de gronden waarop het verzoekschrift is gebaseerd.

Aan het slot van het verzoekschrift wordt de kantonrechter verzocht dag en uur te bepalen waarop de zaak ter terechtzitting zal worden behandeld. Na ontvangst van het verzoekschrift ontvangt de eiser een nota voor de verschuldigde griffierechten.

Op het door de kantonrechter bepaalde moment wordt de wederpartij in de gelegenheid gesteld zich te verweren. Dit kan mondeling gebeuren indien de kantonrechter heeft bepaald dat de partijen in persoon dienen te verschijnen. Verweert de gedaagde zich schriftelijk, dan gebeurt dit in het verweerschrift. De kantonrechter kan bij tussenvonnis bewijs door middel van getuigen opdragen. Deze getuigen leggen dan de eed of de belofte af dat zij uitsluitend de waarheid zullen vertellen, en zij worden vervolgens door de rechter ondervraagd. De procedure eindigt in een beschikking, waarbij tevens een van de partijen tot (gedeeltelijke) betaling van de proceskosten van de andere partij kan worden veroordeeld.

10.20 Ontslag van bestuurders van nv's/bv's

Meestal bestaat er tussen een nv/bv en haar statutair directeur een arbeidsverhouding. In tegenstelling tot een gewone werknemer kan de bestuurder te allen tijde worden geschorst en ontslagen door de algemene vergadering van aandeelhouders. Een veroordeling tot herstel van de dienstbetrekking door de rechter is uitdrukkelijk uitgesloten. Bij de opzegging van de arbeidsovereenkomst met een bestuurder hoeft geen opzeggingstermijn in acht genomen te worden.

De Hoge Raad heeft uitgemaakt dat uit de vennootschapsrechtelijke bepalingen op grond waarvan de algemene vergadering het bestuur kan ontslaan, volgt dat bedoeld is dat dit ontslagbesluit er tevens toe strekt dat een einde wordt gemaakt aan de arbeidsovereenkomst. In beginsel heeft een ontslagbesluit dan ook tevens beëindiging van de dienstbetrekking van de bestuurder tot gevolg. Uitzondering is er indien er sprake is van een wettelijk ontslagverbod dat aan de beëindiging in de weg staat of indien partijen anders zijn overeengekomen.

Een bestuurder kan dus van de ene op de andere dag worden ontslagen, ook al is daar geen dringende reden voor aanwezig. Als er echter geen dringende reden voor een beëindiging bestaat, zal de bestuurder wel op grond van 'onregelmatig ontslag' een vervangende schadeloosstelling kunnen vorderen die gelijk is aan het salaris over de niet in acht genomen opzeggingstermijn.

Als het gaat om een arbeidsrechtelijk conflict tussen een directeur van een naamloze of een besloten vennootschap en de desbetreffende vennootschap, en het een vordering betreft van meer dan € 25.000, dan is de rechtbank bevoegd en niet de sector kanton (art. 2:131/241 BW).

10.21 Werkloos

Of en op welke werkloosheidsuitkering een werknemer recht heeft, hangt af van vele regels. De twee belangrijkste zijn dat de werknemer beschikbaar moet zijn voor de arbeidsmarkt en dat de werknemer onvrijwillig werkloos is.

Om aanspraak te kunnen maken op een WW-uitkering moet men aan een aantal voorwaarden voldoen:
a. de AOW-leeftijd nog niet hebben bereikt;
b. het verlies van de baan mag niet verwijtbaar zijn;
c. beschikbaar zijn voor werk;
d. een arbeidsverleden van minimaal een half jaar hebben.

Er moet in de laatste 39 weken voor de ontslagdatum tenminste 26 weken zijn gewerkt. Hoe lang iemand een uitkering krijgt, is afhankelijk van zijn arbeidsverleden. Voor iemand die voldoet aan de wekeneis (26 weken van de laatste 36 weken hebben gewerkt) heeft recht op een loongerelateerde uitkering van drie maanden. Om voor een langere WW-uitkering in aanmerking te komen, moet een werkloze niet alleen aan de wekeneis voldoen. Hij moet daarnaast in vier van de vijf voorafgaande jaren over minstens 52 dagen loon hebben ontvangen. Wie voldoet aan deze '4 uit 5'-eis, krijgt per jaar arbeidsverleden één maand uitkering. Wie bijvoorbeeld een arbeidsverleden van zes jaar heeft, krijgt zes maanden uitkering. Dat is inclusief de basisuitkering van drie maanden. De maximale uitkeringsduur is van de WW-uitkering wordt stapsgewijs teruggebracht tot 24 maanden in 2019.

Een werkloze dient zich in te zetten om passende arbeid te krijgen en dient dus te solliciteren.

De WW-uitkeringen zijn op het dagloon gebaseerd. De uitkering bedraagt de eerste twee maanden 75 procent van het dagloon; vanaf de derde maand wordt de uitkering 70 procent van het dagloon.

Het wordt een werknemer niet aangerekend als hij zich bij zijn ontslag neerlegt. Iemand is alleen verwijtbaar werkloos (en krijgt dus geen WW) als hij zelf zonder acute noodzaak ontslag neemt of als hij wegens een 'dringende reden' wordt ontslagen.

Begrippenlijst

Aanzegplicht	De verplichting van een werkgever om een werknemer met een arbeidsovereenkomst voor bepaalde tijd uiterlijk één maand voor afloop van het contract schriftelijk te informeren over zijn voornemen met de arbeidsovereenkomst.
Afspiegelingsbeginsel	Een verplicht voorgeschreven selectiemethode die elke werkgever moet toepassen bij elke vorm van bedrijfseconomisch ontslag. Bij het afspiegelingsbeginsel worden werknemers met vergelijkbare ('uitwisselbare') functies ingedeeld in leeftijdsgroepen. Binnen elke leeftijdsgroep wordt bekeken wie het laatst is aangenomen. Deze werknemers worden dan als eerste ontslagen.
Anciënniteitsbeginsel	Van werknemers met uitwisselbare functies komt degene met het kortste dienstverband als eerste in aanmerking om ontslagen te worden.
Beëindigingsovereenkomst	Een contract tussen werkgever en werknemer waarbij zij met wederzijds goedvinden uit elkaar gaan en op deze wijze tot een einde van het dienstverband zullen komen.
Herstel van de dienstbetrekking	Een verzoek aan de rechter van een werknemer die ontslagen is om weer aan het werk te mogen.
Kennelijk onredelijk ontslag	Ontslag dat door de rechter achteraf als onredelijk wordt gekwalificeerd.
Ketenregeling	De wettelijke regeling die bepaalt hoeveel tijdelijke arbeidscontracten er maximaal achter elkaar gesloten mogen worden voordat er een arbeidsovereenkomst voor onbepaalde tijd ontstaat.
Ontbinding van een arbeidsovereenkomst	Het beëindigen van een arbeidsovereenkomst door de rechter.
Ontslag met wederzijds goedvinden	Het beëindigen van een arbeidsovereenkomst met instemming van zowel de werkgever als werknemer.
Ontslag op staande voet	Het onmiddellijk eenzijdig beëindigen van een arbeidsovereenkomst.

Ontslagroute	Een werkgever heeft vooraf toetsing en toestemming nodig van het UVW of de kantonrechter voor het eenzijdig opzeggen of ontbinden van een arbeidsovereenkomst.
Ontslagvergunning	Een vergunning die de werkgever moet vragen bij het UWV als hij een werknemer 'normaal' wil ontslaan.
Ontslag wegens bedrijfseconomisch redenen	Als het ontslag het gevolg is van een verliesgevende situatie bij de werkgever, een forse omzetdaling, verlies van klanten, maar ook bij een bedrijfsverhuizing of bij outsourcing van werkzaamheden. Dit ontslag heeft niets te maken met het functioneren van een werknemer.
Ontslag wegens dringende reden	De juridische term voor ontslag op staande voet.
Opzegging	Het eenzijdig beëindigen van een arbeidsovereenkomst.
Opzegtermijn	Termijn die in acht moet worden genomen voordat een arbeidsovereenkomst rechtsgeldig kan worden beëindigd.
Opzegverboden	Bepaalde redenen, zoals huwelijk, die verboden zijn om een arbeidsovereenkomst eenzijdig te beëindigen.
Overeenkomst voor bepaalde tijd	Arbeidsovereenkomst waar het einde van de overeenkomst van tevoren vast staat.
Overeenkomst voor onbepaalde tijd	Arbeidsovereenkomst waar het einde van de overeenkomst van tevoren niet vast staat.
Tijdelijke arbeidsovereenkomst	Zie overeenkomst voor bepaalde tijd.
Transitievergoeding	De ontslagvergoeding waarop een werknemer recht heeft als hij ontslagen wordt na een dienstverband van twee jaar of langer.

Vragen

Meerkeuzevragen

1. Op welke vergoeding heeft een werknemer recht als hij na een dienstverband van meer dan twee jaar wordt ontslagen?
   a. Billijke vergoeding;
   b. Schadevergoeding;
   c. Transitievergoeding;
   d. Kantonrechters vergoeding.

2. De heer Tol wil de arbeidsovereenkomst met Softy bv opzeggen. Tol is 35 jaar en zes jaar in dienst bij Softy. Hij wordt per maand betaald. Welke opzegtermijn moet Tol in acht nemen?
   a. Twee weken;
   b. Een maand;
   c. Twee maanden;
   d. Dertien weken.

3. De arbeidsovereenkomst voor onbepaalde tijd van Tom is opgezegd, nadat het UWV toestemming heeft verleend vanwege bedrijfseconomische redenen. Tom komt erachter dat zijn werkgever binnen twee weken nadat zijn arbeidsovereenkomst is beëindigd, zijn werkzaamheden door een andere werknemer laat verrichten, zonder dat Tom in de gelegenheid is gesteld om zijn vroegere werkzaamheden bij de werkgever onder dezelfde voorwaarden te hervatten. Tom vraagt zich af of hij wat kan doen en binnen welke termijn hij actie moet ondernemen.
   a. Ja, hij kan de opzegging vernietigen of een billijke vergoeding vorderen, binnen twee maanden moet hij het verzoek instellen, nadat hij ervan op de hoogte was dat een andere werknemer zijn werkzaamheden verricht;
   b. Ja, hij kan de arbeidsovereenkomst laten herstellen, binnen twee maanden moet hij het verzoek instellen, nadat hij ervan op de hoogte was dat een andere werknemer zijn werkzaamheden verricht;
   c. Ja, hij kan de opzegging vernietigen of een billijke vergoeding vragen, binnen drie maanden moet hij het verzoek instellen, nadat hij ervan op de hoogte was dat een andere werknemer zijn werkzaamheden verricht;
   d. Ja, dat kan hij kan de arbeidsovereenkomst laten herstellen, binnen drie maanden moet hij het verzoek instellen, nadat hij ervan op de hoogte was dat een andere werknemer zijn werkzaamheden verricht.

4.

Ontslag in proeftijd schadeplichtig

Mr. Karel de Greef

Een vrouw trad op 1 februari voor bepaalde tijd van zes maanden in dienst als managementassistent. Partijen waren een proeftijd van twee maanden overeengekomen. Al op 2 februari werd de vrouw, tijdens de proeftijd, ontslagen. Zij stapte naar de kantonrechter, alwaar zij onder meer aanvoerde dat zij niet in gelegenheid was gesteld haar geschiktheid voor de functie aan te tonen. Zij vond dat haar werkgever daarom niet had gehandeld zoals een goed werkgever betaamt. Om die reden eiste zij een bedrag van bijna ƒ 30.000 aan loon, onkosten en immateriële schadevergoeding.

De kantonrechter overweegt dat de proeftijd dient om de werkgever in staat te stellen inzicht te krijgen in de bekwaamheid van de werknemer. Deze werkgever had zijn oordeel daarover gebaseerd op slechts één dag. Ook al zouden er onmiddellijk bezwaren zijn gerezen tegen het functioneren van de vrouw, er zijn geen bijzondere omstandigheden gebleken waardoor er sprake was van een onhoudbare situatie die niet langer gecontinueerd kon worden. De rechter vindt dan ook dat de werkgever onvoldoende de tijd heeft genomen om inzicht te krijgen in haar bekwaamheden. Hij heeft daarmee niet gehandeld zoals een goed werkgever betaamt en is schadeplichtig. De rechter ziet echter geen reden om de vrouw een onkostenvergoeding of een immateriële schadevergoeding toe te kennen, aangezien zij deze vorderingen onvoldoende heeft onderbouwd. Wel veroordeelt hij de werkgever tot betaling van ƒ 8000, het loon over de twee maanden proeftijd.

Staatscourant, 21 maart 1997

a. Wanneer eindigt een arbeidsovereenkomst die voor bepaalde tijd is aangegaan?
   A. Door ontbinding;
   B. Door wederzijds goedvinden;
   C. Door dringende reden;
   D. Van rechtswege.
b. Waar staat wettelijk geregeld dat een werkgever zich dient te gedragen zoals een goed werkgever betaamt?
c. Welke stelling is juist?
   A. Een proeftijd moet schriftelijk zijn vastgelegd;
   B. Een proeftijd mag ook mondeling afgesproken worden;
   C. Een proeftijd geldt niet tijdens ziekte van de werknemer;
   D. Een proeftijd geldt niet als de werkgever niet gehandeld heeft zoals een goed werkgever betaamt.

5.

Boze productiemedewerker onterecht ontslagen

AMSTERDAM - Een werknemer die boos een collega vastgreep nadat die zijn werk bekritiseerde, had niet op staande voet mogen worden ontslagen. De kantonrechter vernietigt het ontslag en wijst ook het verzoek van de werkgever om de arbeidsovereenkomst alsnog te ontbinden af, zodat de man weer aan de slag kan bij het bedrijf dat onder meer sandwiches produceert. Daarbij weegt mee dat de werknemer al eerder tegen leidinggevenden had gezegd dat hij moeite had met het commentaar dat die collega had op zijn werk. Daar is toen niets mee gedaan. Daardoor bleef de kans bestaan dat de twee zouden botsen. Voor de werknemer pleit bovendien dat hij na zijn schorsing rustig wegging en nog dezelfde dag zijn excuses aanbood. Het bedrijf moet de werknemer vanaf 1 december vorig jaar zijn maandsalaris van ruim 1.100 euro betalen plus de wettelijke verhoging van 25 procent.

www.rechtspraak.nl, 4 april 2018,
ECLI:NL:RBAMS:2018:2032

a. Als de werkgever de werknemer rechtsgeldig ontslag op staande voet had willen geven dan moet aan bepaalde eisen worden voldaan. Wat zijn deze vereisten?
   A. Er moet sprake zijn van een dringende reden;
   B. Er moet sprake zijn van een dringende reden, in die zin dat het voor de werkgever redelijkerwijs niet kan worden gevergd de arbeidsovereenkomst te laten voortduren;

c. Er moet sprake zijn van een dringende reden, in die zin dat het voor de werkgever redelijkerwijs niet kan worden gevergd de arbeidsovereenkomst te laten voortduren en deze reden moet de werknemer worden medegedeeld;
D. Er moet sprake zijn van een dringende reden, in die zin dat het voor de werkgever redelijkerwijs niet kan worden gevergd de arbeidsovereenkomst te laten voortduren en deze reden moet de werknemer onverwijld worden medegedeeld.
b. Op welk(e) wetsartikel(en) heeft de werkgever zich moeten beroepen om de werknemer ontslag op staande voet te kunnen geven?
A. Art. 7:669 BW;
B. Art. 7:677 BW;
C. Art. 7:682 BW;
D. Art. 7:677 BW en art. 7:678 BW.
c. De kantonrechter wijst het verzoek van de werkgever om de arbeidsovereenkomst alsnog te ontbinden af. Wanneer keurt een kantonrechter het verzoek tot ontbinding van de arbeidsovereenkomst door een werkgever goed? Als er sprake is van:
A. Een redelijke grond;
B. Een dringende reden;
C. Een onverwijld medegedeeld dringende reden;
D. Een redelijke grond en herplaatsing van de werknemer binnen een redelijke termijn in een passende functie niet mogelijk is.
d. Wat betekent hier het inroepen van de nietigheid van het ontslag?
A. Het ontslag is ongeldig, de werknemer is nog steeds in dienst en heeft recht op loon:
B. Het ontslag is ongeldig, de werknemer is niet meer in dienst maar heeft nog wel recht op loon;
C. Het ontslag is geldig, de werknemer heeft recht om weer in dienst te komen maar heeft geen recht op achterstallig loon;
D. Het ontslag is geldig, de werknemer heeft geen recht om weer in dienst te komen maar heeft wel recht op loon.

6. Op welke van de onderstaande situatie(s) is de ketenregeling van toepassing en heeft de werknemer een arbeidsovereenkomst voor onbepaalde tijd gekregen?
Situatie 1: Een werkneemster van 18 jaar die in vakantieperiodes (herfstvakantie, kerstvakantie, voorjaarsvakantie en zomervakantie en) werkt voor 14 uur per werk.
Situatie 2: Een werknemer heeft al vier arbeidsovereenkomsten gehad voor één jaar bij dezelfde werkgever. Na elke arbeidsovereenkomst wordt hij na een halfjaar weer in dienst genomen.
a. De ketenregeling is op beide situaties van toepassing;
b. De ketenregeling is op beide situaties niet van toepassing;
c. De ketenregeling is alleen van toepassing op situatie 1;
d. De ketenregeling is alleen van toepassing op situatie 2.

7. Pieter Werkmans, directeur van Softy bv, wil met de minderjarige Soraya (16 jaar) een arbeidsovereenkomst sluiten voor de duur van een half jaar. Hij vraagt zich af of hij een concurrentiebeding op mag nemen en of hij een proeftijd mag overeenkomen met Soraya.
   a. De werkgever mag een concurrentiebeding en een proeftijd opnemen in de arbeidsovereenkomst;
   b. De werkgever mag geen concurrentiebeding en geen proeftijd opnemen in de arbeidsovereenkomst;
   c. De werkgever mag alleen een concurrentiebeding opnemen;
   d. De werkgever mag alleen een proeftijd opnemen.

8. Als het UWV toestemming heeft gegeven om de arbeidsovereenkomst op te zeggen, binnen welke termijn moet de werkgever gebruikmaken van deze toestemming en kan de werknemer in bezwaar tegen de toestemming van de het UWV?
   a. De toestemming voor opzegging is acht weken geldig, de werknemer kan in bezwaar tegen de toestemming van het UWV;
   b. De toestemming voor opzegging is acht weken geldig, de werknemer kan niet in bezwaar tegen de toestemming van het UWV;
   c. De toestemming voor opzegging is vier weken geldig, de werknemer kan wel in bezwaar tegen de toestemming van het UWV;
   d. De toestemming voor opzegging is vier weken geldig, de werknemer kan niet in bezwaar tegen de toestemming van het UWV.

9. Wanneer is de toestemming zoals bedoeld in art. 7:671a BW vereist?
   a. Bij ontslag op staande voet;
   b. Bij ontslag wegens disfunctioneren;
   c. Bij instemming van de werknemer met opzegging;
   d. Bij ontslag wegens langdurige arbeidsongeschiktheid zoals bedoeld in art. 7:670, lid 1 BW.

10. Mohsin gaat met zijn werkgever een arbeidsovereenkomst aan voor de duur van vijf maanden. Ze spreken schriftelijk een proeftijd af voor de periode van 1 maand. De proeftijd is:
    a. Toegestaan, want er wordt een arbeidsovereenkomst aangegaan van korter dan twee jaar;
    b. Toegestaan, want een proeftijd van een maand is toegestaan in elke arbeidsovereenkomst, ongeacht de duur ervan;
    c. Niet toegestaan, want er wordt een arbeidsovereenkomst aangegaan die korter is dan zes maanden;
    d. Niet toegestaan, want ten aanzien van bepaalde tijd contracten mag geen proeftijd worden opgenomen in de arbeidsovereenkomst.

11. Trijntje is 55 jaar oud en heeft een dienstverband met Softy bv van 15 jaar en 7 maanden en salaris van € 3.000. Als zij vanwege een bedrijfseconomische reden zou worden ontslagen hoeveel bedraagt dan de transitievergoeding?

a. € 15.500;
b. € 22.750;
c. € 25.000;
d. € 25.750.

12. Patrick Snel, hoofd controller van Softy bv, heeft van zijn directeur Pieter Werkmans gehoord dat hij moet vertrekken. Hij vecht verbeten met zijn advocaat voor een goede ontslagregeling.
Na zes weken touwtrekken zijn ze er eindelijk uit. Alle gemaakte afspraken worden op papier gezet en op 12 maart door beide partijen in de vorm van een vaststellingsovereenkomst ondertekend. Contractueel is vastgelegd dat de overeenkomst niet eenzijdig kan worden opgezegd. Snel krijgt een ontslagvergoeding mee van € 35.000 bruto. Op 14 maart schrijft Snel een briefje aan Softy bv ter attentie van directeur Pieter Werkmans waarin simpelweg staat dat hij de overeenkomst ontbindt. Pieter Werkmans is verbijsterd. Wat is juist?
a. Het is toegestaan wat Patrick Snel doet;
b. Het is niet toegestaan wat Patrick Snel doet;
c. Het is wel toegestaan wat Patrick Snel doet alleen hij moet het via een aangetekende brief doen;
d. Dit is niet toegestaan omdat de onderhandelingen worden gevoerd door zijn advocaat, alleen de advocaat kan dit doen.

Open vragen

13.

Uitspraak in zaak over arbeidsovereenkomst tussen hoogleraar en Rijksuniversiteit Groningen

Groningen - Een verzoek tot ontbinding van de arbeidsovereenkomst tussen de RUG en een hoogleraar is toegewezen. Het verzoek tot ontbinding werd gedaan op grond van (art. *¹).

Laakbare en verwijtbare handelswijze
De werknemer heeft zonder de RUG daarin op dat moment te kennen in augustus 2014 een stichting (SNG) opgericht en vanaf die datum gelden die bestemd waren voor de RUG op de bankrekening van die stichting laten bijschrijven. Daarmee heeft hij iedere controle door de RUG over die gelden onmogelijk gemaakt en heeft hij de RUG de mogelijkheid onthouden om zelf te beslissen over de wijze waarop die gelden zouden worden besteed. De kantonrechter acht de handelwijze van de werknemer zeer laakbaar en daarom ernstig verwijtbaar. Dat hij een en ander niet heeft gedaan om zichzelf te bevoordelen of de RUG te benadelen maakt dit niet anders.

Opzegverbod wegens ziekte
Het opzegverbod wegens ziekte staat niet in de weg aan de ontbinding van de arbeidsovereenkomst omdat het verzoek daartoe van de RUG geen verband houdt met de ziekte van de werknemer (art. *²).

Grote staat van dienst
De werknemer heeft een grote staat van dienst en heeft gedurende zijn 25-jarig dienstverband veel betekend voor de RUG. Deze staat van dienst neemt echter niet weg dat de werknemer beslissingen heeft genomen en uitgevoerd die zodanig indruisen tegen de belangen van de RUG, dat van de RUG in redelijkheid niet kan worden gevergd de arbeidsovereenkomst te laten voortduren.

www.rechtspraak.nl, 26 maart 2020,
ECLI:NL:RBNNE:2020:1406

Bij (*¹ en *²) zijn twee wetsartikelen weggelaten.

a. *In het krantenartikel staat de volgende passage:*
   "Het verzoek tot ontbinding werd gedaan op grond van (*1)".
   Welk wetsartikel wordt hier bedoeld?
b. *In het krantenartikel staat de volgende passage:*
   "Het opzegverbod wegens ziekte staat niet in de weg aan de ontbinding van de arbeidsovereenkomst omdat het verzoek daartoe van de RUG geen verband houdt met de ziekte van de werknemer (*2)".
   Welk wetsartikel wordt hier bedoeld?
c. Volgens de kantonrechter is er sprake van ernstig verwijtbaar handelen aan de zijde van de hoogleraar. Heeft de hoogleraar desondanks recht op een transitievergoeding?

14.

Voormalig kasbeheerder Vestia aansprakelijk voor derivatenschade

DEN HAAG - De Rechtbank Den Haag oordeelt dat de voormalig kasbeheerder van Vestia aansprakelijk is voor de schade die de woningcorporatie leed door de afkoop van haar derivatenportefeuille in juni 2012. Vestia had gevraagd om hem aansprakelijk te houden via een civiele procedure tegen de kasbeheerder.

Achtergrond bij de rechtszaak

De kasbeheerder was tot begin 2012 werknemer van Vestia en had onder meer tot taak de derivatenportefeuille van Vestia op te bouwen en te beheren. Uiteindelijk kwam Vestia eind 2011 in geldnood omdat ze vanwege de negatieve marktwaarde van haar derivaten gedwongen was om geld bij te storten bij de banken. Begin 2012 is de kasbeheerder op staande voet ontslagen omdat hij doorbetalingen had ontvangen van *fees* van een *introducing broker* in verband met door Vestia afgesloten derivaten.

Waarom dit oordeel van de rechtbank over de aansprakelijkheid?

De rechtbank oordeelt dat de kasbeheerder onvoldoende zicht had op de liquiditeitsrisico's van Vestia in verband met de derivatenportefeuille. Hij heeft daarnaast ook onjuiste mededelingen daarover gedaan aan de raad van commissarissen. Hij is daarmee tekortgeschoten in de uitoefening van zijn taak en aansprakelijk voor de schade bestaande uit de afkoop van de derivatenportefeuille.

De rechtbank heeft de voor specifieke werknemers geldende aansprakelijkheidsregeling toegepast.

Hij wist dat er grote liquiditeitsrisico's verbonden waren aan de derivatenportefeuille, maar had daar onvoldoende oog voor bij de uitoefening van zijn taak.

Overige oordelen van de rechtbank

Daarnaast moet de kasbeheerder € 11.450.500 voldoen aan Vestia. Dit is het bedrag dat Vestia 'te veel' heeft betaald in verband met de betrokkenheid van de *introducing broker* die een deel van zijn *fees* heeft doorbetaald aan de kasbeheerder. Het nadeel van Vestia staat hier centraal, niet het voordeel van de kasbeheerder.

Door de doorbetalingen aan te nemen, heeft de kasbeheerder het vertrouwen van Vestia zodanig geschonden dat dit ontslag op staande voet rechtvaardigde. De rechtbank wijst de verweren daartegen van de kasbeheerder af.

www.rechtspraak.nl, 07-06-2017,
ECLI:NL:RBDHA:2017:6067

---

a. Wanneer is een werknemer, in de uitoefening van zijn functie, zelf aansprakelijk voor door hemzelf veroorzaakte schade, toegebracht aan zijn werkgever?
b. Waarom is hier volgens de rechtbank juridisch sprake van 'bewuste roekeloosheid' van een werknemer, in de uitoefening van zijn functie?
c. De rechtbank oordeelt dat het ontslag op staande voet, van de werknemer (de kasbeheerder) terecht was. Wat heeft Vestia dus moeten bewijzen en wat is de rechtsgrond?

DEEL 3   ARBEIDSVERHOUDINGEN

Hoofdstuk 11
Collectief arbeidsrecht en staking

11.1 **Collectief ontslag** 309
11.1.1 Vakbonden 310
11.1.2 Collectief ontslag en het UWV 310
11.1.3 Sociaal plan 310
11.2 **Collectieve arbeidsovereenkomsten** 311
11.2.1 Waarom een cao? 312
11.2.2 De collectieve arbeidsovereenkomst 312
11.2.3 Partijen bij de cao 312
11.2.4 Gebondenheid aan de cao 313
11.2.5 Het karakter van de cao 313
11.2.6 Doel van de cao 313
11.3 **Bedrijfstak- en ondernemings-cao** 314
11.3.1 Bepalingen in een cao 314
11.3.2 Obligatoire bepalingen 314
11.3.3 Normatieve bepalingen 315
11.3.4 Diagonale bepalingen 316
11.3.5 Nawerking 316
11.3.6 Cao voor de uitzendbureaus 316
11.3.7 Algemeenverbindendverklaring (AVV) 317
11.3.8 Representativiteit 317
11.3.9 Rechtsgevolgen van de verbindendverklaring 318
11.4 **Stakingsrecht** 318
11.4.1 Staking geen reden voor ontslag 320
11.4.2 Europees Sociaal Handvest (ESH) 320
11.4.3 Politieke staking 321
11.4.4 Georganiseerde en wilde staking 322
11.4.5 Rechtspositie van de staker 322
11.4.6 Positie van de werkwillige 322
11.4.7 Staking en schade 323
Begrippenlijst 325
Vragen 327
Meerkeuzevragen 327
Open vragen 330

Hoofdstuk 11
Collectief arbeidsrecht en staking

Voor een individuele werknemer en werkgever is niet alleen de individuele arbeidsovereenkomst van belang, maar daarnaast zijn er allerlei collectieve regelingen die invloed hebben op de individuele arbeidsovereenkomst. De meeste individuele werknemers hebben geen directe invloed op de hoogte van hun loon. De hoogte van het loon wordt vastgesteld bij een collectieve arbeidsovereenkomst.

11.1 Collectief ontslag

Reorganisaties zijn in het bedrijfsleven aan de orde van de dag. Daarbij komt het geregeld voor dat het aantal arbeidsplaatsen zodanig wordt gereduceerd dat er sprake is van collectief ontslag of dat het bedrijf als geheel – of voor een deel – wordt verplaatst. De Wet melding collectief ontslag (Wet C.O.) schrijft voor dat de werkgever in dat geval overleg dient te voeren met de bij de onderneming betrokken vakbonden en met de ondernemingsraad (or). Als een onderneming gaat reorganiseren en daarbij gaan arbeidsplaatsen verloren, is het zaak van tevoren een aantal regelingen in acht te nemen. Het gaat dan met name om:
a. de Wet melding collectief ontslag;
b. de Wet op de ondernemingsraden (W.O.R.);
c. de geldende cao;
d. het recht van enquête.

De Wet melding collectief ontslag is van toepassing als een werkgever twintig of meer werknemers binnen een periode van drie maanden wil ontslaan. De werkgever moet dit dan melden aan het UWV Werkbedrijf (UWV) en aan de vakbonden (art. 3 Wet C.O.). Er is ook sprake van een collectief ontslag indien de verzoeken om toestemming verspreid over deze drie maanden meer dan twintig werknemers betreffen.

Een werkgever moet het collectief ontslag verplicht melden als (art. 3 Wet C.O.):
- het minstens twintig werknemers betreft;
- het binnen een periode van drie maanden plaatsvindt;
- twintig of meer werknemers werkzaam zijn binnen het rayon van het UWV;
- voor de beëindiging toestemming nodig is;
- het ontslag niet zal worden gegeven om redenen die alleen de werknemer zelf betreffen.

Bovenstaande voorwaarden zijn cumulatief, dat wil zeggen dat aan alle eisen moet zijn voldaan.

Voor het aantal van twintig werknemers tellen in onderling overleg afgesloten beëindigingsovereenkomsten ook mee (art. 5a, lid 1 Wet C.O.). Daarmee wordt voorkomen dat een werkgever onder de bepalingen van collectief ontslag kan uitkomen door met een aantal werknemers beëindigingsovereenkomsten te sluiten.

11.1.1 Vakbonden

Het voorgenomen ontslag moet worden gemeld aan de belanghebbende vereniging van werknemers (de vakbonden), indien de vakbonden leden hebben binnen de onderneming, onder verstrekking van voor de vakbonden relevante informatie (art. 4 Wet C.O.). Als belanghebbende vereniging wordt beschouwd de vereniging die in de onderneming werkzame personen onder haar leden telt, statutair de belangenbehartiging van haar leden als werknemers ten doel heeft gesteld, als zodanig in de betrokken onderneming of bedrijfstak werkzaam is, ten minste twee jaar in het bezit is van rechtspersoonlijkheid en als zodanig aan de werkgever bekend is. In de praktijk zijn dergelijke verenigingen voornamelijk vakbonden, maar bedrijven kunnen ook 'eigen' werknemersverenigingen hebben opgericht.

11.1.2 Collectief ontslag en het UWV

Het voorgenomen collectief ontslag moet ook worden meegedeeld aan het UWV (art. 3, lid 1 en 4 Wet C.O.). De verzoeken om ontslagvergunningen voor de individuele werknemers worden door het UWV pas in behandeling genomen dan een maand na deze melding (art. 6, lid 1 Wet C.O.).

De melding treedt niet in de plaats van de aanvragen om ontslagvergunningen per werknemer. Gedurende één maand kan het collectief overleg worden gevoerd en kan het UWV eventuele maatregelen ter voorkoming van werkloosheid van de betrokken werknemers onderzoeken. Meestal probeert de vakbond dan een afvloeiingsregeling af te spreken om de werknemers financieel tegemoet te komen. Als die termijn is verstreken zonder dat het overleg met de vakorganisaties heeft plaatsgevonden of de ondernemer de betrokken ondernemingsraad heeft geraadpleegd, stelt het UWV de behandeling van de aanvragen langer uit – de termijn kan tot twee maanden worden verlengd –, totdat hem is gebleken dat het overleg en de raadpleging hebben plaatsgevonden (art. 6 Wet C.O.).

De raadpleging van de ondernemingsraad is overigens alleen nodig als het voorgenomen collectief ontslag voortvloeit uit het nemen van een maatregel waarover de or op grond van art. 25 W.O.R. heeft moeten adviseren. In geval van faillissement kunnen de ontslagaanvragen direct in behandeling worden genomen (art. 6, lid 3 Wet C.O.). De verplichting tot het voeren van collectief overleg blijft bestaan.

11.1.3 Sociaal plan

In geval van collectief ontslag wordt vaak een sociaal plan opgesteld. Deze collectieve regeling dekt de gevolgen voor werknemers bij beëindiging, fusie, overname, inkrimping of verplaatsing van de onderneming. Het plan bevat maatregelen die de nadelige gevolgen voor het personeel moeten verzachten.

Wettelijk is een sociaal plan niet verplicht, maar het UWV zal in de meeste gevallen geen collectieve toestemming verlenen als er geen sociaal plan is afgesproken. Een sociaal plan voorkomt onrust in het bedrijf en biedt ook de werkgever zekerheid over de kosten die hij gaat maken. Bij de bepaling van de hoogte van de afvloeiingsregelingen zal vaak het solidariteitsprincipe uitgangspunt zijn. Dat komt er meestal op neer dat ouderen – met weinig kansen op de arbeidsmarkt – een meer riante vergoeding krijgen dan degenen die waarschijnlijk snel een nieuwe baan zullen vinden.

Een sociaal plan bindt de werkgever, maar niet alle werknemers. Belangrijk is dat in geval van een sociaal plan de werknemer geen afstand heeft gedaan van zijn recht om meer te vorderen dan in het sociaal plan staat vermeld. Vooral als het sociaal plan eenzijdig door de werkgever of in overleg met de ondernemingsraad is vastgesteld, dan is de individuele werknemer hier niet zonder meer aan gebonden. Als het sociaal plan wordt overeengekomen met de vakbonden kan het de status van CAO hebben. In dat geval zijn in ieder geval werknemers die lid zijn van de vakbond aan het plan gebonden.

Bedrijf moet concept sociaal plan alsnog uitvoeren

GRONINGEN – Vakbond en werknemers van een gefailleerde dochtervennootschap eisen in kort geding dat het moederbedrijf het (door faillissement niet meer gefinaliseerd) concept sociaal plan uitvoert. De voorzieningenrechter van de rechtbank Groningen heeft bepaald dat het bedrijf dit plan alsnog moet uitvoeren.

De rechter stelt een nauwe verwevenheid tussen moeder- en dochterbedrijf vast, waarbij de moeder een allesbepalende zeggenschap had. De moeder koos voor ontmanteling van de dochter en was betrokken bij het opstellen van het sociaal plan. De nauwelijks door vennootschappelijke scheidslijnen gehinderde, alles bepalende moedervennootschap wordt door de voorzieningenrechter mede verantwoordelijk gehouden voor de sociale en arbeidsrechtelijke consequenties van haar beslissingen bij de dochtervennootschap.

www.rechtspraak.nl, 5-8-2011,
ECLI:NL:RBGRO:2011:BR4240

11.2 Collectieve arbeidsovereenkomsten

In de meeste ondernemingen wordt de arbeidsverhouding voor een belangrijk deel bepaald door een collectieve arbeidsovereenkomst (cao). In de praktijk komt dat meestal tot uiting in het feit dat bij het sluiten van de arbeidsovereenkomst verwezen wordt naar de van toepassing zijnde cao's.

Door het sluiten van een cao treffen werknemers- en werkgeversorganisaties regelingen over de arbeidsvoorwaarden voor werknemers en werkgevers in hun bedrijfstak c.q. onderneming. Aan het sluiten van een cao gaat natuurlijk overleg (vandaar de term 'het collectief overleg') en soms confrontatie (een staking) tussen de betrokken partijen vooraf.

Het collectief arbeidsrecht is onder meer geregeld in de Wet op de collectieve arbeidsovereenkomst (W.CAO) en de Wet op het algemeen verbindend en het onverbindend verklaren van bepalingen van collectieve arbeidsovereenkomsten (W.AVV-OVV).

11.2.1 Waarom een cao?

Het hebben van een cao heeft zowel voor de meeste werkgevers als voor de werknemers een aantal voordelen. Voordelen voor de werkgevers:
- er is arbeidsrust gedurende de looptijd van de cao;
- de loonkosten blijven stabiel;
- er is geen of minder loonconcurrentie;
- er ligt een kant-en-klaar pakket arbeidsvoorwaarden dat juridisch meestal behoorlijk goed geregeld is.

Voordelen voor de werknemers:
- er is een mogelijkheid tot onderhandelen op basis van machtsevenwicht, zodat de werkgeversmacht enigszins wordt geneutraliseerd;
- er is geen onderlinge (loon)concurrentie tussen werknemers;
- ze zijn zeker van een bepaald inkomen, er is op dat punt geen willekeur;
- het loon ligt meestal relatief op een hoger peil;
- ze genieten sociale verworvenheden (vaak was en is de cao het voorbeeld voor sociale wetten).

11.2.2 De collectieve arbeidsovereenkomst

De wettelijke definitie van een collectieve arbeidsovereenkomst luidt als volgt (art. 1, lid 1 W.CAO): een cao is een 'overeenkomst, aangegaan door een of meer werkgevers of een of meer verenigingen met volledige rechtsbevoegdheid van werkgevers en een of meer verenigingen met volledige rechtsbevoegdheid van werknemers, waarbij voornamelijk of uitsluitend worden geregeld arbeidsvoorwaarden, bij arbeidsovereenkomsten in acht te nemen'.

Wanneer een werkgever en een werknemer een arbeidsovereenkomst sluiten waarop een cao van toepassing is, dan zijn beide partijen verplicht zich daaraan te houden. De cao bindt niet alleen de partijen die haar hebben afgesloten, maar eveneens de leden van de partijen die de cao zijn aangegaan.

11.2.3 Partijen bij de cao

Art. 1 W.CAO geeft aan wie partij bij een cao kan zijn. Aan werkgeverskant kunnen dat een of meer werkgevers of een of meer organisaties van werkgevers zijn, aan werknemerszijde slechts organisaties van werknemers (vakbonden). Voor zowel werkgevers als werknemersorganisaties geldt dat ze (art. 2 W.CAO):
- de rechtsvorm van vereniging moeten hebben;
- in het bezit moeten zijn van volledige rechtsbevoegdheid;
- statutair bevoegd moeten zijn om cao's aan te gaan.

De verenigingsvorm is wettelijk voorgeschreven, omdat dan de beïnvloeding van het beleid door de leden het beste verzekerd is. De W.CAO eist niet dat de vereniging al enige tijd bestaat en evenmin dat de vereniging representatief is. In beginsel kan dus een werknemersorganisatie (vakbond), hoe klein haar ledental ook is, een cao afsluiten. Een cao moet bij een authentieke of onderhandse akte worden vastgelegd.

Vakbonden zijn verenigingen die de belangen behartigen van werknemers. Vakbonden onderhandelen met werkgevers over lonen, werktijden, arbeidsomstandigheden en pensioenen. Ook treedt de vakbond op om de belangen van leden te behartigen bij bijvoorbeeld ontslag en reorganisatie, en kunnen vakbonden juridische bijstand en advies geven aan hun leden.

11.2.4 Gebondenheid aan de cao

De contracterende partijen zijn aan de cao gebonden op grond van het verbintenissenrecht. Maar de cao gaat verder. Doordat ook degene die lid is van een cao-partij en betrokken is, gebonden is aan de cao. Deze gebondenheid rust op het beginsel dat leden van een vereniging gebonden zijn aan afspraken die de vereniging maakt (art. 2:46 BW). Niet-leden staan in principe buiten de cao. De cao kan niet rechtstreeks aan niet-leden verplichtingen opleggen. Veel werkgevers nemen in hun arbeidsovereenkomsten een incorporatiebeding op. Door een incorporatiebeding in de arbeidsovereenkomsten op te nemen weet de werkgever zeker dat de cao voor al zijn werknemers geldt.

Een werkgever kan niet eenzijdig een eenmaal afgesloten cao aanpassen of openbreken. Daar is altijd toestemming voor nodig van de vakbond.

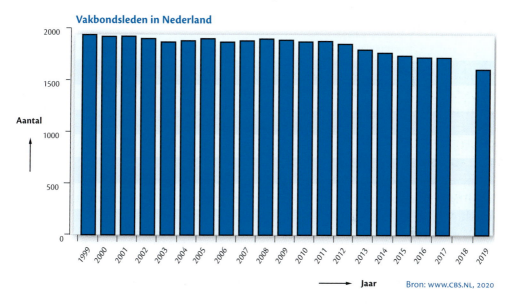

11.2.5 Het karakter van de cao

Net als de individuele arbeidsovereenkomst is de cao een privaatrechtelijke overeenkomst. In het privaatrecht geldt als uitgangspunt dat men vrij is te bepalen met wie en waarover men contracteert. Dit wordt aangeduid met het beginsel van contractvrijheid. Een werkgever mag zelfstandig uitmaken of hij met een sollicitant een arbeidsovereenkomst zal sluiten of niet. Dit beginsel is ook van toepassing op de cao: werkgevers(verenigingen) en werknemersverenigingen mogen zelf uitmaken of zij met elkaar zullen contracteren.

11.2.6 Doel van de cao

De primaire bedoeling van een cao is het vaststellen van de arbeidsvoorwaarden, maar er wordt ook ruimte gelaten om andere zaken bij cao te regelen, zoals vervroegde uittreding (VUT), medezeggenschap en scholing.

11.3 Bedrijfstak- en ondernemings-cao

Contracteren aan werkgeverszijde een of meer brancheverenigingen en is het de bedoeling dat de collectieve regeling voor de gehele bedrijfstak zal gelden, dan gaat het om een bedrijfstak-cao. Bedrijfstak-cao's worden gesloten tussen (in de regel) een vereniging van werkgevers en een of meer vakverenigingen (vakbonden). Bedrijfstak-cao's – de naam zegt het al – worden gesloten voor een bedrijfstak (bijvoorbeeld: textielindustrie, bouw, metaalindustrie et cetera).

Ondernemings-cao's worden gesloten tussen een ondernemer (werkgever) en een of meer vakverenigingen. Ondernemings-cao's komen met name voor bij grote bedrijven zoals Philips, Akzo en Hoogovens.

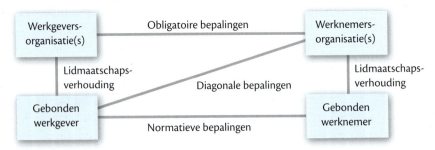

11.1 Bedrijfstak-cao, wie ten opzichte van wie verplichtingen krijgt

11.3.1 Bepalingen in een cao

In een cao komen obligatoire, normatieve, en diagonale bepalingen voor. Obligatoire bepalingen zijn die bepalingen, die alleen bedoeld zijn te werken tussen de cao-partijen zelf.

Als er wordt gesproken over normatieve bepalingen, dan bedoelt men bepalingen die betrekking hebben op de hoogte van het loon, het van toepassing zijn van toeslagen voor overwerk, bepalingen over arbeidsduur, vakantie, het verplicht verrichten van overwerk et cetera. Deze bepalingen normeren de individuele arbeidsovereenkomst.

Bij diagonale bepalingen gaat het om afspraken die cao-partijen maken en die verplichtingen opleggen aan de leden van de werkgeversorganisaties.

11.3.2 Obligatoire bepalingen

De obligatoire bepalingen uit een CAO regelen de rechten en plichten van de partijen die de CAO hebben gesloten en zijn dus alleen bindend voor die partijen, te weten de werkgevers- en de werknemersorganisaties. Indien een van de contractpartijen zich niet aan de cao houdt, kan de andere partij nakoming of eventueel ontbinding van de overeenkomst of schadevergoeding vorderen.

Partijen hebben tevens een beïnvloedingsplicht. Dat wil zeggen dat de contracterende vereniging alles in het werk moet stellen om te bevorderen dat haar leden de uit de cao voortvloeiende verplichtingen naleven (art. 8 W.CAO).

Overplaatsing om werksfeer te verbeteren mag

Amsterdam - MoleMann Mental Health mag een psycholoog overplaatsen naar een andere vestiging om de werksfeer in een Amsterdamse vestiging te verbeteren. De belangen van de psycholoog als werkneemster wegen niet op tegen die van MoleMann. Dat heeft de kantonrechter bepaald. Het bedrijf heeft het voornemen om de psycholoog over te plaatsen in gesprekken toegelicht en daar heeft de psycholoog haar bezwaren naar voren gebracht. Daarmee voldeed MoleMann aan de cao-bepalingen rond overplaatsing. Voor de overplaatsing is geen instemming van de psycholoog vereist. Hoe onprettig de overplaatsing voor de psycholoog ook kan zijn, de keuze juist haar over te plaatsen is verdedigbaar, oordeelt de kantonrechter.

www.rechtspraak.nl, 29 oktober 2019, ECLI:NL:RBAMS:2019:8207

11.3.3 Normatieve bepalingen

De normatieve bepalingen (of arbeidsvoorwaardenbepalingen) zijn die arbeidsvoorwaarden die door de leden van de partijen bij het aangaan van een arbeidsovereenkomst in acht genomen moeten worden. Uitgangspunt is dat alle leden van de cao-partijen gebonden zijn aan de cao. Elk beding tussen deze werkgever en deze werknemer dat in strijd is met de cao, is nietig (art. 12 W.CAO). Normaal zullen de normatieve bepalingen het voornaamste deel van de cao vormen.

Een lid (werkgever of werknemer) kan zich aan zijn gebondenheid aan de cao niet onttrekken door gedurende de looptijd van de cao het lidmaatschap op te zeggen van de vereniging die contractpartij was bij de cao. Ook indien de werkgever wel lid is van de contracterende vereniging, maar de werknemer niet, is de werkgever verplicht tot nakoming van de cao-bepalingen (art. 14 W.CAO). Deze bepaling voorkomt dat werkgeversleden de cao zouden kunnen ontduiken door werknemers in dienst te nemen die geen lid zijn van een vakbond. De niet-georganiseerde werknemer krijgt door deze bepaling overigens geen aanspraak op naleving van de cao. Bij overtreding van het werkgeverslid van de cao zullen daarom uitsluitend de contracterende organisaties juridische stappen kunnen nemen.

Voorbeeld

Pieter Werkmans van Softy bv sluit met een receptioniste een arbeidsovereenkomst voor zes maanden, zonder te vermelden waarom een arbeidsovereenkomst voor bepaalde tijd wordt gesloten in plaats van voor onbepaalde tijd, zoals voorgeschreven in de cao. In de aanstellingsbrief is opgenomen dat de automatiserings-cao van toepassing is. Wanneer de zes maanden bijna zijn verstreken, verneemt de receptioniste dat de arbeidsovereenkomst is aangegaan voor de duur van zes maanden en dat deze dus na afloop van de overeengekomen termijn van rechtswege, dat wil zeggen zonder dat de voorafgaande toestemming van het UWV noodzakelijk is en zonder opzegtermijn, eindigt. Kan de receptioniste zich op de cao beroepen en stellen dat de met haar overeengekomen arbeidsovereenkomst voor bepaalde tijd in strijd is met hetgeen in de cao is bepaald? De W.CAO bepaalt dat elk beding tussen een werkgever en een werknemer dat strijdig is met een voor hen geldende cao, nietig is.

De conclusie is dan ook dat het beding in de individuele arbeidsovereenkomst tussen Softy bv en de receptioniste nietig is, omdat Softy bv niet heeft aangegeven waarom de arbeidsovereenkomst voor zes maanden was gesloten. De receptioniste kan zich erop beroepen dat de overeengekomen bepaalde tijd in strijd is met de cao en dat zij dus geacht moet worden voor onbepaalde tijd in dienst te zijn.

11.3.4 Diagonale bepalingen

Een cao kan ook diagonale normen bevatten, normen die de individuele werkgevers en werknemers in acht moeten nemen jegens de contracterende verenigingen. Het bijzondere van het cao-recht is dat de vereniging (cao-partij) niet alleen de andere contractpartij kan aanspreken, maar ook de leden van de andere cao-partij. Indien een georganiseerde werkgever de cao niet toepast ten aanzien van een georganiseerde werknemer, kan hij dus aangesproken worden door de betreffende werknemersvereniging (art. 15 W.CAO). De georganiseerde werknemer kan ook zelf zijn werkgever aanspreken op grond van zijn arbeidsovereenkomst.

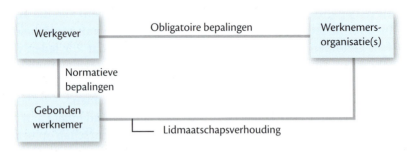

11.2 Ondernemings-cao, wie ten opzichte van wie verplichtingen krijgt

11.3.5 Nawerking

Een cao kan worden aangegaan voor een duur van maximaal vijf jaar (art. 18 W.CAO). De meeste cao's worden afgesloten voor één of twee jaar. Als de overeengekomen tijd is verstreken, wil dat nog niet zeggen dat de arbeidsvoorwaarden uit de cao niet meer gelden. Met name de arbeidsvoorwaardelijke bepalingen blijven nawerken in de individuele arbeidsovereenkomsten, totdat werkgever en werknemer of de cao-partijen nieuwe afspraken maken. Nawerken betekent dat de cao-bepalingen die arbeidsvoorwaarden regelen van kracht blijven, ook al is de cao afgelopen. Deze cao-bepalingen blijven van kracht totdat er opnieuw een cao is afgesloten.

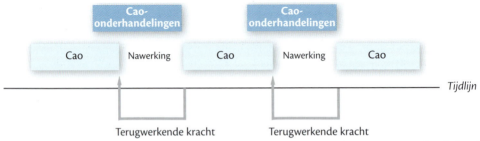

11.3 Cao, nawerking en terugwerkende kracht

11.3.6 Cao voor de uitzendbureaus

Een uitzendkracht valt alleen onder de cao van de onderneming waar hij of zij werkt als er in deze cao bepalingen over uitzendwerk zijn opgenomen. Staat er niets over uitzendwerk in, dan valt de uitzendkracht onder de cao-uitzendarbeid. Daarom is het belangrijk na te gaan welke cao er in de onderneming geldt en of er in deze cao iets staat over uitzendwerk.

Als er helemaal geen cao geldt, dan is de regel dat uitzendkrachten hetzelfde loon ontvangen als vaste werknemers die hetzelfde of vergelijkbaar werk doen.

11.3.7 Algemeenverbindendverklaring (AVV)

Een cao geldt in principe alleen voor partijen die de cao hebben gesloten en tussen gebonden werkgevers en hun werknemers. Onder gebonden werkgevers wordt verstaan dat de werkgever lid is van een werknemersorganisatie die de cao hebben ondertekend.

Niet alle werkgevers zijn lid van een werkgeversorganisatie. Om werkgevers die niet aangesloten zijn bij een werkgeversorganisatie toch te dwingen zich aan de cao te houden, kan een cao algemeen verbind worden verklaard. Zonder een algemeenverbindendverklaring is een cao alleen van toepassing in ondernemingen waarvan de ondernemer lid is van de cao-sluitende werkgeversorganisatie. Niet-georganiseerde werkgevers zouden de cao kunnen ondergraven, omdat die werkgevers zich niet aan de cao hoeven te houden en dus met goedkopere werknemers kunnen werken. Het is dus zowel in het belang van de door de cao gebonden werkgevers als dat van de werknemers in de bedrijfstak dat ook de niet georganiseerde werkgevers tot naleving van de cao kan worden gedwongen. Bij een algemeenverbindendverklaring is het de bedoeling dat de arbeidsvoorwaarden uit een cao gaan werken ten opzichte van alle werknemers in de desbetreffende bedrijfstak.

Op verzoek van de contracterende partijen die een cao zijn aangegaan, kan de minister van Sociale Zaken de cao algemeenverbindend verklaren voor alle werknemers en werkgevers in een bepaalde bedrijfstak (art. 2 W.AVV-OVV).

De minister van Sociale Zaken verklaart de cao algemeenverbindend als een belangrijke meerderheid van de werknemers in een bepaalde bedrijfstak al onder de cao valt (art. 2, lid 1 W.AVV-OVV).

11.3.8 Representativiteit

Het meerderheidsvereiste houdt in dat de cao-bepalingen moeten gelden voor 60% van de werknemers in dienst van georganiseerde werkgevers van het totaal in de bedrijfstak werkzame personen. De representativiteit wordt op de volgende manier vastgesteld: het aantal werknemers in dienst van werkgevers gebonden door de cao die binnen de werkingssfeer van de cao vallen, uitgedrukt in een percentage van het totale aantal werknemers die binnen de werkingssfeer van de cao zouden vallen.

Voorbeeld

In een bedrijfstak zijn 1000 werkgevers lid van de werkgeversorganisatie die de cao heeft ondertekend. Bij deze gebonden werkgevers werken samen 10.000 werknemers. In de hele bedrijfstak zijn 2000 werkgevers actief en er werken in totaal 15.000 werknemers. De representativiteit: 10.000 : 15.000 × 100% = 66,6%.

11.3.9 Rechtsgevolgen van de verbindendverklaring

Indien de minister tot algemeenverbindendverklaring overgaat, gaan de cao-bepalingen gelden voor alle werkgevers en werknemers in de betreffende bedrijfstak die onder de cao vallen of zouden vallen. De verbindendverklaring geldt dus niet alleen voor werkgevers en werknemers die niet gebonden zijn aan de cao, maar ook voor de gebonden werkgevers en de gebonden werknemers.

Elke afspraak (beding) tussen werkgever en werknemer die strijdig is met de verbindend verklaarde bepaling, is nietig en wordt automatisch vervangen door de betrokken verbindend verklaarde bepaling (art. 3 W.AVV-OVV).

Buitenlandse werkgevers moeten werknemers die ze tijdelijk in Nederland laten werken, gaan betalen volgens de cao. Ook andere belangrijke arbeidsvoorwaarden zoals werk- en rusttijden, vakantiedagen en gezondheid, veiligheid en hygiëne op het werk moeten voldoen aan de cao die algemeen verbindend is verklaard (art. 2, lid 6 W.AVV-OVV).

PostNL aansprakelijk voor achterstallig loon van pakketsorteerders

ENSCHEDE - De kantonrechter in Enschede oordeelt dat PostNL hoofdelijk aansprakelijk is voor achterstallig loon aan pakketsorteerders die het bedrijf inleende via een met uitzendbureau In Person opgezette 'contracting'- constructie. Het pakketbedrijf handelde onrechtmatig en profiteerde bewust van de onderbetaling van arbeidskrachten en de contracting-constructie die het met In Person had opgezet.

'Om de wet heen organiseren'
Typerend in deze zaak is een filmpje dat in het dossier zat waarin een voormalig directeur Sourcing & Sustainability bij PostNL tijdens een presentatie uitlegt dat "65% van de kosten zit in de factor arbeid", waarbij hij onder andere opmerkt dat "de ballast" die een cao met zich meebrengt dan geen rol speelt. Illustratief is zijn oproep aan de aanwezigen om "je om de wet heen te organiseren".

Ongelijke verloning
Vakbond FNV spande een zaak aan tegen PostNL na rapporten van de Inspectie van het Ministerie van Sociale Zaken en Werkgelegenheid over de ongelijke verloning van de veelal Poolse arbeidskrachten in een drietal pakketsorteercentra. Zij werkten via uitzendbureaus van In Person voor PostNL. FNV en In Person hebben een schikking getroffen waardoor In Person geen partij meer was in deze procedure.

Schadevergoeding afgewezen
De kantonrechter oordeelt verder dat PostNL incasso- en proceskosten moet betalen van in totaal ruim 11.000 euro. De eis van de FNV om een schadevergoeding van 100.000 euro toe te wijzen, wees de rechter af. De vakbond heeft door de schikking met In Person dit bedrag al ontvangen. De kantonrechter ziet geen grond om nog eens zo'n bedrag toe te wijzen omdat FNV de schade nauwelijks heeft gespecificeerd en niet heeft onderbouwd.

www.rechtspraal.nl, 7 mei 2019,
ECLI:NL:RBOVE:2019:1538

11.4 Stakingsrecht

Werknemers en ambtenaren mogen in Nederland collectief actie voeren. Er bestaat in Nederland een recht tot staking ondanks dat het stakingsrecht niet wettelijk geregeld is. Toch zijn er rechtsregels van kracht die in beginsel een recht op het voeren van collectieve actie erkennen. Deze regels zijn niet vastgelegd in een wet, maar in een verdrag. In april 1980 heeft Nederland het Europees Sociaal Handvest (ESH) geratificeerd. Ratificatie van het ESH heeft als gevolg de erkenning van het stakingsrecht voor werknemers in de private sector alsmede voor ambtenaren.

11 Collectief arbeidsrecht en staking

Er wordt vaak de volgende definitie gegeven van het begrip werkstaking: het tijdelijk door een collectiviteit van werknemers doelbewust niet verrichten van de door hen met de werkgever overeengekomen arbeidsprestatie, teneinde:
a. de werkgever te dwingen tegemoet te komen aan de door de werknemers gestelde verlangens; of
b. publieke aandacht te vestigen op een sociaal probleem.

Dit is een zeer ruime definitie. Hieronder vallen dus ook:
- georganiseerde en wilde stakingen;
- stakingen van korte en langere duur;
- integrale en selectieve werkstakingen die gericht zijn op een vitaal onderdeel van een of meer bedrijven waarbij wordt gestaakt (de zogenaamde speerpuntacties);
- arbeidsvoorwaarden-, solidariteits- en politieke stakingen.

Staking is het enige effectieve middel dat de werknemer ter beschikking staat wanneer aantasting van arbeidsvoorwaarden dreigt. Een staking wordt gekenmerkt door tijdelijkheid: zodra het doel is bereikt, zullen de werknemers het werk hervatten. De staking behoeft niet steeds te zijn gericht tegen de werkgever, maar kan ook zijn gericht tegen een derde, bijvoorbeeld een sympathiestaking of een staking tegen het beleid van de regering.

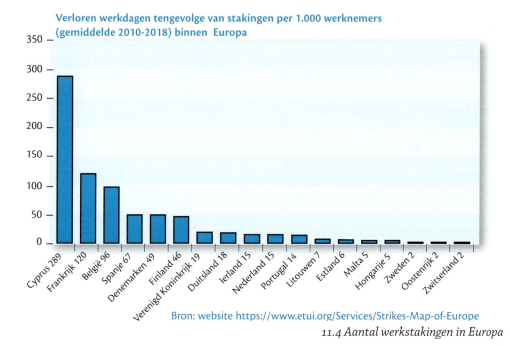

Bron: website https://www.etui.org/Services/Strikes-Map-of-Europe

11.4 Aantal werkstakingen in Europa

Stakingen zijn aan regels onderworpen. Bij een rechtmatige staking moet het gaan over arbeidsvoorwaarden, zoals loon of werktijden. Nederland heeft geen stakingswet. Het Nederlandse stakingsrecht is gebaseerd op een verdrag, het Europees Sociaal Handvest. Staken voor betere arbeidsvoorwaarden is op grond van het Europees Sociaal Handvest een grondrecht. Volgens het Europees Sociaal Handvest is een staking toegestaan als de actie redelijkerwijs kan bijdragen aan een doeltreffende uitoefening van het recht op collectief onderhandelen. Een voorwaarde waaraan vrij eenvoudig kan worden voldaan.

Een werknemersorganisatie is in beginsel vrij in de keuze van middelen om haar doel te bereiken. Of een collectieve actie onder de werking van het Europees Sociaal Handvest valt, wordt vooral bepaald door het antwoord op de vraag of de actie redelijkerwijs kan bijdragen tot de doeltreffende uitoefening van het recht op collectief onderhandelen. Indien die vraag bevestigend wordt beantwoord, valt de collectieve actie onder het bereik van het Europees Sociaal Handvest en is dus toegestaan. Volgens de Hoge Raad kan de uitoefening van het recht op collectief optreden slechts worden beperkt als de getroffen werkgever aantoont dat sprake is van onrechtmatige overlast en onevenredige schade.

De door een rechtmatige staking geleden schade kan de werkgever niet verhalen op de vakbond die de staking organiseerde. Het doel van een staking is het verbeteren van de arbeidsvoorwaarden, het middel is om zodanige schade toe te brengen aan de werkgever dat deze met het verbeteren van de arbeidsvoorwaarden instemt. Onder de lidstaten van de Europese Unie behoort Nederland tot de landen met het geringste aantal collectieve arbeidsconflicten.

11.4.1 Staking geen reden voor ontslag

De Hoge Raad heeft uitgemaakt dat het deelnemen aan een staking, georganiseerd door een erkende vakbond, geen reden voor ontslag noch voor andere sancties van de werkgever is. Werknemers die aan een actie van de erkende vakbonden deelnemen, mogen ervan uitgaan dat het om een geoorloofde actie gaat. Dat uitgangspunt brengt met zich mee dat er in beginsel geen plaats is voor het opleggen van disciplinaire maatregelen door individuele werkgevers aan individuele werknemers. Alleen bij hoge uitzondering kan van dat uitgangspunt worden afgeweken.

11.4.2 Europees Sociaal Handvest (ESH)

Het Europees Sociaal Handvest is een ook door Nederland ondertekend verdrag waarin het stakingsrecht voor ambtenaren en werknemers wordt erkend. Het ESH betekent niet een onvoorwaardelijke erkenning van het recht op collectieve acties. Art. G ESH vermeldt namelijk dat het gewaarborgde recht op collectieve acties zoals geregeld in art. 6 ESH beperkt kan worden voor zover dit bij de wet is bepaald en deze beperkingen in een democratische samenleving noodzakelijk zijn voor de bescherming van de rechten en vrijheden van anderen en voor de bescherming van de openbare orde, de nationale veiligheid, de volksgezondheid of de goede zeden. De Hoge Raad heeft bepaald dat een arbeidsvoorwaardenstaking, gebaseerd op het ESH, een sociaal grondrecht is. Daar er in Nederland geen wettelijk stakingsrecht is, wordt het stakingsrecht grotendeels gevormd door de jurisprudentie.

> **Arrest**
>
> **Arrest Amsta**
> Hoge Raad, 19 juni 2015, ECLI:NL:HR:2015:1687
>
> *Feiten*
> Tussen het FNV en de zorginstelling Amsta, waar ongeveer 2800 mensen werkzaam zijn, heeft overleg plaatsgevonden over de arbeidsvoorwaarden van de bij Amsta werkzame personen. Toen dit overleg niet het door haar gewenste resultaat opleverde, heeft FNV driemaal een collectieve actie in de vorm van een werkonderbreking georganiseerd. Amsta begint een kortgeding tegen het FNV.
> Amsta stelde zich op het standpunt dat de acties onrechtmatig waren. De kortgedingrechter oordeelde dat er sprake was van een onaangekondigde bedrijfsbezetting en verbood verdere acties. Ook bij het Hof, in hoger beroep, verloren de bonden. Het FNV stelt beroep in cassatie in bij de Hoge Raad.
>
> *Hoge Raad*
> ... dat, indien de organisatoren van een collectieve actie aannemelijk maken dat de actie redelijkerwijze kan bijdragen aan doeltreffende uitoefening van het recht op collectief onderhandelen, deze actie onder het bereik valt van art. 6, aanhef en onder 4, ESH en dus in beginsel moet worden aangemerkt als een rechtmatige uitoefening van het sociale grondrecht op collectieve actie.
> Bij de beoordeling óf een beperking of uitsluiting van de uitoefening van het recht op collectieve actie in het concrete geval, maatschappelijk gezien, dringend noodzakelijk is, dient de rechter alle omstandigheden mee te wegen... Daarbij kunnen onder meer van belang zijn de aard en duur van de actie, de verhouding tussen de actie en het daarmee nagestreefde doel, de daardoor veroorzaakte schade aan de belangen van de werkgever of derden, en de aard van die belangen en die schade.
>
> *Toelichting*
> De Hoge Raad herhaalt dat een arbeidsvoorwaarden staking een sociaal grondrecht is dat gebaseerd is op het Europees Sociaal Handvest ("ESH"). Om te bepalen of in een concreet geval een staking toelaatbaar is moet volgens de Hoge Raad worden gekeken naar de aard en duur van de actie, de verhouding tussen de actie en het daarmee nagestreefde doel, de daardoor veroorzaakte schade aan de belangen van de werkgever of derden, en de aard van die belangen en die schade.

11.4.3 Politieke staking

Een politieke staking is in beginsel toegestaan, maar dat wil niet zeggen dat élke politieke staking geoorloofd is. In de eerste plaats moet de staking zijn gericht tegen aantasting van arbeidsvoorwaarden en daarmee samenhangende rechten. Deze beperking houdt in dat bijvoorbeeld een staking tegen de buitenlandse politiek van de Nederlandse regering in het algemeen niet toelaatbaar is. Een dergelijke politieke staking richt zich vaak tegen de regering, maar bedenk dat een werkgever die weinig of niets aan het regeringsbeleid kan doen, de dupe is. In de tweede plaats mag de schade van de particuliere werkgever niet te omvangrijk worden, want deze is tenslotte een buitenstaander die geen 'schuld' heeft aan het 'onheil' waartegen actie gevoerd wordt.

Als een staking zich tegen de overheid richt, wil dat niet automatisch zeggen dat er sprake is van een politieke staking. Heeft een staking betrekking op arbeidsvoorwaarden van de overheid, dan hebben ambtenaren en werknemers waarvan de hoogte van het loon door de overheid wordt bepaald in beginsel recht om te staken.

11.4.4 Georganiseerde en wilde staking

Als een of meerdere vakbonden een staking uitroepen dan wel zich scharen achter een staking die door een bepaalde groep werknemers is geproclameerd, dan wordt dat een georganiseerde staking genoemd. Bij een wilde staking worden de vakbonden buiten het conflict gehouden of hebben zij zich uitdrukkelijk van de staking in kwestie gedistantieerd.

11.4.5 Rechtspositie van de staker

Voor werknemers die bewust kiezen voor het meedoen aan een stakingsactie geldt dat zij daarmee automatisch hun aanspraken op doorbetaling van loon of salaris verliezen (art. 7:627 BW) en in principe ook geen recht hebben op een uitkering op grond van de werkloosheidswet. Indien de staker lid is van een vakbond, heeft hij – indien het een georganiseerde staking is die door zijn vakbond wordt ondersteund – wel recht op een uitkering uit de stakingskas. Een stakingskas is een fonds van een vakbond waaruit leden een uitkering krijgen indien de vakbond een staking uitroept en het lid daaraan gevolg geeft.

Boa's mogen op Koningsdag niet staken in Amsterdam

AMSTERDAM - De aangekondigde werkonderbreking tussen 18.00 en 21.00 uur die buitengewoon opsporingsambtenaren (boa's) op Koningsdag in Amsterdam willen houden, mag niet doorgaan. De openbare orde en veiligheid kunnen door deze staking niet worden gewaarborgd. De gemeente heeft voldoende aannemelijk gemaakt dat het verbieden van de staking maatschappelijk dringend noodzakelijk is. Dat heeft de voorzieningenrechter geoordeeld.

Redelijk doel
Hoewel de boa's aannemelijk hebben gemaakt dat de voorgenomen staking een redelijk doel dient, is deze actie op Koningsdag, en juist tijdens de drukste uren van de dag, een te zwaar middel, aldus de voorzieningenrechter. De boa's hadden ervoor gekozen om te staken tijdens de uren dat veel mensen naar huis gaan, zodat duidelijk wordt waar de taken van de boa's eindigen en die van de politie begint. De boa's voeren al langer actie omdat zij zich niet veilig voelen in het uitoefenen van hun functie. Zij willen extra bevoegdheden en een wapenstok en pepperspray bij zich dragen.

Politieke actie
De gemeente vond dat de aangekondigde werkonderbreking zuiver een politieke actie betrof. Daarin gaat de rechter niet mee: de boa's zijn immers in dienst van de gemeente en de actie is erop gericht hun (gevoel van) veiligheid tijdens de uitoefening van hun functie te verhogen. Daarom betreft de actie mede hun arbeidsvoorwaarden.

www.rechtspraak.nl, 26 april 2019,
ECLI:NL:RBAMS:2019:3024

11.4.6 Positie van de werkwillige

In vrijwel alle situaties waarin er wordt gestaakt, worden belangen van derden, die niet rechtstreeks bij het stakingsconflict zijn betrokken, geschaad. Werkwilligen zijn

werknemers in een bedrijf of bedrijfstak waarin wordt gestaakt, die zich om een of andere reden niet bij de stakers willen aansluiten en te kennen geven hun reguliere werkzaamheden ongestoord te willen voortzetten. Onder bepaalde omstandigheden hebben zij recht op doorbetaling van loon of op een werkloosheidsuitkering. De werkgever heeft er in het algemeen bij een reeds stilgelegde productie weinig belang bij om aan werkwilligen loon door te betalen, omdat:
- hij dan voor de loonkosten moet opdraaien;
- het niet betalen van loon werkwilligen onder druk zet om de staking te breken.

Hebben werkwilligen recht op doorbetaling van loon? Deze vraag moet gezien worden tegen de achtergrond van art. 7:627 en 7:628 BW.

Bij een normale, door de vakorganisaties geleide staking die leidt tot stillegging van het bedrijf hoeft de werkgever geen loon te betalen aan de werkwillige (art. 7:627 BW): geen arbeid, geen loon. Bij wilde stakingen (stakingen die niet georganiseerd zijn door een vakbond) ligt het anders. Daar heeft de werkwillige die wel wíl, maar als gevolg van de staking niet kán werken wel recht op loon (art. 7:628 BW). Het betreft hier een verhindering die voor risico van de werkgever komt.

Rechtspositie staker en werkwillige

	Loon	WW
Staker	Nee, art. 7:627 BW	Nee, art. 19 lid 1 sub k ww
Werkwillige		
• Georganiseerde arbeidsvoorwaarden staking	Nee, ingeval werknemer een direct belang heeft (art. 7:627 BW)	Nee, art. 19 lid 1 sub k ww
• Wilde proteststaking	Ja, ingeval werknemer een echte buitenstaander is (art. 7:628 BW)	Nee, art. 16 lid 1 ww

11.4.7 Staking en schade

Een werkstaking, uitgeroepen en geleid door een vakvereniging in het kader van onderhandelingen, is in beginsel rechtmatig. Bijkomende omstandigheden kunnen tot een ander oordeel leiden, bijvoorbeeld als de staking nodeloos schade toebrengt aan derden. Dat een werkgever door een staking van zijn personeel schade lijdt, maakt een staking niet onrechtmatig. Door de Hoge Raad wordt erkend dat een staking aan derden (dat wil zeggen degenen die geen partij zijn bij een arbeidsconflict) schade mag berokkenen. Een staking is dan niet onrechtmatig, mits de schade voor degenen die niet direct bij het conflict betrokken zijn 'binnen zekere grenzen' blijft.

De door een rechtmatige staking geleden schade kan de werkgever niet op de vakbond verhalen.

Over NS/Nieuws/
Dinsdag zeer beperkt tot geen treinverkeer door landelijke pensioenactie

Als gevolg van de landelijke pensioenactie in het openbaar vervoer zal er op dinsdag 28 mei in het hele land zeer beperkt tot geen treinverkeer mogelijk zijn. Omdat we niet weten hoeveel mensen gaan staken, kunnen we niet aangeven welke treinen wel en welke treinen niet rijden. Wij kunnen dus geen betrouwbare dienstregeling maken en adviseren reizigers op 28 mei niet met de trein te reizen.

Uiteraard proberen we waar mogelijk enkele treinen te rijden: dit zal zeer beperkt en onvoorspelbaar zijn. Wij verwachten zeer ernstige hinder voor treinreizigers; zij kunnen er niet van uitgaan dat hun trein die dag rijdt. Voor meer informatie over het treinverkeer kunnen reizigers terecht op ns.nl. De Reisplanner is voor de reizen op dinsdag niet up-to-date. Daarnaast is er zeer beperkt alternatief openbaar vervoer. De stad- en streekvervoerders staken ook.

Wij hebben begrip voor de zorgen over pensioenen, maar vinden het jammer dat opnieuw gekozen is voor een middel waar onze reizigers zeer veel hinder van ondervinden. Reizigers worden de dupe van een conflict waar NS geen partij in is.

www.ns.nl, 24 mei 2019

Begrippenlijst

Algemeenverbindend-verklaring	Bevoegdheid van de minister van Sociale Zaken en Werkgelegenheid om cao-bepalingen ook toepasselijk te verklaren op ondernemingen die niet onder een cao vallen.
Bedrijfstak-cao	Een cao die toepasselijk is in een hele bedrijfstak.
Collectief ontslag	Als een werkgever meer dan 20 werknemers binnen drie maanden ontslaat.
Collectieve arbeidsovereenkomst	Een overeenkomst tussen werknemers- en werkgeversorganisaties waarbij zij voor hun leden arbeidsvoorwaarden afspreken, waaraan die leden zich moeten houden.
Diagonale bepalingen	Een bepaling uit een cao waarbij een vakbond een werkgever kan aanspreken op het niet nakomen van de cao.
Europees Sociaal Handvest	Een Europees mensenrechtenverdrag waar het stakingsrecht wordt erkend.
Georganiseerde staking	Een staking georganiseerd door een vakbond.
Incorporatiebeding	Een bepaling uit een arbeidsovereenkomst waarin een bepaalde cao van toepassing wordt verklaard op die arbeidsovereenkomst.
Nawerking	Situatie waarbij na afloop van een cao de bepalingen van die cao van toepassing blijven totdat er een nieuwe cao is afgesloten.
Normatieve bepalingen	Bepalingen uit een cao die automatisch van toepassing zijn op individuele werkgevers en individuele werknemers.
Obligatoire bepalingen	Bepalingen uit een cao die alleen van toepassing zijn op de partijen die de overeenkomst hebben getekend, de werkgever/werkgeversorganisatie(s) en de werknemersorganisatie(s).
Ondernemings-cao	Een cao die slechts in één onderneming geldt.
Ongeorganiseerde staking	Een staking niet georganiseerd door een vakbond.
Staking	Het collectief neerleggen van werk door werknemers om betere arbeidsvoorwaarden af te dwingen.

Werkwillige — Een werknemer die als gevolg van een staking niet kan werken maar die wel wil werken.

Wilde staking — Zie ongeorganiseerde staking.

Vragen

Meerkeuzevragen

1. Wie is altijd partij bij een cao?
   a. De werkgever;
   b. De officiële vakbond;
   c. De ondernemingsraad;
   d. De werknemer.

2. Wat is juist? Normatieve bepalingen uit een collectieve arbeidsovereenkomst:
   a. gelden slechts tussen contractpartijen;
   b. maken deel uit van de door georganiseerde werkgevers met georganiseerde werknemers gesloten arbeidsovereenkomsten;
   c. maken deel uit van de door georganiseerde werkgevers met georganiseerde werknemers gesloten arbeidsovereenkomsten en op grond van art. 14 W.CAO maken zij eveneens deel uit van de door de georganiseerde werkgevers met ongeorganiseerde werknemers gesloten arbeidsovereenkomsten;
   d. komen in geen geval in aanmerking voor algemeenverbindendverklaring.

3.

Uit de model arbeidsovereenkomst CAO voor het Hoger Beroepsonderwijs:	"Op deze arbeidsovereenkomst zijn de cao-hbo 2017-2018 en zijn rechtsopvolgers	van toepassing, inclusief alle aanvullingen en wijzigingen die deze cao ondergaat".

   a. Waarvan is dit een voorbeeld?
      A. Een samenloopbeding;
      B. Een incorporatiebeding;
      C. Een werkingssfeer beding;
      D. Een arbeidsvoorwaarden beding;

Uit de cao-hbo 2017-2018 Cao-partijen gaan in overleg over de ver-	werking van de effecten van de pensioenaftopping. Het streven is om pensioen-	geld voor pensioendoeleinden te blijven aanwenden.

   b. Waarvan is hier sprake?
      A. Een diagonale bepaling;
      B. Een obligatoire bepaling;
      C. Een normatieve bepaling;
      D. Een arbeidsvoorwaarden bepaling.

4. Welke van de onderstaande stellingen is of zijn juist?
   I   Een werkwillige heeft gedurende een wilde staking recht op loon.
   II Een werkwillige heeft gedurende een door een erkende vakbond georganiseerde staking recht op loon.
   a. I en II zijn juist;
   b. I is juist, II is onjuist;
   c. I is onjuist, II is juist;
   d. I en II zijn onjuist.

5. Welke van de onderstaande stellingen is of zijn juist?
   I   Een staking is in beginsel onrechtmatig als er sprake is van een wilde staking.
   II Een staking is in beginsel onrechtmatig als er sprake is van een georganiseerde staking.
   a. I en II zijn juist;
   b. I is juist, II is onjuist;
   c. I is onjuist, II is juist;
   d. I en II zijn onjuist.

6.
   Medewerkers Jumbo mogen acties voortzetten

   UTRECHT - FNV Handel en CNV Vakmensen mogen hun acties in verschillende distributiecentra van Jumbo voortzetten. Dat heeft de voorzieningenrechter van de Rechtbank Midden-Nederland vandaag beslist. Jumbo had een kort geding aangespannen om de acties van medewerkers te verbieden.
   FNV Handel en CNV Vakmensen eisten loonsverhoging en meer vaste banen voor logistieke medewerkers van Jumbo. Jumbo en de vakbonden kwamen niet uit de onderhandelingen en de vakbonden riepen medewerkers op tot werkonderbrekingen. Jumbo eiste met het kort geding dat de medewerkers alsnog aan het werk zouden gaan. De voorzieningenrechter wijst dit verzoek af en dus mogen de medewerkers hun werk blijven onderbreken.
   www.rechtspraak.nl, 13 april 2017, ECLI:NL:RBMNE:2017:1989

   a. Van welke soort staking is hier sprake?
      A. Een wilde staking;
      B. Een proteststaking;
      C. Een politiek staking;
      D. Een georganiseerde arbeidsvoorwaardenstaking.
   b. In Nederland is het in het algemeen toegestaan voor werknemers om te staken. Waar is het recht om te staken op gebaseerd?
      A. De Grondwet;
      B. De cao;
      C. De wet;
      D. Het Europees Sociaal Handvest.
   c. Wat willen de FNV Handel en CNV Vakmensen met hun stakingsoproep bereiken?
      A. Dat Jumbo een nieuwe bedrijfs-cao met hen aangaat;
      B. Dat Jumbo een nieuwe bedrijfstak-cao met hen aangaat;
      C. Dat Jumbo een nieuwe bedrijfs-cao met hen aangaat dat vervolgens door de minister algemeen zal worden verklaard;
      D. Dat Jumbo een nieuwe bedrijfs-cao met hen aangaat dat vervolgens door de werkgeversorganisaties goed zal worden verklaard.

d. Is Jumbo verplicht om een cao aan te gaan met FNV Handel en CNV Vakmensen?
   A. Ja, FNV Handel en CNV Vakmensen zijn notariële vereniging met volledige rechtsbevoegdheid die statutair bevoegd zijn om cao's aan te gaan;
   B. Ja, FNV Handel en CNV Vakmensen zijn notariële vereniging met volledige rechtsbevoegdheid die statutair bevoegd zijn om cao's aan te gaan en het gaat hier om een bedrijfs-cao;
   C. Nee, een cao is een privaatrechtelijke overeenkomst en dan geldt het beginsel van de contractsvrijheid;
   D. Nee, FNV Handel en CNV Vakmensen zijn geen notariële verenigingen met volledige rechtsbevoegdheid die statutair niet bevoegd zijn om cao's aan te gaan.

7.
Geen rechterlijk verbod op staking openbaar vervoer

AMSTERDAM – De voorzieningenrechter te Amsterdam heeft vandaag uitspraak gedaan in kort geding in de zaken aangespannen door GVB EXPLOITATIE B.V. en HTM Personenvervoer N.V. tegen een aantal vakbonden. Inzet van het kort geding was om de aangekondigde staking in het openbaar vervoer aanstaande woensdag 29 juni 2011 te verbieden. De gevraagde voorzieningen worden afgewezen.

In dit kort geding staan twee vragen centraal.

Ten eerste de vraag of de geplande staking valt onder het stakingsrecht zoals neergelegd in art. 6 van het Europees Sociaal Handvest. De voorzieningenrechter heeft deze vraag bevestigend beantwoord. Het bijzondere van deze staking is dat die zich weliswaar richt tegen de bezuinigingsplannen van het kabinet, maar dat de werkgevers erdoor worden getroffen. Toch vallen dergelijke stakingen onder omstandigheden onder het stakingsrecht. Dat is ook hier het geval. Het is immers voldoende aannemelijk dat de kabinetsplannen aanzienlijke gevolgen hebben voor de werkgelegenheid, zodat het de onderhandelingspositie van de werknemersbonden in het komende overleg over collectieve arbeidsvoorwaarden ernstig zal verzwaren.

De tweede vraag die aan de orde is, betreft de proportionaliteit van de staking. Naar het oordeel van de voorzieningenrechter is de door de werkgevers geleden schade en de overlast voor derden nog niet op het punt is gekomen dat de staking daarom onrechtmatig is. Daarbij heeft de voorzieningenrechter betrokken de omstandigheid dat op de voor de staking gekozen dag alternatieven voor de kabinetsplannen aan de Tweede Kamer zullen worden gepresenteerd, en tevens dat sprake is van – tevoren aangekondigde – kortdurende acties buiten de spits. Niet aannemelijk is dat deze zullen leiden tot ontwrichting van de maatschappij. De aangekondigde staking op 29 juni aanstaande wordt dus niet verboden.

www.rechtspraak.nl, 27-6-2011,
ECLI:NL:RBAMS:2011:BQ9450

a. Wat is juist? Hier is sprake van een:
   A. wilde staking;
   B. ongeorganiseerde staking;
   C. georganiseerde staking;
   D. politieke staking.
b. Welke bewering is juist?
   A. Een wilde staking wordt door een ondernemingsraad georganiseerd.
   B. Een georganiseerde staking wordt door een ondernemingsraad georganiseerd.
   C. Een wilde staking wordt niet door een vakbond georganiseerd.
   D. Een georganiseerde staking wordt niet door een vakbond georganiseerd.

c. In Nederland is het in het algemeen toegestaan voor werknemers om te staken. Waar is het recht om te staken op gebaseerd?
   A. De Grondwet;
   B. De cao;
   C. De wet;
   D. Europees Sociaal Handvest;
d. In het krantenartikel staat de volgende passage: 'Naar het oordeel van de voorzieningenrechter is de door de werkgevers geleden schade en de overlast voor derden nog niet op het punt is gekomen dat de staking daarom onrechtmatig is'.
   Wat is het criterium om te bepalen of het toebrengen van schade door een staking aan een werkgever onrechtmatig is?
   A. Als de schade binnen zekere grenzen blijft;
   B. Als de politieke schade te groot wordt;
   C. Als de openbare orde in het geding komt;
   D. Als de werkgever aantoonbaar financieel verlies dreigt lopen.
e. Welke van de onderstaande stellingen is of zijn juist?
   Stelling:
   I   Een staker bij een wilde staking heeft recht op loon.
   II Een staker bij een georganiseerde staking heeft recht op loon.
   A. I en II zijn juist;
   B. I is juist, II is onjuist;
   C. I is onjuist, II juist;
   D. I en II zijn onjuist.
f. Welke van de onderstaande stellingen is of zijn juist?
   Stelling:
   I   Elke staker heeft recht op een uitkering uit de stakingskas.
   II Elke staker is lid van een vakbond.
   A. I en II zijn juist;
   B. I is juist, II is onjuist;
   C. I is onjuist, II juist;
   D. I en II zijn onjuist.

Open vragen

8.

Voorzieningenrechter wijst eis ondernemingsraad Uniport toe

ROTTERDAM - De voorzieningenrechter heeft uitspraak gedaan in de zaak van de ondernemingsraad van de containerterminal Uniport in de Rotterdamse Waalhaven tegen Uniport. De voorzieningenrechter wijst de vorderingen toe. Dat betekent dat de werknemers van de containerterminal met behoud van loon moeten worden vrijgesteld van hun werk omdat er geen werk meer is en komt.

Afgelopen november besloot moederbedrijf Steinweg Uniport uiterlijk per 31 maart 2020 te sluiten. In aanloop naar die sluiting heeft het containerbedrijf al geruime tijd geen werk meer. Uniport verplichtte de werknemers om toch, en in ploegendiensten, op het werk te verschijnen. De directie gaf aan dat zij vrijstelling van werk pas in overweging wil nemen na overeenstemming over een sociaal plan. In de situatie dat er geen werk is en ook niet meer komt, acht de voorzieningenrechter dat in strijd met goed werkgeverschap.

www.rechtspraak.nl, 26 februari 2020, ECLI:NL:RBROT:2020:1674

Uniport heeft op 20 november 2019 collectief ontslag aangevraagd bij het UWV voor alle werknemers die werken bij Uniport.
a. Waarom heeft Uniport het voorgenomen collectief ontslag gemeld bij de vakbonden?
b. Hoeveel werknemers werken er minimaal bij Uniport?
c. Is Uniport verpicht om te onderhandelen met de vakbonden over het sociaal plan?
d. De rechter acht het handelen van Uniport in strijd met goed werkgeverschap. Op welk wetsartikel is dit gebaseerd?

9. Henk Weingaard is werkzaam bij transportonderneming Holland Duck Truck bv. Deze onderneming is aangesloten bij de werkgeversorganisatie KVO en houdt zich niet aan de nieuwe cao. De KVO heeft de cao niet ondertekend. Deze is ook nog niet algemeen verbindend verklaard. Kan Henk Weingaard met succes, via de rechter, naleving van de cao eisen?

10. Stille Willie is werkzaam bij transportonderneming Vlam in de Pijp nv en is lid van de vakbond die de cao heeft ondertekend. Deze onderneming is aangesloten bij de werkgeversorganisatie NOB, maar houdt zich niet aan de nieuwe cao. De NOB heeft de cao wel ondertekend. Deze is ook nog niet algemeen verbindend verklaard. Kan Stille Willie met succes, via de rechter, naleving van de cao eisen?

11. Vanaf begin september heeft directeur Pieter Werkmans van Softy bv Marjolein Visser in dienst genomen als productiemedewerkster. Partijen hebben over de voorwaarden waaronder Marjolein bij Pieter Werkmans zou werken onderhandeld. Door Werkmans zijn twee conceptarbeidsovereenkomsten opgesteld, maar van ondertekening is het niet gekomen. Wel is er na mondeling overleg afgesproken dat de proeftijd anderhalve maand zal bedragen. Marjolein heeft van begin september tot en met 3 oktober bij Pieter Werkmans gewerkt. Op laatstgenoemde dag heeft zij van Pieter Werkmans een brief ontvangen, waarin haar 'ontslag tijdens proeftijd' werd aangezegd. Zij heeft onmiddellijk tegen dit ontslag geprotesteerd. De toen geldende cao voor de automatiseringsbranche bepaalde dat een proeftijd van maximaal acht weken zal gelden en dat het bestaan van een proeftijd uit een schriftelijke overeenkomst moet blijken.
Opmerking: betrek bij de beantwoording van onderstaande vragen ook de gronden waarop Visser het ontslag eventueel zou kunnen aanvechten.
a. Stel, Softy bv is geen lid van de Algemene Nederlandse Automatiserings Bond, die als cao-partij de cao heeft ondertekend. Is het ontslag rechtsgeldig?
b. Stel, Softy bv is wel lid van de Algemene Nederlandse Automatiserings Bond, die als cao-partij de cao heeft ondertekend. Is het ontslag rechtsgeldig?
c. Stel, Softy bv is geen lid van de Algemene Nederlandse Automatiserings Bond, die als cao-partij de cao heeft ondertekend. Mede op verzoek van genoemde

organisatie heeft de minister van Sociale Zaken en Werkgelegenheid overeenkomstig de geldende regels op 1 september de automatiserings-cao algemeen verbindend verklaard. Is het ontslag rechtsgeldig?
d. Stel, Softy bv is wel lid van de Algemene Nederlandse Automatiserings Bond, die als cao-partij de cao heeft ondertekend. Mede op verzoek van genoemde organisatie heeft de minister van Sociale Zaken en Werkgelegenheid overeenkomstig de geldende regels op 1 september de automatiserings-cao algemeen verbindend verklaard. Is het ontslag rechtsgeldig?

12.

Haagse hof staat staking politiebegeleiding gerechtsdeurwaarders toe

DEN HAAG – Het actiemiddel van de politie om gerechtsdeurwaarders niet te begeleiden bij het leggen van beslag op roerende zaken en bij ontruimingen en gijzelingen is toegestaan. Dat heeft het gerechtshof in Den Haag op 22 september 2015 in hoger beroep bepaald. Het Haagse hof is van oordeel dat het op dit moment niet dringend noodzakelijk is om de actie te verbieden.

De Nederlandse Staat en de Koninklijke Beroepsorganisatie van Gerechtsdeurwaarders waren een spoedprocedure tegen de diverse politiebonden gestart. Gerechtsdeurwaarders dienen volgens de wet begeleid te worden door de politie als bij de beslaglegging de deuren gesloten zijn of de toegang geweigerd wordt. De politie voert actie voor een betere CAO en zet als actiemiddel in om bij het openen van deuren niet aanwezig te zijn, behalve in schrijnende gevallen.

Het hof overweegt dat de politie slechts weinig actiemiddelen ter beschikking heeft. Het is duidelijk dat door deze actie van de politie derden schade lijden, bijvoorbeeld woningbouwverenigingen. Het is echter inherent aan het recht op collectieve actie dat derden schade kunnen lijden. Er moet wel sprake zijn van proportionaliteit. Het Haagse hof oordeelt dat op dit moment de schade niet zo omvangrijk is dat deze onaanvaardbaar is.

www.rechtspraak.nl, 22-9-015, ECLI:NL:GHDHA:2015:2555

a. Is hier sprake van een wilde staking?
b. Hebben de actievoerende politieagenten recht op loon gedurende de tijd dat zij niet werken?
c. Wanneer kan volgens de Hoge Raad een rechter een arbeidsvoorwaardenstaking verbieden?

DEEL 4   EXTERNE RELATIES

Hoofdstuk 12
Eigendom en overeenkomst

12.1 **Vermogensrecht** 335
12.1.1 Goederen, zaken en vermogensrechten 335
12.1.2 Roerend en onroerend 336
12.1.3 Registergoederen 336
12.1.4 Bestanddeel 337
12.1.5 Rechtshandelingen 337
12.2 **Eigendom** 337
12.2.1 Bezit 339
12.2.2 Houderschap 339
12.3 **Eigendomsoverdracht** 340
12.3.1 Geldige titel 340
12.3.2 Beschikkingsbevoegdheid 340
12.3.3 Overdracht 341
12.4 **Levering van roerende zaken** 341
12.4.1 Koop en levering van registerzaken 341
12.4.2 Koop van woningen door consumenten 341
12.4.3 Cessie, levering van een vordering op naam 342
12.5 **Eigendomsvoorbehoud** 343
12.5.1 Zekerheid voor leverancierskrediet 343
12.6 **Onderhandelingen** 344
12.6.1 Afbreken van de onderhandelingen 345
12.7 **De overeenkomst** 346
12.7.1 Redelijkheid en billijkheid 347
12.7.2 Mondelinge of schriftelijke afspraak 347
12.7.3 Bewijs en overeenkomst 348
12.7.4 Bewijsmiddelen 348
12.7.5 Elektronische handtekening 348
12.7.6 Rechtsgevolgen van elektronische handtekening 348
12.7.7 Formele overeenkomsten 349
12.7.8 Contractvrijheid 349
12.7.9 Nietigheid en vernietigbaarheid 349
12.8 **Totstandkoming van een overeenkomst** 349
12.8.1 Wilsovereenstemming 350
12.8.2 Aanbod 350

12.8.3 Herroepelijk aanbod 351
12.8.4 Verval aanbod 351
12.8.5 Onherroepelijk aanbod 352
12.8.6 Aanvaarding 353
12.8.7 De van het aanbod afwijkende aanvaarding 353
12.8.8 Uitnodiging tot onderhandelingen 353
12.8.9 Handelingsbekwaamheid 354
12.8.10 Bepaalbaarheid 354
12.8.11 Wet, openbare orde en goede zeden 354
12.9 **Discrepantie tussen wil en verklaring** 355
12.10 **Wilsgebreken** 356
12.10.1 Dwaling 356
12.10.2 Bedrog 357
12.10.3 Bedreiging 358
12.10.4 Misbruik van omstandigheden 358

Begrippenlijst 359

Vragen 362

Meerkeuzevragen 362

Open vragen 367

Hoofdstuk 12
Eigendom en overeenkomst

Zonder het sluiten van overeenkomsten kan geen onderneming bestaan. Commercieel opereren, bijvoorbeeld kopen en verkopen, is zonder een overeenkomst is onmogelijk. Eigendom is het sleutelbegrip in de westerse samenleving.

12.1 Vermogensrecht

Vermogensrecht is het recht dat betrekking heeft op de rechten en plichten die onderdeel van iemands vermogen kunnen vormen. Onder vermogen vallen iemands bezittingen en schulden. Bezittingen heten juridisch 'goederen'. Goederen zijn alle actieve vermogensbestanddelen, deze omvatten zaken en vermogensrechten (art. 3:1 BW). Zaken zijn voor menselijke beheersing vatbare stoffelijke objecten (art. 3:2 BW). Zaken zijn tastbare voorwerpen, die voor een mens van waarde zijn en aan zijn heerschappij kunnen worden onderworpen en volgens verkeersopvattingen als één geheel moeten worden beschouwd. De zee, de lucht, ongedierte en een idee zijn dus geen zaken.

Het vermogensrecht wordt ingedeeld in het goederenrecht en het verbintenissenrecht. Het goederenrecht geeft de rechtsverhouding aan tussen de mens en een goed en de veranderingen die hierin kunnen plaatsvinden. Het goederenrecht is grotendeels dwingend recht en statisch van aard. Het verbintenissenrecht heeft betrekking op de rechtsverhouding tussen de mensen onderling (van mens tot mens). Het verbintenissenrecht is voornamelijk regelend (aanvullend) recht en is dynamisch van aard. Het vermogensrecht wordt met name geregeld in de boeken 3, 5, 6 en 7 van het Burgerlijk Wetboek.

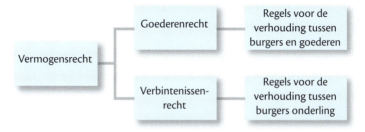

12.1 Indeling vermogensrecht

12.1.1 Goederen, zaken en vermogensrechten

Een vermogensrecht is een recht dat – al dan niet in combinatie met een ander recht – overdraagbaar is dan wel ertoe strekt de rechthebbende stoffelijk voordeel te verschaffen of in ruil daarvoor verkregen is (art. 3:6 BW). Een vordering van een crediteur op een debiteur is een vermogensbestanddeel, is op geld waardeerbaar en kan worden overgedragen.

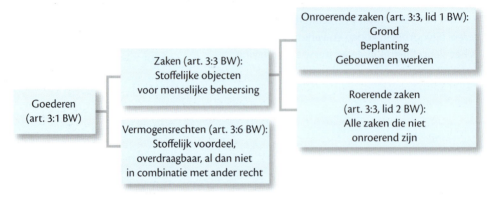

12.2 Goederen, zaken en rechten

12.1.2 Roerend en onroerend

Een zaak kan roerend of onroerend van aard zijn. Onroerende zaken zijn (art. 3:3, lid 1 BW):
a. de grond;
b. nog niet gewonnen delfstoffen;
c. met de grond verenigde beplantingen;
d. gebouwen en duurzaam met de grond verenigde werken.

Onroerende zaken zijn registerzaken. Onroerende zaken staan dus in een register vermeld. Roerende zaken zijn alle zaken die niet onroerend zijn (art. 3:3, lid 2 BW). Het onderscheid roerend-onroerend is vooral van belang in verband met de verschillende wijzen van verkrijging.

12.1.3 Registergoederen

We kennen ook het begrip 'registergoederen'. Dit zijn goederen waarbij voor de overdracht of vestiging een inschrijving in het daarvoor bestemde openbare register noodzakelijk is (art. 3:10 BW). Registergoederen zijn onder meer:
a. onroerende zaken;
b. schepen (boven een bepaald tonnage) en vliegtuigen;
c. beperkte rechten op een registergoed, zoals bijvoorbeeld een hypotheekrecht;
d. netwerken en leidingen.

Nota bene: Schepen en vliegtuigen zijn geen onroerende zaken. Ze zitten niet vast aan de grond, maar ze zijn net als onroerende zaken wel registergoederen. Een auto is geen registergoed. Eigendom van een auto kan overgaan zonder overschrijving van kopie deel III.

12.1.4 Bestanddeel

Vrijwel alle zaken bestaan uit meerdere bestanddelen. Onder bestanddeel wordt verstaan (art. 3:4 BW):
- al hetgeen volgens de verkeersopvatting onderdeel van een zaak uitmaakt;
- een zaak die met een hoofdzaak zodanig verbonden wordt dat zij daarvan niet kan worden afgescheiden, zonder dat beschadiging van betekenis wordt toegebracht aan een van de zaken.

Organische of mechanische verbinding tussen de zelfstandige hoofdzaak en het bestanddeel is niet vereist bij die objecten die naar verkeersopvatting onderdeel van een zaak uitmaken. Een motor in een sleepboot is een bestanddeel, hoewel deze niet aard- en nagelvast zit. Een sleepboot zonder motor is geen sleepboot. Deuren kunnen uit scharnieren worden getild, dakpannen liggen ook 'los' op het dak. Nodig is dat er een constructief verband tussen het bestanddeel en de hoofdzaak bestaat, maar dit verband kan natuurlijk tijdelijk – bijvoorbeeld voor reiniging – worden verbroken. Indien een zaak bestanddeel is geworden van de hoofdzaak, is de eigenaar van de hoofdzaak automatisch eigenaar van het bestanddeel (art. 5:3 BW). Wat maakt nu 'volgens de verkeersopvattingen' onderdeel van een zaak uit? Een huissleutel is naar verkeersopvatting als onderdeel van het huis aan te merken; dit geldt eveneens voor de afstandsbediening bij een tv. De maatstaf 'verkeersopvatting' is vaag. De rechter heeft een grote beslissingsbevoegdheid en zal letten op de opvattingen die in de praktijk bestaan.

12.1.5 Rechtshandelingen

Met een rechtshandeling beoogt iemand rechtsgevolgen in het leven te roepen. De handelende persoon moet die rechtsgevolgen willen en deze wil moet zich door een verklaring hebben geopenbaard (art. 3:33 BW). Niet elke handeling is een rechtshandeling. 'Ik zal u beslist nog eens bellen,' wordt vaak gezegd, maar degene dit zegt zou vreemd opkijken als hij een maand later een dagvaarding – eisende dat hij moet bellen – in de bus krijgt. Zolang er geen (uitdrukkelijke of stilzwijgende) verklaring is gedaan die met de wil correspondeert, is de wil irrelevant. De wil moet zich dus door een verklaring hebben geopenbaard, bijvoorbeeld door een schriftelijke bestelling van een mobiele autotelefoon. Als de wederpartij deze bestelling accepteert, treden de rechtsgevolgen in werking: overdracht, betaling en dergelijke.

12.2 Eigendom

Eigendom is het meest volledige recht op een zaak. De eigenaar mag de zaak naar zijn eigen inzicht gebruiken. Voorop staat de vrijheid om, met uitsluiting van ieder ander, van een zaak gebruik te maken zoals men wil. In art. 5:1 BW staat de volgende definitie van eigendom:
1. Eigendom is het meest omvattende recht dat een persoon op een zaak kan hebben.
2. Het staat de eigenaar met uitsluiting van een ieder vrij van de zaak gebruik te maken, mits dit gebruik niet strijdt met rechten van anderen en de op wettelijke voorschriften en regels van ongeschreven recht gegronde beperkingen daarbij in acht worden genomen.

De eigenaar mag zijn zaak gebruiken op een wijze die hem goeddunkt. Aan de uitoefening van het eigendomsrecht zijn beperkingen verbonden, en wel door:
a. wetten en verordeningen;
b. aan anderen verleende rechten;
c. jurisprudentie (uitspraken van rechters) of regels van ongeschreven recht.

Wetten kunnen het eigendomsrecht beperken. Ten gevolge van de Wet op de Ruimtelijke Ordening bijvoorbeeld mag men niet zonder vergunning op eigen grond gaan bouwen; ten gevolge van milieuwetten mag men zijn eigen grond niet vervuilen.

Als iemand een hypotheek heeft op zijn huis is hij eigenaar, maar de bank heeft het recht het huis te verkopen als de eigenaar niet aan zijn verplichtingen voldoet.

De eigenaar mag zijn eigendomsrecht niet zodanig uitoefenen dat daarmee de belangen van anderen onnodig of onevenredig worden geschaad. De rechter in Nederland stelt dat er misbruik van recht is wanneer de eigenaar zijn recht zonder redelijk belang gebruikt en daarmee onredelijk nadeel voor een ander veroorzaakt.

Arrest

Arrest Grensoverschrijdende garage
HR 17 april 1970, ECLI:NL:HR:1970:AC5012

Feiten
Kuipers wil langs de grensafscheiding met zijn buurvrouw De Jongh een garage bouwen. De ogenschijnlijke grens tussen beide percelen wordt gevormd door een heg. Een jaar nadat de bouw van de garage klaar is, blijkt uit metingen van een landmeter dat over een afstand van zes meter de garage zeventig centimeter op de grond van De Jongh staat. Kuipers biedt De Jongh een redelijke schadevergoeding aan. De Jongh gaat hier niet mee akkoord en vordert verwijdering van de garage op grond van amotie (dit begrip komt in het huidige recht niet meer voor).

Hoge Raad
(...) dat moet worden vooropgesteld dat (...) De Jongh in beginsel recht heeft de amotie van het op haar terrein gebouwde gedeelte van de garage te vorderen, ook al zou Kuipers bij de grensoverschrijding te goeder trouw zijn geweest en een redelijke schadevergoeding hebben aangeboden; dat zulks echter niet uitsluit dat, zo Kuipers te goeder trouw is geweest, De Jongh door in plaats van genoegen te nemen met een redelijke schadevergoeding een vordering tot amotie in te stellen, zich aan misbruik van recht zou hebben schuldig gemaakt, indien het nadeel dat Kuipers door de amotie zou lijden, zowel op zichzelf beschouwd als in zijn verhouding tot het belang dat De Jongh met haar vordering nastreeft, zó groot zou zijn dat, alle verdere omstandigheden in aanmerking genomen, De Jongh naar redelijkheid niet tot de uitoefening van haar recht amotie te vorderen had kunnen komen.

Toelichting
De Hoge Raad heeft in dit arrest bepaald dat er sprake is van misbruik van bevoegdheid als Kuipers in plaats van genoegen te nemen met schadevergoeding, een vordering tot afbraak van de garage vordert terwijl het afbreken van die garage onevenredige schade voor De Jongh oplevert.

12 Eigendom en overeenkomst

Wie mag de hond hebben?

Amsterdam - Een vrouw die de hond bij zich heeft gehouden na het verbreken van de relatie, moet die afgeven aan haar ex. Dat heeft de rechter beslist. De vrouw vindt dat de hond op grond van de samenlevingsovereenkomst eigendom is van hen beiden. De bepaling in de overeenkomst waarop ze dat baseert gaat echter over inboedelgoederen en de hond is geen inboedel. Volgens de samenlevingsovereenkomst is de hond eigendom van degene die hem heeft gekocht. Wie de hond destijds heeft betaald, kan in kort geding niet worden vastgesteld. Wel staat de man als koper vermeld in de koopovereenkomst met de fokker én als eigenaar in het hondenpaspoort. Daarom gaat de rechter ervan uit dat de hond zijn eigendom is.

www.rechtspraak.nl, 18 maart 2020,
ECLI:NL:RBAMS:2020:1787

12.2.1 Bezit

Naast het begrip 'eigendom' kennen we ook het begrip 'bezit'. Bezit is een feitelijke toestand; het is het houden van een goed voor zichzelf (art. 3:107, lid 1 BW). Een bezitter gedraagt zich als eigenaar. Bij bezit dient de bezitter over het goed feitelijk de macht uit te oefenen. Als ik mijn geld (al dan niet giraal) naar de bank breng, blijf ik bezitter en eigenaar. Meestal is de bezitter ook eigenaar van het goed. Er zijn drie gevallen waarin de eigenaar en de bezitter verschillende personen zijn:
a. wanneer het goed van de eigenaar gestolen is: de dief is bezitter en degene die bestolen is blijft eigenaar;
b. wanneer het goed van de eigenaar verduisterd is: degene die het goed heeft verduisterd is bezitter, de eigenaar blijft eigenaar;
c. wanneer de eigenaar het goed verliest: degene die het goed heeft gevonden is bezitter, degene die het goed heeft verloren blijft eigenaar.

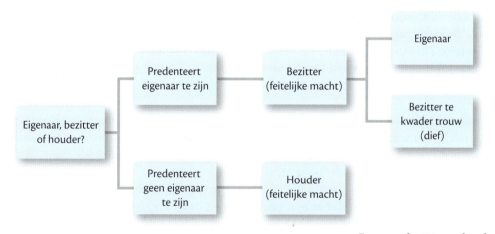

12.3 Eigenaar, bezitter en houder

12.2.2 Houderschap

Een houder is een persoon die een goed onder zich heeft, maar die zich niet als eigenaar gedraagt (art. 3:107, lid 4 BW). Deze persoon erkent dat het goed dat hij onder zich heeft (dus waarover hij de feitelijke macht heeft) van iemand anders is. Hij wil en moet het goed teruggeven aan de eigenaar als deze dat eist. Voorbeelden: de huurder van een huis, de lener van een boek, de penningmeester van de kas van een vereniging. Als men als houder begonnen is blijft men houder, ongeacht zijn eigen wil (art. 3:111 BW).

Zo kan de lener van een boek niet eigenmachtig zijn houderschap omzetten in bezit. Dit is alleen mogelijk met de medewerking van de bezitter.

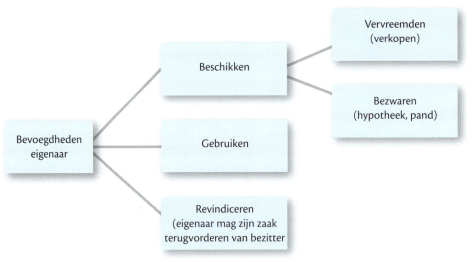

12.4 Bevoegdheden eigenaar

12.3 Eigendomsoverdracht

Eigendom kan op vele manieren worden verkregen, art. 3:80 BW noemt er een aantal. Wij beperken ons tot de meest voorkomende wijze van eigendomsverkrijging, de levering. Voor een geldige overdracht gelden drie vereisten (art. 3:84, lid 1 BW):
a. geldige titel tot overdracht;
b. beschikkingsbevoegdheid van de vervreemder;
c. levering van het desbetreffende goed.

Overdracht betekent de rechtsgeldige overgang van het eigendomsrecht. Het is het uiteindelijke resultaat van het vervullen van genoemde drie vereisten. Door het enkel betalen van een cd wordt men geen eigenaar.

12.3.1 Geldige titel
Een geldige titel betekent dat er een geldige reden moet zijn om het goed over te dragen. De koopovereenkomst is in het algemeen een geldige titel. Het kopen en verkopen van vrouwen is bijvoorbeeld geen geldige titel, omdat mensenhandel verboden is. Als een overeenkomst in strijd is met de wet, is er sprake van een ongeldige titel, zodat geen eigendom kan overgaan.

12.3.2 Beschikkingsbevoegdheid
Om een zaak geldig aan een ander te kunnen overdragen, is het nodig dat degene die overdraagt zelf over dat goed mag beschikken. In de meeste gevallen zal dit de eigenaar of rechthebbende zijn, maar degene die een volmacht van de eigenaar heeft gekregen, is ook beschikkingsbevoegd. Denk maar aan een verkoper in de showroom van Softy bv.

12.3.3 Overdracht

Bij overdracht gaat het recht op een zaak van een eigenaar over op de nieuwe verkrijger. De wijze van levering is afhankelijk van het goed dat geleverd moet worden. Te onderscheiden zijn:
a. roerende niet-registerzaken;
b. registergoederen;
c. vorderingen.

12.4 Levering van roerende zaken

Levering van roerende niet-registerzaken die zich in de macht van de vervreemder bevinden, gebeurt door bezitsverschaffing (art. 3:90, lid 1 BW). Hoe de feitelijke overgave van een zaak plaatsvindt hangt onder meer van de zaak af. Een auto draagt men meestal over door het overhandigen van de sleutels en de bij de auto behorende papieren. In de praktijk worden de meeste zaken eenvoudig overhandigd door feitelijk te leveren. Denk hierbij aan machines, inventaris, voorraden, dieren et cetera (art. 3:114 BW).

12.4.1 Koop en levering van registerzaken

Het kopen van registerzaken is in beginsel vormvrij. Men kan bijvoorbeeld een appartementsgebouw of fabrieksgebouw mondeling kopen. De koopovereenkomst hoeft niet schriftelijk te worden aangegaan. Indien een consument voor eigen gebruik een woning koopt moet dit wél schriftelijk (art. 7:2 BW). Maar door de koopovereenkomst wordt de koper niet eigenaar. Om het eigendom van een registerzaak over te dragen, moet bij een notaris een notariële akte worden opgemaakt. Deze akte wordt transportakte genoemd. De akte wordt ondertekend door de overdragende eigenaar, de nieuwe (verkrijgende) eigenaar en de notaris. Vervolgens moet de transportakte worden ingeschreven in het desbetreffende openbare register (art. 3:89 BW). Pas na inschrijving gaat het eigendom over op de nieuwe eigenaar.

Kerkgebouw toch niet verkocht

AMSTERDAM - De Maarten Luther Kerk in Amsterdam is toch niet verkocht. Dat heeft de rechtbank geoordeeld. Eigenaar de Evangelisch-Lutherse Gemeente Amsterdam (ELGA) besloot de kerk in 2014 voor herbestemming aan te bieden. Kerkgenootschap New Song meldde zich als potentiële koper en werd uitgenodigd haar plannen uiteen te zetten. Uiteindelijk besloot ELGA voorlopig van het verkoopplan af te zien en de kerk te blijven gebruiken. Kerkgenootschap New Song stelt echter dat er al een koopovereenkomst tot stand was gekomen, maar daar gaat de rechtbank dus niet in mee. Er was steeds het voorbehoud gemaakt dat de kerkenraad haar goedkeuring moest geven en die is niet gegeven. En voor zover de makelaar van ELGA een mondelinge toezegging had gedaan, is ELGA daar niet aan gebonden. De opdracht aan een makelaar tot verkoop houdt nog niet in dat hij ook namens de opdrachtgever mag verkopen.

www.rechtspraak.nl, 11 april 2018,
ECLI:NL:RBAMS:2018:2232

12.4.2 Koop van woningen door consumenten

Omdat het kopen van een woning voor de meeste consumenten grote financiële consequenties heeft, geeft de wetgever consumenten extra bescherming. De bescherming van de consumentkoper bestaat in de eerste plaats uit de eis dat koopovereenkomsten niet mondeling, doch slechts schriftelijk tot stand kunnen komen (art. 7:2 BW). In de tweede plaats heeft de consumentkoper een bedenktijd van drie dagen waarbinnen hij zonder opgave van reden de koopovereenkomst kan ontbinden (art. 7:2, lid 2 BW). Gedurende deze bedenktijd heeft hij de mogelijkheid om een deskundige (bijvoorbeeld een makelaar) te raadplegen en wordt hem de mogelijkheid geboden om onder een overhaaste koop uit te komen. De bedenktijd begint op de dag na die waarop aan de koper (een afschrift van de) getekende koopovereenkomst ter hand is gesteld. Een langer bedenktijd kan worden afgesproken. In de derde plaats heeft de koper de mogelijkheid om de koopovereenkomst in de openbare registers in te schrijven. Gedurende zes maanden na deze inschrijving is de koper onder meer beschermd tegen een faillissement van de verkoper en beslagen (art. 7:3, lid 3 BW).

Voorbeeld

Bedenktijd bij koop woningen door consument

Koopakte ter hand gesteld op:	Bedenktijd eindigt op:	Bedenktijd bedraagt:
Maandag	Donderdag	Drie kalenderdagen
Dinsdag	Vrijdag	Drie kalenderdagen
Woensdag	Maandag	Vijf kalenderdagen
Donderdag	Maandag	Vier kalenderdagen
Vrijdag	Dinsdag	Vier kalenderdagen

De algemeen erkende feestdagen zijn in dit overzicht niet meegenomen. Ook deze dagen tellen niet mee als bedenktijd.

12.4.3 Cessie, levering van een vordering op naam

Een vordering op naam is de schuld die een debiteur heeft aan een met naam bekende crediteur. Deze crediteur kan zijn vordering aan een ander overdragen. Een vordering op naam wordt overgedragen door middel van een akte en mededeling van de overdracht aan de debiteur (art. 3:94 BW). Het overdragen van een vordering op naam noemen we cederen, de overdracht heet cessie. Een akte van cessie mag door de verkoper en de koper worden opgesteld (een zogenaamde onderhandse akte). Bij cessie draagt de crediteur zijn vorderingsrecht over aan iemand anders. Die nieuwe crediteur treedt in de rechten van zijn voorganger. De debiteur mag tegenover deze nieuwe crediteur dezelfde verweermiddelen aanvoeren als tegen diens voorganger (art. 6:145 BW).

Voorbeeld

Softy bv heeft een vordering van € 50.000 op Stadsmaete te incasseren op 1 maart. Softy bv heeft liquiditeitsproblemen. Op 1 februari verkoopt Softy bv zijn vordering voor € 47.500 aan de Algemene Bank en wordt er een akte van cessie opgemaakt. Volgens de wet moet Stadsmaete medegedeeld worden dat de bank de nieuwe crediteur is geworden. Dit gebeurt in de praktijk vaak niet, omdat als Stadsmaete betaalt, dit toch meestal gebeurt via de thuisbankier. Als Stadsmaete op 1 maart betaalt, wordt het geld niet geboekt op de rekening van Softy bv, maar boekt de bank het geld naar zijn eigen kas.

12.5 Eigendomsvoorbehoud

Het is een wijdverbreid misverstand dat door betaling van de koopprijs de eigendom overgaat. Door de levering (de juridische overdracht) gaat de eigendom over, en niet door betaling.

Door een eigendomsvoorbehoud af te spreken (in verband met bewijsproblemen gebeurt dat in de praktijk altijd schriftelijk) blijft de leverancier eigenaar van de goederen, zolang de koopprijs niet volledig is betaald. De vereisten voor overdracht zijn:
- beschikkingsbevoegdheid;
- de aanwezigheid van een rechtsgeldige aanleiding voor de overdracht (titel);
- het in acht nemen van de rechtsgeldige leveringsvereisten.

Als aan al deze vereisten is voldaan, maar als het de bedoeling van partijen is dat het goed slechts voorwaardelijk in het vermogen van de koper terechtkomt, wordt gesproken van voorwaardelijke overdracht (art. 3:92 BW). De wet gaat uit van het vermoeden dat de verkoper zich verbindt tot overdracht onder een opschortende voorwaarde van voldoening van die verschuldigde prestatie. Het gevolg hiervan is dat betaling door de verkrijger van rechtswege (automatisch) de eigendom op hem doet overgaan. Eigendomsvoorbehoud betekent niet dat de afnemer de goederen niet mag bewerken en/of verkopen in het kader van zijn normale bedrijfsuitoefening. Het eigendomsvoorbehoud verliest zijn werking als de koper de geleverde goederen heeft verwerkt in een eindproduct.

Voorbeeld

Als Jonny Snel, verkoper van Softy bv, de verkochte hardware aan de koper overdraagt (in handen geeft door bijvoorbeeld de hardware in de auto van de koper te zetten), gaat de eigendom over. Of de koper betaald heeft voor de geleverde hardware is voor eigendomsovergang van geen belang.

12.5.1 Zekerheid voor leverancierskrediet

Het eigendomsvoorbehoud mag alleen de strekking van zekerheid hebben voor door de verkoper verleend leverancierskrediet. Het heeft alleen betrekking op de levering zonder betaling en kan in overeenstemming hiermee alleen maar geldig worden bedongen ter zake van (art. 3:92, lid 2 BW):
- de tegenprestatie voor krachtens overeenkomst geleverde of te leveren zaken;
- de tegenprestatie voor naast de levering tevens ten behoeve van de verkrijger verrichte of te verrichten werkzaamheden;
- schadevergoeding wegens tekortkoming van de verkrijger, inclusief rente en boete.

Indien een eigendomsvoorbehoud een ruimere strekking heeft dan te dienen tot zekerheid voor genoemde vorderingen, is het nietig. Let wel: het eigendomsvoorbehoud is 'voor zover' nietig, de overeenkomst waaraan het voorbehoud is verbonden, blijft rechtsgeldig.

Betaling door de koper doet van rechtswege de eigendom van de zaken op hem overgaan. Eigendomsverlies vóór dit tijdstip kan zich ook al voordoen, bijvoorbeeld als de verkrijger de zaken aan een derde overdraagt of deze tot nieuwe zaken verwerkt.

Voorbeeld

Eigendomsvoorbehoud
'Alle door ons geleverde goederen blijven ons eigendom, totdat zij volledig zijn betaald. Ter dekking van onze aanspraken dienen niet alleen de reeds geleverde doch nog niet betaalde goederen, maar ook die geleverde goederen die reeds wel betaald zijn, en wel tot het totale bedrag van onze aanspraken.'

12.6 Onderhandelingen

Voordat een overeenkomst tot stand komt, moet er in de praktijk vaak langdurig worden onderhandeld. De fase die aan het sluiten van een overeenkomst voorafgaat wordt vaak aangeduid met de term 'precontractuele fase'. Zodra deze fase ingaat, dat wil zeggen zodra partijen met elkaar in contact treden en de onderhandelingen starten, ontstaan tussen hen zekere 'gedragsplichten'. Hoewel van contractuele gebondenheid nog geen sprake is, dienen partijen rekening te houden met elkaars 'gerechtvaardigde belangen'. De Hoge Raad spreekt hier over een 'bijzondere, door de goede trouw beheerste rechtsverhouding'. Redelijkheid en billijkheid zijn maatstaven bij de beoordeling van het gedrag van partijen ten tijde van de onderhandelingen.

Het antwoord op de vraag welke de gedragsplichten zijn die uit de redelijkheid en billijkheid kunnen voortvloeien, is moeilijk in zijn algemeenheid aan te geven. De algemene opvatting is dat de uit de redelijkheid en billijkheid voortvloeiende gedragsplichten belangrijker worden naarmate de onderhandelingen vorderen.

Arrest

Arrest Baris-Riezenkamp
HR 15 november 1957, ECLI:NL:HR:1957:AG2023

Feiten
Baris verkoopt aan Riezenkamp de bedrijfsinventaris van een motorenfabriek. Riezenkamp betaalt de koopprijs niet. Er ontstaat een juridische procedure. In het proces gaat het onder meer over hoe partijen met elkaar hebben onderhandeld.

Hoge Raad
(...) dat immers partijen, door in onderhandeling te treden over het sluiten van een overeenkomst, tot elkaar komen te staan in een bijzondere, door de goede trouw beheerste, rechtsverhouding, medebrengende, dat zij hun gedrag mede moeten laten bepalen door de gerechtvaardigde belangen van de wederpartij:

dat dit onder meer medebrengt, dat voor degene die overweegt een overeenkomst aan te gaan, tegenover de wederpartij een gehoudenheid bestaat om binnen redelijke grenzen maatregelen te nemen om te voorkomen dat hij onder den invloed van onjuiste veronderstelling zijn toestemming geeft, de omvang van welke gehoudenheid mede hierdoor wordt bepaald, dat men in den regel mag afgaan op de juistheid van door de wederpartij gedane mededelingen.

Toelichting
Tijdens onderhandelingen komen partijen tot elkaar te staan in een "bijzondere, door de goede trouw beheerste rechtsverhouding". Uit dit arrest worden de volgende vuistregels voor onderhandelingen afgeleid:
- Onderhandelingen moeten redelijk en billijk verlopen.
- Tijdens onderhandelingen moet rekening worden gehouden met de belangen van de andere partij.
- Een partij die overweegt een overeenkomst te sluiten dient zich, binnen redelijke grenzen, voldoende te informeren.
- In het algemeen mag men ervan uitgaan dat wat de wederpartij zegt juist is.

12.6.1 Afbreken van de onderhandelingen

In beginsel is een ieder vrij om wel of geen overeenkomst te sluiten, en dit geldt ook voor onderhandelingen. Onderhandelende partijen zijn verplicht hun gedrag mede door elkaars gerechtvaardigde belangen te laten bepalen. In de praktijk gaat het vaak om de vraag wat de positie van partijen is als een van hen de onderhandelingen afbreekt. Indien er reeds een gerechtvaardigd vertrouwen bij de wederpartij is gewekt dat er een of andere overeenkomst tot stand zou komen, dan is afbreken niet zonder meer toegestaan. Onfatsoenlijk onderhandelen kan tot schadevergoeding leiden.

Arrest

Arrest Plas-Valburg
HR 18 juni 1982, ECLI:NL:HR:1982:AG4405

Feiten
De gemeente Valburg had voor de bouw van een zwembad een aantal aannemers uitgenodigd een aanbieding te doen. Het plan van Plas viel in goede aarde. Op verzoek van de gemeente – maar op eigen kosten – won Plas vervolgens adviezen in van deskundigen. Wederom op verzoek van de gemeente diende Plas daarna een aangepaste offerte in. De offerte van Plas en die van een andere aanbieder werden door een externe adviseur van de gemeente beoordeeld. Nadat Plas een definitieve offerte had uitgebracht, lieten B&W namens de gemeente weten dat het plan aanvaardbaar was en bovendien het goedkoopst; alleen de gemeenteraad moest er nog over beslissen. In de vergadering van de raad komt een plan op tafel van een plaatselijke aannemer die zich pas veel later heeft aangemeld. Dit laatste plan, dat goedkoper is, wordt door de gemeenteraad aanvaard. Plas laat het er niet bij zitten en eist schadevergoeding, te weten ƒ 60.000 voor gemaakte voorbereidingskosten en ƒ 70.000 voor gederfde winst.

Hoge Raad
Niet uitgesloten is dat onderhandelingen over een overeenkomst in een zodanig stadium zijn gekomen dat het afbreken zelf van die onderhandelingen onder de gegeven omstandigheden als in strijd met de goede trouw moet worden geacht, omdat partijen over en weer mochten vertrouwen dat enigerlei contract in ieder geval uit de onderhandelingen zou resulteren. In zo een situatie kan er ook plaats zijn voor een verplichting tot vergoeding van gederfde winst.

Toelichting
Het arrest gaat om precontractuele aansprakelijkheid, dat wil zeggen schadevergoeding en vergoeding van gederfde winst na het afbreken van de onderhandelingen.

Aandeelhouder mocht onderhandelingen afbreken

AMSTERDAM - De aandeelhouder van een Hilversumse vastgoedonderneming mocht de onderhandelingen met een vastgoedinvesteerder over de verkoop van de aandelen in deze, afbreken. Dit heeft de rechtbank bepaald. De aandeelhouder en de vastgoedinvesteerder bevonden zich namelijk op dat moment nog in de onderhandelingsfase. Zij waren het in grote lijnen weliswaar met elkaar eens, maar nog niet over de essentiële onderdelen van de overeenkomst. De rechtbank is daarom van oordeel dat er nog geen overeenkomst tot overname van de aandelen tot stand was gekomen. Evenmin mocht de vastgoedinvesteerder uit de gedragingen en uitingen van de aandeelhouder afleiden dat een dergelijke overeenkomst tot stand zou komen. De vorderingen van de vastgoedondernemer worden dan ook afgewezen.
www.rechtspraak.nl, 27 juni 2018, ECLI:NL:RBAMS:2018:4454

12.7 De overeenkomst

Een overeenkomst is een meerzijdige rechtshandeling, waarbij een of meer partijen jegens een of meer anderen een verbintenis aangaan (art. 6:213 BW). Een overeenkomst is een afspraak tussen twee of meer partijen met rechtsgevolgen; er ontstaan rechten en verplichtingen voor de partijen. Anders gezegd: er ontstaan verbintenissen uit de overeenkomst, rechten en plichten over en weer. Indien er een overeenkomst is gesloten, kan een van de partijen niet eenzijdig de overeenkomst opzeggen. De rechtsgevolgen van een overeenkomst zijn afdwingbaar via de rechter.

Een overeenkomst komt tot stand tussen twee of meer (rechts)personen. Juridisch noemen we deze (rechts)personen 'partijen bij een overeenkomst'. Nu is niet iedere afspraak een overeenkomst. We spreken van een overeenkomst als de afspraak die door de partijen is gemaakt ook juridisch afdwingbaar is (art. 6:248, lid 1 BW). Met juridisch afdwingbaar bedoelen we dat indien een van de partijen zich niet aan de afspraak houdt, de wederpartij naar de rechter kan stappen en daar kan eisen dat de afspraak zal worden nagekomen of dat er schadevergoeding zal worden betaald. Het spreekwoord 'Een man een man, een woord een woord' geldt zeker in het recht. De inhoud van een overeenkomst wordt niet alleen bepaald door hetgeen partijen zijn overeengekomen, maar ook door de aard van de overeenkomst, door de wet, de gewoonte of de redelijkheid en billijkheid (art. 6:248 BW).

12 Eigendom en overeenkomst

> **Voorbeeld**
>
> Pieter Werkmans maakt namens Softy bv een afspraak met een autodealer over de koop van een bestelauto. Uit deze overeenkomst ontstaan twee verbintenissen:
> a. De autodealer heeft recht op de koopprijs en Softy bv heeft de plicht om de koopprijs te betalen.
> b. Softy bv heeft recht op levering van de auto en de dealer heeft de plicht om deze te leveren.

12.7.1 Redelijkheid en billijkheid

In art. 6:2 BW wordt bepaald dat redelijkheid en billijkheid niet alleen de inhoud van contractuele en andere verbintenissen kunnen aanvullen, maar ook de letter van de overeenkomst of van de wet opzij kunnen zetten. Het artikel bepaalt dat crediteur en debiteur verplicht zijn zich jegens elkaar te gedragen overeenkomstig de eisen van redelijkheid en billijkheid, terwijl lid 2 toevoegt dat een tussen hen geldende regel niet van toepassing is, voor zover dit in de gegeven omstandigheden naar maatstaven van redelijkheid en billijkheid onaanvaardbaar zou zijn.

> **Voorbeeld**
>
> **Voorbeeld**
> Is een 700% huurverhoging redelijk en billijk? De Nettorama-supermarkt in Borne verhuurt sinds 1983 een deel van het gebouw aan een andere zelfstandige kaas- en notenwinkeltje. In het huurcontract is afgesproken dat er jaarlijks een kleine prijsaanpassing mag zijn, een indexering.
> In 2015 komt Nettorama erachter dat zij hier nooit gebruik van heeft gemaakt en eist met terugwerkende kracht alsnog dat gemiste geld van de afgelopen 32 jaar. De supermarkt berekent ruim 114.000 euro over de laatste vijf jaren en een maandelijkse huursom van zo'n 3100 euro, wat voor de huurders een huurverhoging van ruwweg 700% betekent. De kantonrechter vindt de huurverhoging in strijd met de redelijkheid en billijkheid en wijst de vordering van Nettorama af.
> ECLI:NL:RBOVE:2016:4951

12.7.2 Mondelinge of schriftelijke afspraak

Het maakt in principe niets uit of de overeenkomst mondeling of schriftelijk is gemaakt. Een overeenkomst schriftelijk vastleggen is alleen maar van belang vanuit bewijstechnisch oogpunt. Daarom is het verstandig om een afspraak, vooral wanneer het om belangrijke zaken gaat, op papier te zetten en door beide partijen te laten tekenen. De handtekening geeft aan dat de partij akkoord gaat. Bij een schriftelijke afspraak krijgt men in het algemeen minder problemen met de uitleg van de overeenkomst. Een schriftelijk vastgelegde overeenkomst wordt in de praktijk een contract genoemd.

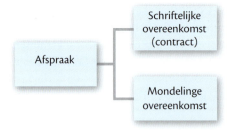

12.5 Mondelinge en schriftelijke overeenkomst

12.7.3 Bewijs en overeenkomst

Bij juridisch bewijs gaat het om het aannemelijk maken van een standpunt voor de rechter. Juridisch bewijs is maatschappelijk bewijs, dat nimmer verder komt dan tot een aan zekerheid grenzende mate van waarschijnlijkheid. Tegen elk bewijs is tegenbewijs toegelaten. Bewijs en tegenbewijs zijn in het algemeen de kern van de meeste civielrechtelijke geschillen. Partijen verschillen van mening over de feiten of over de vraag of er wel of geen sprake was van een rechtshandeling. Was er bijvoorbeeld wel of geen ontbindende voorwaarde in de koopovereenkomst opgenomen? Dit zal moeten worden bewezen aan de hand van wat bijvoorbeeld staat vermeld in het koopcontract, in correspondentie of getuigenverklaringen.

12.7.4 Bewijsmiddelen

Bewijsmiddelen heeft men nodig om de wederpartij of de rechter, ingeval van een proces, van zijn gelijk te overtuigen. In het Nederlandse rechtsstelsel geldt het beginsel 'wie beweert, bewijst'. Foto's, films en geluidsbanden zijn ook erkende bewijsmiddelen. Welke bewijskracht hieraan wordt toegekend, wordt uiteindelijk door de rechter bepaald. Datzelfde geldt eveneens voor moderne communicatietechnieken zoals de fax, e-mail en berichten die via computernetwerken (EDI) worden uitgewisseld.

Bij een aangetekende brief dient de verzender te bewijzen dat hij de brief aangetekend naar het juiste adres heeft verzonden en dient hij bovendien aannemelijk te maken dat de brief (tijdig) aan de geadresseerde is aangeboden op de wijze die daartoe ter plaatse van bestemming is voorgeschreven.

12.7.5 Elektronische handtekening

Een elektronische handtekening is een elektronische variant van een geschreven handtekening. Een elektronische handtekening bestaat uit elektronische gegevens die zijn vastgehecht aan andere elektronische gegevens, bijvoorbeeld een tekstbestand, of die daarmee logisch zijn verbonden (art. 6:227a ev BW). Belangrijk is dat de elektronische handtekening wordt gebruikt als middel voor authentificatie. Dat wil zeggen dat daarmee de door de ondertekenaar geclaimde identiteit kan worden gecontroleerd.

12.7.6 Rechtsgevolgen van elektronische handtekening

Een met voldoende waarborgen omgeven elektronische handtekening heeft dezelfde rechtsgevolgen als een handgeschreven handtekening. Een elektronische handtekening wordt in een rechtszaak als bewijsmiddel toegelaten. De wet onderscheidt twee soorten elektronische handtekeningen: de geavanceerde en de gewone. Een geavanceerde elektronische handtekening is met meer waarborgen omgeven.

Partijen kunnen zelf overeenkomen wanneer en van welke elektronische handtekening zij onderling gebruik wensen te maken. Zij bepalen daarvoor zelf het gewenste veiligheids- en betrouwbaarheidsniveau. Zo zal voor de aanschaf van een boek of een cd-rom langs elektronische weg met een eenvoudige elektronische handtekening kunnen worden volstaan.

12.7.7 Formele overeenkomsten
Bepaalde overeenkomsten moeten op schrift gesteld zijn, willen ze rechtsgevolgen hebben. De wet stelt bij een formele overeenkomst een vormvereiste voor de geldigheid. Zo moet een huur-koopovereenkomst schriftelijk worden aangegaan; hetzelfde geldt voor het concurrentiebeding bij een arbeidsovereenkomst.

12.7.8 Contractvrijheid
In Nederland kennen we het principe van de contractvrijheid. Men mag in principe zoveel overeenkomsten aangaan, van welk soort en over wat dan ook, als men wil en met wie men wil. De contractvrijheid wordt beperkt doordat de wet bepaalt dat een overeenkomst niet in strijd mag zijn met de wet, de openbare orde of de goede zeden.

12.7.9 Nietigheid en vernietigbaarheid
Nietigheid wil zeggen dat de overeenkomst geen rechtsgevolgen heeft. Een nietige rechtshandeling is van het begin af ongeldig. Vernietigbaarheid wil zeggen dat de overeenkomst geldig is totdat zij, op verzoek van één van de bij de overeenkomst betrokkenen, door de rechter alsnog nietig wordt verklaard. Een rechtshandeling in strijd met dwingend recht leidt tot nietigheid. Maar indien de bepaling uitsluitend strekt ter bescherming van één van de partijen leidt dit tot vernietigbaarheid (art. 3:40, lid 2 BW).

12.8 Totstandkoming van een overeenkomst

Art. 6:217 BW bepaalt dat een overeenkomst tot stand komt door een aanbod en de aanvaarding daarvan. Aanbod en aanvaarding zijn rechtshandelingen. Met een rechtshandeling beoogt men rechtsgevolgen. Hierbij is vereist een op rechtsgevolg gerichte wil die zich door een verklaring heeft geopenbaard. Uit die wilsverklaring moet in beginsel wilsovereenstemming blijken.

Een overeenkomst komt tot stand als partijen uit vrije wil samen tot een afspraak komen. Partijen moeten het eens zijn met elkaar. Iemands wil leert men kennen door wat hij verklaart. Dat kan op veel manieren gebeuren: mondeling, schriftelijk of zelfs stilzwijgend. Wij noemen de manieren waarop men zijn wil kan uiten 'wilsverklaringen'. De wilsverklaringen van partijen moeten met elkaar overeenstemmen. In de praktijk vallen aanbod en aanvaarding meestal in tijd samen. Maar in een aantal gevallen komt een overeenkomst pas tot stand na langdurige onderhandelingen over prijs, service, kwaliteit et cetera. Wanneer de onderhandelingen schriftelijk gevoerd zijn (per brief, telex of fax), dan komt de overeenkomst tot stand als de acceptatiebrief de aanbieder heeft bereikt en hij daarvan redelijkerwijs kennis had kunnen nemen. Alleen als alle essentiële elementen, zoals de nauwkeurige omschrijving van de zaak en de prijs, zijn vermeld, is er sprake van een aanbod. Indien dit niet het geval is, is er sprake van een uitnodiging tot het doen van een aanbod.

12.8.1 Wilsovereenstemming

Een rechtshandeling is pas geldig als de wil die zich op een rechtsgevolg richt, zich door die verklaring heeft geopenbaard (art. 3:33 BW). Er is pas sprake van een overeenkomst als er wilsovereenstemming is. We spreken van wilsovereenstemming als de op rechtsgevolg gerichte wil van partijen overeenstemt: partijen willen hetzelfde rechtsgevolg in het leven roepen.

De innerlijke wil van partijen is niet voldoende om een overeenkomst tot stand te brengen. Partijen moeten hetgeen ze willen ook hebben verklaard. De wil van een persoon is alleen via zijn verklaring duidelijk. Tussen hetgeen iemand wil en hetgeen hij verklaart kan ook een verschil bestaan. Hierbij valt te denken aan een vergissing, een verspreking, een verschrijving of een misverstand.

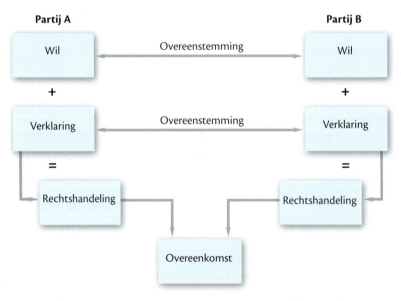

12.6 Totstandkoming overeenkomst

12.8.2 Aanbod

Een aanbod is een eenzijdig gerichte rechtshandeling na aanvaarding waarvan een overeenkomst ontstaat (art. 6:217 BW). Een aanbod kan op vele manieren blijken. Het uitbrengen van een offerte, het mondeling meedelen dat men iets wil kopen, het uitstallen van goederen in een winkel, het plaatsen van een advertentie en dergelijke. Als het aanbod wordt aanvaard, ontstaat er automatisch een overeenkomst. Het aanbod werkt vanaf het moment waarop het de wederpartij heeft bereikt. Er is meer nodig dan verzending, maar het is niet nodig dat de wederpartij daadwerkelijk van het aanbod heeft kennisgenomen. Een aanbod dat de wederpartij niet of niet tijdig bereikt, kan desondanks zijn werking hebben.

De bindende kracht van een aanbod is niet voor onbepaalde tijd (art. 6:221 BW). Een aanbod vervalt ook door verwerping. Een tegenbod dat van het oorspronkelijk aanbod afwijkt, geldt als een afwijzing van het oorspronkelijk aanbod (art. 6:225, lid 1 BW). Een aanbod vervalt:
- door herroeping;
- door verwerping;
- door het verstrijken van een redelijke termijn.

Een aanbod kan zijn:
a. herroepelijk;
b. onherroepelijk.

Als het bod is aanvaard, is de koop gesloten

AMSTERDAM 6 juni - Beleggingsmaatschappij Renpart moet haar aanbod aan vastgoedbedrijf Bouwmaatschappij Amsterdam (BMA) voor de verkoop van een bedrijfsruimte aan de Amsterdamse Krijn Taconiskade (IJburg) gestand doen. Dat heeft de voorzieningenrechter bepaald. Nadat BMA een bod van iets meer dan een 1 miljoen euro had gedaan op de bedrijfsruimte die Renpart te koop aanbood, deed Renpart per e-mail een tegenbod. BMA aanvaardde dat bod – maar kreeg vervolgens nul op rekest. Renpart stuurde vijf dagen later namelijk een e-mail: dat er meerdere kapers op de kust waren en dat van exclusiviteit nooit sprake was geweest. Dat kan niet, oordeelt de voorzieningenrechter: aangezien BMA het aanbod van Renpart heeft aanvaard, is de koopovereenkomst gesloten.

www.rechtspraak.nl, 6 juni 2018,
ECLI:NL:RBAMS:2018:3842

12.8.3 Herroepelijk aanbod

De aanbieder kan, zolang deze nog niet aanvaard is, zijn aanbod herroepen. Dit is niet meer mogelijk zodra de aanvaarding reeds is verzonden (art. 6:219, lid 1 BW). Een aanbod is herroepelijk, tenzij:
- het een termijn voor de aanvaarding inhoudt;
- de onherroepelijkheid ervan op andere wijze uit het aanbod of uit de gewoonte volgt.

Herroeping kan in iedere vorm gebeuren (art. 3:37 en 6:221 BW).

Voorbeeld

Softy bv herroept op 2 juli zijn aanbod (bijvoorbeeld mondeling, telefonisch of per Whatsapp), terwijl volgens het poststempel IBM bv op 1 juli al een brief op de bus heeft gedaan met een aanvaarding. In deze situatie ontstaat er gewoon een overeenkomst.

12.8.4 Verval aanbod

Een mondeling aanbod vervalt als het niet onmiddellijk wordt aanvaard (art. 6:221, lid 1 BW). Een schriftelijk aanbod vervalt als het niet binnen een redelijke tijd wordt aanvaard (art. 6:221, lid 1 BW). Wat een 'redelijke termijn' is, hangt onder meer af van de aard van de mogelijk te sluiten overeenkomst, wat in de betreffende branche gebruikelijk is en dergelijke. Een aanbod vervalt als het wordt afgewezen (art. 6:221, lid 2 BW). Het aanbod dat een termijn voor de aanvaarding inhoudt, vervalt door het verstrijken van die termijn.

12.8.5 Onherroepelijk aanbod

Bij een onherroepelijk aanbod staat de termijn voor de aanvaarding vast of de onherroepelijkheid blijkt uit het aanbod. Degene die zijn aanbod onherroepelijk maakt, ontneemt zichzelf de bevoegdheid om alsnog door middel van herroeping te voorkomen dat door aanvaarding van zijn aanbod binnen de gestelde termijn de overeenkomst tot stand komt. In het geval dat een onderneming een offerte stuurt waarin staat vermeld: 'Dit aanbod geldt voor 14 dagen' kan gedurende deze termijn het aanbod niet worden herroepen.

Arrest Lindeboom-Gemeente Amsterdam
HR 19 december 1969, ECLI:NL:HR:1969:AC4976

Feiten
Op 24 juni 1964 biedt Lindeboom de gemeente Amsterdam recht van erfpacht aan van de Pieter van Foreestkliniek met de aanwezige inventaris, eigendom van de gemeente Amsterdam. De gevraagde koopsom bedraagt totaal ƒ 1.750.000. Voorwaarde hierbij was dat de koop en de overdracht zouden plaatsvinden tussen 15 november en 15 december 1964. Op 18 november vraagt Lindeboom schriftelijk aan de gemeente hem van deze verkoopbelofte te ontslaan, maar de gemeente gaat daar niet op in en aanvaardt schriftelijk het aanbod van Lindeboom. De gemeente roept Lindeboom op om op 11 december te verschijnen bij de notaris. Lindeboom weigert mee te werken aan de overdracht, stellende dat er geen overeenkomst tot stand is gekomen, nu hij zijn aanbod had ingetrokken voordat de gemeente dit had aanvaard.

Hoge Raad
(...) dat het Hof heeft geoordeeld, dat uit Lindebooms aanbod zelf voortvloeit dat het aanbod niet kon worden herroepen dan op of na de dag, op welke de aanvaarding van het aanbod niet meer zou kunnen leiden tot een overdracht op 15 december 1964, althans op 15 november 1964;
   dat het Hof hieruit terecht de conclusie heeft getrokken, dat door de tijdige aanvaarding van het aanbod door de Gemeente de betreffende overeenkomst tot overdracht van de Pieter van Foreestkliniek tot stand was gekomen, ongeacht het feit dat Lindeboom op dat moment reeds zijn aanbod had ingetrokken;
   dat immers degene die zijn aanbod onherroepelijk maakt, daarmee zichzelf de bevoegdheid ontneemt om alsnog te voorkomen, dat door een aanvaarding van het aanbod binnen de gestelde termijn de overeenkomst tot stand komt; dat zich aldus wel het geval kan voordoen, dat niet gelijktijdig bij beide partijen de wil tot het aangaan van de overeenkomst bestaat, maar dat – anders dan in het middel wordt aangenomen – geen rechtsregel deze laatste eis voor het tot stand komen van een overeenkomst stelt.

Toelichting
De partij die zijn aanbod (offerte) onherroepelijk maakt, ontneemt zichzelf de bevoegdheid om alsnog door middel van herroeping te voorkomen dat door aanvaarding van zijn aanbod binnen de gestelde termijn de overeenkomst tot stand komt.

12.8.6 Aanvaarding

Een overeenkomst komt tot stand door aanvaarding van het aanbod (art. 6:217 BW). Door het doen van een aanbod laat iemand zien wat hij wil; er is dus sprake van een wilsverklaring. Hetzelfde geldt ook voor het aanvaarden van het aanbod; ook dat is een wilsverklaring. Er is pas een overeenkomst als het aanbod overeenstemt met de aanvaarding. Het tijdstip waarop een overeenkomst tot stand komt, is dat moment waarop het aanbod wordt aanvaard (art. 3:37 BW).

12.8.7 De van het aanbod afwijkende aanvaarding

Als de aanvaarding van het aanbod afwijkt, moet dit worden gezien als een nieuw aanbod (art. 6:225, lid 1 BW). Het oorspronkelijke aanbod wordt tegelijk daarmee verworpen.

Indien de afwijkende aanvaarding van het aanbod slechts ondergeschikte details bevat, komt er wel een overeenkomst tot stand, tenzij de aanbieder onverwijld bezwaar maakt tegen de verschillen tussen aanbod en aanvaarding daarvan (art. 6:225, lid 2 BW).

Indien het aanbod verwijst naar andere algemene voorwaarden, die afwijken van de algemene voorwaarden van de aanvaarding, dan gelden in beginsel de algemene voorwaarden die in het aanbod staan (art. 6:225, lid 3 BW). Dit is anders indien in de aanvaarding uitdrukkelijk de algemene voorwaarden die in het aanbod staan, worden verworpen.

12.8.8 Uitnodiging tot onderhandelingen

Wanneer er voor de totstandkoming van de overeenkomst eerst nog onderhandelingen nodig zijn om tot een definitief resultaat te kunnen komen, is er in juridische zin geen sprake van een zuiver aanbod. Hierbij moet u denken aan wervingsadvertenties, aanbiedingen zonder prijs, dan wel advertenties met de aanduiding 'n.o.t.k.' (nader overeen te komen).

Arrest

Arrest Hofland-Hennis
HR 10 april 1981, ECLI:NL:HR:1981:AG4177, NJ 1981, 532

Feiten
Hofland laat via zijn makelaar een advertentie plaatsen in een woninggids, waarin hij zijn huis aanbiedt voor ƒ 215.000. Hennis bezichtigt het huis. Hennis laat de makelaar weten dat hij het huis voor de vraagprijs wil kopen. Als Hennis de transactie wil regelen, verklaart Hofland van niets te weten.

Hoge Raad
(...)
Vooropgesteld moet worden dat een advertentie waarin een individueel bepaalde zaak voor een bepaalde prijs te koop wordt aangeboden, zich in beginsel niet ertoe leent door eventuele gegadigden anders te worden opgevat dan als een uitnodiging om in onderhandelingen

te treden, waarbij niet alleen prijs en eventuele verdere voorwaarden van de koop, maar ook de persoon van de gegadigde van belang kunnen zijn.
(...)

Toelichting
Volgens de Hoge Raad deed Hofland in deze zaak niet meer dan een uitnodiging om een bod te doen. Een advertentie voor een woonhuis wordt hier beschouwd als het uitnodigen tot onderhandelen.

12.8.9 Handelingsbekwaamheid
Een ander vereiste voor de geldigheid van een overeenkomst is dat beide partijen 'handelingsbekwaam' moeten zijn. Dat wil zeggen dat partijen zelfstandig overeenkomsten kunnen sluiten. Bepaalde groepen mensen kunnen de draagwijdte en de gevolgen van een door hen gesloten overeenkomst niet overzien. De wetgever wil deze groepen beschermen. Overeenkomsten gesloten door handelingsonbekwamen zijn gebrekkig, dat wil zeggen dat zij vernietigbaar zijn (art. 3:32 BW): de overeenkomst kan door de rechter worden vernietigd. Handelingsonbekwamen kunnen wel degelijk overeenkomsten sluiten, maar – omdat vernietiging kan worden gevraagd door de wettelijke vertegenwoordiger – het is voor de wederpartij een nog onzekere zaak of de overeenkomst zal blijven bestaan. Handelingsonbekwamen zijn onder anderen:
a. minderjarigen (jonger dan 18 jaar);
b. meerderjarigen die onder curatele zijn gesteld;

12.8.10 Bepaalbaarheid
Het moet voor partijen duidelijk zijn waarover de overeenkomst gaat en wat de verbintenissen inhouden. Deze zaken worden ook wel de essentialia genoemd. De afspraak mag niet te vaag zijn. De afspraak dat Softy bv een aantal personal computers zal verkopen tegen een redelijke prijs aan de opleiding Bedrijfskunde 'de Maere', levert nog geen overeenkomst op. Verbintenissen zijn voldoende bepaald indien:
a. deze op het moment van het sluiten van de overeenkomst vaststaan, of
b. de criteria bekend zijn aan de hand waarvan de verbintenissen zullen worden vastgesteld.

Voorbeeld
Men kan de aspergeoogst van een bepaald stuk grond in een bepaald jaar kopen. Het hoeft dus helemaal niet vast te staan hoeveel asperges er in dat bepaalde jaar zullen worden geoogst.

12.8.11 Wet, openbare orde en goede zeden
In beginsel zijn partijen bij een overeenkomst vrij om de inhoud van hun afspraak te bepalen. Niettemin zijn er grenzen waarbinnen deze vrijheid zich moet bewegen om maatschappelijk ongewenste situaties te voorkomen. Een overeenkomst mag niet in strijd zijn met (art. 3:40 BW):

a. de wet;
b. de goede zeden;
c. de openbare orde.

Een overeenkomst met een handelaar in verdovende middelen met betrekking tot het kopen van heroïne is in strijd met de wet (Opiumwet). Overeenkomsten die uitsluitend in strijd zijn met de openbare orde komen vrijwel niet voor. Dergelijke overeenkomsten zullen in het algemeen ook in strijd zijn met de wet. Een overeenkomst is in strijd met de goede zeden wanneer de strekking van de overeenkomst onbehoorlijk is.

Voorbeeld

Pieter Werkmans van Softy bv spreekt met een werknemer van IBM af dat deze – tegen betaling van steekpenningen – de nieuwe en uiterst geheime schakeling van de PS/2 aan Pieter zal doorspelen, zodat de computers van Softy bv compatible zijn met PS/2.

12.9 Discrepantie tussen wil en verklaring

Het kan gebeuren dat de verklaring van een partij afwijkt van diens werkelijke wil. Er kan sprake zijn van een vergissing, een verspreking of een misverstand. Is een partij gebonden wanneer wil en verklaring van elkaar afwijken door een vergissing, een verspreking, een verschrijving of een misverstand? Waar het om gaat is de vraag: kan en mag iemand in alle redelijkheid ingaan op hetgeen de ander jegens hem heeft verklaard (art. 3:35 en 36 BW)? Is dit inderdaad het geval, dan is de overeenkomst tot stand gekomen, ondanks het feit dat de verklaring en de wil niet overeenstemmen.

Er zal moeten worden gekeken naar de omstandigheden waaronder de foutieve verklaring is afgelegd. Wanneer kan iemand aan zijn foutieve aanbod (of foutieve aanvaarding) worden gehouden? Als de wederpartij begreep of had kunnen begrijpen dat de verklaring foutief is, komt er geen overeenkomst tot stand. Er is alleen sprake van een overeenkomst als de partij er in redelijkheid op mocht vertrouwen dat wat de ander verklaarde ook werkelijk haar wil was. Over wat iemand redelijkerwijs moet begrijpen, heeft overigens de rechter het laatste woord indien de partijen het niet met elkaar eens zijn.

Voorbeeld

Leen Bakker, een Nederlandse keten van meubel- en interieurwinkels, zette kinderhoogslapers met matras en matrashoes op de website voor € 24. Normaal kost een hoogslaper € 319. Tienduizenden mensen bestelden deze hoogslapers. Leen Bakker liet de bestellers weten dat het om een vergissing ging en annuleerde de bestellingen. Het draait in de rechtszaak allemaal om de vraag of er sprake is van een rechtsgeldige overeenkomst. Mochten de consumenten er op het moment dat zij de bestelling op internet plaatsten redelijkerwijs van uitgaan dat de prijs van € 24,00 juist was? Voor een overeenkomst zijn aanbod en aanvaarding nodig.
De kortgedingrechter oordeelde dat Leen Bakker geen kinderhoogslapers hoeft te leveren omdat het duidelijk is dat er een vergissing in het spel was aan de zijde van Leen Bakker en

klanten hadden dat, gelet op de omstandigheden, kunnen weten. Daarmee is er feitelijk geen koopovereenkomst tot stand gekomen omdat er geen sprake is van een geldig aanbod.
www.rechtspraak.nl, 03-10-2017, ECLI:NL:RBZWB:2017:6239

12.10 Wilsgebreken

Er kunnen ook verklaringen worden afgelegd die wel met de wil overeenstemmen, maar waarbij de wil op een gebrekkige manier is gevormd. De vier wilsgebreken zijn:
a. dwaling;
b. bedrog;
c. bedreiging;
d. misbruik van omstandigheden.

Wanneer bewezen wordt dat er sprake is van een wilsgebrek, kan de overeenkomst worden vernietigd. De rechtshandeling is daardoor aantastbaar. Een beroep op dwaling kan zich alleen voordoen bij overeenkomsten. De andere drie wilsgebreken kunnen bij rechtshandelingen voorkomen.

Als de overeenkomst door de rechter op grond van wilsgebreken vernietigd wordt, is er soms plaats voor schadevergoeding. Deze vergoeding omvat alleen de kosten die nodig zijn om de situatie te scheppen alsof er nooit een overeenkomst bestaan heeft. Dit is dus een andere vorm van schadevergoeding dan bijvoorbeeld bij wanprestatie of onrechtmatige daad.

12.10.1 Dwaling

Wie een artikel koopt dat niet aan de door de verkoper gewekte verwachtingen of gedane beloften voldoet of waaraan iets anders mis blijkt te zijn, hoeft dat niet altijd te accepteren. Van dwaling is sprake als iemand een overeenkomst heeft gesloten die hij zeker niet gesloten zou hebben als hij een juiste voorstelling van zaken had gehad (art. 6:228 BW). Men dwaalt als men zich een verkeerde voorstelling maakt van iets of iemand. Anders dan bij bedrog als wilsgebrek hoeft het bij dwaling niet te gaan om opzettelijke misleiding. Een partij bij een overeenkomst kan de overeenkomst met een beroep op dwaling laten vernietigen wanneer aan één van de drie navolgende vereisten is voldaan (art. 6:228, lid 1 BW):

- indien de dwaling te wijten is aan een inlichting van de wederpartij, tenzij deze mocht aannemen dat ook zonder deze inlichting de overeenkomst zou zijn gesloten (art. 6:228 lid 1 sub a BW);
- indien de wederpartij in verband met hetgeen zij omtrent de dwaling wist of behoorde te weten, de dwalende had behoren in te lichten (art. 6:228, lid 1 sub b BW), deze mededelingsplicht is in beginsel beperkt tot informatie waarover een partij daadwerkelijk beschikt;
- indien de wederpartij bij het sluiten van de overeenkomst van dezelfde onjuiste veronderstelling als de dwalende is uitgegaan, tenzij zij ook bij een juiste voorstelling van zaken niet had behoeven te begrijpen dat de dwalende daardoor van het sluiten van de overeenkomst zou worden afgehouden (art. 6:228 lid 1 sub c BW).

In beginsel mag men afgaan op hetgeen de wederpartij heeft gezegd. Wanneer verkeerde informatie wordt gegeven, waardoor men is gaan dwalen, kan de wederpartij zich niet beroepen op eigen schuld van de dwaler. Iedereen die een overeenkomst wil gaan sluiten, dient binnen redelijke grenzen maatregelen te nemen om te voorkomen dat hij gaat dwalen. Er mag geen zorgeloosheid zijn aan de kant van de dwaler. Als iemand van plan is een overeenkomst te sluiten, mag hij niet alle beweringen van de wederpartij zonder meer aannemen. Hij moet ook zelf de zaak (laten) onderzoeken en allerlei beweringen controleren.

Verder moet het voor de dwaler gaan om belangrijke (essentiële) eigenschappen waarover hij dwaalt. De wederpartij weet (of had moeten weten) dat de eigenschappen van doorslaggevende betekenis zijn voor de andere partij. Dit heet het kenbaarheidsvereiste. Was de dwaler op de hoogte geweest van de juiste stand van zaken, dan had hij de overeenkomst niet of niet op dezelfde voorwaarden gesloten.

Men dient zich te realiseren dat in de praktijk een beroep op dwaling geen eenvoudige zaak is. Indien men zich vrij gemakkelijk op dwaling zou kunnen beroepen, zou de rechtszekerheid in gevaar komen.

Ook wanneer men erop gerekend had dat in de toekomst iets zou gebeuren en het gebeurt niet, dan kan men zich niet op dwaling beroepen (art. 6:228, lid 2 BW).

Arrest

Arrest Marktcafé
HR 10 juni 1932, NJ 1933, 5

Feiten
Driesen huurt een café van Bredero nv in de verwachting dat er binnenkort in de nabijheid een groentemarkt wordt gevestigd. De gemeenteraad van Utrecht wijzigt de plannen en besluit, nadat de huurovereenkomst is gesloten, om de markt ergens anders te vestigen. Driesen wil van de huurovereenkomst af en beroept zich op dwaling. De Hoge Raad is van mening dat hier geen sprake is van dwaling, ook al is men teleurgesteld omtrent een toekomstverwachting.

Hoge Raad
Dit betreft echter geen dwaling betreffende eigenschappen der zaak, die het onderwerp der overeenkomst uitmaakt, doch verwachtingen omtrent eigenschappen, die de bedoelde zaak in de toekomst zal hebben.

Toelichting
Dwaling over een toekomstverwachting komt voor rekening van de dwalende en is geen grond voor vernietiging van een overeenkomst.

12.10.2 Bedrog

Er is sprake van bedrog wanneer iemand een ander opzettelijk misleidt (art. 3:44, lid 1 BW), bijvoorbeeld door een bewust onjuiste mededeling of door iets te verzwijgen, waardoor die ander instemt met een overeenkomst die hij nooit gesloten zou hebben wanneer hij de juiste feiten had gekend. Een enkele leugen is al voldoende. De wederpartij – en niemand anders – moet kunstgrepen gebruikt hebben, die van die aard zijn dat de bedrogene de overeenkomst niet of niet op die voorwaarden zou hebben gesloten. De bewijslast ligt bij degene die bedrogen is. De wederpartij kan in het algemeen stellen dat het onopzettelijk is gebeurd. Let wel: in de praktijk is het erg moeilijk te bewijzen dat iemand opzettelijk is misleid.

12.10.3 Bedreiging

We spreken van bedreiging indien iemand lichamelijk of geestelijk onder druk wordt gezet om deze persoon tot iets te dwingen waartoe hij/zij anders niet bereid zou zijn geweest (art. 3:44, lid 2 BW). Het gaat niet alleen om lichamelijke bedreiging; ook psychische dwang is bedreiging. Er wordt een ongeoorloofd middel (zoals een vuurwapen of chantage) gebruikt om iemand te dwingen. Het spreekt vanzelf dat degene die dwang gebruikt ook strafrechtelijk kan worden vervolgd. De bedreiging moet onrechtmatig zijn. Als een crediteur een debiteur dreigt met een faillissementsaanvraag indien de debiteur niet aan zijn verplichtingen voldoet, is dat geen bedreiging. De dwang moet zodanig zijn dat een redelijk mens kan vrezen dat hij ernstig aangetast wordt in zijn persoon of zijn vermogen. Hiervan kan ook sprake zijn als de dwang wordt uitgeoefend via de echtgenoot of bepaalde bloedverwanten van de gedwongen partij.

12.10.4 Misbruik van omstandigheden

Er is sprake van misbruik van omstandigheden wanneer iemand die weet of moet begrijpen dat een ander door bijzondere omstandigheden (zoals noodtoestand, afhankelijkheid, lichtzinnigheid, abnormale geestestoestand of onervarenheid) bewogen wordt tot het verrichten van een rechtshandeling of het tot stand komen van die rechtshandeling bevordert, ofschoon hetgeen hij weet of moet begrijpen hem daarvan zou behoren te weerhouden (art. 3:44, lid 4 BW). In tegenstelling tot hetgeen geldt bij bedreiging of bedrog is er bij misbruik van omstandigheden geen sprake van een menselijke gedraging die de wil beïnvloedt.

Verkoop pand teruggedraaid wegens misbruik omstandigheden

Amsterdam - De erfgenaam van een 81-jarige eigenaresse van een pand in de Willemsparkbuurt heeft terecht een in 2015 gesloten koopovereenkomst vernietigd op grond van misbruik van omstandigheden. Dat heeft de rechtbank bepaald. Het pand werd sinds 1991 beheerd door een beheersmaatschappij. Omdat de eigenaresse erg opzag tegen aankomende funderingswerkzaamheden gaf zij in 2015 de beheersmaatschappij opdracht het pand te verkopen. Het pand werd kort daarop verkocht voor 521.000 euro aan een partij gelieerd aan de beheersmaatschappij. Volgens de erfgenaam was de waarde echter fors hoger. Hij verweet de beheersmaatschappij misbruik te hebben gemaakt van de afhankelijke positie van de 81-jarige vrouw en vernietigde de overeenkomst. In de rechtszaak die volgde, heeft de rechtbank een deskundige benoemd die het pand waardeert op 880.000 euro (per medio 2015). Mede op die grond heeft de rechtbank geoordeeld dat de vernietiging terecht was. De koper moet het pand terugleveren in ruil voor de oorspronkelijke koopprijs.

www.rechtspraak.nl, 27 november 2019,
ECLI:NL:RBAMS:2019:8868

Begrippenlijst

Aanbod	Voorstel tot het aangaan van een overeenkomst.
Aanvaarding	Het accepteren van een voorstel om een overeenkomst aan te gaan.
Bedreiging	Het op onrechtmatige wijze iemand ertoe dwingen een overeenkomst aan te gaan.
Bedrog	Opzettelijk iemand misleiden om een overeenkomst aan te gaan.
Beschikkingsbevoegdheid	Bevoegdheid om over goederen beschikken.
Bestanddeel	Een onderdeel van een (on)roerende zaak.
Bezit	Het houden van een goed voor zichzelf.
Cessie	Levering van een vordering op naam.
Contract	Schriftelijk vastgestelde overeenkomst.
Contractsvrijheid	De bevoegdheid van partijen om, binnen door het recht gegeven beperkingen, overeenkomsten te sluiten.
Dwaling	Het tot stand komen van een overeenkomst bij een verkeerde voorstelling van zaken.
Eigendom	Het meest omvattende recht dat een persoon op een zaak kan hebben.
Eigendomsoverdracht	De overdracht van het eigendom van een onroerende zaak bij de notaris via een notariële akte en de inschrijving daarvan bij het kadaster.
Eigendomsvoorbehoud	Een beding waarin staat dat het eigendom pas overgaat als de koper heeft betaald.
Formele overeenkomst	Overeenkomsten die schriftelijk zijn vastgelegd.
Goederen	Zaken en vermogensrechten.
Handelingsbekwaamheid	In staat en gerechtigd zijn om zelfstandig (zonder toestemming van ouder of voogd) een rechtshandeling te verrichten die niet kan worden teruggedraaid.

Herroepelijk aanbod	Een aanbod waarbij geen termijn voor aanvaarding is opgenomen.
Houderschap	Het houden van een goed ten behoeve van een ander.
Kadaster	Een openbaar register waarin alle transport en hypotheekakten worden ingeschreven. De notaris regelt de inschrijving.
Levering	Eigendom overdragen.
Misbruik van omstandigheden	Het onrechtmatig gebruik maken van een situatie waarbij een ander een overeenkomst sluit die hij normaal niet gesloten zou hebben.
Natrekking	De eigenaar van de hoofdzaak verkrijgt van rechtswege de eigendom van een aan een ander in eigendom toebehorende roerende zaak die bestanddeel wordt van de hoofdzaak.
Nietigheid	De beoogde rechtsgevolgen van een rechtshandeling zijn automatisch niet van toepassing omdat de rechtshandeling in strijd is met de wet, de goede zeden of de openbare orde.
Onherroepelijk aanbod	Een aanbod waarbij een termijn voor aanvaarding is opgenomen.
Onroerende zaken	De grond, de nog niet gewonnen delfstoffen, de beplanting van de grond en de met de grond duurzaam verenigde gebouwen en werken.
Overeenkomst	Juridisch bindende afspraak, waarbij twee of meer partijen dezelfde rechtsgevolgen willen.
Precontractuele fase	De fase in de onderhandelingen die voorafgaat aan de totstandkoming van een overeenkomst.
Rechtshandeling	Een handeling gericht op enig rechtsgevolg.
Redelijkheid en billijkheid	Ongeschreven recht dat een aanvullende of beperkende werking heeft op het in wetten vastgelegde recht
Registergoederen	Goederen waarbij voor de overdracht of vestiging een inschrijving in een specifiek register noodzakelijk is.
Roerende zaken	Alle zaken die niet onroerend zijn.
Titel	De rechtsgrond die tot overdracht van een goed verplicht.
Vernietigbaarheid	Een op zicht geldige rechtshandeling die door een rechter kan worden vernietigd.
Vrijblijvend aanbod	Een aanbod dat ook nadat het is aanvaard nog kan worden herroepen.
Wederpartij	Tegenpartij, de partij met wie een overeenkomst wordt gesloten
Wilsgebreken	Bedrog, bedreiging en misbruik van omstandigheden.

Wilsovereenstemming	Het juridisch met elkaar eens zijn. Een voorwaarde voor het bestaan van een overeenkomst.
Zaken	Stoffelijke objecten die door mensen kunnen worden beheerst.

Vragen

Meerkeuzevragen

1. Wanneer mogen partijen onderhandelingen niet afbreken en is dus sprake van een inperking van het beginsel van contractvrijheid?
   a. Als er een gerechtvaardigd vertrouwen is in de totstandkoming van een overeenkomst;
   b. Als men in een zodanig stadium is gekomen, dat het afbreken van de onderhandelingen in strijd is met de goede trouw;
   c. Als zich in de loop van de onderhandelingen onvoorziene omstandigheden voordoen;
   d. Als er sprake is van dwaling.

2. Door welke handeling vindt juridische overdracht van een fabriekspand plaats van Softy bv?
   a. Door betaling van de koopsom bij de notaris;
   b. Door inschrijving van de akte van levering in de openbare registers;
   c. Door het ondertekenen van de akte van levering;
   d. Door het overhandigen van de sleutels.

3. Amanda bestelt op maandag 5 mei het boek Bedrijf en Recht via www.bol.com. Ze kiest voor een automatische incasso. Op dinsdag 6 mei wordt het bedrag van haar rekening afgeschreven. Op woensdag 7 mei krijgt ze een mail dat het boek is verzonden. Op donderdag 8 mei wordt het boek bij haar thuisbezorgd.
   Op welke dag wordt Amanda eigenaar van het boek?
   a. Op maandag 5 mei;
   b. Op dinsdag 6 mei;
   c. Op woensdag 7 mei;
   d. Op donderdag 8 mei.

4. Pieter Werkmans wil zijn huis verkopen. Op 1 juni sluit hij een koopovereenkomst met de heer Mens. De voorlopige koopakte wordt op 15 juni door beide partijen ondertekend. De notariële akte wordt op 1 september gepasseerd. Inschrijving in het openbare register vindt plaats op 15 oktober. Wanneer is de heer Mens eigenaar van het huis geworden?
   a. 1 juni;
   b. 15 juni;

c. 1 september;
d. 15 oktober.

5. Op de bouwplaats rond het huis van Pieter Werkmans is het een drukte van belang. Aannemer Brakerveld is druk bezig de aangeleverde kozijnen, het bestelde sanitair en een betonnen leeuw ter verfraaiing van de oprijlaan te plaatsen. Geen van deze onder eigendomsvoorbehoud geleverde zaken is betaald door de familie Werkmans. Stel dat al het sanitair (wc en douche) reeds is geplaatst, net als de helft van de kozijnen en dat de leeuw op zijn plek aan het begin van de oprijlaan is neergezet. Wat kan de onbetaalde leverancier van die zaken op basis van het gemaakte eigendomsvoorbehoud opeisen?
   a. Alles, er is immers een eigendomsvoorbehoud gemaakt;
   b. Alleen de betonnen leeuw;
   c. De betonnen leeuw en de niet geplaatste kozijnen;
   d. De betonnen leeuw en alle kozijnen.

6. In het huis-aan-huisblad staat de volgende advertentie: 'Te koop: Amerikaans poolbiljart, merk Big Pooler, in zeer goede staat, prijs n.o.t.k.'. Hoe is de advertentie juridisch gezien te kwalificeren?
   a. Een onherroepelijk aanbod;
   b. Een uitnodiging tot onderhandelen;
   c. Een algemene offerte;
   d. Een herroepelijk aanbod.

7. Softy bv biedt aan Print bv een softwarepakket te koop aan voor € 25.000. Print bv biedt € 20.000. Wat is juist? Dan is:
   a. er een overeenkomst;
   b. het aanbod van Softy bv herroepen;
   c. het aanbod van Softy bv onherroepelijk;
   d. er een tegenbod.

8. Welke bewering is juist?
   a. Een overeenkomst ontstaat uit een verbintenis;
   b. Een verbintenis ontstaat uit een overeenkomst;
   c. Een debiteur heeft recht op uitvoering van een verbintenis;
   d. Een crediteur is verplicht om te presteren.

9. Softy bv levert 1000 computers aan Media Markt onder eigendomsvoorbehoud. Wat is juist? Media Markt wordt:
   a. eigenaar;
   b. bezitter;
   c. houder;
   d. bezitter zonder eigenaar.

10. Welke van de onderstaande stellingen is of zijn juist?
    I   Iemand kan niet tegelijkertijd bezitter en houder zijn.
    II Een huurder is een bezitter.
    a. I en II zijn juist;
    b. I en II zijn onjuist;
    c. alleen I is juist;
    d. alleen II is juist.

11.
    Hoge Raad doet uitspraak over informatieverstrekking bij renteswaps

    DEN Haag - De Hoge Raad heeft uitspraak gedaan over de mogelijkheden van een beroep op dwaling (een onjuiste voorstelling van zaken) bij renteswaps. Een renteswap is een overeenkomst waarbij de bank aan de cliënt een variabele rente betaalt, en de bank van de cliënt een vaste rente terugkrijgt.

    Kort samengevat houdt de uitspraak het volgende in. Een ondernemer die van zijn bank onvoldoende informatie heeft gekregen bij het afsluiten van een renteswap, kan zich beroepen op vernietiging van die overeenkomst wegens een onjuiste voorstelling van zaken.
    De ondernemer in deze zaak heeft onder meer aangevoerd dat de bank hem onvoldoende informatie heeft gegeven toen hij de renteswap overeenkwam. Hij stelt dat hij de swap niet zou hebben gesloten als hij goed zou zijn geïnformeerd. Daarom heeft hij een beroep gedaan op vernietiging van de renteswap wegens dwaling (art. *1 BW). Bij vernietiging moeten de gevolgen van de swap ongedaan worden gemaakt. De ondernemer verlangt daarom onder meer terugbetaling van het verschil tussen de vaste rente die hij onder de swap heeft betaald, en de destijds geldende variabele rente (Euribor), die vrijwel steeds veel lager was.

    www.rechtspraak.nl, 28 juni 2019,
    ECLI:NL:HR:2019:1046

    In het artikel is een wetsartikel (*1) weggelaten.
    a. In het krantenartikel staat de volgende passage:
       "Daarom heeft hij een beroep gedaan op vernietiging van de renteswap wegens dwaling (art. *1 BW)".
       Op welk artikel beroept de advocaat zich hier primair?
    b. In het krantenartikel staat de volgende passage:
       "Bij vernietiging moeten de gevolgen van de swap ongedaan worden gemaakt".
       Wat betekent dit hier?
       A. Nakoming van de overeenkomst;
       B. Nakoming van de overeenkomst en schadevergoeding;
       C. Ontbinding van de overeenkomst;
       D. Ontbinding van de overeenkomst en schadevergoeding.
    c. Welke van de onderstaande stellingen is of zijn juist?
       I   Bij dwaling is er geen wilsovereenstemming;
       II Ingeval van bedrog is de overeenkomst nietig.
       A. I en II zijn juist;
       B. I en II zijn onjuist;
       C. alleen I is juist;
       D. alleen II is juist.

12 Eigendom en overeenkomst

12. Pieter Werkmans van Softy bv wil een van zijn winkelpanden verkopen. Omdat hij weet dat het naastgelegen reisbureau Arke reeds lang belangstelling heeft voor het pand besluit Softy bv Arke een aanbod te doen. Op 5 maart stuurt hij Arke een brief waarin hij het pand aanbiedt voor een bedrag van € 450.000. Hij zet er ook bij dat Arke tot 1 april over het aanbod mag nadenken. Dezelfde avond biedt Blokker Onroerend Goed bv, op een feestje van de Kamer van Koophandel, voor hetzelfde pand € 500.000. Pieter heeft een probleem. Bij voorkeur wil hij vandaag nog van het aanbod aan Arke af. Wat is juist?
    a. Dit lukt niet; het aanbod is onherroepelijk;
    b. Dit lukt wel; het betreft immers een uitnodiging tot onderhandelen door Softy bv aan Arke gedaan;
    c. Dit lukt wel; er is sprake van wilsontbreken bij Pieter omdat hij het pand niet meer aan de Arke wil verkopen;
    d. Dit lukt niet; een schriftelijk aanbod is immers 'een redelijke tijd' geldig, dus in ieder geval maximaal een week in dit geval.

13. Wat is juist? Nietig is de overeenkomst:
    a. aangegaan door een minderjarige;
    b. welke in strijd is met de wet;
    c. door bedrog tot stand gekomen;
    d. door dwaling tot stand gekomen.

14. Welke van de onderstaande beweringen is juist?
    a. Een aanbod is een 'uitnodiging tot onderhandelingen';
    b. Op het moment dat het aanbod de wederpartij bereikt, komt de overeenkomst tot stand;
    c. Een aanbod is een voorstel tot het sluiten van een overeenkomst. Dit voorstel moet alle essentiële elementen bevatten;
    d. Een herroepelijk aanbod is een aanbod waarbij – dankzij de 'genuanceerde ontvangsttheorie' – de aanbieder zijn aanbod kan en mag herroepen.

15. Wat wordt niet tot de wilsgebreken gerekend?
    a. Misbruik van omstandigheden;
    b. Geestelijke stoornis;
    c. Dwaling;
    d. Bedreiging.

16. Wat is juist? Als iemand juridisch iets wil, noemt men dat juridisch een:
    a. contract;
    b. verbintenis;
    c. overeenkomst;
    d. rechtshandeling.

17. Wat is juist? Wil er sprake zijn van een geldige overeenkomst dan moet er sprake zijn van:
    a. vertrouwen;
    b. wil en verklaring;
    c. één geldige rechtshandeling;
    d. twee geldige rechtshandelingen die op elkaar aansluiten.

18. Welke van de onderstaande stellingen is of zijn onjuist?
    Stelling:
    I   Een aanbod is een rechtshandeling.
    II Aanvaarding is een rechtshandeling.
    a. I en II zijn juist;
    b. I is juist, II is onjuist;
    c. I is onjuist, II is juist;
    d. I en II zijn onjuist.

19.

Bij dwaling geen betaling

AMSTERDAM - Een huiseigenaar hoeft zijn voormalig huurder geen 20.000 euro vertrekpremie te betalen. Daarnaast wordt het beslag dat de voormalig huurder op de woning en de bankrekeningen van de huiseigenaar had laten leggen, opgeheven. Dat heeft de voorzieningenrechter bepaald. Het tweetal had in een overeenkomst afgesproken dat de eigenaar 20.000 euro vertrekpremie zou betalen, als de voormalig huurder de woning voor 1 juni 2017 zou verlaten. Later bleek dat de voormalig huurder al in november 2016 een woning had gekocht en sowieso zou vertrekken. Naar het oordeel van de voorzieningenrechter zou de huiseigenaar de overeenkomst niet hebben gesloten – althans niet onder dezelfde voorwaarden – als hij dit had geweten, maar hebben gewacht tot de huurovereenkomst zou zijn opgezegd. De voormalig huurder had dit kunnen weten en de huiseigenaar daarover moeten inlichten. Nu is er sprake van dwaling en daarom hoeft de huiseigenaar niet te betalen en worden de beslagen opgeheven.
www.rechtspraak.nl, 18 augustus 2017, ECLI:NL:RBAMS:2017:6025

   a. Op grond van welk wetsartikel hoeft de huiseigenaar zijn voormalige huurder geen € 20.000 te betalen?
      A. Art. 6:74 BW;
      B. Art. 6:75 BW;
      C. Art. 6:228 lid 1 sub a BW;
      D. Art. 6:228 lid 1 sub b BW.
   b. Wat heeft in de rechter in deze casus in zijn vonnis beslist?
      A. De geldige overeenkomst vernietigd;
      B. De ongeldige overeenkomst vernietigd;
      C. De geldige overeenkomst is nietig verklaard;
      D. De ongeldige overeenkomst is nietig verklaard.
   c. Welk belangrijk juridisch begrip (*1) is in de volgende definitie weggelaten? Bij *1 is er sprake van een onjuiste voorstelling van zaken, in het burgerlijk recht meestal bij koopovereenkomsten. En deze onjuiste voorstelling moet zo essentieel zijn dat zonder deze onjuiste voorstelling de overeenkomst niet was gesloten.

A. Bedrog;
B. Dwaling;
C. Bedreiging;
D. Misbruik van omstandigheden.

d. Welk belangrijk juridisch begrip (*2) is in de volgende definitie weggelaten? Bij *2 wordt iemand tot een bepaalde rechtshandeling bewogen door een opzettelijk onjuiste mededeling (het vertellen van onwaarheden/leugens), opzettelijke verzwijging (iets belangrijks niet mededelen, wat men juist verplicht was mede te delen) of een andere kunstgreep (bijvoorbeeld het opgeven van een valse naam, een vals adres, het vervalsen van stukken en zich in een valse hoedanigheid presenteren.

A. Bedrog;
B. Dwaling;
C. Bedreiging;
D. Misbruik van omstandigheden.

Open vragen

20. In januari 2000 meldde Pieter Werkmans zich voor een bouwperceel bij het gemeentebestuur van Losser. De bouwgrond was gelegen in het 'Villapark' en was ook bedoeld voor deze sector betere onderkomens. Toen in februari 2002 de gemeente zover was dat tot feitelijke uitgifte van de grond kon worden overgegaan, kreeg onze kandidaat een seintje. Deze brief bevatte enkele duidelijke mededelingen: binnen drie weken zou een waarborgsom van € 36.000 moeten worden gestort en het aangeboden koopcontract ingevuld teruggestuurd moeten worden. De koopprijs van het perceel zou € 360.000 zijn. Na ontvangst van bovenvermelde zaken kon tot afhandeling worden overgegaan. De brief bevatte nog de volgende passage: 'Zoals u wellicht bekend is, is het plan Villapark gelegen in het westen van de gemeente Losser. In verband daarmede merken wij op dat de staatssecretaris van Defensie op 5 mei 2000 een aanwijzingsbeschikking heeft genomen met betrekking tot het vliegveld Twente.' In deze beschikking is onder meer een baanverdraaiing opgenomen, waardoor de aan- en afvliegroute van het vliegveld Twente zoveel mogelijk tussen de woonbebouwing in het westen van de gemeente Losser wordt gesitueerd. De raad van Losser ging in april 2002 over tot verkoop.

Drie maanden later al bleek Pieter Werkmans spijt te hebben van zijn beslissing. Hij vroeg B&W de overeenkomst te annuleren en de waarborgsom terug te betalen. Pieter zei geen goede voorstelling van zaken gehad te hebben toen hij met de gemeente in zee ging. Pas na de koop was hem gebleken dat door de baanverdraaiing een geluidstrog zou ontstaan, waarbinnen de door hem te bouwen villa zou liggen. De geluidsbelasting zou (volgens milieuhygiënische inzichten) de voor woningbouw aanvaardbare grens te boven gaan. Deze feiten had de gemeente moeten vertellen; doordat dit niet gebeurd was, had hij, koper, door de schuld van de verkoper gedwaald (niet geweten wat er verkocht werd). Toen de gemeente niet tot annulering wilde overgaan, werd zij door Pieter Werkmans voor de rechtbank gedaagd.

Kan Pieter Werkmans zich met succes beroepen op dwaling? Bespreek daarbij alle vereisten van dwaling.

21. In januari koopt mevrouw Van Geest bij autohandelaar Nederlof een circa anderhalf jaar oude Ford Mondeo, voor een gebruikelijke prijs van € 11.900. Dezelfde dag vraagt Van Geest een ANWB-keuring aan, die twee weken later wordt uitgevoerd. Volgens de ANWB verkeert de auto in 'zeer matige staat'. Volgens de man van de ANWB is de auto bijna rijp voor de sloop. Hij is betrokken geweest bij een ernstige aanrijding en de schade is 'matig, zo niet slecht hersteld'. Vast komt te staan dat de verkoper van Nederlof ten tijde van de koopovereenkomst van een en ander op de hoogte was, maar tegenover Van Geest niets heeft gezegd.

    Kan mevrouw Van Geest zich met succes op dwaling beroepen? Bespreek daarbij alle vereisten van dwaling.

DEEL 4   EXTERNE RELATIES

HOOFDSTUK 13
Rechtsgevolgen van een overeenkomst

13.1 Rechtsgevolgen van een overeenkomst   371
13.1.1 Niet-nakoming van verbintenissen   372
13.1.2 Ingebrekestelling   373
13.1.3 Voor de rechter   376
13.2 **Nakoming**   376
13.2.1 Ontbinding van de overeenkomst   376
13.2.2 Schadevergoeding   378
13.2.3 Contractuele schade   378
13.2.4 Vermogensschade   379
13.2.5 Omvang van de schade   379
13.2.6 Te laat betalen   379
13.2.7 Verjaring van vorderingen   380
13.2.8 Exceptio non adempleti contractus   380
13.2.9 Opschortingsrechten   381
13.2.10 Onvoorziene omstandigheden   381
13.2.11 Overmacht   381
13.3 **Algemene voorwaarden**   382
13.3.1 Wat zijn algemene voorwaarden?   383
13.3.2 Voordelen en doel van algemene voorwaarden   383
13.3.3 Wanneer van toepassing?   384
13.3.4 Battle of the forms   385
13.3.5 Informatieplicht   385
13.3.6 Toetsing   386
13.3.7 Zwarte en grijze lijst   387
13.3.8 Stilzwijgende verlenging van abonnementen en contracten   387
13.4 **Koopovereenkomst**   387
13.4.1 Professionele koop   388
13.4.2 Plichten verkoper   388
13.4.3 Beantwoorden aan de overeenkomst (conformiteit)   389
13.4.4 Wanprestatie   390
13.4.5 Waarschuwingsplicht   390
13.4.6 Garantie   390
13.4.7 Risico   391
13.4.8 Eigendomsvoorbehoud   391

13.4.9 Recht van reclame 392
13.5 Consumentenrecht 392
13.5.1 Consumentenkoop 393
13.5.2 Verkoop op afstand 394
13.5.3 Informatieplicht bij verkoop op afstand 394
13.5.4 Het herroepingsrecht bij verkoop op afstand 394
Begrippenlijst 396
Vragen 398
Meerkeuzevragen 398
Open vragen 402

HOOFDSTUK 13
Rechtsgevolgen van een overeenkomst

In dit hoofdstuk wordt dieper ingegaan op de gevolgen van een overeenkomst. Omdat de koopovereenkomst de overeenkomst is, die in de praktijk veruit het meest wordt gesloten en waar dus ook van alles mee mis kan gaan, wordt aan dit onderwerp bijzondere aandacht geschonken. Algemene voorwaarden (de kleine lettertjes) spelen in het bedrijfsleven een belangrijke rol bij het sluiten van overeenkomsten.

13.1 Rechtsgevolgen van een overeenkomst

Wat afgesproken is, moet worden nagekomen. Overeenkomsten moeten naar redelijkheid en billijkheid worden uitgevoerd (art. 6:248 BW). Dat wil zeggen dat partijen bij de uitvoering van de overeenkomst zich zo behoren te gedragen als redelijkheid en billijkheid eisen. Partijen dienen de verbintenissen uit de overeenkomst na te komen, alsof ze een wettelijke verplichting nakomen. Als een van de partijen zijn verbintenis(sen) niet nakomt, pleegt hij in principe wanprestatie. De andere partij kan hem dan in het algemeen via de rechter tot nakoming dwingen of ontbinding van de overeenkomst vragen bij de rechter, al dan niet gecombineerd met een eis tot schadevergoeding.

Wat partijen zijn overeengekomen, wordt gevonden door uitleg van hun uitdrukkelijke of stilzwijgende afspraak in hun onderling verband. Bij het beoordelen van de inhoud van een contract houdt de rechter niet alleen rekening met de taalkundige uitleg, maar ook met de bedoelingen van partijen, hun wederzijdse verwachtingen, alsmede de maatschappelijke positie.

De inhoud van een overeenkomst wordt bepaald door:
a. wat partijen afspreken (denk aan algemene voorwaarden);
b. de aard van de overeenkomst;
c. de wet;
d. de gewoonte;
e. de redelijkheid en billijkheid.

> **Arrest**

Arrest Haviltex
HR 13 maart 1981, ECLI:NL:HR:1981:AG4158, NJ 1981, 635, AA 30 (1981) 7

Feiten
Haviltex kocht in februari 1976 van Ermes en Langerwerf een machine voor het snijden van steekschuim voor bloemen. In het contract was vermeld dat Haviltex tot eind 1976 het recht had de machine terug te geven voor ƒ 20.000. Op 16 juli 1976 schrijft Haviltex aan Ermes dat hij overeenkomstig de voorwaarden de machine terug wil geven. Tevens verzoekt hij om terugbetaling van het reeds betaalde. Ermes en Langerwerf reageren niet. Haviltex vordert daarop voor de rechtbank terugbetaling van het reeds betaalde. Haviltex stelt zich op het standpunt dat het contract volkomen duidelijk is. Ermes en Langerwerf zijn van mening dat de ontbondenverklaring van het contract niet zonder opgave van redenen kan en dat rekening moet worden gehouden met de bedoeling van partijen bij het sluiten van de overeenkomst. De Hoge Raad is van mening dat de context waarin partijen een overeenkomst sluiten van groot belang is.

Hoge Raad
De vraag hoe in een schriftelijk contract de verhouding van pp. is geregeld en of dit contract een leemte laat die moet worden aangevuld, kan niet worden beantwoord op grond van alleen maar een zuiver taalkundige uitleg van de bepalingen van dat contract. Voor de beantwoording van die vraag komt het immers aan op de zin die pp. in de gegeven omstandigheden over en weer redelijkerwijs aan deze bepalingen mochten toekennen en op hetgeen zij te dien aanzien redelijkerwijs van elkaar mochten verwachten. Daarbij kan mede van belang zijn tot welke maatschappelijke kringen pp. behoren en welke rechtskennis van zodanige pp. kan worden verwacht.

Toelichting
Een onduidelijk contract dient niet uitsluitend taalkundig te worden uitgelegd. Bij een onduidelijk contract dat moet worden aangevuld, komt het aan op de zin die partijen in de gegeven omstandigheden over een weer redelijkerwijs aan deze bepalingen mochten toekennen en op wat zij te dien aanzien redelijkerwijs mochten verwachten. Maatschappelijke positie en (rechts)kennis speelt hierbij een belangrijke rol.

13.1.1 Niet-nakoming van verbintenissen
Het komt nogal eens voor dat een partij haar verplichtingen niet nakomt. Het toerekenbaar tekortkomen in de nakoming van een verbintenis uit overeenkomst, althans voor zover dat niet het gevolg is van overmacht, wordt verzuim genoemd (art. 6:74 BW). In de praktijk hebben we het over wanprestatie. Wanprestatie is het toerekenbaar niet, verkeerd of te laat presteren zonder dat er sprake is van overmacht. De term 'wanprestatie' komt niet in de wet voor. De tekortkoming moet aan de debiteur kunnen worden toegerekend. Een tekortkoming kan niet worden toegerekend aan de debiteur indien er sprake is van overmacht. Indien er sprake is van wanprestatie (verzuim), heeft de

debiteur de verplichting om de door de crediteur geleden schade te vergoeden. Indien een debiteur zijn verbintenis niet nakomt, kan men twee situaties onderscheiden:
a. het is voor de debiteur nog mogelijk om te presteren;
b. het is voor de debiteur onmogelijk om te presteren.

Voor zover de prestatie nog mogelijk is, komt de debiteur in beginsel pas in verzuim nadat hij in gebreke is gesteld (met andere woorden: een aanmaning heeft ontvangen). Krijgt men te maken met een debiteur die niet aan zijn verplichtingen voldoet, dan stuurt men in de meeste gevallen eerst een herinnering. Eist men nakoming van de verplichtingen, dan moet dat nadrukkelijk gebeuren.

Voor zover de prestatie niet meer mogelijk is, verkrijgt de crediteur van rechtswege recht op schadevergoeding en ontbinding. Op deze regels bestaan wel enkele uitzonderingen. Heeft een debiteur beloofd op een bepaald tijdstip te zullen presteren, doch deze termijn is niet in acht genomen, dan is de debiteur van rechtswege in verzuim en is een ingebrekestelling niet meer nodig (art. 6:83 sub a BW).

Voorbeeld
Softy bv bestelt voor het personeel 50 kerstpakketten. Ondanks de herhaaldelijke telefonische toezegging 'Komt in orde meneer' van de leverancier is er op 25 december nog niets geleverd. Het is duidelijk dat de pakketten na kerst niet meer geaccepteerd hoeven te worden en dat de leverancier op 25 december in verzuim is. Dit betekent dat Softy bv schadevergoeding kan eisen van zijn leverancier.

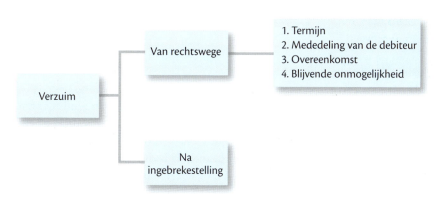

13.1 Verzuim

13.1.2 Ingebrekestelling
Is de prestatie blijvend onmogelijk geworden, dan is de debiteur in verzuim en wordt het niet-nakomen hem toegerekend (art. 6:74, lid 2 BW). Is de prestatie niet blijvend onmogelijk, dan is de debiteur pas in verzuim wanneer de redelijke termijn die in de ingebrekestelling is genoemd, verstreken is (art. 6:74, lid 2, 81 en 82 BW). Als de wederpartij voor zover hij aan zijn verplichting kan voldoen, ondanks één of meer herinneringen in gebreke blijft en er dus sprake is van wanprestatie, is de schuldeiser (cre-

diteur) verplicht hem in gebreke te stellen alvorens de schuldeiser zich tot de rechter kan wenden. Een ingebrekestelling (sommatie) is een schriftelijke aanmaning waarin de schuldeiser aan de schuldenaar een redelijke en fatale termijn geeft om alsnog aan zijn verplichting te voldoen.

De functie van een ingebrekestelling is om de schuldenaar nog een laatste termijn voor nakoming te geven en daarmee te bepalen tot welk tijdstip nakoming nog mogelijk is zonder dat van een tekortkoming sprake is. Als de schuldenaar na het verstrijken van die termijn nog steeds niet is nagekomen, is hij vanaf dat tijdstip in verzuim.

In gebreke stellen moet schriftelijk gebeuren; het geschiedt in de praktijk meestal door middel van een gewone brief. Het is natuurlijk verstandig om de brief aan te tekenen, zodat men eventueel kan bewijzen dat men de wederpartij in gebreke heeft gesteld. Als de wederpartij te kennen heeft gegeven dat zij niet zal nakomen – u moet dat bij de rechter wel kunnen bewijzen –, dan is geen ingebrekestelling vereist.

Voorbeeld

Herinneringsbrief
SOFTY BV
Industrieweg 20
2500 AS Enschede
telefoon 053-4778802
Bank NBA rek. 123456
Handelsregister Hengelo 7654

Aan de firma Jansen
Verzetstraat 122
7672 FG Vriezenveen

Enschede, 20 september 2019
Mijne heren,
Bij controle van onze boekhouding is gebleken dat u onze factuur van 2 juli 2017 ten bedrage van € 10.000 nog niet hebt betaald, ondanks het verstrijken van de afgesproken betalingstermijn.
Wij zullen het op prijs stellen indien u het genoemde bedrag binnen 8 dagen naar een van onze rekeningen wilt overmaken en zeggen u bij dezen dank voor uw medewerking. Mocht uw betaling inmiddels onderweg zijn, dan verzoeken wij u deze herinnering als niet geschreven te beschouwen.
Hoogachtend,
....

Voorbeeld

Ingebrekestelling
SOFTY BV
Industrieweg 20
2500 AS Enschede

telefoon 053-4778802
Bank NBA rek. 123456
Handelsregister Hengelo 7654

Aan de firma Jansen
Verzetstraat 122
7672 FG Vriezenveen

Enschede, 20 oktober 2019
Mijne heren,
Tot op heden mochten wij geen betaling ontvangen van de reeds lang opeisbare vordering, die wij op u hebben wegens levering van drie computers en de daarbij behorende software.
3 computers Softy XT 500   € 7.500
1 softwarepakket Softy Turbo € 2.500
De vordering bedraagt in totaal € 10.000.
Daarom sommeren wij u om binnen tien dagen na dagtekening van dit schrijven uw verplichting na te komen door overschrijving of storting van het totale bedrag op onze giro- of bankrekening.
Mocht u aan onze sommatie geen gevolg geven, dan stellen wij u reeds nu voor alsdan in gebreke en zullen wij overgaan tot het nemen van rechtsmaatregelen. Bovendien maken wij dan aanspraak op de wettelijk rente.
Hoogachtend,
....

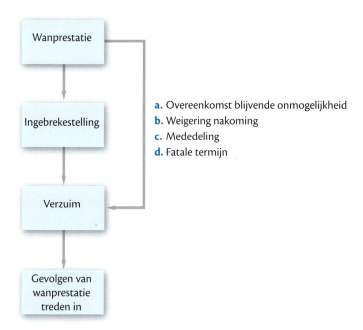

13.2 *Van wanprestatie naar verzuim*

13.1.3 Voor de rechter

De bedoeling van een overeenkomst is dat de verbintenissen eruit worden nagekomen. Indien een verbintenis niet wordt nagekomen, komen volgens de wet aan de crediteur de volgende rechten toe:
a. nakoming van de overeenkomst;
b. nakoming van de overeenkomst en aanvullende schadevergoeding;
c. schadevergoeding;
d. ontbinding (bij wederkerige overeenkomsten);
e. ontbinding van de overeenkomst en aanvullende schadevergoeding.

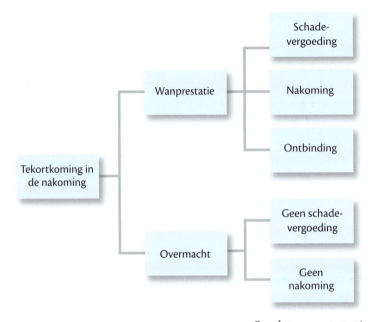

13.3 Gevolgen wanprestatie en overmacht

13.2 Nakoming

Het recht op nakoming heeft men uiteraard ook voordat er sprake was van wanprestatie. Het instellen van een nakomingsactie is alleen maar zinvol wanneer reële executie mogelijk is, dat wil zeggen wanneer met rechtelijke machtiging de toegezegde prestatie kan worden afgedwongen. Wat de crediteur precies zal eisen, hangt af van de aard van de prestatie. Een crediteur hoeft niet te wachten met het vragen van nakoming totdat de debiteur in verzuim is. Indien de crediteur gerechtvaardigde twijfels heeft of de debiteur wel aan zijn verplichting zal voldoen, dan mag hij op voorhand nakoming vorderen (tegen het afgesproken tijdstip) (art. 3:296, lid 2 BW).

13.2.1 Ontbinding van de overeenkomst

Iedere tekortkoming in de nakoming van de debiteur geeft de crediteur de bevoegdheid de overeenkomst te ontbinden met behulp van een schriftelijke verklaring (art. 6:265

e.v. BW). Ontbinding betekent het vervallen verklaren van de (wederkerige) overeenkomst. Reeds uitgevoerde verbintenissen moeten ongedaan worden gemaakt (art. 6:271 BW). Als de verplichting tot het ongedaan maken niet wordt nagekomen, is er recht op schadevergoeding (art. 6:74 BW).

Wanneer een van de partijen niet voldoet aan zijn verbintenis, betekent dit niet automatisch dat de andere partij alsdan ook niet aan zijn verbintenis behoeft te voldoen. Pas wanneer de crediteur tegen de debiteur die niet presteert het recht van ontbinding inroept, is ook de crediteur van zijn eigen verplichting bevrijd. De ontbinding doet de overeenkomst vervallen. Als de overeenkomst is vervallen, zijn de partijen ook van hun uit de overeenkomst voortvloeiende verbintenissen bevrijd (art. 6:271 BW). Dat wil niet zeggen dat partijen de voor de overeenkomst ontvangen prestatie na de ontbinding mogen behouden. Op het moment van de ontbinding ontstaat voor hen een ongedaanmakingsverbintenis, waardoor zij verplicht worden de reeds ontvangen prestatie terug te geven (art. 6:271 BW). Voor ontbinding van een overeenkomst moet er sprake zijn van:

a. een wederkerige overeenkomst;
b. een tekortkoming van de wederpartij;
c. verzuim van de debiteur, tenzij de tekortkoming niet toerekenbaar is of nakoming tijdelijk dan wel blijvend onmogelijk is.

Door ontbinding behoeven beide partijen niet meer te presteren.

Voorbeeld

Softy bv heeft computers geleverd en de afnemer betaalt de koopprijs niet. Softy vraagt daarom aan de rechter ontbinding van de overeenkomst. Dan kan Softy bv, indien de wederpartij wordt veroordeeld, met het vonnis in de hand de computers terughalen, daar de wederpartij de verplichting heeft om de computers over te dragen aan Softy.

Ontbinding koopovereenkomst

RECHTBANK OVERIJSSEL – Een man koopt bij een dealer een nieuwe Ferrari 458 Spider voor een prijs van € 273.196,03. Korte tijd na levering van de Ferrari heeft de consument de nodige problemen met de twee krakende stoelen.

De dealer is ondanks vele pogingen niet in staat gebleken om het probleem, de auto 'kraak- en piepvrij' te krijgen, op te lossen, waardoor de auto niet voldoet aan hetgeen de consument bij aankoop mocht verwachten.

Het vergalde het rijplezier zo, dat de eigenaar eist dat dealer de Ferrari terugnam. Maar eigenaar en dealer komen er niet samen uit. De koper stapt naar de kantonrechter. De kantonrechter geeft de koper gelijk. De dealer moet de auto terugnemen voor de hele aankoopprijs. Maar wel minus € 15.000 voor de al gereden 8500 kilometers. "Het genot was door de krakende stoelen vast niet optimaal, maar ook niet van nul en generlei waarde", aldus de kantonrechter. De dealer heeft de Spider 458 alweer verkocht; de nieuwe eigenaar is wel tevreden.

www.rechtspraak.nl, 01-08-2016,
ECLI:NL:RBOVE:2015:5835

13.2.2 Schadevergoeding

Als bij een overeenkomst de debiteur, zonder dat hij daartoe een gegronde reden heeft, niet aan zijn verplichting voldoet, heeft de crediteur in beginsel recht op schadevergoeding. De wettelijke eisen voor een verplichting tot schadevergoeding zijn (art. 6:74 BW):
a. er is sprake van toerekenbaar niet nakomen;
b. de debiteur is in verzuim (art. 6:81 BW);
c. er is schade ontstaan;
d. de ontstane schade is het gevolg van de wanprestatie (het causaal verband).

Het Burgerlijk Wetboek kent een aparte afdeling waarin de inhoud en omvang van wettelijke verplichtingen tot schadevergoeding zijn geregeld (art. 6:95 e.v. BW). Wettelijke verplichtingen tot schadevergoeding vloeien rechtstreeks voort uit de wet. Normaal zal de vergoeding van schade bestaan uit het voldoen van een bedrag in geld (art. 6:103 BW). Schadevergoedingsplicht is in principe een verbintenis tot betaling van een geldsom, hoewel de rechter op vordering van de benadeelde ook schadevergoeding in een andere vorm kan toekennen (art. 6:103 BW). De schadevergoedingsplichtige kan bijvoorbeeld worden veroordeeld tot herstel in een vorige toestand, tot levering van een vervangende zaak of zelfs tot levering van een reeds aan een ander geleverde zaak. Het resultaat hiervan moet zijn dat de benadeelde in dezelfde situatie wordt gebracht als waarin hij zou hebben verkeerd indien het schadeveroorzakende feit zich niet zou hebben voorgedaan.

Voorbeeld

Geschatte levensduur van apparaten in jaren, uitgaand van normaal gebruik:
- Mobiele telefoon: 3-5 jaar
- Pc en monitor: 3-5 jaar
- Tapijt: 3-5 jaar
- Meubelen: 3-8 jaar
- Videorecorder: 5-8 jaar
- Fiets: 5-8 jaar
- Kleurentelevisie: 8-10 jaar
- Wasmachine: 8-10 jaar
- Koelkast: 8-10 jaar
- Geluidsapparatuur: 8-10 jaar
- Gasfornuis: 10-15 jaar

13.2.3 Contractuele schade

Schadevergoedingsplichten kunnen door partijen vooraf in het contract worden vastgelegd. Ook boetebedingen zijn contractuele regelingen met betrekking tot schadevergoeding. Deze schadevergoedingsplichten vallen niet onder art. 6:95 e.v. BW, omdat hier geen sprake is van een wettelijke schadevergoedingsplicht. Wordt een contractueel bedongen schadevergoedingsplicht niet nagekomen, dan kan een wettelijke verbintenis tot schadevergoeding ontstaan (art. 6:74 BW).

13.2.4 Vermogensschade

De op grond van een wettelijke schadevergoedingsplicht te betalen schade bestaat uit vermogensschade en ander nadeel (art. 6:95 BW). De vermogensschade is altijd in geld uit te drukken. Vermogensschade wordt daarom ook wel aangeduid als financieel nadeel of economisch nadeel. De schadevergoeding kan uit de volgende punten bestaan (art. 6:96 BW):
a. geleden verlies;
b. gederfde winst (winst die normaal gesproken behaald zou zijn);
c. redelijke kosten:
   - kosten ter vaststelling van de schade (expertisekosten);
   - kosten om de schade zoveel mogelijk te beperken.

13.2.5 Omvang van de schade

De schade die vergoed moet worden is de vermogens- of materiële schade en, in voorkomende gevallen, de immateriële schade. De vermogensschade omvat het geleden verlies, de gederfde winst en redelijke kosten ter voorkoming of beperking van schade, ter vaststelling van schade en aansprakelijkheid en ter verkrijging van voldoening buiten de rechter om (art. 6:96 BW).

De vraag is of met alle omstandigheden rekening moet worden gehouden bij het vaststellen van de omvang van de te vergoeden schade. De berekening van de omvang van de schade kan op twee manieren plaatsvinden:
- concrete schadeberekening;
- abstracte schadeberekening.

Houdt men met individuele omstandigheden rekening, dan spreekt men van concrete schadeberekening. Van abstracte schadeberekening is sprake wanneer afstand wordt genomen van deze individuele omstandigheden. Veelal zal de berekening op basis van de concrete schadeberekening geschieden. Bij schadevergoeding als gevolg van zaakbeschadiging of vertragingsschade bij geldvorderingen wordt de abstracte schadeberekening toegepast. Dat werkt efficiënter, omdat niet steeds tot in detail op de omstandigheden van het geval moet worden ingegaan. Abstracte schadevaststelling wordt doorgaans ook toegepast in gevallen van niet-levering. In dat geval is de aldus berekende schadevergoeding een minimum. Is de werkelijk geleden schade hoger, dan kan die gevorderd worden.

Niet alle schade die het gevolg is van wanprestatie komt voor vergoeding in aanmerking. Slechts die schade die het naar ervaringsregels redelijkerwijs te verwachten gevolg van de wanprestatie is, wordt vergoed (art. 6:98 BW). De omvang van de schade wordt zodanig bepaald dat de eiser in de positie wordt gebracht als ware de overeenkomst nagekomen.

13.2.6 Te laat betalen

Veel ondernemingen, maar ook consumenten, hebben de neiging om lang te wachten met het betalen van hun rekeningen. Hierbij speelt rentevoordeel een belangrijke rol. De wettelijke regelingen zijn erop gebaseerd om betalingsachterstanden bij handelstransacties onaantrekkelijk te maken en om de positie van de crediteuren tegenover de traag betalende debiteur te versterken.

Er is een algemene wettelijke renteregeling. Dat is een schadevergoeding wegens te late betaling van een geldsom, die loopt over de tijd dat de debiteur met betaling in verzuim is (art. 6:119 BW). De wet regelt de hoogte van de schadevergoeding.

Voor een specifieke categorie geldvorderingen, die uit de zogenaamde handelsovereenkomst, is er een eigen regeling (art. 6:119a BW). Deze regeling geldt dus niet als er consumenten bij betrokken zijn. De regeling is van toepassing op alle rechtspersonen, ongeacht of zij een bedrijf uitoefenen, dus ook een stichting of een vereniging en de overheid en op natuurlijke personen, die handelen in de uitoefening van een beroep of bedrijf. Het grote verschil met de algemene regeling is dat de verschuldigde wettelijke rente gekoppeld is aan de enkele overschrijding van de afgesproken betalingstermijn. De rente gaat in op de laatste dag van de betalingstermijn. Een ingebrekestelling is hier dus niet nodig. De partijen mogen niet afwijken van deze wettelijke regeling.

13.2.7 Verjaring van vorderingen

Verjaring betekent dat een crediteur na een bepaalde periode geen vordering mag instellen. De schuld blijft wel bestaan, maar de vordering is niet meer in rechte afdwingbaar. Dit biedt rechtszekerheid en duidelijkheid, na verloop van bepaalde tijd kan de crediteur niet meer worden verplicht de schuld te voldoen. De verjaringstermijnen variëren van een aantal weken tot dertig jaar, al naar gelang de aard van de vordering. Een rechtsvordering verjaart door verloop van twintig jaar (art. 3:306 BW).

13.2.8 Exceptio non adempleti contractus

Indien een debiteur zijn verplichting niet nakomt, heeft de crediteur in het algemeen ook de neiging om zijn verplichting niet na te komen. In feite schiet de crediteur dan zelf ook tekort in zijn verplichting.

De exceptio non adempleti contractus (enac) is een opschortingsrecht dat de crediteur die een opeisbare vordering heeft op een debiteur de bevoegdheid geeft om nakoming van zijn eigen verbintenis uit te stellen totdat zijn wederpartij zijnerzijds aan zijn verplichting heeft voldaan (art. 6:262 e.v. BW). In beginsel is het uitoefenen van de exceptio non adempleti contractus alleen mogelijk wanneer de wederpartij eerst moet presteren en haar verplichting niet nakomt, dan wel wanneer partijen gelijktijdig moeten presteren (art. 6:262 BW).

De partij die verplicht is eerst te presteren kan toch haar verplichting opschorten, indien zij na het sluiten van de overeenkomst heeft vernomen dat er omstandigheden zijn die goede grond geven te vrezen dat de wederpartij haar verplichting niet zal nakomen (art. 6:263 BW).

Voorbeeld

Softy bv heeft een contract gesloten volgens welk Goedpak bv elke maand 500 kartonnen dozen zal leveren tegen een prijs van € 1,25 per stuk. Na zes maanden ontstaan er problemen met de leveranties: of er wordt niet geleverd, of er wordt te laat geleverd. Goedpak eist wel stipte betaling. In zo'n geval kan Softy bv zijn betalingsverplichting opschorten totdat Goedpak bv correct aan zijn verplichtingen voldoet.

13.2.9 Opschortingsrechten

Onder opschortingsrechten wordt verstaan de bevoegdheid om de nakoming van een verbintenis uit te stellen totdat een (in beginsel opeisbare) vordering, die met de verplichting samenhangt, is voldaan (art. 6:58 e.v. BW). Bij de uitoefening van de opschortingsrechten moet de redelijkheid en billijkheid in acht worden genomen.

13.2.10   Onvoorziene omstandigheden

Het kan gebeuren dat na het sluiten van een overeenkomst omstandigheden intreden die partijen niet hebben voorzien en die zij niet in hun contractvoorwaarden hebben opgenomen. Als door ongewijzigde instandhouding de overeenkomst in strijd zou komen met de redelijkheid en billijkheid, kan de rechter op verlangen van een van beide partijen de overeenkomst wijzigen of ontbinden (art. 6:258 BW). Ontbinding of wijziging door de rechter zal niet plaatsvinden voor zover de wijziging van de omstandigheden voor rekening komt van degene die zich erop beroept (art. 6:258, lid 2 BW).

Wie een contract sluit waarvan hij achteraf vaststelt dat het verliesgevend is, dient dit risico te dragen. Dit betekent dat de rechter zich uiterst kritisch opstelt indien een partij zich beroept op onvoorziene omstandigheden. Een normaal economisch risico kan niet op de wederpartij worden afgewenteld. In het algemeen zal inflatie niet tot prijsaanpassing door de rechter kunnen leiden. Inflatie is voorzienbaar; partijen kunnen zich daartegen indekken. Hetzelfde geldt voor andere voorzienbare omstandigheden zoals staking, exportbeperkingen en leverantiestoringen. Daartoe kunnen contractuele voorzieningen worden getroffen.

Voorbeeld

Softy bv sluit een langlopend contract met een leverancier die voor Softy bepaalde onderdelen zal vervaardigen, waarvan jaarlijks een bepaalde minimumhoeveelheid zal worden afgenomen. Door een uitvinding die beide partijen niet hebben voorzien, zijn de onderdelen niet meer rendabel op de markt te brengen. In zo'n geval zou men zich kunnen beroepen op artikel 6:258 BW.

13.2.11 Overmacht

Als de wederpartij haar verplichtingen niet kan nakomen als gevolg van een oorzaak die buiten haar schuld is ontstaan en die niet voor haar rekening en risico komt op grond van wet, rechtshandeling of in het verkeer geldende opvattingen, dan heet dat overmacht (art. 6:75 BW).

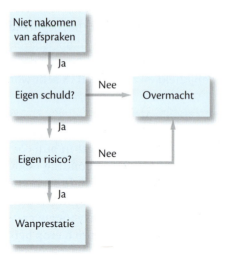

13.4 Wanprestatie en overmacht

De debiteur die zijn verplichting niet nakomt, moet bewijzen dat er sprake is van overmacht. Eigen financieel onvermogen, het gebruik van werktuigen, het inschakelen van personeel is voor risico van de debiteur en komt dus voor zijn rekening, ook al heeft hij er geen schuld aan dat een werktuig niet functioneert of dat het personeel onzorgvuldig handelt of ziek is. De tekortkoming is de debiteur toe te rekenen, wanneer deze niet voldoende zorg heeft betracht om haar te voorkomen. Een debiteur moet zich behoorlijk gedragen. Wat behoorlijk gedrag is, wordt bepaald aan de hand van de vraag: Handelt een debiteur in het algemeen zorgvuldig indien hij zich zo gedraagt?

De debiteur die het risico draagt, is aansprakelijk voor de gevolgen van overmacht. Overmacht wordt in de praktijk slechts in uitzonderlijke situaties aangenomen. Als een beroep op overmacht door de rechter wordt aanvaard, is de debiteur tijdelijk of blijvend bevrijd van zijn verplichting.

13.5 Gevolgen niet nakomen

13.3 Algemene voorwaarden

Er heerst in de praktijk vaak spraakverwarring op het terrein van de algemene voorwaarden. Termen als 'standaardvoorwaarden', 'inkoopvoorwaarden', 'verkoopvoorwaarden', 'leveringsvoorwaarden', 'betalingsvoorwaarden' of 'de kleine lettertjes' worden door elkaar gebruikt. In de wet vallen al deze begrippen onder de noemer 'algemene voorwaarden'.

Men ziet regelmatig op briefpapier een tekst staan als: 'Al onze betalings- en leveringsvoorwaarden zijn gedeponeerd bij de Kamer van Koophandel.' In de praktijk is het niet doelmatig voor contractpartijen om voor elke overeenkomst steeds opnieuw over alle onderdelen daarvan te onderhandelen. In de algemene voorwaarden worden de (aanvullende) rechten en plichten van beide partijen geregeld. De inhoud van de overeenkomst wordt eigenlijk maar door één contractpartij vastgesteld. De wettelijke regeling (art. 6:231 e.v. BW) heeft als doel een evenwichtige belangenverdeling tussen de gebruiker van algemene voorwaarden en zijn wederpartij. De wet beschermt de contractpartijen tegen elkaar door een regeling te geven voor de algemene voorwaarden, die van dwingend recht is (art. 6:231 BW). Het maakt juridisch veel verschil of een ondernemer handelt met consumenten of met een andere ondernemer. Vooral de consument wordt beschermd.

13.3.1 Wat zijn algemene voorwaarden?

Algemene voorwaarden zijn volgens de wet 'een of meer schriftelijke bedingen die zijn opgesteld teneinde in een aantal overeenkomsten te worden opgenomen, met uitzondering van bedingen die de kern van de prestatie aangeven' (art. 6:231 sub a BW). De wet noemt degene die algemene voorwaarden in een overeenkomst gebruikt de 'gebruiker' (art. 6:231 sub b BW) en degene die door ondertekening van een geschrift of op andere wijze de gelding van algemene voorwaarden heeft aanvaard de 'wederpartij' (art. 6: 231 sub c BW).

Bij een koopovereenkomst zal de 'gebruiker' meestal de verkoper zijn, maar het kan ook de koper zijn die inkoopvoorwaarden gebruikt.

Uit de definitie van de algemene voorwaarden blijkt dat mondelinge bedingen en bedingen die niet bestemd zijn om diverse malen te worden gebruikt geen algemene voorwaarden zijn. Onder diverse malen wordt in het algemeen verstaan vier keer of meer. Ook als een beding de kern van de prestatie weergeeft (bijvoorbeeld de prijs), is de algemenevoorwaardenregeling niet van toepassing.

Voorbeeld

Voorbeelden
- De directie stelt zich niet aansprakelijk voor schade en/of verlies van uw eigendommen tijdens uw verblijf in het gebouw of op het terrein.
- Ruilen binnen 7 dagen met kassabon en in de originele verpakking. Ondergoed kan niet worden geruild.

13.3.2 Voordelen en doel van algemene voorwaarden

Algemene voorwaarden hebben voor de ondernemer vele voordelen:
a. Het hebben en gebruiken van algemene voorwaarden voorkomt dat iedere routinematige transactie, waar men het over de hoofdpunten eens is, tot in details moet worden geregeld. Let wel: deze details kunnen in bepaalde situaties heel belangrijk

zijn of worden. Indien een ondernemer een vertegenwoordiger op pad stuurt, weet deze dat hij zich alleen moet concentreren op een beperkt aantal punten van de verkooptransactie: kwaliteit, hoeveelheid, prijs, levertijd en dergelijke. De vertegenwoordiger is zich er misschien wel van bewust dat het belangrijk zou kunnen zijn om juridische zaken ook te regelen met de wederpartij. Maar hij weet dat hij zich daar niet druk over hoeft te maken, want zijn onderneming hanteert algemene voorwaarden en dus is dat allemaal al voor hem geregeld.

b. Het hebben van goede algemene voorwaarden kan voorkomen dat conflicten met contractpartners (leveranciers en afnemers) ontstaan, doordat goed en duidelijk is vastgelegd wat de wederzijdse rechten en verplichtingen zijn.
c. Voor het geval er toch conflicten ontstaan, bieden algemene voorwaarden doorgaans goede aanknopingspunten voor de wijze waarop het conflict zo goed en zo goedkoop mogelijk kan worden opgelost.
d. Algemene voorwaarden kunnen een contractpartij in staat stellen zich ten opzichte van een wederpartij sterk te maken door de toepasselijkheid van zijn algemene voorwaarden.

Autohuurder hoeft boete niet te betalen

Een Amsterdamse automobilist die een auto huurde van Car4Share hoeft de boete van 2.000 euro die Car4Share hem oplegde niet te betalen omdat die buiten proportie was. De automobilist kreeg de boete omdat hij een ander in die auto zou hebben laten rijden terwijl dit volgens de algemene voorwaarden van Car4Share niet was toegestaan. De kantonrechter heeft bepaald dat het boetebeding uit de algemene voorwaarden, waarop de boete is gebaseerd, een onevenredig hoge schadevergoeding inhoudt. In het boetebeding is namelijk geen limiet opgenomen. Daardoor kan een boete oplopen tot een bedrag dat niet in verhouding staat tot de geleden schade. Omdat het boetebeding een oneerlijk beding is, kan er van matiging van de boete geen sprake zijn en vervalt de boete in zijn geheel.
www.rechtspraak.nl, 6 augustus 2019, ECLI:NL:RBAMS:2019:5616

13.3.3 Wanneer van toepassing?

Als tussen een gebruiker van algemene voorwaarden en zijn wederpartij een overeenkomst tot stand komt, zijn de algemene voorwaarden niet automatisch van toepassing op deze overeenkomst. Willen algemene voorwaarden van toepassing zijn, dan moet aan drie voorwaarden zijn voldaan:
a. de wederpartij moet de gelding van algemene voorwaarden hebben aanvaard;
b. algemene voorwaarden mogen niet onredelijk bezwarend zijn;
c. aan de wederpartij moet een redelijke mogelijkheid worden geboden om van algemene voorwaarden kennis te nemen; de zogenaamde informatieplicht.

Algemene voorwaarden worden door aanbod en aanvaarding deel van de overeenkomst. Dus op het moment dat de overeenkomst wordt gesloten, moeten de algemene voorwaarden bekend zijn of bekend kunnen zijn. Men kan zijn wederpartij niet zonder meer eenzijdige afspraken opdringen en dan verwachten dat men haar daaraan kan houden. De bewijslast berust in het algemeen bij degene die een beroep doet op bedingen uit de algemene voorwaarden. De wederpartij is al aan de algemene voorwaarden gebonden wanneer zij de inhoud heeft aanvaard, maar niet kende (art. 6:232 BW). Vereist is dat beide partijen met elkaar eens zijn dat de algemene voorwaarden van toepassing zijn op hun overeenkomst.

Juridisch is het het beste om bij gelegenheid van het sluiten van het contract een handtekening van de wederpartij te krijgen onder de eigen algemene voorwaarden. Wanneer het contract via briefwisseling tot stand komt, is het verstandig reeds in de offerte, maar in ieder geval uiterlijk in de orderbevestiging uitdrukkelijk naar de eigen algemene voorwaarden te verwijzen en duidelijk aan te geven op de voorzijde van de brief dat op de achterzijde algemene voorwaarden zijn afgedrukt.

Als in de factuur naar de algemene voorwaarden wordt verwezen terwijl de overeenkomst al tot stand is gekomen, maken de algemene voorwaarden geen deel uit van de overeenkomst, tenzij partijen meerdere malen met elkaar hebben gehandeld en de algemene voorwaarden altijd duidelijk in de facturen staan vermeld.

13.3.4 Battle of the forms

Vaak vermelden algemene voorwaarden dat die van de andere partij niet van toepassing zullen zijn. Welke algemene voorwaarden gelden als beide partijen naar hun eigen voorwaarden verwijzen? Volgens de wet gelden de tweede algemene voorwaarden slechts indien de toepasselijkheid van de eerste algemene voorwaarden uitdrukkelijk van de hand wordt gewezen. De eerste verwijzing naar de algemene voorwaarden geldt (art. 6:225, lid 3 BW). Als de andere partij het wel met het aanbod eens is, maar niet met de andere voorwaarden, dan dient dat uitdrukkelijk te worden vermeld en in de plaats daarvan moeten de eigen voorwaarden worden afgesproken.

13.3.5 Informatieplicht

Bij een gewone overeenkomst dient de gebruiker de algemene voorwaarden vóór of tijdens het sluiten van de overeenkomst feitelijk aan de klant te overhandigen (art. 6:234, lid 1 BW). Indien dit redelijkerwijs niet mogelijk is, mag verwezen worden naar gedeponeerde algemene voorwaarden bij de Kamer van Koophandel of een rechtbank.

Indien de overeenkomst via het internet tot stand komt, dient de gebruiker zijn voorwaarden vóór of tijdens het sluiten van de overeenkomst op een zodanige wijze ter beschikking te stellen dat deze door de klant kunnen worden opgeslagen en voor de klant toegankelijk zijn ten behoeve van latere kennisneming (art. 6:234, lid 2 BW). De gebruiker kan bij een gewone overeenkomst ook zijn algemene voorwaarden digitaal ter beschikking stellen. Hiervoor is de uitdrukkelijke toestemming van de klant nodig (art. 6:234, lid 3 BW).

Algemene voorwaarden kunnen op het briefpapier worden afgedrukt. Dit kan ook op de achterzijde van het briefpapier (zoals bij een contract en de orderbevestiging). Staan de algemene voorwaarden op de achterbladzijde van de brief, dan moet op de voorzijde een duidelijke verwijzing naar de algemene voorwaarden staan.

Arrest First Data
Hoge Raad, 11 februari 2011, ECLI:NL:HR:2011:BO7108

Feiten
In 2001 wil Attingo bv draadloos internet aanbieden op Schiphol voor reizigers die even willen surfen of e-mailen. Om dit te realiseren heeft Attingo hardware en software nodig voor het systeem. Daartoe wordt overleg gepleegd met First Data bv. Attingo bv tekent een door First Data bv op papier uitgebrachte offerte waarop zij verwijst naar de algemene voorwaarden van haar brancheorganisatie Fenit. De algemene voorwaarden worden niet aan Attingo bv overhandigd. Bij het uitvoeren van het contract komt het tot onenigheid tussen beide partijen. Attingo bv beroept zich na verloop van tijd op de ongeldigheid van de algemene voorwaarden. Zij voert daartoe aan dat haar geen redelijke mogelijkheid is geboden tot kennisname van de voorwaarden. First Data bv is van mening dat zij wel aan haar informatieplicht heeft voldaan doordat het eenvoudig is om via een zoekopdracht op het internet van de voorwaarden kennis te nemen.

Hoge Raad
3.4.2
    (...)
    Ten overvloede wordt overwogen dat, anders dan het onderdeel kennelijk voorstaat, een redelijke en op de praktijk afgestemde uitleg van de in art. 6:233, onder b, in verbinding met art. 6:234 vervatte regeling niet meebrengt dat, indien de mogelijkheid tot kennisneming langs elektronische weg mag worden geboden, de gebruiker reeds aan zijn uit art. 6:233, onder b, voortvloeiende informatieplicht heeft voldaan indien de desbetreffende voorwaarden (door een zoekopdracht) op internet kunnen worden gevonden.

Toelichting
De Hoge Raad oordeelt in zijn arrest dat First Data niet heeft voldaan aan de informatieplicht. Aan de informatieplicht is niet voldaan doordat de algemene voorwaarden op het internet met gebruikmaking van een zoekmachine te vinden zijn.

13.3.6 Toetsing
Indien één partij van mening is dat de algemene voorwaarden van de wederpartij niet aanvaardbaar zijn, kan hij deze voorleggen aan de rechter. Die moet dan kijken naar de aard en de inhoud van de overeenkomst, de wederzijds kenbare belangen van de partijen en de wijze waarop de voorwaarden tot stand zijn gekomen (art. 6:233 BW). Vervolgens moet gekeken worden of de gebruiker aan zijn informatieplicht heeft voldaan. Dit betreft een van de twee vernietigingsgronden. De gebruiker dient aan de wederpartij namelijk een redelijke mogelijkheid te bieden om van de algemene voorwaarden kennis te nemen.

> **Voorbeeld**
>
> Als bij het uitpakken van een computer de algemene voorwaarden van Softy bv in de doos blijken te zitten, dan heeft Softy niet correct aan zijn informatieplicht voldaan.

13.3.7 Zwarte en grijze lijst

Alleen de consument geniet bij algemene voorwaarden extra bescherming. Een consument is een natuurlijk persoon die niet handelt in de uitoefening van een beroep of bedrijf (art. 6:236 BW). De wetgever heeft om dat te bereiken een zogenaamde zwarte en grijze lijst in de wet opgenomen. In de zwarte lijst zijn veertien typen van bedingen opgenomen die in overeenkomsten met consumenten verboden zijn (art. 6:236 BW). Als een beding hiermee overeenstemt, zal de rechter zo'n beding zeker vernietigen.

In de grijze lijst staan veertien typen van bedingen die zich op de grens van het toelaatbare bevinden. De gebruiker dient aan te tonen dat het in zijn geval redelijk is om deze bedingen te hanteren. Er vindt hier een omkering van de bewijslast plaats (art. 6:237 BW).

Hanteert een ondernemer bij het aangaan van overeenkomsten met consumenten algemene voorwaarden die voorkomen op de grijze lijst, dan zit de consument in geval van een geschil op rozen. De ondernemer zal moeten bewijzen dat de betreffende voorwaarden niet onredelijk zijn.

Het wordt voor een ondernemer gevaarlijk om bij consumenten algemene voorwaarden te hanteren die eenzijdig in zijn voordeel zijn opgesteld. Dat is het geval indien in zijn algemene voorwaarden zijn aansprakelijkheid voor nagenoeg alles is uitgesloten. (In veel voorwaarden komen dergelijke bepalingen voor.) Voor transacties tussen ondernemers gelden de zwarte en de grijze lijst niet.

13.3.8 Stilzwijgende verlenging van abonnementen en contracten

Er zijn veel verschillende soorten abonnementen en contracten die een consument voor een langere periode kan afsluiten. Bijvoorbeeld een kwartaalabonnement op een dagblad of tijdschrift of een jaarabonnement bij de sportschool. Maar ook een telecomabonnement, zoals een tweejarig abonnement voor mobiele telefonie. Of een driejarig energiecontract.

Stilzwijgende verlenging van contracten voor onbepaalde tijd kan wel, maar de opzegtermijn is maximaal een maand (art. 6:236 sub j BW). Stilzwijgende verlenging van een abonnement op dag-, nieuws, weekbladen en tijdschriften mag voor ten hoogste drie maanden (art. 6:236 sub p BW).

Ook moeten abonnementen op dezelfde manier kunnen worden opgezegd als waarop ze zijn afgesloten.

13.4 Koopovereenkomst

De koopovereenkomst is de meest gesloten overeenkomst ter wereld. Koop is de overeenkomst waarbij de een (de verkoper) zich verbindt een zaak te geven en de ander (de koper) daarvoor een prijs in geld te betalen (art. 7:1 BW). Onder het geven van de verkoper valt zowel de plicht tot eigendomsoverdracht van de zaak als de plicht tot bezitsverschaffing (de feitelijke levering). Het doel van iedere (koop)overeenkomst is dat deze goed wordt uitgevoerd. Een koopovereenkomst waarbij geen prijs is bepaald, is geldig; alleen is dan een redelijke prijs verschuldigd (art. 7:4 BW).

Als een verkoper ongevraagd een zaak toestuurt, en degene die de zaak krijgt ervan uit mag gaan dat dit gebeurt om hem de zaak te laten kopen, mag hij de zaak zelf houden (art. 7:7 BW).

De koopovereenkomst wordt in het BW geregeld in Boek 7. Naast Boek 7 zijn ook de Boeken 3, 5 en 6 van het BW geheel of gedeeltelijk van toepassing op de koopovereenkomst. In deze Boeken vinden we onder andere regels voor:
- de totstandkoming van overeenkomsten;
- de rechtsgevolgen van overeenkomsten;
- de gevolgen van niet-nakoming.

Boek 6 bevat algemene regels die gelden voor alle overeenkomsten. De totstandkoming van een koopovereenkomst wordt door het algemene recht beheerst (art. 6:217 BW). Boek 7 voegt hier speciale bepalingen aan toe voor de koopovereenkomst. Deze en de volgende paragrafen handelen alleen over problemen die kunnen ontstaan bij de uitvoering van de koopovereenkomst en de oplossing die het BW hiervoor aangeeft.

13.4.1 Professionele koop

De wet maakt een onderscheid tussen de consumentenkoop en de koopovereenkomst die niet als consumentenkoop kan worden aangemerkt (art. 7:5 BW). De term 'professionele koop' komt men in het BW niet tegen, maar hij wordt gebruikt ter onderscheiding van de consumentenkoop, die in het BW wel wordt genoemd. Onder professionele koop wordt in het algemeen de koopovereenkomst verstaan die tussen twee (rechts)personen over en weer wordt gesloten in de uitoefening van hun bedrijf. Alle bepalingen betreffende de koopovereenkomst zijn van toepassing op de professionele koopovereenkomst, tenzij bepalingen van de consumentenkoop anders bepalen. Ten aanzien van de professionele koop is Boek 7 BW van regelend recht, hetgeen inhoudt dat partijen ervan kunnen afwijken.

13.4.2 Plichten verkoper

De verkoper heeft drie verplichtingen:
a. de plicht tot eigendomsoverdracht van de zaak (art. 7:9, lid 1 BW);
b. de plicht tot bezitsverschaffing van de zaak (art. 7:9, lid 2 BW);
c. de plicht dat de zaak die wordt afgeleverd voldoet aan wat is afgesproken (art. 7:17 BW).

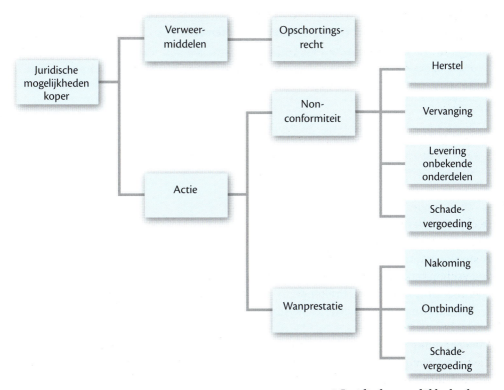

13.6 Juridische mogelijkheden koper

13.4.3 Beantwoorden aan de overeenkomst (conformiteit)

Bepaald wordt dat de afgeleverde zaak aan de overeenkomst moet beantwoorden (art. 7:17, lid 1 BW). Een zaak beantwoordt niet aan de overeenkomst wanneer zij niet de eigenschappen bezit die de koper op grond van de overeenkomst mocht verwachten. De koper mag verwachten dat de zaak de eigenschappen bezit die:

a. voor een normaal gebruik daarvan nodig zijn en waaraan hij over de aanwezigheid ervan niet hoefde te twijfelen;
b. nodig zijn voor een bijzonder gebruik dat bij de overeenkomst is voorzien.

Daarnaast beantwoordt de zaak niet aan de overeenkomst indien:
- een andere zaak is geleverd dan is overeengekomen;
- een zaak van een andere soort is geleverd;
- het afgeleverde in getal, maat of gewicht van het overeengekomene afwijkt.

Bij een consumentenkoop is bepaald dat defecten die zich binnen een periode van zes maanden na aanschaf openbaren, geacht worden een gevolg te zijn van een gebreke dat al bij levering bestond (art. 7:18, lid 2 BW).

Tweedehands auto met teruggedraaide kilometerstand

AMSTERDAM - De verkoper van een tweedehands Volkswagen Polo moet de koper de koopsom van 7.100 euro terugbetalen. Dat heeft de rechtbank geoordeeld. De koper kocht de Polo op 25 april 2018 via Marktplaats met een kilometerstand van 83.000 voor 7.100 euro. Kort daarna kwam de koper erachter dat de auto op 1 februari 2017 al een kilometerstand van 142.500 had en dat die dan bij de verkoop nog hoger moet zijn geweest. Volgens de koper voldeed de auto daardoor niet aan hetgeen hij mocht verwachten. Hij beriep zich op ontbinding van de koopovereenkomst en eiste de koopsom terug. De verkoper vond dat de koper onvoldoende onderzoek had gedaan voor de koop. De kantonrechter heeft in een mondelinge uitspraak de koper gelijk gegeven: er bestond voor de koper geen aanleiding om te twijfelen aan de juistheid van de kilometerstand op de teller en daarom moet de verkoper de koopsom terugbetalen.

www.rechtspraak, 1 maart 2019
ECLI:NL:RBAMS:2019:1609

13.4.4 Wanprestatie

Wanneer een zaak niet aan de overeenkomst beantwoordt, zoals hiervoor gesteld, is er sprake van wanprestatie. Voor de koper zijn hieraan bijzondere verhaalmogelijkheden verbonden. Hij kan het volgende eisen (art. 7:21 BW):
a. aflevering van het ontbrekende;
b. herstel van de afgeleverde zaak, indien de verkoper hieraan redelijkerwijs kan voldoen;
c. vervanging van de afgeleverde zaak, tenzij:
    - het een geringe afwijking betreft;
    - de zaak teniet is gegaan door een oorzaak die voor rekening van de koper komt.

Naast deze bijzondere aan de koper toekomende rechten kan hij zich ook beroepen op de algemene gevolgen van wanprestatie zoals schadevergoeding en ontbinding.

Voorbeeld

U koopt als consument een artikel. Als u thuiskomt, blijkt dat het niet deugt. De winkelier moet het dan óf repareren óf u een goed exemplaar geven. Als een ander exemplaar niet voor handen is, staat men meestal snel klaar met een tegoedbon. Maar daarmee hoeft u geen genoegen te nemen; u hebt dan gewoon recht op uw geld.

13.4.5 Waarschuwingsplicht

Op de koper rust een waarschuwingsplicht, waarbij bepaalde termijnen in acht moeten worden genomen (art. 7:23 BW). Het BW bepaalt dat indien de koper een beroep wil doen op de omstandigheid dat de geleverde zaak niet aan de overeenkomst beantwoordt, hij de verkoper hiervan binnen bekwame tijd nadat hij dit heeft ontdekt of redelijkerwijs had behoren te ontdekken, op de hoogte dient te stellen. Met deze bepaling wordt de verkoper beschermd tegen late en daardoor moeilijk te betwisten klachten.

13.4.6 Garantie

Heeft de verkoper de aanwezigheid van een bepaalde eigenschap gegarandeerd, of heeft een afwijking betrekking op feiten die de verkoper kende of behoorde te kennen, dan moet de koper de waarschuwing binnen bekwame tijd na daadwerkelijke ontdekking van de afwijking aan de verkoper bekendmaken. Wanneer de koper de waarschuwingsplicht niet nakomt, vervallen zijn rechten.

De bevoegdheid om een rechtsvordering in te stellen op voorgenoemde grond en om deze omstandigheid als verweer aan te voeren, verjaart in beginsel na verloop van twee jaren na de waarschuwing van de koper aan de verkoper.

Garanties bij een consumentenkoop kunnen de wettelijke rechten van een consument niet beperken. Een garantie komt dus nooit in de plaats van de aansprakelijkheid van de verkoper. Een professionele verkoper geeft bijvoorbeeld op een nieuw tv-toestel een garantie van 12 maanden. Na 14 maanden begeeft het tv-toestel het. De verkoper blijft verplicht om het tv-toestel, ook na het verstrijken van de 12 maanden te herstellen. Een redelijke termijn voor een tv-toestel is drie jaar.

Geld terug voor leren bank met gebreken

Amsterdam - Een ouder echtpaar dat in januari 2017 een lederen bankstel kocht bij de Amsterdamse woonwinkel Lederland mocht de koopovereenkomst ontbinden omdat de bank binnen 10 maanden gebreken vertoonde. Daarom moet Lederland ruim 4.700 euro terugbetalen. Dat heeft de kantonrechter bepaald. Het echtpaar behandelde de bank met de reinigingsdoekjes die zij bij aankoop van de bank hadden aangeschaft. Hierna liet de verflaag van het leer los waardoor de donkere onderlaag zichtbaar werd. Lederland is verplicht tot garantie bij normaal gebruik. Daarom is het aan de woonwinkel verkeerd gebruik aan te tonen. Lederland onderbouwde de bewering dat de oorzaak van de schade van buitenaf kwam echter onvoldoende. De woonwinkel had de bank al lang in bezit dus had ruimschoots de tijd gehad nader onderzoek te (laten) doen. Dat Lederland dit niet deed, blijft voor eigen rekening.
www.rechtspraak.nl, 7 november 2019,
ECLI:NL:RBAMS:2019:8591

13.4.7 Risico

Het moment van overgang van het risico van een verkochte zaak speelt een belangrijke rol in het zakenleven, met name in verband met verzekeringen. Ten aanzien van het risico voor schade of tenietgaan van een verkochte zaak bepaalt het BW dat de zaak voor risico van de koper is vanaf het moment van aflevering, zelfs al is de eigendom nog niet overgedragen (art. 7:10 BW). Ook op andere wijze kan de levering plaatsvinden, bijvoorbeeld door middel van een schriftelijke verklaring of door een gedraging, zoals het overhandigen van de sleutel van een magazijn. In veel gevallen zal de levering plaatsvinden door middel van de feitelijke overgave.

13.4.8 Eigendomsvoorbehoud

Een must voor de verkoper is het opnemen in het contract van een eigendomsvoorbehoud. Hiermee behoudt de verkoper van de verkochte zaak zich de eigendom van de zaak voor totdat betaling heeft plaatsgevonden. Totdat de koopprijs volledig is betaald, blijft de verkoper juridisch eigenaar van de zaak. In het BW is bepaald dat een eigendomsvoorbehoud dat zich uitstrekt over andere vorderingen dan die wegens geleverde (of te leveren) goederen of verrichte (of te verrichten) werkzaamheden nietig is (art. 3:92 BW). Als de verkoper geen eigendomsvoorbehoud afspreekt, kan hij zich in beginsel op zijn wettelijke recht van reclame beroepen als de koper de koopprijs niet betaalt. Dit recht van reclame heeft een soortgelijk effect als het eigendomsvoorbehoud.

13.4.9 Recht van reclame

Het recht van reclame is voor de verkoper een belangrijk wapen voor als de koper niet betaalt. Als de verkoper de verkochte zaken al wel heeft geleverd, maar de koper de prijs niet (tijdig) betaalt, kan de verkoper de zaak terugvorderen (art. 7:39 e.v. BW). Het recht van reclame moet wel tijdig en schriftelijk wordt ingeroepen. De bevoegdheid van de verkoper vervalt wanneer zes weken zijn verstreken nadat de vordering tot betaling van de koopprijs opeisbaar is geworden én zestig dagen zijn verstreken nadat de zaken zijn geleverd.

Door deze verklaring wordt de koop met terugwerkende kracht en zakelijke werking ontbonden, hetgeen betekent dat de verkoper door het sturen van deze verklaring naar de koper automatisch weer eigenaar wordt van de verkochte zaak.

Is slechts een deel van de koopprijs niet voldaan, dan kan de verkoper – indien mogelijk – een daaraan evenredig deel van het geleverde terugvorderen. Is dit niet mogelijk, dan vordert de verkoper het geleverde in zijn geheel terug tegen restitutie van hetgeen reeds betaald is.

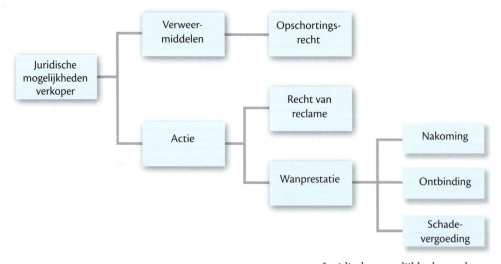

13.7 Juridische mogelijkheden verkoper

13.5 Consumentenrecht

De consument is bij het sluiten van een overeenkomst met een professionele partij in de regel de zwakkere partij. De meeste regels van het consumentenrecht zijn erop gericht de consument extra bescherming te bieden. Ze zijn overwegend van toepassing op relaties tussen een consument en een professionele partij.

Het consumentenrecht is van toepassing op overeenkomsten waarbij een onderneming (handelaar) aan een consument roerende zaken (inclusief elektriciteit en gas) of

diensten levert (art. 6:230g tot en met 230z BW). De regels van het consumentrecht zijn van toepassing op:
- consumentenkoop;
- overeenkomsten in de winkel en andere verkoopruimten;
- overeenkomsten tot het verrichten van diensten;
- overeenkomsten op afstand, bijvoorbeeld via internet of telefoon;
- overeenkomsten buiten de verkoopruimte, bijvoorbeeld via colportage of straatverkoop;
- overeenkomsten waarbij een product én een dienst worden geleverd (gemengde overeenkomsten).

Het consumentenrecht is niet altijd van toepassing op alle overeenkomsten met consumenten, er zijn uitzonderingen (art. 6:230h BW).

13.5.1 Consumentenkoop

Bij de consumentenkoop gaat het om de koop van roerende zaken – niet registergoederen, met uitzondering van leveranties van leidingwater of gas – door een verkoper die handelt in de uitoefening van een beroep of bedrijf, en een koper, (natuurlijk) persoon, die niet handelt in de uitoefening van een beroep of bedrijf (art. 7:5, lid 1 BW). Er is dus sprake van een consumentenkoop wanneer:
a. het gaat om een roerende zaak, het kan gaan om duurzame gebruiksgoederen, maar ook om levensmiddelen, planten en dieren;
b. de zaak verkocht wordt door een persoon die er zijn beroep of bedrijf van maakt aan consumenten te verkopen.

De consument verkeert als koper vaak ten opzichte van de professionele verkoper in een economisch afhankelijke positie. De wetgever geeft de consument bij de koopovereenkomsten extra bescherming. De regels van de gewone koop zijn hoofdzakelijk dwingend voorgeschreven (art. 7:6 BW). Afwijking van de wettelijke koopbepalingen leidt bij een consumentenkoop in de meeste gevallen tot vernietigbaarheid van de koopovereenkomst.

Rechter eist meer informatie in consumentenzaken

DEN HAAG - Rechters hebben de taak om in consumentenzaken waarin professionele partijen zoals zorgverzekeraars of incassobureaus geld vorderen, te toetsen of bijvoorbeeld de algemene voorwaarden eerlijk zijn. Op dit moment bevatten dagvaardingen in deze zaken vaak onvoldoende informatie om dit goed te kunnen beoordelen.

Overgangsperiode
Om partijen de kans te geven aan de nieuwe situatie te wennen is er een overgangsperiode vanaf 1 december 2019 tot 1 april 2020. Gedurende deze tijd worden ontbrekende gegevens door de rechtbank nog opgevraagd. Als de overgangsperiode voorbij is, wordt ervan uitgegaan dat deurwaarders en incassogemachtigden die regelmatig dit soort zaken aanbrengen bij de rechtbank de aanvullende gegevens uit zichzelf vermelden in de dagvaarding.
www.rechtspraak.nl, 19 november 2019

13.5.2 Verkoop op afstand

Dankzij moderne communicatiemiddelen zoals telefoon en internet kunnen makkelijk overeenkomsten worden gesloten waarbij de partijen niet lijfelijk bij elkaar aanwezig zijn.

De consument loopt bij dit type overeenkomsten risico's, bijvoorbeeld doordat hij minder of vluchtiger informatie krijgt over wat hij aanschaft dan bij een niet op afstand gesloten overeenkomst.

Bij verkoop op afstand gelden er enkele aanvullende regels. Deze regels zijn een aanvulling op de informatieverplichtingen die de ondernemer heeft (artt. 6:230m e.v. BW).

De ondernemer geeft vóórdat de overeenkomst wordt gesloten op een duidelijke en in het oog springende manier de volgende informatie over de overeenkomst (art. 6:230m BW):

- de voornaamste kenmerken van de producten of diensten;
- de totale prijs;
- de duur van de overeenkomst: geldt voor de overeenkomst dat de consument gedurende een bepaalde het product of de dienst moet afnemen? Of de overeenkomst gedurende een periode niet kan opzeggen? Dan moet de ondernemer de consument daarover informeren.

13.5.3 Informatieplicht bij verkoop op afstand

Bij alle overeenkomsten die een onderneming met de consument sluit en die onder het consumentenrecht vallen, heeft de onderneming een informatieplicht ten opzichte van de consument.

De onderneming moet informatie verstrekken, zoals de identiteit van de onderneming, zijn klachtenbeleid en de kenmerken van het object van de overeenkomst (art. 6:230l BW).

Daarnaast moet de onderneming aanvullende informatie aan de consument verstrekken wanneer sprake is van een overeenkomst op afstand of buiten de verkoopruimte. De in dat geval te verstrekken informatie wordt in art. 6:230m BW genoemd en heeft onder andere betrekking op de wijze van verzending, verzendkosten en kosten voor communicatiemiddelen op afstand.

De door de onderneming te verstrekken informatie moet steeds duidelijk en begrijpelijk zijn. Bij overeenkomsten op afstand moet deze verstrekt worden op een wijze die passend is voor de gebruikte middelen voor communicatie op afstand. Bij overeenkomsten buiten de verkoopruimte moet de informatie schriftelijk worden verstrekt of – als de consument daarmee instemt – op een andere duurzame gegevensdrager.

13.5.4 Het herroepingsrecht bij verkoop op afstand

De consument die een overeenkomst op afstand of buiten de verkoopruimte aangaat, heeft in veel gevallen een herroepingsrecht (art. 6:230o BW). Het herroepingsrecht houdt in dat de consument het recht heeft om binnen veertien dagen de overeenkomst zonder opgave van redenen te ontbinden. Die termijn gaat lopen vanaf het moment waarop de overeenkomst is gesloten, of – indien een zaak wordt geleverd – het moment waarop de consument de zaak ontvangt. De consument is niet aansprakelijk voor of kosten verschuldigd door de uitoefening van zijn herroepingsrecht.

De handelaar moet in het kader van zijn verplichting om informatie aan de consument te verstrekken, de consument erop wijzen dat hij een dergelijk herroepingsrecht heeft.

Maakt een consument gebruik van zijn herroepingsrecht, dan moet hij dat ondubbelzinnig aan de handelaar verklaren (art. 6:230o lid 3 BW). Alleen de geleverde zaak retourneren is niet genoeg. De consument moet daarna de geleverde za(a)k(en) – indien van toepassing – binnen veertien dagen retour zenden (art. 6:230s lid 1 BW). De handelaar moet op zijn beurt onverwijld, maar uiterlijk binnen veertien dagen nadat de consument gebruik heeft gemaakt van zijn herroepingsrecht, alle betalingen inclusief leveringskosten aan de consument vergoeden. De handelaar mag daarmee wachten tot de consument de geleverde zaak – indien van toepassing – heeft geretourneerd. Ook bij verkoop op straat en aan de deur is de bedenktijd 14 dagen bij aankopen boven de € 50.

Voorbeeld

Mag ik mijn producten retourneren?

Toch niet blij met je aankoop? Dan kun je dit binnen dertig dagen, na ontvangst van je product, bij ons melden via het online retourformulier. Hierna krijg je nog eens veertien dagen de tijd om je product gratis terug te sturen.

Binnen drie werkdagen na ontvangst van je product storten we het aankoopbedrag terug op hetzelfde rekeningnummer als waarmee je hebt betaald. www.coolblue.nl

Begrippenlijst

Abstracte schade	Schade die wordt berekend los van de werkelijke schade.
Algemene voorwaarden	Schriftelijke bepalingen die een professionele partij gebruikt en op al zijn overeenkomsten van toepassing verklaart.
Beding	Bepaling, clausule, voorwaarde uit een contract.
Clausule	Een bepaling (artikel) uit een contract of uit de algemene voorwaarden.
Concrete schade	De werkelijk geleden schade.
Consumentenkoop	Koopovereenkomst betreffende roerende zaken tussen een verkoper die handelt in de uitoefening van een beroep of bedrijf en een particulier.
Crediteur	Schuldeiser, degene die een vordering heeft op de schuldenaar (debiteur).
Debiteur	Schuldenaar; degene die een verplichting heeft ten opzichte van de schuldeiser (crediteur).
Exceptio non adempleti contractus	De bevoegdheid die een partij heeft bij een overeenkomst om de nakoming van zijn verplichting op te schorten totdat de wederpartij ook aan zijn verplichting voldoet.
Exoneratie	Het schriftelijk uitsluiten of beperken van eigen aansprakelijkheid.
Grijze lijst	Lijst in de wet van bedingen die vermoed worden in algemene voorwaarden onredelijk bezwarend te zijn. De wederpartij kan ze ter vernietiging voordragen.
Ingebrekestelling	Schriftelijke verklaring waarmee iemand aangeeft dat de geadresseerde een afspraak (verbintenis) niet is nagekomen. Bij een ingebrekestelling wordt de nalatende partij alsnog in de gelegenheid gesteld om (meestal binnen een bepaalde termijn) de afspraak na te komen.
Nakoming	Het voldoen aan een verbintenis.
Ontbinding	Het vervallen verklaren van een (wederkerige) overeenkomst.

Opschortingrecht	De bevoegdheid van een debiteur om de eigen verplichting op te schorten totdat de wederpartij ook aan zijn verplichting heeft voldaan.
Overmacht	Als het niet-nakomen van een verbintenis een debiteur niet kan worden toegerekend.
Professionele koop	Koopovereenkomst die gesloten wordt tussen partijen die beide handelen in de uitoefening van een beroep of bedrijf.
Recht van reclame	Het recht van de verkoper om, onder bepaalde voorwaarden, als de koper niet betaalt, het verkochte weer terug te nemen.
Verbintenis	Een juridische verplichting.
Vermogen	Het geheel van rechten en plichten dat kan toebehoren aan personen.
Verzuim	Periode waarin sprake is van een toerekenbare vertraging in de nakoming van een opeisbare verbintenis.
Wanprestatie	Het toerekenbaar niet, verkeerd of te laat voldoen aan een verbintenis, zonder een geldige reden.
Zwarte lijst	Lijst in de wet van bedingen die geacht worden in algemene voorwaarden onredelijk bezwarend te zijn. De wederpartij kan ze ter vernietiging voordragen aan de rechter.

Vragen

Meerkeuzevragen

1. Softy bv heeft een liquiditeitsprobleem. Wanneer zijn zij in verzuim?
   a. Nadat zij in gebreke zijn gesteld;
   b. Zodra de in de ingebrekestelling genoemde uiterste termijn verstreken is;
   c. Zodra de vordering opeisbaar is;
   d. Zodra zij op de afgesproken datum niet nakomen.

2. Geef aan in welke van de onderstaande gevallen een ingebrekestelling vereist is.
   I A heeft de schade die hij veroorzaakt aan de auto van B, die op 18 maart betaald zou moeten worden, op 21 maart nog niet voldaan.
   II A heeft een partij USB-sticks besteld bij de groothandel en afgesproken dat er vanaf veertien dagen na de bestelling geleverd zal worden. Een maand later heeft A de bestelde USB-sticks nog niet ontvangen.
   III A heeft zijn piano verkocht aan B. Bij het naar beneden takelen van de piano wordt deze onherstelbaar beschadigd.
   IV A ontvangt de door hem bestelde toegangskaarten voor het Rolling Stones-concert van 13 juni te Landgraaf pas op 16 juni.
   a. II en IV;
   b. II en III;
   c. II;
   d. I en III.

3. Softy bv koopt een partij computers. Als de partij gebrekkig blijkt te zijn, wil Softy de overeenkomst ontbinden. De toepasselijke algemene voorwaarden van de verkoper sluiten ontbinding om een dergelijke reden uit. Welke bewering is juist?
   a. Softy bv kan ontbinden, omdat een dergelijk beding volgens de wet onredelijk is en daarom ongeldig;
   b. Het beding zou eventueel wegens 'onredelijk bezwarend' kunnen worden vernietigd, zodat Softy bv toch zou kunnen ontbinden;
   c. Softy bv kan niet ontbinden, omdat de algemene voorwaarden nu eenmaal onderdeel van de overeenkomst uitmaken en Softy ook gebonden is aan het beding.

4. Wat is juist? Algemene voorwaarden zijn:
   a. alleen verbindend voor de wederpartij als zij ze uitdrukkelijk heeft aanvaard;

b. bedingen die door een van de contractpartijen geregeld in contracten worden gebruikt;
c. regelingen die naast de wettelijke bepalingen van toepassing kunnen zijn en die gelden voor een bepaalde bedrijfstak;
d. van rechtswege nietig als de wederpartij kan aantonen dat ze onredelijk bezwarend zijn.

5. De directie van pizzeria Pinocchio stelt zich niet aansprakelijk voor vermissing en/of diefstal van uw eigendommen, volgens een bordje dat duidelijk leesbaar in de garderobe hangt. Feit is wel dat de garderobe niet of nauwelijks wordt bewaakt. Pieter Werkmans dure jas wordt uit de garderobe gestolen. Pieter wil de directie aanspreken tot schadevergoeding. Welke van de volgende argumenten om schadevergoeding te krijgen is de juiste?
   a. Ik ben niet gebonden aan de algemene voorwaarden, aangezien ik geen exemplaar van de algemene voorwaarden van Pinocchio heb ontvangen;
   b. Deze algemene voorwaarde is nietig, omdat deze op de zwarte lijst staat;
   c. Deze algemene voorwaarde staat op de grijze lijst en is vernietigbaar;
   d. Deze algemene voorwaarde staat op de zwarte lijst en is daarmee vernietigbaar.

6. Als deelnemer aan de 'Diepe Hel-loop', van Holten naar Nijverdal, over een afstand van 10 Engelse mijlen, krijgt Pieter Werkmans een foto toegestuurd. Deze foto is ongevraagd van hem tijdens deze hardloopwedstrijd gemaakt door een fotograaf uit Nijverdal, die de foto met een acceptgiro opstuurt. Aan de hand van het startnummer kan de fotograaf erachter komen wie de, wat krampachtig grijnzende, gefotografeerde loper is. Een en ander gebeurt met het vriendelijk verzoek de acceptgiro à € 19,95 te voldoen. Welke van de onderstaande alternatieven is juist?
   a. Deze foto is niet in opdracht gemaakt, maar dient toch te worden betaald;
   b. De loper heeft de exploitatierechten van de foto, en hoeft dus niet te betalen;
   c. De foto is ongevraagd toegezonden, dus hoeft hij niet te worden betaald;
   d. De foto moet, als Pieter er geen prijs op stelt, worden teruggestuurd.

7. Wat is juist? Als Softy bv computers levert onder eigendomsvoorbehoud, dan wordt de verkrijger:
   a. eigenaar;
   b. bezitter;
   c. houder;
   d. rechthebbende.

8. Een klant koopt via de website van Softy bv een laptop. De klant bedenkt zich en ziet af van de koop van de laptop. Na hoeveel dagen eindigt de bedenktijd volgens de wet?
   a. Zeven dagen na ontvangst;
   b. Zeven dagen na betaling;
   c. Veertien dagen na ontvangst;
   d. Veertien dagen na betaling.

9.

Bosch' ziekenhuis heeft recht op 1,5 miljoen euro wegens *1 softwarebedrijf

'S-HERTOGENBOSCH – Het Nederlands/Portugese softwarebedrijf Alert moet een schadevergoeding van 1,5 miljoen euro plus rente betalen aan het Jeroen Bosch ziekenhuis (JBZ) in 's-Hertogenbosch. Dat heeft het gerechtshof 's-Hertogenbosch vandaag bepaald. De schadevergoeding is het gevolg van de ontbinding van de samenwerkingsovereenkomst tussen JBZ en het bedrijf. Die ontbinding was terecht, zo oordeelde het hof op 17 februari 2015. Naast de schadevergoeding moet Alert ook een bedrag van ruim 1 miljoen euro terugbetalen dat het eerder ten onrechte had ontvangen.

Het ziekenhuis was in 2008 met het softwarebedrijf in zee gegaan voor de invoering van een elektronisch patiëntendossier en een ICT-systeem voor alle zorgprocessen. Bij het sluiten van de overeenkomst maakten beide partijen een planning voor de aanpassing van het systeem aan de Nederlandse zorgmarkt en aan de specifieke eisen en wensen van het ziekenhuis. Maar volgens JBZ schoot het bedrijf in de uitvoering ernstig tekort in de gemaakte afspraken en haalde het de deadlines niet. Ook voldeed de geleverde software niet.

Personeelskosten
Omdat Alert in de ogen van JBZ niet volgens de afspraken presteerde verbrak het ziekenhuis in 2011 de samenwerking en stapte naar de civiele rechter. Die stelde JBZ in eerste instantie grotendeels in het ongelijk. In hoger beroep bepaalde het hof dat de ontbinding van de samenwerkingsovereenkomst wel terecht was. Na deze uitspraak mochten beide partijen zich uitlaten over de hoogte van de schade. JBZ eiste een vergoeding van anderhalf miljoen euro. Het hof stemt hiermee vandaag mee in. Het ziekenhuis moest namelijk gedurende 5 jaar oude systemen in stand houden. De extra personeelskosten die daarmee gepaard gingen, schat het hof op tenminste anderhalf miljoen euro.

www.rechtspraak.nl, 09 augustus 2016, ECLI:NL:GHSHE:2016:3590

a. In de kop van het artikel (bij *1) is een woord weggelaten. Welk woord wordt hier bedoeld?
   A. Bedrog;
   B. Misleiding;
   C. Overmacht;
   D. Wanprestatie.

b. Het Jeroen Bosch ziekenhuis heeft de samenwerking met softwarebedrijf Alert opgezegd. Wat dient het Jeroen Bosch ziekenhuis dan eerst te doen als ze de overeenkomst willen ontbinden en schadevergoeding willen hebben?
   A. Alert een tweede kans geven;
   B. Alert een ingebrekestelling sturen;
   C. Alert een executoriaal vonnis geven;
   D. Alert een aangetekende brief sturen.

c. Wat is de primaire eis van het Jeroen Bosch ziekenhuis?
   A. Nakoming;
   B. Ontbinding;
   C. Nakoming en schadevergoeding;
   D. Ontbinding en schadevergoeding.

d. Op welk wetsartikel is de vordering van het Jeroen Bosch ziekenhuis primair gebaseerd?
   A. Art. 6:74 BW;
   B. Art. 6:75 BW;
   C. Art. 6:76 BW;
   D. Art. 6:77 BW.

10.

Elektrische auto

De heer Horstman, inwoner van Zoetermeer, kocht een volledige elektrische Nissan Leaf bij een dealer uit Drachten. De dealer beloofde dat de elektrische auto gemakkelijk een rijbereik van 150 kilometer kan halen op een volle accu, genoeg voor zijn woon-werkverkeer.

Op de website van Nissan wordt onder voorbehoud melding gemaakt dat de auto (zelfs) "meer dan 190 km" kan overbruggen. Volgens de rechtbank maakt het niet uit dat Nissan op andere plekken op de website het bereik van 150 kilometer nuanceerde. Door de bewoordingen en de omschrijving op de site van Nissan was het aannemelijk dat de koper dacht dat deze bewoordingen betrekking hadden op een afstand van 199 kilometer, waar Nissan ook mee adverteerde.

In de praktijk bleek de auto niet zonder tussentijds opladen de afstand naar het werk van de koper, in Kampen, te halen. Gemiddeld kon de koper nog geen 80 kilometer rijden op een volle accu. Na verschillende reparaties, die niet helpen spreekt de heer Horsthuis de dealer aan.

De rechtbank in Noord-Nederland geeft de koper gelijk. Er wordt gewezen op informatie op de website van Nissan "waarin zonder voorbehoud melding wordt gemaakt dat de auto (zelfs) "meer dan 150 km" kan overbruggen", aldus de rechtbank.

De dealer moet de koopsom van € 29.498,65 terugbetalen en de oude auto terugnemen of de inruilwaarde van 7.150 euro overmaken. Verder moet de dealer de proceskosten betalen, van in totaal 2.566,29 euro, en een bedrag van 6.430,17 euro voor het inhuren van deskundigen.

Rechtbank Noord Nederland, 12-12-2016, ECLI:NL:RBNNE:2016:5331

a. Wanneer is er sprake van een geldige overeenkomst?
  A. Als een aanbod wordt aanvaard;
  B. Als partijen het met elkaar eens zijn;
  C. Als er sprake is van een rechtshandeling;
  D. Als er sprake is van een wil en een verklaring.

b. Voordat de heer Horstman deze rechtszaak kon beginnen moet hij eerst iets doen. Wat moet hij doen?
  A. De dealer een tweede kans geven;
  B. De dealer een ingebrekestelling sturen;
  C. De dealer een executoriaal vonnis sturen;
  D. De dealer een aangetekende brief sturen.

c. Waar zal de koper zich in deze procedure primair op beroepen?
  A. Bedrog;
  B. Misleiding;
  C. Wanprestatie;
  D. Misbruik van omstandigheden.

d. Wat betekent hier de ontbinding van de overeenkomst?
  A. De dealer moet de proceskosten betalen;
  B. De dealer moet de betreffende auto terugnemen;
  C. De dealer moet schadevergoeding betalen en de kosten van deskundigen betalen;
  D. De dealer moet de betreffende auto terugnemen en de koper moet de auto teruggeven.

e. Van welk overeenkomst is hier sprake?
  A. Koop op afstand;
  B. Professionele koop;
  C. Consumenten koop;
  D. Gemengde overeenkomst.

f. In het artikel staat de volgende passage: Er wordt gewezen op informatie op de website van Nissan "waarin zonder voorbehoud melding wordt gemaakt dat de auto (zelfs) "meer dan 150 km" kan overbruggen", aldus de rechtbank.
Waarvan is hier volgens de rechtbank sprake van?
   A. Een garantie;
   B. Een informatieplicht;
   C. Het herroepingsrecht;
   D. Het conformiteitsbeginsel.

11.

Geen schadevergoeding voor vergaste orchideeën

Amsterdam - De rechtbank heeft een vordering tot vergoeding van 180.000 euro aan vergaste orchideeën afgewezen. Een glastuinbouwer vorderde die schadevergoeding van het bedrijf dat de rookgasreiniger van zijn warmtekrachtinstallatie onderhoudt. Bij een onderhoudsbeurt werd een meetpin niet teruggezet, waardoor rookgas de kas inliep. Dit heeft schade veroorzaakt. De rechtbank oordeelt dat het onderhoudsbedrijf zich mag beroepen op de uitsluiting van aansprakelijkheid voor gevolgschade die het in zijn voorwaarden heeft opgenomen. Beide partijen zijn professioneel en het argument van de tuinder dat hij zich niet, en de onderhouder wel voor dit risico kon verzekeren, is onvoldoende onderbouwd. Bovendien lag het niet tijdig terugzetten van de meetpin mede aan de tuinder en staat niet vast dat dit het enige lek was. Er waren ook andere schadefactoren. Dit alles maakt het beroep op uitsluiting van aansprakelijkheid niet onaanvaardbaar.

www.rechtspraak.nl,
13 november 2019,
ECLI:NL:RBAMS:2019:8453

a. Wat is juist?
   A. Hier is sprake van bedrog;
   B. Hier is sprake van bedreiging;
   C. Hier is sprake van een geldige overeenkomst;
   D. Hier is sprake van misbruik van omstandigheden;
b. Wie beroept zich met succes op de algemene voorwaarden?
   A. De rechter;
   B. De glastuinbouwer;
   C. Het onderhoudsbedrijf;
   D. De glastuinbouwer en het onderhoudsbedrijf.

Open vragen

12.

Meubelzaak loste mottenprobleem goed op

AMSTERDAM - Een meubelzaak had een klant moeten informeren over de kleine kans dat motten zich kunnen nestelen in een matras dat bestaat uit natuurlijke materialen (wol en/of paardenhaar). Dat die informatie ontbrak en motten zich inderdaad in het matras hebben genesteld, is echter geen reden om de koopovereenkomst te ontbinden. Dat heeft de kantonrechter bepaald. De meubelzaak bood oplossingen om het probleem op te lossen. Zo bood de meubelzaak aan het bed te reinigen en mocht de koper van het bed gratis twee nieuwe matrassen en een topmatras van niet-natuurlijke materialen uitkiezen ter vervanging van haar aangetaste matrassen. Hiermee heeft de meubelzaak voldaan aan haar wettelijke verplichtingen die zij als verkoper heeft. De schadevergoeding die de koper vorderde, is afgewezen, nu de verkoper voldoende adequaat heeft opgetreden en passende oplossingen heeft geboden.

www.rechtspraak.nl, 12 maart 2018,
ECLI:NL:RBAMS:2018:1404

a. Is hier sprake van een consumentenkoop of van een professionele koop?
b. In het artikel staat de volgende passage:
   Een meubelzaak had een klant moeten informeren over de kleine kans dat motten zich kunnen nestelen in een matras dat bestaat uit natuurlijke materialen (wol en/of paardenhaar).
   Aan welke wettelijk verplichting heeft de verkoper zich niet gehouden?
c. In het artikel staat de volgende passage:
   Dat die informatie ontbrak en motten zich inderdaad in het matras hebben genesteld, is echter geen reden om de koopovereenkomst te ontbinden.
   Wanneer had de consumentenovereenkomst in dit geval wel kunnen worden ontbonden?

13. De 19-jarige Tess is na een bezoek aan haar kapper voor een knipbeurt en highlights uiteindelijk met derdegraadsbrandwonden in het ziekenhuis beland. Een huidtransplantatie bleek noodzakelijk. Oorzaak van de brandwonden zijn volgens Tess verkeerde folies en een chemische stof die gebruikt werd in de kapsalon bij haar Highlights behandeling. De chemische vloeistof is in direct contact is gekomen met haar hoofdhuid. Dat, in combinatie met de volgens Tess ook nog eens mogelijk oververhitte droogkap, heeft de wonden veroorzaakt. De huisarts stelde vast dat het om derdegraadsverbrandingen ging. Er is bij Tess een stuk huid van een bil getransplanteerd naar het hoofd. Ze heeft nu een kale plek van bijna zeven centimeter doorsnee achter haar rechteroor. Via een advocaat probeert Tess de schade à € 9508 op de kapper te verhalen.
    a. Het komt tot een rechtszaak. De advocaat van Tess spreekt de kapper aan op grond van wanprestatie (het toerekenbaar niet nakomen van een verbintenis). De kapper verweert zich en beroept zich primair op overmacht. Kan de kapper zich met succes beroepen op overmacht?
    b. Stel – overige omstandigheden gelijkblijvend – dat de kapper zich subsidiair beroept op overmacht, daar niet hij, maar een assistent de behandeling heeft uitgevoerd (dit dient u als bewezen te beschouwen). Bespreek het verweer van de kapper.
    c. Stel – overige omstandigheden gelijkblijvend – dat uit een onderzoek blijkt dat de droogkap bij normaal gebruik oververhit raakt. De kapper beroept zich op overmacht, omdat hij hier niets aan kon doen. Is de kapper aansprakelijk voor de schade die ontstaat als gevolg van het oververhit raken van de droogkap?
    d. Stel – overige omstandigheden gelijkblijvend – dat uit onderzoek blijkt dat Tess een overeenkomst met de kapper heeft gesloten om haar haar te laten knippen en om Highlights te creëren voor € 39,95. Kan Tess de kapper, met succes, aanspreken op grond van wanprestatie (toerekenbaar niet nakomen van een verbintenis)?
    e. Stel – overige omstandigheden gelijkblijvend – dat de rechter wanprestatie constateert. De kapper vindt dat de maximale schadevergoeding maar € 39,95 kan zijn, de prijs van de haar behandeling. Bespreek het verweer van de kapper.

14. De heer Jansen koopt een personal computer, de Softy Turbo XT. Hij krijgt van Softy bv de computer mee. De volgende dag ontvangt Jansen een factuur, waaronder andere in vermeld staat: 'Betaling binnen acht dagen'. Na vijftien dagen heeft Jansen nog steeds niet betaald. Softy bv vordert nu de computer terug na Jansen daarvan schriftelijk op de hoogte te hebben gesteld. Zal Jansen de computer aan Softy bv moeten afstaan?

Hoofdstuk 14
Onrechtmatige daad

14.1 Inleiding 407
14.2 Aansprakelijkheidsvereisten 409
14.2.1 Onrechtmatig handelen/nalaten 410
14.2.2 Rechtvaardigingsgronden 410
14.2.3 Toerekenbaarheid 411
14.2.4 Kinderen tot 14 jaar 411
14.2.5 Gebrekkigen 412
14.2.6 Schade 412
14.2.7 Materiële en immateriële schade 413
14.2.8 Affectieschade 413
14.2.9 Rectificatie 413
14.2.10 Rechterlijk verbod of bevel 414
14.2.11 Causaal verband 414
14.2.12 Relativiteit 414
14.3 Samenloop 415
14.4 Aansprakelijkheid voor personen 415
14.4.1 Kinderen van 0 tot 14 jaar 416
14.4.2 Kinderen van 14 en 15 jaar 416
14.4.3 Aansprakelijkheid voor werknemers 416
14.4.4 Aansprakelijkheid voor niet-ondergeschikten 418
14.5 Aansprakelijkheid voor zaken 419
14.5.1 Gebrekkige zaken 419
14.5.2 Opstallen 420
14.5.3 Dieren 420
14.6 Productaansprakelijkheid 421
14.6.1 De producent 421
14.6.2 Eigen schuld en medeaansprakelijkheid 422
14.6.3 Bewijs 422
14.6.4 Product 423
14.6.5 Gebrekkig product 423
14.6.6 Presentatie 423
14.6.7 Schade 424
14.6.8 Exoneratie 424
14.6.9 Kwaliteitscontrole en maatregelen 425

14.7 Oneerlijke handelspraktijken 425
Begrippenlijst 427
Vragen 429
Meerkeuzevragen 429
Open vragen 434

HOOFDSTUK 14
Onrechtmatige daad

Ondernemen is het nemen van risico's. Soms gaat het mis met het nemen van die risico's. Als een (rechts)persoon een ander schade toebrengt, welke hem is te verwijten, dan is deze in beginsel verplicht die schade te vergoeden. In dit hoofdstuk wordt dieper ingegaan op de onrechtmatige daad.

14.1 Inleiding

Een van de hoofdregels die in het recht gelden, is dat ieder zijn eigen schade moet dragen. Indien men door ondeskundig gebruik een eigen computer uit zijn handen laat vallen, is men daar zelf aansprakelijk voor. Maar wanneer een vriend uw computer laat vallen, kunt u hem voor de schade aanspreken. In een aantal gevallen kan men niet alleen de dader aanspreken maar ook een ander, die juridisch verantwoordelijk is. Werkgevers zijn bijvoorbeeld aansprakelijk voor fouten van hun ondergeschikten. De ondernemer is dan niet aansprakelijk voor zijn eigen fout, maar op grond van zijn kwaliteit (hoedanigheid) van werkgever. Men kan aansprakelijk zijn voor andermans fouten, voor zaken of voor dieren.

Art. 6:162 BW regelt de aansprakelijkheid voor schade geleden als gevolg van een onrechtmatige daad. Vóór 1919 was de Hoge Raad van mening dat er alleen sprake was van een onrechtmatig handelen als er sprake was van handelen in strijd met de wet. Als iemand door onfatsoenlijk gedrag schade veroorzaakte, kon hij niet aansprakelijk worden gesteld, een premie op asociaal gedrag. Tot welke gevolgen dat leidde, is te lezen in het arrest Zutphense waterjuffer.

Arrest

Arrest Zutphense waterjuffer
HR 10 juni 1910, W 9038

Feiten
Juffrouw De Vries woont in een bovenwoning van het pakhuis van leerhandel Nijhof in Zutphen. Op een koude winternacht springt de waterleiding in het pakhuis. De hoofdkraan bevindt zich in het bovenhuis van juffrouw De Vries. Ondanks dringende verzoeken van Nijhof weigert juffrouw De Vries de kraan af te sluiten. Na inschakeling van de politie wordt uiteindelijk de hoofdkraan dichtgedraaid. De leerhandelaar eist schadevergoeding van juffrouw De Vries, omdat haar handelen onrechtmatig zou zijn. De schade zou veel minder zijn geweest als juffrouw De Vries direct de kraan had dichtgedraaid. Juffrouw De Vries hoeft geen

schade te vergoeden want, zo redeneerde de Hoge Raad in 1910, er staat nergens in de wet dat men verplicht is een kraan af te sluiten in zo'n geval. Dus: onrechtmatig is onwetmatig.

Hoge Raad
(...) dat evenwel het verleenen van hulp wettelijk alleen verplicht is in sommige hier niet aanwezige gevallen (...) en dus het te bewijzen verzuim van hulpverlening niet was onrechtmatig in den zin van art. 1402 (het huidige art. 6:162 e.v. BW, red.), bij gebreke van rechtsplicht om zich daadwerkelijk te laten gelegen liggen aan andermans schade.

Toelichting
Een daad kan alleen als onrechtmatig worden beschouwd als het ook onwetmatig is. Alleen handelingen die een wettelijke bepaling schenden of inbreuk maakten op iemands rechten kunnen onrechtmatig zijn.

Er was veel kritiek op de opvatting van de Hoge Raad in het arrest Zutphense waterjuffer. In het arrest Lindebaum-Cohen heeft de Hoge Raad uitgesproken dat ook maatschappelijk onfatsoenlijk en onzorgvuldig gedrag onrechtmatig kan zijn.

Arrest

Arrest Lindebaum-Cohen
HR 31 januari 1919, ECLI:NL:HR:1919:AG1776, NJ 1991, 161

Feiten
In 1919 zag de Hoge Raad in dat haar opvatting in het arrest Zutphense waterjuffer tot onaanvaardbare gevolgen leidde. Cohen, die een drukkerij had, kocht een werknemer van zijn concurrent Lindebaum om. De werknemer speelde Cohen de offertes van Lindebaum door. Cohen kon aan de hand van deze offertes zijn diensten aanbieden tegen een prijs die onder die van Lindebaum lag. Lindebaum zag zijn winst dalen en ontdekte de 'truc' van Cohen. De werknemer werd ontslagen. In plaats van zijn werknemer stelde hij de kapitaalkrachtige Cohen aansprakelijk voor vergoeding van de schade. Deze vorm van bedrijfsspionage van Cohen was toen nog niet in strijd met de wet. Niettemin was de Hoge Raad van mening dat Cohen onrechtmatig had gehandeld. Cohen werd tot schadevergoeding veroordeeld. In dit arrest werd het begrip 'onrechtmatigheid' aanmerkelijk verruimd; niet alleen het onwettig handelen of nalaten, maar ook het onfatsoenlijk c.q. onmaatschappelijk handelen of nalaten kwam hieronder te vallen.

Hoge Raad
(...) dat onder onrechtmatige daad is te verstaan een handelen of nalaten, dat of inbreuk maakt op eens anders recht, of in strijd is met des daders rechtsplicht of indruischt, hetzij tegen de goede zeden, hetzij tegen de zorgvuldigheid, welke in het maatschappelijk verkeer betaamt ten aanzien van eens anders persoon of goed, terwijl hij door wiens schuld tengevolge dier daad aan ander schade wordt toegebracht, tot vergoeding daarvan is verplicht;

Toelichting
Ook het overtreden van de regels van omgeschreven recht kan een onrechtmatige daad opleveren. De Hoge Raad komt terug op zijn uitspraak in het arrest Zutphense waterjuffer.

Honderd jaar Lindenbaum-Cohen-arrest

DEN HAAG - Het Lindenbaum-Cohen-arrest bestaat vandaag, 31 januari 2019, precies honderd jaar. Het arrest is met ingang van vandaag online te raadplegen op rechtspraak.nl.
   Het Lindenbaum-Cohen-arrest gaat over de onrechtmatige daad. De Hoge Raad oordeelde in het arrest dat ook handelingen die ingingen tegen de maatschappelijke zorgvuldigheid als onrechtmatig konden worden aangeduid. Hiermee deed het ongeschreven recht zijn intrede. Het arrest is van groot belang geweest voor de rechtsontwikkeling in Nederland. Rechtsontwikkeling ziet de Hoge Raad tegenwoordig als zijn belangrijkste taak. Het arrest heeft ook vooral historische waarde; het criterium staat tegenwoordig als zodanig in de wet (art. 6:162 BW).

www.rechtspraak.nl, 31 januari 2019,
ECLI:NL:HR:1919:AG1776

14.2 Aansprakelijkheidsvereisten

Art. 6:162, lid 1 BW geeft een belangrijk rechtsbeginsel weer: 'Hij die jegens een ander een onrechtmatige daad pleegt, welke hem kan worden toegerekend, is verplicht de schade die ander dientengevolge lijdt, te vergoeden.' Dit houdt in dat in alle andere gevallen het slachtoffer zelf de door hem geleden schade zal moeten dragen. De vereisten voor aansprakelijkheid liggen in dit eerste artikel opgesloten. Er moet sprake zijn van:
a. onrechtmatigheid ('onrechtmatige daad');
b. toerekenbaarheid ('welke hem kan worden toegerekend');
c. schade;
d. causaal verband tussen de daad en de schade ('dientengevolge');
Art. 6:163 BW voegt daar nog een vereiste aan toe:
e. relativiteit.

De plicht tot schadevergoeding op grond van een onrechtmatige daad ontstaat pas wanneer aan alle vijf vereisten is voldaan. In de praktijk wordt schade veelal niet gedragen door de dader of het slachtoffer, maar door een derde, namelijk een verzekeraar (en uiteindelijk door iedereen die premie betaalt aan een verzekeraar).

14.1 Vereisten onrechtmatige daad

14.2.1 Onrechtmatig handelen/nalaten
Als onrechtmatige daad wordt volgens art. 6:162, lid 2 BW aangemerkt:
- een inbreuk op een recht van een ander (bijvoorbeeld het vernielen van andermans eigendom of het verspreiden van een cd waar iemand anders auteursrecht op heeft);
- een doen of nalaten in strijd met een wettelijke plicht (bijvoorbeeld het overtreden van de Winkelsluitingswet, waardoor een concurrent schade lijdt);
- een doen of nalaten in strijd met hetgeen volgens ongeschreven recht in het maatschappelijk verkeer betaamt (bijvoorbeeld het plegen van bedrijfsspionage).

Niet iedere gedraging met schade als voorzienbaar gevolg is daarom al een inbreuk op een recht en derhalve onrechtmatig. Er is in het algemeen slechts sprake van een onrechtmatige daad als die gedraging in strijd is met een norm van geschreven of ongeschreven recht, welk ertoe strekt om die schade te voorkomen.

Strijd met een wettelijke plicht moet ruim worden opgevat. Hieronder valt dus ieder algemeen bindend voorschrift. Onverschillig daarbij is of het gaat om een privaat- of een publiekrechtelijk voorschrift. De omschrijving 'hetgeen volgens ongeschreven recht in het maatschappelijk verkeer betaamt' is heel rekbaar.

14.2.2 Rechtvaardigingsgronden
Art. 6:162, lid 2 BW voegt aan deze opsomming van onrechtmatige gedragingen toe: '(...) een en ander behoudens de aanwezigheid van een rechtvaardigingsgrond.' Het onrechtmatige karakter van de gedraging kan dus worden opgeheven door bijzondere omstandigheden. Rechtvaardigingsgronden zijn:
a. overmacht (een drang waaraan men geen weerstand behoeft te bieden);
b. noodweer;
c. wettelijk voorschrift;

d. ambtelijk bevel;
e. toestemming van de benadeelde.

Sommige rechtvaardigingsgronden zijn aan de wet ontleend. Uit het Wetboek van Strafrecht (WvSr) kennen we bijvoorbeeld overmacht (art. 40 WvSr), noodweer (art. 41, lid 1 WvSr) en ambtelijk bevel (art. 43 WvSr). Wanneer iemand bij de noodzakelijke verdediging van eigen lijf schade toebrengt aan een ander, kan hij dus noodweer als rechtvaardigingsgrond aanvoeren. De politieman die op last van de burgemeester een dol geworden stier afmaakt, zal zich kunnen rechtvaardigen met een beroep op het feit dat hij handelt ter uitvoering van een door het daartoe bevoegde gezag gegeven bevel.

14.2.3 Toerekenbaarheid

Volgens het BW kan een onrechtmatige daad aan de dader worden toegerekend, indien zij te wijten is aan zijn schuld of aan een oorzaak welke krachtens de wet of de in het verkeer geldende opvattingen voor zijn rekening komt (art. 6:162, lid 3 BW). Van toerekening krachtens verkeersopvattingen kan sprake zijn ingeval van onervarenheid of van dwaling omtrent het geldende recht of een eigen bevoegdheid. Deze toerekening heeft tot gevolg dat de dader voor de schade aansprakelijk is.

Een onrechtmatige daad die voor rekening van de dader komt, wordt in de wet 'fout' genoemd, de toerekenbare onrechtmatige gedraging. Een daad kan iemand worden toegerekend op grond van:
- schuld (schuldaansprakelijkheid);
- toerekening krachtens de wet of de in het verkeer geldende opvattingen; we spreken dan meestal van 'risicoaansprakelijkheid'.

Schuld dient te worden opgevat als verwijtbaarheid. Toerekenbaarheid legt een relatie tussen de onrechtmatige gedraging en de dader. Door het toerekenbaarheidsvereiste is het mogelijk dat ondanks het ontbreken van verwijtbaarheid bij de dader deze toch voor de schade aansprakelijk is.

Voorbeeld

Een automobilist wordt tijdens een ritje in zijn auto getroffen door een hartinfarct. Hem treft geen verwijt (schuld, meestal kan je er weinig aan doen dat je een hartaanval krijgt), maar op grond van het recht komt de schade die hij aan derden heeft toegebracht wel voor zijn rekening.

14.2.4 Kinderen tot 14 jaar

Volgens art. 6:164 BW kan een gedraging van een kind dat de leeftijd van veertien jaar nog niet heeft bereikt niet als onrechtmatige daad aan dat kind worden toegerekend. Het gevolg is dat kinderen beneden veertien jaar nimmer zelf aansprakelijk kunnen zijn voor hun eigen daden. De ouders of voogden zijn dan risicoaansprakelijk voor de schadetoebrengende daden van deze jonge kinderen. Wel kan er aanleiding bestaan de omvang van de aansprakelijkheid te matigen met een beroep op art. 6:109 BW.

14.2.5 Gebrekkigen

Art. 6:165, lid 1 BW laat de omstandigheid dat een gedraging van iemand van veertien jaar of ouder onder invloed van een geestelijke of lichamelijke tekortkoming is verricht geen beletsel vormen om deze als een onrechtmatige daad aan de dader toe te rekenen. Een geestelijke of lichamelijke tekortkoming is geen beletsel voor toerekening.

14.2.6 Schade

De aanwezigheid van schade is een van de aansprakelijkheidsvereisten. Er kan dus slechts aansprakelijkheid gevestigd worden wanneer er nadeel is ontstaan voor degene, jegens wie een onrechtmatige daad is gepleegd. Het BW kent een aparte afdeling waarin de inhoud en omvang van wettelijke verplichtingen tot schadevergoeding zijn geregeld. In art. 6:95 e.v. BW zijn alle uit de wet voortvloeiende schadevergoedingsverplichtingen geregeld.

Schadevergoedingsverplichtingen kunnen ontstaan op grond van:
a. toerekenbare tekortkoming (wanprestatie);
b. onrechtmatige daad;
c. zaakwaarneming;
d. onrechtvaardige verrijking.

De vraag of aansprakelijkheid gevestigd wordt respectievelijk schadevergoedingsplichten ontstaan, wordt in de betreffende afdelingen geregeld. Wat kan degene die schade heeft geleden heeft eisen?
a. Volgens art. 6:103 BW moet de schadevergoeding worden voldaan in geld.
b. Hetzelfde artikel biedt evenwel de mogelijkheid om van het geldprincipe af te wijken. Wanneer de benadeelde daar uitdrukkelijk om verzoekt, kan de rechter de schadevergoeding op een andere manier laten betalen (schadevergoeding in natura). Hij kan bijvoorbeeld herstel in de oude toestand gelasten.
c. Rectificatie (art. 6:167 BW). Dit is zelfs mogelijk indien aansprakelijkheid ontbreekt, omdat de publicatie niet aan de dader is toe te rekenen (art. 6:167, lid 2 BW).
d. Rechterlijk verbod.

Hoge Raad geeft antwoord op prejudiciële vragen over aardbevingsschade Groningen

DEN Haag - De Hoge Raad heeft vandaag antwoord gegeven op prejudiciële vragen over aansprakelijkheid voor schade die het gevolg is van aardbevingen die zich in Groningen voordoen als gevolg van gaswinning uit het Groningenveld.

De gaswinning uit het Groningenveld vindt plaats op basis van een door de Nederlandse Staat aan NAM verleende concessie. Het beleid over de gaswinning wordt gevoerd door een maatschap, waarin NAM samenwerkt met het staatsbedrijf EBN. Via deze maatschap delen NAM en EBN het economische belang bij de gaswinning.

De zaak
In deze zaak vordert een echtpaar dat boven het Groningenveld woont van NAM, EBN, de maatschap en de Staat vergoeding van schade die door hen is geleden als gevolg van de aardbevingen die zijn ontstaan door gaswinning uit het Groningenveld. De Rechtbank Noord-Nederland heeft aan de Hoge Raad prejudiciële vragen gesteld over hoe vorderingen als deze moeten worden beoordeeld. Een prejudiciële vraag is een vraag van een rechtbank of gerechtshof aan de Hoge Raad over de uitleg van een rechtsregel. Daaraan kan behoefte bestaan als de Hoge Raad daarover niet eerder heeft beslist. Het moet gaan om vragen die zich voordoen in een concrete zaak die bij een rechtbank of gerechtshof in behandeling zijn en die van belang zijn voor de beslissing in een groot aantal andere zaken.

> **Oordeel Hoge Raad over de aansprakelijkheid**
>
> De uitspraak van de Hoge Raad over de gronden voor aansprakelijkheid houdt kort samengevat het volgende in. De wet kent een risicoaansprakelijkheid, dat wil zeggen: aansprakelijkheid zonder dat sprake hoeft te zijn van verwijtbaarheid van de exploitant voor schade die ontstaat door beweging van de bodem – zoals bijvoorbeeld een aardbeving – als die bodembeweging het gevolg is van gaswinning. De Hoge Raad oordeelt dat niet alleen NAM, maar ook EBN op grond van deze risicoaansprakelijkheid kan worden aangesproken.
>
> Wat de eventuele aansprakelijkheid van de Nederlandse Staat betreft, is de Hoge Raad van oordeel dat de Staat in ieder geval vanaf 1 januari 2005 op de hoogte had moeten zijn van de reële kans op ernstige of wijdverbreide schade door aardbevingen als gevolg van de gaswinning. Voor het antwoord op de vraag óf de Staat aansprakelijk is, is daarmee vanaf die datum beslissend of de Staat heeft nagelaten tijdig de passende en redelijkerwijs te verlangen maatregelen te nemen om dergelijke schade te voorkomen. Die vraag moet de rechtbank beantwoorden.
>
> *www.rechtspraak.nl, 19 juli 2019, ECLI:NL:HR:2019:1278*

14.2.7 Materiële en immateriële schade

Er zijn twee soorten schade die voor vergoeding in aanmerking komen: vermogensschade en ander nadeel (art. 6:95 BW). Onder materiële schade vallen geleden verlies en gederfde winst (art. 6:96 BW). Wanneer het gaat om schade aan zaken, is de vermogensschade meestal vrij eenvoudig vast te stellen.

Een benadeelde heeft recht op een naar billijkheid vast te stellen schadevergoeding voor nadeel dat niet in vermogensschade bestaat (art. 6:106 BW). Dit wordt immateriële schade of ook wel smartengeld genoemd.

Smartengeld is dus aan te merken als 'ander nadeel' dan vermogensschade. Ook valt onder 'ander nadeel' de vergoeding van affectieschade. Een groot verschil tussen het recht op smartengeld en affectieschade is dat bij smartengeld alleen het slachtoffer zelf recht heeft op een vergoeding (artt. 6:106 en 6:107 BW).

14.2.8 Affectieschade

Met affectieschade wordt de immateriële schade bedoeld die bestaat uit het verdriet dat wordt veroorzaakt door het overlijden of door het ernstig gewond raken van een naaste als gevolg van een gebeurtenis waarvoor een ander aansprakelijk is (art. 6:107 BW). Denk bijvoorbeeld aan een verkeersongeluk, medische fout, bedrijfsongeval of geweldsmisdrijf. Er is alleen recht op affectieschade wanneer er sprake is van *ernstig en blijvend letsel* of van overlijden van de naaste. Dit is een wezenlijk verschil met het recht op smartengeld waar deze eis niet geldt.

Niet alleen de benadeelde maar ook nabestaanden en directe naasten kunnen lijden onder emotionele schade. Financiële genoegdoening helpt bij de verwerking van de gebeurtenis.

Het verdriet van het slachtoffer bepaalt niet de hoogte van de vergoeding maar de ernst van het letsel. Pas wanneer er sprake is van zeventig procent functieverlies van het lichaam is er recht op een vergoeding van affectieschade. De hoogte van de vergoeding is afhankelijk van de band die men met het slachtoffer heeft en de ernst van het letsel (art. 6:107 BW).

14.2.9 Rectificatie

Wanneer er een onrechtmatige daad ontstaat door onjuiste of door onvolledige en misleidende publicatie, kan de benadeelde openbaarmaking van een rectificatie vorderen (art. 6:167 BW).

14.2.10 Rechterlijk verbod of bevel

Als er een reële dreiging bestaat dat er in de toekomst een onrechtmatige daad gepleegd zou worden, kan de eiser vorderen dat de rechter een verbod oplegt aan gedaagde tot het verrichten van een gedraging.

In de praktijk worden deze zaken meestal in kort geding voor de president van de arrondissementsrechtbank uitgevochten, omdat ze spoedeisend zijn. De rechter kan dan het verbod of bevel op verzoek kracht bijzetten door een dwangsom op te leggen. Indien er geen gevolg gegeven wordt aan het bevel of het verbod, verbeurt de dader die dwangsom ten behoeve van de eiser, de benadeelde partij.

Voorbeeld

Een man valt zijn ex-echtgenote voortdurend lastig. Op vordering van de vrouw legt de rechter de man een verbod op om zich in de straat of woonomgeving van zijn ex-echtgenote op te houden, het zogenaamde straatverbod. Op overtreding van het verbod staat meestal een forse dwangsom per keer.

14.2.11 Causaal verband

Voor aansprakelijkheid (de plicht tot schadevergoeding) is vereist dat er een rechtstreeks verband bestaat tussen de onrechtmatige handeling en de schade. De minimumeis die aan het verband tussen fout en schade gesteld moet worden, is dat de gedraging een noodzakelijke voorwaarde is voor het ontstaan van de toerekenbare onrechtmatige gedraging.

Voor het vestigen van aansprakelijkheid wordt dit bekeken vanuit de conditio-sine-qua-non-leer. De vraag of de schade zou zijn ingetreden wanneer de schadeveroorzakende gebeurtenis niet had plaatsgevonden, moet dus beantwoord worden. Dit is een minimaal vereiste. Aan de conditio-sine-qua-non is niet voldaan wanneer het antwoord op deze vraag ontkennend is.

Anders ligt het bij de toerekening van de omvang van de schade aan de dader. Hiervoor wordt de toerekeningsleer gehanteerd. Slechts die schade komt voor vergoeding in aanmerking die, mede gelet op de aard van de aansprakelijkheid en de aard van de schade aan de dader, kan worden toegerekend als een gevolg van diens gedraging (art. 6:98 BW).

14.2 Verhouding tussen onrechtmatig handelen en schade

14.2.12 Relativiteit

De onrechtmatigheid kan worden gerelativeerd (art. 6:163 BW). Een daad die weliswaar onrechtmatig is, is niet per se onrechtmatig ten opzichte van alle gedupeerden. Een onrechtmatige daad is, zoals wij al zagen, een schending van een al dan niet geschreven norm. Zo'n norm heeft als doel bepaalde belangen zeker te stellen. Wanneer nu de geschonden norm niet doelt op bescherming van een belang van de benadeelde, dan bestaat er geen recht op vergoeding van de geleden schade. Een onrechtmatige gedraging is derhalve niet altijd en tegenover iedereen onrechtmatig. Slechts tegenover degene die een door de geschonden norm veilig gesteld belang heeft, is deze gedraging onrechtmatig. In zo'n geval is sprake van 'relativiteit'. Valt de schade of de wijze waarop die is ontstaan buiten het bereik van de geschonden norm, dan kan de benadeelde geen recht op schadevergoeding laten gelden.

Voorbeeld

Bij een belangrijke afnemer van Softy bv wordt door een van de vennoten van de firma Turbo Chips vof brand gesticht. Door de brand lijdt ook Softy schade, doordat er minder apparatuur door Turbo Chips wordt afgenomen. Kan Softy bv de brandstichtende vennoot aanspreken op grond van een onrechtmatige daad? De regel die de vennoot overtrad (brandstichting is geregeld in art. 157 WvSr) is niet bedoeld om de omzet van Softy te beschermen. Dus Softy kan de brandstichter niet aanspreken op grond van een onrechtmatige daad.

14.3 Samenloop

Het komt nogal eens voor dat een combinatie van fouten van verschillende personen de oorzaak is van schade (art. 6:99 BW). In dat geval kan degene die schade heeft geleden een van de daders aanspreken, die dan regresrecht heeft op zijn mededaders. Iedere dader is dan hoofdelijk aansprakelijk voor de gehele schade jegens de benadeelde. De dader die heeft betaald kan achteraf op zijn mededaders verhaal zoeken voor hun deel van de schade. Als omslagregeling geldt de grootte van ieders fout (art. 6:102 BW). Bij een eigen fout van de benadeelde kan deze slechts een gedeelte van de door hem geleden schade op de dader verhalen. Eigen schuld van de wederzijds gemaakte fout is hier bepalend voor verdeling van de schadevergoeding (art. 6:101 BW).

14.4 Aansprakelijkheid voor personen

In het voorgaande stond de aansprakelijkheid voor eigen daden centraal. Hierna gaat het over aansprakelijkheid voor bepaalde personen. Omdat deze in een zekere hoedanigheid aansprakelijk zijn voor de onrechtmatige gedragingen van anderen, noemt men dit een kwalitatieve aansprakelijkheid. Overigens kan kwalitatieve aansprakelijkheid met aansprakelijkheid voor eigen daden samenvallen, mits aan de in art. 6:162 BW genoemde aansprakelijkheidsvereisten is voldaan. De kwalitatieve aansprakelijkheid voor personen is een risicoaansprakelijkheid. Het is dus niet relevant of degene die aansprakelijk wordt gehouden enig verwijt ter zake treft. De kwalitatieve aansprakelijkheid voor personen betreft die voor kinderen, ondergeschikten en niet-ondergeschikten.

14.4.1 Kinderen van 0 tot 14 jaar

Aan kinderen kunnen tot het bereiken van de veertienjarige leeftijd geen onrechtmatige daden worden toegerekend. Art. 6:169, lid 1 BW legt de aansprakelijkheid voor gedragingen van deze kinderen bij degene die de ouderlijke macht of de voogdij over het kind uitoefent. Overigens is de ouder of voogd meestal risicoaansprakelijk wanneer de gedraging van het kind een toerekenbare onrechtmatige daad zouden hebben opgeleverd als de jeugdige leeftijd geen rol speelde. Is niet aan alle aansprakelijkheidsvereisten voldaan, bijvoorbeeld door de aanwezigheid van een rechtvaardigingsgrond bij het kind, dan zijn de ouders of voogden niet aansprakelijk.

14.4.2 Kinderen van 14 en 15 jaar

Art. 6:169, lid 2 BW bevat een bijzondere regeling voor kinderen van veertien en vijftien jaar. Voor fouten van een kind in deze leeftijd is behalve het kind zelf ook de ouder of voogd aansprakelijk, tenzij deze niet kan worden verweten dat hij de gedragingen van het kind niet heeft belet. Hier is geen sprake van risicoaansprakelijkheid, maar van een schuldaansprakelijkheid met omgekeerde bewijslast; een bewijslast overigens die vrij licht is. Anders dan in het eerste lid van dit artikel moet er sprake zijn van een fout, dat wil zeggen een toerekenbare onrechtmatige daad, van het kind.

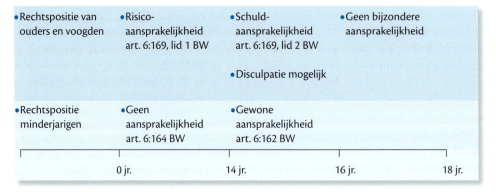

14.3 Aansprakelijkheid ouders en kinderen

14.4.3 Aansprakelijkheid voor werknemers

Een ondernemer is aansprakelijk voor schade die zijn personeel toebrengt aan derden. Het Burgerlijk Wetboek gaat ervan uit dat de werkgever de schade, veroorzaakt door fouten van de werknemer, in beginsel zelf moet dragen. Een uitzondering is het geval dat de schade het gevolg is van opzet of bewuste roekeloosheid van de werknemer. Wordt schade toegebracht door een toerekenbare onrechtmatige daad (fout) van een ondergeschikte, dan rust op degene in wiens dienst de ondergeschikte zijn taak vervult een risicoaansprakelijkheid (art. 6:170 BW). Hierbij is de aanwezigheid van een arbeidsovereenkomst geen noodzakelijke voorwaarde, want ook zonder zo'n overeenkomst kan er een ondergeschiktheidsverhouding zijn. Bepalend is de ondergeschiktheidsver-

houding die de bevoegdheid geeft om anderen instructies te geven. Art. 6:170 BW onderscheidt twee mogelijkheden:
a. De ondergeschikte is in dienst van een rechtspersoon of van een natuurlijk persoon en werkzaam in het beroep of bedrijf van deze laatste. Dit zal het meest voorkomende geval zijn.
b. De ondergeschikte is in dienst van een natuurlijk persoon, maar niet werkzaam in diens beroep of bedrijf. Hierbij kan gedacht worden aan particuliere verpleegsters, tuinlieden, hulpen in de huishouding en dergelijke.

De aansprakelijkheidsvereisten zijn in deze beide gevallen niet gelijk.

In het onder a genoemde geval zijn deze vereisten:
- de schade moet zijn veroorzaakt door een fout van de ondergeschikte;
- de kans op die fout moet zijn vergroot door de opgedragen taak;
- de opdrachtgever moet zeggenschap hebben gehad over de gedragingen waardoor de fout is veroorzaakt.

In het onder b genoemde geval zijn de eisen stringenter; de aansprakelijkheid van de opdrachtgever is daardoor verlicht. De vereisten zijn in dit geval:
- de schade moet zijn veroorzaakt door een fout van de ondergeschikte;
- de ondergeschikte moet gehandeld hebben ter vervulling van de hem opgedragen taak.

Zijn zowel de opdrachtgever als de ondergeschikte aansprakelijk, dan zal de opdrachtgever voor het geheel moeten opkomen. Wanneer de opdrachtgever de schade heeft vergoed, heeft hij volgens art. 6:170, lid 3 BW geen regres op de ondergeschikte, tenzij de schade een gevolg is van opzet of bewuste roekeloosheid van die ondergeschikte. Regres is ook mogelijk wanneer dit, mede gelet de aard van de verhouding tussen opdrachtgever en ondergeschikte, uit de omstandigheden van het geval zou voortvloeien.

Werkgevers plegen hun aansprakelijkheid vaak uit te sluiten of te beperken. Zij doen er dan goed aan om tevens de aansprakelijkheid van hun ondergeschikten daarin te betrekken, omdat deze wanneer zij worden aangesproken regres op de werkgever kunnen nemen. Wordt dit vergeten, dan zou de benadeelde bij de ondergeschikte verhaal kunnen zoeken.

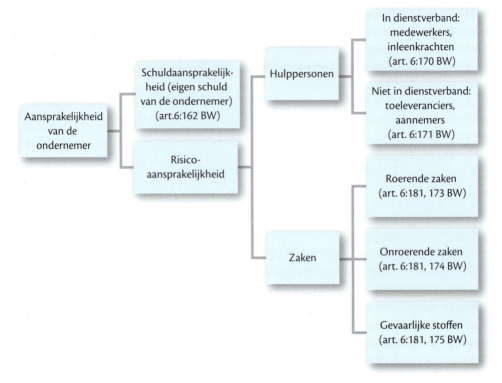

14.4 Aansprakelijkheid werkgever

14.4.4 Aansprakelijkheid voor niet-ondergeschikten

Het BW stelt een opdrachtgever ook aansprakelijk voor fouten van niet-ondergeschikten bij werk ter uitvoering in diens onderneming. Een opdrachtgever kan ook bedrijfsmatig gebruik maken van de diensten van niet-ondergeschikten. Het gaat dan om personen die zelfstandig en bedrijfsmatig werkzaamheden uitvoeren op contractbasis. Hierbij kan bijvoorbeeld worden gedacht aan onderaannemer of vervoerder. Begaat nu zo'n niet-ondergeschikte, terwijl hij in opdracht werkzaamheden ter uitoefening van het bedrijf van de opdrachtgever verricht, een fout, dan komt die voor risico van de opdrachtgever. De aansprakelijkheid is beperkt tot fouten die bij die werkzaamheden gemaakt zijn, dus in het kader van de uitvoering van de opdracht. De opdrachtgever is in een dergelijk geval naast de niet-ondergeschikte pleger van de toerekenbare onrechtmatige daad risicoaansprakelijk. Art. 6:171 BW stelt een tweetal voorwaarden voor aansprakelijkheid:
a. Er moet door de niet-ondergeschikte of iemand waarvoor hij aansprakelijk is een fout, dat wil zeggen een toerekenbare onrechtmatige daad zijn begaan.
b. Deze fout moet zijn begaan bij werkzaamheden ter uitoefening van het bedrijf van de opdrachtgever.

Aansprakelijkheid voor niet-ondergeschikten kan derhalve slechts aanwezig zijn wanneer ook de niet-ondergeschikte op grond van een eigen onrechtmatige daad of op grond van kwalitatieve aansprakelijkheid aansprakelijk is. Bovendien beperkt deze aansprakelijkheid zich tot bedrijfsmatige werkzaamheden; hieronder worden werkzaamheden in opdracht van een overheidsbedrijf begrepen. Werkzaamheden ter uitoefening van een beroep vallen dus buiten de werking van dit artikel, evenals werkzaamheden ter uitvoering van een overheidstaak. Een bijzondere regresregeling zoals bij de aansprakelijkheid voor ondergeschikten ontbreekt.

14.5 Aansprakelijkheid voor zaken

Ook de aansprakelijkheid voor gebrekkige zaken, opstallen en dieren is een kwalitatieve aansprakelijkheid (art. 6:173 BW). De wetgever heeft voor deze drie categorieën een risicoaansprakelijkheid in het leven geroepen. Ook hier blijft dus de schuldvraag buiten beschouwing. Uit oogpunt van slachtofferbescherming is gekozen voor een gemakkelijk te traceren aansprakelijk persoon. In principe is dat de bezitter; veelal zal die tevens eigenaar zijn van de betreffende zaak. Op dit algemene vertrekpunt is echter een aantal standaarduitzonderingen van toepassing:

a. Bij bedrijfsmatig gebruik is degene die dit bedrijf uitoefent aansprakelijk (art. 6:181 BW). Bij opstallen blijft de bezitter ervan aansprakelijk als het ontstaan van de schade niet met de bedrijfsuitoefening in verband staat.
b. Heeft iemand de zaak verkregen onder eigendomsvoorbehoud, dan rust de aansprakelijkheid tot het moment van de overdracht op de verkrijger; deze is dan geen bezitter, maar houder.
c. Ouders en voogden zijn aansprakelijk voor zaken welke hun kind beneden de leeftijd van veertien jaar bezit, tenzij sprake is van bedrijfsmatig gebruik of wanneer het een opstal betreft.

14.5.1 Gebrekkige zaken

Volgens art. 6:173, lid 1 BW is de bedrijfsmatige gebruiker van een roerende zaak met een (verborgen) gebrek risicoaansprakelijk. Niet de bezitter is aansprakelijk, maar de bedrijfsmatige gebruiker. De bezitter van een gebrekkige zaak is aansprakelijk wanneer die zaak een bijzonder gevaar oplevert voor personen of zaken, en dat gevaar zich ook daadwerkelijk voordoet. Het gaat hierbij niet om zaken die naar hun aard gevaarlijk zijn, zoals motorzagen; het gevaar moet schuilen in het gebrek dat eraan kleeft. Men denke aan een defecte cirkelzaag. Als men die uitleent, is men aansprakelijk voor de schade die het gevolg is van het gebrek, ook al kende men het gebrek niet.

Gebrekkige zaken moeten worden onderscheiden van gebrekkige producten. In dit laatste geval is een producent in het geding. In art. 6:173, lid 3 BW worden dieren, motorvoertuigen, schepen en luchtvaartuigen uitgezonderd. Voor de aansprakelijkheid voor gebrekkige zaken geldt een viertal vereisten:

- de roerende zaken worden gebruikt en voldoen niet aan de eisen die men er in de gegeven omstandigheden aan mag stellen;
- als gevolg daarvan levert deze zaak bijzonder gevaar op voor personen of zaken;
- in kringen waartoe de aangesprokene behoort, moet het bekend zijn dat de zaak een bijzonder gevaar oplevert als deze niet voldoet aan de te stellen eisen;
- het bijzondere gevaar bedreigt personen of zaken.

14.5.2 Opstallen

Onder opstallen worden verstaan gebouwen en werken, die duurzaam met de grond zijn verenigd, hetzij rechtstreeks, hetzij door vereniging met andere gebouwen of werken. De eigenaar wordt aansprakelijk voor schade die door gebrekkige opstallen wordt toegebracht aan personen of zaken. Een opstal omvat meer dan gebouwen. Denk hierbij aan een omvallende boom waarvan men weet dat deze vermolmd is, en aan dakpannen waarvan bekend is dat ze los liggen. De bezitter van dergelijke opstallen is risicoaansprakelijk (art. 6:174 BW).

Degene die als eigenaar van de opstal of de grond staat ingeschreven in de openbare registers, wordt vermoed de bezitter te zijn. Het overheidslichaam dat moet zorgen dat de weg in goede staat verkeert is aansprakelijk bij openbare wegen. De leidingbeheerder is aansprakelijk bij leidingen, behalve voor zover de leiding zich bevindt in een gebouw of werk en strekt tot toe- of afvoer ten behoeve van dat gebouw of werk.

Ook hier ligt in de tekst van art. 6:174 BW een aantal aansprakelijkheidsvereisten opgesloten:
a. de opstal voldoet niet aan de eisen die men daaraan in de gegeven omstandigheden mag stellen;
b. als gevolg daarvan levert de opstal gevaar op voor personen of zaken;
c. het gevaar bedreigt personen of zaken.

De risicoaansprakelijkheid beperkt zich tot personen en zaakschade en de eventueel daaruit voortvloeiende andere schade.

14.5.3 Dieren

De bezitter van een dier is risicoaansprakelijk voor de door het dier aangerichte schade. Er moet op de eerste plaats een bezitter zijn, iemand die de feitelijke macht over het dier uitoefent. Een in het wild levend dier kent geen bezitter. Bovendien moet de schade zijn aangericht door het dier. Dit impliceert een eigen activiteit van het dier. Indien het dier door iemand wordt 'bestuurd', dus als instrument wordt gebruikt, dan berust de aansprakelijkheid niet op art. 6:179 BW. De dader is dan zelf aansprakelijk op grond van art. 6:162 BW. Wanneer de bezitter een kind beneden de leeftijd van veertien jaar betreft, dan zijn de ouders of voogden in zijn plaats aansprakelijk (art. 6:183, lid 2 BW). De bij de voorgaande artikelen opgenomen eis dat personen of zaken bedreigd moeten worden is hier niet opgenomen. Dus niet slechts personen of zaakschade, maar alle vormen van schade, toegebracht door dieren komen voor vergoeding in aanmerking.

Eigenaar dier niet aansprakelijk voor schade mede-eigenaar

DEN HAAG – Eigenaren van een dier kunnen een mede-eigenaar niet aanspreken voor schade die door dat dier bij hen is veroorzaakt. Dat heeft de Hoge Raad vandaag geoordeeld.

In deze zaak gaat het om een echtpaar dat samen een manege runt. De vrouw wordt tijdens een paardrijles door een lespaard omver gelopen. Door dit ongeval kan zij een aantal werkzaamheden binnen de manege niet langer uitvoeren. Zij stelt haar man – mede-eigenaar van het lespaard – aansprakelijk voor de door haar geleden schade. De aansprakelijkheidsverzekeraar verzet zich daar tegen.

In 2010 deed de Hoge Raad uitspraak in de zogenoemde hangmatzaak. In die zaak liep een vrouw letsel op doordat een deel van het pand, een paal waaraan haar hangmat was bevestigd, bezweek. Zij raakte daardoor blijvend lichamelijk beperkt. De Hoge Raad oordeelde dat zij de mede-eigenaar van het pand, haar partner, aansprakelijk kon stellen voor een deel van de schade.

Deze uitspraak heeft de vraag opgeroepen of de eigenaar of bedrijfsmatige gebruiker van een dier aansprakelijk kan worden gesteld voor door dat dier bij een mede-eigenaar of bedrijfsmatige medegebruiker veroorzaakte schade. De rechtbank Noord-Holland stelde hierover prejudiciële vragen aan de Hoge Raad.

De Hoge Raad heeft nu bepaald dat een eigenaar of bedrijfsmatig gebruiker van een dier niet voor door dat dier veroorzaakte schade bij een mede-eigenaar aansprakelijk kan worden gesteld. De Hoge Raad geeft daarvoor een reeks argumenten waaronder het argument dat een dier een eigen, onvoorspelbare energie bezit waarvan ook de benadeelde mede-eigenaar zich bewust is.

www.rechtspraak.nl, 29-1-2016, ECLI:NL:HR:2016:162

14.6 Productaansprakelijkheid

Er kan op verschillende manieren iets misgaan met de dingen waarmee we in het dagelijks leven te maken hebben. Een ondeugdelijke trap, een uit elkaar spattende colafles, een slaapmiddel met nare bijwerkingen, een constructiefout in een stuurkolom van een auto en een lekkende babywarmwaterkruik zijn voorbeelden van productaansprakelijkheid.

De bedoeling van de voormalige Wet produktaansprakelijkheid (nu: art. 6:185-193 BW) is het beschermen van de consument. Deze bescherming komt tot uiting in het aansprakelijk stellen van de producent voor de schade die door een gebrek in zijn product is veroorzaakt, ongeacht of dat gebrek door schuld van de producent is ontstaan. Productaansprakelijkheid gaat om aansprakelijkheid voor schade, die wordt toegebracht door gebrekkige producten, de zogenaamde gevolgschade. Het gaat dus niet om de vergoeding van de schade áán het product, maar om de vergoeding van de schade dóór het gebrekkige product.

Kern van de regeling is dat de consument de fabrikant voortaan rechtstreeks kan gaan aanspreken bij gevolgschade veroorzaakt door gebrekkige producten. De wettelijke regeling beoogt de invoering van een risicoaansprakelijkheid, hetgeen inhoudt dat de producent aansprakelijk kan worden gesteld voor een bepaalde schade zonder dat zijn schuld hoeft te worden bewezen en zonder dat hij zich met een beroep op het ontbreken van schuld aan aansprakelijkheid kan onttrekken. De wet betekent voor de consument een eenvoudiger bewijsverdeling. De consument hoeft nu alleen nog maar het bewijs te leveren van het gebrek, de opgelopen schade en het verband tussen beide.

14.6.1 De producent

De producent is aansprakelijk voor het in het verkeer brengen van een gebrekkig product. Als producent wordt aangemerkt de fabrikant van een eindproduct en de importeur die het product in de EU invoert. Dat geldt ook voor degene die zijn naam, zijn merk of een ander onderscheidingsteken op het product aanbrengt. Dit zijn vaak detaillisten die zogeheten 'eigen merken' in hun assortiment hebben, zoals supermarkten en warenhuizen. Deze laten een ander bepaalde producten vervaardigen, niet zelden in het veel goedkopere buitenland, en voorzien die vervolgens van hun naam of merk. Als producent van een product wordt aangemerkt (art. 6:187 BW):
- de fabrikant en de importeur van een eindproduct;
- de producent van onderdelen en grondstoffen;

- een ieder die zich als producent presenteert door zijn naam, zijn merk of een ander onderscheidingsteken op het product aanbrengt.

Elke leverancier kan als producent worden aangesproken wanneer niet duidelijk wordt wie de zaak heeft vervaardigd, tenzij hij de benadeelde binnen een redelijke termijn de identiteit mededeelt van de producent of van degene die hem het product geleverd heeft (art. 6:187, lid 4 BW). Hetzelfde geldt voor geïmporteerde producten als niet kan worden vastgesteld wie de importeur van dat product is, tenzij de leverancier binnen een redelijke termijn de identiteit mededeelt van de importeur in de EU of van een leverancier binnen de EU die hem het product heeft geleverd (art. 6:187, lid 3 BW). Op deze manier wordt het voor de consument gemakkelijker zijn schade verhaald te krijgen.

Als meerdere producenten aansprakelijk kunnen worden gesteld voor dezelfde schade (bijvoorbeeld wanneer er verschillende producenten bij een eindproduct betrokken zijn), is elk van de producenten hoofdelijk aansprakelijk, hetgeen wil zeggen dat een door het slachtoffer aangesproken producent niet slechts zijn eigen deel in de schade moet betalen, maar het gehele bedrag moet vergoeden. De benadeelde kan zelf bepalen wie hij aanspreekt. Vervolgens is het aan de aangesproken producent om verhaal te zoeken op zijn medeaansprakelijke collega-producenten.

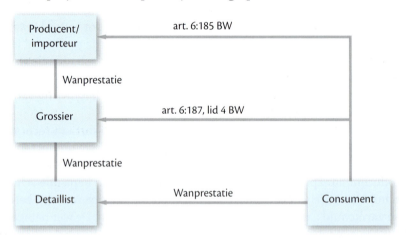

14.5 Aansprakelijkheid detaillist, grossier en producent

14.6.2 Eigen schuld en medeaansprakelijkheid

Medeschuld of eigen schuld van de benadeelde kunnen leiden tot vermindering of opheffing van de aansprakelijkheid van de producent (art. 6:187, lid 2 BW). Met eigen schuld van de benadeelde wordt in ons recht bedoeld: een laakbaar handelen van de benadeelde. Als voorbeeld van verwijtbaar handelen van de benadeelde zou men kunnen noemen het niet raadplegen van een gebruiksaanwijzing of het negeren van een waarschuwing.

14.6.3 Bewijs

De benadeelde consument moet, indien hij een procedure tegen een producent start, het navolgende bewijzen:

a. het gebrek;
b. de schade;
c. het oorzakelijk verband tussen gebrek en schade.

De benadeelde consument hoeft dus niet te bewijzen dat de producent schuld heeft; schuld wordt verondersteld. Het risico ligt bij de producent en hij heeft slechts beperkte mogelijkheden om aan zijn aansprakelijkheid te ontkomen.

14.6.4 Product
Onder het begrip product wordt elk roerend goed verstaan dat industrieel is vervaardigd (met uitzondering van landbouwgrondstoffen, producten van de bodem, van de veefokkerij en van de visserij), ook indien het een bestanddeel vormt van een ander roerend of onroerend goed. Landbouwgrondstoffen die een eerste industriële be- of verwerking hebben ondergaan die tot een gebrek in die producten kan leiden, vallen ook onder de wet, evenals gas, water en elektriciteit.

14.6.5 Gebrekkig product
Een product is gebrekkig als het niet de veiligheid biedt die men (het grote publiek) daarvan mag verwachten. Bij de vaststelling van de gebrekkigheid worden alle omstandigheden in aanmerking genomen, en in het bijzonder:
a. de presentatie van het product (mede gelet op reclame, verpakking, gebruiksaanwijzingen, productinformatie);
b. het redelijkerwijs te verwachten gebruik ervan (het product moet bestand zijn tegen een redelijke mate van verkeerd gebruik, niet tegen onredelijk misbruik);
c. het tijdstip waarop het product in het verkeer is gebracht. Men houdt tevens rekening met de normale slijtage van het product. Bovendien is een product niet gebrekkig, uitsluitend omdat nadien een beter product in het verkeer is gebracht (art. 6:186, lid 2 BW).

Daarnaast kan de rechter met alle overige omstandigheden rekening houden ter beantwoording van de vraag of een product gebrekkig is.

Bij de volgende fouten wordt niet aan de veiligheidsverwachting van de (gemiddelde) consument voldaan:
- ontwerpfouten, bijvoorbeeld ondeugdelijke grondstoffen zoals giftige verf;
- constructiefouten, bijvoorbeeld een haarföhn met een te kleine opening voor luchtaanvoer;
- fabricage- en montagefouten, bijvoorbeeld het gebruik van versleten machines;
- presentatiefouten, bijvoorbeeld verwarring door verpakking en reclame;
- waarschuwings- en instructiefouten, bijvoorbeeld bijwerkingen van medicijnen.

14.6.6 Presentatie
Producten zonder of met een krakkemikkige gebruiksaanwijzing kunnen volgens de wet als 'gebrekkig product' worden aangemerkt, met alle gevolgen van dien. Ook als noodzakelijke waarschuwingen ontbreken, gebruiksmogelijkheden niet kunnen worden waargemaakt en de etikettering niet in orde is, zit de fabrikant fout.

14.6.7 Schade

Op grond van art. 6:190 BW is de producent aansprakelijk voor:
a. letselschade (dood, lichamelijk letsel). De producent is hiervoor te allen tijde aansprakelijk, ongeacht of de schade geleden wordt in bedrijfs- of in de privésfeer.
b. zaakschade, dat wil zeggen beschadiging of verlies van een andere zaak dan het geleverde product. De producent kan niet voor de schade aan het product zelf worden aangesproken. Ook schade aan bedrijfsmiddelen in de sfeer van beroep of bedrijf blijft buiten aanmerking, zoals schade aan bedrijfsgoederen, schade omdat de producent niet kan produceren en gederfde winst. Zaakschade kent één beperking: ze moet een bedrag van € 500 te boven gaan. Schade van meer dan € 500 moet volledig aan de benadeelde consument worden vergoed. Zaakschade van minder dan € 500 en zaakschade in de ondernemingssfeer vallen niet onder de wettelijke regeling.

Producenten zijn niet aansprakelijk voor mankementen die niet bestonden op het moment van levering. Naar Nederlands recht heeft de benadeelde ingeval van lichamelijk letsel bovendien recht op vergoeding van immateriële schade (smartengeld; art. 6:106 BW).

14.6.8 Exoneratie

Het is de producent niet toegestaan door middel van algemene voorwaarden of op enige andere wijze zijn aansprakelijkheid te beperken of uit te sluiten (art. 6:192, lid 1 BW). Producenten onderling kunnen echter, bijvoorbeeld in algemene voorwaarden, wel afspraken maken ten aanzien van de mate van hun aansprakelijkheid.

Volgens Nederlands recht kan de producent van het eindproduct als hij de schade heeft uitbetaald deze weer verhalen op zijn toeleverancier. Dat heet regres. Maar zo werkt het in de praktijk lang niet altijd, want de wet is weliswaar van dwingend recht voor zover het de bescherming van de consument betreft, doch hoe de professionele in- en verkopers hun contracten regelen is van aanvullend recht. Leveranciers willen hun risico's beperken en verwijzen daarom in hun contracten meestal naar hun algemene voorwaarden, waar vrijwel altijd een exoneratieclausule (beding waar de aansprakelijkheid wordt uitgesloten of beperkt) in voorkomt. Dat moeten leveranciers wel doen, want op die manier blijven hun risico's nog verzekerbaar.

Belangrijke veiligheidswaarschuwing en terugroepactie TROLIGTVIS reisbeker

Veiligheidswaarschuwing en terugroepactie - IKEA verzoekt klanten die de roze, beige, blauwe of groene TROLIGTVIS reisbeker (artikelnummers 004.433.28 - 504.124.47 - 204.291.85 - 004.291.86) hebben gekocht om deze niet meer te gebruiken en terug te brengen naar de dichtstbijzijnde IKEA vestiging. Zij krijgen dan het volledige aankoopbedrag terug. Het gaat alleen om de reisbekers die zijn geproduceerd in India. Dit staat aangegeven onderaan de beker met de tekst 'made in India'.

Recent onderzoek heeft aangetoond dat de hoeveelheid chemicaliën (Dibutylftalaat of DBP) in het product de voorgeschreven norm mogelijk overschrijdt. Uit voorzorg is direct een wereldwijde verkoopstop afgekondigd.

Om het product om te ruilen of het aankoopbedrag terug te krijgen, is het niet nodig om de kassabon te laten zien. Veiligheid heeft bij ons altijd de hoogste prioriteit. Daarom start IKEA deze terugroepactie.

IKEA bedankt alle klanten voor hun begrip. Voor meer informatie kan je contact opnemen via het telefoonnummer 0900-235 4532 of kijk op IKEA.nl.

14.6.9 Kwaliteitscontrole en maatregelen

De beste methode om gevrijwaard te blijven van productaansprakelijkheidsclaims is voorkomen dat de eigen producten en die van de leveranciers gebreken vertonen. De wet dwingt ondernemingen tot nadere studie van de manier waarop zij het aansprakelijkheidsrisico hebben afgedekt. Via kwaliteitscontrole en zorgvuldige productiemethoden wordt de kans op gebrekkige producten tot een minimum gereduceerd. Dat is niet alleen van invloed op de hoogte van de verzekeringspremies, maar op lange termijn ook op het imago van de onderneming.

14.7 Oneerlijke handelspraktijken

Ondernemingen moeten eerlijk te werk gaan als zij producten en diensten aan consumenten verkopen. De wet verbiedt aanbieders van producten en diensten om misleidende en agressieve verkooppraktijken toe te passen bij de verkoop aan de consument (art. 6:193b BW). De regels gelden voor alle producten en diensten. Consumenten worden zo beschermd tegen oneerlijke verkooppraktijken.

In de wet staat welke verkoopmethoden misleidend en agressief zijn en dus verboden. Een aantal oneerlijke verkooppraktijken staat vermeld op een zogenoemde 'zwarte lijst'.

Van misleiding is sprake indien een handelaar valse of onvolledige informatie verstrekt over de belangrijkste kenmerken van zijn product of dienst (art. 6:193c BW). Een handelaar is een natuurlijk persoon of rechtspersoon die handelt in de uitoefening van een beroep of bedrijf. Een handelaar die een oneerlijke handelspraktijk verricht, handelt onrechtmatig jegens een consument (art. 6:193b BW). Door middel van een vordering uit onrechtmatige daad kan een consument de daaruit voortvloeiende schade op de aanbieder verhalen. Daarbij geldt een omkering van de bewijslast: ten aanzien van de inhoudelijke juistheid en volledigheid van de verstrekte informatie (in een reclame, verkoopmededeling, etc.) zal de aanbieder moeten bewijzen dat deze juist, duidelijk, volledig, niet misleidend, en dergelijke was. De consument hoeft alleen te stellen dat er een oneerlijke handelspraktijk is en dat hij schade heeft geleden. Het is aan de handelaar om te bewijzen dat de verstrekte informatie juist en volledig was.

Als een ondernemer de regels overtreedt, kan een consument een klacht indienen bij een van beide toezichthouders: de Autoriteit Consument en Markt (ACM) of de Autoriteit Financiële Markten (AFM).

De ACM en de Autoriteit Financiële Markten zijn belast met het toezicht op en de handhaving van de regels. De AFM voor de financiële sector, de ACM voor de overige sectoren.

ACM beboet drie keukenbedrijven voor misleiding consumenten op beurzen

De Autoriteit Consument & Markt (ACM) heeft Keukencentrum Mandemakers, Brugman Keukens en Keukenconcurrent boetes van in totaal 1.000.000 euro opgelegd. De boetes zijn opgelegd voor het misleiden van consumenten tijdens de verkoop van keukens op beurzen tussen 2015 en 2017. Het formulier dat Keukencentrum Mandemakers, Brugman en Keukenconcurrent consumenten lieten ondertekenen, gaf ten onrechte de indruk dat consumenten verplicht waren een keuken te kopen. De boetes van Keukencentrum Mandemakers en Keukenconcurrent zijn verhoogd met 50% omdat zij het onderzoek van de ACM hebben belemmerd.

Misleidende keukenverkoop op beurzen

Keukencentrum Mandemakers, Brugman en Keukenconcurrent zijn alle onderdeel van hetzelfde concern. Uit onderzoek van de ACM bleek dat zij tussen 2015 en 2017 op beurzen, zoals de 50PlusBeurs, de VT Wonen-beurs en de Huishoudbeurs, consumenten misleidden tijdens de verkoop van keukens. Om in aanmerking te komen voor een speciale beurskorting moest de consument een formulier invullen en ondertekenen. Op het formulier konden consumenten aangeven in welke keuken zij interesse hadden. Dit formulier leek op een koopovereenkomst. Zo stond in het formulier dat het om een koopovereenkomst ging, werd er een prijs genoemd en werden er betalingsvoorwaarden vermeld. Daarnaast werden algemene verkoopvoorwaarden van toepassing verklaard. Er stond ook in dat de consument 30% moest betalen als hij afzag van de koop. Deze werkwijze is misleidend. Volgens de ACM was alles erop gericht om de consument de indruk te geven dat hij een keuken had gekocht, terwijl in werkelijkheid de consument tot niets verplicht was en het slechts om een niet bindend aanbod ging.

Boetes

Voor deze misleidende handelspraktijk krijgt Brugman een boete van 250.000 euro. Keukencentrum Mandemakers en Keukenconcurrent krijgen elk een boete van 375.000 euro. De boetes voor Keukencentrum Mandemakers en Keukenconcurrent zijn met 50% verhoogd omdat zij het onderzoek van de ACM hebben belemmerd. De ACM mocht van de bedrijven geen vragen stellen aan de beursmedewerkers van Keukencentrum Mandemakers en Keukenconcurrent over de verkooppraktijken op beurzen. Daarmee belemmerden de bedrijven het onderzoek. Iedereen, ook individuele werknemers van een bedrijf waarnaar onderzoek wordt gedaan, is verplicht mee te werken aan onderzoek van de ACM en vragen te beantwoorden.

www.acm.nl, 27-08-2019

Begrippenlijst

Causaal verband	Oorzakelijk verband tussen onrechtmatig handelen en de schade.
Exoneratie	Uitsluiting of beperking van aansprakelijkheden.
Gebrekkig product	Indien een product niet de veiligheid biedt, die men daarvan mag verwachten.
Immateriële schade	Schade die veroorzaakt wordt door verdriet, smart of geestelijk gemis. Deze schade is (in tegenstelling tot materiële schade) niet direct in geld uit te drukken. De vergoeding die wordt uitgekeerd om immateriële schade te vergoeden wordt ook wel smartengeld genoemd.
Kwalitatieve aansprakelijkheid	Het aansprakelijk zijn voor onrechtmatige daden van anderen indien men een bepaalde hoedanigheid bezit.
Materiële schade	Schade die direct in geld is uit te drukken.
Oneerlijke handelspraktijken	Als een professionele verkoper een consument misleidt of agressief benaderd.
Onrechtmatig	In strijd met het recht.
Opstallen	Gebouwen en beplantingen.
Productaansprakelijkheid	De aansprakelijkheid van een fabrikant voor de schade die een door hem gefabriceerd product veroorzaakt aan een consument.
Rechtvaardigingsgronden	Onder bepaalde omstandigheden niet aansprakelijk zijn voor een eigen onrechtmatige daad.
Rectificatie	Het schriftelijk en publiekelijk herstellen van een onjuist bericht.
Relativiteit	Niet elke overtreding van een rechtsregel die schade veroorzaakt levert aansprakelijkheid op.
Risicoaansprakelijkheid	Aansprakelijkheid die ontstaat indien bepaalde omstandigheden voor iemands rekening komen.
Schade	Materieel of immaterieel nadeel.
Schuld	Verwijtbaar gedrag.

Smartengeld	Zie immateriële schade.
Toerekenbaarheid	Het aansprakelijk stellen van een persoon vanwege schuld of risico.

14 Onrechtmatige daad

Vragen

Meerkeuzevragen

1. Teun Werkmans, zoon van Pieter, veroorzaakt met zijn fiets een aanrijding. Hierbij wordt de auto van Stam beschadigd; de schade bedraagt € 1200. Op grond waarvan is hier de verbintenis ontstaan?
   a. Een rechtmatige daad;
   b. Een onrechtmatige daad;
   c. Een overeenkomst;
   d. Een rechtshandeling.

2. Pieter Werkmans heeft een fles champagne gekocht voor oud en nieuw. Een en ander loopt toch iets anders dan verwacht: op het moment dat hij de fles wil openen om zijn vrouw een glaasje van dit heldere alcoholische vocht in te schenken, explodeert de fles. Al gauw blijkt dat de oorzaak van de explosie ligt in een fabricagefout van de fles. Welk schade kan Pieter Werkmans op grond van de regeling inzake productaansprakelijkheid uit het BW niet vergoed krijgen?
   a. Schade aan de tweezitsbank ter hoogte van € 1600;
   b. Lichamelijk letsel van zijn vrouw ter hoogte van € 1100;
   c. Schade aan de vloerbedekking ter hoogte van € 2400;
   d. Schade aan een dure laptop van de zaak ter hoogte van € 10.280.

3. Welke stelling is juist? Een typisch geval voor schuldaansprakelijkheid is geregeld in:
   a. Art. 6:188 BW;
   b. Art. 6:171 BW;
   c. Art. 6:162 BW;
   d. Art. 6:179 BW.

4.
   ### Bestuurder rijdt met auto huis binnen

   TERHOLE – Een auto is maandagavond 5 oktober een huis binnengereden aan de Hulsterweg. Een man raakte gewond. Eén andere verdachte is aangehouden.

   Een man (45) uit Terhole reed met hoge snelheid rond 17.45 uur een huis binnen. De bestuurder moest met verwondingen naar het ziekenhuis. Mogelijk had hij gedronken. Om dat na te gaan is er bij hem een bloedtest gedaan waarvan de uitslag nog niet bekend is. De man is gehoord door agenten. Hij verklaarde niet meer te weten hoe het ongeval gebeurde.

   Straatrace?
   De politie kreeg tips van getuigen dat er wellicht een race gaande was tussen de gecrashte auto en een ander voertuig. De politie is een onderzoek gestart en

heeft een tweede verdachte (26) buiten heterdaad (met toestemming van de Officier van Justitie) aangehouden in zijn huis in Koewacht op verdenking van verlaten plaats ongeval. Deze verdachte verklaarde niets met het ongeval te doen te hebben en ook getuige te zijn geweest van het ongeluk. Er zou volgens zijn zeggen geen straatrace zijn geweest. Hij zou zich later hebben willen melden bij de politie als getuige.

Stabiliseren van het huis
Omdat door het ongeval het huis instabiel was heeft de brandweer dit moeten stutten.

www.politie.nl, 06-10-2015

a. De eigenaar van het huis stelt de 45-jarige bestuurder van de auto aansprakelijk op grond van een onrechtmatige daad. De bestuurder verweert zich en beroept zich op noodweer. Wat is juist? Noodweer is een rechtvaardigingsgrond, dat tot gevolg heeft dat:
   A. Er niet is voldaan aan het vereiste van relativiteit;
   B. Er niet is voldaan aan het vereiste dat er sprake dient te zijn van een oorzaak die krachtens de wet of de verkeersopvattingen voor iemands rekening komt;
   C. Er niet is voldaan aan het vereiste van schuld;
   D. Er niet is voldaan aan het vereiste van onrechtmatigheid van de daad.

b. De 45-jarige bestuurder beweert ook dat de rem van de auto plotseling weigerde. Wat is geen vereiste voor het aantonen van een onrechtmatige daad bij productaansprakelijkheid?
   A. Er moet sprake zijn van een gebrek;
   B. Er moet sprake zijn van schade;
   C. De onrechtmatigheid moet de dader kunnen worden toegerekend;
   D. Er moet sprake zijn van een causaal verband tussen onrechtmatigheid en daad.

c. Stel, overige omstandigheden gelijkblijvend, dat na onderzoek van de verkeersspecialisten van de politie blijkt dat de 45-jarige bestuurder op het moment van het ongeluk een lichte hartaanval kreeg en als gevolg daarvan de macht over het stuur kwijtraakte. Is dan de bestuurder van de auto aansprakelijk voor de door de eigenaar van het huis geleden schade?
   A. Ja, een bestuurder is altijd aansprakelijk;
   B. Ja, ook al kan de bestuurder er niets aan doen dan is hij toch aansprakelijk op grond van de verkeersopvattingen;
   C. Neen, aan een hartaanval kun je niets doen;
   D. Neen, en wel op grond van de Wegenverkeerswet.

d. Stel, overige omstandigheden gelijkblijvend, dat na onderzoek van de verkeersspecialisten van de politie blijkt dat als gevolg van een constructiefout in het stuursysteem van de auto de 45-jarige bestuurder de macht over het stuur kwijtraakte. Kan de bestuurder van de auto de producent met succes aansprakelijk stellen voor de schade aan de auto?
   A. Neen, een automobilist is altijd zelf aansprakelijk voor de geleden schade aan zijn auto;
   B. Neen, een automobilist is verplicht om zich te verzekeren en daarom is de verzekeraar aansprakelijk;
   C. Neen, een producent is alleen maar aansprakelijk voor de gevolgschade;

D. Ja, alleen moet de bestuurder van de auto drie zaken bewijzen, te weten: schade, causaal verband en gebrek.

5. ---

Baldadig met brandblusser

ELBURG – In de nacht van woensdag op donderdag 9 augustus zagen toezichthouders van de gemeente Elburg aan de Baron van Lyndenstraat een man die bezig was met het leegspuiten van een poederblusser op vijf geparkeerde auto's. De toezichthouders waarschuwde de politie, die de man heeft aangehouden voor vernieling.

De politieagenten die in de nacht van woensdag op donderdag reageerden op de melding dat een brandblusser werd leeggespoten, hebben de brandweer gevraagd de vijf auto's, die onder het poeder zaten, schoon te spuiten. In het donker konden de agenten desondanks niet zien of de auto's beschadigd waren geraakt. De man die door de toezichthouders betrapt werd, een 21-jarige inwoner van Oldebroek, is meegenomen naar het politiebureau om een verklaring af te leggen. Vanochtend vroeg is hij weer in vrijheid gesteld. Mocht later vandaag blijken dat zijn baldadigheid inderdaad schade heeft veroorzaakt aan de auto's, dan wordt proces-verbaal tegen hem opgemaakt.

www.politie.nl, 09-08-2012

Uit onderzoek blijkt dat er aanzienlijke schade is aan de auto's, met name de bekabeling is aangetast. De gedupeerden eisen schadevergoedingen van de baldadige lolbroek.

a. Op grond waarvan kunnen de benadeelden de lolbroek primair aansprakelijk stellen als hij niet wil betalen?
   A. De Arbowet;
   B. Een onrechtmatige daad;
   C. De Wet productaansprakelijkheid;
   D. Wanprestatie, het toerekenbaar niet nakomen van een verbintenis.
b. Wat is hier het onrechtmatig handelen?
   A. Het inbreuk maken op een recht van een ander;
   B. Het inbreuk maken op een plicht van een ander;
   C. Het handelen in strijd met een wettelijke plicht;
   D. Het handelen in strijd met het ongeschreven recht.
c. Op grond waarvan is het onrechtmatig handelen van de lolbroek toerekenbaar? De lolbroek is:
   A. Schuldaansprakelijk;
   B. Risicoaansprakelijk;
   C. Productaansprakelijk;
   D. Kwalitatief aansprakelijk.
d. Wat zullen de benadeelden eisen?
   A. Een werkstraf;
   B. Een rechterlijk verbod;
   C. Schadevergoeding in geld;
   D. Gevangenisstraf.
e. Wat is juist? Bij causaal verband is er een rechtstreeks verband tussen:
   A. Onrechtmatig handelen en schade;
   B. Onrechtmatig handelen en toerekenbaarheid;
   C. Onrechtmatig handelen en causaal verband;
   D. Onrechtmatig handelen en conditio-sine-qua-non.

6.

Treiterende eters

In het zeer chique twee Michelin-steren restaurant Scaldia, komen de heer Taams en zijn collega dineren. Taams en zijn collega hebben eerst het menu en de peperdure wijnkaart besproken en hun keuze gemaakt. De gebrachte fles Chablis voldeed niet aan de verwachtingen en werd door het restaurant teruggenomen. In plaats daarvan werd een fles champagne gekozen. Het voorgerecht, 'truffe surprise', voldeed ook niet geheel aan de verwachtingen en werd slechts ten dele opgegeten. Over de rest van het menu waren de gasten vol lof, behoudens dat één oester werd afgekeurd en door een andere werd vervangen. De gasten waren niet tevreden over de keuze op de wijnkaart en na overleg werd besloten een drietal halve flesjes witte Bourgogne te laten komen. Het eerste flesje werd geopend en, na voor meer dan de helft leeggedronken te zijn, alsnog afgekeurd, terwijl toen besloten is in plaats van de twee andere halve flesjes een fles Meursault 1978 te laten komen. Nadat deze fles voor ongeveer twee derde deel was leeggedronken werd hij eveneens afgekeurd. Hierna dronken Taams en zijn metgezel nog een fles champagne. Tenslotte werd koffie met cognac gedronken.

De exploitant begint zich bezorgd af te vragen of zij de afgekeurde wijnen wel zullen betalen.

Wat hij vreest gebeurt, wanneer de rekening (ruim 700 gulden) wordt gebracht geven de gasten te kennen die niet (volledig) te zullen betalen en weigerden ze de twee geretourneerde, maar wel zo goed als lege, flessen wijn te betalen.

Dan stappen zij op en begeven zich, zonder betaald te hebben, naar de uitgang. De getergde exploitant grijpt dan een van de bezoekers in de kraag. Die rukt zich met een armzwaai los, waarbij hij de exploitant in het gezicht raakt. Die deelt dan een klap uit, waardoor de bezoeker tegen de deur van het restaurant valt. Achteraf blijkt het volledige bedrag van de rekening, bij wijze van grap, onder het schoteltje waarop de rekening was gebracht, te zijn neergelegd.

Als gevolg van de klap is de heer Taams half doof, hij stelt de restauranthouder aansprakelijk voor de schade. De Hoge Raad erkent de onrechtmatigheid van de klap, maar zegt dat het slachtoffer er zelf om heeft gevraagd en stelt de restauranthouder in het gelijk.

Hoge Raad, 31-03-1995, ECLI:NL:HR:1995: ZC1688

a. De Hoge Raad erkent in dit geval dat het onrechtmatig is wat de restauranthouder heeft gedaan, maar hij pleegt geen onrechtmatige daad. Waardoor komt dit?
   A. Omdat er hier geen sprake is van causaal verband in de zin van art. 6:162, lid 1 BW;
   B. Omdat het de restauranthouder niet kan worden toegerekend, daar hij geen schuld heeft in de zin van art. 6:162, lid BW;
   C. Omdat hier niet is voldaan aan de relativiteitseis in de zin van art. 6:163 BW;
   D. Omdat de restauranthouder zich hier kan beroepen op een rechtvaardigingsgrond in de zin van art. 6:162, lid 2 BW.
b. Wat is juist? Het slaan van de bezoeker door de restauranthouder is:
   A. zowel in strijd met de wet als in strijd met het recht;
   B. uitsluitend in strijd met de wet;
   C. uitsluitend in strijd met het ongeschreven recht;
   D. niet in strijd met het recht omdat de Hoge Raad in dit arrest bepaalde dat slaan mag.
c. In het artikel staat de volgende passage: 'wanneer de rekening (ruim 700 gulden) wordt gebracht geven de gasten te kennen die niet (volledig) te zullen betalen en weigerden ze de twee geretourneerde, maar wel zo goed als lege, flessen wijn te betalen'. Hoe kan het niet betalen van de twee flessen wijn in dit geval juridisch het beste worden gekwalificeerd?
   A. Dwaling;
   B. Overmacht;
   C. Wanprestatie;
   D. Onrechtmatige daad.

7.

Explosie in woning Middelburg

MIDDELBURG – Zondagavond rond 21.50 uur heeft er een explosie plaatsgevonden in een woning aan de Nassaulaan in Middelburg. De omstandigheden rondom de explosie waren zo dubieus dat is besloten de 38-jarige bewoner van het pand aan te houden. Hij raakte bij de explosie gewond aan zijn hand en is behandeld door een arts. Zijn woning raakte beschadigd. Er is een onderzoek ingesteld naar de oorzaak van de explosie. De 38-jarige Middelburger zit nog vast.

www.politie.nl, 01-04-2013

a. Stel na diepgaand onderzoek blijkt dat de ontploffing werd veroorzaakt door een bus haarlak. De bus haarversteviger stond op een draaiende wasmachine. Het gas in de bus is waarschijnlijk te warm geworden door opstijgende hitte uit de wasmachine. Wat is juist? De bewoner kan met succes de producent van de bus haarlak aansprakelijk stellen door zich primair te beroepen op:
   A. art. 6:74 BW;
   B. art. 6:162 e.v. BW;
   C. art. 6:173 BW;
   D. art. 6:185 e.v. BW.

b. Wat moet een consument bewijzen als hij een producent van een gebrekkig product aansprakelijk wil stellen?
   A. Onrechtmatigheid van de daad, toerekenbaarheid, gebrek, schade, causaal verband en relativiteit;
   B. Onrechtmatigheid van de daad, toerekenbaarheid, schade, causaal verband en relativiteit;
   C. Gebrek, schade en oorzakelijk verband tussen gebrek en schade;
   D. Gebrek, schade, oorzakelijk verband tussen gebrek en schade en relativiteit.

c. Stel, na onderzoek komt vast te staan dat Okio uit Japan de spuitbus heeft geproduceerd, maar dat ze onder het huismerk van Albert Heijn is verkocht. Stelling:
   I De bewoner kan uitsluitend de producent in Japan aansprakelijk stellen.
   II Omdat Albert Heijn de spuitbussen niet zelf heeft geproduceerd, kan de winkelketen niet aansprakelijk worden gesteld op grond van de Wet produktenaansprakelijkheid.
   A. I en II zijn juist;
   B. I is juist, II is onjuist;
   C. I is onjuist, II is juist;
   D. I en II zijn onjuist.

d. Stel, Albert Heijn wordt door de rechter aansprakelijk geacht voor het ongeluk en tot schadevergoeding veroordeeld. Albert Heijn heeft de genoemde spuitbussen gekocht bij importeur Imco bv. Wat is juist? Als Albert Heijn Imco bv aansprakelijk wil stellen voor de geleden schade, dan dient de winkelketen zich primair te beroepen op:
   A. art. 6:74 BW;
   B. art. 6:162 e.v. BW;
   C. art. 6:173 BW;
   D. art. 6:185 e.v. BW.

e. Stel, na onderzoek komt vast te staan dat er een gebrek bestond bij de wasmachine waardoor deze oververhit raakte, en dat Albert Heijn niet aansprakelijk is. De bewoner wil de verkoper van de wasmachine aansprakelijk stellen voor de schade. Wat is juist? Als de bewoonst de verkoper van de wasmachine aansprakelijk wil stellen, dan dient zij zich primair te beroepen op:
   A. art. 6:74 BW;
   B. art. 6:162 e.v. BW;
   C. art. 6:173 BW;
   D. art. 6:185 e.v. BW.

f. Stel, tijdens de rechtszaak komt naar voren dat de bewoonst het contract van de verkoper van de wasmachine heeft ondertekend. Daarin wordt verwezen naar de algemene voorwaarden. In een clausule in deze voorwaarden staat dat de verkoper slechts aansprakelijk is voor schade aan de wasmachine en niet voor gevolgschade. Welke stelling is juist?
   A. De clausule in de algemene voorwaarden is niet van toepassing, daar mevrouw de algemene voorwaarden nooit heeft gelezen.
   B. De clausule in de algemene voorwaarden is niet van toepassing, omdat deze op de zogenaamde 'zwarte lijst' staat.
   C. De clausule in de algemene voorwaarden is niet van toepassing, omdat deze op de zogenaamde 'grijze lijst' staat.
   D. Door het opnemen van deze clausule in de algemene voorwaarden zijn de algemene voorwaarden van de verkoper onredelijk bezwarend en dus niet van toepassing.

Open vragen

8.

Ben ik aansprakelijk voor de schulden van mijn (minderjarige) kinderen?

U bent als ouder of voogd niet zonder meer aansprakelijk voor de schulden van uw minderjarige kinderen. Het hangt ervan af hoe de schuld van uw kind is ontstaan. Bijvoorbeeld door een aankoop, door schade of door een boete. De leeftijd van uw kind speelt ook een rol.

Schuld door aankoop

Bij een schuld door aankoop bent u als ouder of voogd vaak niet aansprakelijk. Bijvoorbeeld als uw kind iets besteld heeft zonder te betalen. Of als hij of zij geld geleend heeft of rood staat bij de bank. Uw kind is dan vaak zelf aansprakelijk en moet zelf het verschuldigde bedrag terugbetalen.

Aankoop door minderjarige terugdraaien

Een kind onder de 18 jaar mag meestal geen overeenkomsten aangaan zonder toestemming van de ouders. Maar het ligt anders wanneer het gaat om een aankoop die voor kinderen van die leeftijd gebruikelijk is. Dan mag een leverancier ervan uitgaan dat die toestemming er is. Denk bijvoorbeeld aan het kopen van kleren of cd's. In zo'n geval kunt u een aankoop niet terugdraaien.

Is de aankoop of overeenkomst niet gebruikelijk voor de leeftijd van uw kind? Dan kunt u deze meestal terug laten draaien. Dit kunt u doen door een aangetekende brief te sturen naar het bedrijf waar uw kind de aankoop deed.

Schuld door schade minderjarig kind

Richt uw kind schade aan, dan hangt het van zijn of haar leeftijd af wie aansprakelijk is. Er gelden de volgende wettelijke regels:
- Is uw kind jonger dan 14 jaar, dan ligt de aansprakelijkheid bij u. Dit geldt als u het ouderlijk gezag of de voogdij heeft over het kind. Heeft u een aansprakelijkheidsverzekering, dan kunt u daarop meestal de schade verhalen.
- Is uw kind 14 of 15 jaar, dan is het zelf aansprakelijk. U bent als ouder of voogd ook aansprakelijk als u redelijkerwijs in staat was het kind tegen te houden bij het veroorzaken van de schade, maar u dit niet heeft gedaan.
- Is uw kind 16 jaar of ouder, dan is het zelf aansprakelijk.

www.rijksoverheid.nl, 14-12-2016

a. In welk wetsartikel staat dat ouders en voogden van kinderen jonger dan 14 jaar aansprakelijk zijn voor schade die het kind veroorzaakt?
b. In welk wetsartikel staat dat een kind van 14 of 15 jaar zelf aansprakelijk is tenzij de ouders of voogd redelijkerwijs in staat was het kind tegen te houden bij het veroorzaken van de schade maar zij dat niet hebben gedaan?
c. Waar staat in de wet dat iemand die een onrechtmatige daad pleegt, die hem kan worden toegerekend, verplicht is om de schade te vergoeden?

9. De heer Vening is als vuilnisophaler in dienst bij de gemeente. Op zekere dag dient hij tijdens de rit ook bij Softy bv zakken met vuil in te laden. Als Vening de laatste zak in de auto wil gooien, scheurt deze. Uit de zak valt een wit poeder, dat Vening over zijn handen krijgt en hem in het gezicht waait. Het poeder blijkt een uiterst bijtende stof te zijn, waardoor Vening zeer ernstige verwondingen in zijn gezicht en aan zijn handen oploopt. In het ziekenhuis blijkt na enige maanden dat Vening ondanks plastische chirurgie voor zijn verdere leven verminkt zal blijven; hij is onder andere blind aan één oog. Bij het onderzoek dat na het ongeval wordt ingesteld, komt aan het licht dat het bijtende poeder door de magazijnbeheerder van Softy bv, in plastic zakjes verpakt, in de vuilniszak was gedaan, dat de vuilniszak vervolgens door hem was gesloten en dat deze de volgende dag door een werkster, in dienst bij schoonmaakbedrijf Helder bv, aan de weg was gezet.
   a. Kan de heer Vening in een juridische procedure de magazijnbeheerder aanspreken op grond van een onrechtmatige daad? Bespreek hierbij alle vereisten van de onrechtmatige daad.
   b. Tegen wie kan de heer Vening verder actie instellen en op grond waarvan? Geef de gronden duidelijk aan.
   c. Welke schade zal de heer Vening eventueel kunnen claimen?

10. Een explosie tijdens een Dance festival heeft tot hevige consternatie geleid. Bij de klap, in de toiletruimte, werden twee jongens, Bram en Daan gewond. Ze liepen ernstige derdegraads brandwonden op en werden in het ziekenhuis opgenomen. Het ongeluk gebeurde toen Bram rond kwart voor een in de toiletruimte, waar twee liter aceton was gemorst, een sigaret opstak. Onmiddellijk daarna ontplofte het goedje en Bram vloog in brand. Het vluchtige spul was gebruikt om op de wc-deuren gekladde graffiti verwijderen. De schoonmaker die met dat karwei bezig was, kwam op een gegeven moment doeken te kort, ging ze halen en merkte bij zijn terugkomst dat iemand de jerrycan met aceton had omgeschopt. De schoonmaker maakte zijn karwei gewoon af, liet de gemorste aceton liggen en sloot de wc-deur af. In dezelfde toiletruimte bleef de toegang tot de urinoirs echter gewoon open. De aceton verspreide zich in de hele ruimte, waardoor een simpel vlammetje genoeg was om de zaak te ontsteken. De schade van Bram en Daan is ruim € 12.000.
    a. Bespreek, met vermelding van alle wettelijke vereisten, of de jongens de schoonmaker, met succes, aansprakelijk kunnen stellen voor de door hen geleden schade.

b. Bespreek, met vermelding van alle wettelijke vereisten, of de jongens de werkgever van de schoonmaker, met succes, aansprakelijk kunnen stellen voor de door hen geleden schade.
c. Na intensief speurwerk van de politie wordt de dader van de graffiti op de deur van de wc achterhaald. Deze legt een bekentenis af. Bespreek, met vermelding van alle wettelijke vereisten, of de jongens de dader, de graffitispuiter, met succes, aansprakelijk kunnen stellen voor de door hen geleden schade.

DEEL 4   EXTERNE RELATIES

Hoofdstuk 15
Octrooi- en auteursrecht

15.1 **Intellectueel eigendom** 439
15.1.1 Kennis 440
15.1.2 Innovatie 441
15.1.3 Bedrijfsgeheimen 441
15.2 **Octrooirecht** 442
15.2.1 Geheimhouding 442
15.2.2 Octrooieerbaarheid 443
15.2.3 Een uitvinding 443
15.2.4 Nieuw 443
15.2.5 Inventiviteit 443
15.2.6 Industriële toepasbaarheid 444
15.2.7 Aanvrager 444
15.3 **Procedure** 444
15.3.1 Aanvraag 444
15.3.2 Het Octrooicentrum 445
15.3.3 Recht van voorgebruik 445
15.3.4 Voorrangsrecht 445
15.4 **Het exclusieve recht** 446
15.4.1 Rechtsmiddelen 446
15.4.2 Vernietigbaarheid 446
15.4.3 Licentie 447
15.4.4 Einde octrooi 447
15.5 **Octrooigemachtigde** 447
15.5.1 Europees octrooi 447
15.5.2 Wereldoctrooi 447
15.6 **Het auteursrecht** 448
15.6.1 Vereisten voor auteursrechtelijke bescherming 449
15.6.2 Copyright 449
15.6.3 De maker 450
15.6.4 Rechthebbende 450
15.6.5 Auteursrecht op gebruiksvoorwerpen 451
15.6.6 Geen auteursrecht 451
15.6.7 Werknemer en auteursrecht 453
15.6.8 Auteursrecht bij opdrachten 453

15.6.9   Reproductie voor eigen gebruik   453
15.6.10 Portretten   453
15.6.11 Persoonlijkheidsrecht   454
15.6.12 Overdracht van auteursrecht   454
15.6.13 Duur auteursrecht   455
15.7   Handhaving   455
15.7.1   Strafsanctie   456
15.8   Wet op de naburige rechten   456
15.9   Reprorechten   456
         Begrippenlijst   457
         Vragen   459
         Meerkeuzevragen   459
         Open vragen   462

Hoofdstuk 15
Octrooi- en auteursrecht

Ideeën zijn vrij. Na-apen van goede ideeën is in beginsel toegestaan. Bepaalde vormen van goede ideeën vindt de overheid zo belangrijk dat een (rechts)persoon die een dergelijk goed idee heeft, onder bepaalde voorwaarden, het recht krijgt het goede idee economisch te exploiteren zonder dat anderen het mogen imiteren.

15.1 Intellectueel eigendom

Ondernemen betekent concurreren. Er zijn in wetgeving en jurisprudentie regels om te zorgen dat er eerlijk en goed wordt geconcurreerd. Het deel van het recht dat zich bezighoudt met concurrentie wordt ook wel het mededingingsrecht genoemd. Het mededingingsrecht kent verscheidene vormen waarin bescherming wordt geboden aan de concurrentiepositie van een onderneming die intellectuele eigendomsrechten bezit. Intellectueel eigendom is het uitsluitend recht van de mens op de producten van zijn denkarbeid. Er zijn vele manieren om geestelijk eigendom – of dat nu een product, een merknaam of een model is – te beschermen. Intellectuele eigendomsrechten, zoals het octrooirecht, auteursrecht, merkenrecht en modellenrecht, hebben de strekking een ander af te houden van het verrichten van bepaalde activiteiten. Intellectuele eigendomsrechten hebben een belangrijke functie in de concurrentiestrijd. Alle rechten van de intellectuele eigendom hebben het karakter van een monopolie, dat wil zeggen dat alleen de houder van het betreffende recht gerechtigd is om bepaalde handelingen in het handelsverkeer te verrichten. De belangrijkste intellectuele eigendomsrechten zijn:
- octrooi;
- auteursrecht;
- modellenrecht;
- merkenrecht.

Naast deze min of meer wettelijk geregelde specifieke vormen van bescherming biedt art. 6:162 BW een algemene bescherming. Nabootsing kan een onrechtmatige daad opleveren. Of dat zo is, hangt echter af van bijzondere omstandigheden van het geval. Het Burgerlijk Wetboek biedt dus lang niet die zekerheid die de specifieke wettelijke voorzieningen geven. In het algemeen geldt dan ook dat navolging van iemand anders' product of dienst niet onrechtmatig is.

Industrieel eigendom is dat deel van de intellectuele eigendom dat hoofdzakelijk ligt op het gebied van handel en industrie. Wie iets origineels heeft bedacht of gemaakt, wil voorkomen dat een ander straffeloos, of althans zonder ervoor te betalen, profiteert van zijn vindingrijkheid of artisticiteit. Het recht biedt bescherming in dezen, maar dan moet men meestal zelf eerst het initiatief nemen. In beginsel kan een ondernemer een succesvol product van een concurrent kopiëren en goedkoop in de handel brengen zolang dit product niet door een intellectueeleigendomsrecht wordt beschermd.

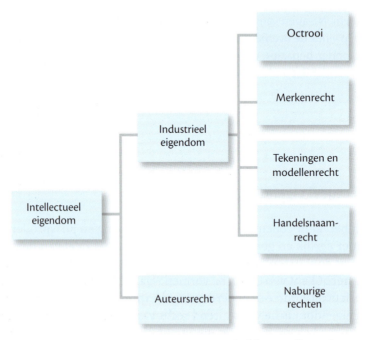

15.1 Indeling intellectuele eigendomsrechten

15.1.1 Kennis

Het is belangrijk om met kennis zorgvuldig om te gaan, zoals een ondernemer ook zijn geld en zaken met zorg beheert. Onder kennis of knowhow wordt verstaan: nuttige kennis die niet zonder meer toegankelijk is, ofwel omdat men er speciale moeite voor moet doen, ofwel omdat die kennis door middel van exclusieve rechten gemonopoliseerd is.

Niet altijd is het verstandig om kennis wettelijk te beschermen, zo deze kennis al te beschermen is. Het geheimhouden van kennis is vaak veel goedkoper dan het beschermen ervan door het via octrooi te monopoliseren. De beschermingsduur is in beginsel bij geheimhouding onbeperkt, hetgeen bij octrooiverlening niet het geval is.

De onderneming die het merk CocaCola exploiteert, heeft nooit op de samenstelling en bereidingswijze van de drank CocaCola octrooi aangevraagd en houdt het nog steeds geheim. Zou de onderneming dat in het verleden wel hebben gedaan, dan zou iedereen de samenstelling en bereidingswijze kunnen weten.

Waar laat ik mijn octrooi, merk of model registreren?

	Waar	Website	
Octrooi	Octrooicentrum	www.rvo.nl	
	European Patent Office	www.epo.org	
Merken en modellen	Benelux-Bureau voor de Intellectuele Eigendom (BBIE)	www.boip.int	
	Bureau voor intellectuele eigendom van de Europese Unie (EUIPO)	www.euipo.eu	

15.1.2 Innovatie

Innovatie, onderzoek en ontwikkeling kosten tijd en geld. Het heeft weinig zin speurwerk te doen naar iets dat er reeds lang is, ook al is dat in Nederland niet bekend. Het heeft ook geen zin onderzoek te doen naar iets waarop anderen al octrooi hebben. Daarom verdient het aanbeveling om voordat een project wordt gestart eerst een onderzoek in te stellen – of in te laten stellen – bij het Octrooicentrum. Het Octrooicentrum heeft een enorme bibliotheek, waar de meeste octrooien van de wereld aanwezig zijn.

15.1.3 Bedrijfsgeheimen

De beste manier om een geheim te bewaren, is om het aan niemand te vertellen. Maar zo simpel is het in de praktijk natuurlijk niet. Binnen een onderneming zullen vaak meerdere personen op de hoogte zijn van geheime knowhow. Een bedrijfsgeheim bestaat uit vertrouwelijke informatie die de ondernemer commerciële voorsprong geeft op zijn concurrenten. Bijvoorbeeld: knowhow, materiaalspecificaties, productiemethoden en klantgegevens. Een veelgebruikt en (nog steeds) belangrijk middel om bedrijfsgeheimen te beschermen, zijn geheimhoudingsovereenkomsten en non-concurrentiebedingen. Ook kunnen bedrijfsgeheimen beschermd worden op grond van de Wet bescherming bedrijfsgeheimen. De wet biedt de mogelijkheid om op te treden tegen het onrechtmatig verkrijgen, gebruiken of openbaar maken van een bedrijfsgeheim.

Volgens de wet is een beschermd bedrijfsgeheim knowhow of bedrijfsinformatie die:
1. geheim is;
2. waardevol is, omdat het geheim is; en
3. onderworpen is aan redelijke beschermingsmaatregelen om geheim te blijven.

15.2 Octrooirecht

Kennis is geld waard. Daarom is het verstandig knowhow te beschermen. Een ondernemer kan anderen van markten afhouden door met het octrooirecht in de hand de concurrent te dwingen een kostbare productiewijze te gebruiken, of zelfs bij gebrek aan alternatieven proberen van de markt te verdrijven, zoals Apple na een wereldwijde juridische strijd met Samsung over de tablet, uiteindelijk niet is gelukt.

Een octrooi is een eigendomsrecht. Het wordt door de overheid verleend aan diegene die een nieuw product of een nieuwe werkwijze heeft uitgevonden. Een octrooi is in de eerste plaats een middel om het namaken van een zelf ontwikkeld product of proces door een ander te voorkomen en om zodoende te trachten een medeproducent een stap voor te blijven. Het doel van verlening van octrooi aan uitvinders is beloning en stimulering van hun verdiensten. Door verlening van een absoluut recht kunnen uitvinders hun werk zonder vrees voor nabootsing in de openbaarheid brengen, zodat nijverheid en techniek op hun resultaten kunnen voortbouwen. Zij kunnen op grond van de wet optreden tegen inbreuk op de hun toegekende rechten. Iemand die namaakt, maakt inbreuk op de rechten van de octrooihouder en kan door deze, eventueel na inschakeling van de rechter, gedwongen worden tot stoppen van de inbreukmakende handelingen en tot betaling van schadevergoeding of tot afdracht van de door de inbreuk verkregen winst.

Voorbeeld

In de praktijk wordt het octrooirecht ook wel aangeduid met patent. De woorden 'octrooi' en 'patent' betekenen allebei hetzelfde. Het woord patent wordt onder meer in de Engelssprekende landen gebruikt en daarom is dit woord internationaal het bekendst. In ons land kent men sedert eeuwen het woord octrooi.

15.2.1 Geheimhouding

Wanneer men iets nieuws heeft uitgevonden, is voor het verkrijgen van bescherming één ding absoluut vereist: geheimhouding tot het moment waarop er beslist is over de gewenste vorm van bescherming en de aanvraag voor het verkrijgen van die bescherming is ingediend. Zo stelt de Rijksoctrooiwet 1995 als een van de voorwaarden voor het verkrijgen van octrooi dat de uitvinding nieuw is (art. 2, lid 1 Octr.w. 1995). Voortijdige openbaarmaking, ook door de uitvinder zelf, neemt de nieuwheid weg en verhindert octrooiverlening.

Wanneer men voortijdig derden in vertrouwen moet nemen, dient men hen een geheimhoudingsverklaring te laten ondertekenen. Mocht degene die geheimhouding heeft toegezegd zich niet aan deze afspraak houden, dan moet men in een gerechtelijke procedure bewijzen welke kennis is overgedragen, dat de afspraak is geschonden en in welke mate. Deze procedure kan hooguit leiden tot schadevergoeding. Zodra de aanvraag is ingediend, kan men naar eigen inzicht anderen deelgenoot maken van de vinding.

Het komt nogal eens voor dat – omdat de kosten van octrooiverlening redelijk hoog zijn – een idee bij het Benelux-Bureau voor de Intellectuele Eigendom of bij een notaris wordt geregistreerd. Door registratie bewijst men alleen maar dat men op die datum iets wist. Het geeft geen octrooi en moet ook niet worden verward met voorgebruik. Men denkt op deze wijze geen last met derden te krijgen.

15.2.2 Octrooieerbaarheid

Een octrooi kan worden verleend voor nieuwe producten en productiemethoden (voortbrengselen en werkwijzen). Een octrooi kan een ingewikkelde machine betreffen, maar net zo goed de samenstelling van scheerschuim. Wil men met succes op een uitvinding octrooi aanvragen, dan moet men aan drie inhoudelijke eisen voldoen (art. 2, lid 1 Octr.w. 1995):
a. nieuwheid;
b. inventiviteit;
c. industriële toepasbaarheid.

15.2.3 Een uitvinding

Van een uitvinding in de zin van de Rijksoctrooiwet 1995 is sprake indien zij nieuw is en geen deel uitmaakt van de stand van de techniek (art. 4, lid 1 Octr.w. 1995). De uitvinding moet in relatie staan met de nijverheid of de landbouw (art. 7 Octr.w. 1995), maar het mag niet gaan om het kweken van planten of het fokken van dieren (art. 3 lid 1 Octr.w. 1995). Ook voor biologische en medische werkwijzen kan in principe geen octrooi worden verkregen (art. 3, lid 1 sub d en lid 2 Octr.w. 1995). De uitvinding moet een technisch karakter hebben.

Octrooien kunnen alleen worden verleend op nieuwe werkwijzen en nieuwe voortbrengselen. Formules, rekenvoorschriften, algoritmen en dergelijke zijn niet octrooieerbaar (art. 2, lid 2 Octr.w. 1995); de relativiteitstheorie van Einstein bijvoorbeeld is niet beschermd.

15.2.4 Nieuw

De uitvinding moet nieuw zijn of althans iets nieuws toevoegen aan wat al bekend was (art. 4 Octr.w. 1995). Is een product of werkwijze reeds op een of andere wijze openbaar gemaakt, dan bestaat geen mogelijkheid tot het verkrijgen van octrooi. Openbaar is wat ergens ter wereld openbaar toegankelijk is geworden door bijvoorbeeld een lezing of een publicatie, onafhankelijk in welke taal dat is geschied. Nieuw is dus absoluut. Dit houdt in dat de uitvinder zelf vóór de datum van indiening van zijn eigen octrooiaanvraag niets openbaar mag maken.

15.2.5 Inventiviteit

Behalve nieuwheid is tevens inventiviteit vereist. Dat wil zeggen dat er sprake moet zijn van een uitvinding in die zin dat het gaat om een niet voor de hand liggende, nieuwe oplossing voor een bepaald technisch probleem (art. 6 Octr.w. 1995). Dat niet voor de hand liggen moet gelden voor 'de deskundige' op het gebied van de uitvindingen, niet voor de normale vakman.

Degene die iets ontdekt, vindt bijvoorbeeld nieuwe eigenschappen bij een bestaand voorwerp of ontdekt een geheel nieuw element.

15.2.6 Industriële toepasbaarheid

Industriële toepasbaarheid houdt in dat het moet gaan om een technisch, aantoonbaar functionerend product of productieproces. Dit wil zeggen dat er enig praktisch resultaat moet zijn; geen octrooi kan verleend worden op onuitvoerbare constructies. Een uitvinding mag ook niet in strijd zijn met de openbare orde of goede zeden (art. 3, lid 1 sub a Octr.w. 1995).

15.2.7 Aanvrager

Het octrooirecht beschermt in principe de eerste aanvrager, die niet per se de oorspronkelijke uitvinder behoeft te zijn (art. 8 Octr.w. 1995). Op het beginsel 'aanvrager is uitvinder' is een aantal uitzonderingen. Indien partijen hebben samengewerkt bij een uitvinding, hebben zij gezamenlijk aanspraak op octrooi (art. 13 Octr.w. 1995). Indien een werknemer een betrekking heeft, waarvan de aard met zich brengt dat hij zijn bijzondere kennis gebruikt tot het doen van uitvindingen van dezelfde soort als die waarop de octrooiaanvrage betrekking heeft, heeft de werkgever aanspraak op het octrooi van die uitvinding (art. 12 Octr.w. 1995). In het geval dat iemand op onrechtmatige wijze de uitvinding aan een ander heeft ontleend, kan de oorspronkelijke uitvinder het octrooi voor zich opeisen (art. 78 Octr.w. 1995).

15.3 Procedure

De procedure van octrooiverlening wordt ingeleid door een octrooiaanvrage, die moet worden gericht tot het Octrooicentrum (art. 24 Octr.w. 1995). Deze aanvrage moet aan een aantal formele eisen voldoen. Het niet voldoen aan deze eisen kan leiden tot het weigeren van de aanvrage. Het is van groot belang dat de aanvrager van een octrooi zich realiseert dat de materiële eisen (nieuwheid, inventiviteit, industriële toepasbaarheid) van toepassing zijn, maar dat het Octrooicentrum dit niet controleert. Men spreekt daarom wel van een registratiesysteem. De taak van het Octrooicentrum is namelijk niet meer dan het inschrijven van nieuwe octrooiaanvragen, die vervolgens automatisch worden verleend. Er wordt alleen maar gekeken of aan de formele eisen van de aanvraag is voldaan. Als het octrooi wordt aangevochten, zal uiteindelijk de rechter moeten oordelen of het octrooi aan de materiële eisen voldoet.

De aanvrager heeft vanaf de indieningsdatum dertien maanden de tijd (art. 32, lid 1 Octr.w. 1995). Wil een aanvrager een octrooi, dan moet hij binnen deze dertien maanden om een nieuwheidsonderzoek vragen. De resultaten hiervan geven een indicatie over datgene wat al bekend was vóór de indieningsdatum.

15.3.1 Aanvraag

De aanvrager die een octrooi wenst en dus bij indiening (of binnen dertien maanden daarna) om een nieuwheidsonderzoek heeft gevraagd, kan binnen zes tot negen maanden na dit verzoek om dit onderzoek het rapport verwachten. Vervolgens heeft men de keuze om al dan niet en binnen twee maanden op basis van de gevonden literatuur de octrooiaanvraag te herschrijven. Door herschrijving kan misschien beter voldaan worden aan de eisen van nieuwheid en inventiviteit, zodat er een realistischer octrooi toegekend wordt. De verlening van het octrooi vindt pas plaats nadat het nieuwheidsrapport is uitgebracht en eventuele herschrijving heeft plaatsgevonden. Een product, waarop een octrooi is aangevraagd, kan alvast in de handel worden gebracht. Daarop wordt vaak geschreven "Patent pending" wat betekent dat er octrooi is aangevraagd maar dat dit nog niet verleend is. Inschrijving van de octrooiaanvrage vindt echter altijd achttien maanden na indiening plaats. Dit houdt in dat het verkrijgen van dit octrooi minimaal anderhalf jaar duurt. Ook de houder van het octrooi kan niet zomaar naar de rechter in geval van een conflict.

15.3.2 Het Octrooicentrum
Het Octrooicentrum Nederland te Rijswijk is de instantie waarbij Nederlandse octrooiaanvragen kunnen worden ingediend. Het Octrooicentrum beslist over het al dan niet verlenen van een octrooi. Ook kunnen licenties worden ingeschreven en kan informatie ten aanzien van octrooipublicaties worden verkregen.

Het Octrooicentrum houdt octrooigegevens bij uit vrijwel de hele wereld. Men kan bij het Centrum bijvoorbeeld zien dat een bepaald octrooi alleen voor Engeland geldt, maar dat er geen equivalent voor Nederland bestaat of misschien zelfs voor de rest van Europa. Die kennis is dan vrij toepasbaar, al kan er natuurlijk geen octrooi meer worden aangevraagd omdat aan het nieuwheidscriterium niet is voldaan. Waarom zou men geweldig veel tijd en geld besteden aan onderzoek als vrijwel alle bekend zijnde technologische kennis uit de hele wereld in Rijswijk verkrijgbaar is? Het octrooiregister is openbaar toegankelijk voor het publiek, zodat iedereen van alle stukken van een aanvrage – zodra ze zijn ingeschreven – kennis kan nemen.

15.3.3 Recht van voorgebruik
Het octrooirecht kent maar één uitzondering: het zogenaamde voorgebruikrecht (art. 55 Octr.w. 1995). Voorgebruiker is degene die ten tijde van de octrooiaanvrage door een ander de geoctrooieerde werkwijze reeds in eigen bedrijf toepast, of een naderhand geoctrooieerd product reeds vervaardigde en niet de moeite nam octrooi aan te vragen. Daarom bepaalt de wet dat een zogenaamde voorgebruiker bevoegd blijkt tot toepassing en/of vervaardiging. Een voorgebruiker mag zijn recht overdragen, echter uitsluitend in combinatie met zijn bedrijf.

De bewijslast ligt wel bij degene die het recht van voorgebruik claimt. Het voorgebruikrecht is beperkt tot Nederland; conflicten met buitenlandse octrooirechten blijven dus mogelijk.

15.3.4 Voorrangsrecht
Het voorrangsrecht is van belang indien men ook in het buitenland octrooi wil aanvragen. Als men een eerste octrooiaanvrage heeft ingediend, kan men binnen drie maanden na deze indieningsdatum dezelfde aanvrage in het buitenland indienen, waaraan vervolgens de indieningsdatum van de eerste aanvrage zal worden toegekend (art. 9, lid 6 Octr.w. 1995). Dit heeft tot gevolg dat de aanvrage in het buitenland niet geschaad kan worden door publicaties of handelingen die zich na de indiening van de Nederlandse aanvrage voordoen en die nadelig zouden kunnen zijn voor de criteria nieuwheid en/of inventiviteit.

15.4 Het exclusieve recht

Een verleend octrooi geeft de houder ervan het exclusieve recht (monopolie) om het product of de productiemethode bedrijfsmatig toe te passen of te vervaardigen en in het verkeer te brengen (art. 53 Octr.w. 1995). Een octrooi geeft uitsluitend een recht in het land waar het is verleend. Indien iemand in meer dan één land octrooirechten wil hebben, moet hij in alle landen van zijn keuze een aanvraag indienen. Dit betekent dat – als alleen in Nederland een octrooi is verleend voor een bepaald product – dat product bijvoorbeeld wel in Duitsland gefabriceerd en in de handel gebracht mag worden. Het mag dan niet in Nederland worden geïmporteerd en/of verhandeld.

15.4.1 Rechtsmiddelen

De octrooihouder kan schadevergoeding vorderen van degene die 'desbewust' inbreuk pleegt op het octrooi (art. 70, lid 4 Octr.w. 1995). Wanneer de octrooihouder blijft stilzitten, kan die vordering ook ingesteld worden door de licentiehouder (art. 70, lid 6 Octr.w. 1995). Op grond van art. 6:162 BW (onrechtmatige daad) kan ook van de rechter een bevel worden gevraagd dat de inbreukmakende handeling gestaakt moet worden.

15.4.2 Vernietigbaarheid

Men kan een door het Octrooicentrum verleend octrooi bij de Octrooikamer van de rechtbank van Den Haag aanvechten (art. 75 e.v. Octr.w. 1995). Men verzoekt dan de rechter te beslissen dat een octrooi ongeldig is, uiteraard onder het noemen van argumenten. Vernietigingsgronden zijn bijvoorbeeld gebrek aan nieuwheid en gebrek aan inventiviteit.

Oordelen over glitterpumps, beschuit en baggerschepen

Marije Knijff, rechter bij de Haagse octrooikamer

Marije Knijff, rechter bij de octrooikamer van de rechtbank Den Haag, heeft geen doorsnee werk kamer. Waar andere rechters zich over decimeters dikke papierstapels buigen, lijkt haar kantoor meer op een kledingkast. Hier liggen spijkerbroeken, daar sneakers en uit een fluweelrode zak tovert ze een pump vol zilveren glitters van het beroemde merk Louboutin tevoorschijn. 'Het is jammer dat ze altijd maar 1 schoen sturen, in maat 36; die pas ik niet.'

De glitterschoen hoort bij een zaak van Louboutin tegen Van Haren, zegt rechter Knijff. 'Van Haren verkoopt pumps met een rode zool, een kenmerk van Louboutin. Wij moeten beoordelen of Van Haren inbreuk heeft gemaakt op het merkrecht van Louboutin.'

De Haagse octrooikamer behandelt alles wat onder intellectuele eigendom valt, zoals merken en modellenrecht, kwekersrecht en auteursrecht. Octrooirecht vormt een belangrijk onderdeel. Wie iets heeft uitgevonden, kan voor 20 jaar octrooi aanvragen. Anderen mogen die vinding dan niet zomaar namaken.

Als rechter Knijff langs de kamers van collega's loopt, ziet ze met welke zaken zij bezig zijn.

'De ene kamer staat vol planten vanwege een kwekerszaak, bij een ander staat een knuffelbeer op het bureau. Deze zomer rende een collega over de gang om de lamzac, een zitzak van Fatboy, met lucht te vullen. Fatboy wilde voorkomen dat een andere fabrikant een vergelijkbare zak op de markt bracht. Mijn collega was het verschil aan het uitvogelen.'

Knijff zelf beet zich vast in een zaak over beschuitjes met een inkeping, die je makkelijk uit de verpakking kunt halen. Bolletje produceert die, met toestemming van de octrooihouder. Het bedrijf Haust wilde ook beschuiten verkopen met zo'n handig hapje eruit. 'Wij moesten beoordelen of die inkeping wel inventief genoeg was. Is het octrooi terecht verleend? Of is het idee zo simpel en weinig origineel dat iedereen het mag gebruiken? In dat geval kunnen wij het octrooi vernietigen.'

Het is een razend interessant rechtsgebied, vindt ze. 'Soms stap ik in werelden waarvan ik niet wist dat ze bestonden.'

www.rechtspraak.nl, 1-12-2016

15.4.3 Licentie

Een octrooihouder kan – in de praktijk uiteraard tegen vergoeding – aan een ander een licentie verlenen voor het gebruik van de uitvinding (art. 56 Octr.w. 1995). Voor degene die de licentie verleent, kan dit aantrekkelijk zijn, omdat hij zo een marktsegment gemakkelijker kan betreden, terwijl hij op die manier meedoet met de nieuwste ontwikkelingen. Het is ook mogelijk om licenties te ruilen. Bij een licentie blijven de rechten bij de licentiegever. De licentienemer krijgt alleen toestemming tot het uitoefenen van bepaalde bevoegdheden. De licentiegever draagt dus geen rechten over.

15.4.4 Einde octrooi

Octrooi is een tijdelijk monopolie. Een octrooi vervalt automatisch na twintig jaar, gerekend vanaf de datum van indiening van de octrooiaanvrage (art. 36, lid 6 Octr.w. 1995). Indien niet wordt voldaan aan de taxen die jaarlijks aan het Octrooicentrum moeten worden betaald om het octrooi geldig te laten blijven, vervalt ook het octrooi.

15.5 Octrooigemachtigde

De octrooigemachtigde is een soort advocaat die gespecialiseerd is op het gebied van de industriële eigendom. Hoewel een in Nederland wonende uitvinder gerechtigd is zelf zijn octrooiaanvrage bij het Octrooicentrum in te dienen, is het toch aan te raden een deskundige te raadplegen. De juiste beschrijving van de uitvinding vereist deskundigheid. Een octrooigemachtigde geeft adviezen over alles wat met octrooizaken te maken heeft en behartigt de belangen van de octrooiaanvrager bij het Octrooicentrum of het Europees Octrooibureau tijdens de octrooiverleningsprocedure. Dat is in elk geval vereist als de uitvinding ook in het buitenland geoctrooieerd moet worden.

15.5.1 Europees octrooi

Een Nederlands octrooi kan worden aangevraagd bij het Octrooicentrum. Daarnaast kan op grond van het Europees Octrooiverdrag bij het Europees Octrooibureau desgewenst een octrooi voor achttien Europese staten tegelijk worden aangevraagd. Het Europees Octrooibureau (EPO) is gevestigd in München en heeft onder andere een bijkantoor in Rijswijk, bij het Octrooicentrum. Het Europees Octrooibureau onderwerpt de octrooiaanvrage aan een nieuwheidsonderzoek en aan een inhoudelijke beoordeling. Zodra het octrooi is verleend, geldt voor ieder land het nationale octrooirecht. Wanneer men in ten minste drie aangesloten landen een octrooi wenst, kan een aanvraag via het Europees Octrooibureau voordeliger zijn dan een aanvraag in drie of meer landen afzonderlijk.

15.5.2 Wereldoctrooi

Behalve aanvragen ter verkrijging van een Nederlands of een Europees octrooi kunnen ook internationale octrooiaanvragen bij het Octrooicentrum worden ingediend, die dan in alle door de aanvrager aangewezen staten de gevolgen van een nationale aanvrage hebben.

15.6 Het auteursrecht

Vrijwel elke onderneming heeft weleens met het auteursrecht te maken. Een ondernemer gebruikt waarschijnlijk kantoorsoftware die auteursrechtelijk beschermd is, draagt reprogelden af voor het kopieerapparaat, of maakt zelf werken die auteursrechtelijk beschermd zijn. Maar wat is auteursrecht?

'Het auteursrecht is het uitsluitend recht van den maker van een werk van letterkunde, wetenschap of kunst, of van diens rechtverkrijgenden, om dit openbaar te maken en te verveelvoudigen, behoudens de beperkingen bij de wet gesteld' (art. 1 Aut.w.). Om voor auteursrechtelijke bescherming in aanmerking te komen, is op grond van art. 1 j° art. 10 Aut.w. vereist dat het desbetreffende werk een 'eigen, oorspronkelijk karakter heeft en het persoonlijk stempel van de maker draagt'. Wanneer iemand iets maakt, dan wil hij natuurlijk niet dat iemand anders er met het werk vandoor gaat. Om deze reden is het auteursrecht in het leven geroepen. Het auteursrecht is een recht dat een auteur de mogelijkheid geeft om zijn creatieve prestatie te exploiteren en te beschermen tegen misbruik door anderen.

De Auteurswet kent aan de rechthebbende (auteur) de exclusieve bevoegdheid toe om zijn werk te verveelvoudigen en openbaar te maken, en daarmee het alleenrecht tot exploitatie. Het recht ontstaat op het moment dat het werk waarneembaar tot stand is gekomen. Voor het krijgen van auteursrecht is in Nederland geen enkele formaliteit vereist. Men hoeft niets aan te vragen of te deponeren of te registreren.

Het auteursrecht omvat alle werken van letterkunde, wetenschap of kunst, waaruit een minimum aan originaliteit blijkt. Iedere zelfstandige wijze van openbaarmaking valt onder auteursrechtelijke bescherming, zoals het doorgeven van tv-programma's via een kabel. Op ieder voortbrengsel op het gebied van letterkunde, wetenschap of kunst kan auteursrecht rusten (art. 10 Aut.w.). De bescherming die de Auteurswet biedt is ruim. Zo kan er auteursrecht rusten op foto's, kaarten, ontwerpen, patronen (bijvoorbeeld voor breiwerk), kleding, alle soorten geluids- en beelddragers, speelgoed, lectuur en literatuur, verpakkingsmateriaal, ontwerpen van technische en bouwkundige aard, creaties van industriële vormgeving, sieraden, maar ook op vertalingen, bewerkingen en dergelijke.

Het auteursrecht geeft de maker of, in het geval van bijvoorbeeld overdracht, de rechthebbende het exclusieve recht om het werk te exploiteren. Dit exploitatierecht valt uiteen in twee delen: openbaarmaking en verveelvoudiging. Van openbaar maken is sprake als het werk wordt aangeboden aan het publiek. Dit begrip is heel ruim en omvat handelingen als verkopen, voordragen en uitzenden. Het verveelvoudigen van een werk omvat handelingen als kopiëren en overschrijven.

Kathy lijkt te veel op Nijntje

AMSTERDAM – De rechter heeft in kort geding de ontwerper en producent van Hello Kitty verboden om producten te maken en te verhandelen in de Benelux met de afbeelding van het karakter van 'Kathy'. Ook mogen daarvoor geen licenties meer worden verleend.

Links: Nijntje. Rechts: Kathy.

Kathy is een vriendinnetje van het Japanse karakter Kitty. Kathy lijkt volgens de rechter teveel op het karakter 'Nijntje' van Dick Bruna. Door producten te maken en te verhandelen met de afbeelding van Kathy wordt inbreuk gemaakt op de auteursrechten en merkrechten met betrekking tot Nijntje. Deze zijn in handen van Mercis.

Nijntje kenmerkt zich door elementaire kleuren, dikke lijnen, door de karakteristieke verhouding tussen hoofd en lichaam, de vorm van het hoofd, de oren, de (stand van de) ogen, het jurkje met het kraagje, de stand van de handen en voeten en het zogenaamde 'andreaskruis', als neusje/mondje. Nijntje heeft door dit alles een eigen en oorspronkelijk karakter en draagt hierdoor het persoonlijk stempel van de maker. Juist die karakteristieke trekken zijn terug te vinden in de figuur van Kathy.

Nijntje is het resultaat van scheppende menselijke arbeid en dus van creatieve keuzes. Nijntje is daarom een auteursrechtelijk beschermd werk als bedoeld in de Auteurswet. Op dat auteursrecht wordt inbreuk gemaakt.

Daarnaast wordt Nijntje ook als merk gebruikt. Ook op dat merkrecht wordt inbreuk gemaakt door het produceren en verhandelen van Kathy-producten, omdat afbreuk wordt gedaan aan het onderscheidend vermogen en de reputatie van Nijntje.

www.rechtspraak.nl, 2-11-2010, ECLI:NL:RBAMS:2010:BO2607

15.6.1 Vereisten voor auteursrechtelijke bescherming

Om voor auteursrechtelijke bescherming in aanmerking te komen moet men allereerst aantonen dat men de maker is. In de tweede plaats zal een werk of product pas beschermd kunnen worden, indien het geen slaafse nabootsing is van een reeds bestaand werk of product. Het zal een zekere mate van originaliteit moeten hebben en het stempel van de maker moeten dragen. In de derde plaats kan de auteursrechtelijke bescherming slechts worden ingeroepen indien het te beschermen en originele denkbeeld is geconcretiseerd in enig product of werk. Alleen een idee is niet juridisch te beschermen.

Wil een werk auteursrechtelijk beschermd zijn dan moet het volgens de Hoge Raad een eigen, oorspronkelijk karakter bezitten en het persoonlijk stempel van de maker dragen.

15.6.2 Copyright

Er zijn landen waar aan (beperkte) formele regels moet worden voldaan, alvorens iemand als maker erkend kan worden en zijn werk auteursrechtelijke bescherming geniet; in Nederland (en in tal van andere bij de Berner Conventie aangesloten landen) is dat echter geen vereiste.

Auteursrecht hoeft niet te worden aangevraagd; het ontstaat. Het is in Nederland niet vereist het bekende teken © te vermelden. Wel is gewenst dat, door middel van dit herkenbare symbool, het vermelden van de naam van de rechthebbende en het jaartal van eerste publicatie het auteursrecht wordt geclaimd. Het teken moet een cirkeltje zijn met de letter c erin. Een c tussen twee haakjes (c) of een andere variant is niet het afgesproken teken. Een voorbeeld van een copyrightclausule staat voorin uw boek. Het enkele feit dat iemand het werk geschreven, gecomponeerd, ontworpen, getekend, kortom gemaakt heeft, volstaat om hem de auteursrechtelijke status van maker te geven.

15.6.3 De maker

Veel mensen denken dat alleen schrijvers auteursrecht hebben op hun werk. In art. 1 Aut.w. is sprake van 'makers' en niet van 'auteurs'. 'Makers' is een veel ruimer begrip dan 'schrijvers'. Een fotograaf kan wel degelijk iets origineels maken, namelijk een foto. In de zin van de auteurswet is de fotograaf een maker (art. 1 Aut.w.). Iedereen kan maker zijn. Als maker valt te beschouwen: de geestelijke schepper van een werk van letterkunde, wetenschap of kunst dat een waarneembare vorm heeft gekregen en dat getuigt van een zekere originaliteit.

Schrijvers, componisten, ontwerpers, tekstschrijvers en filmmakers zijn ook makers in de zin van de Auteurswet. Dus slaat de Auteurswet niet alleen op de boeken en toneelstukken van schrijvers, maar evenzeer op de composities van componisten, de schilderijen van kunstschilders, de bouwwerken van architecten en de computerprogramma's van softwarespecialisten.

Een werk is datgene waar een auteursrecht op rust. De wet eist een voortbrengsel met een persoonlijk karakter. In het algemeen is ieder voortbrengsel op het gebied van letterkunde, wetenschap of kunst, op welke wijze of in welke vorm het ook tot uitdrukking is gebracht, een werk in de zin van de Auteurswet (art. 1 Aut.w.). De bewoordingen in de wet moeten niet al te letterlijk worden genomen. Als er staat: 'een werk van letterkunde, wetenschap of kunst', dan gaat het om een voortbrengsel op dat gebied. Wat allemaal precies onder de categorieën letterkunde, wetenschap of kunst valt, is niet volledig op te sommen. In ieder geval kan gedacht worden aan boeken, tekeningen, schilderijen, films, muziek en computerprogrammatuur. Ook dit boek valt onder de definitie van de Auteurswet.

Voorbeeld

Het staat iedereen vrij om een stoel in elkaar te timmeren: vier poten, een zitvlak en eventueel leuningen volstaan. Maar wie een stoel van Jan des Bouvrie namaakt volgens de door die ontwerper gekozen vormgeving, pleegt inbreuk op het auteursrecht van Des Bouvrie.

15.6.4 Rechthebbende

Met het begrip rechthebbende wordt in het auteursrecht degene bedoeld die het auteursrecht op een werk heeft. Hoewel in de meeste gevallen maker en rechthebbende een en dezelfde zijn, kan het ook voorkomen dat niet de maker maar iemand anders rechthebbende is.

De maker van een auteursrechtelijk beschermd recht heeft het recht om zijn auteursrecht te exploiteren. Hij heeft het recht het werk openbaar te maken en te verveelvoudigen (art. 1 Aut.w.). Verveelvoudigen betekent in het algemeen: het maken van een kopie. De maker heeft het recht om te beslissen over openbaarmaking en verveelvoudiging en ook om dit te verbieden. Wie van een maker de toestemming wil krijgen om iets met zijn werk te doen, moet de maker ertoe zien te brengen dat hij van zijn verbodsrecht geen gebruik maakt. Dat betekent dat de maker betaald zal moeten worden voor het exploiteren van zijn werk.

15.6.5 Auteursrecht op gebruiksvoorwerpen

Een gebruiksvoorwerp kan een 'werk van toegepaste kunst' zijn. Zo kunnen bh's, (vonnis Marlies Dekkers), tassen, lampen en jurkjes auteursrechtelijk beschermd zijn. Er moet sprake zijn van 'een eigen intellectuele schepping van de auteur van het werk'. Dit geldt ook voor een gebruiksvoorwerp.

Wil een gebruiksvoorwerp kunnen worden beschouwd als een werk van letterkunde, wetenschap of kunst als bedoeld in art. 1 Auteurswet, dan is vereist dat het een eigen oorspronkelijk karakter heeft en het een persoonlijk stempel van de maker draagt.

Alle elementen van een werk die noodzakelijk zijn om een bepaald technisch resultaat te behalen worden niet door het auteursrecht beschermd. Zelfs bh-bandjes, als ze geen technisch functie hebben, komen voor auteursrechtelijke bescherming in aanmerking (vonnis Marlies Dekkers). Daar is het octrooirecht voor bedoeld. De schroef van een kurkentrekker bijvoorbeeld, wordt niet door het auteursrecht beschermd. Als daar een origineel handvat aan vast is gemaakt, kan dit handvat wel beschermd zijn. Daarbij geldt: hoe origineler het handvat, hoe groter de bescherming.

Ontwerper moet betalen voor foto's

Amsterdam - Een ontwerper van onder meer catsuits moet een schadevergoeding van 7.879 euro betalen aan een professionele fotograaf van wie de foto's vijf jaar lang zonder toestemming op de site van de ontwerper stonden. Dat heeft de rechtbank geoordeeld. De foto's waren gemaakt op een boekpresentatie waarbij een vrouw een catsuit aanhad van de ontwerper. De rechtbank oordeelt dat de fotograaf het auteursrecht op de foto's heeft en het feit dat daarop de catsuit te zien is, de ontwerper niet het recht geeft om de foto's op zijn site te zetten. Door de foto's op zijn site te plaatsen, maakt hij inbreuk op het auteursrecht van de fotograaf en daarom moet hij een schadevergoeding betalen.

www.rechtspraak.nl, 14 juni 2019, ECLI:NL:RBAMS:2019:4334

15.6.6 Geen auteursrecht

Op ideeën, stijlen, de toegepaste methoden of systemen rust geen auteursrecht. Een voorwaarde voor bescherming is namelijk dat het 'werk' waarneembaar moet zijn, dus te horen, te zien of te voelen. Men mag dus componeren in de stijl van Michael Jackson, schilderen in de stijl van Herman Brood, schrijven in de stijl van Kluun en ontwerpen in de stijl van Jan Des Bouvrie.

Een concrete uitwerking van een idee kan wel beschermd zijn – als die uitwerking tenminste origineel is – maar niet het idee dat erachter steekt. Het staat iedereen vrij een geheel eigen invulling aan een idee te geven.

Arrest

Vonnis Marlies Dekkers/Sapph
Rechtbank Utrecht, 25 mei 2011, ECLI:NL:RBUTR:2011:BQ5277

Feiten
De onderneming van Marlies Dekkers en Sapph B.V. zijn beiden ontwerpers en producenten van lingerie en badkleding. Marlies Dekkers heeft tegen Sapph een bodemprocedure aanhan-

gig gemaakt bij de rechtbank Utrecht en onder meer gevorderd dat Sapph stopt met het maken van inbreuk op haar auteursrechten. Marlies Dekkers heeft Sapph gesommeerd om te stoppen met het in de handel brengen van producten die inbreuk maken op de auteursrechten van Marlies Dekkers met betrekking tot haar lingerie en badkleding.

Rechtbank
4.11. Op grond van het bepaalde in art. 1 juncto art. 10 Auteurswet (hierna: Aw) komen voor auteursrechtelijke bescherming die werken in aanmerking die voldoende oorspronkelijk zijn en een eigen karakter hebben en bovendien het persoonlijk stempel van de maker dragen.
(...)

Marseille van Sapph
(overlegd door Marlies Dekkers als productie 31i en ter griffie gedeponeerd)

Dame de Paris van Marlies Dekkers (MD 9i)

4.12. De rechtbank stelt ten aanzien van de onderhavige producten (bh's en slips) voorop dat deze in belangrijke mate mede worden bepaald door functionele elementen.
   Bij de bh's:
- twee houders (cups) die de borsten omvatten en die met elkaar zijn verbonden
- bandjes die vanaf de cups naar de rug lopen en daar samenkomen
- bandjes die vanaf de cups naar de schouders of de nek lopen.

(...)
   Een en ander verleent aan de bh's van Marlies Dekkers voldoende oorspronkelijkheid om deze voor auteursrechtelijke bescherming in aanmerking te laten komen.

Toelichting
Mode, stijl of trend komt niet voor auteursrechtelijke bescherming in aanmerking. Het hanteren van bandjes mag dan gewoon zijn, maar door de wijze waarop Marlies Dekkers dat doet geeft zij een oorspronkelijke invulling aan het idee of de stijl van het hanteren van bandjes boven de cups, zodat deze het resultaat zijn van een intellectuele schepping en in zoverre auteursrechtelijk beschermd.

15.6.7 Werknemer en auteursrecht

De Nederlandse wetgeving geeft in beginsel het auteursrecht aan de werkgever en niet aan de werknemer. Ontwerpers, architecten, journalisten, computerprogrammeurs, filmers en fotografen die in loondienst zijn hebben, tenzij anders is afgesproken, geen auteursrecht op de door hen gemaakte creaties. De werkgever is dus de 'maker' en hij kan alle auteursrechtelijke bevoegdheden uitoefenen (art. 7 Aut.w.).

Voordat een werkgever kan worden aangemerkt als maker moet wel aan een aantal eisen worden voldaan. Er moet allereerst sprake zijn van een dienstverband, daarnaast moet er een gezagsverhouding bestaan en er moet ook loon worden betaald. Een belangrijke voorwaarde is verder dat het gemaakte werk een zeker verband moet houden met de dienstbetrekking. Indien het gemaakte werk geen verband houdt met de normale werkzaamheden van de werknemer, dan blijft het auteursrecht bij de werknemer zelf.

Een dienstverband is niet hetzelfde als een opdrachtsituatie (tegen een uurtarief of een aanneemsom). Als u iemand een opdracht geeft om een werk in de zin van de Auteurswet te maken en hem voor de uitvoering van die opdracht betaalt, hebt u zich daarmee niet automatisch het auteursrecht op het werk verworven. U betaalt voor de bestede tijd en hooguit ook voor het gebruikte materiaal. Een freelance ontwerper, tekstschrijver of fotograaf behoudt auteursrecht op het door hem gemaakt werk.

15.6.8 Auteursrecht bij opdrachten

Als een onderneming er zeker van wil zijn dat zij rechthebbende wordt, dan moet dat contractueel worden vastgelegd. Men dient hiertoe schriftelijk in de overeenkomst van opdracht een clausule op te nemen waarin de ondernemer stelt dat de auteursrechten op werken die in opdracht van zijn onderneming zijn gemaakt, zijn onderneming toekomen.

15.6.9 Reproductie voor eigen gebruik

Het reproduceren van enkele exemplaren, uitsluitend voor eigen gebruik, is toegestaan (art. 16b Aut.w.). Als regel moet de vermenigvuldiging beperkt blijven tot kleine gedeelten. Het kopiëren van hele boeken voor eigen gebruik is dus niet toegestaan.

15.6.10 Portretten

Tenzij anders overeengekomen is degene die het auteursrecht op een portret heeft (bijvoorbeeld de fotograaf) slechts bevoegd deze foto te publiceren met toestemming van de geportretteerde (art. 20 Aut.w.). De Auteurswet legt het recht tot verveelvuldiging en openbaarmaking niet bij de maker maar bij de geportretteerde, voor zover deze opdracht tot het portret heeft gegeven. Is een portret echter zonder opdracht van de geportretteerde gemaakt, dan is openbaarmaking geoorloofd, tenzij een redelijk belang van de afgebeelde zich daartegen verzet (art. 21 Aut.w.).

Dat redelijk belang is bijvoorbeeld bescherming van eer en goede naam, veiligheid, kansen op maatschappelijke ontwikkeling, maar ook financiële belangen van artiesten, sportlieden en 'bekende Nederlanders'. Hun foto's zijn geld waard.

Personage in computerspel lijkt te veel op oud-voetballer

RECHTBANK AMSTERDAM - Riot Games maakt inbreuk op het portretrecht van een oud-profvoetballer door zijn portret te gebruiken voor het personage Striker Lucian in het computerspel League of Legends. Dat heeft de rechtbank geoordeeld in een tussenvonnis. Striker Lucian bevat zoveel elementen van de oud-voetballer – een donkere huidskleur, sportief postuur, agressieve speelstijl, zwarte dreadlocks en een sportbril, gecombineerd met een voetbaluniform – dat met het personage het beeld van de voetballer wordt opgeroepen. Aangezien er geen redelijke vergoeding is aangeboden voor het gebruik van zijn portret, heeft de oud-voetballer voldoende belang zich tegen het gebruik hiervan te verzetten. Riot Games moet daarom een schadevergoeding aan de oud-voetballer betalen. Om de hoogte van de vergoeding te bepalen, moet Riot Games nu laten zien hoeveel er (in Nederland) is verdiend met het personage. De rechtbank beslist in een volgend vonnis over de hoogte van de schadevergoeding.

www.rechtspraak.nl, 9 augustus 2017, ECLI:NL:RBAMS:2017:5415

15.6.11 Persoonlijkheidsrecht

Tussen de maker en zijn werk bestaat een heel nauwe band. De Auteurswet bevat bepalingen die deze band extra beschermen. Het auteursrecht heeft daarom naast een financiële kant (het exploitatierecht) een persoonlijke kant, die het persoonlijkheidsrecht van de maker wordt genoemd. Dat persoonlijkheidsrecht is een recht dat niet kan worden overgedragen (verkocht).

Persoonlijkheidsrechten zijn vooral bedoeld om de ideële belangen van de maker van een werk te beschermen. Het gaat om rechten zoals het recht op naamsvermelding en bescherming tegen aantasting van het werk (art. 25 Aut.w.).

15.6.12 Overdracht van auteursrecht

Voor overdracht van auteursrecht is een schriftelijke verklaring (minimaal een onderhandse akte) nodig (art. 2, lid 3 Aut.w.). Mondeling valt auteursrecht niet over te dragen. Omdat de wetgever goed besefte dat overdracht van auteursrecht een ingrijpende en vérstrekkende handeling was, is in de Auteurswet bepaald dat een schriftelijk stuk (onderhandse akte) vereist is.

Voorbeeld

Overdracht auteursrecht

Ondergetekende,
Paul Huff, fotograaf, gevestigd aan de Heerengracht 15 in Amsterdam,
en
Softy bv, gevestigd aan de Industriestraat 3 te Enschede, te dezen vertegenwoordigd door haar statutair directeur Pieter Werkmans,

In aanmerking nemende:
a. Paul Huff heeft, als maker in de zin van art. 1 Auteurswet, in opdracht van Softy bv een twaalftal foto's gemaakt voor een kalender. De foto's zijn als bijlage bijgevoegd en gewaarmerkt;
b. Paul Huff wenst het auteursrecht op het werk in volle omvang over te dragen aan Softy bv.

Zijn overeengekomen als volgt:
1. Paul Huff draagt aan Softy bv over het auteursrecht op het werk in zijn meest volledige wettelijke omvang, zonder voorbehoud van enige bevoegdheid.
2. Softy bv aanvaardt deze overdracht.

Aldus overeengekomen en in tweevoud opgemaakt en ondertekend,
Enschede, 1 september 2019.
Paul Huff   Pieter Werkmans
....

15.6.13 Duur auteursrecht

Het auteursrecht is tijdelijk en vervalt na een bepaalde periode. Auteursrecht vervalt in principe 70 jaar na het overlijden van de maker (art. 37 Aut.w.). Na het verstrijken van de termijn houdt de auteursrechtelijke bescherming op en kan iedereen met het aldus publiek domein geworden werk doen wat hem goeddunkt. Overlijdt de auteursrechthebbende, dan erven zijn wettelijke of testamentaire erfgenamen automatisch zijn auteursrecht. Wanneer een rechtspersoon zoals een bv of nv rechthebbende is, dan bedraagt de duur van het auteursrecht 70 jaar na de eerste publicatie van het werk.

15.7 Handhaving

Zodra een rechthebbende merkt dat zaken die zijn auteursrechten schenden, worden geproduceerd, verhandeld, in voorraad gehouden of vervoerd, zal hij vaak een kort geding starten bij de arrondissementsrechtbank.

Bij (dreigende) inbreuk kan een verbod (met eventueel een dwangsom) worden geëist. Ook is het mogelijk om naast schadevergoeding afdracht te vorderen van de winst die is genoten ten gevolge van de inbreuk op het auteursrecht (art. 27a Aut.w.).

Er kan beslag worden gelegd, ook op gelden waarvan aannemelijk is dat ze zijn verkregen door of als gevolg van de inbreuk op het auteursrecht. Een voorbeeld is de opbrengst uit de ongeoorloofde verspreiding van gekopieerde producten. Indien vastgesteld wordt dat er inbreuk is gemaakt op het auteursrecht kan de rechthebbende, in het algemeen op straffe van een dwangsom, vorderen dat de fabricage van of de handel in die goederen ogenblikkelijk wordt beëindigd. Vaak wordt ook opgave geëist van de namen en adressen van de afnemers die de betreffende goederen in hun bezit hebben (art. 28 e.v. Aut.w.).

> **Voorbeeld**
>
> Pieter Werkmans koopt een schilderij van de welbekende schilder Karel Appel. Ook al is Pieter Werkmans eigenaar geworden van het schilderij, toch mag hij bijvoorbeeld niet zonder toestemming van Karel Appel de afbeelding van het schilderij gebruiken als logo of kalender.

15.7.1 Strafsanctie

Op het opzettelijk inbreuk maken op een auteursrecht staat zes maanden gevangenisstraf of een geldboete (art. 31 Aut.w.). Strafbaar is ook het opzettelijk ter verspreiding aanbieden dan wel het opzettelijk ter verveelvoudiging, ter verspreiding of met het oog op invoer in Nederland voorhanden hebben of uit winstbejag bewaren (art. 31a Aut.w.). De strafmaxima zijn laag, de pakkans gering en de winsten die met piraterij worden gehaald zijn aanzienlijk, zodat het strafrecht een weinig effectief middel tegen piraterij vormt.

15.8 Wet op de naburige rechten

De maker van een werk (auteur) dient goed onderscheiden te worden van de persoon die het werk uitvoert, opvoert of produceert. De leden van het orkest dat de Derde Symfonie van Beethoven in de concertzaal doet klinken zijn niet de makers van dit meesterwerk; dat is en blijft Ludwig van Beethoven. Vaak wordt de zanger van een lied voor de maker gehouden. Maker – en daarmee auteursrechthebbende – is een zanger pas als hij zelf de melodie of de tekst of beide heeft gemaakt. Meestal zullen de makers van een lied of een song andere personen zijn dan de zanger(es).

De rechten van een uitvoerend kunstenaar en producent worden niet beschermd op grond van de Auteurswet 1912, maar op grond van de Wet op de naburige rechten. De rechthebbenden krijgen met uitsluiting van anderen zeggenschap over onder meer het reproduceren, het in het verkeer brengen en het anderszins openbaar maken van hun prestaties (art. 2 en 6 WNR). De Wet op de naburige rechten verplicht gebruikers tot het betalen van een redelijke vergoeding aan muzikant en producent (art. 7 WNR). Belangrijke gebruikersgroepen zijn onder meer de media (omroepen), horecagelegenheden, discotheken, grootwinkelbedrijven en exploitanten van sportkantines.

15.9 Reprorechten

Indien een onderneming een fotokopieerapparaat heeft, dan zijn zij reprorechten verschuldigd aan de Stichting Reprorecht. Door het betalen van een vergoeding aan de Stichting Reprorecht heeft een onderneming het recht om fotokopieën te maken van auteursrechtelijk beschermde werken zoals kranten, tijdschriften en vakbladen die zij gebruiken tijdens hun bedrijfsvoering (art. 16h Aut.w.).

Het gaat om een vaste vergoeding die wordt vastgesteld op basis van de grootte van de onderneming (aantal werknemers) en de bedrijfsactiviteiten. Voor de categorie bedrijfsactiviteiten wordt een hoog en een laag tarief onderscheiden. Het hoge tarief geldt voor bedrijven die verondersteld worden veel te kopiëren zoals bijvoorbeeld persdiensten, reclamebureaus en financiële instellingen. Het lage tarief geldt voor alle bedrijven die niet in de hoge categorie vallen.

Begrippenlijst

Auteursrecht	Het exclusieve recht van de maker van een werk van letterkunde, wetenschap of kunst, om dit openbaar te maken en te verveelvoudigen. Het recht ontstaat door het maken van het werk.
Collectief merk	Het collectieve merk heeft tot doel bepaalde kwaliteiten van waren en/of diensten afkomstig van verschillende ondernemingen te garanderen.
Europees octrooi	Het in één keer aanvragen en verkrijgen van een aantal gelijke octrooien in de meeste landen van de Europese Unie.
Handelsnaam	De naam waaronder de onderneming wordt gedreven.
Industriële eigendom	Industriële eigendom is de verzamelnaam van alle onder intellectuele eigendom vallende rechtsgebieden, met uitzondering van het auteursrecht.
Intellectuele eigendom	Het door het recht erkend en beschermd recht op een idee.
Licentie	Het recht om na toestemming van de rechthebbende gebruik te maken van zijn intellectueel eigendomsrecht.
Octrooi	Een octrooi, ook wel patent genoemd, is de bescherming voor een uitvinding, die een bepaald probleem oplost. De uitvinding moet nieuw zijn en inventief zijn en kan betrekking hebben op een werkwijze of een voortbrengsel.
Octrooicentrum	Organisatie die zorg draagt voor de octrooiverlening in Nederland.
Origineel	De maker moet het auteursrechtelijk beschermd werk onafhankelijk van andere werken hebben gemaakt, en dat er enige creativiteit nodig is voor de creatie.
Portretrecht	Het recht dat een afgebeelde persoon heeft om, onder voorwaarden, te voorkomen dat die afbeelding wordt vermenigvuldigd.
Uitvinding	Een technische vernieuwing die voor een deskundige niet voor de hand ligt.

Wereldoctrooi   Het in één keer aanvragen en verkrijgen van een aantal gelijke octrooien in de meeste geïndustrialiseerde landen van de wereld.

Werk   Een voortbrengsel met een eigen oorspronkelijk karakter en dat het persoonlijke stempel van de maker moet hebben.

Vragen

Meerkeuzevragen

1. Softy bv is bezig met het ontwikkelen van een bijzonder unieke scanner. Pieter vraagt zich af of hij een octrooi of een patent moet aanvragen. Wat is juist?
   a. Een patent is hetzelfde als een octrooi;
   b. Een patent biedt wereldwijde bescherming, octrooi landelijk;
   c. Een patent betreft uitsluitend de vormgeving van technische vindingen;
   d. Een patent is veel ruimer dan een octrooi.

2. Wat kan mogelijks via een octrooi beschermd worden?
   a. Revolutionaire plantenrassen;
   b. Een unieke wiskundige methode;
   c. Een nieuw dessin voor behangpapier;
   d. Innovatieve machines die werken op duurzame energie.

3. Aan welke eisen dient voldaan te zijn om rechtsgeldig een octrooi aan te vragen? De uitvinding moet:
   a. nieuw zijn;
   b. nieuw en inventief zijn;
   c. nieuw, inventief en industriële toepasbaarheid zijn;
   d. nieuw, inventief, industrieel toepasbaar en creatief zijn.

4. Softy bv heeft een nieuw product ontwikkeld en hiervoor een Nederlands octrooi verkregen. Waar kan, op basis van dit Nederlands octrooi, Softy bv tegen optreden?
   a. Namaak van hun product in China;
   b. Namaak van hun product in Frankrijk;
   c. Verkoop in België van namaak dat werd geproduceerd in China;
   d. Invoer in Nederland van namaak dat werd geproduceerd in Frankrijk.

5. Eindelijk, anderhalf jaar na aanvraag, heeft Softy bv een nieuw Nederlands octrooi verkregen op een uitvinding. Nu willen ze het door het octrooi beschermd product op de markt brengen in Nederland en Amerika. Kan dit?
   a. Ja, ook in Amerika heb je exclusiviteit dankzij hun octrooi;
   b. Nee, een Nederlands octrooi is alleen geldig in Nederland en de Europese Unie;
   c. Nee, met een Nederlands octrooi kan je niet je product op de Amerikaanse markt brengen;
   d. Ja, maar ze moeten je er van bewust zijn dat andere ondernemingen hetzelfde product ook op de Amerikaanse markt kunnen brengen.

6. Hoe kan Softy bv duidelijk maken dat ze octrooibescherming aangevraagd hebben?
   a. Door ® te gebruiken;
   b. Door © te gebruiken;
   c. Door TM te gebruiken;
   d. Door Patent pending te gebruiken.

7.
   Uitvinder beschuit met inkeping hoeft niet in overleg over afgeven licentie

   ARNHEM – De uitvinder (octrooihouder) van de inkeping in beschuit hoeft niet in overleg met Haust over het afgeven van een licentie voor het maken van deze inkeping. Dit heeft de kortgedingrechter vandaag bepaald in het kort geding tussen Haust en de uitvinder. Met de uitvinding kan beschuit makkelijker uit de strakke rolverpakking worden gehaald.

   Eerder aanbod afgeslagen
   De uitvinder heeft jaren geleden een licentie aangeboden aan Haust, maar Haust heeft dat aanbod toen afgeslagen omdat zij het commercieel niet interessant vond. Concurrenten van Haust hebben – tegen betaling – wel een licentie gekregen. Zij hebben veel geld geïnvesteerd en van de uitvinding een succes gemaakt. Haust wilde jaren later ook een licentie en heeft een gratis licentie aan de uitvinder gevraagd. Die wilde de uitvinder niet geven. Haust is daarna een procedure gestart bij de rechtbank in Den Haag waarin nietig verklaring van de uitvinding (het octrooi) werd gevorderd. De Rechtbank Den Haag heeft die vordering afgelopen zomer afgewezen. Toen is Haust deze procedure gestart en nu eist zij van de uitvinder om in overleg te treden over het – tegen betaling – afgeven van een licentie.

   Alleenrecht
   De kortgedingrechter heeft deze vordering afgewezen, omdat de uitvinder (een privépersoon) het alleenrecht heeft om de uitvinding te (laten) gebruiken. Alleen in uitzonderingsgevallen is het uitoefenen van dit alleenrecht in strijd met het mededingingsrecht. In deze zaak heeft Haust onvoldoende aannemelijk gemaakt dat sprake is van misbruik van een economische machtspositie op de relevante markt voor beschuit. Daarbij heeft de voorzieningenrechter bepaald dat de Nederlandse relevante markt bestaat uit: in een rol verpakt beschuit met inkeping, in een rol verpakt beschuit zonder inkeping én uit beschuit zonder inkeping verpakt in een plastic doorzichtige, losse zak.

   Ook is in het vonnis overwogen dat de inkeping niet absoluut noodzakelijk is en dat er alternatieven zijn om beschuit zonder inkeping uit een strakke rolverpakking te halen.

   www.rechtspraak.nl,
   19 december 2016, ECLI:NL:RBG
   EL:2016:6856

   a. De heer Tempels is de uitvinder van de inkeping in een beschuitje. Vanaf welk moment kan de heer Tempels zijn octrooi gebruiken om juridisch op te treden tegen namakers?
      A. Na betaling van de jaartaksen;
      B. Vanaf de aanvraag van het octrooi;
      C. Vanaf de verlening van het octrooi;
      D. Vanaf de indiening van het i-DEPOT.
   b. Hoe lang kan de heer Tempels gebruik maken van zijn octrooi?
      A. Tot 20 jaar na verlening;
      B. Zolang de uitvinding geproduceerd wordt;
      C. Tot 70 jaar naar het overlijden van de uitvinder;
      D. Zolang de jaarlijkse instandhoudingstaksen betaald worden met een maximum van 20 jaar na aanvraagdatum.
   c. Wat is het verschil tussen een overdracht en licentie?
      A. Er is geen verschil tussen een overdracht of een licentie.
      B. Bij een licentie is de rechthebbende niet langer rechthebbende van de rechten, en verkrijgt de licentiegever alle rechten.

c. Bij een licentie is men niet langer rechthebbende van het intellectuele recht en verkrijgt de licentienemer alle rechten.
d. Bij een overdracht is men niet langer rechthebbende van het intellectuele recht, bij een licentie worden enkel gebruiksrechten gegeven aan de licentienemer.

8. Welke materiële eis(en) wordt/worden gesteld aan een product om voor auteursrechtelijke bescherming in aanmerking te komen?
   a. Originaliteit;
   b. Creativiteit en nieuwheid;
   c. Originaliteit, creativiteit, nieuwheid en copyright;
   d. Eigen oorspronkelijk karakter en het stempel van de maker dragen.

9. Jaap van Zweden heeft al diverse klassieke cd's opgenomen; zijn laatste cd heet 'Sensational Satie volume 3' en bevat een aantal werken van de Franse componist Eric Satie (1890-1960), welke worden uitgevoerd door het Residentie Orkest, gedirigeerd door Van Zweden en op housebeats (120 bpm) zijn gezet door platenmaatschappij Dino Records.
   Stelling:
   I   Het auteursrecht van de erfgenamen van Satie is nog niet afgelopen.
   II Het is auteursrechtelijk toegestaan een verveelvoudiging of kopie voor eigen gebruik van deze cd te maken.
   a. beide stellingen zijn juist;
   b. beide stellingen zijn onjuist;
   c. alleen stelling I is juist;
   d. alleen stelling II is juist.

10. Softy bv heeft een verouderde website maar wil een mooie nieuwe website hebben met een moderne webwinkel. Ze vragen een bekende ontwerper om de website te ontwerpen en te bouwen. Er wordt voor veel geld een prachtige creatieve website gebouwd maar helaas zijn er geen afspraken gemaakt over het auteursrecht. Wie heeft in beginsel het auteursrecht op deze website?
    a. Softy bv op grond van art. 7 van de Auteurswet;
    b. Softy bv op grond van art. 6 van de Auteurswet;
    c. De ontwerper op grond van art. 7 van de Auteurswet;
    d. De ontwerper op grond van art. 1 van de Auteurswet.

11. Youssef werkt bij de beschuitfabriek Bolletje in Almelo. Hij houdt zich bezig met de ontwikkeling van nieuwe producten en bedenkt een nieuw soort cracker, namelijk een cracker in een uniek hartvorm met daarin allerlei 'superfoods' (lijnzaden, chiazaden, gojibessen, etc.) verwerkt. De gedachte hierachter is dat de cracker goed is voor de gezondheid van de consument en dan met name voor het hart. Bolletje vindt de nieuwe cracker een geweldig idee en brengt het product op de markt. De 'Hartvormigesuperfoodcracker' wordt een waar succes en Bolletje ziet de winst enorm stijgen. Youssef wil graag meeprofiteren van de opbrengsten van deze

'Hartvormigesuperfoodcracker' en is benieuwd naar zijn mogelijkheden. Welke uitspraak is juist met betrekking tot de situatie van Youssef?
a. Youssef heeft recht op alle winsten, hij is de maker van het product en heeft daarom het auteursrecht;
b. Youssef kan geen aanspraak maken op een financiële vergoeding, omdat hij de producten in dienst van Bolletje heeft ontwikkeld;
c. Youssef heeft recht op de eer, Bolletje moet zijn naam vermelden op de producten, maar Youssef heeft geen recht op een financiële vergoeding;
d. Youssef heeft samen met Bolletje een mede-auteursrecht op het nieuwe product en heeft daarom deel op de helft van de winst die wordt gemaakt bij de verkoop van de nieuwe crackers.

12. Welke stelling in verband met het ©-symbool is juist?
a. De © duidt op een geregistreerd merk;
b. De © duidt op een geregistreerd model;
c. Dit is een noodzakelijke vermelding om in Nederland auteursrecht te krijgen;
d. De © is in Nederland niet verplicht maar geldt als waarschuwing voor derden.

Open vragen

13.

GeenStijl mocht Playboy naaktfoto's Britt Dekker niet publiceren

AMSTERDAM – GeenStijl had geen link mogen plaatsen naar een website waarop de naaktfoto's van Britt Dekker stonden. Dat heeft de rechtbank Amsterdam vandaag bepaald. GeenStijl moet aan Sanoma, de uitgever van het tijdschrift Playboy, daarom een schadevergoeding betalen.

Op de site van GeenStijl verscheen in oktober 2011 een bericht over het uitlekken van naaktfoto's van Dekker die nog zouden verschijnen in het decembernummer van de Playboy. In dit bericht stond ook een link die leidde naar een Australische website waarop de gehele reportage van de naaktfoto's van Dekker stond.

Tip
Sanoma en Dekker spanden daarop een rechtszaak aan. GeenStijl betoogde dat zij een tip heeft gekregen over de link en dat deze waarschijnlijk afkomstig is van iemand die werkt bij Sanoma. GeenStijl stelt vervolgens alleen het nieuwsfeit van het uitlekken van de foto's naar buiten te hebben gebracht met als onderliggend bewijs daarvoor de bewuste link. Daarmee heeft GeenStijl niet zelf de foto's openbaar gemaakt, aldus GeenStijl.

Geen toestemming
De rechtbank vindt dat GeenStijl zonder de daarvoor vereiste toestemming de foto's voor een nieuw publiek heeft ontsloten. Ook is van belang dat GeenStijl profijt heeft getrokken van het plaatsen van de link, aangezien dit veel bezoekers heeft aangetrokken. Omdat Playboy vooraf aan GeenStijl heeft laten weten dat zij geen toestemming gaf voor publicatie was GeenStijl zich er dus van bewust dat Playboy dit niet wenste. Zelfs als zou kloppen dat de tip is gegeven door iemand van Playboy, dan heeft dat nog steeds niet tot gevolg dat GeenStijl daarmee toestemming had om de foto's voortijdig bekend te maken. Daarmee heeft GeenStijl het auteursrecht geschonden.

Entertainment
De rechtbank vindt ook dat GeenStijl inbreuk heeft gemaakt op het portretrecht en de persoonlijke levenssfeer van Dekker,

aangezien ook Dekker geen toestemming had gegeven voor openbaarmaking. Daar weegt het journalistieke belang van GeenStijl, om een bericht over het uitlekken van de foto's te publiceren, niet tegen op. Daarbij speelt mee dat GeenStijl niet heeft aangetoond dat het noodzakelijk was om de gehele fotoreportage toegankelijk te maken via de link. Ook de bewoordingen en de teneur van het bericht ('naaktpics Britt nog niet gezien? Ze staan HIERRR') duiden er op dat GeenStijl vooral entertainment wilde bieden aan haar lezers.

De hoogte van de schadevergoeding moet nog worden bepaald. Iedere keer dat GeenStijl de foto's toont, moet zij een dwangsom van 50.000 euro betalen, met een maximum van een miljoen euro. Daarnaast moet GeenStijl de proceskosten van 28.396,52 euro betalen.

www.rechtspraak.nl, 12-9-2012,
ECLI:NL:RBAMS:2012:BX7043

a. Wie heeft in beginsel auteursrecht op de foto's?
b. Ook Britt Dekker is partij in deze zaak. Britt heeft geen auteursrecht. Waar kan Britt zich op beroepen?
c. Ook op grond van de Auteurswet 1912 zou strafrechtelijk opgetreden kunnen worden. Wat is volgens de wet de maximale straf die iemand, die inbreuk maakt op het auteursrecht van iemand anders, in deze situatie kan krijgen?

14.

Rubiks kubus auteursrechtelijk beschermd

UTRECHT - De Rechtbank Midden-Nederland heeft beslist dat twee producten van een speelgoedhandelaar inbreuk maken op het auteursrecht van Rubik.

Rubik heeft in 1974 de beroemde Rubiks kubus ontworpen. De speelgoedhandelaar brengt 3D-puzzels in de vorm van gekleurde kubussen in de handel. Rubik vindt dat daarmee inbreuk wordt gemaakt op zijn auteursrecht.

Auteursrecht
De rechtbank stelt vast dat aan de Rubiks kubus inderdaad auteursrechtelijke bescherming toekomt. Rubik heeft bepaalde keuzes gemaakt die creatief zijn en niet technisch of functioneel bepaald. Het gaat daarbij, kort gezegd, om de kleurkeuze en de vormgeving daarvan, in combinatie met de zwarte randjes om de kleurvlakjes. Het bereik van de bescherming gaat minder ver dan Rubik wenst.

Inbreuk
De speelgoedhandelaar heeft de beschermde elementen gebruikt in twee van haar producten. Dit betekent dat deze producten niet meer mogen worden verkocht.

www.rechtspraak.nl, 02 februari 2018, ECLI:NL:RBMNE:2018:317

a. Wat is nodig om voor auteursrechtelijke bescherming in aanmerking te komen?
b. In het artikel staat:
Rubik heeft bepaalde keuzes gemaakt die creatief zijn en niet technisch of functioneel bepaald.
Waarom hebben gebruiksvoorwerpen die in hoge mate technisch en functioneel zijn bepaald geen auteursrechtelijke bescherming?

15. Boer Nijhuis vindt een nieuwe ploeg uit. Nadat hij er enige tijd mee heeft geëxperimenteerd, houdt hij op een landbouwtentoonstelling in mei 2010 een demonstratie. In het tijdschrift 'Boer en Boerderij' verschijnt een klein doch krakend artikel over de nieuwe ploeg. De uitvinding roest uiteindelijk in een schuur weg. Na enige jaren bemerkt boer Nijhuis dat de onderneming Holland Dutch B.V. precies dezelfde ploeg op de markt brengt. Aangespoord door het succes van Holland Dutch B.V. begint Nijhuis ook weer ploegen te produceren en te verkopen. Holland Dutch B.V. blijkt echter in 2014 een octrooi voor de ploeg te hebben gekregen. Op grond hiervan vordert Holland Dutch B.V. een verbod voor Nijhuis om verder de ploegen te produceren en te verkopen.
Kan Nijhuis zich met succes tegen deze vordering verweren?

Hoofdstuk 16
Merken- en modellenrecht en handelsnaam

16.1 Merken, modellen en tekeningen 467
16.2 Merkenrecht 467
16.2.1 Drie functies van het merk 468
16.2.2 Waren- en dienstmerk 468
16.2.3 Collectief en certificeringsmerk 469
16.2.4 Vormmerk 471
16.2.5 Merk en onderscheidend vermogen 472
16.2.6 Rechthebbende 473
16.2.7 Inschrijven 473
16.2.8 Classificeren 474
16.2.9 Absolute gronden voor weigering of nietigheid 474
16.2.10 Inschrijving te kwader trouw 474
16.2.11 Oppositieprocedure 475
16.2.12 Doorhalingsprocedure 475
16.2.13 Trademark 475
16.2.14 Gebruik als vorm van merkenbescherming 475
16.2.15 Nietigheid van een merk 476
16.2.16 Duur van de inschrijving 476
16.2.17 Verval merkenrecht 476
16.2.18 Het recht van de merkhouder 477
16.2.19 Overeenstemmende tekens 479
16.3 Schade 480
16.4 Sterk en zwak merk 481
16.5 Wereldmerk 481
16.5.1 Europees merk 481
16.6 Overgang en licentie 483
16.7 Bescherming van design 483
16.7.1 Tekeningen en modellenrecht 483
16.7.2 Model of tekening registreren 484
16.7.3 Rechthebbende 484
16.7.4 Rechten 485
16.7.5 Overdracht 485
16.7.6 Ingeschreven- en niet ingeschreven gemeenschaps model 485
16.8 Concurrentie 485

16.9 Onrechtmatige daad en slaafse nabootsing 486
16.10 Licentie 486
16.10.1 Contract 486
16.11 Handelsnaam 486
16.11.1 Bescherming van een handelsnaam 487
16.11.2 Oorzaken van verwarring 487
16.11.3 Rechtshandhaving 488
16.12 Domeinnamen 488
16.13 Piraterij 488
Begrippenlijst 490
Vragen 492
Meerkeuzevragen 492
Open vragen 496

Hoofdstuk 16
Merken- en modellenrecht en handelsnaam

Ondernemingen willen hun producten en diensten onderscheiden van hun concurrenten. Een belangrijk middel om dat te bereiken is het merkrecht. Een bekend merk dient juridisch goed te worden beschermd. Zonder merken is marketing bijna ondenkbaar.

16.1 Merken, modellen en tekeningen

Met een merk kunnen ondernemers hun producten of diensten onderscheiden van andere producten en diensten. Alleen een teken dat onderscheidend is, komt in aanmerking voor registratie. Registratie van een merk, tekening of model verleent een monopolie voor het gebruik daarvan.

Tekeningen- en modellenrecht beschermt vormgeving van twee- of driedimensionale gebruiksvoorwerpen. Een model of tekening is het uiterlijk van een voortbrengsel of een deel ervan, dat nieuw is en een eigen karakter heeft.

Het Benelux-Verdrag inzake de Intellectuele Eigendom regelt de bescherming in het Benelux-gebied van merken, tekeningen en modellen. Merkregistratie verleent een monopolie voor het gebruik van het teken voor bepaalde producten en diensten.

16.2 Merkenrecht

Een merk is een teken (woord, naam of afbeelding) dat de handelswaar of de diensten van een bepaalde onderneming onderscheidt van artikelen of diensten van concurrenten. Het merk individualiseert de waar of dienst, niet de onderneming. Het merkenrecht is geregeld in het Benelux-Verdrag inzake de Intellectuele Eigendom (BVIE). Een merk is niet gekoppeld aan één product. Een grote reeks producten kan in het verkeer worden gebracht onder één merk. Aan merken kunnen grote financiële belangen kleven. Het merk Coca-Cola is meer waard dan alle bottelarijen ervan samen. Het is dus van groot belang om aan merken de nodige juridische aandacht te besteden. De bescherming van merken geschiedt op drie manieren: door inschrijving, door gebruik en door het optreden tegen inbreukmakers.

Het recht op een merk wordt verkregen wanneer men als eerste een merk bij het Benelux-Bureau voor de Intellectuele Eigendom (BBIE) inschrijft (art. 2.2 BVIE). Toch is inschrijving op zich niet voldoende voor bescherming. Nederland heeft samen met België en Luxemburg gezamenlijk een merkregeling. Het Benelux-Verdrag inzake Intellectuele Eigendom bepaalt dat het ingeschreven merk ook onderscheidend vermogen moet bezitten om voor bescherming in aanmerking te komen. Het daardoor verkregen merkenrecht geldt voor de gehele Benelux. De meeste landen kennen een soortgelijk systeem. Dit betekent dat bij export gezorgd moet worden voor een nieuwe inschrijving voor elke nieuwe markt die betreden wordt.

16.2.1 Drie functies van het merk

De eerste functie van het merk is een bepaald product te onderscheiden van andere soortgelijke producten; dit wordt ook wel de herkomstfunctie genoemd. Met een enkel beeld of een enkel woord wordt het product geïndividualiseerd. De consument weet om welk product het gaat.

Op de tweede plaats heeft het merk een garantiefunctie. De consument rekent bij een bepaald merk op een bepaalde kwaliteit. Het publiek ziet het merk dat hem goed bekend is als een garantie voor deze kwaliteit van het product.

In het verlengde van deze garantiefunctie ligt de derde en belangrijkste functie van het merk, de reclamefunctie. De merkentrouw van de consument is een garantie voor de toekomstige vraag naar het product en dus een zelfstandige factor voor de continuïteit van de afzet van de producten en daarmee voor de continuïteit van de onderneming.

16.2.2 Waren- en dienstmerk

De wettelijke definitie van een merk is heel ruim: Het Benelux-Verdrag inzake de Intellectuele Eigendom omschrijft merken als: 'Merken kunnen worden gevormd door alle tekens, in het bijzonder woorden, waaronder namen van personen, of tekeningen, letters, cijfers, kleuren, vormen van waren of verpakkingen van waren, of geluiden (art. 2.1 BVIE).

Merkregistratie verleent een monopolie voor het gebruik van het teken voor bepaalde producten en diensten.

Een individueel merk is een merk dat producten of diensten van de ene onderneming onderscheidt van die van andere ondernemingen. De meeste merken zijn individuele merken.

Een woordmerk is een merk in letters, bijvoorbeeld 'Heineken'. Een beeldmerk is een logo of een ander beeldelement, bijvoorbeeld de schelp van SHELL en de ruit van Burberry's. De vorm van de verpakking of van de waar zelf kan een merk zijn. De vorm van de Coca-Colafles, de beugelfles van Grolsch en de fles van WC-Eend genieten merkbescherming. Ook kleur kan een merk zijn: denk maar aan de gele kleur van Zwitsal babyverzorgingsartikelen en de kleur blauw van Camping Gaz. Uit de omschrijving van art. 2.1, sub a BVIE (tekens om waren en diensten te onderscheiden) vloeit voort dat een teken onderscheidend vermogen moet hebben om een merk te kunnen zijn. Een slagzin kan ook een merk zijn (voorbeeld: Heerlijk Helder Heineken, C&A is toch voordeliger, et cetera).

Bij een dienstmerk gaat het niet om het onderscheiden van waren – dit zijn stoffelijke zaken – maar om het onderscheiden van diensten (art. 2.1, sub a BVIE). Bij dienstmerken kan men bijvoorbeeld denken aan KLM, NS, Rabo, ABN AMRO, AEGON, Randstad Uitzendbureau et cetera.

Kühlmann mag Dip & Smeer'm in huidige verpakking niet meer verkopen

ARNHEM - Kühlmann, een Duitse producent van levensmiddelen, mag de smeerdip Dip & Smeer'm die zij in opdracht van supermarktketen Jumbo heeft ontwikkeld in de huidige verpakking niet meer produceren en verkopen. Volgens de kortgedingrechter maakt de verpakking van deze smeerdip inbreuk op het verpakkingsmerk van Heksenkaas BV voor de smeerdip HEKS'NKAAS.

Kühlmann werkte jarenlang intensief samen met Heksenkaas BV bij de ontwikkeling van een belangrijk ingrediënt van de originele smeerdip HEKS'NKAAS. Na beëindiging van die samenwerking ontwikkelde Kühlmann in opdracht van Jumbo een soortgelijke smeerdip.

Deze smeerdip zit in eenzelfde soort verpakking als de smeerdip HEKS'NKAAS. De verpakking van HEKS'NKAAS bestaat uit een transparante ronde plastic kuip met daarop een deksel met overstekende rand.

Om de kuip is een kartonnen strook gewikkeld met een cirkelvormig vlak boven het deksel. Dit wordt ook wel banderol genoemd. De banderol kenmerkt zich door een witte achtergrond met daarop in frisse kleuren paars en groen weergegeven grafische elementen, waaronder een in cartoonachtige stijl getekende knoflookbol, preistengel en peterselieblad. Verder kenmerkt de banderol zich door een aantal vijfpuntige sterretjes en vermeldt de banderol in handschriftachtige letters de woorden 'smeerdip met roomkaas & verse kruiden'.

Op de bovenkant van de banderol staat centraal over de gehele breedte de naam van het product in groen, met daaronder in paars het woord 'origineel'. Al deze elementen stemmen sterk overeen met de elementen van de verpakking van de smeerdip Dip & Smeer'm. Volgens Heksenkaas BV maakt Kühlmann daarmee inbreuk op haar verpakkingsmerk. Zij stapte daarom naar de rechter.

Dezelfde totaalindruk

De kortgedingrechter oordeelt dat de verpakking van de smeerdip Dip & Smeer'm vanwege de diverse overeenstemmende elementen met de verpakking van de smeerdip HEKS'NKAAS globaal beoordeeld dezelfde totaalindruk maakt. Op basis van diezelfde totaalindruk wordt aangenomen dat bij het winkelend publiek verwarring tussen beide producten kan ontstaan. Dat verwarringsgevaar is in dit geval des te groter, omdat uit drie marktonderzoeken blijkt dat circa 50 procent van de respondenten de HEKS'NKAAS-verpakking zonder het woordmerk HEKS'NKAAS daarop zichtbaar weergegeven, heeft herkend als verpakking van de HEKS'NKAAS-smeerdip. Er moet dus worden aangenomen dat die verpakking een grote bekendheid geniet bij het publiek.

Inbreuk op verpakkingsmerk

Volgens de kortgedingrechter overschrijdt Kühlmann met de verpakking van de Dip & Smeer'm-smeerdip de grens van het toelaatbare. Aannemelijk is dat Kühlmann dat niet zonder bedoeling heeft gedaan, maar bewust heeft willen profiteren van het succes van de smeerdip HEKS'NKAAS op de markt. Om deze redenen maakt Kühlmann inbreuk op het verpakkingsmerk van Heksenkaas BV. Daarom wijst de kortgedingrechter de vordering tot – kort gezegd – het staken van dat inbreukmakend handelen toe. Blijft Kühlmann de Dip & Smeer'm-smeerdip in de huidige verpakking toch produceren en verkopen, dan moet zij dwangsommen betalen die kunnen oplopen tot maximaal 1 miljoen euro.

www.rechtspraak.nl, 12 maart 2020,
ECLI:NL:RBGEL:2020:1714

16.2.3 Collectief en certificeringsmerk

Een collectief merk moet geschikt zijn om een of meer gemeenschappelijke kenmerken van waren, afkomstig uit verschillende ondernemingen, te onderscheiden. Een collectief merk is een merk dat wordt gevoerd door leden van een vereniging. Die vereniging is op haar beurt houder van het collectieve merk en het merk dient om aan te duiden dat de producten of diensten afkomstig zijn van leden van die vereniging (art. 2.34 bis BVIE). Het is dan ook typisch een soort merk dat wordt gebruikt door verenigingen van producenten, bijvoorbeeld een groep landbouwers uit een bepaalde streek. Een collectief merk kan eventueel een geografische herkomst aanduiden.

Verschillen tussen collectief en certificeringsmerk

Certificeringsmerk	Collectief merk
Houder mag producten en diensten niet zelf op de markt zetten.	Houder moet een vereniging of een publiekrechtelijke rechtspersoon zijn.
Dient om aan te geven dat de producten of diensten aan bepaalde eisen voldoen.	Dient om aan te geven dat de producten of diensten afkomstig van zijn bedrijf aangesloten zijn bij een bepaalde organisatie.
Kan geen geografische herkomst garanderen.	Kan een geografische herkomst aanduiden.

Certificeringsmerken zijn merken die aangeven dat de houder garandeert dat de producten of diensten aan bepaalde kenmerken voldoen (art. 2.35 bis BVIE). Bijvoorbeeld dat deze op een bepaalde manier zijn geproduceerd of aan specifieke kwaliteitseisen voldoen (NEN, Fairtrade en het Duitse TÜV).

In principe kunnen alle denkbare kenmerken op deze manier worden gecertificeerd, met uitzondering van de geografische herkomst van deze producten of diensten. Voor een certificeringsmerk geldt verder dat iedereen houder van een certificeringsmerk kan zijn, op voorwaarde dat deze houder niet zelf dergelijke producten of diensten levert. Net als bij het collectieve merk moet er bij een certificeringsmerk een reglement over het gebruik van het merk worden ingediend.

Een collectief merk dient niet om waren of diensten van verschillende ondernemingen onderling te onderscheiden, maar meer om bepaalde kenmerken van een groep waren (van verschillende ondernemingen afkomstig) aan te geven (Leermerk, Wolmerk van de Stichting Internationaal Wolsecretariaat, NVM en BOVAG). Ook dit recht verkrijgt de houder door het eerst in te schrijven. Tussen een individueel en een collectief merk bestaan geen principiële verschillen. Beide merken dienen ter onderscheiding van waren of diensten. Het verschil is dat het individuele merk betrekking heeft op de waren of diensten van één onderneming en een collectief merk op de eigenschappen van waren of diensten afkomstig van verschillende ondernemingen.

16.1 Individueel collectief en certificaat merk

16.2.4 Vormmerk

De vorm van een product of een verpakking kan als merk worden ingeschreven (art. 2.1 BVIE). Er gelden uitsluitingsgronden op basis waarvan een vorm niet als merk kan worden ingeschreven (art. 2.1, j° 2.2 bis lid 1 sub e BVIE):
a. Wanneer de vorm wordt bepaald door de aard van de waar;
b. Wanneer de vorm een wezenlijke waarde aan de waar geeft;
c. Wanneer de vorm noodzakelijk is om een bepaalde technische uitkomst te verkrijgen.

De vorm moet het publiek wel in staat stellen de producten te herkennen als afkomstig van een bepaalde onderneming.

Een vormmerk moet net als 'gewone' merken, voldoende onderscheidend vermogen te hebben. Vormen die gebruikelijk, zeer algemeen of voor de hand liggend zijn, worden geweigerd en zijn voor iedereen vrij om te gebruiken.

Technische vormen kunnen door het octrooirecht worden beschermd. De maximale beschermingsduur van een octrooirecht is twintig jaar, de maximale beschermingsduur voor een merkrecht is in beginsel onbeperkt. Daarom proberen ondernemingen vaak hun producten, naast een octrooi, via het merkenrecht te beschermen.

Om te voorkomen dat het merkenrecht wordt gebruikt om technische oplossingen onbeperkt in tijd te beschermen, zijn producten die technisch bepaald zijn van bescherming door het merkenrecht uitgesloten.

In het arrest Lego blokjes heeft het Hof van Justitie bepaald dat de vorm van de Lego blokjes bepaald wordt door de functie/techniek en daarom niet te beschermen als driedimensionaal 'vormmerk'. De uiterlijke kenmerken van het blokje dienen alleen maar een technische functie. Een voorbeeld van een door de Hoge Raad wel erkend vormmerk is de 'Wokkel', een spiraalvormig zoutje. Daarnaast worden de volgende merken in het algemeen als vormmerk erkend: WC-eend, parfumflesjes, de tijgernootjes van Calvé en het bekende Coca-Colaflesje.

Arrest

Arrest KitKat
Hof van Justitie van de Europese Unie, 16 september 2015, ECLI:EU:C:2015:604

Feiten
Nestlé (producent van KitKat) heeft een aanvraag ingediend tot inschrijving van een vormmerk (driedimensionaal merk) voor KitKat. Het Britse merkenbureau heeft inschrijving geweigerd. Nestlé heeft tegen de beslissing beroep ingesteld bij het High Court of Justice of England and Wales, die vervolgens vragen van uitleg heeft gesteld aan het HvJ EU.

Hof van Justitie
44 De ratio (...) van vastgestelde gronden voor weigering van inschrijving is te verhinderen dat als gevolg van de bescherming van het merkenrecht de merkhouder een monopolie wordt toegekend op technische oplossingen of gebruikskenmerken van een waar, waarnaar de gebruiker mogelijkerwijs in de waren van concurrenten zoekt...

Toelichting
De vorm van een KitKat kan geen merk zijn. De vorm van een KitKat is volgens het hof namelijk noodzakelijk om een technische uitkomst te verkrijgen. Daarbij is uitsluitend de wijze waarop het product functioneert voor de consument van belang, het makkelijk breken van een chocoladewafel.

16.2.5 Merk en onderscheidend vermogen
Een van de vereisten van een sterk merk is dat het 'onderscheidend vermogen' heeft (art. 2.1 , sub a BVIE). Het moet immers de producten van een bepaalde onderneming individualiseren. Een onderneming wil een nieuw merk monopoliseren, dat wil zeggen de concurrent verbieden een merk te gebruiken dat lijkt op het eigen merk. Of een als merk bedoeld teken voor bepaalde waren voldoende onderscheidend vermogen bezit, is afhankelijk van de vraag of 'het publiek' voor wie de gemerkte waren bestemd is het betrokken teken inderdaad als onderscheidingsmiddel voor de bedoelde waren zal beschouwen. Zo zal een fantasienaam, bijvoorbeeld Lego, bijna altijd onderscheidend vermogen bezitten. Zo'n naam is dan ook goed te beschermen. Maar als het onderscheidend vermogen gering is, is dat moeilijker. Zo kon de merkhouder van Alarma 33 beveiligingsapparatuur een concurrent niet verbieden Alarm 2000 voor dezelfde soort apparaten te gebruiken. Als de naam een pure beschrijving van het product of van een eigenschap van het product is, dan is bescherming als merk niet mogelijk. Het merk

'tomaat' is niet onderscheidend voor tomatensap, ook het merk 'primakoffie' kan niet worden gedeponeerd. Ook een uitgever van Surfsport, een tijdschrift over surfen, kreeg in de rechtszaal te horen dat hij een dergelijk beschrijvend woord niet kon inschrijven.

16.2 Concurrentie en vertrouwen

16.2.6 Rechthebbende
Een recht op een merk verkrijgt degene die het merk als eerste inschrijft (art. 2.5 BVIE). Als een klant daar om vraagt, kan het Bureau een vooronderzoek naar eerdere merken verrichten (art. 2.5 BVIE).

Als een merk door het Benelux-Bureau voor de Intellectuele Eigendom is ingeschreven, heeft de merkhouder het exclusieve recht het merk in de Benelux te gebruiken. Als een ander hetzelfde merk of een overeenstemmend merk gebruikt voor dezelfde producten of diensten als waarvoor het merk is ingeschreven, of voor soortgelijke waren of diensten, dan kan de merkhouder dat verbieden.

16.2.7 Inschrijven
De aanvraag geschiedt door inschrijving bij het Benelux-Bureau voor de Intellectuele Eigendom (art. 2.5 BVIE).

Het Benelux-Bureau voor de Intellectuele Eigendom mag merken weigeren als zij niet voldoen aan de eisen die de wet aan een merk stelt. Het Benelux-Bureau voor de Intellectuele Eigendom heeft ook de bevoegdheid merken te weigeren die geen onderscheidend vermogen bezitten (art. 2.2 bis lid 1 sub b BVIE). Onderscheidend vermogen ontbreekt bijvoorbeeld als een merk zuiver beschrijvend is. Een merk met de naam '65+-polis' als merk voor verzekeringen voor senioren heeft geen onderscheidend vermogen, ook het merk 'jeans' voor broeken kan niet worden ingeschreven. Ook merken die in strijd zijn met de goede zeden of de openbare orde kunnen worden geweigerd (art. 2.2 bis lid 1 sub f BVIE).

De gebruiker van een merk die dit niet heeft ingeschreven, heeft geen recht op bescherming op grond van het Benelux-Verdrag inzake de Intellectuele Eigendom. Het omgekeerde is niet het geval: wie heeft gedeponeerd, is nog niet zeker dat hij een merkenrecht heeft.

Veel voorkomende inschrijvingsfouten zijn:

- er is geen goede omschrijving voor welke waren of diensten het merk gebruikt wordt;
- de tenaamstelling is niet correct;
- er is geen goede afbeelding van het merk zoals het daadwerkelijk gebruikt wordt;
- er is verzuimd te vermelden dat het om de vorm van de waar gaat, waardoor geen vormmerk, maar een etiketmerk ingeschreven wordt.

Wordt een inschrijving door het Benelux-Bureau voor de Intellectuele Eigendom geweigerd, dan kan degene die wilde inschrijven in beroep gaan bij het Benelux Gerechtshof (art. 1.5 bis BVIE).

16.2.8 Classificeren

Een belangrijke stap bij het aanvragen van een merkregistratie is het kiezen van producten en diensten waarvoor het merk wordt gebruikt. Dit wordt 'classificeren van een merk' genoemd, er zijn 45 categorieën (klassen) (art. 2.5 bis BVIE). De classificatie bepaalt de omvang van het monopolie dat op het merk wordt verkregen. Het merkrecht geldt dus alleen voor de producten en diensten die staan vermeld.

Voorbeeld

sportautos   *tissues*   *koekjes*   *horloges*

Er zijn tenminste vier ondernemingen die het merk Lotus gebruiken.

16.2.9 Absolute gronden voor weigering of nietigheid

Er zijn een aantal zogeheten absolute gronden voor weigering of nietigheid van een merk, zodat de inschrijving daarvan ambtshalve door het Benelux-Bureau voor de Intellectuele Eigendom geweigerd dient te worden, dan wel – indien het teken onverhoopt toch ingeschreven mocht zijn – nietig verklaard dient te worden (art. 2.2 bis, j° 2.11 lid 1 BVIE). De deposant kan zich binnen twee maanden na de kennisgeving van de definitieve beslissing tot weigering van de inschrijving van het teken als merk bij verzoekschrift wenden tot het Benelux-Gerechtshof om alsnog een bevel tot inschrijving van het merk te verkrijgen.

16.2.10 Inschrijving te kwader trouw

Wie het eerst een merk registreert, heeft de oudste rechten, en kan daarmee nieuwkomers blokkeren. Als iemand een merk inschrijft waarvan hij weet – of behoort te weten – dat een ander dat merk al gebruikt voor dezelfde producten, is deze inschrijving te kwader trouw verricht (art. 2.2 bis lid 2 BVIE). Een inschrijving te kwader trouw is nietig en geeft dus geen rechten.

> **Voorbeeld**
>
> Het merk BEN & JERRY's is in de Verenigde Staten al lang een bekend ijs merk dat daar ook is gedeponeerd maar nog niet in de Benelux. Als het Amerikaanse bedrijf voorbereidingen treft om BEN & JERRY's ook in de Benelux te introduceren en hun merk in de Benelux wilden deponeren bleek Mayfair het merk op eigen naam al had gedeponeerd. Uiteindelijk oordeelt de rechter dat Mayfair bewust de belangen van BEN & JERRY's heeft willen aantasten. Er is dus sprake van een depot te kwader trouw,

16.2.11 Oppositieprocedure

Met een oppositieprocedure kunnen oudere merken bezwaar maken tegen inschrijving van nieuwere merken (art 2.14, j° 2.2 ter BVIE. Deze oppositieprocedure is dus de mogelijkheid van een merkhouder om het verkrijgen van merkenrechten voor een gelijkend teken tegen te houden.

Het is dus mogelijk de nietigheid of het verval van een merk in te roepen bij het Benelux-Bureau voor de Intellectuele Eigendom (BBIE). Een belanghebbende partij kan de nietigheid of het verval van een merk aanvragen in een aantal gevallen. Een merk kan bijvoorbeeld nietig worden verklaard indien het elk onderscheidend vermogen mist, indien het beschrijvend is, of indien het merk inbreuk maakt op een ouder merk. Vervallenverklaring kan bijvoorbeeld aan de orde komen indien een merk langer dan vijf jaar niet normaal is gebruikt of indien het merk is verworden tot een soortnaam.

16.2.12 Doorhalingsprocedure

Niet alleen via de rechter maar ook via het Benelux-Bureau voor de Intellectuele Eigendom (BOIP) kan de doorhaling van een merkregistratie worden verkregen. De doorhalingsprocedure, officieel bekend als de procedure tot nietigverklaring of vervallenverklaring, is een eenvoudige, snelle administratieve procedure waarmee de doorhaling van een geregistreerd merk kan worden verkregen (art. 2.30bis e.v. BVIE). De houder van een ouder merk kan bezwaar maken tegen een jonger merk dat conflicteert met het eigen merk, maar ook een belanghebbende kan de doorhaling vragen van een merk op absolute gronden of omdat het merk niet werd gebruikt.

16.2.13 Trademark

Er is geen verplicht symbool om aan te geven dat het om een geregistreerd merk gaat. Het is wel raadzaam om dat te laten blijken. Het Amerikaanse registratieteken ® wordt ook in Europa op ruime schaal toegepast om de merkregistratie kenbaar te maken. Door gebruik te maken van het symbool laat men duidelijk merken dat men merkenrechtelijk actief is.

16.2.14 Gebruik als vorm van merkenbescherming

Na het depot ontstaat een merkenrecht dat kan worden ingeroepen tegen iedere inbreuk op het merk in de Benelux. Maar een gedeponeerd merk moet ook daadwerkelijk worden gebruikt. Rechten op een niet gebruikt merk zonder geldige reden vervallen vijf jaar na depot (art. 2.5, lid 2 sub a BVIE). Is een merk wegens niet-gebruik vervallen, dan kan de merkhouder zijn rechten weer herstellen door alsnog het merk te gaan gebruiken – als tenminste niet iemand anders met het merk aan de haal is gegaan (art. 2.27 BVIE).

16.2.15 Nietigheid van een merk
Iedere belanghebbende en de officier van justitie kunnen nietigheid inroepen van een merk dat, vermoedelijk, ten onrechte wordt gevoerd (art. 2.28 BVIE). Oordeelt de rechter het bezwaar tegen het merk gegrond, dan spreekt hij ambtshalve de doorhaling van de gedane inschrijving uit. Nietigverklaring is onder andere mogelijk:
a. bij een merk dat niet voldoet aan de omschrijving van art. 2.2, lid 1 BVIE, omdat het bijvoorbeeld geen onderscheidend vermogen heeft (art. 2.28, lid 1 sub a BVIE);
b. als het merk al eerder is ingeschreven: twee dezelfde merken voor een soortgelijk product zijn niet toegestaan (art. 2.28, lid 3 sub d BVIE);
c. bij een ongeoorloofd merk. Ongeoorloofde merken zijn bijvoorbeeld merken in strijd met de openbare orde of goede zeden. Een merk is ook ongeoorloofd wanneer het op het punt van aard, herkomst en dergelijke tot misleiding van het publiek kan leiden. Voorbeeld: 'De Boter' als het gaat om margarine (art. 2.2 en 2.28 BVIE).

16.2.16 Duur van de inschrijving
Een merkenrecht kan in principe gelden voor onbepaalde tijd. Art. 2.9 BVIE geeft aan dat de geldigheidsduur van de inschrijving tien jaar bedraagt, maar dat vernieuwing van de inschrijving kan worden aangevraagd. Het merk mag zowel gedurende de inschrijving als tijdens de inschrijving na tien jaar niet worden gewijzigd. Men kan het merk niet aanpassen aan de ontwikkeling op gebied van stijl en mode. Wil men zijn merk aanpassen, dan zal men opnieuw moeten inschrijven. Beroemde merken als Grolsch, Heineken en Microsoft hebben in de loop der jaren geleidelijk de schrijfwijze van hun naam gewijzigd. Nog vaker verandert de vormgeving van verpakkingen.

16.2.17 Verval merkenrecht
Het Benelux-Verdrag beschermt slechts de actieve merkengerechtigde, die alles doet wat in zijn vermogen ligt om te voorkomen dat het publiek het merk voor een soortnaam gaat aanzien (bijvoorbeeld door achter de merknaam een ® te plaatsen).
Zowel individuele als collectieve merken vervallen door:
a. vrijwillige doorhaling van de registratie (art. 2.26 sub a BVIE);
b. verstrijken van de geldigheidsduur van de inschrijving (voor een Benelux-registratie: na tien jaar) (art. 2.26 sub a BVIE);
c. het niet gebruiken van een merk. Men mag niet zonder enige geldige reden een merk monopoliseren. Daarom vervalt het merkenrecht op een merk wanneer men daarvan binnen de Benelux vijf jaar na inschrijving nog geen normaal gebruik heeft gemaakt (art. 2.26 j° 2.23 bis en 2.27 lid 2 BVIE);
d. het verworden tot soortnaam van een merk. Als door toedoen van de merkhouder (daaronder begrepen een onverantwoord stilzitten) een merk in het normale

spraakgebruik 'verwordt' tot een soortnaam, dan vervalt het merkenrecht (art. 2.27, lid 1 BVIE). Voorbeelden: Het Nederlands Bouwcentrum, maïzena, vaseline, inlegkruisje, tl (TL was oorspronkelijk een merk van Philips voor een bepaalde lamp).

16.2.18 Het recht van de merkhouder

Het merkrecht geeft aan dat de merkhouder (dat is de houder van het ingeschreven merk) een uitsluitend recht heeft zich te verzetten tegen bepaalde vormen van gebruik van zijn merk door anderen (art. 2.20, lid 1 BVIE). Naast het recht dat de merkhouder heeft op grond van het merkrecht kan de merkhouder zich blijven beroepen op de onrechtmatige daad.

Art. 2.20, lid 2 BVIE noemt vier vormen van merkinbreuk:
a. elk gebruik van het merk in het economisch verkeer voor identieke waren (art. 2.20, lid 2 sub a BVIE). Dit wordt ook wel piraterij genoemd. Het merk wordt klakkeloos nagemaakt met de bedoeling een goedkoop product met het valse merk erop voor echt te laten doorgaan. Lacoste en Rolex kunnen erover meepraten;
b. elk gebruik in het economisch verkeer van het merk of van een overeenstemmend teken voor identieke of soortgelijke waren, indien daardoor de mogelijkheid bestaat dat bij het publiek een associatie wordt gewekt (art. 2.20, lid 2 sub b BVIE);
c. gebruik van het merk of een overeenstemmend teken voor niet-soortgelijke waren of diensten (art. 2.20, lid 2 sub c BVIE). Bijvoorbeeld een 'grappenmaker' gebruikt voor shampoo het biermerk Grolsch;
d. elk ander, zonder geldige reden plaatsvindend gebruik in het economisch verkeer van het merk of een overeenstemmend teken als door dat gebruik ongerechtvaardigd voordeel kan worden getrokken uit of afbreuk kan worden gedaan aan het onderscheidend vermogen of de reputatie van het merk (art. 2.20, lid 2 sub d BVIE).

Een merkhouder kan optreden tegen het gebruik van een ander merk of teken wanneer dat merk of teken 'gelijk is aan of overeenstemt met het merk en gebruikt wordt voor dezelfde of soortgelijke waren of diensten, indien daardoor bij het publiek verwarring kan ontstaan, inhoudende het gevaar van associatie met het merk'.

Verwarring bij het publiek is op drie verschillende terreinen mogelijk:
- visueel (hoe ziet het eruit);
- auditief (hoe spreekt men het uit);
- begripsmatig (welke betekenis gaat erachter schuil).

Het hangt mede van de aard van het product af maar ook de omstandigheden van het geval hoe de rechter tot een oordeel komt. Om tot een oordeel te komen mag men merk en teken niet naast elkaar leggen en eens goed vergelijken. Het gaat er enkel om dat het publiek bij het zien van het teken zal denken aan het merk dat het al kende.

Er is een aantal uitgangspunten dat bij de beoordeling van de overeenstemmingsvraag in de gaten gehouden moet worden:
- merk en teken moeten in hun geheel worden beschouwd en niet in hun onderdelen worden vergeleken;
- de rechter kijkt bij de beoordeling meer naar de punten van overeenstemming dan naar de punten van verschil;

- men kan rekening houden met omstandigheden die buiten het teken (of merk) zelf liggen, maar die de indruk bij het publiek dat het om hetzelfde merk gaat zullen versterken.

Het kost Rolex, Lacoste, Cartier en andere bekende merkfabrikanten miljoenen om al die inbreuken tegen te gaan. Maar als ze hun merk niet hadden beschermd zouden ze nu waarschijnlijk niet meer bestaan. Het optreden tegen merkinbreuken wordt afgestemd op de aard van de inbreuk en van de inbreukmaker. Soms is een telefoontje voldoende, soms draait het uit op een gerechtelijke procedure.

Footasylum mag geen kleding met teken KWD in Benelux verkopen

ARNHEM - De Engelse vennootschap Footasylum mag niet langer sportieve (urban) kleding uit haar KINGS WILL DREAM-collectie op de markt brengen voor zover die kleding is voorzien van het teken KWD en/of het logo KWD met kroontje erboven. Dat heeft de kortgedingrechter op vordering van KWD Sport beslist.

Het in Nederland gevestigde KWD Sport brengt sinds eind jaren 80 functionele sportkleding op de markt onder haar eigen merk KWD. KWD Sport liet het merk KWD in 2000 registreren als Benelux-woordmerk. Begin 2019 kwam KWD Sport erachter dat Footasylum sportieve vrijetijdskleding uit de door haar ontwikkelde KINGS WILL DREAM-collectie online en in fysieke winkels in Nederland aanbiedt. Op die kleding stond het teken KWD in blokletters en/of het logo KWD met kroontje daarboven. Volgens KWD maakte Footasylum daarmee inbreuk op haar Benelux-merk en zij stapte daarom naar de kortgedingrechter.

Inbreuk op merkrecht

De kortgedingrechter oordeelt dat het woordmerk KWD van KWD Sport en het teken/logo KWD (met kroontje) van Footasylum globaal beoordeeld dezelfde totaalindruk maken. Bij mensen die op zoek zijn naar (functionele) sportkleding en/of sportieve vrijetijdskleding kan daardoor verwarring tussen de twee bedrijven en de herkomst van de kleding ontstaan. Daarnaast kan de indruk worden gewekt dat er enig verband tussen KWD Sport en Footasylum bestaat. Op grond van de merkrechten van KWD Sport levert dat in de Benelux een zodanige inbreuk op dat de kortgedingrechter bepaalt dat Footasylum de kleding uit haar KINGS WILL DREAM-collectie – met daarop het teken/logo KWD (met kroontje) – niet langer in de Benelux op de markt mag brengen. Dat geldt ook voor de verkoop/aanprijzing via internet of social media.

www.rechtspraak.nl, 29 oktober 2019,
ECLI:NL:RBGEL:2019:5300

Logo van KWD Sport

Logo van Footasylum

Arrest

Arrest Springende roofkat
Hof van Justitie van de Europese Gemeenschappen, 11 november 1997, zaak C251/95, ECLI:EU:C:1997:528

Feiten
De belangrijkste vraag waar het in het merkenrecht meestal om gaat is: lijken twee merken wel of niet teveel op elkaar. In deze zaak ging het om een Nederlandse onderneming Sabel die zijn beeldmerk in het Duitse merkenregister wilde inschrijven. Een Duitse onderneming probeerde dit te ver-

hinderen en stelde dat de beide merken door het publiek teveel zouden worden geassocieerd. Lijkt de 'springende roofkat' die de Nederlandse onderneming gebruikt, te veel op het poema-beeldmerkje van het Duitse Puma?

Hof van Justitie
'Het criterium 'gevaar voor verwarring, inhoudende de mogelijkheid van associatie met het oudere merk'… moet aldus worden uitgelegd, dat gevaar voor verwarring in de zin van deze bepaling niet reeds aanwezig kan worden geacht, indien het publiek twee merken wegens hun overeenstemmende begripsinhoud met elkaar zou kunnen associëren'.

Toelichting
Het feit dat het publiek bij het zien van de springende roofkat van Sabel mogelijk een associatie heeft met die andere springende roofkat van Puma is niet voldoende om merkinbreuk aan te nemen. Associatiegevaar is op zichzelf onvoldoende om van verwarringsgevaar te kunnen spreken.

Er is 'overeenstemmend teken' als het publiek tussen beide waren of diensten een verband legt, beide met elkaar verwart. Verwarringsgevaar is op drie verschillende terreinen mogelijk:
- visueel: hoe ziet het eruit?
- auditief: hoe spreekt men het uit?
- begripsmatig: welke betekenis gaat erachter schuil?

16.2.19 Overeenstemmende tekens

Merkartikelen hebben het niet altijd makkelijk in het schap van de winkel. Steeds vaker worden ze omringd door goedkopere producten die uiterlijk nauwelijks van het A-merk zijn te onderscheiden. De fabrikanten van merkartikelen doen dan ook geregeld een beroep op de rechter om hun merkenrecht te beschermen.

Er is sprake van overeenstemming tussen twee merken, wanneer verwarring bij het publiek zou kunnen ontstaan. Deze verwarring kan voor het publiek op verschillende wijzen ontstaan, waarbij de merken auditief, visueel en begripsmatig op elkaar lijken. De rechter kijkt niet naar één aspect maar naar de totale indruk die de merken bij het publiek achter laten.

Overeenstemming in klank: Tric-Trak, Claeryn-Klarein, Raak-Raket.
Overeenstemming in betekenis: Pang-Knal, Sun-Soleil.
Overeenstemming woord met afbeelding: afbeelding haas-afbeelding langoor.

Arrest

Arrest Claeryn-Klarein
Benelux Gerechtshof 1 maart 1975, ECLI:NL:XX:1975:AB3388

Feiten
Nv Koninklijke Distilleerderijen Erven Lucas Bols zijn rechthebbenden op het merk Claeryn voor jonge jenever. Op een gegeven moment kwam Colgate-Palmolive bv met een schoon-

maakmiddel op de markt, een zogenaamde allesreiniger, onder de naam Klarein. In de rechtszaak die volgde tussen Bols en Colgate ging het om de vraag of een merk ook bescherming kan bieden tegen ongelijksoortige waren die op de markt worden gebracht onder overeenstemmend teken.

Benelux Gerechtshof
(...) dat door het gebruik van het merk of overeenstemmend teken voor een bepaalde andere soort van waren dan die waar voor het merk is ingeschreven, de aantrekkingskracht van het merk voor laatstbedoelde soort van waren vermindert, zulks doordat die andere soort van waren – al appelleert zij op zichzelf niet negatief aan de zintuigen van het publiek – op zodanige wijze aan die zintuigen appelleert dat het merk voor de soort van waren waarvoor het is ingeschreven, wordt getroffen in zijn kooplust opwekkend vermogen.

Toelichting
Het publiek raakt echt niet in verwarring door het 'onbekende' merk Klarein voor een schoonmaakmiddel. Het valt nauwelijks te verwachten dat het publiek bij het drinken van de jenever een associatie met een schoonmaakmiddel zou hebben. Maar schade kan ook bestaan uit aantasting van het kooplustopwekkend vermogen van het bekende merk.

16.3 Schade

De merkhouder heeft een aantal geduchte wapens om merkinbreuken te bestrijden. Hij kan:
a. schadevergoeding eisen (art. 2.21, lid 1 BVIE);
b. naast schadevergoeding afdracht eisen van de genoten winst (art. 2.21, lid 4 BVIE);
c. de inbreukmakende goederen en de productiemiddelen waarmee inbreuk is gemaakt opvorderen, of eisen dat die goederen vernietigd worden (art. 2.21, lid 3 BVIE);
d. degeen die inbreuk heeft gemaakt verplichten gegevens te verstrekken over de herkomst van de inbreukmakende goederen (art. 2.22, lid 4 BVIE).

De merkhouder hoeft niet concrete schade aan te tonen. Het is voldoende dat de mogelijkheid van schade aannemelijk is. De mogelijke schade kan bestaan uit het gevaar voor verwarring bij het publiek of uit het financieel profiteren van de bekendheid van het merk van de merkhouder.

De derde kan zich tegenover de merkhouder beroepen op een 'geldige reden'. Er moet voor de derde werkelijk een noodzaak bestaan om het merk te gebruiken, zodat in redelijkheid van hem niet kan worden gevergd dat hij het merk niet zou gebruiken.

Een geldige reden is bijvoorbeeld het gebruik van een automerk wanneer een onderneming onderdelen van dat merk verkoopt. Daarmee wordt namelijk in een behoefte voorzien en bij het verhandelen van dit soort onderdelen is vermelding van de bestemming nu eenmaal noodzakelijk. Dat gaat niet zó ver dat een onderneming op deze manier de indruk mag wekken een officiële dealer te zijn, als dat niet werkelijk het geval is.

16.4 Sterk en zwak merk

Door merkendeskundigen wordt het onderscheid gemaakt tussen een sterk en zwak merk. Naarmate het onderscheidend vermogen groter is – dus wanneer van een sterk merk kan worden gesproken –, zal de beschermingsomvang van het merk toenemen. Een zwak merk is een merk met weinig onderscheidend vermogen. Meestal bestaat zo'n merk uit een verwijzing naar de aard van de waar of naar een bepaald aspect daarvan. Een sterk merk is een merk dat goed te verdedigen is tegen inbreuken van derden.

Naarmate een merk sterker is, moeten jongere merken daarvan meer afstand houden. Op die manier is de beschermingsomvang van een merk groter als het merk sterker is. In dit geval zal de herinneringswaarde bij het publiek groter zijn, en dus ook het gevaar voor associatie met een gelijkend teken. In de praktijk zijn de volgende (niet uitsluitend juridische) criteria ontwikkeld:
- registreerbaarheid;
- leesbaarheid;
- uitspreekbaarheid;
- herinneringswaarde;
- visualiseerbaarheid;
- toepasbaarheid taalgebieden;
- originaliteit.

16.5 Wereldmerk

Als een merkhouder in Nederland een merk deponeert, heeft hij alleen in de Benelux rechtsbescherming. Wil hij in andere landen waarnaar hij exporteert ook bescherming van zijn merk, dan dient hij ook in die landen afzonderlijk zijn identiek merk te deponeren. Via het Benelux-Bureau voor de Intellectuele Eigendom kan men ook een zogenaamd wereldmerk verkrijgen. Dat wil zeggen dat men door één aanvraag een identiek eigen merkenrecht in een groot aantal landen heeft gedeponeerd. Meer dan 110 landen binnen en buiten Europa zijn bij het Verdrag van Madrid aangesloten. Hieronder vallen ook grote economieën zoals de Verenigde Staten, China, India en Japan. Een internationaal merk wordt geregistreerd door de World Intellectual Property Organization (WIPO) in Genève.

16.5.1 Europees merk

Een mogelijkheid voor een uniforme merkenbescherming in alle landen van de Europese Unie is het Europees merk. Dit merk wordt verkregen door deponering bij het Bureau voor intellectuele eigendom van de Europese Unie (EUIPO) in Alicante, Spanje. Een depot is tien jaar geldig, kan worden vernieuwd en elke tien jaar verlengd. Een merkhouder met een Benelux-merkenrecht kan, ook al heeft hij al een heel oud merk, zijn merk laten registreren bij het EUIPO. Een aanvraag wordt door het EUIPO onderzocht. Er wordt gekeken naar de formele vereisten en of het merk in een van de landen van de Europese Unie al is gedeponeerd door iemand anders. Het EUIPO maakt gebruik van de bij de nationale merkenbureaus geregistreerde gegevens. Als de aanvraag niet wordt afgewezen, wordt ze gepubliceerd in het officiële publicatieblad van het EUIPO. Binnen een periode van drie maanden nadat de aanvraag is gepubliceerd kunnen derden die menen rechten te hebben op het merk een oppositieprocedure starten.

Als er binnen de Europese Unie al een identiek of een soortgelijk merk bestaat, wordt het verzoek om een europeesmerk door het EUIPO afgewezen. Dat betekent dat, als een ondernemer een merk bij het Benelux-Bureau voor de Intellectuele Eigendom laat registreren, hij voorkomt dat een concurrent door middel van een europeesmerk de hele Europese exportmarkt blokkeert. Als oppositie uitblijft of wordt afgewezen, dan wordt het europeesmerk in het register van het EUIPO inschreven, waardoor men automatisch een europeesmerk krijgt binnen alle landen van de Europese Unie. Het europeesmerk geeft de merkengerechtigde het recht derden te verbieden een identiek of soortgelijk merk te gebruiken zonder diens toestemming in alle landen van de Europese Unie.

Arrest LEGO-blokjes
Hof van Justitie van de Europese Gemeenschappen,
12 november 2008, zaak T–270/06, ECLI:EU:T:2010:494

Feiten
De Deense fabrikant van speelgoedblokjes had octrooi op die blokjes. Dat octrooirecht op het LEGO bouwsysteem kwam na 20 jaar in 1978 wereldwijd te vervallen.

In 1996 heeft LEGO een Europese aanvrage gedaan om de vorm van haar driedimensionale rode steentje ingeschreven te krijgen als merk voor onder meer bouwspellen. Direct daarna begon de bekende concurrent Mega Brands een procedure voor het Europees Merkenbureau in Alicante (OHIM) om dit merk nietig te verklaren. Mega Brands was van mening dat het LEGO-steentje uitsluitend bestond uit een vorm die noodzakelijk was om een technische uitkomst te verkrijgen.

HET GERECHT VAN EERSTE AANLEG
"functionele vormen op zich niet worden uitgesloten van inschrijving als merk, maar alleen tekens die „uitsluitend" bestaan uit de vorm van de waar die „noodzakelijk" is om een technische uitkomst te verkrijgen. Een vorm valt dus slechts onder deze bepaling wanneer hij geen niet-functionele kenmerken bezit en het uiterlijke voorkomen ervan niet kan worden gewijzigd wat de onderscheidende kenmerken ervan betreft zonder dat de vorm zijn functionele karakter verliest."

Toelichting
Het Gerecht van Eerste Aanleg is van mening dat de vorm van het LEGO-blokje niet voor merkbescherming in aanmerking komt. Volgens het Europese merkenrecht kunnen namelijk vormen die noodzakelijk zijn voor het verkrijgen van een bepaalde technische uitkomst niet als merk worden ingeschreven. De vorm is dus helemaal technisch bepaald.

De vorm van producten (of verpakking daarvan) kan onder bepaalde voorwaarden een merk zijn. Het is echter niet eenvoudig om de vorm van een product als een merk geregistreerd te krijgen, omdat de vorm, die uitsluitend door de aard van de waar bepaald wordt, die noodzakelijk is om een technische uitkomst te verkrijgen of die een wezenlijke waarde aan de waar geeft, niet als rechtsgeldig merk zal worden beschouwd. Dit leidt er in de praktijk toe dat vormen van waren (of verpakkingen) die gedeponeerd worden om ingeschreven te worden als merk, zelden door het merkenbureau worden erkend. Concurrenten zoals Mega Brands mogen dus speelgoedblokjes maken die passen op die van LEGO en er als LEGO-blokjes uitzien.

16.6 Overgang en licentie

Het merkenrecht kan vrij worden verkocht en in licentie gegeven (art. 2.31 BVIE). Overdracht of in licentie geven van een merkenrecht moet schriftelijk gebeuren (art. 2.31 BVIE). De overdracht moet, wil men het merkenrecht gebruiken ten opzichte van derden, worden ingeschreven in het register van het Benelux-Bureau voor de Intellectuele Eigendom (art. 2.33 BVIE).

16.7 Bescherming van design

Het tekeningen- en modellenrecht kan design (vormgeving) van gebruiksvoorwerpen beschermen. Design geeft vorm aan gebruiksvoorwerpen. Als een product met een gebruiksfunctie een nieuw uiterlijk krijgt, kan het als 'tekening' of 'model' worden beschermd volgens het Benelux-Verdrag inzake de Intellectuele Eigendom.

Een tekening of model is het uiterlijk van een voortbrengsel of een deel ervan dat nieuw is en een eigen karakter heeft. Dit uiterlijk wordt bepaald door bijvoorbeeld de kleur, de vorm of het materiaalgebruik van het gebruiksvoorwerp.

Het komt regelmatig voor dat ontwerpers van toegepaste kunst, zoals lampen, kleding, meubels, serviezen, speelgoed en vazen, worden geconfronteerd met plagiaat. Als een stoel of lamp bij het publiek in de smaak valt, is het heel aantrekkelijk om dit object zo exact mogelijk te kopiëren en voor een lagere prijs te verkopen. Een ontwerp bedenken vergt een grote investering van tijd en geld. Een bestaand gebruiksvoorwerp klakkeloos namaken is betrekkelijk gemakkelijk en zeer winstgevend. De Auteurswet biedt ontwerpers de mogelijkheid om op te treden als hun ontwerpen worden nagemaakt. Iemand die iets origineels en oorspronkelijks maakt, heeft daarvoor in beginsel auteursrechtelijke bescherming. Naast originaliteit wordt echter wel een kunstzinnig streven gevraagd. Iemand moet geprobeerd hebben er iets bijzonders van te maken. Naast de Auteurswet bestaat als extra bescherming voor vormgevers van gebruiksvoorwerpen het Benelux-Verdrag inzake de Intellectuele Eigendom.

16.7.1 Tekeningen en modellenrecht

Een tekening of model is het uiterlijk van een voortbrengsel of een deel ervan dat nieuw is en een eigen karakter heeft (art. 3.1 BVIE). Het uiterlijk wordt afgeleid uit de kenmerken van met name de lijnen, de omtrek, de kleuren, de vorm, de textuur of de materialen van het voortbrengsel zelf of de versiering ervan. Onder voortbrengselen worden zowel op industriële als op ambachtelijke wijze vervaardigde voorwerpen verstaan. Onder tekening wordt verstaan: een vorm in twee dimensies, zoals patronen van weefsels en behang. Een model is een vorm in drie dimensies.

De bescherming strekt zich ook uit naar het uiterlijk van een product dat niet origineel, maar wel nieuw is. Onder 'origineel' wordt dan verstaan dat het ontwerp het stempel van de maker draagt, een eigen karakter heeft. Materiaal of constructie wordt niet beschermd.

Modellenbescherming betreft de nieuwe uiterlijke vormgeving van een gebruiksvoorwerp. We spreken daarbij meestal van siermodellen. Het uiterlijk dient zich te onderscheiden van het uiterlijk van andere gebruiksvoorwerpen van dezelfde soort.

Een model wordt als nieuw beschouwd wanneer, op de datum waarop uw depot is verricht geen identiek (te weten een model waarvan de kenmerken slechts in onbelangrijke details van het model verschillen) model voor het publiek beschikbaar is gesteld (art. 3.3 BVIE).

Voor de beoordeling van de nieuwheid en het eigen karakter wordt een model geacht voor het publiek beschikbaar te zijn gesteld, indien deze is gepubliceerd na inschrijving of op andere wijze, of is tentoongesteld, in de handel is gebracht of anderszins openbaar is gemaakt, tenzij deze feiten bij een normale gang van zaken redelijkerwijs niet ter kennis konden zijn gekomen van ingewijden binnen de Europese Unie (art. 3.3, lid 3 BVIE). Bekendmaking aan een derde onder voorwaarde van geheimhouding wordt dus niet als beschikbaarstelling aan het publiek aangemerkt.

Een model wordt geacht een eigen karakter te hebben wanneer de algemene indruk die deze bij de geïnformeerde gebruiker wekt, verschilt van de algemene indruk die bij die gebruiker wordt gewekt door modellen die voor het publiek beschikbaar zijn gesteld vóór de datum van depot (art. 3.4 BVIE).

16.7.2 Model of tekening registreren
Het recht op bescherming wordt verkregen door deponering van tekeningen en/of modellen (meestal foto's) bij het Benelux-Bureau voor de Intellectuele Eigendom. Iedereen die zijn ontwerp tegen inbreuken beschermd wil zien moet dit, voordat het op de markt komt, deponeren.

Indien men niet tijdig deponeert, krijgt men geen modelrecht en kan ook in het algemeen geen beroep op art. 6:162 BW worden gedaan.

Een modelinschrijving is vijf jaar geldig, te rekenen vanaf de depotdatum. De inschrijving kan met vier achtereenvolgende periodes van vijf jaar worden verlengd (art. 3.14 BVIE). De maximale beschermingsduur is dus 25 jaar.

Na inschrijving wordt het model gepubliceerd in het online Benelux-Modellenregister, gratis toegankelijk via www.boip.int.

16.7.3 Rechthebbende
Rechthebbende op het model is degene die het model als eerste deponeert (art. 3.5 BVIE). Dat betekent dat de ontwerper niet per se rechthebbende is. In een werkgeverwerknemerverhouding komt het recht toe aan de werkgever als het model door de werknemer in de uitoefening van zijn functie is ontworpen (art. 3.8 BVIE). Wanneer er geen sprake is van een dergelijke verhouding, is de ontwerper rechthebbende.

Als het model op bestelling is ontworpen, komt het recht toe aan de opdrachtgever als de opdracht werd gegeven met het oog op gebruik van het model in handel of nijverheid (art. 3.8, lid 2 BVIE). In de overeenkomst moet dan altijd worden opgenomen dat alle rechten op het model aan de opdrachtgever toekomen.

16.7.4 Rechten

Op grond van zijn uitsluitend recht op een tekening of model kan de houder daarvan zich verzetten tegen elke vervaardiging, invoer, verkoop, te koop aanbieden, verhuur, te huur aanbieden, tentoonstellen, levering, gebruik of in voorraad hebben voor een van deze doeleinden (art. 3.16, lid 1 BVIE). Dergelijke handelingen zijn verboden als ze worden verricht voor industriële en commerciële doeleinden, dus niet als ze plaatsvinden voor instructieve of documentaire doeleinden of voor privégebruik. Van het recht kan al gebruik worden gemaakt vanaf de deponering en vóór de publicatie (art. 3.13, lid 1 BVIE). De rechthebbende kan stopzetting eisen en schadevergoeding, het laatste echter alleen vanaf de datum van de publicatie.

16.7.5 Overdracht

Een modelrecht kan worden overgedragen (art. 3.25 BVIE). Daarvoor is een schriftelijke akte vereist. Bovendien moet de overdracht betrekking hebben op het gehele Beneluxgebied. Wordt niet aan deze eisen voldaan, dan is de overdracht nietig. Een overdracht moet worden ingeschreven in het Beneluxregister om werking tegenover derden te hebben.

16.7.6 Ingeschreven- en niet ingeschreven gemeenschaps model

Het is mogelijk om het uiterlijk van een product dat nieuw is en een eigen karakter heeft voor heel Europa te registreren als gemeenschapsmodel. Een ingeschreven Gemeenschapsmodel is in eerste instantie vijf jaar geldig vanaf de datum van indiening en kan in blokken van vijf jaar vernieuwd worden tot een maximum van 25 jaar. Het ingeschreven gemeenschapsmodel verschaft de houder een exclusief recht om het model te gebruiken (waaronder wordt verstaan het vervaardigen, aanbieden, in de handel brengen, verkopen, leveren, verhuren, invoeren, uitvoeren, tentoonstellen, gebruiken of in voorraad hebben voor een van deze doeleinden) en om derden te verbieden het zonder zijn toestemming te gebruiken.

Dit type modelrecht wordt verkregen door inschrijving bij het Bureau voor intellectuele eigendom van de Europese Unie (EUIPO) dat is gevestigd in Alicante (Spanje).

Een niet-ingeschreven Gemeenschapsmodel krijgt bescherming voor een periode van drie jaar vanaf de datum waarop het model voor het eerst beschikbaar kwam voor het publiek binnen het grondgebied van de Europese Unie. Na drie jaar kan de bescherming niet verlengd worden.

16.8 Concurrentie

Het imiteren van producten van de concurrent is naar Nederlands recht toegestaan, zelfs als het die concurrent schade toebrengt. Buiten het intellectuele-eigendomsrecht bestaat er een grote mate van vrijheid in de handel. In beginsel kan een ondernemer een succesvol product van een concurrent kopiëren en goedkoop in de handel brengen zolang dit product niet door een intellectueel eigendomsrecht wordt beschermd.

16.9 Onrechtmatige daad en slaafse nabootsing

Als bescherming op grond van octrooi of modelrecht niet mogelijk is, kan soms art. 6:162 BW uitkomst bieden. Via dit onrechtmatigedaadsartikel kan slaafse nabootsing van andermans producten worden verboden. Dit is alleen mogelijk indien bij het publiek verwarring kan ontstaan omtrent de herkomst van het product en deze verwarring had kunnen worden voorkomen door, zonder afbreuk te doen aan deugdelijkheid en bruikbaarheid, het product een ander uiterlijk te geven. Dus navolging is toegelaten indien deze nodig is om het eigen product dezelfde deugdelijkheid en bruikbaarheid te geven als het nagevolgde product.

16.10 Licentie

Een licentie houdt in dat de houder van een intellectueel eigendomsrecht ten opzichte van degene aan wie de licentie gegeven wordt, afziet van het inroepen van zijn exclusieve intellectuele eigendomsrechten. Dat wil zeggen dat de licentienemer van zijn licentiegever geen rechtsmaatregelen te duchten heeft, meestal als daarbij nog aan een aantal beperkende voorwaarden is voldaan. De licentiegever verbindt zich ten opzichte van de licentienemer zijn uitsluitende rechten niet in te roepen tegen de licentienemer.

16.10.1 Contract
De licentie met de bijbehorende voorwaarden wordt meestal in een schriftelijke overeenkomst (contract) opgenomen, die als bewijs dient voor de aangegane licentieovereenkomst. Wat dient het licentiecontract te bevatten? Behalve dat bij enkele intellectuele eigendomsrechten de schriftelijke vorm is voorgeschreven, dient zij aan de normale aan een overeenkomst te stellen eisen te voldoen.

16.11 Handelsnaam

De naam van een onderneming wordt in Nederland beschermd zonder dat daarvoor enige inschrijving nodig is. Het recht op een handelsnaam ontstaat doordat deze in het handelsverkeer wordt gebruikt. Onder handelsnaam verstaat de Handelsnaamwet 'de naam waaronder een onderneming wordt gedreven' (art. 1 Handelsn.w.). Het kan een eigen naam zijn of een fantasienaam, als er bij het gebruik van die naam bij het publiek maar geen verwarring ontstaat in vergelijking met andere ondernemingen. Een onderneming die een bepaalde handelsnaam als eerste gebruikt, wordt beschermd tegen het gebruik van die naam door andere ondernemingen. Deze bescherming houdt met name in dat het anderen verboden is een handelsnaam te voeren die tot verwarring aanleiding kan geven.

16.11.1 Bescherming van een handelsnaam

Zodra een ondernemer een handelsnaam gaat gebruiken, wordt hij daarop rechthebbende en kan hij bezwaar maken tegen een later gebruik van dezelfde naam door andere ondernemers. Ook geringe afwijkingen van namen zijn niet toegestaan. Tevens is het verboden een handelsnaam te voeren die een merk bevat waarop een ander rechten heeft. Het gaat in dit geval dus om de bescherming van een bestaand merk tegen een jongere handelsnaam. Behalve die bescherming van de ondernemer tegen concurrenten wil de Handelsnaamwet ook verwarring voorkomen bij het publiek. De handelsnaam moet zodanig worden gevoerd dat hij voor het publiek herkenbaar is. Met name door deze laatste doelstelling wordt een ondernemer beperkt in zijn vrijheid een handelsnaam te kiezen.

Hoewel handelsnamen eigenlijk automatisch bescherming genieten, is het zeer aan te bevelen de naam (of het belangrijkste element daaruit) tevens als merk te laten inschrijven, omdat dit de bescherming vergroot.

Voorbeeld

Iemand in Drenthe begon in 1980 een Enkabesupermarkt onder zijn eigen naam Albert Hein. De grote Albert Heijn (Ahold uit Zaanstad) heeft gebruik gemaakt van zijn recht om actie te ondernemen, omdat hij reeds lang deze handelsnaam voert. Bovendien is Albert Heijn gerechtigde op het beeldmerk AH en heeft dit bedrijf het woordmerk Albert Heijn voor een groot aantal waren gedeponeerd. De Handelsnaamwet gaat zo ver dat het gebruik van een eigen naam voor een eigen onderneming op grond van deze wet kan worden verboden.

16.11.2 Oorzaken van verwarring

De wettelijke regeling beoogt de volgende misverstanden bij het publiek te voorkomen:
a. Verwarring omtrent de eigenaar (art. 3 Handelsn.w.). De eigenaar van een onderneming mag geen handelsnaam voeren die de indruk zou kunnen wekken dat een ander, die niets met de onderneming te maken heeft, (mede)eigenaar zou zijn.
b. Verwarring omtrent de rechtsvorm (art. 4 Handelsn.w.). Ontoelaatbaar is het voeren van een naam die een onjuist beeld geeft van de juridische ondernemingsvorm.
c. Verwarring met een andere onderneming (art. 5 Handelsn.w.). Het is verboden een handelsnaam te voeren die reeds door een ander rechtmatig werd gevoerd of die van diens handelsnaam slechts in geringe mate afwijkt. Dit verbod geldt echter slechts voor zover verwarring bij het publiek te duchten valt door de aard van de beide ondernemingen of de plaats waar ze gevestigd zijn.
d. Verwarring met een merk (art. 5a Handelsn.w.). Het is verboden een handelsnaam te voeren die een merk bevat waarop een ander recht heeft of die van dat merk slechts in geringe mate afwijkt.
e. Misleiding van het publiek (art. 5b Handelsn.w.). Behalve de verwarring stichtende namen verbiedt de Handelsnaamwet ook het voeren van een misleidende naam, die een onjuiste indruk geeft van de onder die naam gedreven onderneming.

> **Voorbeeld**
>
> C&A was een handelsnaam van een transportbedrijf. Het voeren van die naam op containers voor vuilafvoer is onrechtmatig jegens C&A Brenninkmeijer.

Linq is Link

AMSTERDAM - Advocatenkantoor Linq Advocaten moet stoppen met het voeren van haar handelsnaam, omdat die inbreuk maakt op de handelsnaam van advocatenkantoor Link Advocaten Coöperatief U.A. De rechter oordeelde dat de namen van de advocatenkantoren voor verwarring (kunnen) zorgen, omdat zij precies hetzelfde klinken en ook visueel sterk op elkaar lijken. Daar komt bij dat beide kantoren het woord 'Advocaten' achter hun naam hebben staan. Verder komen veel cliënten bij Link terecht via internet, waardoor Link een landelijke praktijk heeft en het werkgebied van Link overlapt met het werkgebied van Linq, gevestigd in Roermond. Daarnaast voeren beide advocatenkantoren een (personen-), familie- en erfrechtpraktijk, hetzij Linq voor een klein deel.

www.rechtspraak.nl, 21 maart 2018,
ECLI:NL:RBAMS:2018:1687

16.11.3 Rechtshandhaving

Een belanghebbende die door het ten onrechte voeren van een handelsnaam wordt benadeeld, kan daartegen juridische stappen ondernemen op grond van art. 6:162 BW. Iedere belanghebbende kan zich ook bij verzoekschrift tot de kantonrechter wenden met het verzoek degene die de verboden handelsnaam voert te veroordelen deze naam zo te wijzigen dat de onrechtmatigheid wordt opgeheven (art. 6 Handelsn.w.). De rechter kan voor het geval zijn bevel niet wordt opgevolgd een dwangsom opleggen. Het voeren van een handelsnaam in strijd met de Handelsnaamwet is ook strafrechtelijk gesanctioneerd; het is een overtreding (art. 7 Handelsn.w.).

16.12 Domeinnamen

Een domeinnaam is een naam waaronder een website of een emailadres op het internet te vinden, respectievelijk bereikbaar is. Het is tegelijkertijd een naam en een adres. De.nl-domeinnamen worden geregistreerd door de Stichting Internet Domein Registratie Nederland. Een.nl-domeinnaam kan uitsluitend via een Nederlandse internetprovider worden aangevraagd, ten behoeve van een in Nederland gevestigde onderneming. Domeinnamen worden geregistreerd en uitgegeven volgens het principe 'wie het eerst komt, die het eerst maalt' en dus niet op basis van het feit welke onderneming de oudste handelsnaam of het oudste merk heeft. In de rechtspraak staat inmiddels vast dat het niet is toegestaan de handelsnaam of het merk van een andere onderneming als domeinnaam te gebruiken. Dit gebruik wordt door de rechters onder de wettelijke definities van inbreuk op een merk of handelsnaam gebracht.

16.13 Piraterij

Onder piraterij wordt verstaan het nabootsen of volledig namaken van de producten van anderen. De risicovolle ontwikkelingsfase van het product kan worden overgeslagen en zonder noemenswaardige inspanningen en investeringen kan worden geprofiteerd van ideeën en marktstrategieën die hun waarde inmiddels hebben bewezen. Piraterij is een lucratieve bezigheid. De meeste vormen van piraterij zijn ongeoorloofd en kunnen in beginsel met de gebruikelijke juridische middelen worden bestreden: verbod met dwangsom in kort geding en een actie tot schadevergoeding. De Anti Piraterij Verordening geeft de merkhouder en modelgerechtigde aanvullende mogelijkheden op civiel- en strafrechtelijk terrein om merken- en modelpiraterij aan te pakken. De verordening geeft de rechthebbende het recht om in eigendom op te vorderen niet alleen de namaakproducten zelf, maar ook de productiemiddelen die voor de vervaardiging van de producten zijn gebruikt.

Begrippenlijst

Auditief merk	Een merk dat waarneembaar is via geluid. Hoe het merk klinkt.
Beeldmerk	Een merk met figuratieve elementen.
Classificatie	Het geheel van 45 klassen voor waren en diensten.
Certificeringsmerk	Merken waarvan de waren of diensten door de houder van het merk worden gecertificeerd met betrekking tot één of meer kenmerken en die kunnen worden onderscheiden van andere waren of diensten die niet als zodanig zijn gecertificeerd.
Collectief merk	Een merk dat door meerdere ondernemingen gezamenlijk voor dezelfde waren of diensten wordt gebruikt.
Dienstmerk	Een merk dat verschillende diensten van een onderneming onderscheidt.
Design	Industriële vormgeving.
Domeinnaam	De naam van een onderneming op het internet.
Europees merk	Eén merk dat in één keer wordt aangevraagd en dat geldt in de meeste landen van de Europese Unie.
Gemeenschapsmerk	Een merk dat in één keer bescherming biedt voor alle landen van de Europese Unie.
Handelsnaam	De naam van een onderneming die deze gebruikt in het handelsverkeer.
Individueel merk	Het individuele merk is de gewone vorm van een merk en wordt door een onderneming gebruikt om de eigen waren en/of diensten te onderscheiden van die van andere ondernemingen.
Inschrijven	Het inschrijven van een merk of model in het daartoe relevante register.
Merk	Een teken om producten of diensten van een onderneming te onderscheiden.
Merkenrecht	Het geheel van wetgeving en jurisprudentie dat de rechten op een merk bepaalt.

Merkhouder	Degene op wiens naam het merk is ingeschreven in het officiële register.
Modelrecht	Het modelrecht beschermt het nieuwe uiterlijk van gebruiksvoorwerpen.
Onderscheidend vermogen	Het begrip dat wordt gebruikt om te bepalen of merken niet teveel op elkaar lijken.
Slaafse nabootsing	Als de nabootsing onnodig tot verwarring bij het publiek kan leiden.
Sterk merk	Een merk met veel onderscheidend vermogen.
Wereldmerk	Eén merk dat in één keer wordt aangevraagd en dat geldt in de meeste geïndustrialiseerde landen van de wereld.
Woordmerk	Een merk met een serie letters of cijfers. Deze letters en cijfers staan allemaal achter elkaar.
Visueel merk	Een merk dat met de ogen waarneembaar is. Hoe het merk eruit ziet.
Vormmerk	De vorm van een product kan als merk worden gebruikt.
Zwak merk	Een merk met weinig onderscheidend vermogen.

Vragen

Meerkeuzevragen

1. Malawa is afkomstig uit Oost-Afrika en heeft sinds kort een minisupermarkt met Afrikaanse delicatessen. Zijn winkel is genaamd Jambo wat 'hallo' in Swahili betekent.
De bekende supermarktketen Jumbo wil een rechtszaak tegen Malawa's winkel aanspannen, omdat zij vinden dat de naam Jambo te veel lijkt op Jumbo. De naam Jumbo is geregistreerd als merkrecht.
    a. Op grond van welke regeling zullen zij hun vordering baseren?
        A. Handelsnaamwet;
        B. Benelux-Verdrag betreffende de intellectuele eigendom;
        C. Handelsnaamwet en het Benelux-Verdrag betreffende de intellectuele eigendom;
        D. Handelsnaamwet, het Benelux-Verdrag betreffende de intellectuele eigendom en de Auteurswet.
    b. Malawa heeft geen geld en tijd om een juridische procedure te voeren. Welke actie moet Malawa dan ondernemen zodat hij door kan blijven doorgaan met zijn Afrikaanse delicatessen?
        A. Malawa moet ervoor zorgen dat zijn producten niet lijken op die van de Jumbo;
        B. Malawa moet zijn minisupermarkt verhuizen naar een winkel zo ver mogelijk van een Jumbo supermarkt;
        C. Malawa moet Jambo als merk laten registeren voor Afrikaanse delicatessen;
        D. Malawa moet de naam van zijn winkel zo snel mogelijk veranderen, zodat het niet meer lijkt op die van Jumbo.

2. Wat betekent het inschrijven van een merk?
    a. Inschrijven in het handelsregister;
    b. Inschrijven in het register van de Ondernemingskamer;
    c. Inschrijven in het Benelux Merkenregister;
    d. Inschrijven in het auteursregister.

3. Wat kan een rechthebbende bij merkinbreuk met succes eisen?
    a. Alleen maar schadevergoeding;
    b. Schadevergoeding en doorhaling in het merkenregister;
    c. Alleen maar doorhaling in het merkenregister;
    d. Schadevergoeding, afdracht van de genoten winst en doorhaling in het merkenregister.

4. Welke van de onderstaande stellingen is of zijn juist?
   Stelling:
   I Het Benelux-Bureau voor de Intellectuele Eigendom moet ieder merk accepteren en inschrijven.
   II Een merk met een te weinig onderscheidend vermogen moet het Benelux-Bureau voor de Intellectuele Eigendom inschrijving weigeren.
   a. I en II zijn juist;
   b. I is juist, II is onjuist;
   c. I is onjuist, II is juist;
   d. I en II zijn onjuist.

5. Hoe wordt een merk met een groot onderscheidend vermogen ook wel genoemd?
   a. Een sterk merk;
   b. Een visueel merk;
   c. Een auditief merk;
   d. Een alternatief merk.

6. Softy bv heeft ontdekt dat een andere onderneming inbreuk maakt op het door haar gedeponeerde merk door onder de naam Softo een nieuwe computer op de markt te brengen. De rechter zal zonder twijfel Softy in een juridische procedure in het gelijk stellen. Softy beraadt zich echter nog over de juridische mogelijkheden die het Benelux-Verdrag inzake de Intellectuele Eigendom de merkhouder in dit verband biedt. Wat kan Softy op grond van deze wet eisen van Softo?
   a. Verbod op het gebruik van het teken Softo;
   b. Inbeslagname van inbreukmakende voorwerpen;
   c. Afdracht van de met de inbreuk gemaakte winst door Softo;
   d. Alle bovengenoemde alternatieven zijn juist;

7. Wat zijn de twee belangrijkste vereisten voor een geldige modelregistratie?
   a. Nieuw en eigen karakter;
   b. Nieuw en eigen vormgeving;
   c. Nieuw en drie dimensionaal;
   d. Nieuw, twee- en drie dimensionaal.

8. Wat is het verschil tussen een merknaam en een handelsnaam?
   a. Er is geen verschil, beide identificeren de onderneming;
   b. Er is geen verschil, beide identificeren de oorsprong van goederen en diensten;
   c. Een merknaam identificeert de onderneming, een handelsnaam identificeert de goederen en diensten;
   d. Een merknaam identificeert goederen en diensten, een handelsnaam identificeert de onderneming zelf.

9. Welke van de onderstaande stellingen is of zijn juist?
   Stelling:
   I   De Handelsnaamwet gaat niet zo ver dat het gebruik van een eigen naam voor een eigen onderneming op grond van deze wet kan worden verboden.
   II Het voeren van een handelsnaam in strijd met de Handelsnaamwet is (onder meer) strafrechtelijk gesanctioneerd en levert een overtreding op.
   a. I en II zijn juist;
   b. I is juist, II is onjuist;
   c. I is onjuist, II is juist;
   d. I en II zijn onjuist.

10. Wie is, behoudens uitzonderingen, de rechtmatige houder van een merkrecht?
    a. Degene die het merk het eerst gebruikt (heeft);
    b. Degene die het merk het eerst heeft ingeschreven in het register;
    c. Degene die zich het eerst verzet heeft tegen inbreuk op zijn merk door een concurrent;
    d. Geen der alternatieven is juist.

11. De bekende speelgoedonderneming Lego had een octrooi op de bekende legoblokjes, maar dat is inmiddels verstreken. Het bedrijf probeerde zijn ontwerp via het Europese merkenrecht nog langer te beschermen.
    Uit een persbericht van het Hof van Justitie:

    Het Legoblokje kan niet als gemeenschapsmerk worden ingeschreven

    Het betreft een teken dat uitsluitend bestaat uit de vorm van de waar die noodzakelijk is om een technische uitkomst te verkrijgen

    ...

    Op 1 april 1996 heeft Lego, een Deense fabrikant van spellen, bij het BHIM (Bureau voor Harmonisatie binnen de Interne Markt) een aanvraag tot inschrijving van een rood speelbouwblokje als gemeenschapsmerk ingediend. Het BHIM heeft aanvankelijk het betrokken merk ingeschreven. Op verzoek van Mega Brands, die speelblokken met dezelfde vormen en afmetingen als die van Lego produceert, heeft de nietigheidsafdeling van het BHIM dit merk echter nietig verklaard op grond dat de specifieke kenmerken van het Legoblokje duidelijk waren gekozen om te beantwoorden aan een gebruiksfunctie en niet voor identificatiedoeleinden. Het belangrijkste element van het teken dat wordt gevormd door het Legoblokje, bestaat immers in twee rijen van uitsprongen op de bovenzijde van dit blokje, hetgeen noodzakelijk is om de technische uitkomst te verkrijgen waarvoor de waar is bestemd, te weten het aaneenkoppelen van speelblokken. Na de bevestiging van de nietigverklaring van het merk door de grote kamer van beroep van het BHIM, heeft Lego bij het Gerecht beroep tot vernietiging van de beslissing van deze kamer ingesteld.

    ...

    www.curia.nl, 14-9-2010,
    (zaak C-48/09P), ECLI:EU:C:2010:516

    a. De Deense fabrikant Lego heeft na de uitspraak van het Hof van Justitie geen alleenrecht meer op het maken van legoblokjes. Wat betekent alleenrecht in dit verband?
       A. Het recht op een idee;
       B. Het recht op een octrooi;
       C. Het recht op een intellectueel eigendomsrecht;
       D. Het recht om een intellectueel eigendomsrecht te exploiteren.

b. 'Lego had in het verleden een octrooi op de blokjes, maar dat is inmiddels verstreken.' Wat is juist?
   A. De fabrikant van Lego heeft nooit een octrooi gehad op legoblokjes;
   B. De fabrikant van Lego heeft ooit een octrooi gehad op legoblokjes;
   C. Legoblokjes zijn nooit juridisch te beschermen geweest;
   D. Legoblokjes waren beschermd door een octrooi, maar nu door een patent.
c. Wat is juist?
   A. 'Lego' kan geen merk zijn;
   B. De vorm van een product kan nooit een merk zijn;
   C. De vorm van legoblokjes zouden vanwege de bijzondere vorm kunnen worden beschermd op grond van het modellenrecht;
   D. De bijzondere vorm van legoblokjes kunnen niet worden beschermd op grond van het modellenrecht.
d. Wat is de consequentie van deze uitspraak voor de producent van legoblokjes?
   A. Lego mag geen legoblokjes meer maken;
   B. Lego mag wel legoblokjes maken, maar ze niet meer verkopen onder het merk 'Lego';
   C. Mega Brands mag nu ook soortelijke blokjes als van Lego op de markt brengen;
   D. Mega Brands mag nu ook het merk 'Lego' gebruiken

12.

Makelaarskantoor mag naam Van der Velde Verzekeringen en Makelaardij niet langer gebruiken

LEEUWARDEN – De naam "Van der Velde Verzekeringen en Makelaardij" mag niet langer worden gebruikt door een makelaarskantoor dat sinds begin 2010 gevestigd is in Surhuisterveen. Dat heeft de voorzieningenrechter van de rechtbank Leeuwarden beslist in een kort geding dat was aangespannen door het makelaarskantoor "Van der Velde & Hoen makelaardij o.z.". Dit kantoor is ook in Surhuisterveen gevestigd. Volgens de voorzieningenrechter leidt het gebruik van de naam "Van der Velde Verzekeringen en Makelaardij" mogelijk tot verwarring met de onderneming "Van der Velde & Hoen makelaardij o.z." omdat de namen van de beide ondernemingen sterk op elkaar lijken, het om makelaarskantoren gaat die in dezelfde plaats zijn gevestigd en die zich allebei op dezelfde regio richten.

Omdat de handelsnaam "Van der Velde & Hoen makelaardij o.z." al rechtmatig werd gevoerd door deze onderneming voordat "Van der Velde Verzekeringen en Makelaardij" actief werd, mag laatstgenoemde voor haar huidige makelaardij geen handelsnaam meer voeren waarin de naam "Van der Velde" voorkomt.

www.rechtspraak.nl, 27-5-2010, ECLI:NL:RBLEE:2010:BM5935

a. Welke bewering is juist?
   A. Een handelsnaam moet worden gedeponeerd;
   B. Een handelsnaam moet zijn ingeschreven in het merkenregister;
   C. Een handelsnaam ontstaat doordat het in het handelsverkeer wordt gebruikt;
   D. Een handelsnaam moet zijn ingeschreven in het register van de Kamer van Koophandel.
b. Wanneer is er sprake is van verwarring bij onterecht gebruik van een handelsnaam?
   A. Als de rechter in verwarring raakt;

B. Als de concurrenten in verwarring raken;
C. Als het relevante publiek in verwarring raken;
D. Als de inwoners van Surhuisterveen in verwarring raken.

Open vragen

13. Een in Amerika gevestigde bronwater-onderneming verzoekt om inschrijving van het merk Niagara voor flessen bronwater in het Benelux-merkenregister. De Niagara watervallen zijn wereldberoemd.
    a. Op welk moment ontstaat in Nederland een recht op een merk?
    b. Geef aan waarom inschrijving van dit merk voor een waterfles door het Benelux–Bureau voor de Intellectuele Eigendom kon worden geweigerd voor de registratie?

14. ———

Mediq moet stoppen met gebruik logo's en huisstijl

UTRECHT – Mediq moet stoppen met het gebruik van de huidige logo's en huisstijl in haar apotheken. Dat heeft de rechtbank in Utrecht woensdag geoordeeld. Het ontwerpbureau dat de logo's en huisstijl had ontwikkeld, vond dat Mediq de licentievoorwaarden had overtreden. De rechtbank stelde de ontwerper, S.V.T. Branding & Design Group, in het gelijk.

Het door SVT ontworpen Mediq-logo

SVT stelde zich op het standpunt dat Mediq in strijd met haar auteursrechten zou hebben gehandeld door – in strijd met de verleende licentie – haar ontwerpen ook te gebruiken in Poolse en Belgische Mediq-apotheken.

De rechtbank oordeelde dat Mediq de licentievoorwaarden heeft overtreden. In de licentie stond dat het gebruik van de huisstijl en logo's (en een aantal andere ontwerpen) beperkt was tot gebruik in Nederland. Door het gebruik van de ontwerpen in apotheken van Belgische en Poolse dochtermaatschappijen, overtrad Mediq de voorwaarden.

Op overtreding van de licentievoorwaarden staat een contractuele boete van bijna 2 miljoen euro. De rechtbank ging niet over tot matiging van dit bedrag en wees het volledige bedrag toe. Door de overtreding van de licentievoorwaarden was SVT ook gerechtigd om tot opzegging van de licentie over te gaan, wat in november 2009 gebeurde. Omdat Mediq na de opzegging is doorgegaan met het gebruiken van de ontwerpen van SVT, handelde de apotheek in strijd met het auteursrecht dat SVT heeft op haar ontwerpen. De rechtbank verbood Mediq daarom om in Nederland nog verder gebruik te maken van de ontwerpen van SVT. Dit betekent onder meer dat Mediq Apotheken en Mediq N.V. de door SVT ontworpen logo's en huisstijl uit de Nederlandse apotheken zullen moeten verwijderen.

Zij krijgen daarvoor een termijn van 3 maanden. Als zij aan het verbod overtreden, moeten zij een dwangsom betalen die kan oplopen tot 2 miljoen euro.

www.rechtspraak.nl, 22-6-2011, ECLI:NL:RBUTR:2011:BQ8727

a. Hoe had Mediq, op eenvoudige wijze, bovenstaande rechtszaak kunnen voorkomen?
b. Wie heeft op het moment van de uitspraak van de rechtbank het merkrecht op de naam Mediq?
c. Wie heeft op het moment van de uitspraak auteursrecht op het logo met Mediq?

15.

Outfittery mag logo niet meer gebruiken in Benelux

AMSTERDAM - De Duitse firma Outfittery mag in de Benelux niet langer gebruikmaken van haar logo, omdat het te veel lijkt op dat van kledingmerk Vanguard. Zo oordeelt de voorzieningenrechter. Beide logo's bestaan uit een fantasiedier, vormgegeven als een zwart-wit silhouet. Het totaalbeeld komt in zo grote mate overeen dat consumenten in de war kunnen raken. Beide bedrijven richten zich op dezelfde markt, zodat klanten kunnen denken dat hetzelfde bedrijf actief is. Vanguard brengt herenkleding op de markt en Outfittery biedt een dienst aan waarbij mannen via internet een vragenlijst invullen en dan een 'box' met herenkleding krijgen thuisgestuurd.

Logo van Vanguard   *Logo van Outfittery*

www.rechtspraak.nl, 29 januari 2020, ECLI:NL:RBAMS:2020:551

a. Outfittery maakt merkinbreuk op het merk van Vanguard. Op grond van welke verdragsbepaling heeft de rechter beslist dat Outfittery zijn logo niet meer mag gebruiken voor herenkleding?
   In het artikel staat de volgende zin:
   "Het totaalbeeld komt in zo grote mate overeen dat consumenten in de war zouden kunnen raken".
b. De rechter verwijst naar een voor het merkenrecht belangrijk criterium. Welk criterium wordt hier bedoeld?

16.

'Smaak van Twente'

'De Smaak Van' is de handelsnaam van een onderneming in Almelo, welke sinds 2007 is ingeschreven in het handelsregister. De onderneming brengt ambachtelijke producten van Twentse boeren op de markt.

De Almelose onderneming is een kortgeding gestart bij de Rechtbank Overijssel tegen een onderneming uit Deurningen die sinds 2011 de handelsnaam 'De smaak van Twente' voert. Beide ondernemingen houden zich bezig met culinaire activiteiten. De Almelose onderneming heeft al ondervonden dat er bij het publiek verwarringsgevaar is.

De rechter gaat na of de handelsnaam 'De smaak van Twente' slechts in geringe mate afwijkt van de handelsnaam 'De Smaak Van'. Hij neemt daarbij de aard van de ondernemingen en de plaats van vestiging in aanmerking en beoordeelt of er gevaar is voor verwarring bij het publiek.

Rechtbank Overijssel, 18 december 2013, ECLI:NL:RBOVE:2013:3541

Uit het vonnis van de Rechtbank Overijssel
4.2 Op grond van het bepaalde in art. *1 is het verboden een handelsnaam te voeren, die, vóórdat de onderneming onder die naam werd gedreven, reeds door een ander rechtmatig werd gevoerd, of die van diens handelsnaam slechts in geringe mate afwijkt, een en ander voor zover dientengevolge, in verband met de aard der beide ondernemingen en de plaats waar zij zijn gevestigd, bij het publiek verwarring tussen de ondernemingen is te duchten.
a. Welk wetsartikel uit welke wet wordt bij *1 bedoeld?
b. Wat is een handelsnaam?

Uit het vonnis van de Rechtbank Overijssel

4.6 Vervolgens is de vraag aan de orde of de geringe mate waarin de handelsnaam 'De Smaak van Twente' afwijkt van de handelsnaam De Smaak Van...', in verband met de aard der beide ondernemingen en de plaats waar zij gevestigd zijn, tot gevolg heeft dat bij het publiek verwarring tussen die ondernemingen te duchten is, dat wil zeggen gevaar voor verwarring bij het publiek kan doen ontstaan. Voorwaarde is daarbij wel dat de handelsnaam van eisers voldoende onderscheidend vermogen heeft.

c. Waar staat het criterium, dat het publiek in verwarring raakt door de gekozen handelsnaam, in de wet vermeld?

d. Hoe zou de onderneming uit Almelo de naam 'De Smaak Van' ook kunnen beschermen?

17. De sinds 1990 in Enschede gevestigde onderneming Softy bv adverteert regelmatig in vak en landelijke bladen. Een Rotterdamse concurrent, Softoon bv (opgericht in 1995), opent onder dezelfde naam een filiaal in Enschede. Softy bv eist in een procedure dat Softoon bv haar naam wijzigt van het filiaal in Enschede. Zal de eis worden toegewezen?

DEEL 4   EXTERNE RELATIES

Hoofdstuk 17
Concurrentie

17.1 Concurrentie 501
17.2 Mededingingswet 501
17.3 Mededingingsregelingen 502
17.4 Kartelverbod 502
17.4.1 Horizontale en verticale kartels 502
17.4.2 Prijs- en kortingsregelingen 503
17.4.3 Marktverdelingsregelingen 504
17.4.4 Bemoeilijken markttoetreding 505
17.5 **Uitzonderingen op het kartelverbod** 505
17.5.1 Rechtstreeks werkende wettelijke uitzondering 506
17.5.2 Groepsvrijstellingen 506
17.6 **Economische machtspositie** 506
17.6.1 Relevante markt 507
17.6.2 Fusies en overnames 507
17.6.3 Procedure bij fusies en overnames 508
17.6.4 Handhaving van de Mededingingswet 509
17.6.5 Clementieregeling 510
17.6.6 Overheid en markt 510
17.6.7 Privaatrechtelijke handhaving van mededingingsrecht 511
17.7 **Mededinging en de Europese Unie** 511
Begrippenlijst 512
Vragen 513
Meerkeuzevragen 513
Open vragen 516

500

Hoofdstuk 17
Concurrentie

Uitgangspunt in de Nederlandse samenleving is dat er tussen ondernemingen sprake moet zijn van vrije concurrentie. De overheid kan de concurrentie beperken, maar ondernemingen kunnen dat ook. Ondernemingen kunnen de werking van het vrije marktmechanisme beperken door onderlinge afspraken, oligopolies en monopolies.

17.1 Concurrentie

Samenwerking tussen ondernemingen is een goede zaak als de economische vooruitgang ermee gediend is. Soms kan door samenwerking de marktwerking zelfs verbeterd worden. Dit is bijvoorbeeld het geval als een aantal kleinere ondernemingen samenwerkt om samen sterk te staan tegenover andere grote concurrenten of afnemers.

Soms wordt de concurrentie te sterk ingeperkt met als doel marktbeheersing of wordt er misbruik gemaakt van monopolies. Dan verdwijnt de noodzakelijke dynamiek uit het ondernemen, waardoor ondernemingen zich te langzaam aanpassen aan nieuwe omstandigheden en waardoor ze langzaam maar zeker steeds verder achterop raken. Algemeen wordt aangenomen dat concurrentie de doorvoering van vernieuwingen stimuleert, zodat een zo groot en goed mogelijk aanbod van producten en diensten tot stand komt tegen zo laag mogelijke prijzen.

Door afspraken kunnen ondernemingen niet alleen de onderlinge concurrentie sterk inperken, maar kunnen zij ook nieuwe, meestal kleinere ondernemingen van de markt houden. Vrijwel iedere ondernemer is vierkant tegen concurrentiebeperking, behalve voor zijn eigen onderneming of bedrijfstak. Dan is er altijd een excuus om toch maar van zulke onliberale kartels gebruik te maken.

17.2 Mededingingswet

Het Nederlandse kartelrecht is wettelijk geregeld in de Mededingingswet (MW). De MW biedt een aantal mogelijkheden om op te treden tegen concurrentiebeperkend gedrag, voor zover dit gevolgen heeft in Nederland. De mededingingswet is gebaseerd op het verbodstelsel. Dit houdt in dat concurrentiebeperkende afspraken verboden zijn, tenzij daarvoor een ontheffing is verkregen of een collectieve vrijstelling geldt. De Mededingingswet is voor het overgrote deel gebaseerd op het Europese Mededingingsrecht. Het toezicht op grond van de wet steunt op drie pijlers: ten eerste het kartelverbod, ten tweede misbruik van een economische machtspositie en ten slotte concentratietoezicht (fusies en overnames). Men dient zich goed te realiseren dat kartels er niet zijn ten dienste van de consument, ze worden gevormd ten dienste van de bij het kartel betrokken ondernemingen zelf.

17.3 Mededingingsregelingen

In het dagelijks spraakgebruik wordt het begrip mededingingsregeling ook wel kartel genoemd. Alle afspraken tussen ondernemingen die hun economische bewegingsvrijheid beperken of de armslag van andere ondernemers kunnen inperken zijn mededingingsregelingen. Meestal hebben mededingingsregelingen de vorm van een overeenkomst of van een (verenigings)besluit. In allerlei overeenkomsten tussen ondernemingen kunnen bepalingen staan die de economische vrijheid van handelen van de betrokken partijen of van derden beperken. Zo wordt de concurrentie aan banden gelegd. Denk aan afspraken over prijzen, marktverdeling, algemene voorwaarden, kwaliteitsnormering, winstdeling, reclamevoering, assortiment en dergelijke.

Ook als die afspraken deel uitmaken van een veel ruimer contract (bijvoorbeeld een franchiseovereenkomst, een huurcontract of een aanbestedingsregeling) is er sprake van een mededingingsregeling. Ook afspraken tussen vrijeberoepsbeoefenaren over bijvoorbeeld tarieven, vestiging of praktijkoverdracht zijn mededingingsregelingen. Ook besluiten van ondernemingsverenigingen kunnen de concurrentie beperken. Door het besluit worden alle leden van de vereniging, ongeacht of zij met het besluit instemmen, tot bepaald gedrag gedwongen. In bepaalde branches is het voor ondernemingen praktisch vrijwel onmogelijk om geen lid te zijn van een branchevereniging.

17.4 Kartelverbod

Kartels zijn overeenkomsten tussen ondernemingen, besluiten van ondernemersverenigingen of onderling afgestemde gedragingen die de concurrentie op (een deel) van de markt beperken (art. 6, lid 1 MW). Kartels zijn verboden, tenzij uitdrukkelijk toegestaan. Het kartelverbod betreft alleen afspraken die de concurrentie beperken. Verboden is dus bijvoorbeeld een afspraak tussen twee concurrenten om de prijs van hun producten op een bepaald niveau te handhaven of een verplichting voor een distributeur om aan zijn klanten de verkoopprijs in rekening te brengen die hem door de leverancier is voorgeschreven. Kartelvorming kan zowel schriftelijk als mondeling gebeuren. Er is ook sprake van kartelvorming als ondernemingen geen afspraken maken, maar stilzwijgend hun concurrentiegedrag op elkaar afstemmen. Dit wordt een onderling afgestemde gedraging genoemd. Een onderling afgestemde feitelijke gedraging is een vorm van coördinatie tussen ondernemingen, die bewust een praktische samenwerking in de plaats stelt van concurrentie. Dus ondernemingen gaan feitelijk samenwerken zonder dat het tot een (schriftelijke) overeenkomst komt.

17.4.1 Horizontale en verticale kartels

Zowel horizontale als verticale kartels zijn verboden. Horizontale kartels zijn afspraken tussen ondernemingen die feitelijk met elkaar concurreren. Deze ondernemingen bevinden zich in hetzelfde stadium van het economische proces. Verticale kartels zijn afspraken tussen ondernemingen die niet met elkaar concurreren, bijvoorbeeld een leverancier en zijn distributeur. In het verleden legden bijvoorbeeld bierproducenten hun afnemers de verplichting op om het bier aan de consument tegen een minimale prijs te verkopen. Dergelijke verticale afspraken beperken de onderlinge concurrentie tussen de distributeurs van bepaalde producenten.

Mkb-bedrijven weten te weinig over verboden concurrentievervalsende afspraken

Veel bedrijven hebben te weinig kennis over wat verboden kartelafspraken zijn. Dat blijkt uit onderzoek van de Autoriteit Consument & Markt (ACM). Kartels vervalsen de concurrentie. Bedrijven in een kartel maken in het geheim afspraken of delen concurrentiegevoelige informatie over klanten, offertes of prijzen die zij in rekening zullen gaan brengen. Zo beperken zij de onderlinge concurrentie. Voorbeelden van concurrentievervalsing zijn afspraken om hogere prijzen te rekenen of opdrachten onderling te verdelen.

Martijn Snoep, bestuursvoorzitter van de ACM: "Door die verboden afspraken wordt de marktwerking verstoord. Bedrijven doen minder hun best om een goed product te leveren tegen een eerlijke prijs. Hun klanten, mensen én bedrijven, moeten erop kunnen vertrouwen dat markten goed werken. De schade van deze concurrentievervalsing bedraagt miljoenen per jaar. De ACM spoort kartels op en deelt boetes uit voor verboden afspraken."

Wat doet de ACM tegen kartels
De ACM spoort kartels op, stopt de verboden afspraken en kan de betrokken bedrijven en hun betrokken leidinggevenden hoge boetes geven. De boetes kunnen oplopen tot 40% van de totale jaaromzet van het bedrijf en kunnen daarnaast leiden tot persoonlijke boetes van maximaal 900.000 euro voor leidinggevenden.

Een uitweg
Voor bedrijven die betrokken zijn geweest bij verboden kartelgedrag biedt de ACM een uitweg. Zij kunnen 'clementie' aanvragen. Door haar betrokkenheid bij concurrentievervalsende afspraken bij de ACM te melden, kan een bedrijf een boete voorkomen of een korting op de boete ontvangen. De hoogte van de korting is deels afhankelijk van hoe vroeg een bedrijf erbij is.

www.acm.nl, 01-10-2019

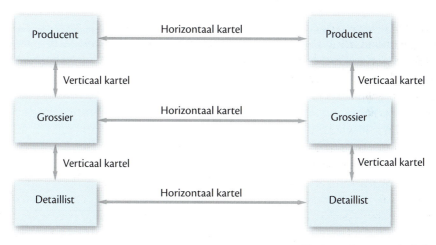

17.1 Horizontale en verticale kartels

17.4.2 Prijs- en kortingsregelingen

Prijs- en kortingsregelingen zijn alle afspraken over te hanteren prijzen en tarieven (zoals minimum-, maximum- en vaste prijzen) of over de wijze waarop prijzen berekend moeten worden (calculatievoorschriften) of over kortingen en provisies. Deze overeenkomsten worden gemaakt tussen ondernemers die eigenlijk elkaars concurrenten zijn (horizontaal) of tussen leveranciers en afnemers (verticaal). Ook afspraken tussen een leverancier en zijn afnemers over de door de laatsten verplicht in rekening te brengen verkoopprijs (individuele verticale prijsbinding) is verboden. Horizontale prijsregelingen zijn over het algemeen in strijd met de essentie van het marktmechanisme.

Voorbeelden

Verboden prijsafspraken met concurrenten
- Afspraken om samen prijzen met een vast bedrag of percentage te verhogen.
- Afspraken om toeslagen door te berekenen aan de klant.
- Afspraken om geen korting te geven.
- Afspraken om een minimumprijs te hanteren.

17.4.3 Marktverdelingsregelingen

Marktverdelingsregelingen zijn afspraken tussen ondernemingen waarbij elke onderneming een bepaald deel van de totale productie of afzet krijgt toegewezen (quotering). De verdeling kan ook plaatsvinden door elke onderneming een bepaald rayon of een aantal klanten toe te wijzen. Het zal duidelijk zijn dat dit type afspraken ook tussen leveranciers en afnemers gemaakt kan worden. Veel dealer- en franchisecontracten vallen daardoor onder de reikwijdte van de Mededingingswet. En dat gaat ook op voor branchebeschermingsregelingen die vaak in winkelcentra worden aangetroffen.

Rotterdamse taxiondernemingen in hoger beroep alsnog beboet

DEN HAAG - Het College van Beroep voor het bedrijfsleven (CBB) bevestigt vandaag dat de Autoriteit Consument en Markt (ACM) terecht boetes wegens kartelvorming oplegde aan enkele Rotterdamse taxiondernemingen. Deze bedrijven verdeelden in de periode december 2007 tot en met februari 2011 in de regio Rotterdam onderling het contractueel taxivervoer, zoals zittend ziekenvervoer, leerlingenvervoer en Valys-vervoer.

De Rotterdamse Mobiliteit Centrale (RMC) en haar concurrenten IJsselsteden Taxi Combinatie (IJsselsteden) en BIOS Rijnmond Beheer (BIOS) maakten afspraken om de onderlinge concurrentie bij aanbestedingen te beperken. ACM legde daarvoor boetes op, aan RMC in totaal ruim 7,5 miljoen euro en aan BIOS ruim 600 duizend euro.

RMC en BIOS vochten de boetes aanvankelijk met succes aan bij de Rechtbank Rotterdam. Het CBB beoordeelt de zaken in hoger beroep anders dan de rechtbank. ACM heeft voldoende aangetoond dat de onderlinge afspraken invloed konden hebben op de concurrentie en de taxiondernemingen hebben niet een zo klein marktaandeel dat zij een beroep kunnen doen op de (zogenoemde) bagatelbepaling. RMC en BIOS moeten daarom de boetes alsnog betalen.

www.rechtspraak.nl, 23 april 2019,
ECLI:NL:CBB:2019:150

Ook marktverdelingsafspraken kunnen de concurrentievrijheid in hoge mate beperken. Ze houden dan ondoelmatigheid in stand en er zijn te weinig prikkels tot innovatie, marktvergroting en dergelijke. In bepaalde situaties wordt bekeken of een quoteringsregeling tijdelijk aanvaardbaar is. Ook in die situaties mag de concurrentie niet zover worden beperkt dat de productie- en afzetverhoudingen verstard raken. Doelmatig geleide ondernemingen moeten hun marktaandeel kunnen vergroten ten koste van minder efficiënte bedrijven.

> **Voorbeelden**
>
> **Verboden marktafdelingsafspraken met concurrenten**
> - Afspraken om niet te leveren aan elkaars klanten.
> - Afspraken om niet in elkaars gebied te leveren.
> - Afspraken om alleen op afwisselende tijden aanbiedingen te doen zodat men nooit tegelijk korting geeft.

17.4.4 Bemoeilijken markttoetreding

In veel branches bestaan regelingen die tot gevolg hebben dat nieuwe aanbieders moeilijk aan de bak komen. Dat geldt bijvoorbeeld voor de afspraak tussen groepen leveranciers en groepen afnemers om alleen met elkaar zaken te doen (collectief exclusief verkeer). Erkennings- en toelatingsregelingen kunnen datzelfde effect hebben.

Ook dit type mededingingsregelingen wordt getoetst door een afweging te maken tussen de nadelen van de regeling voor het algemeen belang en de eventuele voordelen. Bij de beoordeling speelt het beginsel dat toetreding tot een markt vrij hoort te zijn een essentiële rol.

Als een toetredings- of erkenningsregeling in beginsel aanvaardbaar wordt geacht, wordt bekeken of de regeling niet verder gaat dan strikt noodzakelijk is voor het bereiken van het doel. Het is voorts niet acceptabel, dat het aantal toe te laten of te erkennen bedrijven wordt bepaald op basis van een behoeftecriterium. Dit laatste houdt in dat bestaande ondernemingen niet mogen bepalen of er voldoende ruimte is voor een nieuwe onderneming. Ook het weren van bepaalde bedrijfsvormen (bijvoorbeeld inkoopcombinaties) wordt niet toegestaan. Ook mogen geen verplichtingen tot het gebruik van bepaalde handelsschakels, bijvoorbeeld een grossier, worden opgelegd.

17.5 Uitzonderingen op het kartelverbod

Uit het verbodsstelsel zoals neergelegd in de Mededingingswet volgt, dat alle afspraken die niet merkbaar concurrentiebeperkend zijn, zonder meer zijn toegestaan. Afspraken die wel merkbaar concurrentiebeperkend zijn, zijn verboden, tenzij op de afspraak een uitzondering van toepassing is. De wet kent de volgende uitzonderingen:

Bagatel: ondergrens (art. 7 MW)
Het kartelverbod is in zijn geheel niet van toepassing op een afspraak als:
Ofwel:
- ten hoogste acht ondernemingen bij de afspraak zijn betrokken;
- de totale gezamenlijke omzet van de ondernemingen € 5,5 miljoen bedraagt (als de ondernemingen in hoofdzaak goederen produceren) of de totale gezamenlijke omzet van de ondernemingen € 1,1 miljoen bedraagt (als de ondernemingen niet in hoofdzaak goederen produceren).

Ofwel:
- het een horizontale afspraak betreft en het gezamenlijke marktaandeel van de betrokken ondernemingen ten hoogste 10% is.

17.5.1 Rechtstreeks werkende wettelijke uitzondering

Afspraken tussen ondernemingen en zelfs concurrentiebeperkende afspraken tussen ondernemingen, kunnen een positieve bijdrage leveren aan de economische ontwikkeling. Dit is vooral afhankelijk van de inhoud van de afspraak en de situatie op de markt waarin de afspraak wordt gemaakt (art. 6, lid 3 MW). Het kartelverbod kent een uitzondering voor afspraken die weliswaar concurrentiebeperkend zijn maar die tevens, kort gezegd, economische voordelen opleveren die opwegen tegen de nadelen van de concurrentiebeperking. Het is aan de onderneming die zich op de uitzondering beroept om aan te tonen dat een afspraak of gedraging voldoet aan de criteria die de Mededingingswet stelt om uitgezonderd te zijn van het kartelverbod. Het is hierbij van belang dat de economische omstandigheden op grond waarvan de uitzondering van toepassing zou kunnen zijn, veranderlijk kunnen zijn.

Een onderneming die zich beroept op de uitzondering moet aantonen dat de concurrentiebeperkende afspraak voldoet aan de volgende vier voorwaarden:
1. de afspraak moet bijdragen tot verbetering van de productie of distributie dan wel een technische/economische vooruitgang opleveren;
2. de voordelen die voortvloeien uit de afspraken moeten voor een redelijk deel ten goede komen aan de gebruikers;
3. de concurrentie mag niet verder worden beperkt dan strikt noodzakelijk is; en
4. er moet in de markt voldoende concurrentie overblijven.

Ondernemingen dienen zelf te onderzoeken of de wettelijke uitzondering van toepassing is op hun afspraken. Ondernemingen moeten dus zelf beoordelen of hun afspraken toegestaan zijn.

17.5.2 Groepsvrijstellingen

De Nederlandse en Europese wetgever heeft voorts onder bepaalde voorwaarden de wettelijke uitzondering van toepassing verklaard op bepaalde categorieën afspraken.

De Autoriteit Consument & Markt (ACM) heeft de bevoegdheid om groepsvrijstellingen vast te stellen. Een groepsvrijstelling beoogt een bepaalde groep regelingen die in strijd is met het kartelverbod (art. 6, lid 1 MW) van dit verbod vrij te stellen. Indien de regelingen voldoen aan de criteria die de groepsvrijstelling stelt, wordt het kartelverbod door de groepsvrijstelling buiten toepassing verklaard.

17.6 Economische machtspositie

Ook door economische machtsposities kan de concurrentie worden belemmerd. Van een economische machtspositie is sprake als een of meer ondernemingen een overwegende invloed kunnen uitoefenen op een markt. Een onderneming die zo machtig is dat deze zich weinig hoeft aan te trekken van overige marktpartijen (concurrenten, leveranciers, afnemers of eindgebruikers), kan een bedreiging vormen voor vrije concurrentie als zij misbruik maakt van haar economische machtspositie (art. 24 MW). Bij misbruik van een economische machtspositie door een of meer ondernemingen kan gedacht worden aan het rekenen van extreem hoge prijzen, het hanteren van onredelijke leveringsvoorwaarden, het uitsluiten van bepaalde afnemers van levering, het rekenen van verschillende prijzen voor gelijke prestatie, het uit de markt drukken van concurrenten of het voorkomen dat nieuwe ondernemingen tot de markt toetreden. Een economische machtspositie is dus een ruimer begrip dan het begrip monopolie.

Wanneer er meerdere ondernemingen zijn met een redelijk marktaandeel zal niet snel een machtspositie aanwezig geacht worden. Wanneer een of meer ondernemingen een relatief groot marktaandeel hebben ten opzichte van vele kleine ondernemingen, kan mogelijk wel van een machtspositie worden gesproken.

Het hebben van een economische machtspositie (bijvoorbeeld een marktaandeel van 70%) vormt op zichzelf geen probleem en is dan ook niet verboden. Alleen het misbruik maken van een economische machtspositie is verboden. Misbruik kan aan de orde zijn, als een dominante onderneming getrouwheidskortingen (loyaliteitsbonussen) verstrekt, verkoopt tegen dumpprijzen om een concurrent uit de markt te drijven of onredelijk hoge prijzen hanteert.

17.6.1 Relevante markt

Om te bepalen of er sprake is van een economische machtspositie moet eerst de relevante markt afgebakend worden. Vervolgens moet worden nagegaan of de onderneming(en) in kwestie op deze relevante markt een economische machtspositie innemen. De belangrijkste factoren hierbij zijn:
- marktaandeel van de onderneming(en) in kwestie;
- marktaandelen van de concurrenten;
- andere omstandigheden die een voorsprong kunnen geven op de concurrenten zoals financiële reserves, technologische kennis, verticale integratie;
- toetredingsbelemmeringen tot de markt.

Van een collectieve economische machtspositie kan volgens jurisprudentie van het Hof van Justitie van de Europese Gemeenschap sprake zijn wanneer twee of meer ondernemingen door economische banden zijn verenigd waardoor zij hun optreden op de markt kunnen coördineren.

17.6.2 Fusies en overnames

Als ondernemingen te groot worden, kunnen ze zo dominant worden dat ze op een bepaalde markt de concurrentie aanzienlijk kunnen beperken of zelfs uitschakelen. Dit kan nadelig zijn voor de economische ontwikkeling. Te grote economische machtsposities wil men in Nederland voorkomen. Daarom verbiedt de Mededingingswet het tot stand brengen van concentraties (fusies, overnames en bepaalde typen joint ventures) zonder voorafgaande toetsing door de Autoriteit Consument en Markt (art. 34 MW).

Bij een fusie gaat het om twee of meer zelfstandige ondernemingen die opgaan in één onderneming. Bij een overname krijgt de ene onderneming de zeggenschap over de andere onderneming. Het verwerven van zeggenschap houdt in dat de onderneming die de andere overneemt beslissende invloed krijgt op de activiteiten van de overgenomen onderneming. Een joint venture is een gemeenschappelijke onderneming die door twee of meer bestaande ondernemingen wordt gevoerd. Het concentratietoezicht is beperkt tot joint ventures die een complete onderneming vormen, dat wil zeggen die duurzaam alle functies van een zelfstandige economische eenheid vervullen.

Het is verboden een concentratie tot stand te brengen zolang deze niet bij de Autoriteit Consument en Markt is gemeld en door haar is getoetst. Het concentratietoezicht is alleen van toepassing als grote ondernemingen zich concentreren. Er is sprake van een 'grote' concentratie als de ondernemingen gezamenlijk jaarlijks in totaal meer dan € 150.000.000 wereldwijd omzetten en minstens twee van hen binnen Nederland een jaaromzet van minimaal € 30 miljoen halen (art. 29, lid 1 MW).

AKO- en Bruna-winkels mogen samengaan

De uitgeverij en distributeur Audax mag de Brunawinkels overnemen. Onder de Audax Groep vallen onder andere winkels van The Read Shop en AKO. De Brunawinkels en de winkels van Audax verkopen boeken, tijdschriften, kantoor- en tabaksartikelen. Vaak zijn het ook verkooppunten van postzegels, wenskaarten en loten. De Autoriteit Consument & Markt (ACM) concludeert dat er na de overname voldoende concurrentie overblijft, bijvoorbeeld van (kantoor)boekhandels, supermarkten, grootwinkelbedrijven, tankstations en webwinkels.

De winkels van Audax en Bruna zijn concurrenten van elkaar. Daarom heeft de ACM gekeken of er na de overname nog voldoende concurrentie overblijft. Zo is bijvoorbeeld gekeken naar de concurrentie op de markt voor de verkoop van boeken, kantoorartikelen, tijdschriften, dagbladen en loten. Daarbij is ook rekening gehouden met de steeds sterkere concurrentie van onlineverkoop. De ACM concludeert dat consumenten ook na de overname op voldoende plaatsen terecht kunnen om de verschillende producten te kopen. Dat is ook het geval in plaatsen waar nu zowel een winkel van Bruna als van Audax zit.

Audax heeft in totaal meer dan 300 winkels onder de merknamen The Read Shop, The Read Shop Express, Vivánt en Tabaronde en AKO. Bruna heeft zo'n 275 winkels onder de merknaam Bruna. Beide bedrijven zijn zowel franchisegever als exploitant van eigen winkels. Audax is daarnaast actief op het gebied van de uitgifte en distributie van tijdschriften, de verkoop van buitenlandse kranten, boeken en strips en het aanbieden van logistieke dienstverlening.

www.acm.nl, 13-01-2020

17.6.3 Procedure bij fusies en overnames

Kleine concentraties hoeven zich niet te melden bij de Autoriteit Consument en Markt. Valt een concentratie wel onder de Mededingingswet dan moeten betrokken ondernemingen dat melden (art. 34 MW). De Autoriteit Consument en Markt beoordeelt eerst of voor de concentratie een vergunning vereist is, waarbij zij toetst of door het tot stand brengen van de concentratie het risico bestaat dat de voorgenomen concentratie zal leiden tot het ontstaan of versterken van een machtspositie, als gevolg waarvan de concurrentie op de Nederlandse markt of op een deel daarvan (de relevante geografische en productmarkt) significant wordt belemmerd (art. 37, lid 2 MW).

Als de Autoriteit Consument en Markt van oordeel is dat de voorgenomen concentratie de concurrentie op de Nederlandse markt niet significant belemmert, is er geen vergunning vereist en kan de concentratie gewoon doorgaan. De ACM moet binnen vier weken na ontvangst van de melding de aanvrager berichten of voor de concentratie al dan niet een vergunning is vereist (art. 37, lid 1 MW).

Indien de ACM een vergunning noodzakelijk acht, moeten de betrokken ondernemingen vervolgens een vergunning aanvragen. De ACM stelt dan een onderzoek in ter beantwoording van de vraag of de voorgenomen concentratie inderdaad zal leiden tot een economische machtspositie of een versterking daarvan met als gevolg dat de concurrentie op de Nederlandse markt significant wordt belemmerd.

De ACM onderzoekt wat de relevante markt is en welk marktaandeel de bij de concentratie betrokken ondernemingen daarop innemen.

Tijdens de periode van beoordeling van de aanvraag voor een vergunning blijft de concentratie verboden. De ACM moet binnen dertien weken een beslissing nemen (art.

44 MW). De ACM kent uiteindelijk al dan niet de vergunning toe, waarbij eventueel voorwaarden aan de vergunning kunnen worden verbonden.

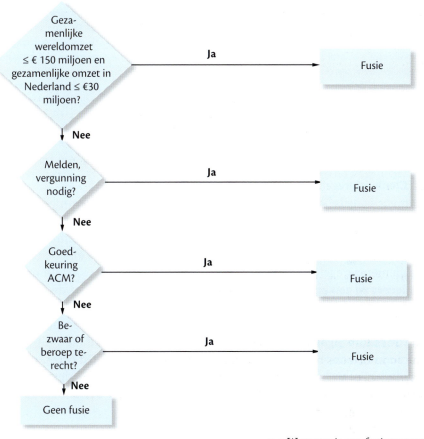

17.2 Wanneer is een fusie toegestaan

17.6.4 Handhaving van de Mededingingswet

Het toezicht op naleving van de Mededingingswet en de uitvoering van de taken die uit de wet voortvloeien zijn opgedragen aan de Autoriteit Consument en Markt (ACM). Populair wordt de ACM ook wel kartelpolitie genoemd.

De ACM kan optreden tegen overtreding van de Mededingingswet. Zo kan de ACM een boete en een dwangsom opleggen (art. 56 MW). Boetes kunnen oplopen tot maximaal € 900.000 als dat meer is, 10% van de jaaromzet van de onderneming (art. 57 MW). Naast ondernemingen kunnen ook bestuurders, managers en andere werknemers van ondernemingen die leiding geven aan of opdracht geven tot overtredingen van de Mededingingswet een boete krijgen. Tegen beslissingen van de ACM kan bezwaar worden aangetekend bij de ACM. Vervolgens kan tegen de beslissing op bezwaar beroep worden ingesteld bij de rechtbank te Rotterdam. Hoger beroep wordt ingesteld bij het College van Beroep voor het bedrijfsleven. Afspraken in strijd met de Mededingingswet zijn nietig. Ook fusies en overnames (concentraties) die in strijd met de regels van de Mededingingswet tot stand zijn gekomen, zijn nietig.

Boetes voor Midac en Era voor prijsafspraken accu's vorkheftrucks

Midac Nederland, een importeur van accu's voor vorkheftrucks, en Era, de moedermaatschappij van de niet meer bestaande importeur Faam Benelux, krijgen een boete voor prijsafspraken. Op 5 juli 2017 publiceerde de ACM de namen van vijf bedrijven die de overtreding hebben erkend. Ze kregen een lagere boete. Midac Nederland en Era hebben de overtreding niet erkend. Ze krijgen de volledige boete, totaal meer dan één miljoen euro. De boete aan alle zeven bedrijven en de branchevereniging BMWT is in totaal bijna 17,5 miljoen euro.

Prijsafspraken

De branchevereniging BMWT en importeurs van accu's voor onder andere vorkheftrucks spraken af een 'loodtoeslag' te gebruiken. De 'loodtoeslag' was bedoeld om de sterk fluctuerende prijs van lood op een vaste manier in de verkoopprijs van de accu's te verwerken. Ze deelden daarnaast concurrentiegevoelige informatie met elkaar. Dit leidde tot beperking van de onderlinge concurrentie. De afspraken bestonden van 2004 tot september 2013. Midac Nederland was vanaf 1 januari 2013 bij de afspraken betrokken.

www.acm.nl, 09-08-2017

17.6.5 Clementieregeling

De clementieregels bepalen onder welke voorwaarden ondernemingen en natuurlijke personen die betrokken zijn geweest bij een kartel, als bedoeld in art. 6 van de Mededingingswet en die het kartel aanmelden bij de ACM voor boete-immuniteit of boetereductie in aanmerking kunnen komen (Beleidsregel clementie).

De clementieregeling dient drie doelen in het kader van kartelhandhaving. Ten eerste levert zij een bijdrage aan de ontdekking van kartels door de ACM. Ten tweede levert zij een bijdrage aan de verkrijging door de ACM van bewijs over kartels. Ten derde kan het bestaan van een clementieregeling als zodanig preventieve invloed hebben op de vorming van kartels. Alleen de eerste melder (verklikker) uit een kartel kan in aanmerking komen voor zogenaamde 'boete-immuniteit'. Dit betekent dat de eerste melder in het geheel geen boete krijgt opgelegd. Ook latere melders kunnen korting op de boete krijgen. De melding moet wel belangrijke extra bewijswaarde hebben voor het onderzoek van de ACM.

17.6.6 Overheid en markt

Overheden mogen concurreren met commerciële aanbieders van producten of diensten. Overheden concurreren regelmatig met bedrijven. Denk aan stadswachten die bedrijventerreinen beveiligen, een gemeente die haar sportzaal verhuurt of gemeenten met een eigen vervoersbedrijf. Om concurrentievervalsing te voorkomen, moeten overheden zich aan gedragsregels houden om oneerlijke concurrentie met het bedrijfsleven te voorkomen.

Overheden:
1. mogen geen diensten of producten aanbieden onder de kostprijs (art. 25i MW);
2. mogen eigen overheidsbedrijven niet bevoordelen boven concurrerende bedrijven (art. 25j MW);
3. mogen gegevens die ze hebben door hun publieke taak alleen gebruiken voor economische activiteiten als gewone bedrijven die gegevens onder dezelfde voorwaarden ook kunnen krijgen (art. 25k MW);
4. moeten bestuurlijke zaken en economische activiteiten gescheiden houden (art. 25l MW).

Als een overheid goederen of diensten op de markt aanbiedt, dan moet zij zich aan deze gedragsregels houden.

17.6.7 Privaatrechtelijke handhaving van mededingingsrecht

Benadeelden van mededingingsinbreuken kunnen schadevergoeding vorderen van overtreders van de Mededingingswet. De overtreder van de mededingingswet is hoofdelijk aansprakelijk voor de schade die benadeelden lijden door de inbreuk op het mededingingsrecht (art. 6:193m BW). Dat houdt in dat elke benadeelde (directe en indirecte afnemer of leverancier) elke inbreukpleger kan aanspreken voor de volledige door hem geleden schade. Een kartel, dat een inbreuk op het mededingingsrecht vormt, wordt vermoed schade te veroorzaken (art. 6: 193l BW).

De wet heeft alleen betrekking op grensoverschrijdende overtredingen van het mededingingsrecht en op overtredingen van het nationale mededingingsrecht voor zover de overtreding tevens effect heeft op de handel tussen lidstaten. De wet is dus niet van toepassing op zuiver nationale overtredingen van het mededingingsrecht.

17.7 Mededinging en de Europese Unie

Naast de Mededingingswet kennen we ook het Europees mededingingsrecht. Het Europees mededingingsrecht is met name gebaseerd op art. 101 en 102 van het Verdrag betreffende de werking van de Europese Unie (VWEU). Het Europees mededingingsrecht is van toepassing wanneer bepaalde afspraken de handel tussen de Europese verdragstaten ongunstig kunnen beïnvloeden en ertoe strekken of ten gevolge hebben dat de mededinging binnen de gemeenschappelijke markt wordt verhinderd, beperkt of vervalst. Het feit dat de mededingingsafspraak betrekking heeft op de hele Nederlandse markt is meestal voldoende. Concurrentiebeperkende afspraken zijn verboden, tenzij voor een bepaalde categorie of voor individuele regelingen is vastgesteld dat en onder welke voorwaarden zij zijn toegestaan.

Het Europees recht is van een hogere orde dan het Nederlands recht. Het Europees mededingingsrecht gaat, indien van toepassing, vóór het nationaal mededingingsrecht. Als Nederlandse ondernemingen de Europese mededingingsregels overtreden, dan heeft de Europese Commissie de bevoegdheid om deze ondernemingen een boete op te leggen.

Begrippenlijst

Autoriteit Consument & Markt	Onderdeel van het Ministerie van Economische Zaken belast met het toezicht op de mededinging, sectorspecifiek markttoezicht en consumentenbescherming
Clementieregeling	Regeling waarbij een deelnemer aan een verboden kartel, dit meldt en medewerking verleend aan de ACM, immuniteit krijgt. Immuniteit betekent dat hij geen of minder boete krijgt.
Concentratie	Als ondernemingen gaan fuseren of nauw gaan samenwerken.
Concurrentie	Mededinging.
Economische machtspositie	Het bezitten van een monopolie of een oligopolie.
Fusie	Als meerdere ondernemingen één onderneming worden.
Horizontaal kartel	Een afspraak tussen ondernemingen om concurrentie uit te sluiten of te beperken, die zich op dezelfde hoogte van de bedrijfskolom bevinden.
Kartel	Afspraak tussen ondernemingen om concurrentie uit te sluiten of te beperken.
Marktverdeling	Een kartel waarbij ondernemingen afspreken om geen economische activiteiten te ontplooien in elkaars 'thuismarkt'.
Mededinging	Concurrentie.
Monopolie	Eén aanbieder die een relevante markt economisch beheerst.
Oligopolie	Een klein aantal aanbieders dat een relevante markt economisch beheerst.
Ontheffing	Een door de overheid toegestane inbreuk op een regeling, omdat deze concreet gunstig uitpakt, door een individuele onderneming.
Relevante markt	Een economisch afzonderlijke markt.
Verticaal kartel	Een afspraak tussen ondernemingen die zich op verschillende hoogte van de bedrijfskolom bevinden om concurrentie uit te sluiten of te beperken. Meestal een afspraak tussen een leverancier en een afnemer.

Vragen

Meerkeuzevragen

1. Op grond van welk wetsartikel is het beperken van concurrentie op de Nederlandse markt door afspraken of feitelijk onderling samenwerken verboden?
   a. Art. 5 Mw;
   b. Art. 6 Mw;
   c. Art. 24 Mw;
   d. Art. 26 Mw.

2. Wat is juist? De Nederlandse mededingingswet geldt voor:
   a. rechtspersonen;
   b. natuurlijke personen;
   c. rechtspersonen en natuurlijke personen;
   d. rechtspersonen en natuurlijke personen met uitzondering van consumenten.

3. Wat is juist? Prijsafspraken tussen niet-concurrerende ondernemingen die de mededinging beperken worden in de praktijk genoemd:
   a. horizontaal kartel;
   b. verticaal kartel;
   c. prijskartel;
   d. diagonaal kartel.

4. Wat is juist? Het hebben van een economische machtspositie op de Nederlands markt is:
   a. toegestaan als er voldoende concurrentie is op de Nederlands markt;
   b. toegestaan als er voldoende concurrentie is op de Europese markt;
   c. verboden;
   d. verboden als er misbruik wordt gemaakt.

5. Wat is juist? Als er op de Nederlandse markt door een onderneming misbruik wordt gemaakt van een economische machtspositie dan is bevoegd:
   a. uitsluitend de Autoriteit Consument en Markt;
   b. uitsluitend de Europese Commissie;
   c. de Europese Commissie, indien de handel tussen de lidstaten van de Europese Unie wordt belemmerd;
   d. zowel de Autoriteit Consument en Markt alsmede de Europese Commissie, maar de laatste gaat voor omdat zij van een hogere orde is.

6. Wat is juist?
   a. De mededingingswet verbiedt kartels, het misbruik maken van een economisch machtspositie en concentraties van ondernemingen zonder voorafgaande melding.
   b. De mededingingswet is alleen van toepassing als de gedraging effect kan hebben op handel tussen lidstaten van de Europese Unie.
   c. De mededingingswet is op bepaalde sectoren van de economie niet van toepassing, zoals bankwezen, vervoer en telecommunicatie.
   d. De Autoriteit Consument en Markt kan geen persoonlijke boetes aan natuurlijke personen opleggen, maar alleen aan rechtspersonen.

7. Wat is juist?
   a. Verticale kartels zijn afspraken tussen ondernemers die zich in hetzelfde stadium van het economisch proces bevinden;
   b. Verticale overeenkomsten vallen niet onder de werking van art. 6 Mededingingswet;
   c. Verticale kartels zijn afspraken tussen ondernemers die zich in een verschillend stadium van het economisch proces bevinden;
   d. Voorbeelden van verticale kartels zijn: overeenkomsten tussen producenten op het gebied van prijzen, marktverdeling overeenkomsten, productiebeperking overeenkomsten.

8. Ondernemingen in de bedrijfstak garnalenvisserij worden geconfronteerd met een structurele, scherpe prijsconcurrentie, waardoor het winstniveau onder druk staat. Enkele ondernemingen spreken in een vertrouwelijk beraad mondeling af de omvang van hun aanbod te beperken, teneinde te bereiken dat de gelijkblijvende vraag de marktprijzen weer zal opkrikken. Is deze vertrouwelijke afspraak een kartel en zo ja, van welke soort?
   a. Nee, geen kartel.
   b. Ja, een verticaal kartel.
   c. Ja, een horizontaal kartel.
   d. Ja, zowel een horizontaal kartels alsmede een verticaal kartel.

9. Veel Nederlandse transportondernemingen hebben schade geleden door een internationaal kartel van de grootste vrachtwagenfabrikanten in Europa. Volvo, Renault, MAN, Daimler, Iveco en DAF hebben veertien jaar lang in onderling overleg prijsafspraken gemaakt. Ze hebben ook nieuwe technologie voor schonere motoren tegengehouden.
   Bij welke instantie kunnen transportondernemingen die door een concurrentiebeperkende overeenkomst schade hebben geleden hun schade verhalen?
   a. De nationale rechter;
   b. De Europese Commissie;
   c. Het Hof van Justitie van de Europese Unie;
   d. Het College van Beroep voor het bedrijfsleven.

10. De Nederlandse printermarkt en de printerinktmarkt wordt beheerst door drie grote ondernemingen. Een van de drie spreekt met zijn printerverkopende detailhandelaren af dat de printers voor zeer lage prijzen worden verkocht, maar dat de inkt tegen zeer hoge prijzen moet worden verkocht. Wat doet de onderneming juridisch verkeerd?
   a. Ze maakt prijsafspraken;
   b. Ze hanteert woekerprijzen;
   c. Ze doet aan koppelverkoop;
   d. Ze hanteert onbillijke prijzen.

11. Ried B.V. heeft een trailerhelling in Harlingen die tegen betaling gebruikt kan worden. Met een trailerhelling kunnen boten in en uit het water worden gelaten. Het gebruik van de nabijgelegen trailerhelling van de gemeente is gratis. De gemeente maakt wel kosten voor de trailerhelling aan het Skieppedykje. Door geen kostendekkende vergoeding te vragen aan gebruikers maakt de gemeente Harlingen zich schuldig aan oneerlijke concurrentie.
   Wat is juist? De gemeente handelt in strijd met:
   a. art. 6 Mededingingswet;
   b. art. 24 Mededingingswet;
   c. art. 25i Mededingingswet;
   d. art. 34 Mededingingswet.

12.

ACM beboet kartel aanbieders betonnen garageboxen

De Autoriteit Consument & Markt (ACM) heeft een kartel van aanbieders van prefab betonnen garageboxen beboet. De twee grootste producenten van deze garageboxen – Rekers Betonwerk en Juwel Betonbauteile – hadden afspraken gemaakt om de onderlinge concurrentie uit te schakelen. Zij hadden klanten verdeeld en prijsafspraken gemaakt. Bovendien hebben zij verhinderd dat andere concurrenten op deze markt verder actief konden worden. Dit kan hebben geleid tot hogere prijzen voor hun klanten. ACM vindt dit een zeer zware overtreding van de Mededingingswet.

Aangezien Rekers het kartel zelf bij ACM heeft gemeld en actief aan het onderzoek heeft meegewerkt, krijgt Rekers geen boete. Als het bedrijf dit niet had gedaan, had het een boete van ruim 3 miljoen euro gekregen. De andere deelnemer aan het kartel, Juwel, krijgt een boete van 306.500 euro. De boetehoogte is afhankelijk van de omzet van het bedrijf. De boete is opgelegd voor de activiteiten op de Nederlandse markt.

Wat was er aan de hand?

Rekers en Juwel besloten samen de markt te verdelen en de onderlinge concurrentie uit te schakelen. Ze verdeelden de klanten onderling aan de hand van maximum prijskortingen op hun eigen verkoopprijzen. Hiermee wilden zij voorkomen dat de prijzen onder een vooraf bepaald niveau zakten. Rekers en Juwel zijn de twee belangrijkste aanbieders van prefab betonnen garages op de Nederlandse markt. Afnemers zijn vooral zakelijke klanten en in mindere mate particulieren. Het gaat om twee bedrijven die gevestigd zijn in Duitsland.

"Klanten dachten dat zij iets te kiezen hadden. Maar achter hun rug om hadden deze bedrijven de klanten verdeeld en de prijzen bepaald. Klanten zijn hierdoor gedupeerd. Daarom treden wij hiertegen op." — Chris Fonteijn, bestuursvoorzitter ACM

Welk probleem heeft ACM aangepakt?

Bedrijven die onderling hun klanten verdelen en prijsafspraken maken, zoals afspraken over kortingen, schakelen daarmee de onderlinge concurrentie uit. Hiermee overtreden zij het kartelverbod uit de Mededingingswet. Dit is een zeer ernstige overtreding. Klanten worden gedupeerd doordat ze niet echt iets te kiezen hebben en een hogere prijs moeten betalen dan als er wel sprake was geweest van concurrentie.

Bij overtredingen van het kartelverbod legt ACM boetes op aan de karteldeelnemers. In dit geval is het kartel bij ACM gemeld door Rekers, een van de bedrijven die deelnamen aan het kartel. Dit gebeurde voordat ACM een onderzoek was gestart. Omdat Rekers als eerste [*1] heeft gevraagd en volledig heeft meegewerkt aan het onderzoek heeft dit bedrijf geen boete gekregen. Juwel heeft beroep ingesteld tegen het besluit.

www.acm.nl, 18-04-2016

a. In de een na laatste zin is bij [*1] een woord weggelaten. Welk woord wordt bedoeld?
   A. Genade;
   B. Clementie;
   C. Compassie;
   D. Kortingsregeling;
b. Waarvan is hier is sprake?
   A. Een verticaal kartel;
   B. Een horizontaal kartel;
   C. Een economische machtspositie
   D. Een besluit van een ondernemingsvereniging
c. Waar stelt Juwel Betonbauteile beroep in?
   A. De Europese commissie;
   B. De rechtbank Rotterdam;
   C. Het gerechtshof Rotterdam;
   D. Het College van beroep voor het Bedrijfsleven.
d. Welke verboden regelingen heeft het kartel toegepast?
   A. Een kortingsregeling;
   B. Een markverdelingsregeling;
   C. Een kortingsregeling en een prijsregeling.
   D. Een markverdelingsregeling, een prijsregeling en een kortingsregeling;
e. Wat is de maximale boete die de ACM hier kan opleggen?
   A. € 900.000;
   B. Een miljoen euro;
   C. 10% van de omzet vermenigvuldigd met het aantal jaren van de overtreding;
   D. € 900.000 euro of 10% van de omzet vermenigvuldigd met het aantal jaren van de overtreding.

Open vragen

13.

ACM beboet producenten natuurazijn voor kartelafspraken

De Autoriteit Consument & Markt (ACM) legt aan twee producenten van natuurazijn, Kühne en Burg, boetes op voor het maken van kartelafspraken. Burg krijgt een boete van 1,8 miljoen euro. Kühne ontloopt een boete van 4,6 miljoen euro omdat zij deze afspraken bij ACM heeft gemeld en vergaand heeft meegewerkt aan het onderzoek. De boetes zijn met 10% verlaagd omdat Kühne en Burg de overtreding hebben erkend. De overtreding duurde van 2001 tot in 2012.

Natuurazijn is een product dat door fabrikanten wordt verwerkt in diverse consumentenproducten zoals sauzen, salades en augurken. Kühne en Burg maakten afspraken over offertes voor meerdere klanten die dit soort voedingsmiddelen maken. Ook wisselden ze prijs- en volumegegevens uit.

Chris Fonteijn, bestuursvoorzitter ACM: 'Doordat deze twee producenten van natuurazijn kartelafspraken maakten over de offertes voor een aantal klanten, werd er niet geconcurreerd tussen de bedrijven. Dit is een kartel dat zeer ernstig is. Daarom leggen we ook stevige boetes op.'

Boetes medewerkers
In deze zaak heeft ACM ook boetes opgelegd aan bij Burg werkzame personen die betrokken waren bij de kartelafspraken. Het ging in deze zaak om personen die leiding gaven aan de afspraken. Deze personen waren op verschillende niveaus werkzaam in de organisatie. Deze twee medewerkers van Burg krijgen boe-

tes van 16.000 euro en 54.000 euro. Vanuit Kühne gaven drie personen leiding aan de kartelafspraken. Zij hebben evenals Kühne een boetevrijstelling gekregen. Deze drie medewerkers ontlopen een boete variërend van 22.500 tot 135.000 euro.

www.acm.nl, 11-08-2015

a. Is hier sprake van een horizontaal of van een verticaal kartel?
b. Wat is de maximale boete die de Autoriteit Markt en Consument hier, in normale gevallen, kan opleggen?
c. Kan de onderneming Burg juridisch nog wat doen tegen de door de Autoriteit Markt en Consument opgelegde boete?
d. Hoe wordt de regeling genoemd waardoor de onderneming Kühne geen boete hoeft te betalen?

DEEL 4   EXTERNE RELATIES

HOOFDSTUK 18
Vermogen, verhaal en faillissement

18.1   **Schulden**   521
18.1.1   Preventief debiteurenbeheer   522
18.1.2   Gelijkheid van schuldeisers   522
18.2   **Voorrang**   523
18.2.1   Voorrechten op bepaalde goederen   524
18.2.2   Voorrechten op alle goederen   524
18.2.3   Retentierecht   524
18.3   **Conservatoir en executoriaal beslag**   524
18.3.1   De procedure   525
18.3.2   Kort geding   526
18.3.3   Executoriaal beslag   526
18.3.4   Faillissementsaanvragen   527
18.4   **Pand**   527
18.4.1   Vuistpand- en bezitloos pandrecht   528
18.4.2   Ondeelbaar   529
18.4.3   Rechten van de pandhouder   529
18.4.4   Stil pandrecht   530
18.5   **Hypotheek**   530
18.5.1   Bankhypotheek   531
18.5.2   Terminologie   531
18.5.3   Rangorde   531
18.5.4   Huurbeding   532
18.5.5   Het wegneemrecht   532
18.5.6   Beheersbeding   532
18.5.7   Ontruimingsbeding   533
18.5.8   Zuivering   533
18.5.9   Royement   533
18.5.10 Parate executie   533
18.6   **Surseance van betaling, faillissement en schuldsanering**   534
18.7   **Surseance**   534
18.7.1   Bewindvoerder   535
18.7.2   Verlenen van surseance   535
18.8   **Faillissement**   536
18.8.1   Vereisten   537

18.8.2 Curator 538
18.8.3 Rechter-commissaris 539
18.8.4 Verval beslagen 539
18.8.5 Gevolgen van het faillissement 539
18.8.6 Voortzetten onderneming tijdens faillissement 540
18.8.7 Rangorde bij faillissement 540
18.8.8 Separatisten 541
18.8.9 Boedelschulden 541
18.8.10 Bevoorrechte of preferente schuldeisers 541
18.8.11 Concurrente schuldeisers 542
18.8.12 Eigendomsvoorbehoud, recht van reclame en retentierecht 542
18.8.13 Benadeling van crediteuren 542
18.8.14 Einde faillissement 543
18.8.15 Verificatievergadering 543
18.8.16 Sterfhuisconstructies 544
18.9 Faillissementsfraude 545
18.10 Schuldsanering natuurlijke personen 545
18.10.1 Procedure 546
18.10.2 Saneringsplan 546
18.10.3 Bewindvoerder 547
18.10.4 Einde schuldsanering 547
Begrippenlijst 548
Vragen 551
Meerkeuzevragen 551
Open vragen 553

Hoofdstuk 18
Vermogen, verhaal en faillissement

Een van de uitgangspunten van het Nederlands recht is dat (rechts)personen zelf aansprakelijk zijn voor hun eigen schulden. Als een debiteur niet aan zijn verplichtingen voldoet, dan kan een crediteur beslag laten leggen op het vermogen van de debiteur. Als een debiteur helemaal niet meer aan zijn verplichtingen kan voldoen, kan hij failliet worden verklaard.

18.1 Schulden

Het is voor een ondernemer bijzonder ergerlijk als hij niet betaald wordt voor geleverde diensten, goederen of verrichte arbeid. Een schuld dient uiteraard betaald te worden. Hoe bereikt men dat een debiteur (schuldenaar) die niet wil of kan betalen toch aan zijn verplichtingen voldoet?

Een debiteur staat met zijn gehele vermogen in voor zijn tegenwoordige en toekomstige schulden (art. 3:276 BW).

Als ondernemingen niet aan hun verplichtingen voldoen en in betalingsmoeilijkheden geraken, spelen de in dit hoofdstuk behandelde onderwerpen van beslag, de voorrechten, pand en hypotheek een belangrijke rol. Mocht het financieel helemaal uit de hand lopen dan komt de ondernemer in aanraking met surseance van betaling en/of faillissement.

Men zal, indien een debiteur niet aan zijn verplichtingen voldoet, hem eerst (schriftelijk) moeten sommeren en hem een termijn gunnen waarbinnen hij moet betalen. Betaalt hij dan nog steeds niet, dat zal de crediteur ongetwijfeld gerechtelijke maatregelen treffen. Zeer voor de hand liggend is dat de crediteur conservatoir beslag laat leggen op de eigendommen van de debiteur teneinde uit de verkoop daarvan de hem toekomende vordering te voldoen. Voor beslaglegging op de goederen van de debiteur heeft men toestemming nodig van de rechtbank.

Voorbeeld

Softy bv wil een lopende band kopen, maar heeft daarvoor niet voldoende financiële middelen. De onderneming kan dan geld gaan lenen bij een bank.
Softy bv koopt goederen en betaalt niet meteen.
De werknemers van Softy bv veroorzaken door hun schuld schade bij een ander en de rechter veroordeelt Softy tot vergoeding daarvan.
In al deze gevallen is Softy bv geld schuldig aan een ander. Dit hoeft geen probleem te zijn: zolang de schuld binnen de gestelde termijn wordt terugbetaald, is er niets aan de hand. Het

wordt anders wanneer Softy bv niet tijdig of helemaal niet aan zijn betalingsverplichting voldoet.

18.1.1 Preventief debiteurenbeheer

Het is mogelijk om debiteurenrisico's in te perken. Daarvoor staan de ondernemer praktische en juridische instrumenten ten dienste, die overigens niet voor alle ondernemers even bruikbaar zijn. Een goed debiteurenbeheer begint bij de vraag: Wie is mijn klant? Wil ik wel met hem contracteren? Voorafgaand onderzoek naar de financiële positie en betrouwbaarheid van een klant kan veel problemen voorkomen. Er zijn verschillende bronnen waaruit een onderneming kan putten:

a. De Kamer van Koophandel, die in het handelsregister veel informatie over alle ondernemingen heeft, evenals informatie over stichtingen en verenigingen. Veel ondernemingen zijn verplicht om hun financiële jaarcijfers bij de Kamer van Koophandel te deponeren.
b. Er bestaan diverse ondernemingen die tegen betaling kredietinformatie over uw klanten verstrekken.

Het hanteren van algemene voorwaarden is een van de betere preventieve maatregelen die een ondernemer kan nemen om het debiteurenrisico te beperken. Zo is een eigendomsvoorbehoud in de algemene voorwaarden voor een leverancier een must. Een probleem is dat algemene voorwaarden vaak juridisch niet goed worden gehanteerd. Ook het recht van reclame is een goed instrument. Onder bepaalde voorwaarden kan een leverancier geleverde zaken van de niet betalende afnemer terugvorderen. Ook kan een ondernemer ophouden aan zijn verplichtingen te voldoen als zijn wederpartij dat ook doet. De ondernemer kan gebruik maken van het opschortingsrecht. Dit recht houdt in dat, zolang de wederpartij niet aan haar verplichtingen voldoet, de eigen verplichtingen worden opgeschort.

18.1.2 Gelijkheid van schuldeisers

Wanneer een debiteur zijn schuld niet voldoet, kunnen de crediteuren – voor zover de wet of een overeenkomst niet anders bepaalt – verhaal halen op het vermogen van de debiteur (art. 3:276 BW). Uitgangspunt van het Nederlands recht is dat alle crediteuren gelijk zijn en dat hun vorderingen naar evenredigheid moeten worden voldaan (art. 3:277, lid 1 BW). Alle crediteuren delen in beginsel naar evenredigheid van hun vordering in de netto-opbrengst van de goederen waarop verhaal wordt gezocht. Is de opbrengst van het vermogen onvoldoende om alle crediteuren te voldoen, dan wordt deze onder hen verdeeld naar evenredigheid van ieders vordering.

> **Voorbeeld**

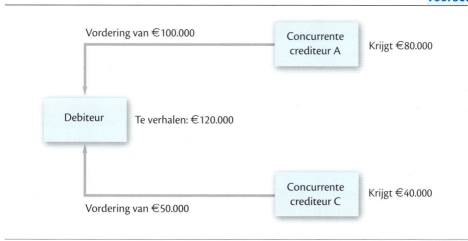

18.2 Voorrang

Op de hoofdregel dat crediteuren in beginsel naar evenredigheid van hun vordering in de netto-opbrengst van de goederen delen, bestaan belangrijke uitzonderingen. De wet kent aan bepaalde vorderingen een recht van voorrang toe: de zogenaamde bevoorrechte vorderingen (art. 3:278 BW). Een voorrecht houdt in dat een crediteur zich voor een bepaalde vordering op een bepaald goed of alle goederen van de debiteur bij voorrang mag verhalen.

Hypotheek en pand gaan in beginsel boven voorrechten (art. 3:279 BW). Het is mogelijk dat meer crediteuren een voorrecht hebben op hetzelfde goed of op alle goederen. De wet regelt de onderlinge verhouding tussen deze crediteuren.

> **Voorbeeld**

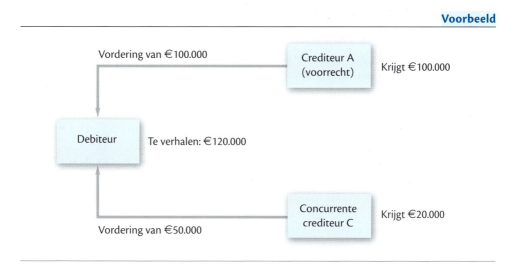

18.2.1 Voorrechten op bepaalde goederen

Bijzondere voorrechten rusten op bepaalde tot het vermogen van de debiteur behorende goederen. De crediteur met een bijzonder voorrecht heeft voorrang bij verhaal boven andere crediteuren (art. 3:280 BW). De voorrechten op bepaalde goederen zijn onder meer geregeld in art. 3:283 e.v. BW.

18.2.2 Voorrechten op alle goederen

Algemene voorrechten rusten op alle tot het vermogen van de debiteur behorende goederen (art. 3:280 BW). Aan algemene voorrechten wordt, na aftrek van hun bijdrage in de faillissementskosten, hun vordering bij voorrang uitgekeerd uit de opbrengst van de goederen waar geen bijzonder voorrecht op rust. De voorrechten op alle goederen zijn onder meer geregeld in art. 3:288 e.v. BW. Deze voorrechten hebben de rang van de volgorde waarin de wet hen plaatst.

18.2.3 Retentierecht

Retentierecht is de bevoegdheid die in de bij de wet aangegeven gevallen aan een crediteur toekomt, om de nakoming van een verplichting tot afgifte van een zaak aan zijn debiteur op te schorten totdat de vordering wordt voldaan (art. 3:290 e.v. BW). Het retentierecht is een algemeen noch een bijzonder voorrecht, maar een opschortingsrecht. Degene die het retentierecht heeft, is bevoegd om zich te verhalen op de opbrengst van de zaak, en wel bij voorrang boven al degenen tegen wie hij het retentierecht kan inroepen.

Voorbeeld

Softy bv heeft een trailer ter reparatie gegeven bij Wegman bv. Afgesproken is dat Softy de reparatienota gelijk na reparatie zal betalen. Softy bv wil de gerepareerde trailer ophalen, maar kan niet betalen. De trailer is in stil pand gegeven aan de bank. Softy bv komt haar verplichtingen jegens de bank ook niet na. De bank verkoopt de trailer, levert hem aan opkoper Matijsen en doet daarvan mededeling aan Wegman bv. Deze behoeft de trailer eerst af te geven aan de koper nadat de reparatienota en de stallingsnota zijn voldaan. Wordt geen betaling verkregen, dan kan Wegman bv na verkregen executoriale titel tot openbare verkoop van de vrachtauto overgaan en zich bij voorrang op de netto-opbrengst verhalen.

18.3 Conservatoir en executoriaal beslag

Als een debiteur niet aan zijn verplichtingen voldoet, in gebreke is gesteld en aanmaningen niets helpen, kunnen er juridische maatregelen worden getroffen.

Conservatoir beslag is een middel om goederen veilig te stellen voor verhaal. Men kan beslag leggen op bezittingen van zijn debiteur. Dit kan zijn op roerende of onroerende zaken, tegoeden van de debiteur bij derden, zoals bij banken, op loon en periodieke uitkeringen. Beslag kan in het algemeen worden gelegd indien men kan aantonen dat er vrees voor verduistering is bij de debiteur. Conservatoir beslag is in de praktijk een vrij effectief middel om een debiteur tot betaling te dwingen, zeker als de debiteur een handelsfunctie heeft en bijvoorbeeld op zijn bankrekening grote bedragen in en uit laat gaan. Door beslag onder de bank, als derde, maakt men het de debiteur wel erg moeilijk.

Executoriaal beslag betekent beslag ter executie. Dat houdt in dat er al een gerechtelijke procedure is gevoerd en er dus een vonnis ligt van een rechter dat ten uitvoer kan worden gebracht (geëxecuteerd). De deurwaarder kan met dat vonnis in de hand beslag leggen op van alles en nog wat (loon, uitkering, inboedel, woonhuis, etc.) en in beslag genomen zaken zonodig ook verkopen.

18.3.1 De procedure

Indien de crediteur een onwillige debiteur wil aanspreken, zal hij bij vorderingen boven de € 25.000 een advocaat moeten inschakelen. De advocaat zal door middel van een verzoekschrift tot de president van de rechtbank van de woonplaats van de debiteur verlof moeten vragen tot beslaglegging. Hetgeen in beslag is genomen vormt dan iets dat te zijner tijd te gelde gemaakt kan worden, zodat de crediteur voldaan wordt uit de opbrengst.

Verlof tot beslaglegging wordt gegeven als de crediteur enigszins waar kan maken dat er gevaar bestaat dat de mogelijkheid tot verhaal kleiner wordt zonder zo'n beslag. Het verzoekschrift met verlof van de president wordt naar de deurwaarder gestuurd en deze gaat dan naar de debiteur, waar hij beslag legt. De deurwaarder zal de goederen opschrijven en de debiteur dan mededelen dat daardoor de goederen in beslag zijn genomen, waardoor de debiteur niet meer over zijn goederen mag beschikken.

De advocaat kan ook verlof vragen om beslag te leggen op spaartegoeden bij de bank van de debiteur. Ook kan beslag worden gelegd op een bepaald gedeelte van diens salaris. Conservatoir beslag is ook mogelijk op onroerend goed, zoals het huis van de debiteur.

Binnen acht dagen moet door middel van een dagvaarding een vanwaardeverklaring van het beslag en het aanhangig maken van de hoofdvordering worden gevraagd (art. 721 Rv. Dit betekent dat in een gerechtelijk procederen uitgemaakt zal worden of de debiteur iets verschuldigd is of niet. Wordt de hoofdvordering toegewezen en daarmee het beslag vanwaardeverklaard, dan gaat het conservatoir beslag over in executoriaal beslag en kunnen de goederen in het openbaar worden verkocht.

Indien de crediteur – bijvoorbeeld omdat de debiteur de vordering betwist – aan een procedure begint, moet hij niet te snel rekenen op een uitspraak van de rechter. Een verstekvonnis, nadat aan de rechtbank vonnis is gevraagd, wordt in het algemeen binnen twee weken toegewezen; een vonnis op tegenspraak binnen vier weken. Voert de debiteur stevig verweer, dan dient men er rekening mee te houden dat een procedure een half tot een heel jaar kan duren.

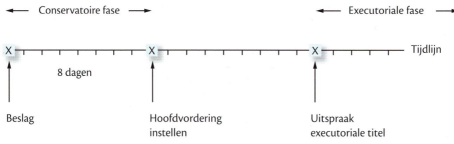

18.1 Beslag

18.3.2 Kort geding

In bepaalde gevallen is het mogelijk een vordering te incasseren via een kort geding. In de praktijk is dit mogelijk indien de vordering onbetwist is – althans in redelijke mate onbetwist – en het voor de crediteur van belang is dat de vordering zo spoedig mogelijk binnen is.

In de praktijk hanteert de rechter drie criteria:
a. er moet weinig of niets tegen de vordering in te brengen zijn;
b. er moeten omstandigheden zijn die meebrengen dat uit hoofde van onverwijlde spoed een onmiddellijke voorziening nodig is;
c. er mag geen restitutierisico zijn (als achteraf blijkt dat een bedrag ten onrechte is toegewezen, moet er verhaal zijn bij de oorspronkelijke eiser).

Als een vordering vaststaat, zo redeneren veel presidenten, en er wordt niet betaald, dan is er al voldoende spoedeisend belang.

18.3.3 Executoriaal beslag

Zodra een crediteur een voor tenuitvoerlegging vatbare titel (vonnis of authentieke akte) heeft, kan hij die titel middels een executoriaal beslag ten uitvoer leggen. Executoriaal beslag is een beslag op bepaalde goederen van de debiteur met het doel die goederen daarna in het openbaar te verkopen. De crediteur ontvangt dan zijn deel uit de opbrengst.

Executoriaal (en ook conservatoir) beslag kan zowel op het vermogen als op het inkomen van de debiteur worden gelegd, behoudens op:
- bed en beddegoed, kleren en gereedschappen van werklieden tot hun persoonlijk bedrijf behorende en in het huis aanwezige voorraad eten en drinken, nodig voor het gezin gedurende één maand;
- dat deel van het inkomen dat ligt onder 90% van de bijstandsnorm welke geldt voor de betreffende debiteur. Beslag op sociale uitkeringen (ziektegeld, WAO en dergelijke) is ook mogelijk.

Bankrekening paardenbedrijf blijft bevroren

AMSTERDAM - Het beslag dat de koper van het paard Handsome O heeft laten leggen op de bankrekening van de verkoper kan in stand blijven, oordeelt de voorzieningenrechter. De koper had dat zogeheten conservatoir beslag laten leggen omdat zij een schadeclaim wil indienen tegen het paardenbedrijf en zij wilde voorkomen dat die zijn geld zou weghalen voordat over haar schadeclaim is beslist. Het paardenbedrijf eiste dat het beslag (waardoor het niet bij zijn geld kan) zou worden opgeheven. Omdat de schadeclaim van de koper kansrijk lijkt, laat de voorzieningenrechter het beslag intact. Het is namelijk aannemelijk dat Handsome O al tijdens de veiling in februari 2015 leed aan de ernstige aandoening hanentred. De koper, die op die veiling 300.000 euro betaalde voor het paard, kwam daar pas later achter en wil de schade verhalen op het paardenbedrijf. Die heeft – vlak nadat de kopers claim bekend werd – de betreffende bedrijfsactiviteiten overgeheveld naar een nieuwe vennootschap. Het is niet uit te sluiten dat dit gebeurde om de claim onmogelijk te maken, aldus de rechter.

www.rechtspraak.nl, 10 juli 2017, ECLI:NL:RBAMS:2017:4928

18.3.4 Faillissementsaanvragen

Indien men geen activa weet aan te wijzen, is een faillissementsaanvraag van de debiteur te overwegen. Ook dit middel wil nog weleens snel effect hebben, daar debiteuren het over het algemeen niet plezierig vinden om bedreigd te worden met een faillissementsaanvraag. Over het algemeen wordt een faillissementsaanvraag dan ook gebruikt als drukmiddel om betaling af te dwingen en hebben aanvragers meestal niet de bedoeling om het faillissement ook daadwerkelijk te laten uitspreken.

Faillissementsaanvragen kunnen uitsluitend worden ingediend indien de vordering op de debiteur onbetwist is, dan wel indien de betwisting van een dusdanige aard is dat de rechtbank daar snel doorheen kijkt. Zodra de rechtbank van mening is dat de debiteur toch wel enig verweer tegen de vordering heeft, zal zij de vordering afwijzen met de mededeling dat men maar gewoon moet procederen.

18.4 Pand

Het bedrijfsleven kan niet meer functioneren zonder de kredietfaciliteiten die met name de banken aanbieden. De kredietverlener is bereid krediet te verlenen, maar zal er ook zeker van willen zijn dat hij het verstrekte krediet weer terug kan krijgen. Wanneer een kredietnemer zijn verplichtingen niet kan nakomen, zal de kredietverlener proberen een claim te leggen op het vermogen van de kredietnemer.

Pand is een beperkt recht op een niet-registergoed van de debiteur waarop de crediteur, wanneer de debiteur niet aan zijn verplichting voldoet, bij voorrang zijn vordering kan verhalen (art. 3:227 BW). Niet-registergoederen zijn onder meer roerende zaken (machines, voorraden, fietsen, auto's, inventarissen), toondervorderingen en vorderingen op naam. Het bezwaarde goed dient, met het oog op de eventuele executie, wel overdraagbaar te zijn (art. 3:228 BW). Onder goederen wordt verstaan: zaken en rechten. Zo zijn een auto en sieraden zaken. Ook vorderingen kunnen, omdat zij waarde vertegenwoordigen, worden verpand. Obligaties en aandelen zijn rechten die kunnen worden verpand. Een vordering aan toonder bestaat altijd uit een papieren bewijsstuk. Het pandrecht komt ten aanzien van roerende zaken nog maar weinig voor. Een belangrijk deel van het vermogen van een onderneming wordt gevormd door de vorderingen die zij op derden heeft (de debiteuren). De vorderingen vertegenwoordigen vaak een grote waarde en zijn daarom een uitstekend verhaalobject voor banken.

Het pandrecht is afhankelijk van de hoofdschuld. Is er geen schuld, dan kan er ook geen pand bestaan. Wordt de schuld afgelost, dan eindigt ook het pandrecht.

Hij die een goed in pand geeft, heet 'pandgever'; hij aan wie het goed in pand gegeven wordt, heet 'pandnemer' of ook wel 'pandhouder'.

Veiling Olympisch paard London kan doorgaan

ZUTPHEN – De voorzieningenrechter van de rechtbank Gelderland heeft in een kort geding dat vandaag diende beslist dat de verkoop van Olympisch paard London, kan doorgaan. Het kort geding was aangespannen door het bedrijf Gevi International, dat beweert eigenaar van London te zijn. Het paard wordt op de veiling te koop aangeboden door Gevi Gorssel, een bedrijf dat deel uitmaakte van het inmiddels failliete Eurocommerce concern. In het kort geding moest antwoord gegeven worden op de vraag wie de eigenaar van London is: Gevi International of Gevi Gorssel.

Curatoren willen London verkopen

London was ooit eigendom van het concern van Eurocommerce dat in 2012 failliet werd verklaard. Vlak voor dit faillissement zijn de aandelen in Gevi Gorssel, waarin de paardenstal met bijzondere en kostbare paarden zat, buiten het concern gebracht en gekocht door Gevi International. In een eerdere rechtszaak is het de curatoren al gelukt om de overdracht van de paardenstal terug te draaien. Schuldeisers van Eurocommerce, waaronder de Rabobank, zijn blijven zitten met miljoenen aan niet meer te incasseren vorderingen. De curatoren van Eurocommerce proberen sindsdien zoveel mogelijk geld terug te krijgen. Dat zou onder andere kunnen doordat het paard London wordt verkocht. Aangezien de bank een pandrecht heeft, zou met de opbrengst van het paard, en de opbrengsten van de andere paarden, zo toch een deel van de vordering betaald kunnen worden.

In kort geding heeft Gevi International geprobeerd dat te verhinderen, maar zonder succes. De vordering van Gevi International dat de veiling niet door mocht gaan, is door de voorzieningenrechter dan ook afgewezen.

www.rechtspraak.nl, 3-4-2014,
ECLI:NL:RBGEL:2014:2239

18.4.1 Vuistpand- en bezitloos pandrecht

De wet onderscheidt twee soorten pandrecht: het vuistpandrecht en het bezitloos pandrecht. Vuistpand is een vorm van pand, waarbij het in pand gegeven goed uit de macht van de pandgever gebracht wordt (art. 3:236 BW). Het vuistpand brengt doorgaans met zich mee dat de pandhouder de goederen moet opslaan; gebruiken mag hij ze niet. Dat betekent dat de goederen aan het economisch verkeer worden onttrokken. Voor de vestiging van een vuistpandrecht is een mondelinge of schriftelijke overeenkomst tussen de pandgever en de crediteur nodig, waarbij zij overeenkomen dat het goed in pand wordt gegeven voor een of meer daarbij aangewezen schuldvorderingen en dat het goed na betaling van deze schuldvorderingen weer zal worden teruggegeven aan de pandgever.

Het belangrijkste kenmerk van het vuistpandrecht is dat het goed aan de beschikking van de pandgever wordt onttrokken, omdat anders verhaal op het pand onmogelijk zou kunnen worden gemaakt door het pand te verkopen of te verbergen (art. 3:236, lid 1 BW). De pandhouder mag niet alleen het pand onder zich houden, hij is daartoe zelfs verplicht. Het pand mag ook aan een derde in bewaring worden gegeven. Het voordeel van een bezitloos pandrecht boven vuistpandrecht is dat de pandgever de in pand gegeven zaak ondanks de vestiging van het pandrecht kan blijven gebruiken.

Terwijl bij roerende zaken een vuistpand wordt gevestigd door het uit de handen van de pandgever te brengen, is het bij bezitloos pandrecht mogelijk de zaak in pand te geven door het ondertekenen door de pandgever van een authentieke of onderhandse akte, die moet worden geregistreerd bij de belastingdienst (art. 3:237 BW).

18.2 *Vuistpandrecht*

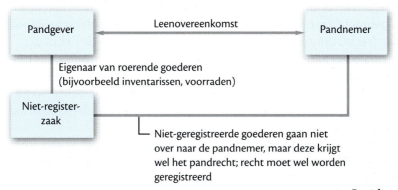

18.3 *Bezitloos pandrecht*

18.4.2 Ondeelbaar
Het pandrecht is ondeelbaar (art. 3:230 BW). Heeft de pandgever een gedeelte van de schuld afgelost, dan heeft hij geen recht op een gedeeltelijke teruggave van het pand. Heeft de pandgever bijvoorbeeld 200 aandelen Nijverdal Ten Cate in pand gegeven voor een geldlening van € 4000, dan kan hij, wanneer hij € 2000 van zijn schuld heeft afgelost, niet 100 aandelen terugeisen.

18.4.3 Rechten van de pandhouder
De pandhouder heeft een aantal rechten. Hij heeft, als de pandgever niet aan zijn verplichtingen voldoet, het recht van parate executie (art. 3:248 BW). De pandhouder mag, indien zijn debiteur zijn vordering niet voldoet, het pand eigenmachtig in het openbaar verkopen (art. 3:250 BW). Uit de opbrengst betaalt de pandhouder zichzelf. Brengt het pand meer op dan het bedrag dat de pandhouder toekomt, dan moet hij het overschot aan de pandgever afdragen. Brengt het pand minder op dan verschuldigd was, dan houdt de pandhouder voor het resterende bedrag een vordering op zijn debiteur. De pandhouder mag zich nooit het pand toe-eigenen (art. 3:235 BW).

De pandhouder heeft ook het recht van retentie. Dit houdt in dat de pandhouder het recht heeft het pand onder zich te houden totdat de schuld is betaald (art. 3:290 BW). Heeft de pandhouder voor het bewaren van het pand kosten gemaakt (bijvoorbeeld bewaarloon voor aandelen), dan kan hij het pand achterhouden tot ook deze bijkomende kosten zijn betaald (art. 3:243, lid 2 BW). Pand en hypotheek staan in rang boven gewone voorrechten, tenzij de wet anders bepaalt (art. 3:279 BW).

De pandhouder heeft ook het recht om zich, in geval van faillissement van de debiteur, te verhalen op de opbrengst van het pand, geheel buiten het faillissement om. De pandhouder wordt ook wel separatist genoemd: hij staat buiten het faillissement en hoeft niet bij te dragen in de faillissementskosten. Hij kan zijn rechten uitoefenen alsof er geen faillissement is (art. 57, lid 1 F.).

18.4.4 Stil pandrecht

Een bijzondere vorm van bezitloos pandrecht is het stille pandrecht. Het speelt met name een rol bij vorderingen. Stil pandrecht is een recht dat gevestigd wordt bij authentieke of geregistreerde onderhandse akte zonder dat de zaak in de macht van de pandhouder is gebracht (art. 3:237 BW). Het stille pandrecht onderscheidt zich van het gewone pandrecht, doordat het niet wordt medegedeeld aan de debiteur.

Een normale verpanding van een vordering zal plaatsvinden door een akte en mededeling van de verpanding aan de debiteur van de verpande vordering (art. 3:237 BW). Deze mededeling aan laatstgenoemde debiteur kan ook achterwege blijven als van de verpanding weer een authentieke of geregistreerde onderhandse akte is opgemaakt (art. 3:239 BW).

De handeling waardoor het stil pandrecht wordt gevestigd, is een authentieke of een geregistreerde onderhandse akte. Daarin moet de vordering in kwestie duidelijk omschreven staan.

Dit pandrecht heeft een hoge rang, maar zal, zolang het een stil pandrecht is, worden achtergesteld bij de belangrijkste voorrechten van de fiscus en de sociale verzekeringen als de zaak niet feitelijk is afgegeven door de pandgever.

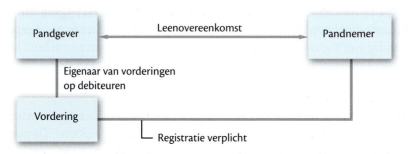

18.4 Bezitloos pandrecht

18.5 Hypotheek

Aankoop, verbouwing of nieuwbouw van onroerend goed wordt meestal geheel of gedeeltelijk gefinancierd in de vorm van een hypotheek, veelal door de bank. Het recht van hypotheek vervult niet alleen in het bedrijfsleven, maar ook in de particuliere sector een belangrijke rol. Hypotheek is het zakelijk recht op het registergoed van de debiteur waarop de crediteur, wanneer de debiteur niet aan zijn verplichtingen voldoet, bij voorrang zijn vordering kan verhalen (art. 3:227 BW). Het object van een hypotheek zijn registergoederen zoals onroerende zaken, te boek gestelde schepen en te boek gestelde vliegtuigen.

Bij hypotheek is er sprake van twee overeenkomsten. De ene heeft betrekking op een geldlening, de andere op de hypotheekovereenkomst. Beide overeenkomsten zijn aan elkaar gekoppeld. Hypotheek is afhankelijk van de hoofdschuld; is er geen schuld, dan kan er ook geen hypotheek bestaan.

Het hypotheekrecht wordt door de hypotheekgever (debiteur) aan de hypotheekhouder (crediteur) gegeven en komt tot stand doordat de notariële hypotheekakte wordt ingeschreven in de openbare registers (kadasters; art. 3:260, lid 2 BW). Het hypotheekrecht kan alleen worden gevestigd door een notariële akte, die in het hypotheekregister wordt ingeschreven.

Het hypotheekrecht op een registergoed verschaft de bevoegdheid om de vordering die de geldgever heeft bij voorrang te verhalen op de opbrengst van het registergoed (art. 3:227, lid 1 BW). Het hypotheekrecht verschaft de geldlener (de bank) zekerheid: de hypotheekhouder heeft een goed dat hij mag verkopen om daaruit zijn vordering te voldoen, als tenminste de geldlener zijn schuld niet betaalt. De voorrang van de hypotheekhouder is gelegen in het feit dat andere crediteuren van de geldlener pas na de hypotheekhouder aan de beurt komen bij de verdeling van de opbrengst van het registergoed (art. 3:227, lid 1 BW).

18.5.1 Bankhypotheek

Het Nederlandse hypotheekrecht kent verschillende soorten hypotheken. Zo strekt de zogenaamde 'vaste' hypotheek tot zekerheid voor een specifiek omschreven schuld, bijvoorbeeld een geldlening. De zogenaamde 'bankhypotheek' daarentegen strekt tot zekerheid voor alle – ook toekomstige – schulden jegens de hypotheekhouder/bank. Hoe die schulden zijn ontstaan is niet belangrijk; wel is het totaalbedrag van de gedekte schuld aan een maximum gebonden. Op het moment van de vestiging hoeft de bank zelfs nog geen vordering op de debiteur te hebben en staat ook niet zonder meer vast dat zo'n vordering ooit zal ontstaan.

18.5.2 Terminologie

Het recht van hypotheek wordt verleend door de eigenaar (koper) van een registergoed, die de hypotheekgever wordt genoemd. Degene die het geld uitleent en dus het recht van hypotheek verkrijgt, heet de hypotheeknemer. Zodra het recht van hypotheek aan de geldschieter is verleend, wordt hij de hypotheekhouder. Het registergoed waarop de hypotheek rust, noemt men het onderpand.

18.5.3 Rangorde

Er kunnen meerdere hypotheken rusten op een registergoed. De datum van inschrijving van de authentieke akte bepaalt de rangorde van de hypotheken (art. 3:21 BW). De eerste hypotheekhouder mag als eerste executeren; de tweede komt pas aan de beurt als de eerste aan zijn trekken gekomen is, tot aan het maximum van de hypothecaire som.

18.5.4 Huurbeding

Een eigenaar van een registergoed heeft in het algemeen het recht het onderpand te verhuren. Die verhuring kan plaatsvinden voor een hoge huurprijs, maar ook voor een zeer laag bedrag, bijvoorbeeld aan een dochter of zoon. Om 'handigheden' van de debiteur te voorkomen, heeft de wet aan de hypotheekhouder de bevoegdheid gegeven om van de debiteur te verlangen:
- dat hij het onderpand zonder (schriftelijke) toestemming van de hypotheekhouder niet mag verhuren of verpachten of op andere wijze in gebruik mag afstaan;
- dat hij de huur of pacht niet voor lange tijd vooruit mag laten betalen.

Onder een huurbeding verstaat men een beding in een hypotheekakte waarin staat dat de eigenaar het onderpand niet zonder toestemming van de hypotheekhouder mag verhuren of verpachten (art. 3:264 BW). Met een huurbeding kan een huur die voor het vestigen van de hypotheek bestond, niet worden aangetast (art. 3:264, lid 4 BW).

Bestaat het onderpand uit woon- of bedrijfsruimte, dan geldt voor de huurder nog een extra bescherming. De hypotheekhouder kan slechts tot ontruiming overgaan nadat hij toestemming heeft verkregen van de president van de rechtbank (art. 3:264, lid 5 BW). De president kan de huurder enig uitstel voor het zoeken van nieuwe woonruimte toestaan.

Voorbeeld

Zou de debiteur het onderpand of een gedeelte daarvan voor tien jaar verhuren tegen bijvoorbeeld € 10.000 per jaar en met de huurder afspreken dat deze hem – indien hij de gehele huur vooruitbetaalt – geen € 100.000, maar slechts € 70.000 behoeft te betalen, dan heeft de debiteur na ontvangst van die huursom de waarde van het onderpand in belangrijke mate uitgehold. Wanneer namelijk de hypotheekhouder kort na het ingaan van die huur tot openbare verkoop zou moeten overgaan, dan zal het onderpand minstens de door de debiteur ontvangen € 70.000 minder opbrengen. Er kan over de eerste tien jaar geen geld meer worden geïncasseerd; ook niet door de koper, want in Nederland geldt de regel 'Koop breekt geen huur'.

18.5.5 Het wegneemrecht

Het wegneemrecht (*ius tollendi*) geeft de hypotheekgever het recht de toevoegingen en veranderingen aan het verhypothekeerde goed, na de vestiging aangebracht, weg te nemen, mits hij de zaak in de oude toestand terugbrengt of terzake van de waardevermindering zekerheid stelt (art. 3:266 BW). Dit recht geldt niet als de hypotheekgever verplicht was deze toevoegingen mede tot onderpand voor de vordering te doen strekken, zoals bijvoorbeeld bij een bouwhypotheek wordt overeengekomen; het is daar immers steeds de bedoeling dat de te bouwen opstal ook onder de hypotheek zal blijven vallen.

18.5.6 Beheersbeding

De hypotheekhouder heeft het recht in de hypotheekakte een beheersbeding op te nemen (art. 3:267 BW). De hypotheekhouder kan volgens deze regeling (in de hypotheekakte) bedingen dat hij, als de hypotheekgever in ernstige mate in zijn verplichtingen ten aanzien van hem tekort schiet, de president van de rechtbank machtiging kan vragen het goed zelf in beheer en/of onder zich te nemen; zulks alleen als dit met het oog op executie gewenst is (bijvoorbeeld als onwettige gebruikers in het verhypothekeerde goed zitten).

18.5.7 Ontruimingsbeding
Het ontruimingsbeding is een beding in de hypotheekakte dat de hypotheekhouder de bevoegdheid geeft om het verbonden goed onder zich te nemen, indien dit met het oog op de executie vereist is (art. 3:267 BW). De hypotheekgever is dan verplicht het onderpand geheel te ontruimen en ter vrije beschikking van de hypotheekhouder te stellen.

18.5.8 Zuivering
De regeling van zuivering komt erop neer dat door levering volgens een executoriale verkoop en voldoening van de koopprijs op een bepaalde wijze (meestal eenvoudig via de notaris) alle hypotheken en beslagen tenietgaan die op het goed rusten (art. 3:273 BW).

18.5.9 Royement
Nadat de hypotheek geheel is afgelost, vervalt uiteraard het recht van hypotheek. Op het hypotheekkantoor staat dat recht nog steeds ingeschreven. Het is de taak van de notaris de inschrijving op het hypotheekkantoor ongedaan te maken. Dit gebeurt bij een notariële akte van royement. In deze akte verklaart de hypotheekhouder toestemming te geven de inschrijving teniet te doen (te laten 'doorhalen').

18.5.10 Parate executie
De wet kent de hypotheekhouder het recht van executoriale verkoop toe en bepaalt dat door de daaropvolgende levering alle op het goed rustende hypotheken, andere beperkte rechten en ingeschreven beslagen tenietgaan respectievelijk vervallen (art. 3:268 BW). Het hypotheekrecht, dat wil zeggen de bevoegdheid van de crediteur om het registergoed onder bepaalde voorwaarden te verkopen, heeft zakelijke werking. Dat wil zeggen dat de hypotheek vastzit aan een registergoed en het er niet toe doet dat de eigenaar van het registergoed buiten medeweten van de crediteur het registergoed verkoopt. De hypotheekhouder mag het registergoed verkopen als zijn debiteur niet meer aan zijn verplichtingen voldoet, ook al is ondertussen iemand anders eigenaar geworden van het registergoed.

Het recht van parate executie komt zowel een eerste als een latere hypotheekhouder toe, behoudens dat een lager geplaatste hypotheekhouder, alvorens tot executie over te gaan, eerst de hogere gerangschikte(n) moet oproepen, die dan desgewenst de executie kan/kunnen overnemen.

Naast de openbare (onder notarieel toezicht staande) veiling bestaat ook de mogelijkheid van onderhandse verkoop, maar alleen na goedkeuring door de president van de rechtbank op een daartoe aan hem voorgelegde koopovereenkomst (art. 3:268 BW).

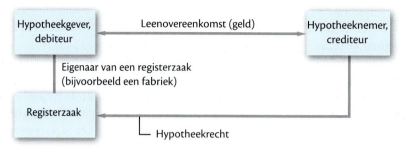

18.5 Hypotheek

18.6 Surseance van betaling, faillissement en schuldsanering

We spreken van insolventie als een persoon of onderneming zich in een staat bevind als hij niet meer aan zijn financiële verplichtingen kan voldoen. De faillissementswet geeft rechtsregels wanneer een persoon of onderneming heeft opgehouden te betalen. Als een persoon zijn schulden niet meer kan betalen zou hij surseance van betaling kunnen aanvragen bij de rechtbank of hij kan door de rechtbank failliet worden verklaart.

Een faillissement betekent dat de rechtbank vaststelt dat een persoon zijn schulden niet meer betaalt. Het faillissement is een algemeen beslag op alle bezittingen en inkomsten. Als het faillissement is uitgesproken, kan een persoon niet meer over zijn bezittingen en inkomsten beschikken. Een persoon kan ook proberen via een minnelijk schuldentraject zijn schulden op te lossen. Via een procedure bij de rechtbank een persoon de rechter verzoeken om toelating tot een wettelijk schuldsaneringsregeling natuurlijke personen (Wsnp).

18.7 Surseance

De Faillissementswet behandelt de surseance, het faillissement en de wettelijke schuldsannering. Een onderneming die voorziet dat zij niet zal kunnen voortgaan met het betalen van opeisbare schulden, kan surseance van betaling aanvragen (art. 214 F.). Doel van de surseance is de debiteur een adempauze te geven en hem zo de mogelijkheid te bieden orde op zaken te stellen. Surseance – ook wel uitstel – van betaling heeft alleen maar zin als verwacht wordt dat de debiteur in tijdelijke betalingsmoeilijkheden verkeert en dat hij een regeling kan treffen met zijn crediteuren.

In tegenstelling tot faillissement kan surseance alleen aangevraagd worden door de debiteur zelf. De debiteur moet van deze rustpauze gebruik maken om, bijgestaan door de surseancebewindvoerder, zodanig orde op zaken te stellen dat alle crediteuren op termijn voldaan kunnen worden. De ondernemer hoopt dat bevriezing van uitstaande schulden hem enige adem zal verschaffen voor het voortzetten van zijn in financiële moeilijkheden verkerende onderneming.

18.7.1 Bewindvoerder

De arrondissementsrechtbank verleent surseance van betaling. De rechtbank benoemt dan een bewindvoerder (geen curator), die samen met de schuldenaar het vermogen beheert. Veelal is de bewindvoerder een advocaat, die overigens ook andere deskundigen kan inschakelen, bijvoorbeeld een accountant. De ondernemer mag niets doen zonder de bewindvoerder. De bewindvoerder onderzoekt of met de crediteuren een akkoord kan worden bereikt over een financiële regeling. Bij zo'n akkoord wordt de toestemming van de gewone meerderheid van de crediteuren, die tezamen tenminste de helft van de schulden vertegenwoordigen. Als het akkoord is aangenomen dan geldt het voor alle crediteuren, dus ook voor te tegenstemmers, het is dan een dwangakkoord. Gedurende de surseance van betaling kan de schuldenaar op elk moment proberen om met zijn concurrente schuldeisers tot een akkoord te komen.

18.7.2 Verlenen van surseance

Tenzij een vermoeden van oplichting bestaat, wordt door de rechtbank als regel meteen voorlopige surseance verleend en een datum bepaald voor het verhoor van de crediteuren. Hierna wordt als regel definitief surseance verleend, veelal voor een periode van anderhalf jaar. Crediteuren verzetten zich meestal niet, omdat bij een faillissement de situatie voor hen vaak nog een stuk slechter zal zijn. Als surseance van betaling is verleend, is de debiteur beschermd tegen zijn crediteuren en kunnen ze geen beslag meer leggen; bovendien vervallen alle reeds gelegde beslagen. Surseance is bedoeld om de debiteur enige tijd te gunnen om orde op zaken te stellen; faillissement daarentegen is gericht op liquidatie van het vermogen van de debiteur. In de meeste gevallen draait in de praktijk een surseance van betaling uit op een faillissement.

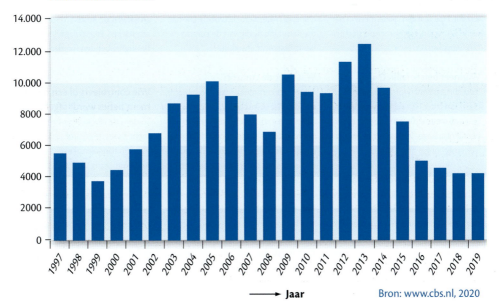

18.6 Aantal uitgesproken faillissementen

18.8 Faillissement

Iedereen moet zijn schulden betalen. Zonder deze basisregel van het recht zou het hele economische leven op losse schroeven staan. Afspraken moeten worden nagekomen. Het kan natuurlijk voorkomen dat een debiteur, door welke oorzaak dan ook, niet meer aan zijn verplichtingen kan voldoen.

Waar het bij surseance van betaling gaat om een bevriezing van betalingsverplichtingen, gaat het bij een faillissement om een algeheel beslag op goederen en vermogen van de faillerende onderneming ten behoeve van al haar crediteuren. Bij een faillissement wordt beslag gelegd op nagenoeg het hele vermogen van de debiteur, met als doel alle goederen van de debiteur te verkopen en de opbrengst onder de crediteuren te verdelen. Alle gelegde beslagen vervallen door de faillietverklaring. Het geheel van de vermogensbestanddelen dat onder het algemene faillissementsbeslag valt wordt de boedel genoemd. Een aantal zaken valt echter níét onder het faillissementsbeslag. Het betreft ruwweg de zaken die de failliet nodig heeft voor dagelijks gebruik en onderhoud van zichzelf en zijn gezin.

'Een faillissement kan iedereen overkomen'

ZUTPHEN – Het kan iedereen zomaar overkomen. In tijden van financiële crises kan de boekhouding nog zo op orde zijn, toch kan het gebeuren dat iemand niet meer aan zijn financiële verplichtingen kan voldoen.

Of dat je wordt 'meegezogen' in het faillissement van een ander. De één gaat failliet, met als gevolg dat ook de ander in zijn faillissement wordt 'meegesleurd'. Dan volgt in het uiterste geval een faillissement. Hoe gaat een faillissement in zijn werk? Een vraaggesprek met persrechter Dirk Vergunst:

Wanneer ben ik failliet?
'Een faillissement wordt uitgesproken door de rechter. Hij doet dat wanneer hij heeft vastgesteld dat een persoon of een bedrijf niet langer in staat is zijn financiële verplichtingen na te komen.'

Hoe beoordeelt de rechter dat?
'In het kort gezegd beoordeelt de rechter de faillissementsaanvraag, die door de partij zelf of door anderen is gedaan. Dit gebeurt in een niet-openbare zitting. Er is dus geen publiek bij. Wel zijn de partijen die het faillissement hebben aangevraagd of hun advocaten aanwezig. Na de zitting neemt de rechter een besluit: een organisatie of een persoon wordt dan wel of niet failliet verklaard.'

Wat gebeurt er als het faillissement is uitgesproken?
'Als de rechter je failliet verklaart kun je geen betalingen meer verrichten en geen gebruik meer maken van gebouwen, machines of materialen. Hiervoor heb je dan toestemming nodig van de curator die het faillissement afwikkelt.'

Wat doet de curator?
'De rechter-commissaris wijst een curator aan om het vermogen van degene die failliet is gegaan te gelde te maken en de opbrengsten te verdelen over de schuldeisers. In de meeste gevallen is de curator een advocaat, die er voor moet zorgen dat de bezittingen op een eerlijke manier tussen de diverse schuldeisers worden verdeeld. De rechter-commissaris is belast met het toezicht op de curator. De curator moet aan de rechter-commissaris toestemming vragen voor het verrichten van bepaalde handelingen, zoals het verkopen van bezittingen.'

Wie zijn de schuldeisers?
'Op een faillissements- of verificatievergadering wordt vastgesteld wie de schuldeisers zijn in het faillissement. Deze vergadering is openbaar. Na deze vergadering worden de kosten van de curator vastgesteld. Hierna worden de bezittingen, na aftrek van de kosten, verdeeld over de schuldeisers. Een verslag hiervan kan door belanghebbenden worden opgevraagd bij de rechtbank.'

Wie controleert of een faillissement netjes wordt afgehandeld?
'Tijdens de afwikkeling van elk faillissement moet de curator verantwoording over zijn handelen afleggen aan de rechter-commissaris. Verantwoording legt de curator af via verslagen. Iedere drie maanden moet de curator een verslag uitbrengen, waarin hij aangeeft hoe hij de financiën beheert en hoe zijn werk verloopt. Deze verslagen zijn op te vragen bij de rechtbank.'

Hoe weet ik of iemand failliet is?
'De rechtbank publiceert alle faillissementen in het Centraal Insolventieregister op rechtspraak.nl. Daar staan de faillissemen-

ten, surséances (uitstel) van betaling en schuldsaneringen natuurlijke personen. Op die plek vind je ook wanneer het faillissement is uitgesproken en wie de rechter-commissaris en de curator zijn. Vaak staan daar ook de faillissementsverslagen bij.'

www.rechtspraak.nl, 8-1-2013

18.8.1 Vereisten

In de Faillissementswet staat dat men failliet kan worden verklaard wanneer men is opgehouden met het betalen van schulden (art. 1 F.). Die geldschulden moeten bestaan bij meer dan één crediteur. Eén enkele crediteur is niet voldoende. Failletverklaring geschiedt bij vonnis van de rechtbank. De faillietaanvraag wordt in een besloten zitting van de rechtbank behandeld. Dit kan op verzoek van een of meer schuldeisers of van de schuldenaar zelf.

De rechtbank onderzoekt globaal, in verband met het spoedeisend karakter, of de vereisten voor faillietverklaring aanwezig zijn. Iedere schuldenaar die in een toestand verkeert dat hij heeft opgehouden te betalen, kan in staat van faillissement worden verklaard (art. 1 F.).

Is aan bovenstaande vereisten voldaan, dan spreekt de rechtbank in een vonnis het faillissement uit. Op het moment dat de aanvraag door de rechter wordt beoordeeld, moet de debiteur zijn gestopt met het betalen van wat hij schuldig is. Er moet een aantal crediteuren zijn die hun vordering niet betaald krijgen. De omvang van het vermogen van de debiteur is niet relevant. Dat de debiteur voldoende middelen heeft om zijn schulden te betalen, neemt niet weg dat hij in de toestand kan verkeren dat hij heeft opgehouden te betalen. Een uittreksel van het vonnis wordt ingeschreven in het openbaar register van de rechtbank en bekendgemaakt in de Staatscourant en in een of meer dagbladen (art. 14 F.). Een faillissement houdt in dat de rechtbank beslag laat leggen op het gehele vermogen van de schuldenaar ten behoeve van alle schuldeisers.

Uit de baten worden eerst de pand- en hypotheekhouder voldaan en daarn komen de bevoorrechte crediteuren aan de beurt, waarvan de curator en de fiscus de belangrijkste zijn. Is er dan nog iets over, dan krijgen de concurrente crediteuren ieder een gelijk percentage van hun vordering uitgekeerd. In de meeste faillissementen krijgen concurrente crediteuren niets.

De debiteur kan in verzet gaan bij de rechter die het vonnis heeft uitgesproken. Daartoe dient hij een advocaat in te schakelen. Er moeten wel goede gronden voor zo'n verzet aanwezig te zijn, bijvoorbeeld het feit dat de debiteur de vorderingen betwist. De rechtbank kan, indien zij van mening is dat het verzet gegrond is, de zaak dan naar de gewone zitting verwijzen. Tegen het vonnis van faillietverklaring is hoger beroep en uiteindelijk beroep in cassatie mogelijk. Het vonnis tot faillietverklaring is bij voorraad uitvoerbaar: dat wil zeggen dat het vonnis direct kan worden uitgevoerd, ook al gaat de schuldenaar in beroep van het vonnis.

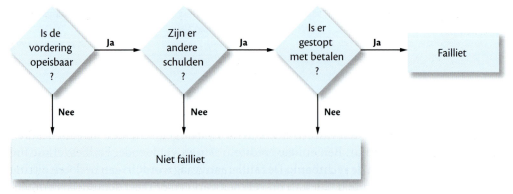

18.7 Vereisten voor een faillietverklaring

18.8.2 Curator

Op het moment dat de rechtbank een onderneming failliet verklaart, komen het beheer en de beschikking over de failliete boedel in handen van een curator (art. 68 F.). Een curator wordt benoemd door de rechtbank. Meestal is de curator een advocaat, soms een andere deskundige zoals een accountant. Als deze deskundige geen advocaat is, zal er, in verband met de vrij ingewikkelde juridische kanten van de zaak, naast deze toch ook een advocaat als curator worden benoemd.

De failliet is verplicht om aan de curator alle informatie te geven waarvan hij redelijkerwijs kan weten dat de curator die nodig heeft voor de afwikkeling van het faillissement. Ook moet hij alle administratie afgeven. Als het om een digitale administratie gaat, moet de failliet erop toezien dat het voor de curator leesbaar ter beschikking wordt gesteld (artt. 105a e.v. Fw). Op het niet in redelijkheid meewerken van de failliet staat een gevangenisstraf van een jaar (art. 194 WvSr).

Het is de taak van de curator om voor de gezamenlijke crediteuren zoveel mogelijk geld binnen te halen. Dit moet door hem volgens de wettelijke regels aan de crediteuren worden uitgekeerd.

Coronacrisis, twee Overijsselse horecabedrijven failliet

ALMELO - De Rechtbank Overijssel heeft twee horecabedrijven failliet verklaard. De bedrijven vroegen hun eigen faillissement aan, waarbij ze de coronacrisis als belangrijke oorzaak noemden. Dat het in deze tijd nodig is om faillissementen te behandelen, legt teamvoorzitter Mark Bosch uit: "Het geeft zekerheid aan de bedrijven, werknemers en leveranciers". Door het uitspreken van het faillissement kan een curator aan de slag gaan en kunnen formele en praktische zaken worden afgehandeld.

Urgente zaken
Het gaat om een horecazaak in Deventer en een horecazaak in Losser. Het behandelen van een faillissementsverzoek valt onder de zogenoemde urgente zaken. "Het uitspreken van een faillissement is natuurlijk nooit leuk, maar het is wel heel erg belangrijk dat dit soort zaken doorgaat. Het geeft bedrijven, werknemers, leveranciers en anderen zekerheid. Op dit moment wordt dit soort zaken schriftelijk afgehandeld. Daarnaast kan een partij ook telefonisch worden gehoord door de rechter", zegt Mark Bosch, teamvoorzitter Toezicht van de Rechtbank Overijssel. "Veel mensen denken dat de Rechtspraak nu ook dicht is. Dat klopt niet. De urgente zaken, waaronder faillissementsaanvragen, blijven we behandelen. Dat is ook belangrijk omdat betrokkenen niet kunnen wachten op uitstel. Zaken kunnen worden afgehandeld, medewerkers kunnen een beroep doen op sociale voorzieningen en een curator kan worden aangesteld."

> **Nog geen toename faillissementsaanvragen**
>
> De Rechtbank Overijssel ziet op dit moment nog geen bijzondere toename van het aantal faillissementsaanvragen. In deze twee specifieke gevallen hebben de bedrijven de coronacrisis wel genoemd als spreekwoordelijke druppel die de emmer deed overlopen.
>
> *www.rechtspraak.nl, 25 maart 2020*

18.8.3 Rechter-commissaris

Bij de rechtbank houdt de rechter-commissaris toezicht op de goede gang van zaken bij een faillissement (art. 64 F.). Hij controleert het handelen van de curator. Zowel de rechter-commissaris als de curator worden door de rechtbank benoemd. Gedupeerde crediteuren die het niet eens zijn met de gang van zaken, kunnen de rechter-commissaris hierover benaderen.

De curator moet aan de rechter-commissaris verslag uitbrengen. Als hij vast moet stellen dat er weinig of geen baten zijn, kan hij de rechter-commissaris voorstellen het faillissement op te heffen wegens de toestand van de boedel (gebrek aan baten). Stelt de curator vast dat er nog wel baten zijn, dan is het zijn plicht erop toe te zien dat die baten gelijkelijk over de crediteuren worden verdeeld. In de praktijk blijft er meestal niets over voor de gewone crediteuren.

18.8.4 Verval beslagen

Bij het faillissement komen andere, door crediteuren al gelegde beslagen op goederen van de debiteur automatisch te vervallen (art. 33 F.). De curator zal zich moeten buigen over zaken als bezitloos pandrecht van banken die dit meestal ruim voor de faillissementsaanvrage hebben bedongen om hun financiering veilig te stellen, eigendomsvoorbehoud dat crediteuren in hun verkoopvoorwaarden hebben vastgelegd, of claims van de hypotheeknemers die onroerend goed hebben gefinancierd.

18.8.5 Gevolgen van het faillissement

De gevolgen van een faillietverklaring zijn bijzonder ingrijpend. Er wordt een uittreksel van het vonnis van faillietverklaring met naam, adres en beroep gepubliceerd in de Nederlandse Staatscourant en in een of meer plaatselijke nieuwsbladen (art. 14, lid 3 F.).

De curator beheert vanaf het moment van faillietverklaring het vermogen van de gefailleerde. Hij maakt zo spoedig mogelijk een boedelbeschrijving en een staat van baten en schulden. Vervolgens treedt de zogenaamde beheersfase in: de curator moet ervoor zorgen dat de boedel in stand blijft. Door de faillietverklaring verliest de gefailleerde automatisch de beschikking en het beheer over zijn tot het faillissement behorend vermogen (art. 23 F.). Die bevoegdheid gaat over op de curator (art. 68 F.). Alle voor de gefailleerde bestemde post wordt naar de curator gestuurd, die het recht heeft om deze post te lezen (art. 14, lid 2 F.). De bankrekeningen worden geblokkeerd en de failliet mag zijn woonplaats in principe niet meer zonder toestemming van de rechter-commissaris verlaten.

Gelegde beslagen vervallen door het faillissement, maar zij herleven weer als het faillissement wordt vernietigd of wordt opgeheven wegens gebrek aan baten.

18.8.6 Voortzetten onderneming tijdens faillissement

Tijdens faillissement kan de onderneming door de curator worden voortgezet. Daarbij worden uiteraard de kosten en baten afgewogen, maar ook de aansprakelijkheidsrisico's die voortzetting van de onderneming voor de curator persoonlijk op kunnen leveren. Als er nog onderhanden werk ligt dat met relatief weinig moeite, kosten en risico afgemaakt kan worden, terwijl daarna gemakkelijk geïncasseerd kan worden, is de afweging snel gemaakt. In de praktijk is de afweging vaak moeilijker en is de uitkomst dus minder voorspelbaar. De eerste paar dagen kan een curator in ieder geval tamelijk risicoloos de onderneming voortzetten, al is het alleen maar om de mogelijkheid van een snelle doorstart open te houden.

18.8.7 Rangorde bij faillissement

Bij een faillissement zijn er vrijwel altijd meer schulden dan opbrengsten. In de praktijk krijgen maar weinig crediteuren betaald. De crediteuren van de gefailleerde hebben als uitgangspunt naar evenredigheid recht op de opbrengst. Voorrang is de bevoegdheid om uit de faillissementsopbrengst te worden voldaan boven de gewone (concurrente) crediteuren. De rangorde speelt bij faillissement een belangrijke rol. Globaal kan de volgende rangorde worden aangehouden:
1. hypotheek;
2. belastingen en sociale verzekeringen;
3. pand;
4. faillissementskosten;
5. bijzondere voorrechten;
6. algemene voorrechten.

Uitzonderingen daargelaten (fiscale preferenties, gerechtskosten) wordt de rangorde bij verhaal beheerst door de volgende regels:
a. pand en hypotheek gaan boven voorrechten (art. 3:279 BW);
b. bijzondere voorrechten gaan boven algemene voorrechten (art. 3:280 BW);
c. de rangorde van de voorrechten wordt bepaald door hun volgorde zoals die in de wet staat (art. 3:281 BW).

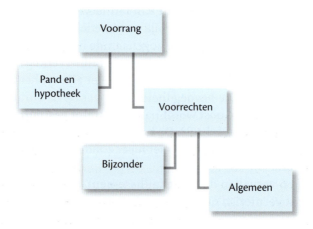

18.8 Rangorde

18.8.8 Separatisten

Separatisten zijn crediteuren die hun rechten kunnen uitoefenen alsof er geen faillissement is en daardoor krijgen ze vaak ook als eerste betaald in een faillissement (art. 57 F.). Separatisten zijn de hypotheekhouder en de pandhouder. Ze hebben het recht van parate executie, dat wil zeggen het recht om het goed waarop ze rechten hebben te laten verkopen. Wanneer de pand- of hypotheekhouder zijn recht van parate executie uitoefent, kan hij in beginsel kiezen tussen openbare en onderhandse verkoop. Voor onderhandse verkoop is wel goedkeuring nodig van de rechtbank (art. 3:251 en 268 BW). Separatisten hoeven ook niet bij te dragen in de faillissementskosten (art. 182 F.). Voor het geval de opbrengst van het met hypotheek- of pandrecht belaste onderpand van de failliete boedel niet voldoende is om de separatisten te voldoen, kunnen zij voor de restschuld als concurrente crediteur meedoen (art. 59 F.).

Voorbeeld

De Rabobank heeft een hypotheekrecht verkregen op een kantoorpand met een geschatte waarde van € 500.000. De hypotheeklening bedraagt € 450.000. De debiteur wordt failliet verklaard. De Rabobank gaat over tot parate executie.
1. Stel, de opbrengst van het gebouw is € 480.000. Dan krijgt de bank € 450.000 en € 30.000 valt in de boedel.
2. Stel de opbrengst van het gebouw is € 420.000. Dan krijgt de bank € 420.000 en worden ze voor € 30.000 concurrente crediteur.

18.8.9 Boedelschulden

Boedelschulden zijn schulden die worden aangemerkt als kosten van het faillissement of schulden met een zodanige urgentie, dat deze voorafgaand aan de uitdeling aan faillissementsschulden moeten worden voldaan. In beginsel levert een boedelschuld een onmiddellijk opeisbare aanspraak op de boedel op. Boedelschulden zijn bevoorrecht, dat wil zeggen dat zij vóór alle andere vordering, ook die met voorrang worden voldaan. Boedelschulden ontstaan uit het beheer van het faillissement. Boedelschulden zijn onder meer:
- Salaris curator (art. 71 F.)
- Huur (art. 39 lid 1) en lonen (art. 40 lid 2 F.) die na de faillietverklaring zijn ontstaan.
- Handelingen van de curator in verband met de voortzetting van het bedrijf van de failliet (art. 98 F.)

18.8.10 Bevoorrechte of preferente schuldeisers

De bevoorrechte oftewel preferente crediteuren kunnen worden onderverdeeld in *bijzondere* en *algemene* voorrechten. Hun rechten gelden zowel in als buiten faillissement. Bij faillissement moeten zij echter hun vordering, onderbouwd met bewijzen, wél ter verificatie indienen bij de curator. De bijzondere voorrechten hebben betrekking op een bepaald goed, de algemene voorrechten op het hele vermogen van de schuldenaar. Voorrechten bieden de schuldeiser voorrang bij verhaal op het vermogen van de schuldenaar. Als er sprake is van meerdere voorrechten, 'botsing van rechten', gaat een bijzonder voorrecht in rang boven een algemeen voorrecht. In geval van meerdere gelijke rechten, bijvoorbeeld meerdere bijzondere rechten op dezelfde zaak, wordt de opbrengst gelijkelijk onder hen verdeeld.

18.8.11 Concurrente schuldeisers

De schuldeisers zonder voorrecht of voorrang zijn concurrente schuldeisers. Zij moeten hun vordering, onderbouwd met bewijzen, ter verificatie indienen bij de curator. Nadat alle andere schuldeisers zijn voldaan, worden zij naar evenredigheid uit de restanten van de boedel betaald. In de praktijk komen betalingen aan concurrente schuldeisers helaas bijna nooit voor.

18.8.12 Eigendomsvoorbehoud, recht van reclame en retentierecht

Een verkoper die onder eigendomsvoorbehoud aan de failliet heeft geleverd, kan bij een faillissement zijn zaak als eigenaar opvorderen (art. 3:92 BW). De verkoper die het recht van reclame heeft, kan ook in een faillissementssituatie hiervan gebruik maken en de roerende zaak als zijn eigendom opeisen (art. 7:39 BW).

Het retentierecht geeft een crediteur onder bepaalde omstandigheden het recht zijn eigen verplichting op te schorten totdat de debiteur ook aan zijn verplichting heeft voldaan. Bij een faillissement kan degene die een retentierecht heeft zijn verplichting opschorten totdat de curator namens de boedel aan zijn verplichting voldoet (art. 60 F.). Een reparateur die een zaak onder zijn beheer heeft, kan weigeren de zaak terug te geven totdat de curator de reparatiekosten heeft betaald. Zodanige crediteuren hebben door een feitelijke preferentie terwijl ze gewoon concurrente schuldeisers zijn.

18.8.13 Benadeling van crediteuren

Tot op het moment van de faillietverklaring blijft een debiteur bevoegd om over zijn vermogen te beschikken. Als een debiteur ziet aankomen dat hij failliet gaat, wil hij nogal eens dubieuze financiële transacties aangaan. Met de *actio pauliana* kan een curator betalingen van de failliet terugdraaien die voor een faillissement zijn gedaan.

De curator kan rechtshandelingen die voor de failletverklaring door de failliet onverplicht zijn verricht, vernietigen middels een buitengerechtelijke verklaring als de failliet (en in een aantal gevallen zijn wederpartij) wist of behoorde te weten dat andere crediteuren daardoor zouden worden benadeeld (art. 42 F.). Wetenschap van benadeling wordt vermoed aanwezig te zijn als gehandeld is binnen één jaar voor de failletverklaring met bepaalde familieleden dan wel met rechtspersonen waarin betrokkene een groot belang of veel zeggenschap heeft (art. 43 F.).

Bij verplichte rechtshandelingen kan vernietiging slechts plaatsvinden als de wederpartij wist dat het faillissement was aangevraagd of als er sprake is van bewust overleg tussen partijen om andere crediteuren te benadelen.

De bewijslast hiervan rust op de curator. In bepaalde gevallen wordt deze bewijslast echter omgedraaid, dat wil zeggen de bewijslast komt op de wederpartij van de curator te rusten. Dat is bijvoorbeeld zo als een goed ver beneden de waarde is verkocht, of als er rechtshandelingen zijn verricht met familieleden of rechtspersonen waarmee de failliet een band mee had. De Hoge Raad heeft bepaald dat een handeling met een beroep op de *actio pauliana* óók door de curator kan worden vernietigd als de juiste prijs of meer dan dat is betaald, namelijk als die opbrengst maar aan één of een beperkt aantal van de schuldeisers ten goede is gekomen.

> **Faillissementspauliana. Reële prijs verkochte onderneming?**
>
> DORDRECHT – Curator vordert schadevergoeding en grondt zijn vordering primair op faillissementspauliana en subsidiair op onrechtmatige daad. Ongeveer een maand voor faillissement verkoopt latere failliet aan gedaagde nagenoeg alle activa van haar onderneming voor 110% van de liquidatiewaarde. De koopprijs is verrekend met de schuld van de latere failliet aan de Belastingdienst. Gedaagde heeft voorts vakantiegeld van de werknemers betaald. Curator stelt dat de onderneming going concern is overgedragen, zodat uitgegaan moet worden van de getaxeerde onderhandse verkoopwaarde en dat voor de overgenomen immateriële activa, waaronder de handelsnaam, ten onrechte niets is betaald. Curator doet beroep op bewijsvermoeden wetenschap benadeling. Diverse (tegen)bewijsopdrachten. Indien beroep op art. 42 Fw slaagt, mogen partijen zich nog uitlaten over de gevolgen daarvan i.v.m. niet betwiste standpunt curator dat gedaagde niet in staat is de activa terug te geven.
> *www.rechtspraak.nl, 8-8-2011, ECLI:NL:RBDOR:2011:BR4130*

18.8.14 Einde faillissement

Een faillissement eindigt door de vereffening van de boedel en uitdeling van gelden aan de crediteuren. Ook kan een faillissement eindigen door een akkoord of door opheffing van het faillissement. Zowel in surseance als in faillissement kan geprobeerd worden een regeling met de crediteuren te treffen door hen een percentage tegen finale kwijting aan te bieden. Indien een of meer crediteuren niet willen meewerken aan een akkoord, kunnen zij daartoe toch verplicht worden indien een gekwalificeerde meerderheid van de concurrente crediteuren daartoe besluit. Na een akkoord eindigt de surseance of het faillissement en is de debiteur van al zijn schulden af.

Door opheffing van het faillissement, bij gebrek aan baten, zitten er zo weinig baten in de boedel dat niet eens de kosten van het faillissement betaald kunnen worden; het is dan niet zinvol om aan de afwikkeling van het faillissement te beginnen. Ongeveer 90% van alle faillissementen eindigt door opheffing 'wegens toestand van de boedel'. Dat betekent dat concurrente crediteuren geen uitkering krijgen.

18.8.15 Verificatievergadering

Indien er nog baten in de boedel aanwezig zijn, stelt de rechter-commissaris in overleg met de curator de datum vast waarop de schuldvorderingen moeten zijn ingediend. Ook wordt de datum vastgesteld van de verificatievergadering, die bedoeld is om vast te stellen hoeveel schulden er precies zijn. Vorderingen moeten zijn erkend. Als dat het geval is, behoeven crediteuren niet aanwezig te zijn op de verificatievergadering, die dan ook in de praktijk vaak een formaliteit is. Als immers een vordering zou worden weersproken, dan moet de crediteur procederen, terwijl er meestal toch weinig te halen valt. Als de curator weet welke baten er zijn en welke schulden, dan moet hij de baten verdelen. Hij stelt een uitdelingslijst samen, die door de rechter-commissaris moet worden goedgekeurd. Na afwikkeling en uitkering eindigt het faillissement. De failliet blijft aansprakelijk voor de niet betaalde schulden.

18.8.16 Sterfhuisconstructies

Het doel van een sterfhuisconstructie is het gezond maken van een deel van een in moeilijkheden verkerende onderneming. Daarbij speelt de bank in de praktijk een zeer belangrijke rol. De bank leent aan een nieuwe onderneming geld, waarmee de aandelen in de gezonde dochters van de zieke moeder worden gekocht. De schuld van de zieke moeder aan de bank wordt met de opbrengst van deze aandelentransactie verminderd met hetzelfde bedrag. Uiteraard is de gang van zaken in de praktijk wel iets ingewikkelder, maar in wezen komt het hierop neer.

Voorbeeld

Softy Holding bv heeft drie dochterondernemingen. De gezonde dochters Softy Netwerk bv en Softy Software bv realiseren ieder een winst van € 150.000, maar deze winst wordt tenietgedaan door de verliesgevende dochter Softy Hardware bv, die jaarlijks een verlies lijdt van € 400.000. Per saldo wordt door de zieke moeder jaarlijks € 250.000 verlies geleden. De schuld van Softy Holding bv aan de bank beloopt € 2.750.000.

Vervolgens wordt een nieuwe vennootschap opgericht, Werkmans Holding bv. Deze leent van de bank € 2.400.000 om de dochters Softy Netwerk bv en Softy Software bv van Softy Holding bv te kopen. De ontvangen koopsom vermindert de schuld van Softy Holding bv met hetzelfde bedrag, zodat er nog een schuld van € 350.000 overblijft.

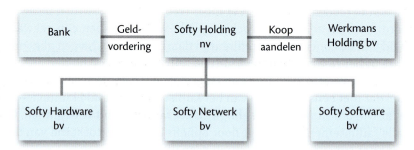

Het resultaat van deze transactie is dat de bank thans wordt geconfronteerd met een solvabele debiteur. De vordering van € 350.000, die resteert op Softy Holding bv, zal door de bank waarschijnlijk moeten worden afgeschreven. Ook de overige crediteuren, met uitzondering van diegenen die eigendomsrechten of vergelijkbare rechten geldend kunnen maken, zullen hun vordering moeten afboeken. Hiertegenover staat dat de continuïteit van de gezonde dochters met bijbehorende werkgelegenheid verzekerd is.

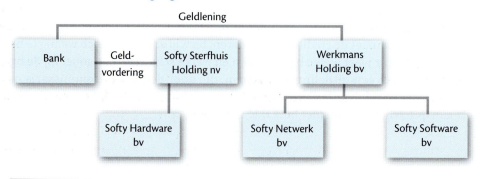

18.9 Faillissementsfraude

Er is een civielrechtelijk bestuursverbod voor bestuurders van rechtspersonen die zich bezig houden met faillissementsfraude. Een bestuursverbod kan bij bestuurders van alle rechtspersonen genoemd in art. 2:3 BW worden opgelegd. Doel van het bestuursverbod is faillissementsfraude bestrijden. Een rechter kan een civielrechtelijk bestuursverbod, van ten hoogste 5 jaren, op leggen aan een bestuurder die faillissementsfraude pleegt of zich schuldig heeft gemaakt aan wangedrag in aanloop naar een faillissement (art. 106a FW). De regeling met het bestuursverbod is vastgelegd in art. 106a-106e Fw.

Een bestuursverbod wordt opgelegd door de civiele rechter op verzoek van het Openbaar Ministerie of op vordering van de curator in het kader van het faillissement van een rechtspersoon waar de betrokken bestuurder was. Het bestuursverbod kan worden opgelegd aan bestuurders en oud-bestuurders van een gefailleerde rechtspersoon en aan degenen die feitelijk het beleid bepaalden.

Bij faillissementsfraude wordt regelmatig fraude gepleegd voor of tijdens het faillissement. Door een faillissement verliest iemand de beschikking over zijn vermogen en een vennootschap houdt tevens op te bestaan. Ter voorkoming van financiële krapte komt het voor dat de gefailleerde goederen, inkomsten en bezittingen achterhoudt of deze overbrengt naar een plaats waar niemand ze vindt. Dit is fraude en strafbaar gesteld als misdrijf (artt. 340 e.v. WvSr).

Duo ook in hoger beroep veroordeeld voor faillissementsfraude

ZWOLLE - Het Gerechtshof Arnhem-Leeuwarden heeft woensdag een Twentse handelaar in bv's veroordeeld tot een gevangenisstraf van 33 maanden. De man heeft zich schuldig gemaakt aan faillissementsfraude bij meerdere bedrijven. Daarbij heeft hij gebruikgemaakt van katvangers. Hierbij is in het zicht van een faillissement vermogen verdwenen en is niet voldaan aan de boekhoudplicht. Ook wordt de man veroordeeld voor het laten opnemen van onjuiste gegevens in een notariële akte. De rechtbank had de man eerder veroordeeld tot een gevangenisstraf van drie jaren.

Ook een ondernemer in vastgoed veroordeeld

Op dezelfde dag heeft het hof een ondernemer in vastgoed veroordeeld tot een gevangenisstraf van 22 maanden voor faillissementsfraude en belastingfraude. Het hof acht bewezen dat de man in het zicht van het faillissement van één van zijn bv's vermogensbestanddelen voor een te lage waarde heeft overgedaan aan andere vennootschappen. Bij de faillissementsfraude werkte de man deels samen met de handelaar in bv's. Door de rechtbank was de man eerder veroordeeld tot een gevangenisstraf van drie jaren, waarvan één voorwaardelijk.

www.rechtspraak.nl, 24 april 2019,
ECLI:NL:GHARL:2019:3523

18.10 Schuldsanering natuurlijke personen

Particulieren hebben vaak zodanige schulden dat ze er niet meer uitkomen. Zoals hiervoor is aangegeven blijft een failliet, na het einde van het faillissement aansprakelijk voor zijn schulden. Dit betekent dat deze schulden de failliet blijven achtervolgen. Schulden verdwijnen niet vanzelf. De regeling Schuldsanering natuurlijke personen biedt dan enig perspectief op een schuldenvrije toekomst (art. 284 e.v. Fw). Het doel van de regeling is om natuurlijke personen (privépersonen en eigenaren van eenmanszaken) de mogelijkheid te bieden, indien zij niet kunnen voortgaan met het betalen van hun schulden of indien zij in de toestand verkeren dat zij hebben opgehouden te betalen, na sanering met een schone lei te beginnen, dat wil zeggen dat de rest van de schulden na de sanering worden omgezet in een natuurlijke verbintenis. De wet bepaalt dat een minnelijk akkoord altijd de voorkeur heeft. De schuldenaar moet eerst proberen om via vrijwillige schuldhulpverlening een oplossing voor zijn problemen te vinden. Pas als dat niet lukt, komt hij in aanmerking voor een wettelijke schuldsanering.

Aantal mensen met schulden onder bewind neemt fors toe

Den Haag - Het aantal mensen dat door schulden onder toezicht is komen te staan van een bewindvoerder is de afgelopen jaren fors gestegen. Waren er in 2013 nog ongeveer 35.000 mensen onder bewind, in 2018 waren dat er al ruim 56.000. Een stijging van zo'n 60 procent. De totale groep van mensen die onder bewind staan, is veel groter: in 2018 waren dit er 255.150.

Bewind is een maatregel om iemand te beschermen die niet goed voor zijn geldzaken en zijn bezit kan zorgen. De kantonrechter benoemt dan een bewindvoerder die dit voor hem doet.

Rechters maken zich grote zorgen over de steeds grotere groep mensen die zich moeilijk staande houdt in deze ingewikkelde samenleving en daardoor onder bewind komt te staan. Hulp is moeilijk te vinden en rechtszaken kunnen de problemen alleen maar verergeren. Vandaag werd ook bekend dat mensen met schulden en lage inkomens steeds minder geld overhouden voor boodschappen, kleding, persoonlijke verzorging. Dit is te wijten aan de gestegen uitgaven aan huur, energie en zorgkosten.

Hulp bij schulden en bewind

Daarom ontwikkelen rechters nieuwe initiatieven om mensen uit het schuldenmoeras te trekken. Zo stellen sommige rechtbanken schuldenfunctionarissen aan. Schuldeisers die normaal gewend zijn een schriftelijk vonnis af te wachten, worden uitgenodigd naar de rechtbank te komen en een betalingsregeling te treffen. Ook behandelen rechters waar mogelijk verschillende schulden tegelijk om mensen zo snel mogelijk uit de rode cijfers te helpen.

www.rechtspraak.nl, 22 augustus 2019

18.10.1 Procedure

Om voor schuldsanering in aanmerking te komen, dient de schuldenaar een verzoek in bij de rechtbank. Het verzoekschrift moet een ontwerp van een saneringsplan bevatten en een verklaring van de gemeente of van de Gemeentelijke Kredietbank, met de strekking dat de schuldenaar zijn schulden niet kan saneren buiten de schuldsaneringsregeling om. Onverantwoord koopgedrag of fraude kunnen redenen zijn om toegang tot de regeling te weigeren. Stemt de rechtbank in met het verzoek, dan stelt zij een saneringsplan vast.

18.10.2 Saneringsplan

Gedurende een periode van meestal drie jaar staat de schuldenaar een deel van zijn inkomen (en bezittingen) af om zoveel mogelijk van de schulden af te lossen. Tevens stelt de rechter een maandelijks bedrag vast, dat de schuldenaar van zijn inkomen mag behouden, om in zijn dagelijkse levensbehoeften te kunnen voorzien (art. 343, lid 2 Fw).

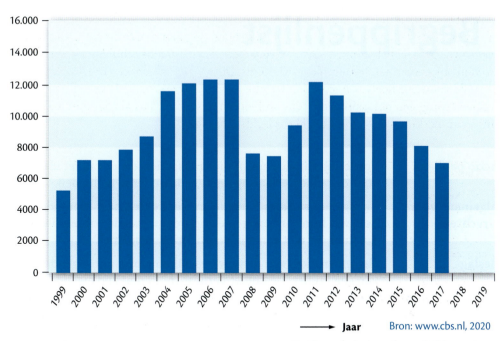

18.9 Aantal uitgesproken schuldsaneringen

18.10.3 Bewindvoerder
Tijdens de wettelijke schuldsanering ziet een door de rechter benoemde bewindvoerder erop toe dat alles volgens afspraak verloopt. De bewindvoerder moet verslag uitbrengen bij de rechtbank en verder onderhoudt hij contacten met de schuldeisers. Hij verricht onderzoek naar de schulden en inkomsten en neemt een aantal verantwoordelijkheden van de schuldenaar over. De bewindvoerder kan waardevolle bezittingen verkopen en ook heeft hij het recht de post van de schuldenaar te openen.

18.10.4 Einde schuldsanering
Na afloop van de vastgestelde periode beoordeelt de rechtbank of het saneringsplan goed is uitgevoerd. Indien de schuldenaar zich aan alle voorschriften van de saneringsregeling heeft gehouden, wordt de regeling beëindigd. Dit betekent dat het restant van de schulden door de crediteuren kunnen worden afgedwongen. Houdt een schuldenaar zich niet aan het saneringsplan dan blijft hij zijn schulden gewoon houden en krijgt hij geen "schone lei".

Begrippenlijst

Actio pauliana	Vordering van de curator om transacties, die de failliet vlak voor de faillietverklaring heeft gedaan, terug te draaien.
Algemene voorrechten	Bij algemene voorrechten delen crediteuren naar evenredigheid van hun vordering in de opbrengst van de goederen van de debiteur die niet aan zijn verplichtingen voldoet.
Beslag	Het onttrekken van de vrije beschikking over zijn eigendom van een failliet. De failliet verliest (nog) niet zijn eigendom, maar mag er ook niets mee doen.
Beslaglegging	Maatregel waarbij de deurwaarder eigendommen of bankrekeningen kan onttrekken aan de vrije beschikking van de eigenaar.
Bewindvoerder	Een persoon die door de rechtbank wordt aangewezen om op te treden in een surseance van betaling.
Bezitloos pand	Een pand waarbij het in pand gegeven goed niet uit de macht van de pandgever wordt gebracht en waarbij aan bepaalde formaliteiten moet zijn voldaan.
Bijzondere voorrechten	Vorderingen van bepaalde crediteuren die voorrang hebben op een bepaald goed of op alle goederen.
Boedel	Vermogensrechten waar beslag op is gelegd.
Concurrente schuldeiser	Crediteur die geen voorrecht heeft bij een faillissement en er bijna altijd bij inschiet.
Conservatoir beslag	Beslag op goederen na toestemming van een rechter, vooruitlopend op een uitspraak over een geschil.
Curator	Een persoon die door de rechtbank wordt aangewezen om op te treden in een faillissement. De curator is degene die het vermogen van de failliet te gelde maakt en verdeelt over de schuldeisers.
Eigendomsvoorbehoud	Recht van de verkoper, indien hij dat (schriftelijk) met de koper heeft afgesproken, dat hij eigenaar blijft totdat de koper heeft betaald.
Executie van een vonnis	Tenuitvoerlegging van een arrest, vonnis of beschikking, eventueel met behulp van een deurwaarder.

Executoriaal beslag	Handeling van de deurwaarder om bepaalde voorwerpen of gelden aan de macht van de verliezende partij te onttrekken zodat daarmee degene die door de rechter in het gelijk is gesteld zijn voorwerpen terugkrijgt of zijn schuld betaald krijgt.
Failliet	Bankroet, iemand die zijn crediteuren niet meer betaalt na een vonnis van de rechtbank.
Faillissement	Uitspraak van de rechtbank met als gevolg dat degene die failliet is verklaard geen rechtshandelingen meer mag verrichten. Zie ook curator.
Huurbeding	Bepaling in de hypotheekakte die inhoudt dat de schuldenaar het betreffende pand niet mag verhuren zonder schriftelijke toestemming van de geldverstrekker.
Hypotheek	Zekerheidsrecht van een geldverstrekker, om zich vóór andere schuldeisers te kunnen verhalen op de opbrengst van een registerzaak.
Hypotheekakte	Notariële akte waarin de hypotheek en de daaraan verbonden voorwaarden zijn vastgelegd.
Hypotheekgever	Degene die een onroerende zaak in onderpand geeft: de schuldenaar.
Hypotheeknemer	Degene die geld uitleent en daarbij de onroerende zaak in onderpand heeft: de geldverstrekker.
Insolventie	Staat waarin een persoon of onderneming zich bevindt als hij niet aan zijn financiële verplichtingen kan voldoen.
Pand	Het recht van een crediteur om zich op bepaalde roerende goederen te verhalen indien de debiteur niet voldoet aan een geldlening.
Parate executie	Het tegen de wil van de debiteur te gelde maken van zijn bezittingen.
Pauliana	Zie actio pauliana.
Recht van reclame	Het recht van een verkoper om binnen een bepaalde termijn de verkochte spullen van de koper op te eisen als de koper niet aan zijn verplichtingen voldoet.
Rechter-commissaris	De rechter die gaat over faillissementszaken.
Retentierecht	Recht van de crediteur om de nakoming van een verplichting tot afgifte van een zaak aan zijn debiteur op te schorten totdat de vordering wordt voldaan.
Royement	Het officieel beëindigen, na het volledig aflossen van de schuld, van het hypotheekrecht.

Schuldsanering natuurlijke personen — Speciale regeling voor particulieren om hun schulden, onder bepaalde voorwaarden, te saneren, zodat ze uitzicht krijgen op een schuldenvrije toekomst.

Separatisten — Crediteuren die hun rechten kunnen uitoefenen alsof er geen faillissement is. Separatisten zijn de hypotheekhouder en de pandhouder.

Vragen

Meerkeuzevragen

1. Wie kan een faillissement aanvragen?
   a. De debiteur (schuldenaar) en het Openbaar Ministerie;
   b. De crediteur (schuldeiser) en het Openbaar Ministerie;
   c. De debiteur (schuldenaar zelf), iedere crediteur (schuldeiser) en het Openbaar Ministerie;
   d. De debiteur (schuldenaar) zelf, de crediteur (schuldeiser) die een opeisbare vordering heeft en het Openbaar Ministerie.

2. Door wie worden bij een faillissement de curator en de rechter-commissaris benoemd?
   a. Het Openbaar Ministerie;
   b. Het ministerie van Economische Zaken;
   c. De schuldeisers;
   d. De rechtbank.

3. Wat is juist? De overeenkomst tussen faillissement en surseance van betaling is:
   a. dat beide worden uitgesproken door de rechtbank;
   b. dat de schuldenaar in beide gevallen volledig beschikkingsonbevoegd wordt;
   c. dat er in beide gevallen een curator wordt benoemd;
   d. dat het zowel door de schuldeiser als de schuldenaar kan worden aangevraagd.

4. Wat is een voorwaarde voor een faillietverklaring?
   a. Het onbetaald laten van een schuld;
   b. Meerdere vorderingen van een crediteur;
   c. Twee opeisbare vorderingen op het moment van de faillietverklaring;
   d. Verkeren in de toestand van opgehouden zijn te betalen.

5. Wat is juist? Het retentierecht is:
   a. een algemeen voorrecht;
   b. een bijzonder voorrecht;
   c. een opschortingsrecht;
   d. een fiscale preferentie.

6. Softy bv levert tien computers onder eigendomsvoorbehoud aan Computer4U bv. Vervolgens wordt Computer4U bv failliet verklaard terwijl de door Softy bv geleverde tien computers zich nog in de onderneming van Computer4U bv bevinden en niet zijn betaald.
   Wat is juist?
   a. Softy bv zal zich als concurrent crediteur ter verificatie moeten aanmelden;
   b. De curator zal de tien computers op vordering van Softy bv moeten afgeven;
   c. Door de levering heeft Computer4U bv het eigendom verkregen van tien computers;
   d. De tien computers van Softy bv vallen onder het faillissementsbeslag, immers het totale vermogen van de failliet ligt onder het faillissementsbeslag

7. Welke van de onderstaande stellingen is of zijn onjuist?
   Stelling:
   I Volgens het BW heeft de pandhouder het recht van parate executie.
   II Volgens het BW heeft de hypotheekhouder het recht van parate executie.
   a. I en II zijn juist;
   b. I en II zijn onjuist;
   c. I is onjuist, stelling II is juist;
   d. I is juist, II is onjuist.

8. Pieter Werkmans leent een bedrag van € 350.000 van de Algemene Bank voor een aanbouw aan zijn woning. Wat is juist? Als zekerheid kan hij ten gunste van de bank:
   a. een bezitloos pandrecht op zijn woning laten vestigen;
   b. een stil pandrecht op zijn woning laten vestigen;
   c. een hypotheek of een pandrecht laten vestigen;
   d. een hypotheek laten vestigen.

9. Wat is het doel van executoriaal beslag?
   a. Voorkomen dat de zaken waarop men zich kan verhalen, worden verdonkeremaand door de debiteur;
   b. Het bespoedigen van een minnelijke schuldregeling;
   c. Het verkrijgen van de opbrengst van de zaken zodat men zijn vordering daaruit kan voldoen;
   d. Het afdwingen van een wettelijke schuldregeling.

10. Moustafa, eigenaar van een eenmanszaak, verkeert in betalingsmoeilijkheden. Wie kan surseance van betaling aanvragen?
    a. Uitsluitend Moustafa zelf;
    b. Uitsluitend een van zijn crediteuren;
    c. Moustafa samen met een of meer crediteuren;
    d. Moustafa en de burgemeester en wethouders van de gemeente waar hij woon of verblijfplaats heeft.

11. Het gaat niet goed met Softy bv, de zaken gaan slecht en de klanten blijven weg. Een maand voor de aanvraag van het faillissement verkoopt de bv, waarvan Pieter Werkmans enig aandeelhouder is, de Jaguar voor € 10.000,- aan Pieter Werkmans privé. De auto is volgens een deurwaarder ruim € 40.000,- waard. De curator in het faillissement is niet gelukkig met deze gang van zaken. Wat zal een bekwame curator met de Jaguar doen?
    a. De curator roept via een verzoekschrift aan de rechtbank een actio pauliana in;
    b. De curator roept door middel van een buitengerechtelijke verklaring een actio pauliana in;
    c. Niets, de auto valt niet in het faillissement van de bv omdat deze niet eigendom is van de bv maar van Pieter Werkmans in privé;
    d. Niets, de transactie is misschien wel dubieus maar de auto is een maand voor de aanvraag in eigendom overgedragen en een faillissement werkt maar terug tot 0.00 uur.

12. Softy bv is failliet verklaard. Heeft dit feit directe juridische consequenties voor de directeur/groot aandeelhouder Pieter Werkmans?
    a. Ja, hij gaat van rechtswege ook failliet;
    b. Ja, hij krijgt van rechtswege surseance van betaling;
    c. Ja, hij wordt van rechtswege aansprakelijk voor de schulden van de bv;
    d. Nee, dit heeft geen directe juridische consequenties voor Pieter Werkmans.

13. Welke uitspraak over het civielrechtelijke bestuursverbod is niet juist?
    a. Een civielrechtelijk bestuursverbod kan niet worden opgelegd aan ondernemingen zonder rechtspersoonlijkheid;
    b. Een civielrechtelijk bestuursverbod wordt opgelegd door de rechter op verzoek van het openbaar ministerie of de curator in het faillissement;
    c. Een civielrechtelijk bestuursverbod kan worden opgelegd aan bestuurders en oud-bestuurders, of aan degenen die feitelijk het beleid bepaalden in een onderneming;
    d. Een civielrechtelijk bestuursverbod kan voor de duur van maximaal vier jaar worden opgelegd aan de bestuurder van een onderneming die faillissementsfraude heeft gepleegd, of zich schuldig heeft gemaakt aan wangedrag in de aanloop naar een faillissement. Door het bestuursverbod mag de bestuurder geen bestuursfunctie meer uitoefenen.

Open vragen

14. Softy bv huurt van Staalkat cv een mobiele hijskraan in verband met verbouwingswerkzaamheden. Op zekere dag vestigt Softy bv, daar er wat liquiditeitsproblemen zijn, op deze mobiele kraan een vuistpandrecht ten behoeve van de Algemene Bank, van wie zij geld leent en die de mobiele hijskraan in zijn macht krijgt.
    a. Verkrijgt de Algemene Bank een geldig vuistpandrecht?

b. Stel, Softy bv geeft de bovengenoemde mobiele hijskraan niet in vuistpand, maar in bezitloos pandrecht aan de Algemene Bank. Verkrijgt de Algemene Bank een geldig bezitloos pandrecht?

15. Softy bv, eigenaar van een riant fabrieksterrein op het industrieterrein, wil het machinepark uitbreiden met computergestuurde printplaatmachines. De bv heeft echter een 'klein' probleem: er is geen geld. Om dit op te lossen stapt directeur Pieter Werkmans naar de Algemene Bank. Pieter vraagt namens Softy bv een lening van € 3.000.000 om de uitbreiding te bekostigen. De bank is bereid om dit geld tegen een rentepercentage van 10% per jaar uit te lenen, als zij daartegenover alle zekerheden krijgt die volgens het recht mogelijk zijn. U behartigt de belangen van de bank. Welke zekerheden zult u in dit geval van Softy bv eisen om er zo zeker mogelijk van te zijn dat het uitgeleende geld terugkomt bij de Algemene Bank?
U dient duidelijk, zakelijk en beknopt aan een leek uit te leggen hoe deze zekerheden juridisch gezien in elkaar zitten en waarom u in dit geval voor deze zekerheden gekozen hebt.

16. Maxwell, de bekende 'beurs raider', schenkt op 23 april zijn Rolls Royce aan zijn vriendin, de bekende diva, mevrouw Keut. Keut, die wat slecht bij kas zit, leent op 28 april geld van de Femis Bank en vestigt voor deze lening ten behoeve van de Femis Bank een pandrecht op de Rolls Royce. Op 2 mei gaat Maxwell failliet. De curator constateert bij het door hem ingestelde onderzoek wat Maxwell met betrekking tot de Rolls Royce heeft gedaan. Eind mei stelt de curator juridische actie in tegen Maxwell, mevrouw Keut en de Femis Bank.
Op welke gronden zal de curator ageren? Zal zijn actie slagen?

17. Helaas, Softy bv is op 1 mei failliet verklaard door de rechtbank te Almelo. De curator wordt geconfronteerd met de volgende crediteuren:
    a. Drooge heeft drie maanden geleden € 400.000 geleend aan Softy bv, waarbij men afsprak dat Drooge bij een eventueel faillissement als eerste uitbetaald zou krijgen.
    b. Garage Wegdam heeft twee bestelbusjes gerepareerd voor Softy bv. Eén bestelbusje bevindt zich nog bij het garagebedrijf, het andere staat op het bedrijfsterrein van Softy. De reparatiekosten per busje bedragen € 1400.
    c. De Algemene Bank heeft drie jaar geleden € 500.000 geleend aan Softy bv en daarvoor een recht van hypotheek gevestigd op een winkelpand dat eigendom is van de onderneming. De waarde van het winkelpand is € 450.000.
    d. Jan Bentinck is werknemer en heeft nog recht op achterstallig loon over het afgelopen jaar ten bedrage van € 8600.
    e. Pieter Werkmans heeft twee maanden voor het faillissement op zijn auto van de zaak (€ 80.000) een bezitloos pand gevestigd ten behoeve van de Algemene Bank.
    f. Intell nv heeft drie weken voor het faillissement onderdelen verkocht en geleverd. De koopprijs van € 30.000 is nog niet betaald. De onderdelen zijn voor de helft verwerkt.
    Bespreek de positie van de crediteuren van Softy bv en geef aan in welke volgorde ze aan bod komen.

Appendix

1. Opzoeken en lezen van wetsartikelen 557
2. Tekstedities 557
3. De systematiek binnen een wetstekst 557
4. Het trefwoordenregister 558
5. Het opsporen van wetsartikelen 558
6. Het opschrijven van wetsartikelen 559
7. Indien u een wetsartikel opschrijft 559
8. Opsporing wetsartikelen via register 559
9. Het Burgerlijk Wetboek 560
   Vragen 561
   Open vragen 561

556

Appendix

1. Opzoeken en lezen van wetsartikelen

De wet is een rechtsbron waarin u het recht kunt vinden. Wetsteksten vormen een belangrijk onderdeel van het recht. Zoals u weet gaat het bij het bestuderen van het recht niet enkel en alleen om kennis-uit-het-hoofd, maar vooral om het op adequate wijze kunnen hanteren van het wettelijk informatiemateriaal. De student dient zo vroeg mogelijk te leren zijn weg te vinden in de doolhof van de verschillende wetten. Hij zal bijvoorbeeld van begin af aan wetsbepalingen die in het boek worden vermeld, moeten kunnen naslaan. Het is verstandig vanaf het begin de in het boek vermelde artikelen steeds op te zoeken en na te lezen.

2. Tekstedities

Verschillende uitgevers brengen wettenverzamelingen op de markt. Dat kan een tekst-editie van een wet of wetboek zijn; bijvoorbeeld de door u gebruikte bundel, een speciaal voor het hoger beroepsonderwijs samengesteld boek. Het voordeel van het gebruik van tekstedities is dat deze zijn voorzien van een inhoudsopgave en een register, en soms ook van korte aanduidingen in de marge. Bij het oplossen van vraagstukken uit dit boek beperken we ons geheel tot het leren opzoeken van wetsartikelen in uw 'wetboek'.

3. De systematiek binnen een wetstekst

Het verschil tussen een wet en een wetboek betreft slechts de omvang. Een wetboek is een wet, waarin de wetgever met een zeker streven naar volledigheid regels geeft voor een bepaald min of meer afgerond rechtsgebied. In een wet worden regels gegeven voor (een of meer) afzonderlijke onderwerpen.

Als een wettelijke regeling omvangrijk is, wordt de stof systematisch verdeeld in onderdelen die in volgorde van omvang worden genoemd:
- boek (deel van een wetboek);
- hoofdstuk;
- titel;
- afdeling;
- paragraaf;
- artikel.

De belangrijkste eenheden binnen een wet of wetboek zijn de artikelen, in het algemeen doorlopend genummerd. Een artikel kan zijn onderverdeeld in leden of subleden (bijvoorbeeld: art. 6:185, lid 1 sub a BW).

Bij het opschrijven van wetsbepalingen moet u de titels, paragrafen, hoofdstukken enzovoorts niet vermelden. (Straks maken we hierop een uitzondering.) Wel dient u de leden en de andere mogelijke onderverdelingen op te schrijven. U schrijft dus: art. 6:162 BW, en niet: Boek 6, titel 3, afdeling 1, art. 162.

4. Het trefwoordenregister

Achter in uw wetboek staat een alfabetisch trefwoordenregister. Dit register is u behulpzaam bij het opzoeken van wetsartikelen. Achter elk woord staan een of meer nummers van artikelen. Voorbeeld: Aangifte geboorte: art. 1:18. Als u het gevonden artikel moet opschrijven, schrijft u: art. 1:18 BW.

5. Het opsporen van wetsartikelen

Het wetboek kan worden gebruikt bij de beantwoording van de vraag óf een bepaald onderwerp in een wet is geregeld, en zo ja hóe dit onderwerp is geregeld. Uiteraard kan ook een gegeven wettekst worden opgezocht. U kunt op twee (of drie) manieren wetsartikelen opsporen:
a. Via het alfabetisch trefwoordenregister. Het is belangrijk dat u zoekt bij het juiste trefwoord. Dit zal soms enige fantasie vereisen. Het trefwoordenregister in het wetboek is slechts een van de hulpmiddelen om relevante rechtsregels op te sporen. Veelal kan niet worden volstaan met de enkele vermelding van het betreffende artikelnummer van de rechtsregel, maar is het noodzakelijk tevens de inhoud en de betekenis van de regel te weten.
b. Via de inhoudsopgave van uw wetboek.
c. Via de verkorte inhoudsopgave op de achterkant van het wetboek.

Voorbeeld

Waar is geregeld dat een man tegelijkertijd slechts met één vrouw en de vrouw slechts met één man door het huwelijk verbonden kunnen zijn?
- Zoek in het register onder 'huwelijk'.
- Kijk onder 'monogamie'.
- U wordt verwezen naar art. 1:33.
- In uw wetboek is dit opgenomen in Boek 1 van het Burgerlijk Wetboek. Art. 1:33 wil zeggen: artikel 33 van Boek 1 van het Burgerlijk Wetboek.
- Zoek dit artikel op aan de hand van de aanduidingen op elke pagina.
- U komt uit bij BW Boek 1.
- Zoek nu naar art. 33.
- U noteert het gevonden wetsartikel als volgt: art. 1:33 BW.

> **Voorbeeld**
>
> Waar is de inschrijving van executoriale en conservatoire beslagen op registergoederen geregeld?
> - Zoek op in het register 'registergoederen'.
> - Kijk onder 'inschrijving in openbare registers'.
> - U wordt verwezen naar art. 3:17.
> - In uw wetboek is dit opgenomen in Boek 3 van het Burgerlijk Wetboek. Art. 3:17 wil zeggen: artikel 17 van Boek 3 van het Burgerlijk Wetboek.
> - U noteert het gevonden wetsartikel als volgt: art. 3:17, lid 1 sub g BW.

6. Het opschrijven van wetsartikelen

Bij het aanhalen van wetsartikelen dient u op het volgende te letten:
- Wanneer een wetboek is verdeeld in boeken, dient u bij het aanhalen van een wetsartikel het boeknummer te vermelden indien de artikelen in het wetboek niet doorlopend zijn genummerd. Dit is het geval bij het Burgerlijk Wetboek en de Algemene wet bestuursrecht. Bij het aanhalen van artikelen uit Boek 1, 2, 3, 5, 6, 7, 7a en 8 van het Burgerlijk Wetboek moet het boek wel worden vermeld (op de hierboven gegeven wijze).
- Titels, paragrafen, hoofdstukken enzovoorts van wetten worden bij het aanhalen van een wetsartikel niet vermeld.
- Teneinde het raadplegen te vergemakkelijken zijn naast de artikelen instructieve margekopjes, ook wel 'kantnoten' genoemd, geplaatst. Voorbeeld: Bij art. 6:198 BW staat in de marge: Zaakwaarneming.

7. Indien u een wetsartikel opschrijft

1. eerst het artikelnummer;   (art. 2:15..............)
2. dan het eventuele artikellid;   (art. 2:15, lid 1.........)
3. dan de eventuele onderverdeling vermelden;   (art. 2:15, lid 1 sub a...)
4. dan de afkorting van de wet vermelden.   (art. 2:15, lid 1 sub a BW)

8. Opsporing wetsartikelen via register

a. Zoek het trefwoord op in uw alfabetisch register.
b. Achter het gezochte trefwoord staan een of meer vetgedrukte cijfers en een of meer nummers van artikelen. Het vetgedrukte cijfer verwijst naar de betreffende wet in uw wetboek. Het artikel is het artikel in de desbetreffende wet.
c. Zoek de wet op met behulp van het vetgedrukte cijfer. Kijk naar de linker- of rechterbovenkant van de bladzijden waar ook nummers staan van wetsartikelen.
d. Indien u het wetsartikel hebt gevonden, kijkt u eerst naar het opschrift waaronder het gevonden wetsartikel staat.
e. Indien u van mening bent dat het opschrift betrekking heeft op het door u gezochte wetsartikel, gaat u vervolgens de instructieve margekopjes bekijken.

f. Indien u denkt het wetsartikel te hebben gevonden, gaat u het lezen om te controleren of u ook werkelijk het juiste wetsartikel hebt gevonden.
g. Schrijf het wetsartikel op een correcte manier op en vergeet niet de eventuele onderverdeling te vermelden. Denk ook aan de afkorting van de desbetreffende wet.

9. Het Burgerlijk Wetboek

Het Burgerlijk Wetboek wordt voor wat betreft het vermogensrecht gekenmerkt door een opbouw van algemene bepalingen naar bijzondere bepalingen. Boek 3 bevat de algemene bepalingen van het vermogensrecht. Deze worden in de daaropvolgende boeken uitgewerkt. Dit betekent dat de wettelijke regeling van een bepaald onderwerp over meerdere delen van het Burgerlijk Wetboek verspreid kan zijn.

Zijn er problemen met een koopovereenkomst, dan kunnen de volgende bepalingen van belang zijn:
- bepalingen omtrent rechtshandelingen in het algemeen: Boek 3 titel 2;
- bepalingen omtrent verbintenissen in het algemeen: Boek 6 titel 1;
- bepalingen omtrent overeenkomsten in het algemeen: Boek 6 titel 5;
- bepalingen omtrent de koopovereenkomst: Boek 7 titel 1 afdeling 1.

Appendix

Vragen

Open vragen

1.
   a. In welke wet zijn de grondrechten geregeld?
   b. In welke wet zijn de auteursrechten geregeld?

2. Waar zijn de navolgende onderwerpen in de wet geregeld?
   a. Echtscheiding;
   b. Besloten vennootschap met beperkte aansprakelijkheid;
   c. Onrechtmatige daad;

3.
   a. Waar is het adviesrecht van ondernemingsraden geregeld?
   b. Kan een schuldenaar op eigen verzoek failliet worden verklaard?
   c. Waar is in de wet geregeld dat er ten minste twee meerderjarige getuigen aanwezig moeten zijn bij de huwelijksvoltrekking?

4.
   Vragen aan Hoge Raad over renteswap

   AMSTERDAM – Renteswaps – er wordt veel over gediscussieerd én veel over geprocedeerd. Vooral door klanten die hun banken verwijten dat ze niet goed zijn voorgelicht over dit product. Het leek zo mooi: met een renteswap kon het risico van een rentestijging op een lening worden afgedekt. Echter, toen de rente daalde, bleek de swap zich tegen de afsluiter te keren: dan ontstaat namelijk een 'negatieve waarde'. Om meer duidelijkheid te krijgen over een aantal principiële kwesties stelt de Rechtbank Amsterdam nu vragen aan de Hoge Raad met betrekking tot het juridische begrip 'dwaling'. Dwaling houdt in dat een overeenkomst niet geldig is omdat de contractpartijen niet goed op de hoogte waren van hetgeen ze afspraken. Belangrijke vragen zijn: kan een bank bij het aanbieden van zogeheten renteswaps volstaan met het verschaffen van algemene informatie, of moet die informatie op maat worden gegeven? En: kan de klant, ook wanneer de swap geen nadelige gevolgen voor hem of haar heeft gehad, een beroep doen op dergelijke dwaling?

   www.rechtspraak.nl, 30 mei 2018,
   ECLI:NL:RBAMS:2018:3674,
   ECLI:NL:RBAMS:2018:3675

   Welk wetsartikel wordt hier bedoeld?

5.

Tegenstrijdig belang van het bestuur

AMSTERDAM - Het bestuur van een Amsterdamse onderneming die zich bezighoudt met grote energieprojecten mocht niet het besluit nemen de software te verkopen aan een nieuwe vennootschap die het bestuur zelf had opgericht. Dat heeft de rechtbank bepaald in een procedure die de minderheidsaandeelhouder van de onderneming was gestart. Het in 2015 genomen besluit hield namelijk in dat de belangrijkste activa van de onderneming (de software) werd verkocht en het bestuur had daarbij een tegenstrijdig belang dat tegen een zo laag mogelijke prijs te doen. Volgens de rechtbank kan dus worden getwijfeld of het bestuur bij de verkoop wel het belang van de onderneming heeft meegewogen. Volgens de wet mag in dat geval het besluit niet door het bestuur worden genomen, maar moeten de aandeelhouders dat besluit nemen. Het besluit is daarom nietig en de verkoop moet worden teruggedraaid.

www.rechtspraak.nl, 11 juli 2018,
ECLI:NL:RBAMS:2018:4902

Welk wetsartikel heeft het bestuur van deze besloten vennootschap overtreden?

6.

Paard slaat op hol, fietser gewond

ZUILICHEM – De politie heeft donderdag 14 mei onderzoek gedaan naar een ongeval in Zuilinchem waarbij een fietser gewond raakte. Dat gebeurde aan de Uilkerweg.

Een 56-jarige man uit Zuilichem reed met zijn paard en wagen op het fietspad toen het paard op hol sloeg. De menner viel daarbij van de wagen en het paard galoppeerde door. Tijdens de wilde rit raakte het paard een 62-jarige man uit Soest die daar fietste.

De man uit Soest raakte gewond en is met twee gebroken ribben naar het ziekenhuis gebracht. Het paard kwam een stuk verderop tot stilstand in een voortuin van een huis.

www.politie.nl, 15-05-2015

Op grond van welk wetsartikel is de eigenaar van het paard aansprakelijk voor de schade die het dier veroorzaakte als gevolg van een onrechtmatige daad?

7.

Kraanmachinist krijgt gevonden geld terug

ARRONDISSEMENTSPARKET NOORD-NEDERLAND – Een kraanmachinist die in 2013 in Groningen een weckfles vond met ruim € 51.000 krijgt het gevonden geld terug. Het Openbaar Ministerie zal de zaak niet gaan voorleggen aan de Hoge Raad.

Het OM stelt zich op het standpunt dat het geld geen legale herkomst heeft maar van een misdrijf afkomstig moet zijn. De concrete indicaties dat het zou gaan om illegaal geld zijn onder andere: de hoogte van het bedrag, de wijze van aantreffen en de coupures, waarbij met name de briefjes van 200 en 500 euro opvallend zijn. En daarnaast het feit dat nog steeds geen rechtmatige eigenaar zich heeft gemeld, terwijl degene die het geld verstopt heeft het ondertussen toch gemist moet hebben, dan wel de berichten in de media moet hebben gezien.

De rechtbank Noord-Nederland heeft echter op 29 april 2015 besloten dat het geld terug mag naar de vinder. Er zijn volgens de rechtbank onvoldoende aanwijzingen dat het geld een criminele herkomst heeft.

Het OM heeft na deze beslissing van de rechtbank de mogelijkheden van cassatie onderzocht en is tot de conclusie gekomen dat de oplossing niet via de Hoge Raad, maar via de wetgever gevonden moet worden. Daar kan voorzien worden in dit hiaat in de wetgeving. Zonder veroordeling of zonder verdachte is het wettelijk namelijk niet mogelijk geld uit het verkeer te nemen, ook al zou dat geld een criminele herkomst hebben. Dat is anders bij bijvoorbeeld wapens en drugs. Dit soort 'criminele goederen' kunnen wel worden vernietigd, ook al is er geen verdachte bekend.

De officier van justitie heeft op donderdag 25 juni de cassatie ingetrokken en heeft het beslag opgeheven en gelast de teruggave van het in beslag genomen geldbedrag van € 51.160,–.

www.om.nl, 25 juni 2015

Waar staat in de wet dat een 'eerlijke' vinder van gevonden voorwerpen deze voorwerpen mag houden indien de rechtmatige eigenaar onbekend is?

Meerkeuzeantwoorden

564

Meerkeuzeantwoorden

Hieronder staan alleen de antwoorden op de meerkeuzevragen. De antwoorden op de open vragen staan in de docentenhandleiding. Vraag uw docent om bespreking van deze vragen.

Hoofdstuk 1

1. d. De Hoge Raad is de hoogste rechterlijke instantie in Nederland.
2. b. Een APV is een door de gemeente (overheid) uitgevaardigde regel die voor alle burgers geldt.
3. d. De overheid handelt hier als gewoon burger, het kopen van computers.
4. b. Bij hoger beroep is het gerechtshof bevoegd. De zaak is in eerste instantie begonnen bij de sector kanton omdat het hier gaat om huur.
5. d. De Hoge Raad gaat uit van de feiten zoals die door de lagere rechter zijn vastgesteld.
6. a.
7a. A. Alle rechtszaken beginnen bij de rechtbank.
7b. A. Het gaat hier om diefstal.
7c. A. Slechts het Openbaar Ministerie mag zaken bij de strafrechter aanbrengen.
7d. C. Licht strafrechtelijk vergrijp. Overtredingen worden in de regel berecht door de sector kanton van de rechtbank.
7e. C. Via beroep in cassatie komt een zaak terecht bij de Hoge Raad.
7f. D. Alle strafzaken worden door het Openbaar Ministerie geopend.
7g. C. Ander woord voor rechtspraak is jurisprudentie.
8a. B. Het gaat om een huurconflict tussen burgers, de gemeente en Rob Scholte.
8b. D. Na hoger beroep rest er alleen beroep in cassatie bij de Hoge Raad.
8c. C. In de tekst staat: 'De gemeente heeft in kort geding de ontruiming van het pand gevorderd.'
8d. B.
9a. B. Het gaat om een conflict tussen twee burgers, de nabestaanden van Everink en de 31-jarige man die geld heeft geleend van Elverink.

9b. B. Hier is een uitspraak van de rechtbank.
9c. D. Moord is een zwaar misdrijf.
9d. C. Het gaat hier om een civiele zaak tegen de 31-jarige man, hij is in deze zaak geen verdachte.
10a. B. Het gaat om een civiele vordering van minder dan € 25.000,- en dan is de kantonrechter bevoegd.
10b. B. Weigeren van een vergunning is een beschikking.
11a. B. Het gaat om een conflict tussen twee burgers, een verkoper en een koper.
11b. B. De rechterlijke instantie is het gerechtshof in Leeuwarden.
11c. D.
11d. C. Het gaat hier over een uitspraak van een gerechtshof.
11e. A. Materieel recht verwijst naar de rechtsregels die voorschrijven hoe de mensen zich in het maatschappelijk verkeer tegenover elkaar behoren te gedragen.
12a. C. Een conflict tussen een burger en de overheid die als zodanig optreedt.
12b. D. Illegaal woningverhuur valt onder het bestuursrecht. Er staat in de tekst dat de gemeente een boete heeft opgelegd.
12c. A. (art. 7:1 Awb)

Hoofdstuk 2

1. a. Bij een eenmanszaak is de ondernemer met zijn gehele vermogen aansprakelijk.
2. d. Schulden van echtgenoten vallen in de gemeenschap van goederen. Zij zijn voor 2018 gehuwd.
3. c. Derden die met een onderneming zaken doen, mogen afgaan op de opgave zoals die aan het handelsregister is gedaan (art. 25 lid 1 Hrgw). Het gaat er om wat er op het moment van de transactie geregistreerd staat in het handelsregister. Zie ook art. 29 WvK.
4. a. Bij een beperkte gemeenschap van goederen zijn er drie vermogens: het gezamenlijk vermogen en de vermogens van de partners. Het privévermogen van Maarten en de helft van het gezamenlijk huwelijks vermogen.
5. a. Bij indirecte vertegenwoordiging handelt de vertegenwoordiger (Pieter) op eigen naam maar wel voor rekening van een ander (Softy bv).
6. c. Indirecte vertegenwoordiging, hierbij handelt de vertegenwoordiger op eigen naam maar wel voor rekening van een ander (Softy bv).
7. a. Beheersdaden zijn handelingen die tot de normale gang van zaken van de maatschap worden gerekend, zoals de uitvoering van het dagelijkse werk (art. 7A:1676 BW).
8. c. Het kopen van een mobieltje is voor een adviesbureau op gebied van telecommunicatie een normale activiteit, het kopen van een bedrijfspand niet (art. 7A: 1676 jo 1681 BW).
9. a. Stelling I (art. 7A 1672, lid 2 BW), stelling II (art. 1672, lid 1 BW).

Meerkeuzeantwoorden

10. d. Naast de vennootschap zijn de firmanten hoofdelijk aansprakelijk, ook de firmanten die de overeenkomst niet hebben getekend (art. 18 WvK).
11. c. (art. 7A: 1676 BW).
12. a. Stelling I, baattrekking (art. 7A: 1681 BW), stelling II, volmacht (art. 7A: 1681 BW).
13. c. Stelling I, als een firmant privé failliet gaat betekent dan niet automatisch het faillissement van de firma of van zijn medefirmanten. Stelling II (art. 18 WvK).
14a. b. De maatschap is geregeld in het BW bij de overeenkomsten, zie ook de definitie van art. 7A:1655 BW: 'De maatschap is een *overeenkomst* ...'.
15a. B. De overstap van een maatschap naar een bv is geen normale activiteit voor een maatschap.
15b. C. De compagnons de ondernemers, de maten.
15c. D.

Hoofdstuk 3

1. d. (art. 2:180 BW).
2. b. Aandelen zonder stemrecht delen wel in de winst en dat is hier de bedoeling.
3. d. (art. 2: 175, lid 1 BW).
4. d. Bij stelling I gaat het om aandelen in portefeuille. Bij stelling II gaat het om nog niet volgestorte aandelen.
5. d. (art. 2:175, lid 2 BW).
6. b.
7. b. (art. 2:206, lid 1 BW).
8. b. alternatief d is niet correct omdat er ook sprake kan zijn van negatief eigen vermogen.
9. b. Vrije reserves kunnen worden uitgekeerd voor zover het eigen vermogen groter is dan de wettelijke en statutaire reserves.
10. c. Bij onterechte uitkering en daarmee gepaard gaande bestuursaansprakelijkheid geldt een omkering van de bewijslast op grond van art. 2:216 lid 3 BW.
11. b.
12. a. Certificaten geven geen stemrecht; certificaten zonder vergaderrecht geven ook geen toegang tot de aandeelhoudersvergadering. Certificaten geven wel recht op winstdeling. Op die manier worden de kinderen niet betrokken bij de besluitvorming in de BV en worden ze alleen materieel bevoordeeld.

Hoofdstuk 4

1. b. (art. 2:239 BW).
2. c. Wil er juridisch sprake zijn van een aandeelhouder dan moet hij tenminste stemrecht of recht op winst hebben.
3. a. (art. 2:239, lid 5 BW).
4. b. (art. 2:244 BW).
5. c.
6. b. (art. 2:175, lid 1 BW). Alleen nv's kunnen aandelen aan toonder uitgeven.
7. a. (art. 2:196, lid 1 BW).

8. d. (art. 2:244, 252, 254 en 257 BW).
9. b. Op grond van het bepaalde in art. 3:15i lid 2 BW is ook art. 2:10 lid 3 BW van toepassing. In dit artikel is bepaald dat de administratie ten minste zeven jaar bewaard dient te worden.
10. b. Bart heeft de zeggenschap/leiding van de nieuwe bv omdat hij in bezit is van alle gewone aandelen met stemrecht. Jan is houder van prioriteitsaandelen waaraan bepaalde voorrechten zijn verbonden, zoals het benoemen en ontslaan van de directeur, in dit geval Bart.
11. c. (art. 2:196a lid 1 BW).
12. c. Een aandeelhoudersovereenkomst geldt alleen tussen de partijen en is dus niet openbaar.
13. d. Art. 2:9 BW geeft alleen de rechtspersoon de mogelijkheid om een bestuurder aan te spreken. Art. 2:138/248 geeft alleen de curator de mogelijkheid om een bestuurder aan te spreken.
14. d. Mevrouw De Vries is de bestuurder van Dog&Co en is op grond van art. 2:240 BW bevoegd tot vertegenwoordiging. Hier is sprake van directe vertegenwoordiging.

Hoofdstuk 5

1. c. Geplaatst kapitaal is het bedrag waarvoor de vennootschap aan aandelen heeft uitgegeven aan de aandeelhouders.
2. d. De vennootschap betaald geld en daarvoor krijgen ze aandelen die ze van de eigen aandeelhouders kopen.
3. b. Na het intrekken bestaan de ingetrokken aandelen niet meer.
4a. D. Openbare emissie omdat het via de beurs gaat, een claimemissie omdat bestaande aandeelhouders voorrang hebben.
4b. A. Onderhandse emissies, gaan niet via de beurs, een overgenomen emissie gaat via een bank, daarvan is hier geen sprake.
4c. C. Overgenomen omdat banken de emissie hebben overgenomen, openbaar omdat de onderneming genoteerd is aan de Amsterdamse effectenbeurs.
4d. D. (art. 2: 96, lid 1 BW).
4e. D. Een blokkeringsregeling en een goedkeuringsregeling is alleen van toepassing bij aandelen op naam, het gaat hier om een nv, met aandelen aan toonder. Vreemd vermogen staat in de balans.
4f. D. Alleen een nv met aandelen aan toonder kan aan de Amsterdamse Effectenbeurs zijn genoteerd.
5. d. Een obligatielening is een lening waarbij de debiteur schuldbewijzen uitgeeft met een nominale waarde. De geldnemer verplicht zich in het algemeen om rente te betalen en betaalt de nominale waarde aan het einde van de looptijd terug aan de geldverstrekker.
6. a. Agio is het bedrag dat de aandeelhouder bij uitgifte van een aandeel boven de nominale waarde betaalt.
7. c.
8. d. Voor de aandelen moet worden betaald.

Meerkeuzeantwoorden

9a.	A.	9d.	C.	Verkrijgingsprijs minus de nominale waarde (€ 8 – € 2 = € 6)
9b.	D.	Geplaatst kapitaal is aantal aandelen maal nominale waarde (2.950.163 * € 2).	9e.	B.	De emissie gaat via de Amsterdamse effectenbeurs, Euronext, is openbaar, en bestaande aandeelhouders gaan voor.
9c.	C.	Aantal aandelen maal nominale waarde (753.255 * € 2)		

Hoofdstuk 6

1. c. Een kleine bv hoeft minder te publiceren.
2. c. Stelling I: kleine en middelgrote ondernemingen hoeven minder te publiceren.
3. c.
4. b. De aansprakelijkheid van directeuren is geregeld in art. 2:9 en/of 138/248 BW.
5. b.
6a. B. Bij een enquêteprocedure wordt onderzocht of er sprake is van wanbeleid.
6b. Art. 2:354 BW.
6c. A.
7a. C.
7b. C.
7c. B. (art. 2:350, lid 1 BW).
7d. A. (Art. 2:355 BW).
7e. D. (art. 2:336, lid 1 BW).
7f. A. (art. 2:14 BW).
7g. A. Art. 2:138/248 BW geldt niet voor een stichting. Art. 2:9 BW geldt niet voor commissarissen

Hoofdstuk 7

1. b. Een stichting heeft juridisch geen leden en heeft dus ook geen ledenvergadering. Donateurs van een stichting worden in de praktijk vaak leden genoemd.
2. a. (art. 2:14 BW).
3. a. De coöperatie oefent een bedrijf uit. De winst die wordt behaald, wordt uitgekeerd aan de leden (art. 2:53 BW). Uit art. 2:53a BW blijkt overigens dat art. 2:26, lid 3 BW, dus de bepaling dat een vereniging geen winst uitkeert aan haar leden, niet geldt voor de coöperatie.
4. a. Tenzij de statuten anders bepalen, beslist het bestuur over de toelating van een lid. (art. 2:33 BW). In de praktijk komen bij verenigingen veelvuldig ballotagecommissies voor die aspirantleden onderzoeken op hun geschiktheid.
5. b. (art. 2:285, lid 1 BW).
6. d. (art. 2:285, lid 1 BW).
7. a. Wettelijk heeft de stichting maar een orgaan, er kunnen meerdere organen zijn op grond van de statuten.
8. c. (art. 2:285, lid 2 BW).

9. a. De stichting kent geen leden. Het bestuur vergadert en besluit. Dit in tegenstelling tot een vereniging die wel leden kent en alle besluiten worden genomen in de ledenvergadering.
10. a. (art. 2:298 BW).
11. a. Een stichting moet wel een jaarrekening maken, dit is gebaseerd op art. 2:10 BW, maar hoeft deze niet te publiceren (art. 2:360 BW).
12a. B. Er is hier sprake van directe vertegenwoordiging. Bart is als bestuurder op grond van art. 2:240 BW bevoegd rechtshandelingen te verrichten namens de stichting. De rechtsgevolgen van de overeenkomst zijn voor de stichting.
12b. A. Art. 2:138/248 BW zijn alleen van toepassing bij bv's en nv's. Art. 2:298 BW gaat niet over aansprakelijkheid, maar over ontslag.

Hoofdstuk 8

1a. C. (art. 7:400 BW).
1b. D. (art. 7:750 BW).
1c. D. (art. 7:750 BW).
2. b. Bij semidwingend recht kan ten nadele van de werknemer worden afgeweken als werkgever en werknemer dit schriftelijk afspreken.
3. d. Een minderjarige kan ook een geldige arbeidsovereenkomst sluiten.
4. c. Als er drie maanden lang elke week of minimaal twintig uur per maand voor dezelfde werkgever is gewerkt, wordt er vermoed dat er een arbeidsovereenkomst bestaat (art. 7:628a BW).
5. b. Als een oproepkracht onregelmatig en telkens voor minder dan vijftien uur per week wordt opgeroepen, dan heeft de oproepkracht bij elke oproep recht op minimaal drie uur loon (art. 7:628a BW).
6. a. Aan de uitzendtermijn is geen maximum verbonden.
7. c. Stelling I gaat feitelijk over een aanneemovereenkomst.

Hoofdstuk 9

1. c. Bij een georganiseerde staking hoeft de werkgever geen loon te betalen.
2. a. De proeftijd zal door ziekte of vakantie van de werknemer niet worden opgeschort. Men spreekt in dit verband van de 'ijzeren proeftijdtheorie'.
3. a. (art. 7: 653 BW).
4. c. (art. 7:652 en 676 BW).
5. d. Het wordt Frans (feitelijk) onmogelijk gemaakt om zijn werk in Nederland uit te oefenen.
6. a. (art. 7:650 BW).
7. a. (art. 7:661 BW).
8. c. Een werknemer kan niet alleen zijn werkgever maar ook diens opdrachtgever aanspreken op de voldoening van het volgens de wet, cao of arbeidsovereenkomst verschuldigde loon, ketenaansprakelijkheid (art. 7:616a, lid 1 BW).

9	a.	Art. 7: 629 BW.	11. c.	Stelling I: art. 7:226, lid 5 BW, Stelling II: art. 7:628 a BW
9	b.	Art. 7: 628 BW.		
10.	d.	Alleen van toepassing als er activa worden overgedragen, bij het overnemen van aandelen is genoemd artikel niet van toepassing (art. 7:666 BW).		

Hoofdstuk 10

1. c. (art. 7:673 BW).
2. b. (art. 7:672, lid 4 BW).
3. a. (art. 7:682, lid 1 BW en art. 7:686a, lid 4 sub a BW).
4a. D. (art. 7:667, lid 1 BW).
4b. Art. 7:611 BW.
4c. A. (art. 7:652, lid 2 BW).
5a. D. (art. 7:677 lid 1 BW).
5b. D.
5c. D.
5d. A.
6. c. Situatie I: er ontstaat een arbeidsovereenkomst voor onbepaalde tijd. Situatie II: het blijven arbeidsovereenkomsten voor onbepaalde tijd. Er mogen drie contracten voor bepaalde tijd gesloten worden, maar dan moet dan wel in een periode van maximaal twee jaar. De tussenperiode is zes maanden of meer.

7. b. Geen proeftijd (art. 7:652, lid 4 BW). Geen concurrentiebeding, Soraya is minderjarig (art. 7:653 BW).
8. c. (art. 7:671a, lid 6 BW).
9. d. Bij langdurige ziekte, meer dan twee jaar, is toestemming nodig van het UWV (art. 7:671, lid 1 sub a BW, art. 7:671a, lid 1 BW en art.7:669, lid 3 sub b BW).
10. c. (art. 7:652, lid 4 BW).
11. a. Transitievergoeding =
   1/3 x € 3.000 x 1/2 = € 15.000
   1/2 x 1/3 x € 3.000 = € 500
   Totaal = € 15.500
12. a. (art.7:670b, lid 2 BW).

Hoofdstuk 11

1. b. Bij een bedrijfstak-cao is de werkgever geen partij.
2. b. Ook zonder dat een werkgever een cao tekent, kan er sprake zijn van een cao, zoals bij een bedrijfstak-cao.
3a. C.
3b. B. Een bepaling in een cao die verplichtingen regelt tussen de werkgeversorganisaties en de vakbonden.

4. C.
5. b. (art. 7:627 en 628 BW)).
6a. D. Hier is sprake van door werknemers neerleggen van de werkzaamheden onder leiding van erkende vakverenigingen.
6b. D.
6c. A. Het gaat hier om een bedrijfs-cao en niet om een bedrijfstak-cao.

6d. C. Contractsvrijheid houdt in dat partijen vrij zijn af te spreken (te contracteren) wat zij willen en met wie zij dat willen en de overeenkomst niet in strijd is met de wet. Een cao is een privaatrechtelijke overeenkomst.
7a. C. De staking is georganiseerd door de vakbonden.

7b. C.
7c. D.
7d. A.
7e. D. Een staker heeft nooit recht op loon.
7f. D. Niet elke staker is lid van een vakbond en heeft dus recht op een uitkering van de vakbond.

Hoofdstuk 12

1. b. Onderhandelingen mogen niet afgebroken worden als men in een zodanig stadium is gekomen, dat het afbreken van de onderhandelingen in strijd is met de goede trouw (= redelijkheid en billijkheid). In dit stadium mag men erop vertrouwen dat uit de onderhandelingen enigerlei contract zou voortvloeien (arrest Plas-Valburg).
2. b. (art. 3:89 BW). Een fabriekspand is een registergoed.
3. d. Eigendom van roerende zaken verkrijg je door feitelijke bezitsverschaffing (art. 3:90 BW). Door koop of koop op afbetaling word je geen eigenaar.
4. c. Als de notariële akte is gepasseerd wordt men eigenaar (art. 3:89 BW).
5. c. Er staat dat de betonnen leeuw is geplaatst, niet dat het aard en nagelvast is geplaatst, (art. 3:92 BW).
6. b. De prijs staat nog niet vast.
7. d. (art. 6:225 BW)).
8. b. (art. 6:213 BW).
9. c. Bij eigendomsvoorbehoud blijft de verkoper, in beginsel eigenaar, de koper wordt houder.
10. C.
11a. Art. 6:228 BW.
11b. A. (Zie de tekst van het artikel).
11c. C. Dwaling (art. 6:228 BW); bedrog (art. 3:44 BW).
12. a. Een onherroepelijk aanbod kan niet worden herroepen (art. 6:219, lid 1 BW) (arrest Lindeboom-Gemeente Amsterdam).
13. b. Wilsontbreken (art. 3:34 BW).
14. c. Een aanbod moet bepaalbaar zijn.
15. b.
16. d. (art. 3:33 BW).
17. d. Een aanbod is een rechtshandeling en een aanvaarding daarvan is ook een rechtshandeling (art. 6:217 BW).
18. a. (art. 6:217 BW).
19a. C. Er is sprake van dwaling, staat in de tekst.
19b. A. Bij dwaling wordt een geldige overeenkomst vernietigd (art. 6:228 BW).
19c. B. (art. 6:228 BW).
19d. A. (art. 3:44 BW).

Hoofdstuk 13

1. b. Verzuim treedt in, wanneer de schuldenaar na de termijn in de ingebrekestelling nog steeds zijn verplichtingen niet is nagekomen.
2. c. (art. 6:81 e.v. BW).
3. b. (art. 6:233 BW).
4. c. (art. 6:237, sub f BW).
5. c. (art. 6:237, sub f BW).
6. c. (art. 7:2 BW).
7. c. Softy bv blijft eigenaar en de koper wordt houder. Op het moment dat de koper betaalt, wordt hij eigenaar.
8. c. Bij aankoop, via het internet, van een product, of van een product samen met een dienst, mag de consument de koop ontbinden tot 14 dagen na de dag dat hij het product heeft ontvangen (art.6:230O lid 1 BW).
9a. D. Toerekenbaar niet nakomen van een verbintenis (afspraak) (art. 6:74 BW).
9b. B.
9c. D. Het ziekenhuis wil van de overeenkomst af en eist geld als schadevergoeding.
9d. A. Wanprestatie, toerekenbaar niet nakomen van een verbintenis.
10a. A. (art. 6:217 BW).
10b. B. Een ingebrekestelling is een officiële brief waarin de geadresseerde wordt verzocht binnen een bepaalde termijn een verplichting die op hem rust, na te komen.
10c. C. Toerekenbaar niet nakomen van een verbintenis (art. 6:74 BW).
10d. D. Door de ontbinding komt op beide partijen de verplichting te rusten om de gevolgen van de verbintenis ongedaan te maken.
10e. C. Het gaat om een overeenkomst tussen een onderneming, de dealer, en een consument.
10f. A. Bij garantie voldoet het product aan de beloofde eisen.

Hoofdstuk 14

1. b. (art. 6:162 e.v. BW).
2. d. De laptop is van de zaak, alleen schade toegebracht aan consumenten (art. 6: 185, lid 1 sub c BW).
3. c. De overige alternatieven gaan over risicoaansprakelijkheid of kwalitatieve aansprakelijkheid, een vorm van aansprakelijkheid die niet gebaseerd is op schuld of verwijtbaarheid, maar op een bepaalde rol, hoedanigheid of kwaliteit.
4a. D. (art. 6:162, lid 2 BW).
4b. C. (art. 6:185, lid 1 BW).
4c. B. Ook al heeft de bestuurder geen schuld aan een hartaanval hij is wel aansprakelijk voor de schade.
4d. D. (art. 6: 185 e.v. BW).
5a. B. Een onrechtmatige daad is een handeling waarmee iemand op onwettige of onbehoorlijke wijze een ander benadeelt (art. 6:162 BW).
5b. A. Hier wordt inbreuk gemaakt op het eigendomsrecht van een ander.
5c. A. Het onrechtmatige handelen van de lolbroek is hem te wijten, hij heeft schuld.

5d C. De benadeelden willen geld om de auto te kunnen laten repareren.
5e. A. Direct (oorzakelijk) verband tussen onrechtmatigheid en schade.
6a. d.
6b. A. Slaan is in strijd met geschreven en ongeschreven recht.
6c. C. Het niet betalen is wanprestatie, toerekenbaar niet nakomen van een verbintenis (art. 6:74 BW) en het slaan is onrechtmatig (art. 6:162 BW).
7a. D. Een consument kan zich het beste beroepen op art. 6:185 BW, i.v.m. bewijsvoordeel, je hoeft alleen: a. het gebrek, b. de schade, en c. het causaal verband tussen gebrek en schade te bewijzen. Bij art. 6:162 e.v. BW moet je vijf elementen bewijzen.
7b. C. (art. 6:188 BW).
7c. D. Degene die een product in de handel brengt binnen de Europese Unie, ook al is dat geproduceerd buiten de Europese Unie, kan aansprakelijk worden gesteld (art. 6:187, lid 3 BW).
7d. A. Het gaat hier niet om productaansprakelijkheid, maar om een contractuele verhouding tussen Albert Hein en Imco bv.
7e. A. Het gaat nu om een contractuele verhouding tussen de bewoner en de verkoper.
7f. C. (art. 6:237 sub f BW).

Hoofdstuk 15

1. a. Een patent is hetzelfde als een octrooi. Patent is de Engelstalige aanduiding van octrooi, maar het wordt ook in het Nederlands gebruikt.
2. d. (art. 2 Octr.w. 1995).
3. c. (art. 2, lid 1 Octr.w. 1995).
4. d. Een octrooi geld alleen in het land waar het is geregistreerd.
5   d. Softy bv heeft in de Verenigde Staten geen octrooi, dus kan daar rechtsgeldig nagemaakt worden en verkocht.
6. d.
7a. C. (art. 36 Octr.w. 1995).
7b. D. (art. 36, lid 6 Octr.w. 1995).
7c. D. (art. 56 Octr.w 1995).
8. d.
9. a. Auteursrecht eindigt zeventig jaar na overlijden van de auteur (art. 37 Aut.w.)
10. d. De maker heeft auteursrecht (art. 1 AW). Het auteursrecht is niet schriftelijk overgedragen.
11. b. (art. 7 AW).
12. d.

Hoofdstuk 16

1a. C. Jumbo heeft zowel een handelsnaam alsmede een merknaam, die hetzelfde zijn.
1b. D.

2. c. Merken worden in het Benelux merkenregister ingeschreven (art. 2.5 BVIE).
3. d. (art. 2:21 BVIE).
4. c. Als een merk niet aan de voorwaarden voldoet, wordt het geweigerd. Wanneer het Benelux merkenbureau oordeelt dat het publiek de merkuiting niet als een merk zal herkennen, zal de inschrijving worden geweigerd.
5. a.
6. d. (art. 2:21 BVIE)
7. a. (art. 3.1, lid 1 BVIE).
8. d.
9. c.
10. b. (art. 2.5 BVIE).
11a. D.
11b. D. Lego heeft een octrooi gehad, maar dat is verlopen. Nu proberen ze via een vormmerk concurrenten van de markt af te houden.
11c. C. De vorm van de blokjes kan door het modelrecht worden beschermd, alleen dat recht is ook maar beperkt, maximaal 25 jaar (art. 3:14. lid 2 BVIE).
11d. C.
12a. D. (art. 1 Handelsn.w).
12b. B. (art. 5 Handelsn.w)

Hoofdstuk 17

1. b.
2. d. De mededingingswet is geschreven om concurrentie tussen ondernemers te regelen, dus zowel natuurlijke personen als rechtspersonen (art. 6, lid 1 MW).
3. b. Afspraken tussen ondernemingen die elkaar opvolgen in de bedrijfskolom (fabrikant – importeur / distributeur – detaillist).
4. d. Het hebben van een economische machtspositie (monopolie) is niet verboden, alleen er mag geen misbruik van worden gemaakt.
5. c. De Europese Commissie is in Nederland bevoegd als door mededingingsbeperkingen de handel tussen lidstaten wordt beperkt.
6. a. (art. 6, 24 en 34 MW).
7. c. Afspraken tussen ondernemingen die elkaar opvolgen in de bedrijfskolom.
8. a. Het gaat om een concurrentiebeperkende afspraak tussen directe concurrenten.
9. a. Een gedupeerde van een kartel kan privaatrechtelijk de schade verhalen op de karteldeelnemers bij de civiele rechter. Dit kan zowel bij een nationaal alsmede een internationaal kartel.
10. a. De hoofdregel is dat een leverancier een distributeur geen vaste verkoopprijzen of minimumwederverkoopprijzen mag opleggen.
11. c.
12a. B.
12b. B. Dit zijn (prijs)afspraken die zijn gemaakt tussen ondernemingen die onderling concurreren.
12c. D.
12d. D. (art. 57 MW)
12e. D. (art. 57 MW)

Hoofdstuk 18

1. c. (art. 1 F).
2. b. (art. 14 F).
3. a. (art. 2 en 218 F.).
4. d. (art. 1 F.).
5. c. (art. 3:290 e.v. BW).
6. b. (art. 3:92 BW).
7. a. Pand (art. 3:248 BW) en hypotheek (art. 3:268 BW).
8. d. Op onroerende zaken kan alleen een hypotheekrecht worden gevestigd.
9. c. Doel van dit beslag is de goederen van de debiteur te gelde te maken zodat de crediteur zijn vordering uit de verkregen opbrengst kan voldoen.
10. a. (art. 214 F.).
11. b. (art. 42 F.).
12. d. Als een rechtspersoon failliet gaat betekent dat niet automatisch dat aandeelhouder of bestuurders ook failliet gaan.
13. b. Op vordering van de curator of op verzoek van het openbaar ministerie kan de rechtbank een bestuursverbod opleggen (art. 106a, lid 1 F.)

Register

A

Aanbod 350
    aanvaarding 353
    afwijkende aanvaarding 353
    herroeping 351
    verval 351
Aandeelbewijzen 151
Aandeelhouder, rechten 120
AandeelhoudersRegister 102
Aandelen 147
    agio 152
    certificeren 175
    nominale waarde 103
Aandelen aan toonder 151
Aandelen op naam 147
    overdracht 133
Aandelen zonder stemrecht 100
Aandelen zonder winstuitkering 101
Aandelenkapitaal 94
Aandelenoverdracht 266
Aanneming van werk 227
Aansprakelijkheid 57, 69, 216, 415
    van bestuurders 127
    voor niet-ondergeschikten 418
    voor personen 415
    voor werknemers 416
    voor zaken 419
Aansprakelijkheidsvereisten 409
Aanvaarding 353
Aanvullend recht 236
Aanzegplicht 277-278
Absolute competentie 13, 21
Accountant 182
Accountantsverklaring 182
Administratie 52
Administratieplicht 130
Advocaat 12, 24
Afspiegelingsbeginsel 285
Afstempelen 159

Agio 152
Agiobonus 161
Agiostock 161
Algemeenverbindendverklaring (AVV) 317
Algemene ledenvergadering 208
Algemene vergadering van aandeelhouders (AVA):
    bevoegdheid 119
    oproeping 119
    voorzitter 122
Algemene Verordening Gegevensbescherming (AVG) 241
Algemene voorwaarden 382, 387
    toetsing 386
    voordelen 382
Algemene wet bestuursrecht 27
Ambtenarenverhouding 231
Amsterdamse Effectenbeurs 152
Arbeid 234
Arbeidsduur 260
Arbeidsovereenkomst 227, 232
    einde 277
    elementen 233
    rechten en plichten 251
Arbeidsplaats 260
Arbeidsrecht, minderjarige 240
Arbeidstijden 260
Arbo 257
Auteursrecht 439, 448
    bij opdrachten 453
    duur 455
    handhaving 455
    overdracht 454
    rechthebbende 450
    strafsanctie 456
Auteursrechtelijke bescherming, vereisten 449
Autoriteit Consument en Markt (ACM) 425, 509

B

Baattrekking 65
Balans 180
Bankhypotheek 531
Battle of the forms 385
Bedingen 259
Bedreiging 358
Bedrijfsovername 265
Bedrijfstak-cao 314
Bedrog 357
Beëindigingsovereenkomst 280
Beheersbeding 532
Bekeuring 23
Bekrachtiging, besloten vennootschap 92
Belanghebbende 29
Benadeling van crediteuren 542
Beneden pari 156
Benelux-Bureau voor de Intellectuele Eigendom (BBIE) 467, 473
Bepaalbaarheid 354
Beroep 31
Beroep in cassatie 16, 27
Beschikking 28
Beschikkingsbevoegdheid 340
Beslaglegging 521
Besloten vennootschap (bv) 83, 86, 117, 137
    bekrachtiging 93
    benoeming bestuur 124
    kapitaal 94
    kapitaalbescherming 95
    motieven oprichting 88
    ontbinding 135
    oprichting/omzetting 89
    organen 117
    Raad van Commissarissen 131
    rechten aandeelhouder 120
    uitkoopregeling minderheidsaandeelhouders 137
    vereisten oprichting 91
    vertegenwoordiging 86
Besluit 28
Besluitvorming 85
Besluitvorming en vergaderrechten 122
Bestanddeel 337
Bestuurder:
    aansprakelijkheid 127
    interne aansprakelijkheid 127
    vertegenwoordigingsbevoegdheid 126
Bestuursbevoegdheid 218
Bestuursdwang 30
Bestuursrecht 27
Bestuursrechtspraak 31
Beursnotering 171
Beursoverval 171
Bevoorrechte schuldeisers 541
Bewijs 422
Bewijsmiddelen 348
Bewindvoerder 535
Bezit 339
Bezitloos pandrecht 528
Bezwaar 30
Billijkheid 347
Bodemprocedure 13
Boekhouding 52
Boekjaar 85
Boetebeding 265
Boetebedingen 378
Bonusaandelen 161
Borg 59
Borgtocht 59, 89
Boven pari 155
Bureau voor intellectuele eigendom van de Europese Unie 481

C

Cao 309
    algemeenverbindendverklaring (AVV) 317
    bepalingen 314
    doel 313
    gebondenheid 313
    karakter 313
    partijen 312
    voordelen voor werkgevers 312
    voordelen voor werknemers 312
Causaal verband 414
Civiele procedure 13
Civiele rechtspraak 12
    advocaat 12
    dagvaarding 12
    eiser en gedaagde 12
Clementieregeling 510
Codificatie 4

Collectief merk 469
Collectief ontslag 309-310
Collectieve arbeidsovereenkomst
 (cao) 233, 311-312
  Zie ook Cao 233
Commanditaire vennootschap (cv) 71
Comparitie 14
Concentraties 507
Concentratietoezicht, procedure 508
Concern 178
Concurrente schuldeisers 542
Concurrentie 261, 485, 501
Concurrentiebeding 261
Conformiteit 389
Conservatoir beslag 524
Contract 486
Contractuele schade 378
Contractvrijheid 349
Coöperatie 214
Copyright 449
Corporate governance 178
Cumulatiegrond 282, 287
Curator 538

D

Dader 24
Dagvaarding 12
Decharge 185
Delicten 21
Deurwaarder 13
Dienstmerk 468
Dieren 420
Directe vertegenwoordiging 55
Disculpatie 131
Disculpatiemogelijkheid 131
Domeinnaam 488
Dwaling 356
Dwangsom 30
Dwingend recht 235

E

Economische machtspositie 506
Eenmansvennootschap:
 aandeelhouder 86
 besluitvorming 87

eenmans-bv 87
Eenmanszaak 49, 56, 60
Eigen vermogen 94, 147
Eigendom 337
Eigendom en overeenkomst 335
Eigendomsoverdracht 340
Eigendomsvoorbehoud 343, 391, 542
Einde van de arbeidsovereenkomst 277
Einde van de firma 71
Eiser 12
Elektronische handtekening 348
 rechtsgevolgen 348
Emissie van aandelen 152
Enquêterecht 188
Europees Gemeenschapsmerk 481
Europees octrooi 447
Europees Octrooibureau 447
Europees Sociaal Handvest (ESH) 320
Exceptio non adempleti contractus 380
Exclusief recht 446
Executoriaal beslag 524, 526
Exoneratie 424

F

Faillissement 267, 521, 536
 einde 543
 gevolgen 539
Faillissementsaanvragen 527
Faillissementsverklaring, vereisten 537
Faillissementswet 534
Feitelijke handeling 52
Firma 68
Firmant 68
Flexwerker 238
Formeel recht 6
Formele overeenkomsten 349
Freelancer 60
Fusies en overnames 507

G

Garantie 390
Gebrekkig product 423
Gebrekkige zaken 419
Geconsolideerde balans 181
Gedaagde 12

Gedwongen overdracht 187
Gedwongen overname 188
Geheimhouding 262, 442
Geheimhoudingsbeding 263
Geldige titel 340
Georganiseerde staking 322
Geplaatst kapitaal 149, 152
Geregistreerd merk 475
Geschillenregeling 186
Gestort kapitaal 95, 149
Getuigschrift 255
Gewoonte en gebruiken 6
Gezagsverhouding 234
Goederen 335
Goederenrecht 335
Grijze lijst 387
Groepsvrijstellingen 506

H

Handelingsbekwaamheid 354
    minderjarige 240
Handelsnaam 467, 486
Handelsregister 52
Handelsregisterwet 51
Handhaving auteursrecht 455
Herplaatsing 278, 280, 285-286
Herroepelijk aanbod 351
Hoge Raad 17
Hoger beroep 16, 27
Holding 178
Hoofdelijke aansprakelijkheid 93, 131
Horizontaal kartel 502
Houderschap 339
Huurbeding 532
Hypotheek 530

I

Immateriële schade 413
Incorporatiebeding 313
Indirecte vertegenwoordiging 54
Individueel merk 468
Industriële toepasbaarheid 444
Informatieplicht 385
Ingebrekestelling 373
Inkoop eigen aandelen 157
Innovatie 441

Intellectueel eigendom 439
Inventiviteit 443

J

Jaarrekening 180, 183
Jaarrekeningsplicht 130
Jaarverslag 181
Jurisprudentie 4

K

Kantonrechter 21
Kapitaal 94-95, 147
Kapitaalbescherming 95, 150
Kapitaalvennootschap 94, 147
Kapitaalvermindering 158
Kartel 502
Kartelverbod 502
    uitzonderingen 505
Kennelijk onbehoorlijk bestuur 130
Kennis 440
Ketenaansprakelijkheid 251
Ketenregeling 279
Knowhow 440
Koop van een woning 341
Koopovereenkomst 387
Kort geding 14
Kortingsregelingen 503
Kredietverlening 157
Kwaliteitscontrole 425

L

Leerovereenkomsten 237
Legaliteitsbeginsel 20
Letselschade 424
Leverancierskrediet 343
Licentie 447, 486
Licentiecontract 486
Loon 235, 251

M

Maatschap 62
    aansprakelijkheid 64
    inbreng 63
    oprichting 62
    opzeggen 67
    verdeling van de winst 66

vertegenwoordiging 64
voor bepaalde tijd 63
voor onbepaalde tijd 63
Maatschappelijk kapitaal 148
Maker 450
Marginale toetsing 191
Marktverdelingsregelingen 504
Materieel recht 6
Medeaansprakelijkheid 422
Mededingingsregelingen 502
Mededingingswet 501
handhaving 509
Medeschuld 422
Mediation 18
Mediator 19
Meermans-bv 87
Meldingsplicht 128
Merk:
deponeren 473
functies 468
nietigheid 476
onderscheidend vermogen 472
rechthebbende 473
Merkenbescherming 475
Merkenrecht 439, 467
overgang en licentie 483
verval 476
Merkhouder, recht 477
Merkinbreuk 477
Minderjarige:
arbeidsrecht 240
handelingsbekwaamheid 240
Misbruik van omstandigheden 358
Misdrijf 21
Model:
depot 484
rechthebbende 484
Modellen 467, 483
Modellenrecht 439, 467
Modelrecht, overdracht 485
Mondelinge arbeidsovereenkomst 236
Monopolie 446

N

Naamloze vennootschap (nv) 147
aandelen aan toonder 151

afstempelen 159
beneden pari 156
boven pari 155
effectenbeurs 152
emissie van aandelen 152
gewone openbare emissie 154
intrekken van aandelen 159
koers van uitgifte 155
onderhandse emissie 155
openbare emissie 153
overdraagbare aandelen 151
overdracht van aandelen 151
overgenomen emissie 154
rechtspersoon 147
vermindering van kapitaal 158
vreemd vermogen 156
Nakoming 376
Natuurlijk persoon 83
Ne bis in idembeginsel 20
Nietigheid 349

O

Obligatielening 156
Octrooi 443
aanvraag 444
aanvrager 444
einde 447
licentie 447
vernietigbaarheid 446
Octrooicentrum 441, 445, 447
Octrooigemachtigde 447
Octrooirecht 439, 442
Octrooiverlening, procedure 444
Onbevoegde vertegenwoordiging 55
Onderhandse emissie 155
Onderlinge waarborgmaatschappij 214-215
Onderneming 49, 266
Ondernemings-cao 314
Ondernemingskamer, procedure 186
Ondernemingsvormen 50
Onderscheidend vermogen 472
Onderzoeker, in een enquêteprocedure 189
Oneerlijke handelspraktijken 425
One-tier board 132
Onherroepelijk aanbod 352
Onrechtmatig handelen 410

Onrechtmatige daad 258, 409, 486
Onroerende zaken 336
Ontbinding, van lege bv's 136
Ontruimingsbeding 533
Ontslaggronden 282
Ontslagrecht 277
Onvoorziene omstandigheden 381
Opdrachtgever, verplichtingen 229
Opdrachtnemer, verplichtingen 229
Openbaar Ministerie 22
Openbare emissie 153
Oppositie 482
Oprichting:
    maatschap 62
    vennootschap onder firma 69
Oproepkrachten 237
Oproepovereenkomst 238
Opschortingsrechten 381
Opstallen 420
Optieregeling 186
Opvolgend werkgeverschap 279
Opzegtermijn 289
Organen:
    besloten vennootschap (bv) 117
    bevoegdheden 117
Overdracht 341
Overeenkomst 348
    inhoud 371
    onderhandelingen 344
    ontbinding 376
    rechtsgevolgen 371
    totstandkoming 349
Overeenkomst van opdracht 228
Overeenstemmend teken 479
Overgenomen emissie 154
Overmacht 381
Overtreding 21

P

Pand 527
Pandhouder, rechten 529
Parate executie 533
Patent 442
Payroll 230
Payrollovereenkomst 230
Personenvennootschappen 49, 60

Persoonlijkheidsrecht 454
Persoonsgegevens 241
Piraterij 488
Politieke staking 321
Portretten 453
Preferente aandelen 174
Preferente schuldeisers 541
Prejudiciële vraag 17
Preventief debiteurenbeheer 522
Prijsregelingen 503
Prioriteitsaandelen 173
Privaatrecht 7-8
Privaatrechtelijke rechtspersonen 85
Privacy 241
Producent 421
Product 423
Productaansprakelijkheid 421
Proeftijd 263
Professionele koop 388
Publicatie jaarstukken 184
Publiekrecht 7

R

Raad van Commissarissen 131, 216
Rangorde bij faillissement 540
Recht 3
Recht van enquête 309
Recht van reclame 392
Recht van voorgebruik 445
Rechter-commissaris 539
Rechterlijk verbod of bevel 414
Rechterlijke instanties 11
    gerechtshoven 11
    Hoge Raad 11
    rechtbanken 11
Rechterlijke organisatie 9
Rechthebbende 450, 473
Rechtsbescherming 51
Rechtsbronnen 4
Rechtsgevolgen van een overeenkomst 371
Rechtshandeling 52, 337
Rechtspersoon 83-84
Rechtspersoonlijkheid 50, 60, 83
Rechtspraak 4
Rechtssubject 83
Rechtsvorm 50

Rechtvaardigingsgronden 410
Rectificatie 413
Redelijkheid 347
Redelijkheid en billijkheid 347
Registergoederen 336
Registerzaken, koop en levering 341
Re-integratie 254
Relatieve competentie 13, 22
Relativiteit 414
Reproductie 453
Reprorechten 456
Requisitoir 24
Retentierecht 524, 542
Risico 391
Roerende zaken, levering 341
Royement 533

S

Samenloop 415
Saneringsplan 546
Schade 412, 424, 480
    omvang 379
Schadeberekening 379
Schadevergoeding 378
Schijnconstructies 251
Schorsen 260
Schriftelijke arbeidsovereenkomst 236
Schulden 521
Schuldsanering:
    einde 547
    natuurlijke personen 546
    procedure 546
Self executing 6
Semi-dwingend recht 236
Separatisten 541
Slaafse nabootsing 486
Sociaal plan 311
Sollicitatie 237
Staker, rechtspositie 322
Staking 309
Staking en schade 323
Stakingsrecht 318
Statuten 85
Sterfhuisconstructies 544
Sterk merk 481
Stichting 203, 217
    bestuur 218
    toezicht 219
Stichting Reprorecht 456
Stil pandrecht 530
Stille vennoot 72
Stilzwijgende verlenging van contracten 387
Stockdividend 161
Strafbare feiten 21
Straffen 26
Strafrecht 19, 21
Strafrechtspraak 20, 25
    bekeuring 23
    dader 24
    economische politierechter 22
    officier van justitie 22
    ontslag van rechtsvervolging 25
    Openbaar Ministerie 22
    politierechter 22
    schuldigverklaring 25
    ter beschikkingstelling (tbs) 25
    verdachte 21
    vonnis 15, 25
    vrijspraak 25
Strafsanctie 456
Structuurregeling 177, 216
Structuurvennootschappen 124
Surseance 534

T

Tegenstrijdig belang 125
Tekeningen 467
Toerekenbaarheid 411
Trademark 475
Transitievergoeding 291

U

Uitkoopregeling, besloten vennootschap 137
Uitvinding 443
Uitzendbeding 230
Uitzendbureau 230
UWV 277

V

Vakantie 255
Vakbonden 310
Veiligheid 256

Vennootschap, bestuur 72
Vennootschap onder firma (vof) 68
Verbintenissen, niet-nakoming 372
Verbintenissenrecht 335
Verblijvensbeding 67
Verboden bedingen 259
Verdachte 20, 24
Verdrag 6
Vereniging 203
    afdelingen 210
    algemene ledenvergadering 208
    bestuur 209
    federatie 212
    gewone 205
    informele 204
    lidmaatschap 206
    organen 207
    rechtspersoonlijkheid 211
    statuten 204
Verhaal 522
Verificatievergadering 543
Verkoper, plichten 388
Verlenen van surseance 535
Vermogen 521
Vermogensbeding 67
Vermogensschade 379
Vernietigbaarheid 349
Verstek 14
Vertegenwoordiging 53-55, 57, 69, 72, 88
Vertegenwoordigingsbevoegdheid 218
Verticaal kartel 502
Verval:
    aanbod 351
    merkenrecht 476
Vervolgingsmonopolie 23
Verzuim 372
Visueel 477, 479
Volmacht 54
Voorgebruiker 445
Voorgebruikrecht 445
Voorrangsrecht 445
Voorzieningenrechter/kort geding 14
Vordering, verjaring 380
Vormmerk 474
Vreemd vermogen 94, 147, 156

Vrije beroepen 50
Vuistpandrecht 528

W

Waarschuwingsplicht 390
Wanbeleid 190
Wanprestatie 372, 390
Wegneemrecht 532
Wereldmerk 481
Wereldoctrooi 447
Werk 227
Werkgever, verplichtingen 251
Werknemer, verplichtingen 259
Werkwillige, rechtspositie 322
Wet aanpassing arbeidsduur 260
Wet flexibel werken 260
Wet melding collectief ontslag 309
Wet melding zeggenschap en kapitaal
    beursgenoteerde aandelen 176
Wet op de naburige rechten 456
Wet op de ondernemingsraden 309
Wet toezicht effectenverkeer 171
Wet verbetering poortwachter 254
Wetten 4
Wilde staking 322
Wilsgebreken 356
Wilsovereenstemming 350
Winst- en verliesrekening 180
Winstbestemming 182
Winstvaststelling 182

Z

Zaakschade 424
Zaken 335
Ziekte 254
Zuivering 533
Zwak merk 481
Zwangerschap 254
Zwarte lijst 387
Zzp'er 60